L'Académie de droit international de La Haye

honorée du prix Wateler de la Paix (1936, 1950), du prix Félix Houphouët-Boigny pour la recherche de la paix (1992), de l'ordre du Rio Branco, Brésil (1999), et de la médaille de l'Institut royal d'études européennes, Espagne (2000)

The Hague Academy of International Law

awarded the Wateler Peace Prize (1936, 1950), the Félix Houphouët-Boigny Peace Prize (1992), the Order of Rio Branco, Brazil (1999), and the Medal of the Royal Institute of European Studies, Spain (2000)

ISBN 978-90-04-69450-7

International Law,
History and Culture

ACADEMIE DE DROIT INTERNATIONAL DE LA HAYE
THE HAGUE ACADEMY OF INTERNATIONAL LAW

International Law, History and Culture

Paulo Borba Casella

BRILL | NIJHOFF

2024

Leiden/Boston

The course was given in French at The Hague Academy of International Law (Winter Session, January 2020) and originally published as «Droit international, histoire et culture» in the *Collected Courses* of the Hague Academy of International Law – *Recueil des cours de l'Académie de droit international de la Haye* (2023, Vol. 430, pp. 9-610), was translated into English by Frances Meadows, and revised by the author. All translations of quoted material not otherwise attributed are by Frances Meadows. The translation in English was financed by the PROEX-CAPES Program for Legal Graduate Studies of the University of São Paulo.

TABLE OF CONTENTS

BIOGRAPHICAL NOTE

Paulo Borba Casella, born in São Paulo, 16 September 1960. Brazilian and Italian National.

Professor of Public International Law at São Paulo University Law School (Full Professor since 2007) where he has lectured since 1984. Law Graduate (1982), Doctor degree in International Law (1986), "livre docente" in International Law (1993) at USP.

Deputy Director of the Law School at USP (2010-2014), Head of the Department of International and Comparative Law (2008-10 and 2014-18) and of the Publication Commission of the Law Journal of USP Law School.

President of IDIRI – *Institute for International Law and Relations* of São Paulo (since September 2018); member of IHLADI; coordinated courses on International Law at the Higher School of the Brazilian Bar Association (ESA-OAB-SP) (May 2019 to June 2021); coordinator of CEPIM – Centre of Studies on the International Protection of Minorities at USP, coordinator of GEBRICS – Group of Studies on the BRICS at USP and coordinator of NEI – Group of International Studies at USP.

Invited to lecture at The Hague Academy of International Law (January 2020), "Gilberto Amado Memorial Lecture" at the UNO International Law Commission, in Geneva (17 July 2013), courses at XXXVI and XLII Courses on International Law at the Organization of American States (OAS) in 2009 and 2015, lectured at the Permanent Tribunal of Revision of the MERCOSUL in Asunción, where he was awarded the *Rosalba Medal and Diploma* (2015) "in recognition of his contribution to International Law", lectured at the Ministry for Foreign Affairs of the Netherlands, The Hague (2013), lectured at the Institute for Latin America of the Russian Academy of Sciences, Moscow (2014), as well as at the Universities of Amsterdam, Asunción, Berlin-Humboldt (2012, 2016), Bielefeld, Minho at Braga (2018, 2019, 2020, 2021, 2022), Buenos Aires, Coimbra, Córdoba, Heinrich Heine in Düsseldorf, Florence, Hamburg, Heidelberg, Helsinki, Hiroshima, Johannesburg, Leyden, Lisbon (four times), European University of Lisbon, Lodz, Luxembourg, Lyon III (2000, 2015, 2016, 2018), Maastricht, Macau (2007 to 2012 and 2023), Maputo, Mathura, Milan-Bocconi, Montreal, New Delhi, Nice, Ottawa, Paris-Sorbonne (2007, 2010, 2018), Paris-Panthéon-Assas, Rennes, Rome I – La Sapienza (2009, 2014), Rome II – Tor Vergata (2013), Saarbrucken (1993, 1995), Saint Petersburg (2019) and the National Research University in Saint Petersburg (2011, 2014), Salamanca, Strasburg (where he also co-directed a Doctor degree completed in 2014), Tokyo-Meiji, Tübingen, at the Brazilian Society for the Development of the Sciences (SBPC) (2015), the Ministry for Foreign Affairs in Brasilia and the Alexandre de Gusmão Foundation, in Rio de Janeiro as well as several Brazilian Universities.

PRINCIPAL PUBLICATIONS

Books published and edited

Manual de direito internacional público, H. Accioly – G. E. do Nascimento e Silva – P. B. Casella, São Paulo: Saraiva, 26th ed., 2023.

Tratado de Direito internacional – tomo 7 – *Direito internacional no tempo de Hugo Grócio*, São Paulo: Almedina, 2ª ed., revista, ampliada e atualizada, 2023.

Tratado de Direito internacional – tomo 6 – *Direito internacional no tempo de Suarez, Gentili e Zouch*, São Paulo: Almedina, 2ª ed., revista, ampliada e atualizada, 2023.

Tratado de Direito internacional – tomo 5 – *Direito internacional no tempo de Francisco de Vitória*, São Paulo: Almedina, 2ª ed., revista, ampliada e atualizada, 2023.

Tratado de Direito internacional – tomo 4 – *Direito internacional no tempo medieval*, São Paulo: Almedina, 2ª ed., revista, ampliada e atualizada, 2023.

Tratado de Direito internacional – tomo 3 B – *Gregos, romanos, chineses, indianos*, São Paulo: Almedina, 2ª ed., revista, ampliada e atualizada, 2023.

Tratado de Direito internacional – tomo 3 A – *Direito internacional no tempo antigo*, São Paulo: Almedina, 2ª ed., revista, ampliada e atualizada, 2022.

Tratado de Direito Internacional – tomo 2 – *Direito internacional dos espaços* – Domínio aéreo, navios e aeronaves, espaços internacionais e recorrências da espacialidade, São Paulo: Almedina, 2ª ed., revista, ampliada e atualizada, 2022.

Tratado de Direito Internacional – tomo 1 – *Direito internacional dos espaços* – Conceitos basilares, domínio terrestre, fluvial e marítimo, São Paulo: Almedina, 2ª ed., revista, ampliada e atualizada, 2022.

Challenges and development prospects within BRICS countries, P. B. Casella, E. de P. Bueno and W. S. Künzli (eds.), São Paulo and Belo Horizonte: De Placido, 2021).

International Legal Aspects of BRICS, P. B. Casella, E. de P. Bueno, E. M. de Carvalho and W. S. Künzli (eds.), Belo Horizonte: De Placido, 2019.

Introdução ao estudo do direito: Ensaios didáticos (Foreword J. G. Rodas, 3ª ed., São Paulo: Editora dos editores, 2019).

Direito ambiental – o legado de G. E. do Nascimento e Silva, P. B. Casella, R. C. Vasconcelos and E. C. Xavier Jr. (eds.) Foreword by S. E. Moreira Lima, Brasília: FUNAG, 2017.

Direito internacional diplomático – Convenção de Viena sobre relações diplomáticas na teoria e na prática, G. E. do Nascimento E Silva – P. B. Casella – O. Bittencourt Neto (São Paulo: Saraiva, 4ª ed., 2012).

BRIC – à l'heure d'un nouvel ordre juridique international, Paris: Pedone, 2011.

BRIC – Brasil, Rússia, Índia, China e África do Sul – uma perspectiva de cooperação internacional, São Paulo: Atlas, 2011.

Direito internacional dos espaços, São Paulo: Atlas, 2009.

Direito internacional – homenagem a A. Meira Mattos, P. B. Casella and A. C. Ramos (eds.), São Paulo: Quartier Latin, 2009.

Mediação de conflitos – Novo paradigma de acesso à justiça, P. B. Casella and L. M. de Souza (eds.), Belo Horizonte: Fórum, 2009.

Tratado de Direito internacional de H. Accioly, Brasília: FUNAG / São Paulo: Quartier Latin, "terceira edição histórica", com apresentação de P. B. Casella, 2009, 3 vols.

Fundamentos do direito internacional pós-moderno, prefácio Hugo Caminos, São Paulo: Quartier Latin, 2008.

Direito internacional, humanismo e globalidade – Guido F. S. Soares Amicorum discipulorum liber, P. B. Casella *et al.* (eds.), São Paulo: Atlas, 2008.

MERCOSUR – a legal handbook, International Encyclopedia of Laws – Intergovernmental Organizations, general editor R. Blanpain, The Hague: Kluwer Law International, 2007, No. 29

Tratado de Versalhes na história do Direito internacional, São Paulo: Quartier Latin, 2007.
Livro dos ancestrais imaginados e outros ensaios pós-modernos, Madrid: Amaral Gurgel, 2007.
Direito internacional, terrorismo e aviação civil, São Paulo: Quartier Latin, 2006.
Direito da integração, P. B. Casella and V. L. V. Liquidato (eds.), Foreword A. Meira Mattos, S. Paulo: Quartier Latin, 2006.
Quem tem medo da ALCA? – Desafios e perspectivas para o Brasil, P. B. Casella and R. E. Sanchez (eds.), Foreword J. G. Rodas, Belo Horizonte: Del Rey, 2005.
Direito internacional tributário brasileiro, São Paulo: LTr, 1ª ed., 1995, 2ª rev. e atualizada, 2005.
Cada ano que passa, S. Paulo: EDICON, 2004.
Dimensão internacional do direito – estudos em homenagem a G. E. do Nascimento e Silva, P. B. Casella (ed.), São Paulo: LTr, 2000.
Contratos financeiros internacionais, P. B. Casella and J. R. C. Freire, Foreword P. de T. Flecha de Lima, São Paulo: RT, 1994.
União Européia: instituições e ordenamento jurídico, orig. publ. 1994, S. Paulo: LTr, 2ª ed., 2002.
Cooperação judiciária internacional, with R. E. Sanchez, Rio de Janeiro: Renovar, 2002.
Direito internacional: vertente jurídica da globalização, Porto Alegre: Síntese, 2000.
MERCOSUL: integração regional e globalização , P. B. Casella *et al.* (eds.), Rio de Janeiro: Renovar, 2000.
Arbitragem: lei brasileira e praxe internacional, P. B. Casella (ed.), Foreword M. Maciel, Presentation Fábio Nusdeo, orig. publ. 1997, São Paulo: LTr, 2ª ed., atualizada e ampliada, 1999.
Mapeamento vital, São Paulo: EDICON, 1999.
Guerra comercial ou integração mundial pelo comércio? – a OMC e o Brasil, P. B. Casella and A. A. Mercadante (eds.); São Paulo: LTr, 1998.
Integração jurídica interamericana – as Convenções interamericanas de direito internacional privado (CIDIPs) e o direito brasileiro , P. B. Casella and N. de Araujo (eds.), Foreword G. E. do Nascimento e Silva, São Paulo: LTr, 1998.
Instituições do MERCOSUL, Brasília: Senado Federal – Col. Estudos da Integração, Vol. 14, 1997.
Sabor dos dias, São Paulo: EDICON, 1997.
MERCOSUL, exigências e perspectivas: integração e consolidação de espaço econômico, Foreword Celso D. A. Mello, São Paulo: LTr Ed., 1996.
Contratos internacionais e direito econômico no MERCOSUL: após o término do período de transição, P. B. Casella *et al.* (eds.), prefácio J. Dolinger, São Paulo: LTr, 1996.
Direito e comércio internacional: tendências e perspectivas – Estudos em homenagem ao Prof. Irineu Strenger, P. B. Casella, L. O. Baptista and H. M. Huck (eds.); S. Paulo: LTr, 1994.
MERCOSUL: das negociações à implantação, P. B. Casella, L. O. Baptista and A. de A. Mercadante (eds.), orig. publ. 1994, São Paulo: LTr, 2ª ed., 1998.
Ciclo da Vida, São Paulo: Massao Ohno, 1993.
Comparative approach to competition law in the E.C. and the MERCOSUL, Saarbrucken: Europa-Institut, VRBEI – Vol. 301, 1993.

Chapters and articles published

P. B. Casella, "The Latin American Context around 1873", in *Au service du droit international / To the benefit of International Law*, C. Kessedjian, O. Descamps and T. Fabrizi (eds.), Paris, eds. Panthéon-Assas / Pedone, 2023, pp. 57-68.
P. B. Casella and A. S. Oliveira, "Ativismo judicial brasileiro e a proteção internacional dos direitos das minorias por orientação sexual e identidade de gênero", in *O ativismo judicial e os desafios da jurisdição constitucional* – homenagem ao prof. E. da Silva Ramos, Belo Horizonte, Conhecimento, 2023, pp. 29-50.
P. B. Casella and A. S. Oliveira, "A guerra de agressão russa na Ucrânia e o direito

internacional", in *Temas de direito internacional, direito do trabalho e direito internacional do trabalho* – Estudos em homenagem a C. A. Husek, coord. F. Zavanella, F. Felamingo, H. A. T. de Mattos, L. M. de Souza, São Paulo, LTr, 2023, pp. 242-252.

"Imperativo categórico da cooperação e as lições do Brexit", in *A evolução do direito no século XXI* – homenagem ao prof. A. Wald, coord. F. U. Coelho, G. Tepedino, S. F. Lemes, São Paulo, ed. IASP, 2022, Vol. 3, pp. 963-1001.

"Prefácio" for *Direito internacional entre tradição e revolução no século XXI*, G. S. Nogueira e B. S. H. de Almeida (eds.), São Paulo, Ed. dos Editores, 2022, pp. XXIII-XXIX.

"Prefácio" for Yhasmin Monteiro, *Prato do dia: Transgênicos* – uma análise comparativa da regulamentação dos transgênicos e agrotóxicos no Brasil e na França, São Paulo, ed. dos Editores – col. Direito internacional, 2022.

P. B. Casella, M. Lagutina and A. R. Capella Giannattasio, "Dealing with the Sorcerer's Apprentice Dilemma in Polar International Public Authorities: BRICS Interests and Brazilian Prospects for Mixed Governance Structures in the Arctic and in Antarctica", in *Challenges and Development Prospects within BRICS countries*, P. B. Casella, E. de P. Bueno and W. S. Künzli (eds.), São Paulo and Belo Horizonte: De Placido, 2021, pp. 43-75.

"Nacionalidade, Plurinacionalidade, Supranacionalidade: reflexões em homenagem a Rui Moura Ramos", in *Direito internacional e comparado: trajetória e perspectivas* – Homenagem aos 70 anos do professor catedrático R. Moura Ramos, G. F. C. Monaco and M. R. Loula (eds.), São Paulo: Quartier Latin, 2021, Vol. II, pp. 415-430.

"Georg-Friedrich von Martens (1756-1821) e a consolidação histórica do direito internacional clássico", in Revista da Faculdade de Direito da USP, São Paulo, jul.-dez. 2021, Vol. 116 – No. 2, pp. 137-171.

"Prefácio" for Maria Olívia Ferreira Silveira, *Não discriminação e a proteção de minorias no Direito internacional pós-moderno*, Belo Horizonte, Dialética, 2021, pp. 13-19.

"Apresentação" for Luís Fernando Nigro Correa, *A Convenção sobre os direitos das pessoas com deficiência*, Belo Horizonte, Del Rey, 2021, pp. 5-9.

P. B. Casella, M. Lagutina and A. R. Capella Giannattasio, "BRICS in polar regions: Brazil's interests and prospects", Vestnik of Saint Petersburg University International Relations, 2020, Vol. 13, Issue 3, pp. 326-340, UDC 339.9 https://doi.org/10.21638/spbu06.2020.303.

P. B. Casella, and C. Silva da Anunciação, "Os reflexos da pandemia sobre migrantes e refugiados – Covid 19 e direitos humanos", Le monde diplomatique, 20 April 2020, on line, Brasil *https://diplomatique.org.br/os-reflexos-da-pandemia-sobre-migrantes-e-refugiados*.

"Prefácio" for Rita Cristina C. de Medeiros Couto, *Nos corredores do Pinel – eugenia e psiquiatria*, São Paulo: LiberArs, 2020, pp. 9-11.

"Emer de Vattel (1714-1767) e o direito internacional clássico", in Revista da Faculdade de Direito da USP, São Paulo, 2020, Vol. 115, pp. 209-245.

"Genocídio Armênio", in *100 anos do Genocídio armênio – negacionismo, silêncio e direitos humanos*, M. L. Tucci Carneiro, C. A. Abreu Boucault and H. de A. C. Loureiro (eds.), São Paulo: Humanitas, 2019, pp. 51-112.

"Artigo 4°. Comentário geral", in *Lei de introdução às normas do direito brasileiro – anotada*, A. J. C. da Cunha Filho, R. H. Issa and R. W. Schwind (eds.), São Paulo: Quartier Latin, 2019, Vol. I, pp. 193-200.

"BRICS – Brazil, Russia, India, China and South Africa – as element of a new world order?", in *International legal aspects of BRICS*, P. B. Casella *et al.* (eds.), Belo Horizonte: De Placido, 2019, pp. 19-37.

"Prefácio" for Emílio M. Dias da Silva, *Direito internacional e o debate sobre sua unidade*, São Paulo: Editora dos Editores – Col. Direito internacional, 2019, pp. VII-VIII.

"Apresentação" for Paula R. Torres, *O Tribunal internacional de direito do mar*, Belo Horizonte: Arraes, 2019, pp. XXV-XXVI.

"Negociação e conflito no direito internacional: cinco mil anos de registro da história", in Revista da Faculdade de Direito da USP, São Paulo, 2019, Vol. 114, pp. 185-230.

"Importância da proteção internacional dos direitos fundamentais – Reflexões pelos 70 anos da Declaração Universal", in Revista da Defensoria Pública, Brasília, Vol. 12, jan.-dez. 2019, pp. 21-26, ISSN 1984-0322.

"Brazil", in *International Execution Against Judgment Debtors*, D. Campbell (ed.), CILS – Center for International Legal Studies – Salzburg, Austria / Eagan, MN: Thomson – Reuters, Release 2019, Vol. I, Chapter 9, para. 9:1 to para. 9:28, available in print and on line *http://legalsolutions.thomsonreuters.com/law.products/Treatises/International.Execution.Against.Judgment.Debtors/p./100025351/.*

"Le regard de Claude Witz sur le droit allemand" avec la collaboration de Gabriela Werner Oliveira e Maria Olívia Ferreira Silveira, in *Mélanges en l'honneur du professeur Claude Witz*, Paris: Lexis Nexis, 2018, pp. 135-142.

P. B. Casella and Daniel D. Borges, "MERCOSUR", Jurisclasseur de Droit international, H. Fulchiron (ed.), Paris: Lexis Nexis, 2018.

P. B. Casella and Felipe N. P. Alamino, "Estudos sobre a proteção internacional de minorias – Grupo de estudos sobre a proteção internacional de minorias da Faculdade de Direito da Universidade de São Paulo – GEPIM – USP", Revista da Faculdade de Direito da USP, São Paulo, 2018, Vol. 113, pp. 563-736.

"Some Environmental Aspects of the UN Convention on the Law of the Sea", in *Prospects of the Evolution of the Law of the Sea, Environmental Law and the Practice of ITLOS*, Tafsir Malick Ndiaye and R. F. More (eds.), Rio de Janeiro: Sagserv, 2018, pp. 142-171.

"The Amerindians and International law – a Brazilian Perspective" (Revista da Faculdade de Direito da USP, 2017, Vol. 112, pp. 285-301.

"Brasil entre igualdade jurídica dos estados e reforma da ONU – legado de Ruy Barbosa na II Conferência de Paz da Haia", Boletim da Sociedade Brasileira de Direito internacional, ano CIII, jul.-dez. 2017, Nos. 125-130, pp. 815-851.

"Apresentação", P. B. Casella e M. Ninomiya, de Y. Onuma, *Direito internacional em perspectiva transcivilizacional* – Questionamento da estrutura cognitiva predominante no emergente mundo multipolar e multicivilizacional do século XXI, trad. Alan Carvalho *et al.*, coord. da trad. P. B. Casella and M. Ninomiya, Belo Horizonte: Arraes, 2017, pp. XX-XXVI.

"Prefácio", in Wolf Ejzenberg, *Desarmamento nuclear*, Belo Horizonte: Arraes ed., 2017, pp. X-XIII.

P. B. Casella, and M. R. Escobar, "Arbitragem tributária e a Câmara de conciliação e arbitragem da Administração federal", in *Estudos de direito tributário – em homenagem ao prof. Gerd W. Rothmann*, L. E. Schoueri and J. F. Bianco (eds.), with L. F. M. Castro and P. C. T. Duarte Filho, São Paulo: Quartier Latin, 2016, pp. 739-757.

"Nacionalidade – Direito fundamental, direito público interno e direito internacional", São Paulo: Revista da Faculdade de Direito da USP, 2016, Vol. 111, pp. 301-309.

"BRICS – the present picture and perspectives", Course given in Rio de Janeiro, August 2015, published at *XLII Curso de derecho internacional*, edited by the Interamerican Legal Committee of the Organization of American States, Washington: OEA – Secretaria general, 2015, Vol. XLII, pp. 13-94.

"BRICS – perspettiva post-moderna di cooperazione internazionale", in *Aspetti giuridici del BRICS / Legal Aspects of BRICS* – Seminar at the University of Rome – Tor Vergata, 6-8 May 2013, R. Cardilli and S. Porcelli (eds.), Padova: CEDAM / Kluwer / Università Tor Vergata, 2015.

"Cesare Beccaria e o padrão clássico", in *Estudos em homenagem a Ivette Senise Ferreira*, R. M. J. Silveira and M. G. M. Gomes (eds.), São Paulo: Líber Ars, 2015, pp. 393-414.

"Vicente Marotta Rangel – vida e obra – Direito internacional nas Arcadas", São Paulo: Revista da Faculdade de Direito da USP, 2015, Vol. 110, pp. 19-53.

"Papel do direito internacional na formação e consolidação do território brasileiro", in *Zemlia kak object prava b Rossii i Brazilii / A terra como objeto de direito na Rússia e no Brasil – Materiali mejdunarodnovo naucznovo seminara – Seminário científico internacional*, organized by the National Research University, held in Saint Petersburg, 11-12 April 2014, St. Petersburg: National Research University, 2014, pp. 156-168, 209-210 and 221.

"Völkerrecht aus brasilianischen Sicht (oder mit brasilianischen Akzent) – zwischen Universalismus und Regionalismus", in *Panorama of Brazilian Law*, R. C. de Vasconcelos (ed.), ISSN 1015 1343 (print) ISSN 2318 1516 (online) Year 2, No. 2, 2014, pp. 397-406.

"O genocídio armênio", in *Direito internacional na Constituição* – estudos em homenagem a Francisco Rezek, A. J. Cicco Filho, A. F. P. Velloso and M. E. G. T. Rocha (eds.), São Paulo: Saraiva, 2014, pp. 565-606.

"Perspectivas da integração europeia", São Paulo: Revista da Faculdade de Direito da USP, 2014, Vol. 109, pp. 25-74.

"Contemporary Trends on Opinio Juris and the Material Evidence of International Customary Law", in Zanzibar: the Zanzibar Yearbook of Law, Vol. 3, 2013, ISBN 9987697135, pp. 27-49; formerly presented as the "Gilberto Amado Memorial Lecture" to the UN International Law Commission, in Geneva, 17 July 2013, at the site ilc-cdi.un.org.

"International Development Law and the Right to Development in Post-Modern International Law", in *Droit international et nouvelles approches sur le tiers monde: entre répetition et renouveau / International law and new approaches to the third world: between repetition and renewal*, M. Toufayan, E. Tourme-Jouannet and H. Ruiz-Fabri (eds.), Paris: Société de législation comparée, 2013, pp. 261-280.

"Cem anos do Direito internacional público (1913) de José Mendes (1861-1918) – olhar reflexivo sobre o direito internacional nas Arcadas (1911-1918)" (São Paulo: Revista da Faculdade de Direito da USP, 2013, Vol. 108, pp. 27-44.

"Secessão no direito internacional e o Parecer consultivo da Corte Internacional de Justiça sobre o Kosovo de 22 de julho de 2010", Boletim da Sociedade Brasileira de Direito internacional, ano XCVIII, ago.-dez. 2013, Nos. 119-124, pp. 111-126.

"A proteção internacional dos direitos das minorias: o caso da minoria por orientação sexual e identidade de gênero", in *Direito à diferença* – Aspectos teóricos e conceituais da proteção às minorias e aos grupos vulneráveis, L. L. Jubilut, A. G. M. F. Bahia and J. L. Q. de Magalhães (eds.), São Paulo: Saraiva, 2013, Vol. 1, pp. 179-188.

"La réflexion sur l'internationalisation du droit", in *L'Année francophone internationale*, Paris, 2012-2013, pp. 124-125.

"30 anos da Convenção das Nações Unidas sobre o direito do mar", Rio de Janeiro: Revista da Escola de guerra naval, Vol. 18, No. 2, dezembro de 2012, pp. 91-102.

"400 anos do De Legibus de Francisco Suarez (1548-1617)", São Paulo: Revista da Faculdade de Direito da USP, 2011-2012, Vol. 106-107, pp. 25-33.

"Empires, hegemony and cooperation", in *Pravovie Aspekti BRICS – Aspetti giuridici del BRICS – Legal aspects of BRICS*, T. A. Alexeeva and P. Catalano (eds.), St. Petersburg: National Research University, 2011, pp. 27-48.

"Conceito de sistema, contexto internacional e pós-modernidade", in *Filosofia e teoria geral do direito* – estudos em homenagem a Tércio S. Ferraz Jr., M. Adeodato and E. C. B. Bittar (eds.), São Paulo: Quartier Latin, 2011, pp. 999-1024.

"Ratificação pelo Brasil da Convenção de Nova Iorque de 1958\: Internacionalização do direito e relações entre direito internacional e direito interno", in *Arbitragem comercial internacional – a Convenção de Nova Iorque e o direito brasileiro*, ed. by A. Wald and S. F. Lemes, São Paulo: Saraiva, 2011, pp. 19-51.

"Evolução institucional do direito internacional à luz do cinquentenário do conceito de direito de HART (1961)", in *Edição comemorativa em homenagem aos 70 anos do prof. Celso Lafer*, T. S. Ferraz Jr. and L. O. Baptista (eds.), São Paulo: Revista Brasileira de Filosofia, ano 60, Vol. 236, jan.-jun. 2011, pp. 313-329.

"Tributação internacional no BRIC: histórico e perspectiva", in *Brasil, Rússia, Índia e China (BRIC): estrutura dos sistemas tributários e suas implicações no desenvolvimento e na performance do comércio exterior*, M. A. P. Valadão and

A. de M. Borges (eds.), Brasília: Agência brasileira de desenvolvimento industrial / Universidade católica de Brasília, 2011, 2 Vols., pp. 407-413.
"Il Foedus tra Plebe e Senato ed il problema del Diritto Internazionale. Dalla secessione della Plebe all'autodeterminazione dei popoli", in *Diritto@Storia, Rivista internazionale di Scienze Giuridiche e Tradizione Romana*, No. 9 – 2011, pp. 1-18, ISSN 1825-0300.
"Desafios da implantação de sistemas de gerenciamento digital de direitos – GDD no Direito internacional", in *Direito internacional contemporâneo*, L. N. C. Brant (ed.), Curitiba: Juruá, 2011, Vol. I, pp. 351-367.
"Reforma da ONU pós Kelsen" (in *Reforma da ONU*, J. Moscardo and C. H. Cardim (eds.), Brasília: FUNAG, 2010, pp. 143-210.
"International Law: The Post-Modern Approach to the Classics and the New Challenges", Course given in Rio de Janeiro, August 2009, published at *XXXVI Curso de derecho internacional*, edited by the Interamerican Legal Committee of the Organization of American States, Washington: OEA – Secretaria general, 2010, Vol. XXXVI, pp. 3-46.
"European Union – MERCOSUR relations", in *The European Union at 50: Assessing the Past, Looking Ahead*, P. C. de Castro (ed.), Macau: University of Macau, 2010, pp. 411-433.
"Brasil, China e os países da CPLP: uma proposta de cooperação no mundo pós-moderno", in *Os países de língua portuguesa e a China num mundo globalizado*, Wei Dan (ed.), Coimbra: Almedina / Macau: Universidade de Macau, 2009, pp. 203-220.
"BRIC – Brasil, Rússia, Índia, China e África do Sul: uma perspectiva", São Paulo: Revista da Faculdade de Direito da USP, 2010, Vol. 105, pp. 435-472.
P. B. Casella and D. Gruenbaum, "O problema da eficácia extraterritorial do laudo arbitral estrangeiro anulado", in *Arbitragem e desenvolvimento*, M. O. D. Bertasi and O. C. Correa Netto (eds.), São Paulo: Quartier Latin / Instituto dos Advogados de São Paulo – Câmara Arbitral, 2009, pp. 61-108.
"Direito internacional e dignidade humana", in *Direito internacional* – homenagem a A. Meira Mattos, P. B. Casella and A. C. Ramos (eds.), São Paulo: Quartier Latin, 2009, pp. 223-343.
"Direito internacional nas Arcadas", Aula inaugural de 16 de fevereiro de 2009, São Paulo: Revista da Faculdade de Direito da USP, 2009, Vol. 104, pp. 931-966.
"Direito internacional e direito interno na CR 1988", in *20 anos da Constituição cidadã de 1988: efetivação ou impasse institucional*, J. Ribas Vieira (ed.), Rio de Janeiro: Forense, 2008, pp. 483-508.
"Opinio juris e a questão da materialidade emergente do direito internacional pós-moderno", Revista de direito do estado – RDE, 2008, Vol. 10, pp. 367-386.
"Proteção das minorias no direito internacional pós-moderno", in *Direito no século XXI* – em homenagem ao prof. Werter Faria, E. Accioly (ed.), Curitiba: Juruá, 2008, pp. 541-595.
P. B. Casella and O. Bittencourt Neto, "Desafios do direito espacial", in *Direito internacional, humanismo e globalidade* – Guido F. S. Soares Amicorum discipulorum líber, P. B. Casella *et al.* (eds.), São Paulo: Atlas, 2008, pp. 118-135.
"Artigo 13", in *Comentário à Carta das Nações Unidas*, L. N. C. Brant (ed.), Belo Horizonte: CEDIN, 2008, pp. 273-304.
"Registro internacional de marcas, o Brasil e o Protocolo de Madri", in *Propriedade intelectual* – estudos em homenagem à profa. M. Basso, P. L. de Carvalho (ed.), Curitiba: Juruá, 2008, Vol. 2, pp. 125-151.
"Desenvolvimento do direito internacional na concepção de Cornelius van Bynkershoek", São Paulo: Revista da Faculdade de Direito da USP, 2008, Vol. 103, pp. 563-592.
"Sucessão de estado no direito internacional pós-moderno", São Paulo: Revista da Faculdade de Direito da USP, 2007, Vol. 102, pp. 1155-1170.
"Pequenas e médias empresas e integração no Mercosul", in *Mercosul* – estudos em homenagem a F. H. Cardoso, M. Basso (ed.), São Paulo: Atlas, 2007, pp. 273-292.

"Corte Internacional de Justiça", in *Direito internacional – seus tribunais e meios de solução de conflitos*, J. Arana and R. da R. Cachapuz (eds.), Curitiba: Juruá, 2007, pp. 279-325.

"Protocolo de Madri sobre registro internacional de marcas e sua aplicação no Brasil", in *Revista do Tribunal Regional Federal*, 3ª região, dir. N. de Lucca, No. 82 – mar.-abr. 2007, pp. 9-109.

"Direito internacional, vida e memória de Irineu Strenger", São Paulo: Revista de Arbitragem e Mediação, 2007, Vol. 15, pp. 11-18.

"Autonomia da vontade, arbitragem comercial internacional e direito brasileiro", in *O direito internacional contemporâneo* – estudos em homenagem ao prof. J. Dolinger, C. Tibúrcio and L. R. Barroso (eds.), Rio de Janeiro: Renovar, 2006, pp. 737-750.

"Constituição e direito internacional", in *Direito da integração*, P. B. Casella and V. L. V. Liquidato (eds.), S. Paulo: Quartier Latin, 2006, pp. 31-55.

P. B. Casella and D. Gruenbaum, "Homologação de sentença arbitral estrangeira anulada", São Paulo: Revista de Arbitragem e Mediação, abr.-jun. 2006, ano 3, Vol. 9, pp. 207-251.

"Fundamentos e perspectivas do direito internacional pós-moderno", São Paulo: Revista da Faculdade de Direito da USP, 2006, Vol. 101, pp. 433-466.

"Mercosul entre União Europeia e ALCA: opção ou sobrevivência na selva?", in *Quem tem medo da ALCA?* – Desafios e perspectivas para o Brasil, P. B. Casella and R. E. Sanchez (eds.), Belo Horizonte: Del Rey, 2005, pp. 87-128.

"ONU pós-KELSEN", in *Reflexões sobre os 60 anos da ONU*, A. de A. Mercadante and J. C. Magalhães (eds.), Ijuí: Ed. Unijuí, 2005, pp. 13-64.

"Ampliação da União Européia: a Europa central se integra", in *O novo direito internacional – estudos em homenagem a Erik JAYME*, C. L. Marques and N. de Araujo (eds.), Rio de Janeiro: Renovar, 2005, pp. 723-743.

"ALCA – o desafio da participação do Brasil", Belo Horizonte: Revista Del Rey Jurídica, 2005, Vol. 7, No. 15, pp. 32-33.

"Impacto interno e internacional da ampliação da União Europeia", São Paulo: Revista da Faculdade de Direito da USP, 2004, Vol. 99, pp. 523-537.

"Dez novos estados na U.E.: União Europeia pode mudar o atual desequilíbrio de forças", in Gazeta Mercantil, 7-8-9 de maio de 2004, pp. A-3.

"A ordem pública e a execução de cartas rogatórias no Brasil", São Paulo: Revista da Faculdade de Direito da USP, 2003, Vol. 98, pp. 563-571.

"Exceção cultural à livre circulação de bens e serviços: o ponto de vista do cinema no Brasil", in *Estudos em homenagem à professora doutora Isabel de Magalhães Collaço*, Rui Moura Ramos *et al.* (eds.), Coimbra: Almedina, 2002, Vol. II, pp. 741-763.

"Direito do Mercosul e certeza jurídica", in *Avances del derecho internacional privado en América Latina – Liber amicorum Jürgen Samtleben*, J. Kleinhesterkamp and G. A. Lorenzo Idiarte (eds.), Montevidéo: Fundación de cultura universitária / Hamburg: Max Planck Institut für ausländisches und internationales Privatrecht, 2002, pp. 419-435.

"Liberdade de estabelecimento", in *Estatuto jurídico da Lusofonia*, J. J. Gomes Canotilho (ed.), Coimbra: Coimbra ed., 2002, pp. 69-81.

"O cinema brasileiro entre exceção cultural e livre comércio", São Paulo: Revista da Faculdade de Direito da USP, 2002, Vol. 97, pp. 397-413.

P. B. Casella and Ana M. O. Nusdeo, "The Competition Policy of Brazil", in *Polityka Konkurrencji w Krajach Wschodzacych Rynków*, R. Patova and R. Piasecki (eds.), Lodz: Kollegium Wydawnicze Spolecznej Wyzszej Szkoly w Lodzi, 2001, Vol. I, pp. 189-198.

"Refugiados: conceito e extensão", in *O direito internacional dos refugiados: uma perspectiva brasileira*, N. de Araújo and G. A. de Almeida (eds.), Rio de Janeiro: Renovar, 2001, pp. 17-26.

"Comissão de comércio e jurisdição no Mercosul", in *Aspectos atuais da arbitragem*, A. N. Pucci (ed.), Rio de Janeiro: Forense, 2001, pp. 281-295.

"Extraterritorialidade e proteção da livre concorrência", São Paulo: Revista da Faculdade de Direito da USP, 2001, Vol. 96, pp. 501-519.

"Pax Perpetua – A Review of the Concept from the Perspective of Economic Integration", in *Dimensão internacional do direito: estudos em homenagem a G.E. do Nascimento e Silva*, P. B. Casella (ed.), São Paulo: LTr, 2000, pp. 69-88.

"Integração nas Américas: uma visão de conjunto", in *MERCOSUL: integração regional e globalização*, P. B. Casella *et al.* (eds.), Rio de Janeiro: Renovar, 2000, pp. 235-278.

"Globalização, direito e estado: Introdução", in *MERCOSUL: integração regional e globalização*, P. B. Casella *et al.* (eds.), Rio de Janeiro: Renovar, 2000, pp. 1-12.

P. B. Casella with G. F. Nascimento, "Direitos dos povos indígenas: releitura de Francisco de Vitoria enfatizando os 500 anos do descobrimento", São Paulo: Revista da Faculdade de Direito da USP, 2000, Vol. 95, pp. 121-128.

"Quadrilateral Perspective on Integration in the Americas: A View for the MERCOSUR and Brazil", in *Evolution of Free Trade in the Americas*, L. Perret and J. Korecky (eds.), "papers presented at a colloque held in 19 September 1997," Montreal: Wilson & Lafleur, 1999, pp. 127-155.

"Legal Features and International Structures for the MERCOSUR – The Common Market of the South as it Stands (after the End of the Transition Period)", in *Le partenariat entre l'Union européenne et les Amériques*, C. Flaesch-Mougin and J. Lebullenger (eds.), Paris: Apogée – diff. PUF, 1999, pp. 79-92.

"A globalização e integração econômica", in *A Soberania*, C. de A. Mello (ed.), Anuário direito e globalização – PIDIG – Vol. 1, Programa interdisciplinar direito e globalização – UERJ, Rio de Janeiro: Renovar, 1999, pp. 71-97.

"Comissão de comércio e jurisdição no Mercosul", in *Jurisprudencia Argentina*, R. Estevez Boero (ed.), Buenos Aires: Jurisprudencia Argentina, ISSN 03261190, n. 6153, 4 de agosto de 1999, pp. 12-21.

"Procedimento da arbitragem: a nova lei brasileira, praxe internacional e integração no Mercosul", in *Mediação: métodos de solução de controvérsias*, A. Oliveira (ed.), Vol. 1, São Paulo: LTr / Clama, 1999, pp. 63-78.

"Arbitragem: entre praxe internacional, integração no Mercosul e o direito brasileiro", in *Arbitragem: lei brasileira e praxe internacional*, P. B. Casella (ed.), São Paulo: LTr, 2ª ed., 1999, pp. 497-514.

"Efetividade da Arbitragem na nova lei", in *Arbitragem: lei brasileira e praxe internacional*, P. B. Casella (ed.), São Paulo: LTr, 2ª ed., 1999, pp. 21-30.

"Integração monetária no Mercosul: mitos e verdades", São Paulo: Carta Internacional – USP, 1999, Vol. 7, pp. 5-6.

"Papel da Comissão de comércio no Mercosul: o tribunal do Mercosul disfarçado?", in *Solução e prevenção de litígios internacionais*, A. de A. Mercadante and J. C. Magalhães (eds.), Porto Alegre: Livraria do Advogado / São Paulo: NECIM, 1999, pp. 493-508.

"A revogação do decreto 69393/71 e os tratados no direito tributário brasileiro", with R. Sapoznik, in *Grandes questões atuais do direito tributário*, V. O. Rocha (ed.), São Paulo: Dialética, Vol. 3, 1999, pp. 255-263.

"Preço de transferência: interface entre direito interno e internacional", with T. P. Correa and R. Sapoznik, in *Tributos e preços de transferência*, L. E. Schoueri (ed.), São Paulo: Dialética, Vol. 2, 1999, pp. 277-292.

"Economic integration and legal harmonization, with special reference to Brazil" (in *Uniform Law Studies / Etudes de droit uniforme* – in the memory of / à la mémoire de Malcolm Evans, dir. L. Ferrari Bravo, ed. H. Kronke, Kluwer Law International / Uniform Law Review – Revue de droit uniforme, NS Vol. III, 1998-2/3, pp. 287-304.

"Legal Features and Institutional Perspectives for the Mercosul: the Common Market of the South after the End of the Transition Period", in *Verfassung und Recht im Übersee*, Baden-Baden: Nomos, VRU 31.1998, pp. 523-536.

"Reconhecimento de estado e de governo no direito internacional contemporâneo", in *O direito internacional no terceiro milênio* – estudos em homenagem ao prof.

V. Marotta Rangel, L. O. Baptista and J. R. F. da Fonseca (eds.), São Paulo: LTr, 1998, pp. 287-318.

"Mercosul: mecanismos para a integração das regiões", in *Competitividade internacional e desenvolvimento das regiões*, W. Jung (ed.), São Paulo: Fundação K. Adenauer, Debates, 1998, Vol. 15, pp. 163-167.

"Resultados da Rodada Uruguai: aspectos legais e constitucionais de sua implementação no Brasil", in *Guerra comercial ou integração mundial pelo comércio?* – a OMC e o Brasil, P. B. Casella and A. A. Mercadante (eds.); São Paulo: LTr, 1998, pp. 213-252.

"As Convenções e seu impacto sobre o direito brasileiro", in *Integração jurídica interamericana*, P. B. Casella and N. de Araujo (eds.), São Paulo: LTr, 1998, pp. 17-22.

"Modalidades de harmonização, unificação e uniformização do direito – o Brasil e as Convenções interamericanas de direito internacional privado", in *Integração jurídica interamericana*, P. B. Casella and N. de Araujo (eds.), São Paulo: LTr, 1998, pp. 77-105.

"Direito da concorrência na U.E. e no Mercosul", in *MERCOSUL: das negociações à implantação*, P. B. Casella, L. O. Baptista and A. A. Mercadante (eds.), São Paulo: LTr, 2nd. ed., 1998, pp. 306-352.

"From Dispute Settlement to Jurisdiction? Perspectives for the Mercosur", in *International Trade Law and the GATT/WTO Dispute Settlement System*, E.-U. Petersmann (ed.), London/The Hague: Kluwer Law International, 1997, pp. 553-558.

"The Implementation of the Results of the Uruguay Round in Brazil: Legal and Constitutional Aspects of Implementation", in *Implementing the Uruguay Round*, J. H. Jackson and A. O. Sykes (eds.), Oxford: Clarendon Press, 1997, pp. 441-455.

"European Union – Mercosul Relations: A Critical Overview", London: European Foreign Affairs Review, Vol. 2, issue 4, Winter 1997, pp. 445-464.

"Derecho, política y consolidación de la integración", Temas del Mercosur, Buenos Aires, No. 3, 1997, pp. 65-68.

"As Nações Unidas e as novas fontes do direito internacional", in *O desenvolvimento do direito internacional desde a criação das Nações Unidas*, S. H. Nabuco de Castro (ed.), Brasília: Ministério da Justiça, 1997, pp. 18-30.

"Estado, soberania e integração", in *O federalismo mundial e perspectivas do federalismo no Brasil*, F. A. de A. Mourão (ed.), Brasília / São Paulo: Conselho Brasileiro de Relações internacionais, 1997, pp. 93-117.

"Procedimentos da arbitragem: a nova lei brasileira, a praxe internacional e a integração no Mercosul", Separata da Revista do Tribunal Regional Federal da Iª. Região, Vol. 9, No. 1, jan.-mar. 1997, p. 4.

"Integration in the Americas: an overview", in *Yearbook of European Law*, Oxford: Clarendon Press, 1996, Vol. 16, pp. 405-422.

"Solución de controversias y marco institucional: perspectivas para los actores privados en el Mercosur", in *Estrategias de articulación y reforzamiento de las capacidades de gestión en una Unión aduanera: opciones para el Mercosur*, Montevideo: CEFIR – Centro de Formación para la integración regional, 1996, pp. 1-9.

"Quais os fins da integração no Mercosul?", in América Latina – cidadania, desenvolvimento e estado, D. Ventura (ed.), Porto Alegre: Livr. do Advogado – série Integração Latinoamericana, 1996, pp. 51-61.

"Mercosul: nascimento e instituições", in *O Mercosul e o ordenamento jurídico brasileiro*, F. C. Walcacer and L. Gama e Souza Jr. (eds.), Rio de Janeiro: CEJUR – Procuradoria do Estado do Rio de Janeiro, 1996.

"Circulação de capitais em perspectiva brasileira: entrada e saída de divisas e moeda nacional", São Paulo: Revista de direito mercantil, industrial, econômico e financeiro, 1996, Vol. 25, pp. 79-86.

"Internacionalização do direito e impacto da harmonização da legislação no Mercosul – o desafio para os profissionais da área jurídica", Revista de ciências jurídicas – UCR, 1996, Vol. 10, pp. 434-442.

"A Convenção 158 da O.I.T.: as relações entre o direito interno e direito internacional", São Paulo: Revista LTr – legislação do trabalho, 1996, Vol. 60, pp. 900-909.

"Utilização no Brasil dos Princípios UNIDROIT relativos aos contratos comerciais internacionais", in *Contratos internacionais e direito econômico no MERCOSUL:* após o término do período de transição, P. B. Casella *et al.* (eds.), São Paulo: LTr, 1996, pp. 95-105.

"Dimensão jurídica da integração econômica", in *Contratos internacionais e direito econômico no MERCOSUL:* após o término do período de transição, P. B. Casella *et al.* (eds.), São Paulo: LTr, 1996, pp. 17-30.

"Mercosul: intégration économique et harmonisation juridique", São Paulo: Revista da Faculdade de Direito da USP, 1995, Vol. 90, pp. 327-337.

"A Organização Mundial do Comércio e o empresário brasileiro", Revista ABRAVA, 1994, Vol. 18, p. 34.

"Dimensão constitucional da integração econômica", Brasília: Revista de Informação Legislativa – Senado Federal, 1994, Vol. 31, pp. 243-253.

"A integração econômica e seu tratamento constitucional", in *Mercosul – desafios a vencer*, F. A. de A. Mourão (ed.), São Paulo: CBRI – Conselho brasileiro de relações internacionais, 1994, pp. 89-101.

"Soberania e aplicação do direito da concorrência na C.E. e no Mercosul", Brasília: Revista de informação legislativa – Senado Federal, 1994, Vol. 31, pp. 117-143.

"O advogado brasileiro e o desafio da internacionalização na prestação de serviços", in *Direito e comércio internacional: tendências e perspectivas* – Estudos em homenagem ao Prof. I. Strenger, P. B. Casella, L. O. Baptista and H. M. Huck (eds.); S. Paulo: LTr, 1994, pp. 99-112.

"Rechtsvergleichende Analyse des Wettbewerbsrechts in der EG und der Mercosul / Enfoque comparativo do direito da concorrência na C. E. e no Mercosul", Frankfurt-am-Main: Mitteilungen der Deutsche-brasilianische Juristenvereinigung, 1993, No. 3, pp. 1-9.

"Ordenamento comunitário, direito internacional público, regulamentação do GATT e direito internacional privado", in Revista dos Tribunais – Cadernos de direito constitucional e ciência política, 1993, Vol. 1, No. 3, pp. 207-222.

"Arbitragem internacional e boa-fé das partes contratantes", São Paulo: Revista dos Tribunais, ano 80, Vol. 668, jun. 1991, pp. 234-241.

"Negociação e formação de contratos internacionais: em direito inglês e francês", São Paulo: Revista da Faculdade de Direito da USP, Vol. LXXXIV-LXXXV, 1989-1990, pp. 124-171.

"O fenômeno da franquia: da regulamentação comunitária à prática brasileira", Brasília: Revista de informação legislativa – Senado Federal, ano 26, No. 103, jul.-set. 1989, pp. 341-356.

"Brazil's New Regulation on Debt-equity Swaps", Paris: Revue de droit des affaires internationales / International Business Law Journal, 1988, No. 6, pp. 844-847.

"Investissement étranger et modalités de d'implantation au Brésil", Paris: Centre français du commerce extérieur – Cahiers juridiques et fiscaux de l'exportation, 1988, an. IX, No. 3, pp. 701-723.

"Refugiados: panorama mundial", São Paulo: Revista de Direito – FMU, 1988, Vol. 2, pp. 83-92.

"Reconnaissance et exécution de sentences arbitrales étrangères au Brésil", Paris: Centre français du commerce extérieur – Cahiers juridiques et fiscaux de l'exportation, 1987, an. VIII, No. 3, pp. 699-722.

"Cônsules honorários", São Paulo: Revista da Faculdade de Direito da USP, Vol. LXXXII, 1987, pp. 148-158.

"Aspectos legais do dinheiro", in *Direito moderno em foco*, by I. Strenger, São Paulo: RT, 1986, pp. 126-138.

"Pirataria aérea e o papel do direito internacional", São Paulo: Revista de Direito – FMU, 1986, Vol. 1, pp. 47-54.

"Presença de Francisco de Vitória", São Paulo: Revista da Faculdade de Direito da USP, Vol. LXXX, 1985, pp. 355-369.

"Nicolau de Cusa", Rio de Janeiro: Revista Liturgia e Vida, Vol. XXXII, No. 191, nov.-dez. 1985, pp. 18-31.
"Imunidades diplomáticas", São Paulo: Revista da Faculdade de Direito da USP, Vol. LXXIX, 1984, pp. 247-253.
"Refugiados", Brasília: Revista de informação legislativa – Senado Federal, a. 21, No. 84, out.-dez. 1984, pp. 251-260.
"Crise financeira da ONU", São Paulo: Revista da Faculdade de Direito da USP, Vol. LXXVIII, 1983, pp. 209-216.

INTRODUCTION

1. International law must be understood both in its historical time and in its cultural context, to allow for a humanly viable regulation of the international system of institutions and norms: a human, teleological ordering of the world in the postmodern context, based on international law [1].

2. The aim of this course is to show that, without the reference points of time (history) and context (culture) – what historians might call the situation, given that the word "context" is capable of different interpretations – that form the background to international law as a system [2], there is a risk of failing to understand what international law is, what its role is at the present time, how it is constructed in terms of both time (history) and context (culture) and most of all, what role it will play in the future not just of mankind [3] but of the planet as a whole, now that the human race has finally understood that we cannot continue to abuse and ignore the environment of which we are part without paying the price and suffering the consequences. The consequences of humanity's suicidal behaviour towards the planet and the environment are becoming increasingly obvious and urgent [4]. Hence the need

1. P. B. Casella, *Fundamentos do direito internacional pós-moderno*, Foreword H. Caminos, São Paulo, Quartier Latin, 2008, at p. 63.

2. Words are not neutral and should be used with precision, as when referring to law as a "system", though this seems preferable to the term "order", which might suggest an ordered content, elements of which are already established. In the words of S. T. Coleridge (1772-1834), *On style:* "Should men simply say, in simple terms, what they have to say, how eloquent they would be".

3. E. Bréhier, *Etudes de philosophie moderne*, Paris, Presses universitaires de France/Publications de la faculté des lettres et sciences humaines de Paris – série "Etudes et méthodes", Vol. 12, 1965, Chap. XXV – Divers aspects de la notion d'humanité, pp. 222-230, orig. publ. in January 1917: "Le mot humanité désigne d'abord l'ensemble des caractères communs à tous les individus de l'espèce *homo sapiens*, en excluant toutefois de ces caractères ceux qui sont communs à l'homme et à l'animal et constituent l'animalité dans l'homme. Ces caractères, il est difficile de les percevoir tous et plus difficile à proportion que notre expérience s'étend davantage dans l'espace et dans le temps". This may be understood in different senses, added Bréhier: "Ainsi, la notion d'humanité, par les recherches historiques et anthropologiques, s'enrichit grâce aux découvertes qui nous font voir l'homme sous un point de vue toujours nouveau ; mais aussi, elle s'appauvrit, puisque ces recherches nous amènent á éliminer, l'un après l'autre, des caractères jusqu'alors considérés comme essentiels".

4. Even if some statements can be disputed, such as the "extinction of two hundred species each day" due to human action on the planet, we should take account of the cry of alarm of G. Thunberg, *No One is too Small to make a Difference*, London, Penguin, 2019, "Together We are making a Difference" – Extinction Rebellion Rally, Marble

to view international law as encompassing not only human beings individually, or mankind collectively, but also the entire planet and its living resources. This shift in attitude is not just necessary, it is urgent [5].

3. Implementing these principles can give rise to a number of problems, as was the case earlier, with the recognition of the "common heritage of mankind" in the 1982 United Nations Convention on the Law of the Sea (which entered into force in 1994) or the "common concern of humankind" in the major multilateral conventions on international environmental protection. Applying these principles might be difficult, but it is nonetheless inexorable.

4. This initial proposition, that the meaning and purpose of international law cannot be understood in the abstract sense, divorced from reality, in other words out of their historical time and cultural context, can be useful in identifying at least two completely distinct approaches to international law. International law presents what we could call its technical dimension or dimensions – as an institutional and normative system that includes principles and rules, whether they derive from treaty, international custom or general principles of law or the work of international organizations – all of which is an important part of international law, and merits study.

5. However, it should not be forgotten that there is also an important human dimension to international law, as a necessary instrument for devising peaceful means of living together geared to the acceptance of tolerance, diversity and protection of the fundamental rights of all human beings (whether as individuals or as a community [6], irrespective of any other legal category or political link to any state), the recognition and protection of the common heritage of mankind (the high seas, the seabed and outer space) [7] and the common concern of humankind (the

Arch, London, 23 April 2019, pp. 55-56: "We are now facing an existential crisis – the climate crisis, the ecological crisis – which has never been treated as a crisis before . . . Humanity is now standing at a crossroads. We must now decide which path we want to take. What do we want the future living conditions for all species to be like?"

5. As considered in Chapter V, Challenges and developments in international law in the postmodern context, especially the section "interdependence and cooperation".

6. How might this "international community" be envisaged? See, i.a., some of the essays in the volume *La communauté internationale – Mélanges offerts à Ch. Rousseau*, Paris, Pedone, 1974, *Avant-propos*, p. VII: "Le thème retenu 'la communauté internationale' a été assez large pour permettre à chacun des participants d'offrir au dédicataire un hommage à la fois choisi et personnel".

7. As shown by the consolidation of the international law of outer space, based on the principles of absence of sovereignty and prohibition of military use of outer space, for the benefit of all. See P. B. Casella, *Tratado de direito internacional – tomo 2 – Direito internacional dos espaços*, esp. Chap. 22 "espaço ultraterrestre"; P. B. Casella and O. Bittencourt Neto, "Desafios do direito espacial", in P. B. Casella

environment), and the legal regime for their proper governance, as well as the preservation of cultural pluralism and of the whole of mankind's historical and cultural heritage.

6. All this adds up to a vast programme. The sheer plurality of the subject-matter and systems for protecting it might seem daunting. As with other things in life, we need to step back in order to see the full picture. To grasp the sense and general direction in which international law is developing, we must try to view it as a whole: that is what this course seeks to do.

7. It is essential to understand that because sovereign states agree to accept mutual obligations through treaty, custom or even unilateral acts, the institutional and normative system of international law sets corresponding limits on their discretionary power [8], in principle arbitrary and unlimited, in favour of the gradual development, through cooperation, of legal regimes that reflect the condition of interdependence and the needs of this type of inter-state coexistence [9]. The relationship between state sovereignty and international law is a major and ever-present theme in international law, as it is in international relations. There is no avoiding the relationship between state, sovereignty and international law in our discussion: limits must be set to state sovereignty in order to build international law [10].

---

et al. (ed.), *Direito internacional, Humanismo e Globalidade – Guido F. S. Soares Amicorum Discipulorum Líber*, São Paulo, Atlas, 2008, pp. 118-135; B. Cheng, *Studies in International Space Law*, Oxford, Clarendon Press, 1998; C.-A. Colliard, "Le droit de l'espace ou le ciel et la terre", in *La communauté internationale – Mélanges offerts à C. Rousseau*, Paris, Pedone, 1974, pp. 63-74; I. H. P. Diederiks-Verschoor, "Similarities with and differences between Air and Space Law Primarily in the Field of Private International Law", *Collected Courses*, Vol. 172 (1981), pp. 317-423; D. Goedhuis, "Conflicts of Law and Divergencies in the Legal Regimes of Air Space and Outer Space", *Collected Courses*, Vol. 109 (1963), pp. 257-346; A. Kerrest (ed.), *L'adaptation du droit de l'espace à ses nouveaux défis – Mélanges en l'honneur de S. Courteix*, Paris, Pedone, 2007; M. Lachs, "The International Law of Outer Space", *Collected Courses*, Vol. 113 (1964), pp. 1-116; G. Laferranderie, "Basic Principles governing the use of outer space in future perspective", in M. Benkö and E. Jolley (eds.), *Space Law, current problems and perspectives for future regulation*, Utrecht, Eleven, 2005, pp. 5-28.

8. C. Tomuschat, "Obligations Arising for States Without or Against their Will", *Collected Courses*, Vol. 241 (1993), pp. 195-374; C. Tomuschat, "International Law: Ensuring the Survival of Mankind in the Eve of a New Century: General Course on Public International Law", *Collected Courses*, Vol. 281 (1999), pp. 9-438.

9. As a matter of principle, it seems to me preferable to use lower case for "state" and "war", especially in international law. This regularly leads to hesitation on the part of revising editors who sometimes correct these supposed mistakes: here, in fact, it is the deliberate choice of the author.

10. M. Bedjaoui and H. Thierry, "Avenir du droit international", in *Droit international: bilan et perspectives*, Paris, Pedone, UNESCO, 1991, Chap. LVI, pp. 1305-1317, at p. 1313, para. 29: "C'est ainsi en fonction des limitations qu'il impose à la souveraineté que le droit international se construit". The same statement is made by

8. The increasing interdependence of states [11] and the need to regulate the way in which they coexist within the international system are inexorable, despite lapses into superannuated theories of nationalism and sovereignty [12], independence and national interest and the sort of dangerous "my country first" bluster and sloganizing that, let us not forget, have in the past [13] led not only to two world wars but countless – and nameless – other conflicts worldwide [14].

9. We must also acknowledge, and denounce, the recent dangerous resurgence in implausible nationalist rhetoric [15], a worrying trend given

H. Thierry in "L'évolution du droit international – cours général de droit international public", *Collected Courses*, Vol. 222 (1990), pp. 9-186, on the construction of international law as an institutional and regulatory system.

11. See, in this course, Chapter V, Challenges and developments in international law in the postmodern context, particularly the section on "interdependence and cooperation".

12. J. Crawford, *The Creation of States in International Law* (orig. pub. 1979, Oxford University Press, 2nd ed., 2006, reprinted 2011, "Conclusion", pp. 718-723): "the concept of 'sovereignty' as a criterion for plenary competence has been rejected. Although that view gained a certain degree of acceptance among nineteenth-century writers and was accepted in the twentieth century in Soviet and in some western doctrine, the notion of 'sovereignty' has been seen to be both unhelpful and misleading as a criterion. It is unhelpful since both the legal and the effective capacities, rights, immunities and so on of states may vary widely, within the limits established by the criteria for separate independence. It is misleading since it implies a necessary and overriding omnipotence which states do not possess in law or in fact".

13. Even such an author as S. Pufendorf (1632-1694), who wrote that "peace is the proper state of man, and the state that distinguished him from the beasts", admits in the same work, *Les devoirs de l'homme et du citoyen* "tels qu'ils lui sont prescripts par la loi naturelle" transl. from the Latin by J. Barbeyrac, sixth edition, "accompagnée, comme la précedente, des deux Discours sur la Permission et sur le Bénéfice des Lois; et du jugement de M. Leibnitz sur cet ouvrage, avec des réflexions du même traducteur; mais revue de nouveau, et augmentée d'un grand nombre de notes", London, J. Nourse, 1712, 2 Vols;. Facsimile edition published by the Bibliothèque de philosophie politique et juridique – Centre de philosophie juridique et politique, University of Caen, under the direction of S. Goyard-Fabre, Caen, University of Caen, 1984, 2 Vols.; book II, Chap. XVI – *Du droit de faire la guerre et la paix*, Vol. II, pp. 158-174, *cit.* para. I: "Cependant la guerre ne laisse pas d'être permise, et quelquefois même nécessaire, lorsque par un effet de la malice d'autrui, on ne saurait autrement conserver sa personne ou ses biens, et maintenir ou obtenir ses droits légitimes".

14. On the subject, B. Tertrais, *La guerre*, Paris, PUF – "Que sais-je?", 2010, "Introduction", pp. 5-6, writes (at p. 6): "Les normes de l'emploi de la force évoluent également: l'héritage sanglant de la première partie du XXe siècle, le développement des Nations Unies et de ses organisations régionales, celui de nouveaux instruments juridiques, et la médiatisation croissante des événements internationaux, donnent à la violence collective armée un caractère de plus en plus intolérable: alors qu'elle a été longtemps considérée comme faisant partie intégrante de la vie normale des sociétés humaines, elle est aujourd'hui le plus souvent perçue comme un mal, même si elle est parfois nécessaire".

15. Many publications are available on "nationalism". It is relevant to present the incompatibility of this phenomenon with international law in general, and particularly with all initiatives aiming at cooperation and integration: P. B. Casella, "Nacionalismo político e econômico, soberania e sua delimitação enquanto conceito jurídico", in

the disastrous consequences it has produced in mankind's recent past. Such nationalist tendencies, which might have been considered a thing of the past after the huge amount of damage they caused in the twentieth century, seem to be pushing up again like weeds. The only possible antidote is more international law and more multilateralism, and the strengthening of international institutional structures.

10. Coexistence of states is not merely desirable in theory, it is a necessity in all those areas that states cannot control or regulate alone. International law is needed everywhere states are unable to function separately, for the management of those areas and those common needs through rules and procedures that function effectively where individual, independent state laws cannot. These areas that transcend the power of states are necessarily and intrinsically international, inter-state or even transnational if you prefer. All this to say that these are fields that cannot be regulated and managed by states separately, without relying on each other, but require the establishment of a common legal system, a shared operating regime, to which states agree to commit through treaties, custom, principles and international processes that form the subject matter of international law.

11. This is achieved on the basis of common need, as with the gradual recognition of the rules of *ius cogens*, and obligations *erga omnes*: it does not happen because states are virtuous or altruistic, but because they need to devise and apply rules to manage their shared needs, and also processes by which those rules are made to work.

12. Ultimately, states do not create international law because of its merit, or because they see it as an expression of virtue or good intentions, but because of their needs and interests. Such entities do not have feelings – a fact that should not be forgotten, however much talk there is of national interest or national honour.

Mercosul – exigências e perspectivas: integração e consolidação de espaço econômico, São Paulo, LTr, 1996, Chap. III, pp. 72-93; G. Delannoi and P.-A. Taguieff (ed.), *Nationalismes en perspective*, Paris, Berg, 2001, esp. the chapter by P. Zawadzki, "Le nationalisme comme religion séculière", *op. cit.*, 2001, pp. 265-302 and P.-A. Taguieff, "Populisme, nationalisme, national-populisme: réflexions critiques sur les approches, les usages et les modèles", *op. cit.*, 2001, pp. 303-407; E. Hobsbawm, *Nations and Nationalism since 1780 – Programme, Myth, Reality*, 1992, Cambridge University Press; online publication, 2012); R. Ricupero, "A resiliência do estado nacional diante da globalização", in the Vol. *Nação - Nacionalismo*, São Paulo, USP – Instituto de estudos avançados, Revista Estudos Avançados, Vol. 62, 2008, pp. 129-144; Institut de Sociologie – Centre de sociologie de la guerre, *Le nationalisme – facteur belligène, Etudes de sociologie de la guerre*, Brussels, Bruylant, 1972; P. Spencer and H. Wollman, *Nationalism – a critical introduction*, London, Sage Publications, 2002.

13. States agree to be bound by internationally determined duties because it is necessary; international law exists and develops because states need it. Unfortunately, they often do so only as far as that need extends; beyond that limit lie areas of speculation and the quest for what might be termed future developments.

14. In this sense, I would assert that international law cannot be viewed merely as a set of technical regimes. It must be seen as a broader international institutional normative system, considerably more extensive in scope, for the establishment of the international legal regime or regimes for the protection of fundamental rights, mankind and the planet, and for areas and subjects that transcend the potential of unilateral state action. No matter if this proves difficult or open to challenge; the main goal must be kept in sight.

15. As in any organized society, for rules to work they must be applied, and a reasonable level of mutual trust must exist that the rules governing the collective functioning of such a society will be observed. Reliable systems must also be in place to ensure they are enforced against those who prove recalcitrant – one always finds stubborn resisters – to guard against the demoralization of the entire international institutional normative system. That has happened many times throughout history [16]. To understand the role of international rules and institutions we need only look back to the times before they existed or were operational, and draw the necessary conclusions.

16. For this purpose, intergovernmental organizations, international courts and tribunals have been set up, with systems of governance and international enforcement mechanisms of varying levels of development. The creation of further institutions and rules can be contemplated and

16. See Chapter I for the concept of history. A great historian, I. Khaldun (1332-1406), in his *Al Muqqadima*, or *Discours sur l'histoire universelle*, new translation, foreword and notes by V. Monteil, Paris, Sindbad, 3 Vols., 1978, presents history as a relationship among peoples. From these relations he deduces a cyclic conception, according to which nomads from the steppes and deserts conquer land from sedentary peoples, to establish vast kingdoms. These, after two or three generations, are in turn taken over by other peoples, falling as victims to the new conquerors. Another great historian of the first half of the 20th century, M. Bloch, used the concept of I. Khaldun to explain the movements of populations in Europe at the beginning of the Middle Ages. See M. Bloch, "Liberté et servitude personnelles au Moyen Age, particulièrement en France" – contribution to a study of classes, text from 1933, in the Volume by M. Bloch, *Mélanges historiques*, originally published in 1963, foreword by Y. Potin, Paris, éd. CNRS, 2011, pp. 286-355; *La société féodale*: la formation des liens de dépendance/ les classes et le gouvernement des hommes, 1939, 1940, 1966, 1967, 1968 and 1989, Paris, Albin Michel, 1994, foreword by R. Fossier; *Esquisse d'une histoire monétaire de l'Europe*, "Deux mots d'explication" by L. Febvre; afterword by F. Braudel, Paris, Colin, 1954.

discussed[17]. But such large-scale institutional developments can in their turn[18] give rise to criticism and fears that they will lead to the fragmentation of international law[19]. Or at any rate, warnings to that effect: it is better not to expect international law to be responsible for everything, if it is to remain a viable and effective system[20].

17. The book by H. L. A. Hart, *The Concept of Law*, Oxford, Clarendon Press, 1st ed., 1961; 2nd ed., 1994, "with a postscript", P. A. Bullock and J. Raz (eds.), Chap. X, "International law", pp. 213-237, insists on "the understanding of law, coercion and morality as different but related social phenomena" and develops his analysis "concerned with the clarification of the general framework of legal thought, rather than the criticism of law or legal policy". Hart's conception of international law seems not only rather limited, but also too pessimistic, *op. cit.*, ed. 1994, p. 214: "The absence of these institutions [an international legislature, courts with compulsory jurisdiction, and centrally organized sanctions] means that the rules for states resemble that simple form of social structure, consisting only of primary rules of obligation, which, when we find it among societies of individuals, we are accustomed to contrast with a developed legal system".

18. P. B. Casella, "Evolução institucional do direito internacional: à luz do cinquentenário do conceito de direito de Hart (1961)", in T. S. Ferraz Jr. and L. O. Baptista (eds.), "Estudos em homenagem ao prof. C. Lafer, pelos seus 70 anos", *Revista Brasileira de Filosofia*, year 60, Vol. 236, January-June 2011, pp. 313-329, at p. 323. Certainly, Hart was an important legal scholar and continues to be considered as such. But his conception of international law as a "primitive" system, notwithstanding its limits, should be reevaluated. International law has considerably changed since the mid-20th century and continues to change, conceptually and structurally, as evidenced by institutional developments in entire areas of international law that simply did not exist at the time of publication of Hart's book in 1961.

19. Recognizing the unity of international law, see the general course given by P.-M. Dupuy at The Hague in 2000, "L'unité de l'ordre juridique international", *Collected Courses*, Vol. 297 (2002), pp. 9-489; on the existence of fragmentation, see M. Koskenniemi, in his *Report of the Study Group* of the International Law Commission, *Fragmentation of International Law: Difficulties Arising from the Diversification and Expansion of International Law*, Fifty-eighth session, Geneva, 1 May-9 June and 3 July-11 August 2006 (UNGA, A/CN.4/L.682) "finalized by Martti Koskenniemi" as well as his books, *Fragmentation of International Law: Difficulties Arising from the Diversification and Expansion of International Law* (2007); and *The Politics of International law*, Oxford and Portland, Oregon, Hart Publ, 2011. See also S. D. Murphy, *Deconstructing Fragmentation: Koskenniemi's 2006 ILC Project, GW Law Faculty Publications and Other Works*, 2013: Project, Temple International and Comparative Law Journal, at http://scholarship.law.gwu.edu/faculty_publications, part of the Law Commons. Murphy considers "deconstruction" in the light of three possible approaches to the ILC Report of 2006 on fragmentation: "First, is the Report mostly a scholarly think-piece that will sit in the jurisprudential shelf in the library – a self-contained, intellectual regime of a sort? Or is the Report useful for the practical lawyer toiling in the field of international law, one that will prove illuminating for emerging areas of international law, in the years to come? Second, how does the Report relate to Koskenniemi's own scholarship, might the Report be viewed as a confirmation or extension of that scholarship, or – more provocatively – a betrayal of it? Third, will the Report have 'legs' in helping point the direction for future work by the ILC and other comparable institutions? Does it suggest new ways of thinking about codification and progressive development of international law?"

20. E. Tourme-Jouannet, in *What is a Fair International Society? International Law between Development and Recognition*, Oxford and Portland, Oregon, Hart Publ. – French Studies in International Law, 2013; also her book *Le droit international*

17. It is vital to understand the importance of having mechanisms for the protection of fundamental rights, whether as part of regional systems or under the auspices of the universal United Nations system. Because these international regimes of protection create duties on the part of states, and as a result exist outside the strictly domestic regimes of each state with its political fluctuations and vagaries, this body of principles and rules for the international protection of fundamental rights plays an enormously important part in building a world that is both more human and more humanized [21].

18. The same is true of protection of the environment and the establishment of the concept of the common concern of humanity, the international regime of law of the sea, the deep sea-bed and outer space and their status as the common heritage of mankind [22], marine and aerial navigation and telecommunications, movement of capital and information, cross-border organized criminal activities, standardization of the names of diseases and their treatments – the list of subjects is long and getting longer. In practice, the technological advances of the past two centuries have hugely extended the list and continue to do so, as can be seen with cyber-crimes [23], including those committed in outer space – another newly-discovered mode of criminality, along with the scourge of fake news. In all these new environments, some of them virtual, international law is or should be developing, to reflect the needs of the international community in general, and states in particular, to

---

libéral-providence: une histoire du droit international, Brussels, Bruylant, University of Brussels editions, 2011, presents her concerns about the scope of international law, which "classiquement un droit libéral de coexistence et de coopération entre états, a été en fait depuis son origine un droit également providence", in the sense of not only responding to the interests of states and their concerns about stability. International law has also been considered as a "providence ", a kind of "droit interventionniste qui allait faire accéder les peuples au bonheur et au bien-être", which could turn international law into "originairement un modèle eschatologique sécularisé".

21. On this topic see Chapter IV, on the role of the international protection of fundamental rights as an element of renewal and transformation of international law.

22. These important concepts of "common heritage of mankind" and "common concern of humankind" represent qualitative changes in international law, as much as the inclusion of human dignity and the development of the international protection of fundamental rights. Certainly, their implementation can be further perfected, but their adoption, in the 1982 UN Convention on the Law of the Sea and the main conventions on the international protection of the environment, respectively, reflects the growing awareness in human society about the living resources of the planet and the pressing need to ensure their conservation. See *Tratado de direito internacional* – tomo 2 – *Direito internacional dos espaços*, São Paulo, Almedina, 2nd. ed., 2022, esp. Chap. 20, "espaços internacionais, de *res nullius* a patrimônio comum da humanidade".

23. The Tallinn Manual on the International Law Applicable to Cyber Warfare is a guide prepared by a group of experts, mandated by NATO, proposing the transposition of international law to cyberconflicts. The text is available on the CCDCOE website, https ://ccdcoe.org/tallinn-manual.html The subject is constantly evolving.

regulate issues that transcend their capacity for unilateral action. All this is happening in space, which makes it important to consider the transformations space has undergone in international law [24].

19. In these various fields of application, what is most important is to understand that, once created – by states, according to treaties, customs or principles of law – international law also serves to protect individuals and human communities, along with the environment and all living beings and natural resources, against deviant state conduct that is authoritarian or hostile to the law. The advantage of such progress, intended by states, is to further the safeguarding of the fundamental rights of human beings individually and collectively, as well as of the planet and its resources.

20. In this sense we can speak of international law in transformation, or postmodern international law [25], or even of international law [26] in the postmodern context [27]. According to Bauman, it can be said that "postmodernity is modernity without illusions" [28]. Bauman goes on to

24. See Chapter II, Territoriality and extraterritoriality: space in postmodern international law.

25. In the case of private international law, this was done by E. Jayme in his courses at The Hague and in other publications: E. Jayme, "Considérations historiques et actuelles sur la codification du droit international privé", *Collected Courses*, Vol. 177 (1982), pp. 9-102; "Identité culturelle et intégration: le droit international privé postmoderne. Cours général de droit international privé", *Collected Courses*, Vol. 251 (1995), pp. 9-268; "Le droit international privé du nouveau millénaire: la protection de la personne humaine face à la globalization" – conférence prononcée le 24 juillet 2000, *Collected Courses*, Vol. 282 (2000), pp. 9-40; *Pasquale Stanislao Mancini: il diritto internazionale privato tra Risorgimento e attività forense* (orig. publ. *Pasquale Stanislao Mancini: Internationales Privatrecht zwischen Risorgimento und praktischer Jurisprudenz*, 1980, Ebersbach, V. Rolf Gremer, trad. italiana A. Ruini, Padova: CEDAM, 1988). Several chapters in the Volume of *Studies in honour of E. Jayme* consider his contribution to assessing private international law in the postmodern context. See *O novo direito internacional – estudos em homenagem a Erik Jayme*, C. L. Marques and N. de Araujo (eds.), Rio de Janeiro, Renovar, 2005.

26. As to this, P. B. Casella, "International Law: the Post-Modern Approach to the Classics and the New Challenges" (course given in Rio de Janeiro in August 2009, published in *XXXVI Curso de derecho internacional*, ed. by the Interamerican Legal Committee of the Organization of American States, Washington: OEA – Secretaria general, 2010, Vol. XXXVI, pp. 3-46), also *Fundamentos do direito internacional pós-moderno,* São Paulo, Quartier Latin, 2008.

27. Examining the notion and consequences of "post-modernity" in relation to public international law is a difficult task, undertaken in Casella, *Fundamentos do direito internacional pós-moderno*, São Paulo, Quartier Latin, 2008, not forgetting other relevant contributions on the subject: Z. Bauman, *Liquid life*, Cambridge, Polity Press, 2005; *Post-modern Ethics*, Oxford, Blackwell, 1993; D. Harvey, *The Conditions of Post-Modernity – An Enquiry into the Origins of Cultural Change*, Oxford, Blackwell, 1989; G. Vattimo, *La fine della modernità*, Milan, Garzanti, 1985; G. Giorgio, *Il pensiero de Gianni Vattimo* – l'emancipazione dalla metafisica tra dialettica ed ermeneutica, Milan, Franco Angeli, 2006.

28. Z. Bauman, *Post-modern Ethics*, Oxford, Blackwell, 1993.

observe that great ethical themes like human rights, social justice, balancing peaceful cooperation with personal autonomy and synchronizing individual conduct with collective welfare have not ceased to be relevant. "They only need to be seen, and dealt with, in a novel way." Thus, the traditional themes that, on Bauman's analysis, have great importance for ethics are still – in my opinion – equally important for international law, but require a different approach:

> "I suggest that the novelty of the postmodern approach to ethics consists first and foremost not in the abandoning of characteristically modern moral concerns, but in the rejection of the typically modern ways of going about its moral problems (that is, responding to moral challenges with coercive normative regulation in political practice, and the philosophical search for absolutes, universals and foundations in theory)." [29]

21. The strictly inter-state view of international law has not worn well, and we must find something to put in its place. We therefore refer to "postmodern" international law, or to international law in the postmodern context, which might seem vague and uncertain but must be understood as meaning international law that encompasses human beings individually and collectively, investing them with rights and duties laid down by international law alongside the traditional inter-state means for creating and implementing international law, by states and international organizations. In that sense it could be described as a major transformation in international law, compared to the strictly inter-state concept of traditional international law.

22. Likewise, the exclusively anthropocentric view of the world in general, and international law in particular, has not worn well either. Man is not "the measure of all things": we have known that since Protagoras, and the upholding of relativism as a way of understanding the real world was already sparking controversy in ancient times, as Plato pointed out [30]. But relativism still rears its head from time to time [31].

---

29. Z. Bauman, *op. cit.*, 1993.

30. The Sophists, in general, are presented in an extremely unfavourable light by Plato (428-347 BC), in his Dialogues, notably in the case of the Sophist Protagoras. Among several others, see the bilingual edition *Protagoras*, translated into English by W. R. M. Lamb, Cambridge, Ma./London, Loeb Classical Library, "Plato in Twelve Volumes", Vol. II, LCL 165, orig. publ. 1924, reprinted 1990, pp. 85-257, and also *Theaetetus*, translated into English by H. N. Fowler, Cambridge, Ma., Harvard Univ. Press /London, Heinemann, Loeb Classical Library, "Plato in twelve volumes", Vol. VII, LCL 128, orig. publ. 1921, reprinted 1987, pp. 1-257, 152A, pp. 40-41: "man is the measure of all things". Protagoras is presented here at his worst by Plato.

31. The approach of the Sophists seems rather "modern" in the sense of defending the market utility of knowledge, and its use as a tool to succeed at whatever cost. This

23. All this is to say that international law must be viewed in a broader, planetary sense, as suggested by the principles of the common heritage of mankind applied to the high seas, the seabed and outer space, and of the common concern of humankind, applied in the major conventions on the environment. This despite the criticisms levelled at the vagueness of both the concept and content of these principles, and the difficulties with putting them into practice.

24. In the vast body of international law [32], what links all these seemingly distinct fields together and unites all these topics, with their apparently separate legal regimes, is the very simple fact that these are subjects that states are unable to regulate for themselves or by themselves. States have established rules of international law for all those areas that exceed their own capacities, primarily because states themselves needed them in the past, need them now and will continue to do so. Likewise, states observe international law because they need to, having contributed, in considerably varying degrees, to its creation. Even though all states are deemed equal before the law, some contribute more to international law than others.

25. While not ignoring the enormous disparities in economic, military and political power, under international law states are legally equal. This is an important rule of international law, and its application can be seen for instance in the United Nations General Assembly and in the majority of intergovernmental organizations. At the same time, certain exceptions are allowed, as the UN itself demonstrates, with its five permanent members with the right of veto in the Security Council [33].

---

may be regrettable but sounds quite familiar to our postmodern ears. As stressed by Plato, knowledge and wisdom cannot be reduced to their market value. As mentioned by W. Lamb, in Plato, reprint 1990, pp. 86-91, "Introduction to the Protagoras": "Protagoras was the founder of a popular culture which aimed at presenting the highest lessons of the poets, thinkers and artists of the preceding age in a convenient form for the needs of the rising generation of Greek statesmen – a form also that should be marketable, for he invented the trade of the professional educator, and was the first to charge a regular fee for the wisdom or skill that he imparted. . . . But he did not stop to think out the bases of his teaching." To present "man as the measure of all things" is a statement of relativism, according to which all values (aesthetic or moral) are relative to the circumstances of society, and thereby variable.

32. The courses given at The Hague since 1923 illustrate the diversity of possible approaches to, and the vast content of, international law. They are both a rich heritage and a working tool as, throughout the century, all possible topics of research in international law have been covered in the "Collected Courses of the Academy of International law", also referred to as the *Recueil des Cours*.

33. Discussions on the reform of the UN – notably the composition of the Security Council, in order to better reflect changes to the international system since 1945 – are a vast topic, with considerable literature available. As to this, see Casella, "Brasil entre igualdade jurídica dos estados e reforma da ONU – legado de Ruy Barbosa na II Conferência de Paz da Haia", in Boletim da Sociedade Brasileira de Direito

It could be said that "all states are equal, but some are more equal than others" [34]. Advocating for the legal equality of states as a factor in achieving a balance between them and fostering the consolidation of peaceful coexistence is a major conceptual innovation, credit for which should be given to Samuel Pufendorf (1632-1694) [35], centuries before the legal equality of states was accepted as a principle of positive international law [36].

26. International law has far too often been forced to defend both its existence and the legal nature of its principles, against those who deny them altogether [37] or reject their application. There are many ways in which international law is distinct from domestic laws. Domestic laws follow a different logic from that of international law, which cannot rely

---

internacional, ano CIII, jul.-dez. 2017, No. 125-130, pp. 815-851; as well as "Reforma da ONU pós Kelsen", J. Moscardo and C. H. Cardim (eds.), *Reforma da ONU*, Brasília, FUNAG, 2010, pp. 143-210.

34. Paraphrasing E. A. Blair, better known as George Orwell (1903-1950), British essayist and novelist, in *Animal Farm*, orig. publ. 1945. Orwell's allegory may have been inspired by J. Swift, turning its criticism against regimes of proletarian dictatorship, in which "all animals are equal, but some animals are more equal than others". His most celebrated novel, *1984* (publ. 1949) evokes with force and sensibility the dehumanization of our world, fascinated by totalitarian regimes.

35. *Les devoirs de l'homme et du citoyen* – "tels qu'ils lui sont prescrits par la loi naturelle", transl. from the Latin by J. Barbeyrac, 6th ed., London, J. Nourse, 1712; facsimile edition, University of Caen, 1984, 2 Vols.; *cit.* book II, Chap. XVII, para. III, pp. 175-176: "Les alliances égales sont celles où l'on contracte avec une entière égalité de part et d'autre; c'est-à-dire, dans lesquelles non seulement on promet de part et d'autre des choses égales ou purement et simplement, ou à proportion des forces de chaque allié ; mais encore on s'y engage sur le même pie[d]; en sorte qu'aucune des parties ne se reconnoît inférieure à l'autre, en quoi que ce soit".

36. The relevance of the contribution of S. Pufendorf to the development of international law is considered in Casella, *Tratado de direito internacional* – tomo 9 – *Direito internacional no tempo de Samuel Pufendorf*, São Paulo, Almedina, 2024, Chap. 20; see also F. de Holtzendorff and A. Rivier, *Principes du droit des gens*, Paris, Fischbacher, 1889, p. 389: "L'influence de Pufendorf a été préponderante pendant trois quarts de siècle, et il a dominé le droit naturel jusqu'à Wolff, en partie même jusqu'à Kant … sur nombre de points, Pufendorf a dévancé son siècle, il a frayé les voies, sans être en aucune façon ce qu'on nomme un idéaliste". However, they consider that Pufendorf's influence was not always positive for the development of international law.

37. Certain authors have denied the existence of international law, since the beginning of its expansion in early modern times. It is intriguing to see that such attacks and criticisms have continued up to the present day. Among the most recent examples, a construction that is not international law, albeit borrowing some of its elements, is presented by J. Rawls (1921-2002), *The Law of Peoples*, Cambridge, Harvard Univ. Press, 1999; Braz. ed., *O direito dos povos*, trad. L. C. Borges, São Paulo, Martins Fontes, 2nd ed., 2019, quoted p. 66 and 146, developed from a lecture first given on 12 February 1993, published with another text, *The Idea of Public Reason Revisited*, in the same volume. I might – hopefully – agree with Rawls that the history of peoples can enlighten us on several aspects of things we want to know, and also that we are seeking a world where ethnic hate has disappeared, removing the threat of nationalistic wars.

on a complete written legal system, or on an institutional or operational structure equivalent to that of national state systems [38].

27. It follows that, compared to domestic law, international law relies more heavily on principles, custom and agreements on principles, or treaties. Another consequence is the role of general principles of international law, held to some degree to be immutable and generally accepted, valid and binding, on the same footing as treaties and custom, as practices that are generally accepted and acceptable and reflect the consensus that they express international law.

28. This fact was already understood and expressed by Francisco Suarez (1548-1617), when he upheld the legal content of international law: *Leges autem ad ius gentium pertinentes verae leges sunt* – laws on the rights of nations are true laws [39]. The law of nations is a characteristic of the human race: *Ius gentium est, quo gentes humanae utuntur* [40].

29. Suarez's conception of international law separates it very clearly not only from God but from canon law and theology: the secular, rational basis of international law was already present in the works of Suarez long before the Protestant authors of modern international law, Grotius in particular, propounded those theories to bring about the "secularization" of international law. The reality is rather different: for all his merits and his pervasive influence on modern international law as a whole [41], Grotius invoked God more often than Suarez did. This argument that the Protestant authors "secularized" international law is repeated without due regard for historical fact, or an attentive reading of the authors themselves.

---

38. See M. Bos, *A Methodology of International Law*, Amsterdam, North Holland, 1984; O. Corten, *Méthodologie du droit international public*, Brussels, éd. Université Libre de Bruxelles, 2009; R. Kolb, *Réflexions sur les politiques juridiques extérieures*, Paris, Pedone, 2015; H. Thirlway, *The sources of international law*, orig. publ. 2014, Oxford University Press, 2nd ed., 2019; also his "Concepts, Principles, Rules and Analogies: International and Municipal Legal Reasoning", *Collected Courses*, Vol. 294 (2002), pp. 265-406.

39. F. Suarez, *De Legibus ac Deo legislatore/Tratado de las leyes e de Dios legislador*, in ten books – facsímile of the *editio princeps*, Coimbra, 1612, with a Spanish version by J. R. Eguilor Muñozguren (S. J.), and general introduction by L. Vela Sanchez (S. J.), Madrid, Instituto de Estudios Políticos, 1967-1968, Lib. II, caput XX, n. 3.

40. F. Suarez, *De Legibus* (J. R. Eguilor M. (ed.), 1967-1968, Lib. II, caput XVII, n. 4).

41. R. Ago, H. Schiedermair, W. Riphagen and A. Truyol Y Serra, "Commémoration du quatrième centennaire de la naissance de Grotius/Commemoration of the fourth centenary of the birth of Grotius", *Collected Courses*, Vol. 182 (1983), pp. 371-469, is a good example, within the vast literature available on Grotius, his work and his relevant contribution to international law.

30. In order to establish an international custom it is not realistic to expect to bring all states together on every occasion when the issue arises; however, where a significant number of states express their views on a given topic the elements necessary for the existence of an international custom can be materially verified.

31. Seemingly for the first time, Suarez showed that states were governed by the law of nations, not only because of the force of natural law but also because of those nations' customs, and also because the law of nations necessarily required cooperation and concerted action by states [42]. By contrast with natural law, international law could be modified, and remained modifiable and adaptable to changing circumstances – whence the importance of situating and understanding international law in its historical time and cultural context – because international law depends on human consent:

> "Given the fact that the totality of man is not united in a single body politic, but has been divided into many communities; despite that, those communities may give each other mutual assistance and maintain justice and peace among themselves – which is essential for the good of the universe – it is imperative that they observe certain general rules, as by treaty or consent among them – known as the 'law of nations' – introduced rather by usage and custom than by means of constitutions." [43]

32. It follows from the above that international law could be envisaged as one or more legal regimes – in other words, a set of rules and procedures, or several sets of rules and procedures for distinct areas under different legal systems, with the fear that it might fragment – or it could equally be viewed as materially international content: the set of principles and rules that govern the life of the international community. International law might be seen as a conceptual unity, not forgetting its specific developments in one or other areas of specialization.

33. This international community cannot be viewed solely as an inter-state community: it also has to include intergovernmental

---

42. P. B. Casella, *Tratado de direito internacional* – tomo 6 – *Direito internacional no tempo de Suarez, Gentili e Zouch*, São Paulo, Almedina, 2023, Chap. 15 – F. Suárez (1548-1617). It seems worth mentioning that L.-E. Le Fur, "La théorie du droit naturel depuis le XVIIe siècle et la doctrine moderne", *Collected Courses*, Vol. 18 (1927), pp. 259-442, esp. pp. 290-291, criticizes Suarez for not being, in his view, sufficiently modern, whereas M. Villey, *La formation de la pensée juridique moderne*, Paris, PUF, 2003, esp. p. 355, considers Suarez excessively modern.

43. F. Suarez, *De Legibus*, J. R. Eguilor M. (ed.), 1967-1968, Lib. III, caput II, n. 6.

organizations as groups of states, following the same reasoning: we might call them "inter-state" organizations, conferring a parliamentary dimension on the international institutional and normative system. Nor should the role or the presence of non-governmental organizations be overlooked, though here we are in a sort of *terra incognita*, a vast and ill-understood area with no maps or points of reference [44], and no details. The earliest maps indicated *"hic sunt leones"* – here be lions – to show where the terrain could not be explored. Non-governmental organizations, likewise, are a huge subject unto themselves, one that remains to be examined.

34. Aside from states and international organizations, in the strict sense of intergovernmental, the scope of application of international law must also be extended to individuals and human communities to encompass peoples and thence the right of peoples to self-determination, acknowledged as one of the most important developments in international law in recent decades and recognized by the International Court of Justice in 2010 in its advisory opinion on Kosovo [45]. Some questions remain: is this right applicable to all peoples? If so, to what extent [46]? However, the principle has been accepted and the importance of preserving the territorial integrity of states has been upheld.

---

44. This was true for ancient maps, and remains true for the present context, as pointed out, e.g. by T. Marshall, *Prisoners of geography*, Foreword by Sir J. Scarlett, London, Elliott and Thompson, 2015 or R. D. Kaplan, *The Revenge of geography*, New York, Random House, 2012, Chap. X – Russia and the Independent Heartland, pp. 154-187, at p. 177: "Just as geography is not an explanation for everything, neither is it a solution. Geography is merely the unchanging backdrop against which the battle of ideas plays out".

45. ICJ, *Accordance with International Law of the Unilateral Declaration of Independence in Respect of Kosovo*, advisory opinion 22 July 2010, *ICJ Reports 2010*, p. 403. The contents of this advisory opinion of the ICJ raise several discussions around the consequences of a declaration of independence. See e.g., P. B. Casella, *Secessão no direito internacional e o Parecer consultivo da Corte Internacional de Justiça sobre o Kosovo de 22 de julho de 2010*, Boletim da Sociedade Brasileira de Direito internacional, ano XCVIII, ago.-dez. 2013, n. 119-124, pp. 111-126; J. Dugard, *The Secession of States and their Recognition in the Wake of Kosovo, Collected Courses*, Vol. 357 (2013); J. F. Escudero Espinosa, *Self-Determination and Humanitarian Secession in International Law of a Globalized World: Kosovo* v. *Crimea*, Cham (Switzerland), Springer, 2017; J. A. Hofbauer, *Sovereignty in the Exercise of the Right to Self-Determination*, Leiden, Boston, Brill/Nijhoff, *Queen Mary Studies in International Law*, Vol. 27, 2016.

46. See Chapter III on the impact of colonialism on the development of international law, especially the section on decolonization and the development of the right of peoples to self-determination. See also J. A. Hofbauer, *Sovereignty in the exercise of the right to self-determination, op. cit.*, 2016, esp. 3.4: "Self-determination: a right of"all peoples?", pp. 81-83: "The right of self-determination of peoples is recognized as a universal norm, applying to all peoples, and its fulfillment lies in the interest of the international community as a whole. Yet, despite its recognized normative existence, self-determination also still retains certain inherent characteristics of a principle – loose

35. Human beings and peoples are an inexorable part of international law, and have been for a considerable time. The capacity of the individual as a subject of international law is no longer in question: he or she has both rights and duties, laid down by international law, which confers on him or her full status as a subject of this legal system. In the operational sense, however, it is states that implement the institutional mechanisms of international law, sign and ratify treaties and become members of international organizations.

36. The fact that peoples and human beings are subjects with rights and duties laid down in international law is by now an *acquis* of international law. Despite swings of the pendulum with regard to recognition of peoples and individuals as subjects of international law, this structural shift is obvious, and it cannot – and must not – any longer be called into question.

37. This diversity in the way it is viewed gives rise to enormous differences in the treatment of international law. Self-indulgently limiting the examination to certain legal systems, or to one given specific legal system, reveals neither the essence nor the totality of international law, which is materially international in its content.

38. The hard core of international law can be found in its general principles, and in its historical and conceptual construction. That is how I seek to present it in this course, on international law in relation to history and culture.

39. Both ways of studying and approaching international law – whether as one system, or as multiple international legal regimes – are admittedly valid and necessary. There will be differences, however, including in the approach to the outcome: what constitutes international law, and what is fundamental for its understanding and implementation.

40. Once we have understood what this hard core consists of, it is easy to examine many specific legal systems without getting lost in their sheer multiplicity or starting to fear that international law is in danger of fragmentation. To avoid this risk, one need only focus on the logic of the international institutional and normative system as a whole. The international coherence of the system is not lost. Voices will always be raised in contradiction warning of danger, losing themselves in discussions about the existence, content and foundations of international law, and the risk that it will fragment and lose its pivotal position in the international life of the modern world. That is not a

---

and ambiguous as to the extent and meaning. Self-determination in this vein constitutes an 'umbrella right', thus susceptible to a variety of different aspects and rights".

likely scenario, nor does it help understand what already exists, or the many areas in which international law functions unchallenged, as can be seen from the entire fields of international law whose effectiveness and implementation are uncontroversial.

41. Along the same lines, Yasuaki Onuma (2017, 2010) has spoken of the importance of international law as an instrument that makes it possible for human beings to live together and thus forms an integral part of the world: as such, international law plays an important role in setting universal minimum standards of protection for fundamental rights [47]. According to Onuma, in order to grasp the meaning and scope of international law, a shift away from strictly west-centric to global international law is needed to place it in context and give it its true "transcivilizational perspective".

42. These diverse ways of envisioning international law – as, essentially, an international legal order (or more than one), or essentially, materially international content, or even the interaction between that content and those international orders (which implement it) bring us closer to an overview, indispensable for an understanding of international law as a whole, which comprises both rules and content. Those rules and that content are expressed according to the historical time and the cultural context of international law.

43. Certain practices serve to illustrate the changing times and contexts: occupation, long considered as a valid means of acquiring territory, to the point that there was said to be a "law of occupation" [48] is one example of a practice now obsolete and condemned by current international law, as the International Court of Justice indicated in its

47. Yasuaki Onuma, *International Law in a Transcivilizational World*, Cambridge University Press, 2017; *Le droit international et le Japon – Une vision transcivilisationnelle du monde*, preface by M. Delmas-Marty, presentation by F. Megret, Paris, Pedone, 2016; "Multi-Civilizational International Law in the Multi-Centric 21st century world: transformations of the West-centric to Global International Law as seen from a Trans-Civilizational Perspective", in P.-M. Dupuy and V. Chetail (eds.), *The Roots of International Law/Les fondements du droit international – Liber amicorum P. Haggenmacher*, Leiden, Boston, M. Nijhoff, 2014, pp. 599-640; "A Transcivilizational Perspective On International Law", *Collected Courses,* Vol. 342 (2009), also in the Brazilian edition, *Direito internacional em perspectiva transcivilizacional* – Questionamento da estrutura cognitiva predominante no emergente mundo multipolar e multicivilizacional do século XXI, transl. by A. Carvalho *et al.*, M. Ninomiya and P. B. Casella (eds.), Belo Horizonte: Arraes, 2017; (ed.), *A Normative Approach to War: Peace, War and Justice*, Oxford, Clarendon Press, 1993; *Una prospettiva intercività sul diritto internazionale*, in G. Gozzi and G. Bongiovanni (eds.), *Popoli e civiltà – Per una storia e filosofia del diritto internazionale*, Bologna, Il Mulino, 2006, pp. 105-122.

48. V. Koutroulis, *Le début et la fin de l'application du droit de l'occupation*, Paris, Pedone, 2010.

advisory opinion on the *Legal Consequences of the Construction of a Wall in the Occupied Palestinian Territory* [49].

44. To our view of the cultural context we must add the temporal perspective, the effects of time (or history) on international law. Briefly put, international law develops in a *space* or spaces, or a set of spaces subject to distinct legal regimes [50] as much as it does in *time*. International law is built up over time, though it applies to spaces, as can be seen from the historical variations in territorial regimes under international law [51].

45. What makes international law interesting is the fact that this is an area of human knowledge and action in which the myriad conceptual and technical debates not only become part of, but also have a practical impact on, its basic content and the procedures for implementing it. Every word written on the topics discussed here gives rise to much debate – most of it valid – about their content, application and interpretation [52].

46. In no other branch of the law, as Paul Reuter remarked [53], do the great schools of doctrinal thought play such an important role as in public international law. This is due not only to the seriousness and complexity of the issues, or the imperfections of a discipline that is relatively new, or the anarchic nature of international society, but also to the absence of any formal foundational basis analogous to a constitution, such as is found in most domestic systems.

---

49. ICJ, *Legal Consequences of the Construction of a Wall in the Occupied Palestinian Territory*, advisory opinion 9 July 2004, *ICJ Reports 2004*, p. 136. See also the comments on some of the main aspects of this relevant Advisory Opinion of the ICJ in Chapter III, concerning the right of peoples to self-determination.

50. On the rules on the international legal regimes of spaces there is considerable literature in international law. My considerations on this matter are presented in P. B. Casella, *Tratado de direito internacional* – tomos 1 and 2 – *Direito internacional dos espaços*, São Paulo, Almedina, 2ª ed., 2022.

51. See Chapter II on this.

52. To get an idea, simply look at the table of contents of the more than four hundred thirty volumes already published of the *Collected Courses* of The Hague Academy of International Law, since 1923. Another reason to refer to this collection.

53. P. Reuter, "Quelques remarques sur la situation juridique des particuliers en droit international public", 1950, in the Vol. *Le dévelopment de l'ordre juridique international*: écrits de droit international, Paris, Economica, 1995, pp. 51-64, at pp. 51-52 "Sans grand arbitraire, on peut dire que le sort et le rôle assignés aux particuliers, leurs droits et leur personnalité par rapport à l'état soulèvent des problèmes décisifs, sur lesquels se partagent les systèmes et les esprits. … Les constructions systématiques du droit international de ces dernières années qui ont visé à la plus grande rigueur, qui ont voulu ordonner l'ensemble des règles de droit en un tout parfaitement cohérent pour constituer ce que nos anciens auteurs appellaient justement 'un corps de droit' sont nécessairement celles qui sont appelées à prendre les positions les plus radicales sur la situation des particuliers en droit international public." See also, P. Reuter, "Principes de droit international public", *Collected Courses*, Vol. 103 (1961), pp. 425-656.

47. What are the sources of international law? Which bodies are competent to state the law and apply it? It is not possible to answer these fundamental questions without exercising doctrinal options, even if one does not agree entirely with Paul Guggenheim [54] or Hugh Thirlway [55]. There may be a greater or lesser element of theoretical construction involved, but even this seemingly most impersonal part of the work requires choices to be made.

48. Added to this mix are all the cultural and institutional changes that come with the passage of time. The impact of time passing has tested human beings in general, and teachers of international law in particular [56]. Change is a regular feature of international law.

49. Man's relationship with time is among the most human of dramas and preoccupations [57]. All we know about being *(Sein)* can only be understood and referenced in terms of time *(Zeit)*. This is equally true of international law.

50. Specifically in the field of international law, the question arises, for example, in terms of the direct and strict relationship between the time factor and treaties, as examined, among others, by G. E. do Nascimento e Silva [58] and M. Bennouna, as "international law and the test of time":

---

54. P. Guggenheim, "Contribution à l'histoire des sources du droit des gens", *Collected Courses*, Vol. 94 (1958), pp. 1-84; "Les principes de droit international public", *Collected Courses*, Vol. 80 (1952), pp. 1-190; "La validité et la nullité des actes juridiques internationaux", *Collected Courses*, Vol. 74 (1949), pp. 191-268; "Les mesures conservatoires dans la procédure arbitrale et judiciaire", *Collected Courses*, Vol. 40 (1932), pp. 645-764.

55. H. Thirlway, *The Sources of International Law*, orig. publ. 2014, Oxford University Press, 2nd ed., 2019; "Concepts, Principles, Rules and Analogies: International and Municipal Legal Reasoning", *Collected Courses*, Vol. 294 (2002), pp. 265-406.

56. Lecturing at The Hague Academy of International Law is a great joy and an enormous responsibility for any international lawyer. These lectures have been given for more than one hundred years, since 1923, excepting the forced interruption during the Second World War years, and temporarily switching to online courses in the years 2020 (summer course) and 2021, due to the Covid-19 pandemic. One need only look at the list of all the subjects addressed in that time. Publication in the "Collected Courses of the Academy of International Law" *(Recueil des Cours)* is often considered 'the' authoritative reference of that author on the topic.

57. M. Heidegger, *Sein und Zeit*, "Fünfzehnte, an Hand der Gesamtausgabe durchgesehene Auflage mit den Randbemerkungen aus dem Handexemplar des Autors im Anhang", Tübingen, Max Niemeyer, 1984, explains its scope: "Die konkrete Ausarbeitung der Frage nach den Sinn von '*Sein*' ist die Absicht der folgenden Abhandlung. Die Interpretation der *Zeit* als des möglichen Horizontes eines jeden Seinsverständnisses überhaupt ist ihr vorläufiges Ziel".

58. G. E. do Nascimento e Silva, "Le facteur temps et les traités", *Collected Courses*, Vol. 154 (1977), pp. 215-297.

> "In the relationship of international law to time there is a rational and reasonable part, and a pragmatic, feasible part. The art of the jurist is to achieve the right balance, always bearing in mind that the rule is ultimately destined to enable humans to consolidate the past while preparing for the future." [59]

51. Law in general, and international law in particular, does not exist *in abstracto*, but only in the forms and concepts that express it in time, and through the means it uses to find that expression. International law, with some regrettable exceptions, remains the preserve of the reasonable. Moreover, like all law, international law has to stay reasonable, in a world that sometimes loses its way, as we have seen:

- In phenomena such as colonization and the subsequent reaction against it, decolonization [60].
- In the striking contrast between the progress in international law in the ten years after the first world war, including the creation of the League of Nations, the Permanent Court of International Justice and the International Labour Organization and the establishment of the legal regime of international protection of ethnic and linguistic minorities, most of it between 1919 and the Kellogg-Briand Pact of 1928, which proscribed the use of war in international law, and the contrary trends of the decade that followed, the 1930s, which seemed to throw all those advances into question with the rising tide of nationalism in different parts of the world and ended in the disaster of the second world war.
- In the subsequent Cold War, and the invention of two parallel worlds in potential conflict for four decades from 1949 to 1989, with the paradox of an international law split between the two blocs – Western and Soviet – up to the erosion of that model with *détente* and the collapse of the Soviet Union, paving the way for another decade of major development of international law and institutions such as the establishment of the World Trade Organization in 1995,

59. "Dans cette relation du droit international au temps, il y a la part de la rationalité, le raisonnable, et la part du pragmatisme, le réalisable. L'art du juriste est de parvenir au bon dosage, en ayant toujours à l'esprit l'humain en tant que destinataire final de la règle, afin de consolider le passé, tout en préparant l'avenir." M. Bennouna, "Le droit international entre la lettre et l'esprit", *Collected Courses*, Vol. 383 (2017), Chap. XI – Droit international à l'épreuve du temps, pp. 247-265, at para. 684.

60. The subject of Chapter III, The impact of colonialism on international law, especially the section on decolonization and the development of the right of peoples to self-determination.

and the ratification of the Rome Statute of 1998, which brought the International Criminal Court into being in 2002.

– In the repeated denials of international law throughout its history, first during the seventeenth and eighteenth centuries, then in the somewhat absurd attempts to create "national" systems of international law in the nineteenth century, and now with nationalists in the second decade of the twenty-first seeking to airbrush it away. Before espousing such aberrant causes, we should look at the disastrous results they produce for the future of mankind and the planet.

52. International law has periodically been confronted with opponents on all sides. Nationalists of all persuasions have sought to deny, ignore or eradicate it – and some still seem intent on doing so. Fortunately, these attempts are doomed to fail, preparing the ground only to fall into traps of their own making: states cannot do without international law for long. It is not easy to dispense with all international law and all international institutions, even when political extremists try to disavow them, as we have seen recently.

53. My task is to fit within the framework of these five fifty-minute lectures, plus one two-hour seminar, what I want to highlight as the most important of the material I am here to teach. Which means leaving aside all the rest.

54. It is usual in these cases to describe everything one has already done and sometimes also what one plans to do next, as a way of showing how one views the chosen subject as part of a continuum, beyond the strict confines of these five lectures and their publication in the *Recueil des Cours* of the Hague Academy of International Law. That publication, like the lectures, has to stay within reasonable limits, though what "reasonable" means might be open to debate. Behind this quest for the reasonable is a clear paradox: how to sum up forty years of working with international law in five lectures?

55. It means dispensing with the preliminaries in order to focus on the conclusions. Not lingering on certain aspects of this or that regime, or certain procedures that are specific to international law, but instead looking at it in the round.

56. This must be achieved without forgetting the wise recommendation not to aim to be exhaustive, often attributed to Brillat-Savarin[61] when in fact the phrase comes from Jean de La Fontaine: far

61. J.-A. Brillat-Savarin (1755-1826), *Physiologie du goût ou méditations de gastronomie transcendante* (orig. publ. 1825, presentation by J.-F. Revel, Paris, Flammarion,

from exhausting a subject, one should take only the flower[62]. Or the wise warning from Oscar Wilde: "Like all people who try to exhaust a subject, he exhausted his listeners." [63]

57. In much the same vein, the remarkable *Five Meditations on Beauty* by François Cheng can be a source of inspiration[64]: you need to meditate on a subject for a very long time to be able to present the bare essentials of your ideas.

58. At the same time, we must not forget that this work takes the form of a course, and a course must necessarily aim to instruct and inform the students and contain valuable teaching helping them understand the subject and develop a critical approach, both to the discipline itself and to knowledge in general. A *course* absolutely must keep in mind the students taking it, as well as all those international law students and researchers who may read it subsequently[65].

59. Similarly, we can highlight the need for "the imaginative remaking of international law to meet rapidly changing societal conditions and needs and also community expectations" [66] – "responding to all pressures for fundamental legal change in a world community clearly in an era of transition from the 'old', 'classical', Western-based public

---

Champs, 1967).

62. J. de La Fontaine (1621-1695), *Fables* (1668 to 1694, illustrations by G. Doré, Geneva, Edito-Service, Book six, Epilogue, Vol. I, p. 271): "Bornons ici cette carrière. Les longs ouvrages me font peur. Loin d'épuiser une matière, on n'en doit prendre que la fleur".

63. O. Wilde (1854-1900), *The Picture of Dorian Gray*, orig. publ. 1890, J. B. Foreman (ed.), *Complete Works of O. Wilde*, Introduction V. Holland, London and Glasgow, Collins, reprinted 1977, pp. 17-167, at p. 42.

64. F. Cheng, *Cinq méditations sur la beauté*, Paris, Albin Michel, 2006, pp. 7-10. In the words of the editor: "une vie tout entière vouée à l'écriture, à la transmission d'une tradition artistique millénaire, au dialogue entre les pensées d'Orient et d'Occident. Mais au moment de condenser en peu d'espace l'essentiel de ses recherches et réflexions, comme le désir l'en habitait depuis plusieurs années, F. Cheng se trouvait comme désemparé: ce qu'il avait à dire, au fond, dépassait le cadre de la seule érudition, l'impliquait au plus profond de sa démarche personnelle, et ne pouvait prendre la forme d'un traité de synthèse, lequel eût pu être utile, certes, mais non fertile".

65. As M. Lachs observed in "Teachings and Teaching of International Law", *Collected Courses*, Vol. 151 (1976), pp. 161-252, at p. 168: "The didactic element is essential to my theme. There is the importance of, on the one hand, 'the teachings' on international law and its evolution, and, on the other hand, the continuous process of 'teaching'. The two of course interpenetrate, and form a vast topic."

66. E. McWhinney, "The Time Dimension in International Law, Historical Relativism and Intertemporal Law", in J. Makarczyk (ed.), *Essays in International Law in Honour of Judge Manfred Lachs/Etudes de droit international en l'honneur du juge Manfred Lachs*, The Hague, M. Nijhoff, Institute of State and Law of the Polish Academy of Sciences-Institut de l'Etat et de droit de l'Académie polonaise des sciences, pp. 179-199, at p. 179.

order system to a 'new' one whose exact contours and directions are not always clear" [67].

60. In this sense, the subject envisaged by this course on international law, history and culture carries forward the central theme of my work in international law for the past fifteen years, in which the publication dates are merely completed milestones, in a sometimes long process, on the foundations of post-modern international law (2008); the international law of space (2009); and more directly, research into international law in time. This body of work has in part already been published, covering international law in ancient times (2012, 2nd ed. 2022); international law from medieval times up to Vitória (2012, 2nd ed. 2023); international law in modern times from Suarez to Grotius (2014, 2nd ed. 2023); and international law in the classical period (2015, 2nd ed. 2024). The work continues with volumes on international law in the Age of Enlightenment, international law in the time of the Concert of Europe and international law in the time of colonialism, the writing of which is almost finished. It will continue with international law in the postmodern context [68].

61. History, philosophy, political ideas and literature all feature in, and are in constant dialogue with, international law in the strict sense. In the world of ideas and knowledge, fortunately, international law is not a purely technical field. We cannot – and must not – neglect the human dimension of international law: the human being is the central pivot of every legal system, including international law. This human dimension should never be forgotten when evaluating the content and importance of any field of human knowledge. That is especially true of international law: it cannot be considered in isolation from the historical time or cultural context in which it is situated.

62. The *humanist* content of international law cannot be overlooked. International law is a kind of humanism.

63. Made by humans for humans, it transcends debate about what humanism is or is not, or what it does or does not contain. "The direction of human history in the longer term must be one of gradually realizing

67. E. McWhinney, art. *cit.*, 1984, at p. 181.

68. As listed in the Author's Publications. I know that titles of books are not usually translated, unless there is a translation of the entire book, but in this case, the purpose is to convey an idea of the contents of each volume, building an ensemble, aimed at a coherent view of the historical development of international law. I could not possibly have given this course of lectures without the previous decade of work, as shown in the list of publications at the start of this Volume.

its potential." But this framework is not entirely clear-cut or free of contradiction:

> "When we look closely at Western history, it offers 'examples' of humanism as well as numerous other 'examples' of anti-humanism, inhumanity and barbarousness. This makes us wary of any excessive apologia for the humanism of the West. But we should equally avoid the opposite excess, of judging it too harshly." [69]

64. We need to devise a humanism for the twenty-first century. The need is all the greater "in a world threatened by the reappearance of frontiers between communities, religions and civilizations, in which societies seem to be suffering from so many internal divisions, based on specific identities, mutual distrust and selfishness" [70]. The shift from territoriality to extraterritoriality is the subject of Chapter I.

65. It is no accident that physical frontiers – walls, legal and fiscal barriers – are advancing at the same rate as intellectual frontiers with the recent rise in nationalism; the opposition between the "closed world" and the "infinite universe" is nothing new. We have experienced this before, at the start of the modern era. In the scientific field, this shift in perspective has been crucial for global development and overall advances in human knowledge ever since [71].

66. This human dimension and humanist content are also essential for international law, if we are not to lose sight of its core material content

---

69. "Lorsqu'on se penche sur l'histoire occidentale, elle 'donne des exemples' d'humanisme mais aussi de nombreux autres 'exemples' d'anti-humanisme et d'inhumanité ou de barbarie. On se méfiera par conséquent de toute apologie excessive de l'humanisme d'Occident. Mais on se défiera tout autant de l'excès inverse, c'est-à-dire d'une accusation trop radicale." A. Bidar, *Histoire de l'humanisme en Occident*, Paris, Armand Colin, "Le temps des idées", 2014, pp. 13-14, and Chap. 1, "Caractères généraux de l'humanisme en Occident", pp. 15-58 at pp. 24-25, comments "en prelude": "Je crois profondément que le trajet de l'esprit et de l'humanité est celui d'une spirale ascendante" and adds "Si l'expression de moteur de l'histoire a un sens, alors l'humanisme fut peut-être celui de l'Occident" but thereafter asks some questions: "au fait, qu'appelle-t-on humanisme? Le mot s'est surchargé historiquement d'une multitude de significations et l'adjectif 'humaniste' a été accolé à tant de pensées et de mouvements si divers qu'il faut commencer par essayer de redonner une cohérence et un contour plus net à cette notion".

70. "... dans un monde où les frontières entre communautés, religions, civilisations, se reforment de façon menaçante, et où les sociétés semblent souffrir de tant de divisions internes – celles des identités particulières, de la méfiance mutuelle et de l'égoïsme". A. Bidar, *Histoire de l'humanisme en Occident*, 2014, Chap. 1, pp. 30-31 and pp. 38-39: "Ce n'est pas parce que cette civilisation s'est mise en contradiction avec ses idéaux à tel ou tel moment de son histoire que son humanisme sera un mensonge ou une mystification, et que son cours serait en réalité anti-humaniste".

71. See, on this Chapter I, International law in time and its role in history.

– the human being, both individually and collectively, in the interactions that constitute humanity, and in the relationship of humanity with the environment. Highlighting the importance of the historical and cultural dimension in understanding both the purpose and the foundations of international law is the central objective of this course.

67. Along similar but not quite identical lines, Xue Hanqin too has addressed the role of history and culture in international law, stating that a country's history and culture have an impact on its attitude and its position in international law [72] and referring to the course by Wang Tieya [73]. Prior to them, I would also mention Yuen-Li Lian, who adopted a historical perspective in his course on the development and codification of international law [74].

68. I share their opinion that international law should not be deemed country-specific or country-oriented, and I too take the view that "international law should be universal" [75]:

> "Notwithstanding its universal character, international law in practice is nonetheless not identically interpreted and applied among States. Different from domestic legal systems, where laws are adopted through legislative process, international law, either treaties or customary law, is not imposed on States, but accepted mainly through voluntary acts." [76]

72. Xue Hanqin, "Chinese Contemporary Perspectives on International Law" – History, Culture and International Law, *Collected Courses*, Vol. 355 (2011); also publ. as AIL – Pocket, 2012, at p. 15:

> "For anyone who wishes to understand China's position on international law today, Wang Tieya's special course is a must read. This series of lectures is intended to build on his theme: history, culture and international law. By offering this topic, I wish to pay my profound respect and tribute to my mentor and in a humble way pick up where he left off his Hague lectures 21 years ago and continue writing down the new era to which he contributed so much."

73. Wang Tieya, "International Law in China, Historical and Contemporary perspectives", *Collected Courses*, Vol. 221 (1990), pp. 195-370.

74. Liang Yuen-Li, "Le développement et la codification du droit international", *Collected Courses*, Vol. 73 (1948), pp. 407-532.

75. Xue Hanqin (2012), pp. 15-16:

> "There are no such things as China's international law, American international law or France's international law. Law, as it is, should be interpreted and applied across the board without any distinction as who is applying it or to whom it is applied. In other words, international law should be universal."

76. Xue Hanqin (2012), p. 16:

> "The fact that states adopt different positions on various issues of international law cannot always be explained by legal reasoning, as the answer often lies elsewhere. Therefore, it is always important and necessary to study international law from the perspective of individual states in order to better appreciate how international law operates in each specific political, economic and social context."

69. From Xue Hanqin's standpoint, "International law should not be considered merely as a 'body of rules' but a process of decision-making on the normative content of international law" [77], and as such, in searching for answers, the "history and culture of each State always prove an unfailing background", in which the study of state practice serves to show through empirical research whether consensus exists between states. She bolsters her argument by reference to the teachings of Oscar Schachter: "Ought we not also to consider the socio-historical dimension, especially those major transformations in society that profoundly affect the structure and process of international law?" [78]

70. Despite the similarity of our titles, my approach is distinct from that of Xue Hanqin. Her approach, to my eyes, is based on a national perspective: that the understanding of international law cannot be divorced from the events that took place during the century of humiliations imposed on China by the Western powers. The period that, let us say, extended, *grosso modo*, from the Treaty of Nanking in 1842, which ended the first Opium War, to the taking of power by Mao Zedong's partisans in 1949 [79], which laid the foundations on which the

77. Xue Hanqin (2012), pp. 16-17.

78. O. Schachter, "International Law in Theory and Practice, General Course in Public International Law", *Collected Courses*, Vol. 178 (1982), pp. 9-395, at pp. 22-23:

> "If we are to relate doctrine and practice, we need also to widen the boundaries of our subject. This is not a simple task. Can we understand the relation of doctrine and practice, the connections between principles and specific decisions, without broadening our conception of international law to embrace the aims, interests and values of those engaged in making and applying the law? Do we not have to consider the effect of the law on those aims, interests and purposes? And it is not essential to our analysis to take into account the concrete problems and conflicts that give rise to legal rules and legal solutions? And finally, ought we not also to consider the socio-historical dimension, especially those major transformations in society that profoundly affect the structure and process of international law?"

79. This is a vast topic, going beyond the limits of this comment. Certain references are presented by B. Goodman and D. S. G. Goodman (eds.), *Twentieth-century Colonialism and China*, London and New York, Routledge, 2012; W. J. Mommsen and J. Osterhammel (eds.), *Imperialism and After: Continuities and Discontinuities*, London, Allen and Unwin, 1986, especially the chapter by J. Osterhammel, "Semi-Colonialism and Informal Empire in Twentieth-Century China: Towards a Framework of Analysis", where he presents the descriptive capacity of the concept of "semi-colonialism", enumerating twenty-six "variegated historical phenomena" associated with imperialism and a "semi-colonialism" that is rather imprecise, in the case of China. In his outstanding book, *Die Entzauberung Asiens – Europa und die Asiatischen Reiche im 18. Jahrhundert*, orig. publ. 1998, Munich, Beck, 2010, J. Osterhammel draws attention to the fact that the attitude of Europe towards Asia during the second half of the 18th century is crucial to understand what is going on nowadays: "Asia was one of the great topics of the Enlightenment" *(Asien war eines der grossen Themen der Aufklärung)*.

current regime still continues to function [80]. That period is crucial to understanding what has happened since 1949, and in particular since 1978, with Deng Xiaoping [81].

71. The core content of Xue Hanqin's presentation of "History, Culture and International Law" is national. In my course on "International Law, History and Culture", the central focus is on the whole tradition of international law: we will free ourselves of nationalist and national intellectual constraints in order to look at international law as a historical and cultural process at a general level, and this must be done from the standpoint of humanity as a whole and its relationship with the planet.

72. This is not to say that there is no equivalent national tradition where Brazil is concerned: Brazil can be extremely proud of its tradition of international relations and international law. Especially in terms of its alignment with international law and implementation of it in the peaceful resolution of international disputes, including all the border disputes with its South American neighbours [82], among other international issues, the peaceful resolution of which has avoided outcomes of a different kind.

73. Some examples of Brazilian practice and experience are provided, of course, but that does not make this an attempt to construct a "Brazilian" view of international law.

---

80. Certain aspects are examined in my studies about the Brics – the cooperation initiative among Brazil, Russia, India, China and South Africa, such as: P. B. Casella, E. de P. Bueno and W. S. Künzli (edS.), *Challenges and development prospects within BRICS countries*, São Paulo and Belo Horizonte, De Placido, 2021; P. B. Casella, E. de P. Bueno, E. M. de Carvalho and W. S. Künzli (edS.), *International Legal Aspects of Brics*, Belo Horizonte, De Placido, 2019; P. B. Casella, *Bric – à l'heure d'un nouvel ordre juridique international*, Paris, Pedone, 2011; *Bric – Brasil, Rússia, Índia, China e África do Sul – uma perspectiva de cooperação internacional*, São Paulo, Atlas, 2011; "Brics – Brazil, Russia, India, China and South Africa – As Element of a New World Order?", in P. B. Casella *et al.* (ed.), *International Legal Aspects of Brics*, 2019, pp. 19-37; "Brics – the present picture and perspectives", course given in Rio de Janeiro, August 2015, publ. in *XLII Curso de derecho internacional*, ed. by the Interamerican Legal Committee of the Organization of American States, Washington, OAS – Secretaria general, 2015, Vol. XLII, pp. 13-94; "Brics – perspettiva postmoderna di cooperazione internazionale", R. Cardilli and S. Porcelli (ed.), *Aspetti giuridici del Brics/Legal Aspects of Brics* – Seminar at the University of Rome-Tor Vergata, 6-8 May 2013, Padua, CEDAM/Kluwer/Università Tor Vergata, 2015.

81. The huge transformation of China, as inherited from Mao Zedong, was characterized by pragmatism: "Perhaps no one in the twentieth-century had a greater long-term impact on world history than Deng Xiaoping", observes E. F. Vogel, *Deng Xiaoping and the Transformation of China*, Cambridge, Ma., The Belknap Press of Harvard University Press, 2011 on "the Deng era" (1978-1992).

82. As considered in Chapter II, especially "Territory and International law: the case of Brazil".

74. Historically, moreover, Brazil has not accepted the existence of an "American" international law distinct from the general tradition of international law. This can be seen from the response of the Brazilian Empire to the invitation to the Congress of Lima, held from 1877-1878, at which countries on the American continent sought to discuss certain subjects of common interest: Brazil's response on that occasion was to point out that such matters should be discussed in The Hague, where similar initiatives were already ongoing [83]. The opinion of the Foreign Affairs Section of Brazil's Council of State, drafted by Counsellor Nabuco De Araújo and also signed by the Viscounts Jaguari and Niteroi, declared its preference for the European initiative over the American one:

> "1. In view of the fact that this does not concern American interests but the uniformity of the laws of various peoples, according to the principles of universal practice among the peoples of Europe as well as America, having the same frequency and ease of relations and the same conflicts, a general congress would be more suitable than an American congress.
>
> 2. As the Institute of International Law has taken the initiative in this matter, in Europe, it serves the interests of the desired objective, to achieve the maximum possible uniformity in the principles, to wait for that Institute to do its work, which has already begun and is well advanced." [84]

75. This course sits within the school that recognizes a general tradition of international law, viewed as a historical and cultural

---

83. On this topic, see J. Samtleben, "A codificação interamericana do direito internacional privado e o Brasil", P. B. Casella and N. de Araújo (eds.), *Integração jurídica interamericana – as Convenções Interamericanas de direito internacional privado (CIDIPs) e o direito brasileiro*, São Paulo, LTr, 1998, pp. 25-45, at. p. 25:

> "O Brasil entrou tarde no assunto, vacilando entre os vínculos culturais com os países europeus e a comunidade política entre as nações americanas. Mas, depois, prestou a sua colaboração com muitas contribuições originais que enriqueceram a obra comum que estava por nascer."

84. Almost the same wording is used in the note from the Minister of Foreign Affairs, Baron de Cotegipe, on 20 April 1876, in reply to the invitation from the Peruvian government, declining participation by Brazil in the Congress of Lima:

"El Gobierno imperial piensa que sería preferible aguardar dichos proyectos, basados en los luminosos y profundos informes de los miembros del referido Instituto, y que como el asunto no es de interés exclusivamente americano, más bien convendría un Congreso general que un Congreso americano. Por los motivos expuestos, y necesitando del permiso legislativo, no juzga conveniente el Gobierno imperial tomar parte en el proyectado Congreso, sin que por ello agradezca menos la invitación que le hace el Gobierno del Perú."

construct valid for the whole of mankind. It does so without overlooking some aspects of local inspiration, though the central theme remains international.

76. When international law forgets its universal dimension it loses its primary meaning and ultimate purpose. This has happened on occasion with damaging consequences, as is well illustrated by the "nationalization" of international law and its perversion to serve other ends, in particular during the era of imperialist colonialism [85].

77. In my view, framing international law within the context of history and culture can help build a better understanding of the human dimension of a law that is international in that its purpose is to bring mankind together and enable societies to live together. That, and not the mere balancing the competing interests of states, is the central role of international law.

78. This is not a course on the history of international law, but a course on international law in relation to history and culture, aimed at showing that the construction of international law must be understood within its temporal and cultural environments.

79. Good courses have been given and works written on the history of international law, here and elsewhere. But my approach is different, in that my aim is to examine international law from the standpoint of history and culture in order to understand it, and to shed light on the role international law might have in building a more human world governance.

80. This perception of international law is backed by some twenty years of work on the foundations, spatial dimension and historical development of international law: a search for coherence, with this course representing the conclusion of a long process. A step back is needed in order to show the whole picture.

81. Since 1923, the development of international law has been reflected in numerous courses at the Hague Academy of International Law, some of which are cited in this one. This body of contributions, over the course of a century, should not be overlooked. I am very aware of this, and over the years I have drawn sustenance from this fundamental legacy in understanding international law.

82. Therefore, for all the consideration in which I hold her work, please do not confuse my course with that of Xue Hanqin.

85. As considered in Chapter III, The impact of colonialism on international law.

83. The purpose of an introduction [86] is to state what a book contains and explain how the argument will unfold, showing the method by which it will arrive at its conclusion – the end-point of the design – and which topics will be addressed along the way. The introduction thus serves to point the way forward. Paradoxically, though it shows the way it does not include the substance of the argument itself, otherwise it would no longer be an introduction.

84. Provided it gives a sense of what is to follow, right to the end of the course, the introduction will have fulfilled its purpose. From that point on, each chapter must contain the foundations and building blocks of its reasoning, ordered in a form that ensures overall coherence. The development of the argument to its conclusion must lay the foundations of postmodern international law, leading to a way of ordering the world that is teleologically human.

85. To present the relationship between international law, history and culture following on from this introduction, Chapter I considers "International law in time and its role in history". To illustrate my viewpoint, I take as a paradigm the figure of Leviathan in its various mutations. The images and concepts change with time (history) and context (culture): *Leviathan* is transformed from a sea monster to an expression that encapsulates the modern state, as described by Hobbes in 1651, Melville in 1851 and Sepúlveda in 2019, among others. There is a pressing need to better structure the international system, beyond the sovereign state [87].

86. Paradoxically, it was the same modern West, so proud of its advances in different fields of knowledge in Europe as well as on the American continent with the development of modern scientific thinking, that instituted the witch hunts, some against men but the vast

---

86. See e.g., A. Houaiss, *Dicionário da língua portuguesa*, Rio de Janeiro, Instituto A. Houaiss/Objetiva, 2001, p. 1640: "introdução – ato ou efeito de introduzir (-se)/2. o que serve de abertura para uma tese, um livro etc., prefácio/3. *mús.* parte inicial de uma peça musical, não essencial ao entendimento da forma". As such, an "introduction", according to *Black's Law Dictionary*, St. Paul, Minn., West Publ. Co., 6th ed., 1990, p. 823, is "the part of a writing which sets forth preliminary matter, or facts tending to explain the subject". Similarly, the *Dictionnaire alphabétique et analogique de la langue française* by P. Robert, A. Rey and J. Rey-Debove (eds.) – Société du Nouveau Littré, Paris, Le Robert, 1981, p. 1027: "Introduction (XIIIe, 'enseignement', lat. *introductio*) I. 1. (XVIe) Action d'introduire, de faire entrer; 2. action d'introduire, de faire adopter; 3. Action de faire entrer une chose dans une autre; II. 1. Ce qui prépare qqn à la connaissance, à la pratique d'une chose; 2. Texte préliminaire et explicatif placé en tête d'un ouvrage: *Ce livre commence par une longue introduction*; *mus*. Court prélude préparant l'entrée de l'exposition (sonate); prélude d'une ouverture d'opéra".

87. This is considered in this course as a whole and referred to in Chapter V, Challenges and developments in international law in the postmodern context.

majority of them directed at women, at the very time when knowledge was propelling mankind from a closed world into a so-called infinite universe.

87. Chapter II examines "Territoriality and extraterritoriality: space in postmodern international law". Many wars and controversies have hinged upon the legal regime of space – or rather the legal regimes of spaces – and some still do. Equally interesting, and flexible, is the notion of extraterritoriality in postmodern international law, and some of its manifestations are examined. I follow this by considering one example of interaction between territory and international law: the case of Brazil.

88. Chapter III presents "The impact of colonialism on international law". A wave of nationalism seems to have overtaken international law – the most international branch of the law except where it lapses into nationalism – between the second half of the nineteenth century and the first half of the twentieth. I consider the paradox of the impact of colonialism on international law, illustrating this with two belated attempts at colonization, fortunately thwarted: the Trindade Island Incident and the Colony of Descalvados, following on from the race for imperialist colonialism, which then led to the crisis in the old system, decolonization and the development of the right to self-determination, considered as a core principle of international law [88].

89. Far from remaining a thing of the past, unfortunately, those waves of nationalism have assumed the guise of legitimacy and emerged from human nature's most primitive and destructive depths to flourish again in a contemporary context. A metaphor that could serve as a useful warning: their fruits were rotten the last time they were harvested, and nothing better can be expected to come of them now.

90. Chapter IV presents "The role of the international protection of fundamental rights as a factor in the renewal and transformation of international law", leading it towards what might be described as "international constitutionality" or even "international constitutional law". In this sense, the role of international human rights law, or the international protection of fundamental rights, which amounts to the same thing, could be seen as a strategic orientation of the international institutional normative system. This "humanizing" approach to international law is presented under the headings of the legal framework for

88. See Chapter III on the impact of colonialism on international law, especially the substantial evolution towards decolonization and the development of the right of peoples to self-determination.

the protection of minorities, first religious and later ethnic minorities, and of the Yogyakarta Principles of 2007 and 2017 on the protection of minorities in the fields of sexual orientation and gender identity, as well as progress made towards realizing the human dimension in postmodern international law.

91. Chapter V explores some of the challenges and developments in international law in a postmodern context, a difficult and never-ending balancing act between interdependence and cooperation that seems to express the perplexities of the modern world. Numerous developments can be identified in all these areas.

92. The overall conclusion has been indicated already: to be understood, international law must be rooted both in its time (history) and in its context (culture). Above all, in order to understand international law at all we must first seek to understand it as a whole, followed by its parts – the different legal regimes that apply to its specific domains. An overview is necessary to enable a grasp of each of its components. The multiplicity of international legal regimes that currently exist must not be allowed to mask the totality of international law, that rich and complex body in a state of constant renewal.

93. One of the authors who could be – or could not be – counted among the founders of modern international law, Jean Bodin, issued a warning in The Six Books of the Commonwealth *(Les six livres de la République)* (1576), which remains valid as well as useful in methodological terms:

> "The final end of any subject must first be understood before the means of attaining it can profitably be considered, and the definition indicates what that end is. If then the definition is not exact and true, all that is deduced from it is valueless. One can of course have an accurate perception of the end, and yet lack the means to attain it . . . But the man who does not comprehend the end, and cannot rightly define his subject, has no hope of finding the means of attaining it, any more than the man who shoots at random into the air can hope to hit the mark." [89]

89. J. Bodin, *Les six livres de la République*, orig. publ. Paris, J. Du Puys, 1576; 10th. ed., published in Lyon, G. Cartier, in 1593; *Corpus des œuvres de philosophie en langue française*, Paris, Fayard, 1986, 6 Vols., Book I, Chap. I, p. 27; published in English as *The Six Books of the Commonwealth*, abridged and translated by M. J.Tooley, Oxford, Basil Blackwell, 1955. The same J. Bodin was – see Chapter I – one of the authors defending the use of strong measures when conducting witch hunts.

CHAPTER I

INTERNATIONAL LAW IN TIME AND ITS ROLE IN HISTORY – LEVIATHAN AND ITS MUTATIONS

94. A historical and cultural perspective on our subject gives an idea of how crucial an element international law is in civilization – though both those terms, "international law" and "civilization", need to be put in context to determine their meaning. The point to emphasize is that the arrival of international law marked a choice between force and negotiation, and the possibility from that moment on of building something new. At the very least, it signaled a shift in the balance between them. Among other aspects identified by historians, international law pointed the way between force and negotiation, enabling civilization to develop, as will be seen from what follows.

95. The historical and intercultural perspective is equally – if not more – important in understanding the changes occurring now in the way international law is studied, constructed and implemented.

96. This interaction between international law and civilization has been going on since history began, as far back as written evidence exists. It continues still, even though the changes are not a linear progression. Nor are they always advances.

97. Inevitably, fashioning an international system has been a slow and gradual process. It has taken centuries if not millennia, though clearly, elements of international law can be detected from the very dawn of what we understand by the word "civilization" – as we will shortly examine, to the extent that written traces exist [90]. Whenever the

---

90. P. B. Casella, *Tratado de direito internacional – tomo 3 A – Direito internacional no tempo antigo*, São Paulo, Almedina, 2022, parte I, tit. I – *Elementos precursores de direito internacional na Antiguidade*, pp. 165-410; *Fundamentos do direito internacional pós-moderno,* São Paulo, Quartier Latin, 2008, Chap. VI – *Direito internacional, história e cultura*, pp. 489-615; D. J. Bederman, *International Law in Antiquity*, Cambridge, Cambridge Univ. Press, 2001, reprinted 2006; A. Truyol Y. Serra, "Génèse et structure de la société internationale", *Collected Courses*, Vol. 96 (1959), pp. 553-642; "L'expansion de la société internationale au XIXe et XXe siècles", *Collected Courses*, Vol. 116 (1965), pp. 89-179; *Histoire du droit international public*, Paris, Economica, 1995, Chap. premier – "Le droit international dans les grandes civilisations de l'Antiquité orientale", pp. 5-10; R. Ward, *An Enquiry into the Foundations and History of the Law of Nations in Europe, from the Time of the Greeks and Romans to the Age of Grotius* (orig. publ. 1795, Dublin, P. Wogan, P. Byrne, W. Jones and J. Rice, republ. Clark, N. J., The Lawbook Exchange, 2005 – note that R. Ward,

use of force failed to provide a solution – an imposed one – between two or more independent political entities, international law intervened. This has been happening since historical records began.

98. The oldest of these records dates from between the fourth and third millennia B.C. It is a stone stele, discovered at the start of the twentieth century. It records the treaty between Eannatum, sovereign of the city of Lagash, and the city of Umma. After attacking each other, the parties agreed to establish a regime of peaceful coexistence. To ensure the validity and permanence of their pact, written in the Sumerian language, they invoked the protection of the country's main deities, as well as that of a neutral third party, King Mesilim of Kish in Akkadia, who had extended his dominion to Sumer and re-established peace between the rival cities in the region.

99. Here is an example of international law as part of the process of civilization: having resorted to armed conflict and failed to impose their will by force, the parties reached an agreement in order to avoid war and violence, a treaty they celebrated as expressing their mutual commitment to do things differently from that moment on. As guarantors of the agreement, they invoked their divinities and a (more or less) neutral third party.

100. Many institutional features of international law were present in that commitment. Today, instead of invoking divinities we speak of obligations *erga omnes*, or general rules of international law said to constitute *ius cogens*, from which no derogation is permitted:

> "In particular, an essential distinction should be drawn between the obligations of a state towards the international community as a whole, and those arising vis-à-vis another state in the field of diplomatic protection. By their very nature the former are the concern of all States. In view of the importance of the rights involved, all States can be held to have a legal interest in their protection; they are obligations *erga omnes*." [91]

101. Institutional features of law that first appeared among the peoples of Antiquity – from the celebration of treaties, the sending

---

although concentrating his work on the "law of nations in Europe" goes back to the "the time of the Greeks and Romans".

91. ICJ, *Case concerning The Barcelona Traction, Light and Power Company Limited (New Application 1962) (Belgium* v. *Spain) second phase, Judgment 5 February 1970, ICJ Reports 1970*, p. 32, at para. 33; see also, ICJ, *Case concerning The Barcelona Traction, Light and Power Company Limited (Preliminary objections), Judgment 24 July 1964, ICJ Reports 1964*, p. 6.

and receiving of foreign representatives with assurances of what we would now call diplomatic or consular inviolability[92], to the right to asylum, are still practised today, in conceptually and operationally equivalent forms, in postmodern international law. This demonstrates the important strands of cultural continuity from the ancient world to the present time:

> "The frequency with which at the present time the principles of international law governing diplomatic and consular relations are set at naught by individuals or groups of individuals is already deplorable. . . .
>
> Such events cannot fail to undermine the edifice of law carefully constructed by mankind over a period of centuries, the maintenance of which is vital for the security and well-being of the complex international community of the present day, to which it is more essential than ever that the rules developed to ensure the ordered progress of relations between its members should be constantly and scrupulously respected."[93]

102. Without lapsing into anachronism, one cannot speak of states before the start of the sixteenth century, with Machiavelli[94]; similarly, we can only refer to sovereignty from the second half of the sixteenth century, with Jean Bodin[95]. Nor should we fail to point out the major

92. Along this line is the reasoning of the ICJ in the Judgment of the Case concerning *United States Diplomatic and Consular Staff in Tehran (United States of America* v. *Iran), Judgment of 24 May 1980, ICJ Reports 1980*, p. 3, where the Court reaffirmed the importance of the principles of International law regulating diplomatic and consular relations: "The principle of the inviolability of the persons of diplomatic agents and the premises of diplomatic missions is one of the very foundations of this long-established regime, to the evolution of which the traditions of Islam made a substantial contribution" (p. 40, par. 86). And thereafter "the whole corpus of the international rules of which diplomatic and consular law is comprised, rules the fundamental character of which the Court must here again strongly affirm" (p. 42, par. 91) . . . "throughout history nations of all creeds and cultures have observed reciprocal obligations for that purpose" (p. 42, par. 91) and also that the institution of diplomacy "has proved to be an instrument essential for effective co-operation in the international community, and for enabling states, irrespective of their differing constitutional and social systems, to achieve mutual understanding and to resolve their differences by peaceful means" (p. 42, par. 91), with reference to the Court Order of 15 December 1979.

93. ICJ, *United States Diplomatic and Consular Staff in Tehran (United States of America v. Iran), Judgment 24 May 1980, ICJ Reports 1980*, p. 3, quoted pp. 42-43, par. 92.

94. In the works of Maquiavel especially in his *Discorsi* – the comments on Livy – rather than in *The Prince*, in N. Machiavelli, *Tutte le opere*, M. Martelli (ed.), Firenze, Sansoni, 1971, respectively pp. 73-254 and 255-298.

95. J. Bodin, *Les six livres de la République*, orig. publ. 1576, *Corpus des oeuvres de philosophie en langue française*, Paris, Fayard, 1986, 6 Vols. Of J. Bodin, his *Methodus*

discontinuities in the history of this concept [96], to which too much importance is still attached. But we can speak of independent political units celebrating treaties, since ancient times. This was a feature of all ancient civilizations.

103. The sending of emissaries, and the granting to them of prerogatives of inviolability and immunity, are concepts that still today are central to the rules on diplomatic and consular representation. As Livy (ca. 64 BC-10 AD) put it in his *History of Rome* [97], mistreating ambassadors could give rise to a just war, to expiate the insult to them [98].

104. In the sixteenth century, too, Conrad Braun, in *De Legationibus libri V*, stressed the ancient origins and the importance of embassies and ambassadors: "the most ancient tradition of all peoples was to send envoys to resolve their disputes" [99]. He points out that [100] "the right of embassies is a very sacred one, and they should never be counted as enemies or insulted by anyone" [101]. Therefore,

---

ad facilem historiarum cognitionem, Paris, Martinum Iuvenem, 1566, facsimile edition, is a work much less often quoted, but may be useful to evaluate the relevance of the knowledge of History. See also, in this chapter, the "contribution" of same J. Bodin concerning the "witch hunt". This seems rather difficult to understand and to accept.

96. P. B. Casella, *Tratado de direito internacional – tomo 5 – Direito internacional no tempo de Francisco de Vitória*, São Paulo, Almedina, 2023, esp. Chap. 13 – estado como sujeito de direito internacional – a contribuição de Maquiavel e Bodin, pp. 525-602. The evaluation made by the Swedish professor J. Bartelson, in his *A genealogy of sovereignty*, 1995, Cambridge, Univ. Press, reprinted 1996, Cambridge Studies in International Relations, Vol. 39, offers a critical analysis and a perspective on the conceptual history of sovereignty. Bartelson clearly presents the conceptual and chronological discontinuities of sovereignty, as reflected in political and philosophical texts of three different historical moments: the Renaissance, the Classical age and Modernity. His argument is clearly presented: the concept of *sovereignty* and its use in political discourse is strongly conditioned by the philosophical and historiographical discontinuities, among these three periods, and accordingly, sovereignty should be considered as a *concept contingent upon, rather than fundamental to* political science and its history and not as a fundamental concept thereof.

97. Livy, *Ab Urbe condita Libri*, Braz. ed. Tito Lívio, *História de Roma*, introduction, translation and notes by P. M. Peixoto, São Paulo, Paumape, 1989, 6 Vols.

98. Livy, *op. cit.*, ed. 1989, Book I, 14, Vol. I, pp. 38-39.

99. C. Braun (1491-1563), *Cinq livres sur les ambassades* "à destination de ceux qui sont totalement appliqués à la chose publique, ou très utiles à ceux qui remplissent une quelconque magistrature, et agréables à la lecture", orig. publ. *De Legationibus libri V*, Mainz, Fr. Behem, 1548, "trad., annotations et notes" par D. Gaurier, Limoges, Presses univ. de Limoges, 2008, Livre I – "au sujet des personnes de ceux qui envoient des ambassadeurs, des missions et des affaires des ambassades", Chap. XIII – "sur quelles matières porte une ambassade", pp. 81-85, quoted p. 84.

100. C. Braun, *Cinq livres sur les ambassades*, 1548, ed. 2008, Livre I, Chap. IV – "ce qu'est une ambassade", pp. 60-62: "la mission de ceux qui sont envoyés et auxquels est confié, au nom d'autres princes ou des administrateurs de la République, de dire, de faire et d'exécuter quelque chose avec des personnes absentes".

101. C. Braun, *Cinq livres sur les ambassades*, 1548, ed. 2008, Livre IV – "des privilèges et des immunités des ambassadeurs", Chap. I – "du droit d'inviolabilité des ambassadeurs", pp. 269-271, *cit.* p. 269, added: "Ce droit n'est pas tant garanti par le secours des hommes, mais plutôt par le droit divin, comme le dit Cicéron" (*De*

"The entire duty of ambassadors in entering into treaties and arranging peace derives from justice, and mainly takes the form of two rules. The first is that they make treaties that are fair, honest and never dishonourable, and peace; the other is that they be concluded in good faith and to the advantage of those entrusted with the embassy." [102]

105. The same could be said of the right to asylum and other principles that are still valid in international law and applied in international relations.

106. Other sources, long before there was talk of European international law, should not be forgotten:

- In India in the second century AD [103], Kautilya left us, in *The Arthashastra*, a manual on domestic and "international" policy, including issues such as non-intervention.
- In the eighth century Al-Shaybani, with his Shorter Book on Muslim International Law *(Kitab al-Siyar al-Saghir)*, made a systematic compilation of law specifically designated as "*al-Siyar*", which contained the rules of war and peace according to Sharia law; he is considered as the father of international law in the Islamic world. [104]
- In Persia, the eleventh-century manual by Nizam Al-Mulk, *Siyasat Nameh* or the Book of Government [105], anticipated by several centuries the reflections of Machiavelli in *The Prince*.

---

haruspicum responsis, 34). C'est ce que confirma Hérode, chez Flavius-Josèphe dans les *Antiquités* (XV, VII) au sujet des ambassadeurs tués par les Arabes, disant : "Cela est considéré très injuste chez les grecs et les barbares".

102. C. Braun, *Cinq livres sur les ambassades*, 1548, ed. 2008, Livre III – "au sujet des devoirs des ambassadeurs", Chap. XI – "du devoir des ambassadeurs dans la conclusion des traités et pour faire la paix", pp. 241-244, *cit.* p. 241: "Le premier type concerne les conventions et les accords des traités, le second intéresse les personnes, au nom desquelles les traités ont été contractés".

103. Kautilya, *The Arthashastra*, L. N. Rangajaran (ed., rearranged and translated), New Delhi, Penguin Books India, 1992, quoted 6.2.1.3:

"The welfare of the state [ensuring the security of the kingdom within its existing boundaries and acquiring new territory to enlarge it] depends on [adopting a foreign policy of] non-intervention or overt action. A policy which helps in the undisturbed enjoyment of the results of past activities is defined as nonintervention. An active policy is one which is designed to bring [new] initiatives to a successful conclusion."

104. M. A.-H. Al-Shaybani, *The Shorter Book on Muslim International Law*, orig. publ. *Al-Siyar al-Saghir*, edited, translated and annotated by M. A. Gazi, New Delhi, Adam Publ. and Distributors, 2007, or also the edition *The Islamic Law of Nations: Shaybani's Siyar*, transl. by M. Khadduri, Baltimore: Johns Hopkins Press, 1996; see also, M. A. Baderin, "Muhammad Al-Shaybani", in B. Fassbender and A. Peters (eds.), *The Oxford Handbook of the History of International Law*, Oxford, Univ. Press, 2012, pp. 1081-1085.

105. Nizam Al Mulk, *The Book of Government or Rules for Kings*, orig. publ. *Siyar Al-Muluk* or *Siyasat-Nama*, translated by H. Darke, London, Routledge, 2001, the translation of the Persian classic of the 11th century, on government and the

107. Briefly put, from the time history was first recorded in writing on stone monuments or otherwise, we have records of the existence and implementation of principles and rules that were already international law. Ever since ancient times there has been written evidence of treaties: to me, these are records of international law, which already existed in 3000 BC. Many more such records continue to exist today.

108. It must be stressed that international law as a system was not created out of thin air in 1648 with the Treaties of Münster and Osnabrück, the two instruments that made up the Peace of Westphalia [106]. There are those who seemingly still entertain this idea. However, it does not stand up against the evidence of history, in records preserved by different civilizations since ancient times. By contrast with sovereignty [107], the best historical evidence of the existence of international law is the fact that it has been practised since written records began.

109. To pinpoint a key moment in this process of evolution towards consolidation of the modern state and sovereignty in the Western context, we could take the seventeenth-century *Leviathan* to illustrate

conduct of government, written between 1086 and 1091, by Nizam – originally named A. A. Hasan ibn Ali ibn Ishaq al Tousi (born ca. 1018/19, died in 1092) – during more than three decades as the Prime minister of two Seljuk governments, who created an empire that extended from India to Egypt. Upon demand of Malik Shah, Nizam wrote his book, shortly before his assassination, to record his experience and his teaching.

106. P. B. Casella, *Tratado de direito internacional – tomo 8 – Direito internacional além do paradigma vestfaliano*, São Paulo, Almedina, 2024, "introdução – além do paradigma vestfaliano", pp. 1-86. In the same sense, B. Teschke, *The myth of 1648* – Class, Geopolitics and the Making of Modern International Relations, 2003, London, Verso, 2009, *Introduction*, pp. 1-12, *cit.* p. 1, signals that this model no longer encompasses all required elements, in view of the complexities of the international system in the post-modern context:

"The classical Westphalian system, rooted in the primacy of the modern, territorially bounded sovereign state, is being replaced by a post-territorial, postmodern global order. The old logic of geopolitical security is being subordinated to geo-economics, multi-level global governance, or the demands of a multi-actor international civil society. A fundamental transformation in the structure of the international system and its rules of conflict and cooperation is unfolding before our eyes. However, while Realists and non-Realists diverge in their assessments of the contemporary world-historical conjuncture, IR and IPE scholars are united in invoking the Westphalian states-system as the benchmark for measuring present-day structure of world politics."

107. H. Heller, *Sovereignty – A Contribution to the Theory of Public and International Law*, orig. publ. 1927, D. Dyzenhaus (ed. and introduction), B. Cooper (trans.), Oxford, Univ. Press, 2019, esp. Chap. I – *The Crisis of the Dogma of Sovereignty in the History of Ideas*, pp. 61-78, *cit.* p. 62: "Bodin, the Huguenot, was as little a partisan monarchist as Hobbes, whose thinking has been distorted with similar frequency and who wrote in a similar political situation". See also K. Roth, "Die Wende zum Staat – Von Gregor VII. bis Hobbes", in S. Salzborn and R. Voigt (eds.), *Souveränität – Theoretische und ideengeschichtliche Reflexionen*, Stuttgart, F. Steiner, 2010, pp. 23-41; S. Salzborn, "Souveränität ohne Moral? Machiavelli, Hobbes und die globale Ordnung zu Beginn des 21. Jahrhunderts", in S. Salzborn and R. Voigt (eds.), *Souveränität, op. cit.*, 2010, pp. 61-80.

the temporal and spatial transformations that were occurring. It serves as an avatar, a manifestation of the fluctuations between two distinct imaginary fields.

110. Likewise, the phenomenon of the witch-hunt can be considered as an anomaly, going against the trend of evolution towards the modern age. The very age that saw advances in human knowledge in many areas also unleashed this barbaric pursuit of innocent people, who were subjected to torture and inhuman punishments and forced to admit to crimes that led many of them to a violent death by execution, often at the stake.

111. Modern international law in Europe grew up alongside major changes taking place in various areas of human knowledge, not in isolation but rather as elements consistently aligned in a broader shift in Western civilization as a whole, that spread outwards into different sciences as well as into the field of international law. This has been described as the transition from the closed world of the ancients to the open, even infinite, universe of modern times [108].

112. The terms used here are not universal, and their meaning and content require clarification. "International law", "history" and even more so "culture" and "civilization", can trigger long, complex discussions about what each of them means. These terms must be defined, and the terminology must be clear. While necessary, to ensure we agree on what it is we are talking about, such preliminary discussions should be kept to a minimum. I cannot countenance devoting an entire course to the possible definitions of international law, history, culture or civilization.

113. The common usage of the term "international law" is one example. The very name given to our discipline has been the subject of much controversy, and many have criticized the use of this language [109] before settling back into the terminological mainstream.

---

108. As presented by A. Koyré (1902-1964), *Do mundo fechado ao universo infinito*, orig. publ. *From the Closed World to the Infinite Universe*, 1957, D. M. Garschagen (trans.), Rio de Janeiro, Forense Univ., São Paulo, Edusp, 1979, as discussed, hereinafter, in this Chapter.

109. Without going too far back in the past, a notorious example would be Ph. Jessup with his efforts to promote the use of the expression "Transnational law" instead of "International Law", in order, according to him "to include all law which regulates actions or events that transcend national frontiers". This terminological fluctuation did not go beyond himself. See P. C. Jessup, *Transnational Law*, New Haven, Yale University Press, 1956; as well as his courses and conferences at The Hague: "L'exploitation des richesses de la mer", *Collected Courses*, Vol. 29 (1929), pp. 401-514; "Parliamentary diplomacy – an examination of the legal quality of the rules of procedure of organs of the United Nations", *Collected Courses*, Vol. 89 (1956),

114. This course will trace how international law is understood, both as an area of law and a field of knowledge, and as an instrument encompassing the world: international law is developed and applied internationally. In addition, international law contributes to civilization, in that, subject to certain conditions, it enables agreements to be substituted for the use of force, and progress to be made towards human coexistence.

115. This means that international law has to be understood and examined in a context that transcends the national legal framework, and seen as a bridge spanning and opening up communication between different sovereign and independent political units – states – as well as governing the formation and functioning of association of states – international organizations, or strictly speaking intergovernmental organizations. It applies to the lives of individuals and human communities – and to mankind in general – as the subjects of international rights and obligations, not to mention protection of the planet and the international environment.

116. It is incontrovertible that international law exists and has been practised since ancient times. The observance of treaties and commitments, the application of legal institutions such as asylum and the protection of envoys, and the respect for natural resources such as water sources, olive groves and orchards or cultural resources like historic heritage and archaeological sites have been deemed worthy, or at least capable, of protection. That remains true today, though it can still be challenged by unjustifiable violations: illustrations include the bombing of Dresden in February 1945, the dropping of atom bombs on Hiroshima and Nagasaki in August 1945 and the recent barbaric destruction of archaeological sites, especially that of Palmyra by ISIS in an act of military propaganda. Such violence systematically meted out to human beings and cultural heritage amounts to crimes against humanity.

117. A historical continuity exists between the practices in ancient times and those of the present day, in terms of what international law is deemed to be: the institution of asylum, known and practised for centuries, was the point of departure for all the institutions of international humanitarian law and international protection of fundamental rights. Likewise, the protection and inviolability of envoys was the starting

pp. 181-320; "A half century of efforts to substitute Law for War", *Collected Courses*, Vol. 99 (1960), pp. 1-20; "To form a more perfect United Nations", *Collected Courses*, Vol. 129 (1970), pp. 1-24.

point for what is now the international law of diplomacy [110], and the protection of certain natural resources led to what has progressively grown, since the Stockholm Conference in 1972, into international environmental law [111].

118. International law is institutionally present in the organization and operation of an international system of norms and institutions, comprising a universal element with the United Nations (UN) and the other intergovernmental organizations in what is known as the UN family, and the various regional systems, some more coherent and structured than others. It must also be acknowledged that international law exists outside these universal and regional systems, with a huge body of it gradually taking shape under the aegis of what might be called "international civil society".

119. International law is taught more or less throughout the world, maybe not in exactly the same form but recognizable on the whole in spite of local variations. There is a shared discourse in international law, despite the diversity of languages, that makes it all the more admirable. Those injections of local colour cannot alter the nature or content of international law without distorting its essence, basis and purpose. The phenomenon of nationalization of international law that manifested itself in the nineteenth century did damage and must be avoided, though it tends to push up again like a weed, as has been seen again recently. When nationalism rears its head, it is time to highlight the role of international law in the postmodern context.

120. International law is taught more or less all over the world. Albeit it is not always exactly the same. In international law exists a common discourse, notwithstanding the diversity of languages. And this is amazing.

121. Among the highest seats of learning in international law is The Hague Academy of International Law, where courses have been given since 1923 by men and almost as many women from nearly all parts of the world. Since the late nineteenth century, the Netherlands government has worked successfully to consolidate The Hague as a global centre of excellence for international law: the Permanent Court of Arbitration has its seat there, along with the International Court of

110. From the considerable literature available on this topic: G. E. do Nascimento e Silva, P. B. Casella and O. Bittencourt Neto, *Direito internacional diplomático – Convenção de Viena sobre relações diplomáticas na teoria e na prática*, São Paulo, Saraiva, 4th ed.., 2012, also for the bibliographical references on the subject.

111. See also Chapter V, especially the section "interdependence and cooperation".

Justice (like its forerunner between the two world wars, the Permanent Court of International Justice), the International Criminal Court and various temporary institutions including arbitral tribunals (such as the Iran-United States Claims Tribunal) and of course the Academy of International Law, housed in the Peace Palace whose treasures also include the Library with its 1.3 million books on international law.

122. Though the range of nations participating has broadened considerably, international law teaching tends to emanate from some parts of the world more than others. Likewise, in many of the world's universities and academic institutions there have long been more men than women teaching international law. Diversity is increasing in these teaching bodies but does not proportionately reflect the world's different nationalities. The proportion of men to women is still below what might be considered fair.

123. These criticisms do not obscure the most important reality: this whole body of continuous teaching shows what international law is commonly understood to be, and how it functions over time. This internationally constructed corpus shows the unique character of international law compared to other branches of the law, which are essentially national.

124. Having thus clarified the terminology on international law, we can move on to consider the term "history", another term whose meaning and content gives rise to great controversy. This was evidently the case among specialist historians, with debates raging since the time of Herodotus and Thucydides, Polybius and Plutarch, Eratosthenes and Xenophon, Strabo and Sallust, Tacitus and Livy, via Sima Qian and Kautilya, Ibn Khaldun and Guicciardini, before we even get to the great historians of the nineteenth and twentieth centuries. Those working in other areas of knowledge, too, have engaged in the debate in an attempt to determine what history is. We have not only contemporary documents, but above all records and reflections on the vicissitudes of the human experience. We know, as Herodotus taught, that "human prosperity is never stable" [112].

125. We know, too, that the construction of human knowledge is never neutral. This much is clear from the controversies surrounding

112. Herodotus (ca. 480 – ca. 425 av. J.-C.), *L'Enquête*, in Hérodote – Thucydide, *Œuvres complètes*, intr. by J. de Romilly, "texte présenté, traduit et annoté", par A. Barguet, Paris, Gallimard – Pleiade, 1964, impr. 1982, livre I – "Clio", par. 5, p. 54; "La prospérité humaine n'est jamais stable"; Heródoto, *História*, trad. do grego, intr. e notas de M. da Gama Kury, Brasília, ed. UnB, 1985, 2ª. ed., 1988, Livre I – "Clio", par. 5, p. 20.

the role of Herodotus, considered by Cicero as the "father of history" [113], while Plutarch [114] called him "the father of lies" [115]. Plutarch devotes an entire essay on ethics, not historical criticism, to the malignity (kakohqeias) of the first historian [116]. The lesson deserves to be taken seriously: the question of what constitutes history is indeed complex. More specifically, history in relation to culture, or "cultural history", is another term whose content is open to discussion, as is the relationship of history and culture to international law.

126. To accurately historically reconstitute such a complex and wide-ranging phenomenon is such a huge undertaking that were I to attempt it, to use the words of René Girard, I would compromise my stated aim of giving a generic, evolving interpretation of human culture: "I am not a historian, I am merely looking at structures and offering a hypothesis about the evolution of culture" [117]. I can only agree.

127. The examples of the ancient writers would later be taken up and elaborated upon by Renaissance and then modern authors up to the present time, like Commynes, Guicciardini, Gibbon, Burckhardt, Von Ranke, Mommsen, Spengler, Toynbee, Huizinga, Braudel, M. Bloch, G. Duby, Norbert Elias, Kantorowicz, Schama, Judt and Hobsbawm – they are indispensable points of reference in any account of humankind's progress down the ages. They are present, too, in Varnhagem, H.

113. Cicerus (106-43 av. J.-C.) makes this statement: "Herodotum patrem historiae" in his treaty *On the Laws*, Cicerus, *De Legibus*, with an English translation by Clinton Walker Keyes, Cambridge, Ma., London, Harvard Univ. Press, LCL 213, Cicero Vol. XVI, 1926, reprinted 2006, pp. 287-519, quoted I.I.5, pp. 300-301.

114. Plutarch (45-120 AD), *De Herodoti malignitate*, with an English translation by L. Pearson and F. H. Sandbach, Cambridge, Ma., London, Harvard Univ. Press, LCL 426, Plutarch *Moralia* Vol. XI, 1965, reprinted 2006, pp. 1-129.

115. See also J. A. S. Evans, "Father of History or Father of Lies? The Reputation of Herodotus", Classical Journal, 1968, Vol. 64, pp. 11-17; R. Thomas, *Herodotus in Context: Ethnography, Science and the Art of Persuasion*, Cambridge, Univ. Press, 2002.

116. The word – kakoethias – used by Plutarch about Herodotus designates a vicious action and an indictment, for a behavior not only tainted with malice and duplicity, as much as the deliberate intention of presenting the worst possible interpretation of the actions of others, with lack of sincerity and the deliberate falseness about facts. The Ancient equivalent to "fake news" in our times!

117. "Je ne suis pas un historien, je recherche simplement des structures et propose une hypothèse sur l'évolution de la culture", remarks R. Girard, *Les origines de la culture*, "Entretiens" avec P. Antonello and J. C. de Castro Rocha, "texte établi avec la collaboration" de V. Morlot-Duboux and C. Chaplain, Paris, A. Fayard – Pluriel, 2010, impr. 2015, Chap. VI – *"Méthode, évidence et vérité"*, pp. 207-247, quoted p. 241, and explains the context: "Ma méthode pourrait être définie comme une analyse morphologique dont l'horizon est si vaste, qu'il contient l'histoire des hommes tout entière. Quel genre de précautions méthodologiques devrait adopter quelqu'un qui travaille à une échelle si ambitieuse?"

Vianna, Doratioto, Mota, Malerba, Tucci Carneiro, and other historians who will be referred to in this course in an effort to arrive at a temporal and cultural perspective on the making of international law.

128. The usefulness of history had already been pointed out by Polybius (c. 202-c.120 BC): "man finds in knowledge of the past the most instructive of lessons" [118]. It is important to be clear about the role of the historical and cultural perspective in putting together this course.

129. Here, history is not an end in itself but a means to aid the understanding of international law: it "feeds a demand for understanding that is experienced also as a demand for recognition of the traumas suffered in the past through the use of international law to benefit states, who alone were its subjects" [119]. Western states, in particular.

130. To do this it is necessary to broaden the perspective and look at international law beyond present-day Western Europe, "along with an effort by internationalist science to uncouple itself from the age-old standpoint too exclusively centred on European public law, the famous *jus publicum europaeum*, from which our modern system of international law emerged" [120].

---

118. "L'homme trouve dans la connaissance du passé la plus instructive des leçons", noted Polybius, *Histoire*, "texte traduit, présenté et annoté", par D. Roussel, Paris, Gallimard, Pléiade, 1970, livre I, *Préface*, p. 1, et ensuite, livre I, Chap. I, n. 35, p. 40: "Les hommes ont en effet deux moyens de se corriger. Ou bien ils reçoivent la leçon de leurs propres revers, ou bien ils font leur profit de ceux des autres. Si l'une de ces méthodes est d'une efficacité plus sûre, l'autre est moins coûteuse".

119. "… vient nourrir une demande d'intelligibilité qui est vécue aussi comme une exigence de reconnaissance des traumatismes subis dans le passé par le biais du droit international au profit des états, qui en étaient les seuls sujets", notes E. Tourme-Jouannet, "Des origines coloniales du droit international: à propos du droit des gens moderne au XVIIIe siècle", in P.-M. Dupuy and V. Chetail (eds.), *The Roots of International Law/ Les fondements du droit international – Liber amicorum P. Haggenmacher*, Leiden, Boston, M. Nijhoff, 2014, pp. 649-671, quoted p. 649:

"L'histoire du droit international est devenue une discipline beaucoup plus ouverte que par le passé. Depuis une trentaine d'années, elle fait l'objet de multiples réinterprétations mais aussi de multiples usages par d'autres disciplines et par certains groupes qui sont allés bien au-delà de l'histoire officielle qui était jusqu'alors constamment relayée. Il commence à se produire un usage public et renouvelé de l'histoire du droit international par le biais d'une ré-appropriation de cette histoire du droit international 'par le bas', c'est-à-dire par des groupes qui avaient été pendant longtemps privés de leur capacité de s'exprimer à ce sujet, comme les peuples décolonisés, mais aussi les peuples autochtones, les minorités ou les femmes."

This may be useful, provided that, as mentioned by E. Tourme-Jouannet: "il en résulte bien souvent qu'Occidentaux et Non Occidentaux, groupes dominés et groupes dominants, ne cessent de se renvoyer leur passé au plan international dans ce qui est bien souvent une véritable incompréhension mutuelle des interprétations de l'autre".

120. "… de pair avec un effort de la science internationaliste de se défaire d'une perspective d'ancienne date, centrée (trop) exclusivement sur le droit public de l'Europe, le fameux *jus publicum europaeum*, dont est issu notre système de droit international modern", remarks R. Kolb, "Considérations sur le droit international

131. History can be defined as "a methodical narrative of the events of a certain period" or it can mean "what really happened" *(wie es eigentlich gewesen ist)*. Without entering into the controversies that keep the specialists occupied, we could view history as one of the great historians, in the true sense of the term, did: Ibn Khaldun (1332-1406) in his Prolegomena *(Al Muqqadima)* [121] presents history in terms of relations between peoples, from which he deduces a cyclic pattern – nomads from the steppes and deserts conquer the lands of sedentary peoples and establish vast kingdoms which, some three generations later, will be conquered by other peoples, making them victims in their turn.

132. Marc Bloch, among others, used this conception to explain the movements of populations in Europe in the early Middle Ages [122]. These interpretations remain valid and useful in understanding human history.

133. Ibn Khaldun set himself apart from his contemporaries – and moreover from many of our own – not only because he devised a philosophy of history but because he did not attach the same weight or the same value to every fragment of information relating to the past [123].

public des anciennes cultures extra-européennes", in P.-M. Dupuy and V. Chetail (eds.), *The Roots of International Law/Les fondements du droit international – Liber amicorum P. Haggenmacher*, Leiden, Boston, M. Nijhoff, 2014, pp. 673-709, quoted p. 673 and note 3: "Il n'y avait, depuis longue date, pour les autres cultures que celles du bassin méditerranéen et européennes, hormis pour l'Inde (à cause des racines indoeuropéennes de notre culture occidentale), des descriptions très sommaires dans les premières pages de manuels de droit international et dans les quelques ouvrages traitant de l'histoire du droit international".

121. I. Khaldun, *Discours sur l'histoire universelle*, orig. publ. *Al-Muqaddima*, "traduction nouvelle, préface et. notes", V. Monteil, Paris, Sindbad, 3 Vols., 1978.

122. M. Bloch, "*Liberté et servitude personnelles au Moyen Age, particulièrement en France* – contribution à une étude des classes", orig. publ. 1933, in M. Bloch, *Mélanges historiques*, orig. publ. 1963, Foreword Y. Potin, Paris, éd. CNRS, 2011, pp. 286-355; see also M. Bloch, *La société féodale: la formation des liens de dépendance/les classes et le gouvernement des hommes*, orig. publ. 1939, Paris, Albin Michel, 1994, Foreword R. Fossier; M. Bloch, *Esquisse d'une histoire monétaire de l'Europe*, "Deux mots d'explication", par L. Febvre; "postface" de F. Braudel, Paris, Colin, 1954.

123. J. D. Fage, "A evolução da historiografia da África", in J. Ki-Zerbo (ed.), *História geral da África: I. Metodologia e pré-história da África*, orig. publ. *Histoire générale de l'Afrique : I. Méthodologie et pré-histoire africaine*, 1980, trad. B. Turchetti *et al.*, rev. téc. F. A. A. Mourão *et al.*, São Paulo, Atica, Paris, UNESCO, 1982, cap. 1, pp. 43-59, *cit.* p. 45, considers crucial the contribution of I. Khaldun for the understanding of the History of Tropical Africa, and refers to him as "a very modern historian", having worked, notwithstanding the innovations in his philosophy and his method, within the framework of the ancient Mediterranean and Islamic traditions, not forgetting what was going on the other side of the Sahara. The presentation by I. Khaldun on the empire of Mali, at the time at the height of its power, partially based on the oral tradition of the time, remains one of the essential sources on the history of this great African state.

He was convinced that the truth must be arrived at step by step, using a critical and comparative approach.

134. The works of Ibn Khaldun date from several centuries before Voltaire, who is usually credited with having created the philosophy of history, especially in his essay on the manners and spirit of nations *(l'Essai sur les mœurs et l'esprit des nations)* (1756), in which he speaks not only of manners, spirit and nation but also of "race" and "man".[124] This followed on from the major work by Montesquieu, The Spirit of Laws *(L'esprit des lois)* (1748)[125]:

> "Before laws were made, relationships of justice were possible. To say that the only fair or unfair things are those ordered or defended by positive law is like saying that before the circle was drawn all the radii were not equal. We must therefore admit that relationships of fairness existed before the positive law that laid them down."[126]

135. "Culture" and "civilization" are even more susceptible to misunderstanding owing to the complex debates surrounding them and their potential for interaction. Historians, sociologists, anthropologists and ethnologists have all focused their attention on these terms. And attempting to translate from one language to another magnifies the complexity of the exercise: for a start, "culture" in French and "Kultur" in German do not mean exactly the same thing, while in English the term "culture" has nuances of its own.

136. Nor is "civilization" simple to define. Following the natural leanings of his author, one of Oscar Wilde's characters makes this

---

124. See Voltaire, *A filosofia da história*, orig. publ. *Histoire* et *Historiographe*, in *Encyclopédie*, *Essai sur les moeurs et l'esprit des nations – Introduction* and *La défense de mon oncle*, trad. E. Brandão, São Paulo, Martins Fontes, 2007, or also at *OEuvres complètes de Voltaire*, Vol. XI, Paris, Garnier frères, 1878.

125. C. de Secondat, Baron de La Brède et de Montesquieu, *De l'esprit des lois*, "texte présenté et annoté", par R. Caillois, Paris, Gallimard, Pléiade, 1951, impr. 1994; Braz. ed., *Espírito das leis*, intr. and notes G. Truc, transl. F. H. Cardoso and L. M. Rodrigues, São Paulo, Abril cult. – Os pensadores, Vol. XXI, 1973; see also the Italian edition of the *Spirito delle leggi*, con le note dell'abate A. Genovese, Naples, Domenico Terres, 1777, in four volumes.

126. "Avant qu'il y êut des lois faites, il y avait des rapports de justice possibles. Dire qu'il n'y a rien de juste ni d'injuste que ce qu'ordonnent ou défendent les lois positives, c'est dire qu'avant qu'on eût tracé le cercle, tous les rayons n'étaient pas égaux. Il faut donc avouer des rapports d'équité antérieurs à la loi positive qui les établit": Montesquieu, *De l'esprit des lois*, 1748, ed. 1994, première partie, livre premier, chapitre premier – "Des lois avec les rapports qu'elles ont avec les divers êtres", pp. 232-234, quoted. p. 233.

caustic remark about what constitutes civilization: joking aside, it is worthy of attention:

> "'My dear boy', said Lord Henry, smiling, 'anybody can be good in the country. There are no temptations there. That is the reason why people who live out of town are so absolutely uncivilised. Civilisation is by not by any means an easy thing to attain to. There are only two ways by which man can reach it. One is by being cultured, the other by being corrupt. Country people have no opportunity of being either, so they stagnate'." [127]

137. "Civilization" seems to contain as much "culture" – being cultivated – as it does "corruption" (or at least the risk of it), and this criticism recurs down the ages, especially coming from those who are without it: both "civilized" and "corrupt" are terms levelled as charges in different contexts.

138. "Culture" as a term easily gives rise to debate and misunderstanding, depending on the cultural tradition – here the word appears again – to which the person conducting the analysis belongs. The importance of the Greco-Roman tradition for the whole of the West, as determined by Germanic tradition since the late eighteenth century, is no longer open to challenge, more specifically since Johann Joachim Winckelmann published his *History of the Art of Antiquity* (1764) [128].

139. Johann Wolfgang von Goethe was one of the first to understand Winckelmann's transformative effect on understanding of the arts in general, including poetry and literature [129]: the neoclassicism of the late

127. O. Wilde, *The Picture of Dorian Gray*, orig. publ.. 1890, J. B. Foreman (ed.), *Complete Works of O. Wilde*, introduction by V. Holland, London and Glasgow, Collins, reprinted 1977, pp. 17-167, at pp. 157-158.

128. J. J. Winckelmann (1717-1768), *Histoire de l'art dans l'Antiquité*, orig. publ. *Geschichte der Kunst des Alterthums*, Dresden, 1764, translated by D. Tassel, introduction and notes D. Gallo, Paris, Librairie générale française, 2005.

129. J. W. von Goethe (1749-1832), *Schriften zur Kunst und Literatur*, H. J. Schrimpf (ed.), Vol. 12, in J. W. von Goethe, *Werke* – Hamburger Ausgabe in 14 Bänden, Textkritisch durchgesehen von E. Trunz, kommentiert von H. von Einem, Munich, Deutscher Taschenbuch Verlag, 1982, of which the essay *Antik und Modern*, pp. 172-176:

> "Da ich in vorstehenden genötigt war, zugunsten des Altertums, besonders aber der damaligen bildenden Künstler, so viel Gutes zu sagen, so wünschte ich doch nicht missverstanden zu werden, wie es leider gar oft geschieht, indem der Leser sich eher auf den Gegensatz wirft, als dab er zu einer billigen Ausgleichung sich geneigt fände. Ich ergreife daher eine dargebotene Gelegenheit, um beispielweise zu erklären, wie es eigentlich gemeint sei, und auf das ewig fortdauernde Leben des menschlichen Tuns und Handelns, unter dem Symbol der bildenden Kunst, hinzudeuten."

eighteenth and early nineteenth centuries derived to a large extent from Winckelmann's ideas about ancient art and the role of art in culture and civilization [130].

140. A contemporary of Goethe, Madame de Staël, in her essay on Germany *(De l'Allemagne)*, also showed an understanding of the importance of Winckelmann's contribution when she considered the role of imagination and learning in the construction of knowledge, above all knowledge of the past: "He has shown us that to understand the Ancients, one was as necessary as the other. We can give life to objects of art only by an intimate acquaintance with the country and with the epoch in which they existed." [131]

141. Madame de Staël was making the statement that historic and cultural contextualization is indispensable for understanding the object being studied. This corresponds exactly with my own point of view with regard to the object of the present discussion.

142. When, in the mid-nineteenth century, the Englishman Matthew Arnold gave his lectures on "Culture and anarchy" [132], or the Swiss Jakob Burckhardt published his book on the culture of the Renaissance

---

130. S. Martus, *Aufklärung – das deutsche 18. Jahrhundert: ein Epochenbild*, Berlin, Rowohlt, 2015, Part IV, Chap. 14 – "Zeitverwandte", especially "Winckelmans Griechen", pp. 687-696, quoted p. 688 and p. 689:

> "Solche zivilisations- und kulturhistorischen Formen der Geschichtsschreibung kamen in der Mitte der 18. Jahrhundert in Mode. Er legte ein Jahr nach dem Siebenjährigen Krieg eine zweibändige *Geschichte der Kunst des Altertums* (1764) vor, die im doppelten Sinn epochal war: Winckelmann erhob eine geradezu revolutionären Anspruch, indem er die Epochen der Kunstgeschichte auf eine Weise darstellte, die wissenschaftlich, literarisch und künstlerich wiederum Epoche machte."

131. A.-L. G. de Staël-Holstein (1766-1817), *De l'Allemagne*, 1810, "Chronologie et introduction" par S. Balayé, Paris, Garnier-Flammarion, éd. 1968, impression 2012, deuxième partie – "la littérature et les arts", Chap. VI, pp. 183-187, English edition (Of Germany), London, John Murray, 1813 at p. 260. "Winckelmann was the man who in Germany brought about an entire revolution in the manner of considering the arts, and literature also as connected with the arts... his style certainly places him in the first rank of German writers . . . His style is calm and majestic as the object of his consideration. He gives to the art of writing the imposing dignity of ancient monuments, and his description produces the same sensation as the statue itself" (at pp. 258-259).

132. Matthew Arnold, *Culture and Anarchy* (1869):

> "The idea which culture sets before us of perfection – an increased spiritual activity, having for its characters increased sweetness, increased light, increased life, increased sympathy – is an idea which the new democracy needs far more than the idea of franchise, or the wonderfulness of industrial performances."

Available at *The Project Gutenberg E-text of Culture and Anarchy*, by Matthew Arnold [Etext #4212-8.txt or 4212-8.zip].

in Italy [133], the idea of culture seemed to require no explanation. Burckhardt was careful to treat each era individually [134], including presenting the state as a construction needing a historical context: "the spiritual contours of any cultural era might present a different image to each observer" [135].

143. The situation was no different in 1926, when the Dutchman Johan Huizinga gave his famous lecture in Utrecht on "The Task of Cultural History". Elsewhere, he drew attention to how the work of constructing periods of history constantly forces us to make all the manifestations of the culture of a given period look alike [136].

144. For those three historians, Arnold, Burckhardt and Huizinga, "culture" meant art, literature and what was described by Matthew Arnold – quoting Wordsworth – as "the breath and finer spirit of all knowledge" [137] or more precisely, and prosaically, by Huizinga as themes, figures, motives, symbols, styles, images and sentiments. And as Peter Burke put it, "the literature, ideas, symbols and sentiments" of

---

133. J. Burckhardt (1818-1897), *Die Kultur der Renaissance in Italien. Ein Versuch*, orig. publ. 1860, Stuttgart, A. Kröner, 2009, published in English as The Civilization of the Renaissance in Italy, translated by S. C. G Middlemore, London, Albert and Charles Boni, 1878.

134. J. Burckhardt, *Kulturgeschichtliche Vorträge*, R. Marx (ed.), Stuttgart, A. Kröner, 1959; *Weltgeschichtliche Betracthtungen*, orig. publ. Berlin, Sperman, 1905, J. Osterhammel (ed.), Munich, Beck, 2018; *Das Zeitalter Friedrichs des Grossen*, Aus den Nachlass unter Mitwirkung von B. Klesman und P. Müller, ed. by E. Ziegler, Essay by H. Plechinski, Munique, Beck, 2012.

135. J. Burckhardt, *Der Staat als Kunstwerk*, in *Die Kultur der Renaissance in Italien. Ein Versuch*, Stuttgart, A. Kröner, 2009; Braz. ed. *O estado como forma de arte*, trad. S. Tellaroli, São Paulo, Penguin Classics/Companhia das Letras, 2012, "*Introdução*", quoted p. 5.

136. J. Huizinga (1872-1945), *Problemas de la historia de la cultura*, in the Vol. *El concepto de la história – y otros ensayos*, trad. W. Roces, Mexico, Fondo de cultura económica, 1946, 5ª reimpr., 2005, pp. 7-83, quoted p. 83:

> "El problema de la construcción de períodos obliga constantemente a nuestro pensamiento a remontarse a lo que engarza y hace homogéneas todas las manifestaciones de cultura de una época; es lo que Lamprecht ha llamado 'diapasón', lo que aquel violento lenguaje metafórico de Spengler se propuso plasmar, lo que con tanta claridad sugiere el intento sinfónico de Burckhardt, lo que tenemos siempre ante nuestros ojos sin que seamos capaces de aprehenderlo".

137. Matthew Arnold (1822-1888), The Study of Poetry, published as the General Introduction to The English Poets, ed. T. H. Ward, London, 1880. *The Poems* of Matthew Arnold 1840-1867, with an introduction by Sir A. T. Quiller-Couch, London, Humphrey Milford – Oxford Univ. Press, orig. publ. 1909, reprinted 1940, Foreword pp. 1-16, quoted p. 3 describes as the scope of poetry:

> "What are the eternal objects of Poetry, among all nations and at all times? They are actions, human actions, possessing an inherent interest in themselves, and which are to be communicated in an interesting manner by the art of the Poet."

which they spoke "were essentially those to be found in the Western tradition, from the Greeks onwards, among elites with access to formal education" [138].

145. In a comparable manner Harold Bloom, in his turn, speaks of a "Western canon": "Pragmatically, aesthetic value can be recognized or experienced, but it cannot be conveyed to those who are incapable of grasping its sensations and perceptions. To quarrel on its behalf is always a blunder" [139].

146. To Peter Burke, given the popularity of the use of the term, it is becoming increasingly difficult to say what is or is not part of culture [140]. And that one cannot ignore the impact of each different cultural tradition, when speaking of culture or cultural history:

> "The idea of culture implies the idea of tradition, of certain kinds of knowledge and skills handed down from one generation to the next. Since multiple traditions can easily coexist within the same society – lay and clerical, male and female, that of the pen and that of the sword, and so on – to work with the idea of tradition liberates cultural historians from the assumption of the unity or homogeneity of an 'age' – the Middle Ages, the age of Enlightenment, or whatever." [141]

147. Burke also points out that cultural history has yet to become really solidly established, at least in the institutional sense, and that when one attempts to answer the question "what is culture?" it is almost as difficult to define the content of that word than omit it [142]. Burke goes

---

138. P. Burke (born 1937), *Varieties of Cultural History*, Oxford, Blackwell – Polity Press, 1997, Chap. 12, Unity and Variety in Cultural History; Braz. ed., *Variedades de história cultural*, trad. A. Porto, Rio de Janeiro, Civilização brasileira, 2006, Unidade e variedade na história cultural, pp. 231-267.

139. H. Bloom (1930-2019), *The Western Canon – The Books and School of the Ages*, New York, Harcourt Brace, 1994, Chap. 1, An Elegy for the Canon, at p. 18. In chapter 8, Dr Samuel Johnson, the Canonical Critic, the author issues a timely warning: "If criticism expires in the universities and colleges it will reside in other places" (at p. 201). Braz. ed., *O cânone ocidental*, trad. M. Santarrita, Rio de Janeiro, Objetiva, 2001, Chap. 1 – Uma elegia para o cânon, pp. 23-47, quoted p. 25; and thereafter Chap. 8 – Dr. S. Johnson, o crítico canônico, pp. 181-198, quoted p. 197, makes a warning that is quite timely: thinking is an activity that turns to the destruction of itself or of others, when same is not oriented to the work.

140. P. Burke, *What is Cultural History?*, orig. publ. 2004, Oxford, Polity Press, 2019, Introduction; Braz. ed. *O que é história cultural?*, trad. S. G. de Paula, Rio de Janeiro, Zahar, 2005, Introdução, pp. 7-13.

141. P. Burke, 2004, at p. 25. Braz. ed. 2005, Chap. 2 – Problemas da história cultural, pp. 32-43.

142. P. Burke, *Varieties of Cultural History*, Oxford, Blackwell – Polity Press, 1997; Braz. ed., *Variedades de história cultural*, trad. A. Porto, Rio de Janeiro, Civilização brasileira, 2006, esp. Chap. 11 – Unidade e variedade na história cultural, pp. 231-267.

on to stress that in recent years cultural history has become even more fragmented. This could be the moment to attempt to take stock and arrive at a balance: despite the fact that the past does not change, each generation has to rewrite history to make the past intelligible to an ever-changing present [143].

148. Despite the importance of the German contribution, the last few decades have nonetheless shown a lack of continuity in that tradition. The Dutch tradition on the other hand, which might initially have been viewed as a by-product of the German tradition, has continued to yield significant results.

149. At the same time, the differences between English-speaking countries should not be ignored: the North American tradition is receptive to cultural history, especially among the descendants of German-speaking immigrants, from Peter Gay [144] to Carl Schorske [145], while the United Kingdom tradition tends to be more resistant.

150. The French tradition is distinct in that, at least until recently, it avoided the term "culture", focusing instead on "civilization", the "collective mindset" and the "social imagination". Major contributions that should not be overlooked include Marc Bloch [146] and Lucien Febvre [147] on "collective representations", Fernand Braudel's "long-term" view of "material civilization" [148] as well as that of Georges

143. P. Burke, 1997, Braz. ed., 2006, quoted p. 241.

144. P. Gay, *The Enlightenment: An Interpretation – The Science of Freedom*, 1969, New York, W. W. Norton, 1977; *The Enlightenment: An Interpretation – The Rise of Modern Paganism*, 1966, New York, W. W. Norton, 1977; *Style in History*, 1974; Braz. ed., *O estilo na história*, trad. D. Bottmann, São Paulo, Companhia das Letras, 1990, *Conclusão: sobre o estilo na história*, pp. 167-196, quoted p. 195: A work is not a copy of the real world. It is quite often a connection with aesthetic merit.

145. C. Schorske (1915-2015), *Thinking with History* – Explorations in the Passage to Modernism, Princeton, Princeton Legacy Library, 1998, mentions the need to use history and elements from the past, to reflect on the present; see also his *Vienna fin de siècle*, orig. publ. 1979; Braz. ed., *Viena fin de siècle*, trad. D. Bottmann, São Paulo, Companhia das Letras, 1988.

146. M. Bloch (1886-1944), *L'étrange défaite* "Témoignage écrit en 1940", Foreword S. Hoffmann, Paris, Gallimard – Folio – Histoire, © 1990, impr. 2007; *Mélanges historiques*, orig. publ. 1963, Foreword Y. Potin, Paris, CNRS, 2011, pp. 286-355; as well as M. Bloch, *La société féodale* "la formation des liens de dépendance, les classes et le gouvernement des hommes", orig. publ. 1939, Paris, Albin Michel, 1994, Foreword R. Fossier; M. Bloch, *Esquisse d'une histoire monétaire de l'Europe*, "Deux mots d'explication", par L. Febvre, Postface F. Braudel, Paris, Colin, 1954.

147. L. Febvre (1878-1956), *Amour sacré, amour profane* – Autour de l'Heptaméron, orig. publ. 1944, Paris, Gallimard – Folio – Histoire, 1996, quoted p. 206: "L'historien n'a pas à étiquetter, mais à comprendre" ; *Philippe II et la Franche-Comté* – "étude d'histoire politique, religieuse et sociale", orig. publ. 1912, préf. F. Braudel, Paris, Flammarion, 1970.

148. F. Braudel, *Les ambitions de l'Histoire*, préf. de M. Aymard, R. de Ayala and P. Braudel (ed. and presented), Paris, éd. de Fallois, 1997; *Civilisation matérielle,*

Duby [149], and the revival of the history of social attitudes and the collective imagination in the works of Jacques Le Goff [150], Emmanuel Le Roy Ladurie and Alain Corbin [151].

151. The expanding influence of culture has prompted a growing trend to put forward cultural explanations for phenomena that are not strictly speaking cultural but economic, political or legal. This allows cultural issues to be used in different contexts such as politics to explain changes like revolution or resurgence, state formation and succession, even Sweden's intervention in the Thirty Years' War. In addition, recent decades have seen a tendency to "load" the term culture, so that it encompasses not only "traditional" or "high" culture but also popular or everyday culture, in other words customs, values and lifestyles. "In other words, the historians have moved closer to the view of culture held by anthropologists." [152]

152. Delineating the field of culture is probably still a matter of open disagreement among states – as J.-P. Colin and Jack Lang observed – and the very definition of the word "culture" gives rise to endless

économie et capitalisme XVe-XVIIIe siècle, Vol. I: *Les structures du quotidien: le possible et l'impossible*, Paris, A. Colin 1979; Vol. II: *Les jeux de l'échange*, Paris, A. Colin, 1979; Vol. III: *Le temps du monde*, Paris, A. Colin, 1979 ; also available in English, Braudel, *Civilization and capitalism (15th.-18th. century), Vol. I: The Structures of Everyday Life: The Limits of the Possible*, translation from the French, revised by S. Reynolds, New York, Harper & Row, 1981; Vol. II: *The wheels of commerce*, transl. by S. Reynolds, New York, Harper & Row, 1982; Vol. III: *The Perspective of the World*, transl. by S. Reynolds, New York, Harper & Row, 1984; *O modelo italiano*, orig. publ. *Le modèle italien*, 1989, trad. F. de Mattos, São Paulo, Companhia das Letras, 2007; *La méditerranée et le monde méditerranéen à l'époque de Philippe II*, orig. publ. 1949, Paris, A. Colin, 8th. ed., 1987, 2 Vols.; *Ecrits sur l'histoire*, Paris, Flammarion, Champs, 1969, reprinted 1984; "Histoire et sciences sociales. La longue durée", orig. publ. 1958, reprinted in *Ecrits sur l'histoire*, Paris, Flammarion, Champs, 1984, pp. 15-38; F. Braudel (ed.), *La méditerranée: espace et histoire*, Paris, Flammarion, Champs, orig. publ., 1977, reprinted 1985; G. Duby and F. Braudel (eds.), *La méditerranée*: les hommes et l'héritage, Paris, Flammarion-Champs, orig. publ., 1977, reprinted 1986.

149. See in chapter III the comments by G. Duby on the connections between "decolonization" and the reevaluation of the "peoples without writing" (peuples sans écriture) by the Europeans. See G. Duby, *Qu'est-ce que la société féodale?*, Paris, Flammarion, 2002; *An 1000 an 2000 – sur les traces de nos peurs*, Paris, Textuel, 1995; *L'Europe au Moyen Âge*, Paris, Flammarion– champs, 1984; G. Duby and F. Braudel (eds.), *La méditerranée*: les hommes et l'héritage, Paris, Flammarion-Champs, orig. publ., 1977, reprinted 1986.

150. J. Le Goff, *Pour un autre Moyen Age*, 1977, Paris, Gallimard – tel, 2004.

151. The permanent creativity of a School of Historians during three or four generations is so admirable that it requires an historical explanation. The French tradition distinguishes itself by the resistance to German style of cultural history – not forgetting the enthusiasm of L. Febvre for the work of J. Huizinga – and not neglecting that this resistance seems to have disappeared to the extent the French historiographic tradition becomes less visible. See P. Burke, 2004, ed. 2005, p. 11.

152. P. Burke, 2004, 2008 ed, Chap. 3 – The Moment of Historical Anthropology, at p. 43.

debate, "to the point where UNESCO generally opts out of semantic debate in favour of implementing actual policies" [153].

153. Agreement to move away from the most restrictive meaning of the word would be welcome: the view of culture as including only artistic, aesthetic or at best intellectual activity is closely bound up with the role of the clergy in a Europe that began using the word at the time of the Renaissance in the figurative sense we now give it.

154. In a postmodern, post-industrial society, there is general agreement that the concept of culture can be broadened and transformed so that it is no longer confined to the fine arts but now, in practice, encompasses:

- humankind's scientific and technical activities, the more so because the new modes of expression are closely bound up with advances in science and technology, including for example an art as primordial, original and essential as music; and
- not only individual activity, but also a whole segment of production, the leisure industry and, increasingly, the environment industry. From this standpoint it is interesting to see how dynamic the global system has become, producing industry from the very obstacles its own development has engendered [154].

155. The following are some of the real areas of contention between states in this field:

- Every people has the right and the duty to develop its culture, but international law is based on the establishment of relations between states and does not – nor, logically, could it – include any actual definition of a "people". I should point out that the International

153. ..."à tel point que l'UNESCO préfère généralement abandonner le débat semantique, lui préferant la mise en oeuvre de politiques concrètes", note J.-P. Colin and J. Lang, "La culture entre les peuples et les états: vers un nouveau droit international", in *Le droit des peuples à disposer d'eux-mêmes: méthodes d'analyse du droit international: mélanges offerts à C. Chaumont*, Paris, Pedone, 1984, pp. 179-206, *cit.*, p. 181 : "Esquiver le débat ne nous semble cependant possible qu'à un premier stade de la discussion".

154. J.-P. Colin and J. Lang, "La culture entre les peuples et les états: vers un nouveau droit international", in *Le droit des peuples à disposer d'eux-mêmes: méthodes d'analyse du droit international: mélanges offerts à C. Chaumont*, Paris, Pedone, 1984, p. 182:

> "A cet égard, on peut observer que deux concepts restent éloignés l'un de l'autre dans le discours international, alors qu'ils devraient être indissociablement liés, les concepts de 'coopération culturelle' et de 'transfert de technologie'."

Too often the scope of international cultural cooperation is defined in general abstract terms.

Court of Justice considered some aspects of this in its 1975 Advisory Opinion on the Western Sahara [155].

- All cultures are equal, but that does not mean there is absolute equality between all cultures. The UNESCO *Declaration of Principles of International Cultural Co-operation* invokes the "rich variety and diversity" of cultures; therefore "there is no point looking for comparisons between national cultures each of which is authentic and thus not comparable" [156].
- The very idea of *national culture* assumes that the issue has been resolved [157]; this ignores the slow, gradual process by which national awareness is built [158], its fundamentally deliberate nature, the great diversity of cultures within many nations both ancient and modern,

155. ICJ, *Western Sahara, Advisory opinion of 16 October 1975*: "les populations nomades du pays chinguitien possédaient des droits, y compris certains droits quant aux terres sur lesquelles elles nomadisaient". The existence of sedentary organised life of a society, established on a certain territory, is therefore not required to characterize a "people" and the rights of that people, on a certain territory – and the Court, at the time, did not accept the allegations from Morocco and Mauritania, that this territory should be considered as "terra nullius".

156. "Il serait vain de chercher des comparaisons entre les cultures nationales qui sont uniques dans leurs originalités respectives, donc incomparables", notes E. Ghazali, *Contribution à l'étude des accords culturels: vers un droit international de la culture*, Université de Paris I – Panthéon – Sorbonne, éd. de l'Université des sciences sociales de Grenoble, p. 62.

157. F. de Azevedo (1894-1974), *A cultura brasileira* – Introdução ao estudo da cultura no Brasil, orig. publ. 1943, Brasília, Ed. Univ. de Brasília, 4th ed., 1963, examines the consolidation of a "national" cultural "identity", in Brazil.

158. As illustrated by the pionnier work by F. Denis (1798-1890) "le premier occidental à porter un regard nouveau sur le Brésil, figure tutélaire des études brésiliennes en France", published "des articles et des livres attentifs aux différentiels brésiliens qui traquent les germes du sentiment national, de ce pays fraîchement indépendant", observes A. Brandão, *Les Brésiliens à Paris* – "au fil des siècles et des arrondissements", préface de G. Lapouge, Paris, Chandeigne, 2019, "Place du Panthéon: les fonds F. Denis (1798-1890) de la Bibliothèque Sainte-Geneviève", pp. 67-69: his first book, *Le Brésil ou Histoire, moeurs, usages et coutumes des habitants de ce royaume*, was published in 1822, the same year of the independence of Brazil. Fifteen years later, he publishes *Brésil*. Between these two, he wrote some ten other books, witnessing the direct experience of Brazilian life, a vision no longer restricted to the exotic aspects. In his *Résumé de l'histoire littéraire du Brésil*, Denis is the first to conceive Brazilian literature as "different". As observed by A. Brandão, "paradoxalement, ce polygraphe très reconnu au Brésil est presque méconnu de l'histoire de la littérature française". Voir F. Denis, *Résumé de l'histoire du Brésil* suivi de *Résumé de l'histoire de la Guyane*, Paris, Lecointe et Durey, 2e éd., 1825, reprinted Forgotten Books, 2017; F. Denis and H. Taunay, *Le Brésil ou Histoire, moeurs, usages et coutumes des habitants de ce royaume*, orig. publ. in Paris, Nepveu, 1822, 6 Vols.; available on line USP – Biblioteca Brasiliana G. and J. Mindlin; "Brésil", in *L'Univers – Histoire et description de tous les peuples*, Paris, Firmin Didot, 1837, containing: F. Denis, "Le Brésil" and C. Famin, "Colombie et Guyanes"; *Résumé de l'histoire littéraire du Portugal* suivi du *Résumé de l'histoire littéraire du Brésil*, Paris, Lecointe et Durey, 1826, on line http://bibdig.biblioteca.unesp.br/handle/10/2/5963.

and the complex dialectic between nation and state, including in their formation.

- The "intellectual and moral advancement of humankind", which article II of the UNESCO Declaration identifies as a major goal, is set alongside "technical progress" in order to establish a "harmonious balance" between them, which commentators read as an even more general requirement for harmonious cultural progress. Wishful thinking, in a world of domination and production in which not only are many cultural systems threatened but quite a few have already disappeared for good.
- Cultures "form part of the common heritage belonging to all mankind", according to articles I and III of the UNESCO Declaration. The uncontested originator of that concept, the United Nations General Assembly, uses it in the following sense [159]: the concept in question, born of the will of the majority of states that the deep sea-bed should be governed by an international regime, is still not really operational but remains primarily a mantra [160].
- Other principles admittedly take a much more concrete form, including in statements by international organizations. Article VI of the UNESCO Declaration refers to the principle that: "International co-operation . . . shall respect the distinctive character" of each culture, while article VII refers to the principle of the "freest exchange and discussion" of ideas and knowledge in cultural cooperation. This, according to article VIII, must be conducted "in a spirit of broad reciprocity" and, under article XI, "respect the sovereign equality of States" and not be used as a means of intervening in other states' affairs.
- In general, international cultural cooperation must develop in harmony with the basic principles of international law [161]: "We should understand that real and decisive progress has been made

159. The *Declaration on the promotion among Youth of the ideals of peace, mutual respect and understanding between peoples*, Resolution 2037 (XX), A/RES/20/2037, 7 December 1965, recalls the purpose of UNESCO and mentions in the Preamble that "the young should know, respect and develop the cultural heritage of their own country and that of all mankind".

160. The main features of the concept of "common heritage of humankind" are presented in Chap. II.

161. Especially Resolution 3-312, adopted at the 17th Session of the General Conference of UNESCO, in Paris, 17 October-21 November 1972: "Etudes et développement des cultures", in UNESCO, *Actes de la Conférence génerale*, dix-septième session, Vol. I, résolutions, recommendations.

in one sense, compared to the unequal relations between peoples of earlier times." [162]

156. Fernando de Azevedo, in his book on Brazilian culture, discusses the meanings given to the terms "culture" and "civilization", pointing out their differing, more or less arbitrary, sometimes restricted and sometimes expanded meanings, and makes this distinction [163]:

> "The word *civilization*, which first seems to have been used in French around 1766, serving to designate a state that is the opposite of barbarism, and establishing a distinction between peoples that are regulated and peoples that are uncontrolled, has now come to mean, in French ethnological language, like the word *culture* in English, that set of characteristics which, to the eyes of an observer, displays the collective life of a human group." [164]

157. According to Tzvetan Todorov (2008), the idea of civilization implies knowledge of the past [165]. Hence the relationship between history and civilization.

158. As Arnold Toynbee warns us, the term "civilization", requires one clarification: "[T]his pseudo-Latin word is a modern French coinage". It has become commonly used in all modern languages to define a special quality or a cultural phase that might have existed at

---

162. "Entendons bien qu'il y a là une véritable amorce d'un progrès décisif en un sens par rapport à la période antérieure marquées par des relations inégales entre les peuples", note J.-P. Colin and J. Lang, "La culture entre les peuples et les états: vers un nouveau droit international", dans *Mélanges offerts à C. Chaumont*, Paris, Pedone, 1984, quoted p. 184:

> "retenons néanmoins du cadre conceptuel auquel on est parvenu qu'il postule fondamentalement l'établissement de relations entre les états dans une perspective dont la logique est finalement bilatérale pour l'essentiel. C'est bien ce qui fait apparaître l'évolution récente du droit international dans le domaine culturel, marquée avant tout par la signature ou la ratification d'accords bilatéraux. La doctrine retient comme exemple de traité international universel de caractère général en matière culturelle, la convention du 19 novembre 1945 ... créant l'UNESCO".

163. F. de Azevedo (1894-1974), *A cultura brasileira – Introdução ao estudo da cultura no Brasil*, orig. publ. 1943, Brasília, Éd. Univ. de Brasília, 4ª ed., 1963, "Introdução", pp. 29-50. There is an English edition, translated by W. R. Crawford, New York, Macmillan, 1950. Not available online.

164. F. de Azevedo, *A cultura brasileira*, 4ª ed., 1963, "Introdução", p. 30 notes that "in Portuguese, the current uses for both words, according to dictionaries, are the same, as those ascribed to them by the Dictionaries of the French language!"

165. T. Todorov, *La peur des barbares: au-delà du choc des civilisations*, Paris, R. Laffont, 2008, at p. 43.

a given time [166]. One definition of civilization [167] would be the type of culture found in cities [168].

159. At the same time, Toynbee acknowledged the existence of societies that had no cities, but where a process of civilization had nonetheless occurred. Therefore, it was necessary to go further, in an attempt to understand civilization as a state of society, in which a minority of the population, which might be very limited, was freed from the task not only of producing food but from working in any other economic activity – trade or industry, for example – necessary to maintain the life of the society in material terms, at the level of civilization [169].

---

166. A. Toynbee, *Um estudo da História*, orig. publ. *A Study of History*, 1972, Oxford, revised and condensed by A. Toynbee and J. Caplan, trad. I. S. Leal e M. Silveira, Brasília, ed. UnB, São Paulo, Martins Fontes, 1987, primeira parte – *Morfologia da história*, cap. 9 – *Análise das civilizações*, pp. 71-74, *cit.* p. 72.

167. In the same sense, see L. Mumford, *The city in history*: its origins, its transformations and its prospects, orig. publ. 1961, London, Penguin Books – M. Secker and Warburg Ltd., reprinted 1987, shows the extent in which the "city" is closely linked to the conception of socially ordered life = "urban" life, as it is located in the "urbs"; see also P. Manent, *Les métamorphoses de la cité – Essai sur la dynamique de l'Occident*, Paris, Flammarion, 2010; K. Lynch, *The Image of the City*, orig. publ. Harvard, Massachusetts Institute of Technology, 1960, Braz. ed *A imagem da cidade*, trad. J. L. Camargo, São Paulo, Martins Fontes, 1997; in contrast we can also consider, M. Baridon, *Naissance et renaissance du paysage*, Arles, Actes Sud, 2006.

168. A. Toynbee, *A Study of History*, 1972, Braz. ed., 1987, first part – *Morfologia da história*, Chap. 9 – *Análise das civilizações*, pp. 71-74, *cit.* p. 72, mentions the fact most of these communities were illiterate, and thus crucially limited in their economic and political expansion, the existence of cities – the criteria of Bagby and Childe to define civilization – is recorded both in islamic and non-islamic Africa. The needs and advantages of trade have allowed not only the existence of cities as well as organized and centralized administration, as required for an organized society.

Concerning "culture" and "civilization", again Toynbee, *op. cit.*, ed. 1987, pp. 44-46, agrees with the definition of culture given by P. Bagby – also adopted by Toynbee – as "regularities in internal and external behaviour of the members of a society, with exclusion of regularities of hereditary origin".

Bagby adds that, as a "standardised element of history", "culture is the intelligible aspect of history". A. L. Kroeber proposes a definition in four points, of which the three first are in accordance with the definition of Bagby. The fourth point by Kroeber is that culture incorporates values. Toynbee agrees and adopts the same view point. See P. Bagby, *Culture and History – Prolegomena to the comparative study of civilizations*, Berkeley, Univ. of California Press, 1959, as he discusses "the nature of history", considers the writing of history, down to the present, as a "semi-rational activity" and refers to historians as "the guardians of tradition, the priests of the cult of nationality, the prophets of social reform, the exponents and upholders of national virtue and glory". See also V. G. Childe, *The birth of civilization in the Near East*, London, Williams and Norgate, 1951; A. L. Kroeber, *The Nature of Culture*, orig. publ., 1952, Chicago, Univ. of Chicago Press, 1987.

169. According to A. Toynbee, *op. cit.*, ed. 1987, pp. 44-46, at the present state of knowledge, the era of civilization seems to have commenced about five thousand years ago.

Bagby proposes to start with the origin of the word "civilization" and to define same as a "kind of culture found in cities". The definition of cities – as agglomerations of

160. The mere elimination of material need was not enough, according to Toynbee, to define civilization or explain how it had come about. All the more so, I would add, since civilization itself can trigger the creation of other needs, real or imaginary.

161. A. N. Whitehead took the view that each era distinguished by intense activity arrived at its apogee at a profound, tacitly accepted, cosmological vision, that set its seal on its future courses of action. Behind every civilization there was, according to him, a worldview, a *Weltanschauung*.

162. Whitehead also thought that civilization could be defined in spiritual terms: perhaps as striving to create a social state in which all mankind could live in harmony, as members of one single family. Toynbee believed that this was the goal all known civilizations to date had consciously or unconsciously sought to achieve [170].

163. P. Thaddeus Jackson invited us to reflect on "how to think about civilizations", faced with the complexities of attempting to identify a civilization or precisely delineate its boundaries: he stressed the importance of giving serious consideration to civilizations in any analysis of global politics [171]. According to Jackson, civilizations possess certain empirical characteristics that make some issues more problematic, but there is no such thing as a "theory of civilization" [172].

164. To N. Elias, there were further clarifications to add [173]: all the problems raised by civilization were already discernible at the birth

---

inhabitants, the majority of which not committed to the production of food – almost hits the target. Nevertheless, it is not entirely correct. Also not the adoption of the denomination suggested by V. G. Childe, "the urban revolution", as analogous to the "industrial revolution", as a synonymous for the appearance of the kind of culture, known as "civilization".

170. A. Toynbee, *op. cit.*, ed. 1987, quoted pp. 44-46; A. N. Whitehead, *Adventures of Ideas*, Cambridge, Univ. Press, 1933, pp. 13-14; C. Dawson, *The Dynamics of World History*, London, Sheed and Ward, 1957, p. 41.

171. P. T. Jackson, "How to think about Civilizations", dans *Civilizations in World Politics – Plural and Pluralistic Perspectives*, P. J. Katzenstein (ed.), London and New York, Routledge, 2010, Chap. 8, pp. 176-200, quoted p. 176:

> "it is first necessary to determine what a given civilization consists of and where its boundaries are. However, whether we are speaking geographically, historically, or even conceptually, any concrete specification of where a particular civilization starts or stops seems to be quite contestable, calling the ensuing analysis into question".

172. P. T. Jackson, "How to think about Civilizations", in *Civilizations in World Politics – Plural and Pluralistic Perspectives*, *op. cit.*, 2010, Chap. 8, p. 179 and p. 185: "the question of who gets to make the determination of what constitutes a civilization".

173. N. Elias (1897-1990), The Civilizing Process, Oxford, Blackwell, 1968-2000, orig. publ. *Über den Prozess der Zivilisation*, 1939, 2nd ed., 1969, translated in French as *La civilization des moeurs*, by P. Kamnitzer, Paris, Calmann-Lévy, 1999; *La dynamique*

of the concept [174]. Proceeding from a historical analysis of society's acts and customs, he strove to explain what he saw as the gradual rationalization of individual and social behaviour, beginning in the modern age, through the development of the state. In my opinion it is not the state that drives the development of individual and social behaviour but international law, which establishes limits for states.

165. The relationship of humans to time is another major dimension of history: making sense of time, as Jörn Rüsen put it, in search of a typology of conceptual foundations of historical consciousness [175]. Among the areas of ambivalence around history is the fact that history has been pronounced dead. To which the response is, simply, that historical matters have come back with a vengeance [176].

166. Zygmunt Bauman wrote that culture is the only aspect of human life or the human condition in which man's understanding of reality and of the advantages of self-improvement and achievement become one and the same thing [177]: cultural knowledge is alone in being unashamed

de l'Occident, second volume of the original *Über den Prozess der Zivilisation*, 1939, 2nd éd., 1969, translated by P. Kamnitzer, Paris, Calmann-Lévy, 2007; *La société des individus*, orig. publ. *Die Gesellschaft der Individuen*, publ. in German, in 1987, translated by J. Etoré, avant-propos de R. Chartier, Paris, Fayard, 2009.

174. "L'ensemble des problèmes soulévés par 'la civilisation' est déjà sensible au moment de la naissance du concept" noted N. Elias, *La civilization des moeurs*, 1939, French ed., 1999, quoted p. 66 and added p. 90: "l'exploration des modifications subies par l'homme pendant cette période nous fournissent ample matière à réflexion".

175. J. Rüsen, "Preface to the Series", in *Time and History: the Variety of Cultures*, J. Rüsen (ed.), New York and Oxford, Berghahn Books, 2007, pp. VII-XII, quoted p. VII:

> "At the turn of the twenty-first century the term 'history' brings extremely ambivalent associations to mind. On the one hand, the last decade has witnessed numerous declarations of history's end. Whether in reference to the fundamental change of the global political situation around 1989/90, or to so-called postmodernism, or to the challenge of Western dominance by decolonization and multiculturalism, 'history' as we know it, has been declared to be dead, outdated, overcome and at its end. On the other hand, there has been a global wave of intellectual explorations into fields that are 'historical' by their nature: the building of personal and collective identity through 'memory'; the cultural, social and political use and function of 'narrating the past'; and the psychological structures of remembering, repressing and recalling. Even the subjects that seemed to call for an 'end of history' (globalization, post-modernism, multiculturalism) quickly turned out to be intrinsically 'historical' phenomena."

See also J. Rüsen, "Making Sense of Time: Toward A Universal Typology of Conceptual Foundations of Historical Consciousness", in *Time and History: The Variety of Cultures*, 2007, Chap. 1, pp. 7-18.

176. J. Rüsen, 2007, *loc. cit.*, p. VII: "after 'history' was declared to be at its end, 'historical matters' have come back with a vengeance".

177. Z. Bauman, *Culture as Praxis*, orig. publ. 1975, London, Sage Publications, 2nd ed., 1999; Braz. ed., *Ensaios sobre o conceito de cultura*, trad. C. A. Medeiros, Rio de Janeiro, Zahar, 2012.

of its sectarian nature and the attitude this produces. It is in fact the only field of knowledge with the audacity to naïvely present the world with its meaning, without any belief (real or pretended) that the meaning is already there, waiting to be revealed and understood. "Culture is . . . the natural enemy of alienation. It constantly questions the self-appointed wisdom, serenity and authority of the Real." [178]

167. There was no way of avoiding going into some degree of detail with regard to each of these terms, though without lingering too long. The aim of this course is to place international law in its historic time and its cultural context. That, already, is a massive task, requiring an explanation of what is meant by these terms, without which I could not embark of the presentation of my chosen ideas or content.

168. As many authors have pointed out over the years, among them R. Quadri [179], J. Verhoeven [180] and E. Tourme Jouannet [181], the question of the basis of international law underlies all these analyses, in a sense, as it shows how the absence of any ultimate foundation of the law explains the lack of certainty in the positions taken at the present time and the ultimate resort to subjective, political solutions.

169. My own view, studying the foundations of international law [182], is that the construction of a regime for the international protection of fundamental rights is a factor for the renewal and structural transformation of international law [183], in the direction of gradually placing human beings at the centre of the international institutional and normative system, both as individuals and collectively – even though these terms themselves prompt further inquiries. Those difficulties are understandable, given the controversies still surrounding the definitions of "people", "minority" and other designations used for groups of human beings outside of the state configuration.

170. This is not intended, therefore, as a historical study as such – remembering the warning of H.-I. Marrou (1961), that history exists

178. Z. Bauman, *op. cit.*, ed. 2012, *cit.* pp. 300-301.

179. R. Quadri, "Le fondement du caractère obligatoire du droit international public", *Collected Courses*, Vol. 80 (1952), pp. 579-634; "Le droit international cosmique", *Collected Courses*, Vol. 98 (1959), pp. 505-600; "Cours général de droit international public", *Collected Courses*, Vol. 113 (1964), pp. 237-484.

180. J. Verhoeven, "Considérations sur ce qui est commun – cours général de droit international public (2002)", *Recueil des Cours*, Vol. 334 (2008), pp. 9-434.

181. E. Jouannet, "présentation critique", 2007, pp. 7-45, quoted p. 34, in M. Koskenniemi, *La politique du droit international*, préface de B. Stern, Paris, Pedone, 2007, collection "doctrine(s)".

182. P. B. Casella, *Fundamentos do direito internacional pós-moderno*, Foreword by H. Caminos, São Paulo, Quartier Latin, 2008.

183. As considered in chapter IV in this course.

and it is not a question of goodwill – [184] but we can still use history as a "cultural fund", an aid to understanding the ways of the world, as have such classic authors as Ibn Khaldun, F. Guicciardini, or in the twentieth century, A. J. Toynbee in his literally monumental *A Study of History* [185].

171. Nor is this a study of the meaning and methods of the history of culture. An analysis from that standpoint would open the way to still more lines of inquiry and debate [186]. This is clear from the classic works on the history of culture – or civilization – by Jacob Burckhardt [187] and Oswald Spengler [188], Egon Friedell [189] and Werner

184. H.-I. Marrou, "Qu'est-ce que l'histoire ?", in *L'Histoire et ses méthodes*, ed. by C. Samaran, Paris, Gallimard, Encyclopédie de la Pléiade, 1961, pp. 1-33, quoted p. 3: "l'histoire existe et sa réalité ne dépend pas du bon plaisir ou de la dexterité du lexicographe. L'histoire est une discipline scientifique, riche de longs siècles d'expérience, et en possession d'une méthode originale élaborée peu à peu et progressivement affinée en contact avec son objet".

185. A. J. Toynbee, *A Study of History*, abridgement by D. C. Sommerwell, London – New York – Toronto, Oxford UP, Vol. 1-6, 1949, Vol. 7-10, 1957, Vol. 11 and 12 "Reconsiderations", 1961, or also in the landmarks of historical thinking in Herodotus and Thucydides. Easily reachable in several editions, and also on line. See for instance the already quoted edition of their *Oeuvres complètes*, with introduction by J. de Romilly: Herodotus, ed. by A. Barguet, and Thucydides, D. Roussel (ed.), Paris, Gallimard, Pléiade, 1964, impr. 1982.

186. As already noted by J. Burckhardt, both in his *Weltgeschichte Betrachtungen*, 1905, Berlin, Ullstein, 1965 – where he had the intention of presenting the fundamental elements of historical development in their impact on human beings – as well as his Essays, collected in *Kulturgeschichtliche Vorträge*, "mit einem Nachwort, herausgegeben von R. Marx", Stuttgart, A. Kröner, 1959, Postface, pp. 419-445, with the observation from Burckhardt to the young B. Kluger, in a letter of 1874, quoted p. 419:

> "Einstweilen geht meine Erfahrung dahin, dass gelehrte Autorschaft eines der ungesundesten und blosses Dozieren (so beschwerlich es sei und so umständlich die dazu gehörigen Studien und Vorbereitungen) eines der gesundesten Metiers auf der Welt ist."

187. We should take into account these three elements – state, religion and culture – considered by Burckhardt as the foundations for the study of societies and their understanding by the historian. As he explains in one of his masterpieces, the essay on the civilization of the Renaissance in Italy – *Die Kultur der Renaissance in Italien. Ein Versuch*, 1860, Stuttgart, A. Kröner, 2009. The lessons of Burckhardt are echoed in successive authors, as diversified as F. Nietzsche, S. Freud, C. G. Jung, E. Gombrich, E. Canetti, N. Adorno and N. Elias, among others.

188. O. Spengler (1880-1936), not only his essay on the decay of the West, *Der Untergang des Abendlandes – Umrisse einer Morphologie der Weltgeschichte*, orig. publ. in 1923, new edition Düsseldorf, Patmos Verlag – Albatros Verlag, 2007; see also his *Preussentum und Sozialismus*, orig. publ. in 1920, reprinted Hamburg, Tredition classics, s/d; not forgetting his observations collected in *Ich beneide jeden, der lebt – Die Aufzeichnungen ‚Eis heauton' aus dem Nachlass*, "mit einem Nachwort von G. Merlio", Düsseldorf, Lilienfeld, 2007.

189. E. Friedell (1878-1938), *Kulturgeschichte der Neuzeit – Die Krisis der Europäischen Seele von der Schwarzen Pest bis zum Ersten Weltkrieg*, orig. publ. in 1927-1931, Munique, C. H. Beck, 2007.

Jaeger [190] or Johan Huizinga [191] and Alfred Weber [192], down to more recent authors [193].

172. As with any man-made phenomenon, we must position international law "between time and eternity" [194]. The question of time creates a tension between the idea of a world governed by timeless, determinist laws and human experience, the memory of the past and openness to the future. The question of time, and times, articulates our need to build a more unified conception of the world with the multiplicity of approaches it requires of us.

173. The historical approach to international law as a specific subject seems to have been initiated at the end of the eighteenth century by authors like D. H. L. von Ompteda (1785, 1963 ed.) [195] and R. Ward

190. It is a long way for the evolution of the history of culture, since the classics, such as Burckhardt, towards a classic of the 20th century such as W. Jaeger, in his *Paideia: die Formung des griechischen Menschen*, Berlin, De Gruyter, 1936 and other essays.

191. J. Huizinga (1872-1945) was an outstanding historian of culture, with his works such as *Herfstif der middeleuwen* (1919), *In de schaduwen van morgen – een diagnose van het geestlijk lijden van onzen tijd door* (1935), *Homo Ludens – Proeve eener bepaling van het spel-element der cultuur* (1938), *Nederland's beschaving in de zeventiende eeuw* (1941); and the essays collected in the volume *El concepto de la história – y otros ensayos*, trad. W. Roces, Mexico, Fondo de cultura económica, 1946, 5th. reprint., 2005, quoted pp. 85-97. In his essay *Autour de la définition d'un concept d'histoire* (1929) Huizinga noted that the word in Latin (and the other latin languages) for "history" is almost synonimous with the sense of the corresponding words in Dutch and in German – "Geschichte" – and same do not designate, *prima facie*, a science in the modern sense, but rather: 1. what happened (ce qui s'est passé); 2. the tale about what happened (le récit de ce qui s'est passé); 3. the science that attempts to report what happened (la science qui essaie de faire le récit de ce qui s'est passé). Whereas in Greek *ιstoria*, designates the etymologic, "ce que l'on finit par découvrir en posant des questions", and is therefore considerably closer to the conception of "science" or "knowledge". The same word – *istoria* – is employed in Russian, as in Greek.

192. A. Weber (1868-1958), *Kulturgeschicht e als Kultursoziologie*, orig. publ. in Leiden, A. W. Sijthoff, in 1935; transl. into Spanish, *Historia de la cultura*, 1941, Mexico, Fondo de cultura económica, 13ª reprint, 1991.

193. P. Bourdieu (1930-2002), *Langage et pouvoir symbolique*, orig. publ. in 1991, *Language and Symbolic Power*, Foreword J. B. Thompson, Paris, Seuil – points, 2001; *Les règles de l'art*, orig. publ. in 1992, Paris, Seuil – points, 1998; *Esquisse d'une théorie de la pratique*, Paris, Seuil – points, 2002; *Sur l'Etat – Cours au Collège de France, 1989-1992*, P. Champagne, R. Lenoir, F. Poupeau and M.-C. Rivière (eds.), Paris, Seuil – "raisons d'agir", 2012; see also P. Burke (1937-), in his essays *What is Cultural History?* (2004); *Varieties of Cultural History* (1997); *New Perspectives on Historical writing* (1991); *Popular Culture in Early Modern Europe* (1978); not forgetting K. Clark (1903-1983), *Civilization: a personal view*, New York, Harper & Row, 1969; N. Ferguson, *Civilization – the West and the Rest*, New York, Penguin Press, 2011; *Empire* (2003); *The Pity of War* (1998); P. Poirrier, *Les enjeux de l'histoire culturelle – L'histoire en débats*, Paris, Seuil – points, 2004; *L'histoire culturelle – Un tournant mondial dans l'historiographie*, Dijon, éd. universitaires de Dijon, 2008.

194. As stated by I. Prigojine and I. Stengers, *Entre le temps et l'éternité*, Paris, Fayard, 1988.

195. D. H. L. von Ompteda, *Literatur des gesamten natürlichen und positiven Völkerrechts*, Neudruck der Ausgabe Regensburg, 1785, republ. Aalen, Scientia

(1795, 2005 ed.)[196]. This has become an important area in the study of international law.

174. From the time the academic study of the history of international law began, this approach became the orthodox one. International law builds itself and contemplates itself at the same time, as a historic and cultural construct. There are examples in the nineteenth century such as P. Fiore[197], and up to the mid-twentieth century with A. Wegner[198], A. Nussbaum[199] and G. Stadmüller[200], among others.

175. One might say that the historical approach to international law has remained in fashion, and has continued with studies like those by C. H. Alexandrowicz[201], W. Preiser[202],

---

Verlag, 1963, par. 65, p. 265, is sometimes quite harsh towards the authors he presents, e.g.: "und man wird daher von selbst schon von ihm nichts besonders in eigentlichen Völkerrecht erwarten".

196. R. Ward, *An Enquiry into the Foundations and History of the Law of Nations in Europe, from the Time of the Greeks and Romans to the Age of Grotius*, London, A. Strahan and W. Woodfall, 2 Vols., 1795, republished Clark, NJ, The Lawbook Exchange, 2005.

197. P. Fiore, *Trattato di diritto internazionale pubblico*, Turin, Unione Tipografica Editrice, second edition rewritten and enlarged, 1879, 3 Vols.

198. A. Wegner, *Handbuch des Völkerrechts*, parte III – *Wesen, Grundbegriffe und Geschichte des Völkerrechts*, Suttgart, Kohlhammer, 1936.

199. A. Nussbaum, *A Concise History of the Law of Nations*, orig. publ. New York, 1947; in Spanish *Historia del derecho internacional con adiciones sobre Historia de la doctrina hispánica de derecho internacional*, trad. L. Garcia Arias and F. J. Osset, Madrid, Edtrl. Revista de derecho privado, 1949.

200. G. Stadmüller, *Geschichte des Völkerrechts. Teil I – Bis zum Wiener Kongress 1815*, Hannover, H. Schroedel, 1951.

201. From C. H. Alexandrowicz, "Afro-Asian World and the Law of Nations: Historical Aspects", *Collected Courses*, Vol. 123 (1968), pp. 117-214; "Treaty and Diplomatic Relations between European and South Asian Powers in the Seventeenth and Eighteenth Centuries", *Collected Courses*, Vol. 100 (1960), 203-322; as well as his collected essays *The Law of Nations in Global History*, D. Armitage and J. Pitts (eds.), Oxford, Univ. Press, 2017.

202. W. Preiser, *Macht und Norm in der Völkerrechtsgeschichte*, Baden-Baden, Nomos, 1985; *Frühe völkerrechtliche Ordnungen der aussereuropäischer Welt – Ein Beitrag zur Geschichte des Völkerrechts*, Sitzungsberichte der Wissenschafltichen Gesellschaft an der J. Wolfgang Goethe-Universität Frankfurt am Main, Wiesbaden, F. Steiner, 1976 – also available in French translation, published by R. Kolb, *Esquisse d'un droit international public des anciennes cultures extra européennes*, Paris, Pedone, 2010; "History of International Law, Ancient Times to 1648", in R. Wolfrum (ed.), *The Max Planck Encyclopedia of Public International Law*, Oxford, Univ. Press, 2012, Vol. IV, pp. 869-896; "*History of International Law, Basic Questions and Principles*", in *The Max Planck Encyclopedia of Public International Law*, 2012, Vol. IV, pp. 896-902. In his chapter "Considérations sur le droit international public des anciennes cultures extra-européennes", P.-M. Dupuy and V. Chetail (eds.), *The Roots of International Law/ Les fondements du droit international – Liber amicorum P. Haggenmacher*, Leiden, Boston, M. Nijhoff, 2014, pp. 673-709, R. Kolb mentions:

> "Dans un ouvrage des plus intéressants, mais insuffisamment connus en dehors de l'Allemagne, feu le professeur W. Preiser montrait qu'il a existé à des périodes diverses de l'histoire universelle quelques ordres juridiques internationaux assez consolidés et une pléiade de phénomènes juridiques internationaux épars dans

S. Verosta[203], W. Grewe[204] and A. Truyol Y Serra[205], up to the more recent authors[206], especially when looked at from a postmodern

tous les grands continents. Il amenait ainsi, dès les années 1970, du vent frais dans la branche des études historiques du droit international public." And adds (Kolb, Chap. *quoted*, 2014, note 1), after mentioning the work by W. Preiser: "Voir désormais notre ouvrage, développant celui de W. Preiser et le mettant à jour" – R. Kolb, *Esquisse d'un droit international public des anciennes cultures extraeuropéennes*, Paris, Pedone, 2010.

203. S. Verosta, "International Law in Europe and Western Asia between 100 and 650 A.D.", *Collected Courses*, Vol. 113 (1964), pp. 485-620; "History of International Law, 1648 to 1815", in R. Wolfrum (ed.), *The Max Planck Encyclopedia of Public International Law*, Oxford, Univ. Press, 2012, Vol. IV, pp. 823-843; and also A. Verdross, S. Verosta and K. Zemanek, *Völkerrecht (Rechts- und Staatswissenschaften)*, Vienna, Springer, 5th. ed., 1964.

204. W. G. Grewe (1911-2000), German diplomat and professor of International law had a major role in the formulation of the "Hallstein doctrine" – adopted by the Federal Republic of Germany, from 1955 until 1970, according to which would be considered by the Federal Republic as an hostile act, to maintain diplomatic relations with the German Democratic Republic – the former "Eastern Germany". With exception, of course, of the ancient Soviet Union. The work by Grewe on the historical development of International law remains a relevant reference. *Epochen der Völkerrechtsgeschichte*, Baden-Baden, Nomos, 1984, 2nd. ed., 1988, also available in English, *The Epochs of International Law*, transl. by M. Byers, Berlin, De Gruyter, 2000; see also "Vom europäischen zum universellen Völkerrecht", *ZäoRV*, 1982, Vol. 42, p. 449 ss.

205. A. Truyol Y Serra (1913-2003), *Histoire du droit international public*, Paris, Economica, 1995; "L'expansion de la société internationale au XIXe et XXe siècles", *Collected Courses*, Vol. 116 (1965), pp. 89-179; "Génèse et structure de la société internationale", *Collected Courses*, Vol. 96 (1959), p. 553-642; R. Ago, H. Schiedermair, W. Riphagen and A. Truyol Y Serra, "Commémoration du quatrième centennaire de la naissance de Grotius/Commemoration of the fourth centenary of the birth of Grotius", *Collected Courses*, Vol. 182 (1983), pp. 371-469.

206. Several contributions in this area could be mentioned, such as D. J. Bederman, *International Law in Antiquity*, Cambridge, Univ. Press, 2001, reprinted 2006; A. Becker-Lorca, *Mestizo International Law – A Global Intellectual History*, 1842-1933, Cambridge, Univ. Press, 2014, new ed., 2016; M. Craven, M. Fitzmaurice and M. Vogiatzi (ed.), *Time, History and International Law*, Leiden, Boston, M. Nijhoff, 2011; P.-M. Dupuy and V. Chetail (ed.), *The Roots of International Law/Les fondements du droit international – Liber amicorum P. Haggenmacher*, Leiden, Boston, M. Nijhoff, 2014; B. Fassbender and A. Peters (eds.), *The Oxford Handbook of the History of International Law*, Oxford, Univ. Press, 2012; T. Fitschen, "Vienna Congress (1815)", in *Max Planck Encyclopedia of Public International Law*, ed. by R. Wolfrum, Oxford, Univ. Press, 2012, Vol. X, pp. 678-683; G. Gozzi and G. Bongiovanni (eds.), *Popoli e civiltà – Per una storia e filosofia del diritto internazionale*, Bologne, Il Mulino, 2006; H. Kleinschmitt, *Geschichte des Völkerrechts in Krieg und Frieden*, Tübingen, Francke, 2013; M. Koskenniemi, *The Gentle Civilizer of Nations – The Rise and Fall of International Law (1870-1960)*, Cambridge, Univ. Press, orig. publ. 2001, reprinted 2005; "History of International Law, since World War II", in *Encyclopedia*, ed. 2012, Vol. IV, pp. 902-925; "History of International Law, World War I to World War II", in *Encyclopedia*, ed. 2012, Vol. IV, pp. 925-934; H.-Ulrich Scupin, "History of International Law, 1815 to World War I", in *Encyclopedia*, ed. 2012, Vol. IV, pp. 843-869; E. Tourme-Jouannet, "Des origines coloniales du droit international: à propos du droit des gens moderne au XVIIIe siècle", in *The Roots of International Law/Les fondements du droit international – Liber amicorum P. Haggenmacher*, P.-M. Dupuy and V. Chetail (edS.), Leiden, Boston, M. Nijhoff, 2014, pp. 649-671; *What is a fair international society? International law between development and recognition*,

perspective. This has placed time (history) and context (culture) at the heart of international law. However, given that this perspective is still under construction – or rather, deconstruction – it seems too early to attempt a historical narrative of it.

176. There was no shortage in the ancient world of signs of genuine "international" activity, with treaties and diplomatic relations in the strict sense of the term. D. Gaurier asked the question: "Because those relations did not fulfil the criteria recognized today as the sole guarantors of true international relations, should we refuse to accept that those many instances were in any way international?" Again, in the same passage: "Once again, why are we determined at any price to transpose our perspectives onto ancient societies?" [207]

177. This course is about positioning international law, in the postmodern context, in relation to history and culture [208]. This means taking a long-term view, in order to identify its direction or common thread, as referred to by F. Braudel [209] and J. Le Goff respectively [210]. This parallel with their thinking is important for our subject.

178. In conclusion, these elements are brought in to reinforce my own view that looking at international law through its technical aspects is not enough; to understand it, we must see it as a product of history and culture. The essence of international law lies in the dimension,

---

Oxford et Portland, Oregon, Hart Publ. – French Studies in International Law, 2013; *Le droit international*, Paris, PUF – "Que sais-je ?", 2013; *Le droit international libéral providence: une histoire du droit international*, Bruxelles, Bruylant, éd. de l'Univ. de Bruxelles, 2011; *Emer de Vattel et l'émergence doctrinale du droit international classique*, Paris, Pedone, 1998.

207. "Est-ce parce que ces relations ne s'organisent pas sur des critères reconnus aujourd'hui comme seule caution de véritables relations internationales, qu'il faut pour autant refuser à ces témoignages nombreux toute qualité 'internationale'?" and "Encore une fois, pourquoi vouloir à tout prix transposer nos points de vue sur les sociétés de l'Antiquité?", D. Gaurier, *Histoire du droit international*, Rennes, Presses Univ. de Rennes, 2005, Chap. I – "Quelques données tirées des mondes proche-oriental ou oriental antique", pp. 25-49, quoted p. 27: "Poser cette question, c'est bien évidemment y répondre, et qui plus est, par la négative".

208. I. J. Hueck, "Völkerrechtsgeschichte: Hauptrichtungen, Tendenzen, Perspektiven", W. Loth and J. Osterhammel (eds.), *Internationale Geschichte* – Themen, Ergebnisse, Aussichten, Berlin, W. de Gruyter, 2014, pp. 267-285.

209. F. Braudel, *La longue durée*, orig. publ. *Annales E.S.C.* Oct.-Dec. 1958, reprinted in *Ecrits sur l'histoire* (1969), and also in F. Braudel, *Les ambitions de l'histoire*, R. de Ayala and P. Braudel (eds.), Foreword M. Aymard, Paris, éd. de Fallois, 1997, pp. 191-230.

210. J. Le Goff, *Pour un autre Moyen Age*, 1977, Paris, Gallimard, 2004, "préface", pp. 7-15, *cit.* p. 14: "Un fil conducteur dans cette quête de l'histoire culturelle, un outil d'analyse et d'investigation était nécessaire. … en disant avec précaution de quels documents on se sert, et ce que l'on range sous ces notions, je crois à l'efficacité de cet outil".

too often neglected, of protection of human dignity. Nor should we overlook the overriding need to protect the planet and its resources, of which we are part and on which we depend, if intelligent life on earth is to continue.

179. The perception of cultural continuity and historical sequencing in international law are important elements in understanding the civilizational process, of which international law inexorably forms part, as a "cultural product". Such an understanding, taken in context, enables us to understand the continuity and sequence of the international institutional and normative system, up to the present day. Continuity and change combine and alternate in international law, as in other fields of human knowledge and action [211].

180. Every man-made construct must reference the world and worldview [212], understood as the time (history) and context (culture), in which it is situated. This provides points of reference that are not necessarily constraints. It offers reality as a parameter: to lose vital contact with it would be unhealthy, though this reality does not have to be accepted as the only one possible. So it is for postmodern international law, in the present cultural and temporal context.

181. Examining the relationship between international law and culture gives rise to a number of questions [213]. As C. Kessedjian remarks, "the relationship between law and culture is one of the most fascinating

211. P. B. Casella, *Tratado de direito internacional – tomo 4 – Direito internacional no tempo medieval*, São Paulo, Almedina, 2023, "por que o direito internacional no tempo medieval e moderno?"

212. P. Clavier, *Le concept de monde*, Paris, PUF, 2000, quoted p. 4:

> "Nous pouvons constater, à travers les époques et les générations, à travers les lieux et les milieux, l'existence de différentes façons de concevoir le monde : représentations mythologiques, interprétations scientifiques, doctrines théologiques, organisations politiques, approches économiques, choix éthiques, visions artistiques ... Et, à l'intérieur de chacune de ces approches, des conceptions divergentes : le monde d'Homère n'est pas celui de Dante, ni le monde de Saint Paul celui de Confucius, le monde d'Einstein n'est plus, ou plus seulement, le monde de Newton, ni le monde de Picasso, celui de Velasquez. Mais justement, ces différences ne sont significatives qu'à partir d'un tronc commun. Dans *La prisonnière* Proust écrit que 'l'univers est vrai pour nous tous et dissemblable pour chacun'. C'est une manière de dire que les divergences subjectives d'appréhension et de conception de la réalité supposent une convergence objective. A la racine ou au croisement de ces conceptions divergentes, il doit y avoir une configuration commune, une structure générale des êtres et des événements, un référentiel dans lequel ces conceptions se complètent ou se contredisent, se rencontrent ou s'ignorent. Un dispositif ou une figure dont partent ou auxquels aboutissent toutes les perspectives subjectives de connaissance et d'action."

213. See, for instance, the contributions in the volume *Culture and International Law*, ed. by P. Meerts, "based on the Annual Conference, *From Peace to Justice – Culture and International Law*, 16-17 April 2007 at The Hague, Netherlands, organized

we can ever study, so true is it that while law is culture, it is also part of the culture, as the legal norm is one of the components of society's rules" [214].

In conclusion, Kessedjian suggests:

> "If we accept the idea that cultural diversity is now the core value of earthly societies and their interrelationships, then lawyers must change their perspective. We must rethink fragmentation as a value, not as a wound. We must accept legal pluralism, without necessarily abandoning all ideas of hierarchy. We must rethink private international law to refine its rules, but without unduly complicating it. Lastly, thanks to the enhanced knowledge of the Other offered by globalization and the electronic means of communication that go with it, we must increase our tolerance of difference and draw on all its wealth, overcoming obstacles not by denial, but with greater tolerance." [215]

182. It should also be emphasized that "the law cannot be reduced to a power struggle, but is also a quest for wisdom", as Mireille Delmas-Marty insists [216]. This applies especially to international law.

183. This brings me back to the statement made in the introduction. International law offers a technical dimension – as an institutional and normative system, comprising principles, rules (whether established by treaty or by international custom) and institutions – but at the same time

---

by *The Hague Academic Coalition*, Hague Academic Press" – an Imprint of T. M. C. Asser Press, 2008.

214. C. Kessedjian, "Culture et droit", in *Culture and International Law*, P. Meerts (ed.), 2008, pp. 23-41, quoted p. 23: "Le rapport entre droit et culture est l'un des plus fascinants qu'il nous est donné d'étudier, tant il vrai que si le droit est culture, il fait également partie de la culture, puisque la norme juridique est l'une des composantes des règles sociales".

215. C. Kessedjian, "Culture et droit", in *Culture and International Law*, *op. cit.*, 2008, p. 41:

> "Si nous acceptons l'idée que la diversité culturelle est désormais la valeur centrale des sociétés terriennes et de leurs inter-relations, alors les juristes doivent changer de perspective. Nous devons repenser la fragmentation comme une valeur et non comme une plaie. Nous devons accepter le pluralisme juridique, sans forcément abandonner toute idée d'hiérarchie. Nous devons repenser le droit international privé pour en affiner les règles mais sans le compliquer outre mesure. Enfin, nous devons, grâce aux connaissances renforcées de l'Autre que nous permet la mondialisation et les modes électroniques de communication qui vont avec, accroître notre tolérance à la différence et en tirer toute la richesse en surmontant les obstacles, non par la négation, mais par une plus grande tolérance."

216. "Le droit ne se laisse pas réduire à un enjeu de pouvoir. Il est aussi la quête d'une sagesse", noted M. Delmas-Marty, *Vers un droit commun de l'humanité*, "entretien mené par" P. Petit, Paris, Textuel, 1re éd., 1995, 2e éd., 2005, p. 25.

it also has, or should have, an important human dimension, which is both its heart and its ultimate goal.

184. We will now turn to look at the Leviathan as an illustration of mutations throughout time and space. It is one instance where significant fluctuations are easy to see. As happens in other areas too, the fluctuations in the figure and role of the Leviathan also help demonstrate the importance of situating what we are talking about in time as well as in space.

A. Leviathan and its mutations

185. "Kingdoms, as much by prudence as by force, must be increased and conserved", commented Cristoforo Armeno (1557)[217]. The sequence of prudence and force has always been present in international law. It can be seen at the beginning of the modern age, in the works of authors like Thomas Hobbes and Richard Zouch.

186. Both Richard Zouch and Thomas Hobbes, in their different ways, played a substantial part in the construction of modern thinking[218]. Not only were they compatriots and contemporaries – and moreover only two years apart in age – but both had lived through great upheaval at the time of the revolution in England in 1640, the abolition of the monarchy and the establishment of the so-called English Commonwealth headed by Oliver Cromwell. However, there were differences: while Zouch stayed in Oxford and carried on teaching at the university, Hobbes went into exile in 1640, and for at least two years taught mathematics to the son and heir of King Charles I, the future Charles II (1630-1685).

187. That experience as a teacher of mathematics is reflected in his philosophical writings. According to Hobbes, "All Study is rational, or nothing worth; but I say, that the great Masters of the Mathematics do not so often err as the great Professors of the Law"[219].

---

217. Cristoforo Armeno, *Peregrinaggio di tre giovani figliuoli del re di Seredippo* – "dalla persiana nell'italiana lingua trapportato", orig. publ. "in Venetia, per Michele Tramezzino", 1557, R. Bragantini, Rome, Salerno ed., 2000, p. 44: "i regni, non meno colla prudenza che colle forze si soglhono accrescere e conservare".

218. The impact of the work of T. Hobbes (1588-1679) on the history of ideas does not require further demonstration. Concerning the relevant contribution of his contemporary R. Zouch (1590-1660) for International law, see P. B. Casella, *Tratado de direito internacional – tomo 6 – Direito internacional no tempo de Suarez, Gentili e Zouch*, São Paulo, Almedina, 2023, Chap. 17 – *R. Zouch (1590-1660)*, esp. 17.1 – *Herança crítica e recepção da obra de Zouch*, pp. 294-308.

219. T. Hobbes, *Diálogo entre um filósofo e um jurista*, orig. publ. 1666, *A Dialogue between a philosopher and a student of common laws of England*, trad. M. C. G. Cupertino, São Paulo, Landy, 2001, "Sobre a lei da razão", pp. 11-16, quoted

188. Hobbes felt great admiration for what that revolution had achieved, but still took the somewhat contradictory view that it should never have happened [220]. Hobbes returned to England in 1651. That was when he gave Cromwell a copy of *Leviathan* [221].

189. This was the generation living with the legacy of the Peace of Westphalia, after 1648. The law of nations, to which Grotius attributed a crucial role in times of peace and war alike, was met with a vigorous riposte in the form of Hobbes' skepticism, destined to echo down the ages in the history of legal thought [222].

190. Hobbes was, with his contemporary Zouch, among the first to reserve the term "law of nations" to describe the norms that governed relations between states [223]. Despite the fact that Hobbes was only marginally involved in what we would now describe as international law, his conception of what it meant cannot be overlooked [224]: as one of the most important philosophers of the seventeenth century, he also took an interest in international law.

191. This law of nations was, according to Hobbes, a purely natural law, the law that naturally applied to relations between states. States lived in a state of nature, because there was no founding pact between them equivalent to those that created a nationally organized state of society among individuals, thereby setting up a higher common power.

---

p. 11 – in the answer to the question "why the study of law is less rational than that of mathematics?"

220. As mentioned by C. Hill, *O mundo de ponta-cabeça*, orig. publ. *The world turned upside down*, 1972 and 1975, Braz. ed. transl. by R. J. Ribeiro, 1991, "Apêndice 1: Hobbes e Winstanley – razão e política", pp. 368-375, quoted p. 368.

221. B. Gert, *Hobbes*, Cambridge, Polity, 2010, Chap. 1, "Hobbes's Life, Times and General Philosophical Views", pp. 1-29, quoted. p. 2.

222. See P. B. Casella, *Tratado de direito internacional – tomo 7 – Direito internacional no tempo de Hugo Grócio*, São Paulo, Almedina, 2023, esp. 18.7, "herança crítica e repercussão da obra de Grócio". The intellectual connection between Grotius and Hobbes is expressed, for instance, in the contractualist conception of society and the law.

223. See A. Truyol Y Serra, *Histoire du droit international public*, Paris, Economica, 1995, Chap. IX, "la doctrine postgrotienne", pp. 81-95.

224. R. Falk, *The Status of Law in International Society*, Princeton, Princeton Univ. Press, 1970, p. 559, considers that the international situation changed little, since Hobbes described his view of the world in his *Leviathan*, in 1651:

> "In all times, Kings and persons of sovereign authority, because of their independency, are in continual jealousies, and in the state and posture of gladiators; having their weapons pointing, and their eyes fixed on one another; that is their forts, garrisons and guns upon the frontiers of their kingdoms; and continual spies upon their neighbours; which is a posture of war."

192. To Hobbes [225], natural law specific to the natural state was moral only, setting out certain behaviour that must be observed. The content of natural law required everyone to strive for peace and live as much as possible in social harmony, and be willing "to lay down this right to all things; and be contented with so much liberty against other men as he would allow other men against himself" [226].

193. This law of nations, according to Hobbes, did not include any mechanisms of coercion, which only positive law could provide. The state of nature, superseded in the internal organization of states, still applied to relations between them – a situation that to Hobbes seemed insurmountable. Taking the Hobbesian view, given that no legal order existed between states, this meant that absolute insecurity reigned backed only by force, very like the hypothetical state of nature that had prevailed between men before the advent of the organized society.

194. This was not to say that reason required peoples to be subject to laws distinct from those governing the life of individuals, but merely that it was not possible to deduce a system of international law – simply a state of nature, ruled by force.

195. There was a considerable distance between philosophers of innovation like Hobbes and Spinoza and the "eclecticism of the school of natural law, which practices a cautious mix of ancient Thomist scholasticism and modern individualism" [227]. Mixed in with the natural law of the time were factors even more conscientiously sought by Leibniz or later, Wolff [228].

---

225. Hobbes dialogues with Grotius in some of his main works, such as T. Hobbes, *Elements of Law Natural and Politic*, 1650, also available in French, *Eléments du droit naturel et politique*, "introduction, notes, bibliographie, index et traduction", par D. Thivet, Paris, Vrin, 2010; *Leviathan*, 1651, R. Tuck (ed.), Cambridge, Univ. Press – col. Cambridge Texts in the History of Political Thought, 1991, also in Portuguese, *Leviatã*, transl. J. P. Monteiro and M. B. Nizza da Silva, São Paulo, Abril cult., 1974; *Do cidadão*, orig. publ. *De Cive*, trad., apres. e notas R. J. Ribeiro, São Paulo, Martins Fontes, 1ª ed., 1992, 3ª ed., 2002.

226. T. Hobbes, *Leviathan*, I.XIV, Tuck (ed.), 1991, pp. 91-92, *De Cive* (II.1-3), *Eléments du droit naturel* (XIV.1-2).

227. "L'éccletisme de l'école du droit naturel, qui pratique un mélange prudent de l'ancienne scholastique thomiste et de l'individualisme moderne", M. Villey, "Les fondateurs de l'école du droit naturel moderne", in *Archives de philosophie du droit*, Paris, 1961, p. 73 ss., observes that "au terme de notre période, le Code civil [français] ne ressemble guère au Code prussien". See also S. Goyard-Fabre, Les embarras philosophiques du droit naturel, Paris, Vrin, 2002.

228. See P. B. Casella, *Tratado de direito internacional – tomo 10 – Direito internacional no tempo de C. van Bynkershoek e Christian Wolff*, São Paulo, Almedina, 2024, Chap. 22, on Ch. Wolff and specifically on the law according to Leibniz – "direito segundo Leibniz", item 22.1. See the preliminary considerations presented by Leibniz in his *Codex juris gentium diplomaticus*: in quo tabulae authenticae actorum publicorum,

196. As to Hobbes' position, that natural law and the interests of the state were in opposition *(Naturrecht und Staatsräson)*, W. Grewe (1984) commented [229]:

> "Given that the rules of natural law alone offer a law without purpose (*ius inutile*), in other words they create bonds internal to the conscience, that are not externally binding *(forum externum)*, as a true court would be, the result is the equivalence between natural law and international law and, finally, the creation of a binding order in international law." [230]

197. Assessments like this one have placed Hobbes within the (somewhat disparate) ranks of "deniers" of international law *(Leugner des Völkerrechts)* [231]. Much more radical than Hobbes, Spinoza levelled this criticism against international law in his Political Treatise (1677) [232]: "the nature of two states is as enemies *(due civitates natura hostes sunt)*" [233]. To him, law existed in exact proportion to power *(quia unusquisque tantum juris habet, quantum potentia valet)* [234]. The limits of law, in other words, were set by the limits of force – a realist's view, certainly, of international relations.

198. Opposing methods were used, and opposing conclusions drawn, by authors such as Montesquieu and Rousseau, as had been the case with their predecessors Hobbes, Pufendorf and Locke [235]. The debate was reflected in various fields of human activity, and would also have major implications for international law.

---

tractatum aliarumque rerum maiores momenti per Europa gestarum, pleraque inedita vel selecta, ipso verborum tenore expressae ac temporum serie digestae continentur; a fine seculi undecimi ad nostra usque tempora aliquot tomis comprehensus; quem ex manuscriptis praesertim Bibliothecae Augustae Guelfebytanae Codicibus, ex monumentis regiorum aliorumque archivorum, ac propriis denique Collectaneis edidit G. G. L., Hannoverae, literis & impensis Samuelis Ammonii, MDCXCIII *et seq*.

229. W. Grewe, *Epochen der Völkerrechtsgeschichte*, Baden-Baden, Nomos, 1984.

230. W. Grewe, *op. cit.*, 1984, pp. 409-410.

231. W. Grewe, *op. cit.*, 1984, pp. 409-410: "Schärfer noch, und radikaler als Hobbes hat dieser Konsequenz der Leugnung des Völkerrechts Spinoza gezogen".

232. B. de Spinoza, *Traité de l'autorité politique*, orig. publ., *Tractatus politicus*, ed. by M. Francès, in *OEuvres complètes*, Paris, Gallimard-Pleiade, 1954, reprinted 1992, pp. 909-1044. See also B. de Spinoza, *Traité des autorités théologique et politique*, orig. publ., *Tractatus theologico-politicus*, 1670, M. Francès and R. Misrahi (eds.), in *Oeuvres complètes*, Paris, Gallimard-Pleiade, 1954, reprinted 1992, pp. 597-908.

233. B. Spinoza, *Tractatus politicus*, 1677, ed. 1992, Chap. III, para. 11 and 13.

234. B. Spinoza, *Tractatus politicus*, 1677, ed. 1992, Chap. II, para. 8.

235. As mentioned by A. Verdross, *Abendländische Rechtsphilosophie ihre Grundlagen und Hauptprobleme in geschichtlicher Schau*, Vienne, Springer Verlag, 1969; see also A. Verdross, "Das Völkerrecht im System von Spinoza", *Zeitschrift für öffentliches Recht*, 1928, Vol. VII, esp. pp. 100-106.

199. By contrast with the view held by Hobbes, that the natural state between men was a state of war, Samuel Pufendorf declared that "nothing was more consonant with natural law than living together peacefully, and doing with good grace the duties each owed the other; it could even be said that peace was the characteristic of man alone, and was what distinguished him from animals" [236].

Following the same path as Pufendorf, Montesquieu (1748) stated: "peace would be the first law of nature", adding that the "desire, which Hobbes attributes to mankind, of subduing one another, is far from being well founded. The idea of empire and dominion is so complex, and depends on so many other notions, that it could never be the first which occurred to the human understanding" [237].

200. This great debate around the key conceptions of society and the bases on which to build relations between states has remained a major theme in the evolution of international law. But it is not my starting point for present purposes. What interests me is to highlight a passage that provides a wonderful illustration of how law inserts itself in its time (history) and its context (culture).

201. At this point in its evolution, in the history of ideas and the development of international law in the seventeenth century, it is curious to see this same intellectual evolution in terms of the Leviathan, if I can put it that way [238]. It is symptomatic, a sign of the times, that this imaginary monster from a primitive era should have become such a dominant figure in the world of modern politics. In this manifestation, it is a continuing human obsession.

202. Thomas Hobbes explained, in his *Leviathan* (1651, 1974 ed., II.XVII):

> "The Multitude so united in one Person is called a Common-wealth, in Latine *Civitas*. This is the generation of that great Leviathan, or rather (to speak more reverently), of that Mortal

236. S. Pufendorf, On the Duty of Man and Citizen According to Natural Law, Cambridge University Press, 1991; also translated in French *Les devoirs de l'homme et du citoyen – tels qu'ils lui sont prescrits par la loi naturelle*, trad. du latin par J. Barbeyrac, "sixième édition", Londres, chez J. Nourse, MDCCXII, éd. facsimilaire, Caen, Univ. de Caen, 1984, quoted livre II, Chap. XVI – "Du droit de faire la guerre et la paix", Vol. II, pp. 158-174, par. I.

237. Montesquieu, Complete Works, London, Evans & Davis, 1777, Vol. 1, Book 1, Of laws in general, at p. 5. Orig. published as *De l'esprit des lois*, 1748, éd. *cit.*, 1994, Première partie, livre premier, chapitre II – *Des lois de la nature*, pp. 235-236, *cit.* p. 235.

238. P. B. Casella, *Tratado de direito internacional – tomo 8 – Direito internacional além do paradigma vestfaliano*, São Paulo, Almedina, 2024, "Sob o signo do Leviatã".

God, to which wee owe under the Immortal God, our power and defence. For by this Authoritie, given him by every particular men in the Commonwealth, he hath the use of so much Power and Strength conferred on him, that by terror thereof, he is inabled to perform the wills of them all, to Peace at home and mutual ayd against their enemies abroad. And in him consisteth the essence of the Commonwealth, which (to define it), is One Person of whose Acts a great Multitude, by mutual Convenants one with another, have made themselves every one the Author, to the end he may use the strength and means of them all, as he shall think expedient, for their Peace and Common Defence." [239]

203. The Leviathan, as a sea monster, has haunted the human imagination for centuries, inspiring a mix of terror and fascination. Its image is one of primal force, something out of control that defies the bounds of civilization and surpasses human understanding.

204. This image of a sea monster has been circulating since the Old Testament, with its description of the prophet Jonah in the belly of a huge fish – *Ionas in ventre piscis* – probably a whale [240]. Jonah spent three days and three nights there, praying to God.

205. Next came the ancient Roman naturalists like Pliny [241], who in Book IX of his Natural History, on fishes, writes about "sea monsters and whales":

> "the largest animals found in the Indian Sea are the pistrix and the balaena; while of the Gallic Ocean [the Atlantic], the Physeter is the most bulky inhabitant, raising itself aloft like some vast column, and as it towers above the sails of ships, belching forth, as it were, a deluge of water" [242].

239. T. Hobbes, *Leviathan*, 1651, R. Tuck (ed.), Cambridge, Univ. Press, 1991, part II.XVII, pp. 120-121.

240. King James Bible, Jonah, 1:17. *Biblia sacra* iuxta Vulgatam Clementinam, nova editio, logicis partionibus aliisque subsidiis ornata a A. Colunga and L. Turrado, Madrid, Biblioteca de autores cristianos, 1977, *Prophetia Ionae*, 2.1, pp. 889-890: "Et praeparavit Dominus piscem grandem ut deglutiret Ionam; et erat Ionas in ventre piscis tribus diebus et tribus noctibus. Et oravit Ionas ad Dominum Deum suum de ventre piscis."

241. Pliny the Elder (AD 23-79) died during the eruption of the Vesuvius, which destroyed the city of Pompeii. Plinii, *Naturalis historia*, with an English translation by H. Rackham, Cambridge, Ma., Harvard UP, Loeb Classical Library, 10 Vols., LCL 330 – Foreword and books 1-2, orig. publ., 1938, rev. 1944 and 1949, reprinted 2004; a selection from the work of Pliny the Elder, *Histoire naturelle*, "textes choisis et présentés d'après la traduction de Littré", par H. Zehnacker, Paris, Gallimard-Folio 3090, 1999, impr. 2007.

242. Pliny, *Naturalis historia* (IX.8).

Pliny also described completely fictitious animals, mermen and other wonders, and relied for authority on authors he claimed to have used as sources.

206. Fake news is nothing new. But it is doubtful whether Pliny the Elder set out with the deliberate intention of spreading falsehoods – in the sense of containing errors – to make his readers believe "facts" that were not true.

207. As a mix of fiction and reality, the Leviathan was at the same time an invention and imposingly real. It was not something conjured out of thin air at the dawn of the modern age. This powerful image is still in circulation, in various forms, as Herman Melville demonstrated in his novel *Moby Dick or the Whale* (1851). To him, such forces of nature should not be taken as metaphors:

> "For this is one of those disheartening instances where truth requires full as much bolstering as error. So ignorant are most landsmen of some of the plainest and most palpable wonders of the world, that without some hints touching the plain facts, historical and otherwise, of the fishery, they might scout at Moby Dick as a monstrous fable, or still worse and more detestable, a hideous and intolerable allegory." [243]

208. Of all the interpretations of the Leviathan, Melville's masterful touch was to know that "so ignorant are most landsmen of some of the plainest and most palpable wonders of the world" that "without some hints touching the plain facts, historical and otherwise, of the fishery", they would tend to consider Moby Dick "as a monstrous fable or still worse and more detestable, a hideous and intolerable allegory" [244].

209. We should not take his effective use of imagery and ever-present danger as meaning that what Herman Melville (1819-1891) had written was a popular adventure story, for the age before digital communications; these days, people have other forms of entertainment to occupy their minds. But the persistence of this recurring image of the killer whale shows that it is not merely a product of the leisure industry. It far outstrips most of these transient productions by its sheer longevity.

243. H. Melville (1819-1891), *Moby Dick or the Whale*, orig. publ. 1851, London, Penguin Classics, 1994, Chap. 45, "The Affidavit", at p. 205. Excellent translation of the work by H. Melville, *Moby Dick ou a Baleia*, by P. E. da Silva Ramos, São Paulo, Abril Cultural, 1972, Chap. XLV, "O depoimento juramentado", *cit.* p. 254.

244. H. Melville, *Moby Dick or the Whale*, London, Penguin Classics, 1994, Chap. 45, "The Affidavit", at p. 205.

210. Melville succeeded in constructing something that seems in some way to have imprinted itself on the collective unconscious, where it has stayed ever since. From its first publication in 1851, there has simply been no getting away from the obsessive image of the killer whale. The long-term durability of the whale as a symbol is even more striking when one considers how difficult it was for the young Melville to find a publisher first to accept it, and then to sell it once it had been printed. A paradox for a book which is still a popular classic, found at newsstands in a variety of paperback editions and now widely available in electronic versions.

211. Melville, in the mid-nineteenth century, was retrieving a monstrous image from the past – a past that proved much closer and more alive than anyone imagined. Melville's whale is a sea creature, but one that also has a mythical dimension. There is something biblical about Moby Dick. It taps into the imagination, taking something that is still alive and reinventing it.

212. By reviving this vision from a distant past in the middle of the nineteenth century, Melville was in one sense inviting comparison with Cervantes, who, in the early seventeenth century, had presented Don Quixote as the modern, decadent, suffering image of the hero of medieval chivalry. It conjures the musty odour of a world long ago and far away.

213. At the same time Melville speaks to us of a world that had in some ways already become a historical curiosity, somewhat on the margins of human evolution, which was tending towards rationalization and abstraction – of the Leviathan as well as the state, as an abstract collective entity governing people with its enormous power. And, in some cases, crushing and oppressing them. The state made toys of men in pursuit of its ends, in an inversion of roles and values: The lesson of W. Jenks, that "the state is created for man and not man for the state" [245] seems often to be forgotten, not just by states but by men themselves.

214. Cornelius van Bynkershoek, in *Quaestionum juris publici* (1737) [246], declared that all republics were such by nature that one should

245. C. W. Jenks, "Economic and Social Change and the Law of Nations", *Collected Courses* (1973), Vol. 138, pp. 455-502, p. 495; in the same sense, M. Bedjaoui and H. Thierry, "Avenir du droit international", M. Bedjaoui (ed.), *Droit international: bilan et perspectives*, Paris, Pedone, UNESCO, 1991, Chap. LVI, pp. 1305-1317, quoted p. 1313, par. 29: "C'est ainsi en fonction des limitations qu'il impose à la souveraineté que le droit international se construit".

246. C. van Bynkershoek, *Quaestionum juris publici libri duo*, orig. publ. Leyden, 1737, 2 Vols., Oxford, Carnegie, 1930, Vol. I. *A Photographic Reproduction of the*

neither impute great perfidy to them nor attribute to them singular virtues or magnanimity [247]. States are what they are; Bynkershoek stressed the need to exercise control over the beast known as *raison d'état* [248].

215. Do Melville and Cervantes have something in common? Is *Moby Dick* the symbol of a bygone world? Something like Don Quixote, who in Cervantes' work (1605 and 1615) tilts at windmills thinking they are giants? The character who manifests as a throwback to earlier times and has become a caricature in the present day because he uses the images and codes of the past, making him unfit for his time, an outmoded taste and an obsolete model. In fact, he is the one who best expresses the modernity of this world: there is something both painful and moving about the dislocation of Don Quixote who deludes himself that rich nobles are opening their castle doors to a wayfaring knight when he stays in country inns, when all along their owners are insisting that Sancho Panza pay for their board and lodgings.

216. The image of the Leviathan arose long before that, and continues to swim in the seas of our imagination long after the time to which it belonged. Curiously, the modern world with its striving to be rational has extracted the Leviathan from the physical realm and stripped it of its past, but in turn has created its own phantoms and wonders, many of them pure invention, to capture the collective human imagination and awaken an understanding of the Leviathan as a shared phenomenon.

217. Following on in this tradition, Luis Sepúlveda, in his *Historia di una balena blanca* (2019), describes a huge mammal "the colour of the moon, that the men call *Mocha Dick*" and which an albatross warns: "you should know that men hate and fear you" [249].

218. Sepúlveda builds his narrative from the point of view of the whale, adding a voice of environmental awareness and respect for other forms of life on the planet not found in Melville. As Sepúlveda

---

Edition of 1737, Vol. II. *A Translation of the Text, by Tenney Frank*, with an Introduction by J. de Louter, index, coll. Classics of International Law No. 14 of the series.

247. C. van Bynkershoek, *Quaest. juris publici* (liber II, caput X):

"Sed prudentiae erit haec omnia omittere, hoc duntaxat superdicto: omnium Rerumpublicarum han ferem indolem esse, ut neque grandem perfidiam iis recte objeceris, nequem singularem animi magnitudinem ab iis facile expectaveris."

248. C. van Bynkershoek, *Quaest. juris publici* (II.XXV.X).

249. L. Sepúlveda, *Historia de una balena blanca – Una novela para jóvenes de 8 a 88 años*, Barcelona: Tusquets, 2019, Chap. 13 – *La ballena habla por última vez*, pp. 79-88, *cit.* pp. 80-81: "Te saludo, gran cachalote de color luna, al que los hombres llaman *Mocha Dick"*, empezó el albatros. "Has de saber que los hombres te odian y te temen."

warns: "men come from very far away and nothing stops them in their ambition, not even death".

219. The passage describing what humans do to nature is unedifying:

> "They will come, inevitably. As they sail, they kill the whales, the dolphins, the seals, the walruses, the penguins, the seagulls. Everything that lives in the sea ends up in their cooking pots, turned into fat or oil" [250].

220. Only someone totally detached from the modern world could fail to realise that environmental awareness is now an established feature of civilization and can no longer be ignored. No one can claim to be unaware of the damage human activity has caused to the entire planet.

221. We should not overlook the many other authors, ancient, medieval or from early modern times, who have delved into the fascinating word of sea monsters, real or fabled, as a way of conveying images of enormous strength, exceeding man's capacity for understanding or control. While force has always exerted a fascination for the human brain, the effect is even stronger where the phenomenon – whether natural, man-made or political – defies rational comprehension to a greater or lesser degree. That is the exact moment when a new avatar of the Leviathan appears, the abstract but equally terrifying version in the form of modern state power.

222. The point to highlight is that this transition took place precisely between the second half of the sixteenth and the first half of the seventeenth centuries. During this phase of the modern age, the forces of nature seem to have gradually lost their mystery as the sciences developed. To a considerable extent the fantastic narratives disappeared, shedding that tectonic, marvel-like quality that had been so enthralling in the old narratives, fantastical or not. Curiously, Thomas Hobbes appropriated the image of the Leviathan and invested it with a new mission: from now on it would take its place in the no less

250. L. Sepúlveda, 2019, Chap. 14 – *Habla el mar*, pp. 89-90:

> "Se cuenta que en las águas del océano Pacífico, en la costa de Chile y frente a la isla Mocha, el 20 de novimebre de 1820 un gran cachalote blanco atacó y hundió al barco ballenero *Essex*, que había zarpado del puerto de Nantucket, en el Atlántico norte quince meses antes del naufragio. Se cuenta que el enorme cachalote blanco atacó al *Essex* porque los arponeros habían matado a una ballena hembra y a su cria. Se cuenta que fueran necesarios varios barcos para cazar finalmente al gran cachalote blanco al que llamaban *Mocha Dick*, que medía veintséis metros de largo, y que, en el momento de su muerte, veinte años después del hundimiento del *Essex*, tenía más de cien arpones clavados en el cuerpo."

fantastical world of ideas, abstractions and theoretical constructs, and carry on haunting the human mind in the primal, monstrous form of the modern state.

223. The genesis of the modern state[251], built around "national" identities[252], gives a formula characterized by diversity of forms and separation of powers[253] but deemed to have equal status and sovereignty: "The state as a person is primarily a matter of fact, even though obviously it must have a law to be subject to, in other words be its master and its subject at the same time."[254]

224. The so-called status and sovereignty of the state are described in such vague terms that they might be thought unduly flexible. This is no accident.

225. This man-made monster, the modern state, uses vague and obscure prerogatives to impose its dominance over different human societies. In this sense, the concept of sovereignty is marked by

251. See F. Foronda, "Du contrat ou de la structure proprement politique des sociétés politiques", F. Foronda (ed.), *Avant le contrat social – le contrat politique dans l'Occident médiéval XIIIe-XVe siècle*, Paris, Publications de la Sorbonne, 2011, pp. 5-13, at p. 7: "Allez, je lâche la formule qui agace: "Genèse de l'état moderne", dont l'auteur n'a nullement besoin de mes services pour répondre aux critiques, cependant rarement poussées jusqu'à une réelle réfutation des considérables résultats obtenus et encore à obtenir".

252. These "national identities", more or less effective or imaginary, built and rebuilt, according to the needs and the "usefulness" thereof, as elements to mobilize social forces around the political power. This is a vast topic, as considered, *i.a.*: J.-Y. Andrieux, F. Chevalier and A. Kervanto Nevanlinna (eds.), *Idée nationale et architecture en Europe 1860-1919 – Finlande, Hongrie, Roumanie, Catalogne, Architecture and National Identities in Europe 1860-1919* – Finland, Hungary, Romania, Catalonia, Rennes, Presses univ. de Rennes, 2006 – examines the national question in Europe, during the second half of the "long" 19th century, esp. from 1860 to 1919; E. Hobsbawm and T. Ranger (eds.), *The Invention of Tradition*, Cambridge, Cambridge Univ. Press, 1983; T. Snyder, *La reconstruction des nations* – Pologne, Ukraine, Lituanie, Bélarus, 1599-1999, orig. publ. *The Reconstruction of Nations*, 2003, transl. O. Salvatori, Paris, Gallimard, 2017; A.-M. Thiesse, *La création des identités nationales – Europe XVIIIe-XIX 3e siècle*, 1999, Paris, Seuil, 2001.

253. See the essays in F. Foronda (ed.), *Avant le contrat social – le contrat politique dans l'Occident médiéval XIIIe-XVe siècle*, Paris, Publications de la Sorbonne, 2011.

254. "L'état comme personne relève au premier chef du fait, même s'il lui faut d'évidence un droit pour qu'il en soit le sujet, c'est-à-dire tout à la fois celui qui en est le maître et qui y est assujetti", writes J. Verhoeven, "Considérations sur ce qui est commun – cours général de droit international public (2002)", *Collected Courses*, Vol. 334 (2008), pp. 9-434, *cit.* pp. 44-46, thereafter observing:

> "Il est clair que la notion d'Etat n'a guère de signification en dehors de toute référence au droit, qu'il soit 'public', 'international' ou autre. Nul ne le contestera. Mais s'il constitue à ce titre un élément d'un discours – pour reprendre une formule à la mode – qui obéit à sa logique propre, il l'est fondamentalement comme une effectivité, celle d'un pouvoir qui, dans un espace donné, s'exerce d'une manière (devenue) indépendante sur des choses et sur des gens, dans le cadre et pour les besoins d'un certain projet de vie commune."

philosophical and historiographical breaches of continuity between the three periods in which we find it – the Renaissance, the classical era and the modern. These breaches of continuity are so broad and so deep that sovereignty has to be viewed as a contingent concept, not as a basic fact of political science and history [255].

226. Another aspect to highlight is the fundamental tension between the two conceptions of the exercise of power: one that could broadly be called autocratic, and the other consensual. Neither has ever totally or definitively gained the upper hand [256], nor has any balance ever been established between them, but both are subject to constant and thoroughgoing reworking. Against a background of underlying tension, we must examine the place the social contract has occupied in political organization [257].

227. This construct has come into being to meet the operational needs of the inter-state system that has grown up since the end of the medieval model, aligned on a central axis (empire and papacy) and following a strict hierarchy between the various and successive levels of power. Prior to the consolidation of the state as the central piece on the chessboard of the international system, this construction proceeded in distinct phases, from the earliest experiments on the Italian peninsula via the "national" developments in France and England, building up to the memorable phase of analysis and investigation, in German-language doctrine and practice, of the legal nature of the state in all its expressions.

228. To locate the origins and development of the modern Western state, it is necessary, in Hobbes' words, to look to "the generation of that great 'leviathan', or, rather . . . of that 'mortal god', to which we owe under the 'immortal God', our peace and defence". The monster

---

255. J. Bartelson, *A Genealogy of Sovereignty*, Cambridge, Cambridge Univ. Press, 1995, reprinted 1996, Cambridge studies in international relations, Vol. 39, quoted p. 247:

> "Within this tradition, sovereignty does not merely mean different things during different periods, function differently within different epistemic arrangements, or that it is something altogether different from time to time; rather the topic of sovereignty – the concept of sovereignty as opened to definitional change across time – is so rigorously intertwined with the conditions of knowing, that we could inductively expect a change in the former to go hand in hand with a change in the latter even in the future, if indeed there is one."

256. J.-M. Moeglin, "Le Saint Empire: contrat politique et souveraineté partagée", in F. Foronda (ed.), *Avant le contrat social – le contrat politique dans l'Occident médiéval XIIIe-XVe siècle*, Paris, Publications de la Sorbonne, 2011, pp. 173-191, quoted p. 173.

257. J.-M. Moeglin, Chap. *cit.*, 2011, quoted p. 173: "Il importe de la restituer dans la longue durée de l'histoire de l'exercice de l'autorité."

created by the Italians, developed by the French and English, and left to the Germans to consolidate and interpret [258].

229. The modern state is part of, and integral to, the processes of transformation and adjustment of international society: it affects the premises and modus operandi of the entire system. This process has already been pointed out by G. Del Vecchio (1931) [259]; his description does not differ much from that of J. Habermas (1962) [260]. When we look at the laborious historical process of formation of the state, we find, at every stage, signs of the struggle against the public authority that was attempting to constitute and order itself into a uniform regime out of these disparate, fissile elements, and the action of those elements as family groups which, in a sense, resisted unification by the state and sought to preserve their own power.

230. Where the first form fails to overcome the second, in other words where no solid unity is established, superimposed on the system's component units, the effect is ineluctable: peoples that are isolated or anarchic have less ability to resist other, politically organized and disciplined groups, with the probable result that the former will be eliminated or absorbed by the latter [261].

231. In terms of the modern state, the image of the leviathan/ whale as a symbol moves from the sphere of the imagination – a real, monstrous, mysterious animal, a warm-blooded mammal living in the vastness of the ocean – towards the abstract: the whale as monster becomes the Leviathan, created by men, to exercise domination over them in the form of the state. Nor should we forget that this mutation covers a relatively short period of time in historical terms, and a fairly circumscribed shift in cultural terms.

---

258. M. Florenzano, "Sobre as origens e o desenvolvimento do estado moderno no Ocidente", *Rev. Lua Nova*, São Paulo, 2007, Vol. 71, pp. 11-39, quoted p. 37.

259. G. Del Vecchio, "La Société des Nations au point de vue de la philosophie du droit international", *Collected Courses*, Vol. 38 (1931), pp. 541-650.

260. J. Habermas, *Strukturwandel der Öffentlichkeit – Untersuchungen zu einer Kategorie der bürgerlichen Gesellschaft*, orig. publ. in 1962, Berlin, Neuwied, 5. Auflage, 1971, describes as a vast social process. leading to the formation of modern mass society *(Massengesellschaft)*, due to the interaction among the medias, politics, burocracy and economics.

261. G. Del Vecchio, *op. cit.*, 1931, p. 565, quoted the lesson of C. Darwin (1809-1882): "lorsque deux tribus d'hommes primitifs vivent dans la même région, et se confrontent, ce sera la tibu, qui compte davantage de membres courageux et fidèles, prêts à se défendre les uns aux autres, contre le danger, sans doute cette tribu finira par vaincre et conquérir l'autre. Mais la leçon de l'histoire enseigne que cette tribu, une fois victorieuse, aura tendance à être, à son tour, supplantée par une autre tribu, encore plus douée que la précédente. Et de la même façon, les qualités sociales et morales auraient tendance à progresser et à se répandre lentement dans le monde".

232. At the same time as the modern state was consolidating in the shadow of the Leviathan, whales in real life were being forced out of the collective human imagination as sea creatures of monstrous strength and reduced to an object of commercial exploration: the whaling industry was becoming profitable and their exploitation systematic [262]. The mystery surrounding sea monsters had been dispelled. But that lost mystery found a new focus, the modern state – the Leviathan's new avatar.

233. In Holland, the economic importance of marine salvage for the populations of the coastal provinces during the Golden Age [263] resulted in that activity being strictly regulated. It speaks volumes that the law treated the whales that sometimes washed up on the beaches of Holland as equivalent to the wreckage of ships. In the Golden Age of Rembrandt and his old master contemporaries, whenever one of these animals was discovered in the territory of a village the inhabitants could extract up to five hundred florins' worth of oil [264].

234. In the early seventeenth century, in the quest for navigation routes to the north of Scandinavia, first the English and then the Dutch came into contact with the schools of whales that lived in those seas. In 1614, a group of Dutch whalers set up the Company of the North. Three years later, it was granted official status and given the exclusive right to hunt whales between Spitsbergen and Greenland [265].

235. It was during that very same period – the early seventeenth century – that the mystery surrounding the animal evaporated, while fascination for Leviathan, the abstract monster, grew and grew. And the abstract monster had a long career ahead of it.

236. The debatable and much contested thesis of Max Weber (1905, 2005 ed.) [266], whereby the spirit of capitalism was ignited by

262. S. Schama, *The Embarrassment of Riches: An Interpretation of Dutch Culture in the Golden Age*, Berkeley and Los Angeles, Univ. of California Press, 1988, part II, Chap. III, n. I, "Whales on the beach, writing on the wall", pp. 130-150, quoted p. 130:

> "The first Dutch Arctic whaling expedition was fitted out in 1612, and the Company of the North established two years later. As far as the common reaction to whales is concerned, though, the political and military chronology is more important than the economic history."

263. P. Zumthor, A Holanda no tempo de Rembrandt, orig. publ. *La vie quotidienne en Hollande au temps de Rembrandt*, 1959, trad. M. L. Machado, São Paulo, Companhia das Letras, 1989.

264. P. Zumthor, *op. cit.*, 1959, Braz. ed., 1989, p. 289.

265. P. Zumthor, *op. cit.*, 1959, Braz. ed., 1989, p. 360.

266. Max Weber, *Die protestantische Ethik und der Geist des Kapitalismus*, 1905, reprinted Erfstadt, area verlag, 2005; see also, Max Weber, *Political writings*, P. Lassman and R. Speirs (eds.), *Cambridge, Cambridge Univ. Press – Cambridge*

the protestant ethic alone, does not withstand scrutiny. This is clear from history, given that the conditions for its rise were already present in the north of Italy, especially in Venice, long before the protestant Reformation [267].

237. That said, Max Weber's contribution deserves to be highlighted for the stress he places on the development of the state as a political entity, with a rationally drawn up constitution, a rationally ordered legal system and an administration geared to rational rules – the laws – and managed by specialist civil servants [268].

238. That same period, which could be put between 1570 and 1650, was the era of consolidation of the state monster in the collective imagination [269], a time when questions of foreign policy were

---

Texts in the History of Political Thought, 1994, esp. "The profession and vocation of politics", pp. 309-369.

267. A propos des transformations du commerce méditerrannéen et du rôle de Venise: J.-C. Barreau, *Un capitalisme à visage humain – Le modele vénitien*, Paris, Fayard, 2011; C. Bec, *Histoire de Venise*, Paris, PUF, 1993, 3e éd., 2005; F. Braudel, *O modelo italiano*, orig. publ. *Le modèle italien*, publié en 1989, trad. F. de Mattos, São Paulo, Cia. das Letras, 2007; F. Braudel, *La méditerranée et le monde méditerranéen à l'époque de Philippe II*, Paris, Armand Colin, 1966, impr. 1987, 2 Vols., esp. 2e partie, 1.3. "Peut-on construire le 'modèle' de l'économie méditerranéenne?", pp. 383-419; F. Braudel (ed.), *La méditerranée: espace et histoire*, Paris, Flammarion, Champs, 1re éd., 1977, impr. 1985; F. Braudel and G. Duby (eds.), *La méditerranée: les hommes et l'héritage*, Paris, Flammarion, Champs, 1re éd., 1977, impr. 1986; F. Braudel, *Civilisation matérielle, économie et capitalisme XVe-XVIIIe siècle*, Vol. I: *Les structures du quotidien: le possible et l'impossible*, Paris, A. Colin 1979, Vol. II: *Les jeux de l'échange*, Paris, A. Colin, 1979, Vol. III: *Le temps du monde*, Paris, A. Colin, 1979; J. Burckhardt, *Die Kultur der Renaissance in Italien: ein Versuch*, orig. publ. in 1860, Stuttgart, Kröner, 2009; E. Crouzet-Pavan, *Renaissances italiennes 1380-1500*, Paris, A. Michel, 2007; W. V. Harris, *Rethinking the Mediterranean*, "Papers from a Conference organized by the Columbia Univ. Center for the Ancient Mediterranean, 21-22 septembre 2001", Oxford, Univ. Press, 2005; P. Malanima, *L'economia*, G. Greco and M. Rosa (eds.), Roma-Bari, Laterza, *Storia degli antichi stati italiani*, 1996, Chap. VI, pp. 249-295; A. Zorzi, *Histoire de Venise*, original *La Repubblica del Leone – Storia di Venezia*, 1979 Paris, Perrin – tempus, 2005.

268. M. Weber, *Die protestantische Ethik und der Geist des Kapitalismus*, 1905, ed. 2005, "Vorbemerkung", pp. 7-24, quoted p. 18:

"Ein solches Recht und eine solche Verwaltung nun stellte der Wirtschaftsführung in dieser rechtstechnischen und formalistischen Vollendung nur der Okzident zur Verfügung";

Max Weber, *Political writings*, P. Lassman and R. Speirs (eds.), *Cambridge Texts in the History of Political Thought*, Cambridge, Cambridge Univ. Press, 1994, esp. "The profession and vocation of politics", pp. 309-369, p. 310:

> "In the last analysis, the modern state can only be defined sociologically in terms of a specific means *(Mittel)* which is peculiar to the state, as it is to all other political associations, namely physical violence *(Gewaltsamkeit)*."

269. T. J. Biersteker and C. Weber (eds.), *State Sovereignty as a Social Construct*, Cambridge, Univ. Press, 1996. As observes S. Schama, *op. cit.*, 1988, p. 136:

> "It would be misleading to suggest a simple chronology by which whale imagery evolved from moral allusion to dispassionate classification. Whales entered the

inextricably bound up with theology [270]. The modern state mingled elements of rationality, of which it seems to have been very proud, with other less readily acknowledged dimensions, like the air of mystery around the sea monsters that had once haunted peoples' minds and the new-found mysticism. This strengthened the aura of the state as myth, and encouraged individuals and social groups to rally around this avatar.

239. Whale hunting and the whaling industry must be counted among mankind's atrocities, perpetrated against huge animals that are almost always peaceful and harmless, except when attacked – witness *Moby Dick* and Captain Ahab – subjecting them to relentless pursuit in order to extract oil, mostly for lighting. Each hunt was an immense waste of a massive, living animal, a superb specimen of mammalian life. After the killing, tons of meat and other animal resources were thrown into the sea, leaving huge carcasses behind. Actions of extreme stupidity and cruelty. Records of this slaughter and wastage are preserved on land in the historical annals, mainly dating from the seventeenth to the twentieth centuries. It is still going on, despite the body of international regulation on the subject.

240. The international regulation of marine animals can be traced back to the Bering Sea arbitration between the United Kingdom and the United States in 1893 when, under the doctrine of freedom of the high seas, there was an unrestricted "right" to hunt marine mammals [271].

241. In that case, because of the risk of destruction of living resources in the form of fur seals around the Pribilof Islands, control of which had been granted to the United States by Russia under the 1867 Treaty of Cession of Alaska, the United States wished to extend their sovereignty beyond the three nautical mile limit of territorial sea

---

moral bestiary through other media, like the em blem book, where J. Cats took it as the example of brawn rather than brain. But it is true that once the Republic's place in Europe seemed more secure, stranded-whale prints that incorporated some sort of oracular comment became relatively scarce. Another important factor was the magnitude of the whaling industry itself. Once the monopoly of the Company of the North had been rescinded in 1641, there was a spectacular expansion."

270. S. Schama, *op. cit.*, 1988, pp. 130-131:

"this was exactly the formative period when a Dutch culture was being shaped by the apprehensions and uncertainties of war and religious conflict. Hence it is not surprising to find the beached whale repeatedly taken as a commentary on national fortunes or an augury of crises ahead. The year of the Berckhey whale, 1598, was a reasonably good one for the fortune's of Maurice's campaign, so that Grotius's report of the popular response to the message of the whale could be both optimistic and pessimistic".

271. *Bering Sea Fur Seals Arbitration (United Kingdom* v. *United States)* (1893), Moore, *International Arbitrations*, Vol. I, p. 755.

that was customary at the time. The USA passed legislation between 1868 and 1873 prohibiting the hunting of fur seals on the islands of the Pribilof archipelago "and in the waters adjacent thereto", except on certain specified conditions. After that legislation came into force in 1886, the United States Coastguard seized three British vessels at a distance of 60 nautical miles from land, triggering an international incident.

242. The arbitral tribunal in its decision rejected part of the claims of the United States, which had sought to assume the role of protecting the region's marine mammals, even on the high seas, and argued that the Bering Sea had become a closed sea *(mare clausum)*. The tribunal also issued rules prohibiting the hunting of fur seals on the high seas by the nationals of both countries within 60 nautical miles of the coast of the Pribilof Islands, and also prohibiting all hunting at sea during certain months of the year[272].

243. The realization of the fragility of these resources led to agreements to protect not only fishery resources but also marine mammals. The first was the 1911 Convention respecting measures for the preservation of fur seals in the North Pacific Ocean, between the United States, the United Kingdom (on behalf of Canada), Russia and Japan, followed by the 1957 Interim Convention between the same four countries, which expired in 1984 when the US Senate failed to ratify the protocol that would have extended the 1957 Convention[273]. That omission has left fur seals without a protection regime, as efforts to re-establish a regime of international legal protection have failed.

---

272. S. Lalonde, "Bering Sea", R. Wolfrum (ed.), *Encyclopedia of Public International Law*, 2012, Vol. I, pp. 888-894, *cit.* p. 892, par. 24-27:

> "As early as the 1880s, the Bering fur seals dispute revealed the potential for disputes over the conservation of the region's marine mammal populations and the risk of open confrontation." In such way "the arbitration led to the relatively successful 1911 Convention respecting measures for the preservation of fur seals in the North Pacific Ocean between the US, the United Kingdom (on behalf of Canada), Japan and Russia, the first international treaty to address the conservation of wildlife. It 'banned pelagic sealing, vested responsibility for the harvest in the nation having jurisdiction over the rookeries, and shared the take with the nations that did not control the rookeries'".

273. S. Lalonde, *Bering Sea*, *Encyclopedia of Public International Law*, R. Wolfrum (ed.), 2012, Vol. I, pp. 888-894, *cit.* p. 892, par. 29-31:

> "Some experts fear that commercial hunting could start again at some point in the future (see the ARKive Northern Fur Seal Fact Sheet). Nor is the northern fur seal listed under the Convention on International Trade of Endangered Species of Wild Fauna and Flora and therefore international trade is not currently monitored or regulated."

244. Hunting of whales was still common at least until the first convention restricting whaling, which was signed in Geneva on 24 September 1931 and entered into force on 16 January 1935. Subsequently, the International Agreement for the Regulation of Whaling, signed in London on 8 June 1937, was supplemented by two Protocols, in 1938 and 1945. In practice none of those instruments set limits on hunting, and they therefore failed to arrest the decline in whale numbers.

245. After the second world war, the International Convention for the Regulation of Whaling was signed in Washington on 2 December 1946 and entered into force on 10 November 1948. It should be noted that the aims and objectives of the 1946 Convention have, at least for the majority of states adhering to it, changed over the decades: initially, protection of whales was not seen as an end in itself, but rather as a means of ensuring the orderly development of the whaling industry and preventing overexploitation. Since the 1970s, increasing numbers of states have come to view the 1946 Convention as an instrument for the conservation and protection of whales. This can be seen as a gradual shift in the 1946 Convention and its objectives.

246. Since the adoption of the 1946 Convention whale hunting has continued, more or less illegally. Under the implementation system set up pursuant to article VIII of the 1946 Convention, whales may be taken for scientific purposes, under permits granted by states that are parties to the Convention, on condition that whales killed for scientific purposes "shall so far as practicable be processed".

247. Thus whaling continues, sometimes (not always well) disguised as the capture of specimens for the purpose of "scientific research". Despite the prohibition on hunting, canned whale meat can be found on sale in supermarkets in Japan. A Japanese colleague attempted to justify this during an interview: we should not forget that because of their lack of local sources of animal protein, generations of Japanese schoolchildren had grown up eating whale meat. Too bad for the whales, in other words.

248. In 2003 the International Whaling Commission (IWC) passed the Non-binding Resolution on Whaling under Special Permit, an instrument that goes against the spirit of the moratorium on commercial whaling, according to which article VIII of the 1946 Convention had not intended to allow the exploitation of whale meat for commercial purposes. The Resolution moreover exhorts states not to issue, or

renew, permits for such activities. Lastly, all states are called upon not to use lethal methods for scientific purposes [274].

249. The whale has gone from sea monster to commercially profitable catch: first with no restrictions on hunting, then with attempts to limit the numbers taken. In line with the awakening of mankind's environmental consciousness from the 1970s, whales have come to be recognized as living natural resources, with efforts being made to build an international legal regime of protection for them. Whales have undergone a number of changes in their treatment under international law.

250. In parallel, with the advent of the modern age the fantastical seems to have disappeared from the natural world, deserting whales in particular, and cetaceans in general as a class of mammalian animals in the form of fish [275]. The fantastical tipped over into the abstraction of the modern state, where it has stayed, firmly attached to the corpus of society.

251. At the same time, modern man seemed keen to understand all natural phenomena, by means of science and reason. As Hobbes warned (1666), "all Study is rational, or nothing worth" [276].

252. Curiously, at this very time the abstraction of the Leviathan was firming up into an image of collective obsession: the Leviathan, the monster of nature, was becoming one of the most durable constructions

274. J. Braig, "Whaling", R. Wolfrum (ed.), *The Max Planck Encyclopedia of Public International Law*, Oxford, Univ. Press, 2012, Vol. X, pp. 881-887, par. 23, notes:

> "There is only a reporting obligation to the Commission; however, no authorization is required. According to par. 30 ICRW Schedule the Scientific Committee shall review and comment on the proposed scientific permits. The proposals shall include the objective of the research, number, sex, size and stock of the animals to be taken, opportunities for participation of third country scientists, and possible effects on the conservation of stocks."

275. J. Braig, "Whaling", *Encyclopedia*, 2012, Vol. X, p. 882, par. 5-6, observes:

> "Whales are marine mammals and belong together with dolphins and porpoises to the taxonomic family of the cetaceans. They are subdivided into baleen whales or mysticetes, and toothed whales or odontocetes. Baleen whales and sperm whales are often referred to as the 'great whales'. The International Convention for the Regulation of Whaling (ICRW) itself does not provide a definition of the notion 'whale'. However, a list of names was annexed to the final act of the diplomatic conference negotiating the ICRW. The catch limits in the ICRW schedule refer only to baleen whales and sperm whales."

276. T. Hobbes, *Diálogo entre um filósofo e um jurista*, orig. publ. in 1666, *A Dialogue Between a Philosopher and a Student of Common Laws of England*, trad. M. Cristina G. Cupertino, São Paulo, Landy, 2001, "Sobre a lei da razão", pp. 11-16, quoted p. 11 – in the answer to the question "why the study of law is less rational than that of mathematics?"

of the human mind. And in the form of this new avatar, it brought forth equally fantastical fruit in the form of the modern state and its emanations. Which was all the more terrible, as this Leviathan was held up as necessary for the ordered existence of society, and the continuation of human social bonds.

253. Once whales were no longer mysterious monsters and had become commercial products, systematically hunted, Thomas Hobbes (1588-1679) came up with his formulation of the Leviathan (1651)[277] as the monstrous, many-tentacled image of the modern state. To which we can add yet another dimension, presented by Hobbes in the form of another beast, the Behemoth, or civil war – the animal force of the mob unleashed.

254. From that moment on, the monster assumed another dimension and became an abstraction: the modern state, the perfected version of the concept previously envisaged and considered as desirable, the state and its sovereignty, the rational way of ordering human society in line with the earlier efforts of Machiavelli and Bodin[278].

255. Along with the monster state came another monster, civil war. Hobbes warned about this too, in *Behemoth* (written between 1666-1668 and published in 1679)[279].

277. T. Hobbes, *Leviathan*, 1651, R. Tuck (ed.), Cambridge, Univ. Press,Cambridge Texts in the History of Political Thought, 1991.

278. P. B. Casella, *Tratado de direito internacional – tomo 5 – Direito internacional no tempo de Francisco de Vitoria*, esp. Chap. 13, "estado como sujeito de direito internacional – a contribuição de Maquiavel e Bodin". According to A. Maurois (pseudonym of E. S. W. Herzog), in his *Histoire d'Angleterre*, orig. publ. 1937, Paris, Fayard, 1978; Portuguese ed. *História da Inglaterra*, trad. de M. H. Ossvald, Lisboa, Aster, 1976, Vol. II – Epoca moderna, livro V – O triunfo do Parlamento, pp. 81-169, *cit.* p. 166, the great thinker of the English Restoration is Hobbes, who conceives human society as a purely mechanical system, moving appetites and desires. In his view, egotism is the only drive for moral law. Life in society triggers this fight of egotisms and, by such fight, the state of nature, as a state of war, is turned into a legal agreement. Hobbes political philosophy is the one that could exist, at a time of civil wars, as the one he was a witness of. Considering men hate each other and cannot live in peace, the only remedy to stop anarchy is a powerful master. Hobbes *Léviathan* (1651) is, basically, the totalitarian state of modern dictators, with the only difference that the dictator is the monarch.

279. T. Hobbes wrote in his *Behemoth or the Long Parliament*, his version of the history of the civil war and of the English revolution, during the years following the restoration of Charles II in 1660. This war is estimated to be from 1662 to 1668, or more precisely between 1666 and 1668. Due to the prohibition of publication by the king Charles II, to whom Hobbes had submitted his manuscript, several editions circulate as of 1679 onwards, contrary to the desire of the author. Different versions of the work – which Hobbes seems to have had a predilection – are in circulation at the time, before the edition by W. Crooke was published in 1682, three years after the death of the author. T. Hobbes, *Behemoth, or the Long Parliament*, ed. by F. Tönnies, rev. by M. M. Goldsmith, London, Franck Cass, 1969; French ed., *Béhémoth* ou le

The symbolism was no coincidence, though the title caused controversy[280].

256. An examination of some of the historical aspects of *Behemoth* show that Hobbes's Judgment of some of the events he described was guided in various ways by his philosophy, as well as his party-political preferences and social standing. To take one example, his analysis of the psychology of the relations between Cromwell and the other protagonists of the revolution would probably not have been so complex if Hobbes had not already formulated his theory of the natural condition of mankind.

257. This "natural" condition – contrary to the conception of Pufendorf[281], who believed that the natural state tended towards the peaceful – could to Hobbes be described as "warre, as is of every man, against every man", at least until the state model was established to bring order to society. We can see here the weight of the model Hobbes had constructed in his political works, and the importance he gave to the notions of calculation, interest and power. Those notions, as such, had been defined in *Leviathan*, and Hobbes retained the model when dealing with civil war – the *Behemoth*, the wild beast let loose by the violent mob in revolt.

---

long parlement, "introduction, traduction, notes, glossaire et index" par L. Borot, Paris, Vrin, 1990, quoted p. 10:

> "A beaucoup de contemporains de Hobbes, ce récit de la guerre civile, de la révolution, de la république et du Protectorat des deux Cromwell, Oliver et Richard, serait apparu comme un brûlot, comme l'une des charges les plus violentes contre le pouvoir des Puritains, mais aussi (et surtout dans le contexte de la Restauration) contre les erreurs tactiques et politiques de Charles Ier et de ses conseillers. Venant d'un penseur accusé de retournements d'alliance, à cause de son retour d'exil sous Cromwell, taxé d'athéisme et auteur d'une philosophie censée décrire l'homme comme naturellement dépourvu de toute marque d'humanité, ce récit ne pouvait pas manquer de choquer les lecteurs, d'inquiéter le pouvoir et donc de mettre en danger la vie de son auteur, ce dont Hobbes était le premier conscient."

280. L. Borot, *Introduction*, 1990 to the French ed. of T. Hobbes, *Béhémoth*, Paris, Vrin, 1990, pp. 9-26, quoted pp. 20-21, considers doubtful the origin of the title, *Behemoth*, considering the comment by Hobbes, in a letter to the editor W. Crooke, complaining that his book was "circulating under a stupid title". In addition, Borot notes: "Mon observation du manuscrit du St. John's College me semble attester l'authenticité du titre *Béhémoth*, car le titre semble bien être de la même main que le texte que Hobbes a revu". In the English edition, F. Tönnies, London, Franck Cass, 1969, gives a different explanation: Hobbes criticism would result from the omission of the word *Behemoth* in the title. According to R. McGillivray, "Thomas Hobbes's History of the English Civil War", in *Journal of the History of Ideas*, 1970, Vol. XXXI, pp. 179-198, considers that the criticism would result precisely from the term in the title of the work.

281. P. B. Casella, *Tratado de direito internacional – tomo 9 – Direito internacional no tempo de S. Pufendorf*, São Paulo, Almedina, 2024, Chap. 20 – *S. Pufendorf*.

258. Since according to Hobbes the natural state was one of war "of every man, against every man", human life under these conditions was "solitary, poor, nasty, brutish and short" [282]. This raised the question of transposing the natural state of human relations to relations between states. Could international relations transcend the natural state? This question was crucial to either affirm or deny the existence and the role of international law, as an element in the governance of life between states, and of international society as a whole.

259. When studying Hobbes' views on civil association, it should be noted [283] that this mode of political association between men was a necessary one. In this mode of association, individuals were obliged to respect certain norms and observe certain practices, but without any one single goal. Following this perspective, one might distinguish the empire of the norm, or nomocracy, of a *societas* with its normative planning, from the teleocracy of a *universitas*, which was designed to impose on single goal on all its members. Following this line of interpretation, we could position Hobbes as the author of a formal framework of *societas*, and not of a *universitas*, in other words a civil association.

260. Hobbes' radical innovation lay in his declared intention to go against the ideas that had held sway until then. As the creator of what others would call the "civil religion of the modern state" [284], associated perhaps more than any other contemporary philosopher with the historical emergence of the modern state, Hobbes understood the need to justify why such a new entity was absolutely necessary, by

282. Hobbes, *Leviathan*, *op. cit.*, 1651, ed. *cit.*, 1991, Chap. XIII "of the naturall condition of mankind, as concerning their felicity and misery", pp. 86-90, quoted pp. 88/89:

> "During the time men live without a common power to keep them all in awe, they are in that condition which is called warre; and such a warre, as is of every man, against every man. For warre consisteth not in battell onely, or the act of fighting; but in a tract of time, wherein the will to contend by battell is sufficiently known; . . . so the nature of war, consisteth not in actuall fighting, but in the known disposition thereto, during all the time there is no assurance to the contrary. All other time is peace".

283. M. Oakeshott (1901-1990), *Hobbes on Civil Association*, Oxford, Basil Blackwell, 1975; see also the French edition, *L'association civile selon Hobbes – suivi de Cinq essais sur Hobbes*, transl. and notes by D. Weber, Paris, Vrin, 2011; D. Weber, *Hobbes et le désir des fous – Rationalité, prévision et politique*, Paris, Presses de l'Université de Paris-Sorbonne, 2007; D. Weber, *Hobbes et l'histoire du salut – ce que le Christ fait à Léviathan*, Paris, Presses de l'Université de Paris-Sorbonne, 2008; D. Weber, *Hobbes et le corps de Dieu – "idem esse ens & corpus"*, Paris, Vrin, 2009.

284. N. L. da Silva, *A religião civil do estado moderno*, foreword J. O. de Meira Penna, Brasília, Thesaurus, 1985.

formulating a "civil theology" to replace the old. This was a central proposition in the *Leviathan*.

261. This replacement civil theology goes back a long way and is drawn on regularly by states. From it derives the definition of the human condition with man as an animal that develops and creates its life in society – the *polis* from which the word "politics" is derived, meaning "relating to the polis" – and invents its own language, from which ideas follow. Therefore, whatever is human resides, by definition, outside nature – *physis* – but in the world of the artificial and by the same logic in the arbitrary [285].

262. The monster exists and is active everywhere: the state is present in all corners of the world. It develops multiple operational levels, as in Brazil, with its three-level federation: the union or federal state, the *estadual* level of the 27 states of the Brazilian federation, and the *municipal* level with over five thousand municipalities, with constitutionally stipulated prerogatives. With competencies laid down both in the republic's Constitution and in the thousands of enabling statutes of each of its municipalities, the state apparatus is deployed in increasing numbers of ways, multiplying and dominating all aspects of human life. Brazil's state with its three-tier federation is an expression of the Leviathan in all its forms. All go to make up the framework described as the modern state, deemed since the start of the modern era to be necessary for the ordered life of politically organized societies.

263. The *Leviathan* is the definitive expression of the state at its paroxysm, in the sense of the phase of an illness when the symptoms are most acute – which leads us on to the crisis of postmodernity in international law. It has become imperative to re-evaluate the international institutional and normative model, which was based exclusively on states, and seek to adapt it to the conceptual and operational requirements of the international system, to order the shared life of state subjects as well as the other agents of the modern political world. This "directionless transformation" might well bring about numerous upheavals and problems hitherto unseen in the life of society, but clearly, postmodern international law must address the challenge of creating new ways of functioning – even if we have not yet all agreed on a name for this current framework [286].

285. N. L. da Silva, *op. cit.*, 1985, part II, "Leviatã", pp. 59-80, quoted p. 59.

286. Considering that mention to "Post modern International law" seems to raise objections from certain French speaking colleagues, this can also be described as: "droit international en temps de mutation", or also as "droit international en temps

264. Let us turn to the formulation of the Leviathan in relation to the Behemoth, a phenomenon that strikes with brutal force at human societies and the relations between them, and how it applies to international law.

265. In the Bible, the Leviathan is described in the Book of Job as the largest marine animal: "Canst thou draw out leviathan with an hook? Or his tongue with a cord?" [287]

266. Concerning the Leviathan, the question is asked: *Numquid feriet tecum pactum, et accipies eum servum sempiternum?* "Will he make a covenant with thee? Wilt though take him for a servant forever?" The answer is no. Any attempt to master the Leviathan is doomed to fail: "Lay thine hand upon him, remember the battle, do no more. Behold, the hope of him is in vain: shall not one be cast down even at the sight of him?" [288]

267. While the Leviathan haunts the ocean depths, the monster known as Behemoth is the largest land-dwelling animal ever created, again in the Bible. God answers Job out of the whirlwind – *respondem autem Dominus Iob de turbine* – at the end of the Book of Job: "Behold now behemoth which I made with thee; he eateth grass as an ox." [289]

268. The Hebrew word *behemoth* is the plural of *behema*, meaning a beast. In the plural, these are beasts roaming free, unleashing their havoc on the world. They are bestial forces, without order or control, which set themselves against the state order of the Leviathan.

269. There is a great difference between the two books, given that for Hobbes, the *Leviathan,* which rises up out of the sea, seems to evoke majestic and uncontestable power, while the *Behemoth* suggests brutal

d'humilité". Anyhow, the scope of the mention to the post-modern context is to make clear that we refer to an International law in "times of change", and this change is structurally deep, and presents itself as a "transformation", going from a former conception of International law centered upon states, towards a model where the human being finds more vital space within the international system. This transformation seems unstoppable, notwithstanding protests from those that still consider International law as a strictly interstate systeme. In that sense, see Chap. IV and V, *infra.*

287. King James Bible, Job 41:1. *Biblia sacra iuxta Vulgatam Clementinam*, nova editio, logicis partionibus aliisque subsidiis ornata a A. Colunga and L. Turrado, Madrid, Biblioteca de autores cristianos, 1977, *Liber Iob*, 40.20-21 and 40.23, p. 448: "An extrahere poteris Leviathan hamo, et fune ligabis linguam eius ? Numquid pones circulum in naribus eius, Aut armilia perforabi maxilam eius?"

288. King James Bible, Job 41:4, 41:8 and 9. *Biblia sacra iuxta Vulgatam Clementinam*, ed. 1977, *Liber Iob*, 40.27-28, p. 448: "Pone super eum manum tuam; Memento belli, nec ultra addas loqui. Ecce spes eius frustrabit eum, Et videntibus cunctis praecipitabur".

289. King James Bible, Job, 40:15. *Biblia sacra iuxta Vulgatam Clementinam*, éd. 1977, *Liber Iob*, 40.10, p. 448: "Ecce behemoth quem feci tecum, Foenum quase bos comedet".

violence, unleashed and out of control. The two books were perhaps conceived to point up this opposition, or at least the latter could have been chosen to form a diptych with the former. One open question remains: was this contraposition what Hobbes really intended? That might still be the subject of debate among the specialists, but it is not of critical concern to us in terms of international law, its basis, content and implementation.

270. We must take account of what might be called the collective mindset in Hobbes's time. For men of the social standing of Hobbes, either aligned with the king or in resistance to him, in the troubled times described in the works, the people are presented in a way that is far from flattering – in fact as a "dangerous mob" [290], and sometimes described with revulsion as the many-headed monster.

271. Images from the books of prophesies of the Old Testament, especially the Book of the Apocalypse, were used as a cultural frame of reference to indicate uncontrolled dangers and forces. A remarkable series of tapestries, the *Angers Apocalypse* [291], gives us a vision in graphic imagery of the late Middle Ages in all their grandeur and terror [292].

272. For certain aspects of the collective mindset of the times, no less eloquent than the images in the Bible are Shakespeare's descriptions of a mob in revolt. In his tragedy *Coriolanus*, first the Roman mob, urged on by demagogues, forces the conqueror of the Volscians into exile;

---

290. L. Borot, *Introduction*, to the French edition of T. Hobbes, *Béhémoth*, Paris, Vrin, 1990, p. 21, observes:

> "Le fait que le mot *Béhémoth* soit un pluriel, joint au genre d'explication que donne Hobbes des comportements collectifs, me fait proposer ce rapprochement, qui me semble tenir compte de l'une des données fondamentales des mentalités collectives de son temps."

291. A good rendering is presented by Dutch historian J. Huizinga (1872-1945), in his essay on the forms of life and intellectual context of the 14th-15th centuries in France and in the Netherlands, *Herfstij der middeleeuwen*, orig. publ. 1919, in French, *L'automne du Moyen âge*, préface de G. Hanotaux, Paris, Payot, 1948.

292. In the work by P.-M. Auzas, C. de Maupeou, C. de Mérindol, F. Muel and A. Ruais, *L'Apocalypse d'Angers* – Chef d'œuvre de la tapisserie médiévale, Paris, Vilo, Fribourg, Office du livre, 1985, observes F. Muel, "Du livre à la tenture de l'Apocalypse", pp. 13-22, quoted p. 13:

> "Tonnerres et tremblements de terre, déluges de feu et de sang, apparitions de bêtes monstrueuses et de dragons, persécution et apostasie, guerre, peste, famine et mort, en bref cataclysme général et fin du monde, c'est ce qui évoque communément le mot 'apocalypse'. C'est aussi le sujet d'un grand nombre de scènes de la teinture d'Angers. Cependant, cette tapisserie n'est pas l'illustration d'une simple prophétie de malheur, mais d'un livre dont le titre, 'Apocalypse', signifie en grec 'révelation' et dont le contenu vient apporter à ses destinataires autre chose que le désespoir et la crainte. Sinon, comment aurait-il pu inspirer tant d'œuvres d'art chrétiennes pendant plus de mille ans?"

then other demagogues incite the uncontrolled mob of Volscians to kill the hero, who has just won them a favourable treaty with Rome[293]. Shakespeare does the same in Henry VI, Part Two[294]. This world of primal forces acting with unbridled violence seems to anticipate the experience of the English Civil Wars in the seventeenth century.

273. It was this world turned upside down[295] by the English revolution of 1640 that brought forth the period's great achievements: remarkable insights into the importance of the historical process itself and a sense of the great forces at work in society, as manifested in Hobbes's *Behemoth*.

274. Those innovations were lost with the restoration of the monarchy, and the fresh perspectives on history seem to have made little headway in the century that followed. "For a short time, ordinary people were freer from the authority of church and social superiors than they had ever been before, or were for a long time to be again."[296]

275. There is another paradox we can point to. Starting at the end of the fifteenth century and continuing in some regions up to the mid-eighteenth century, at the very time of these remarkable intellectual advances in many areas of knowledge, the hunting of witches erupted in almost all parts of Europe, with some variations of time and place, as well as in Salem, in the United States of America. Eighty per cent of the victims were women.

---

293. W. Shakespeare, *Coriolanus*, originally performed between 1605-1608, in *The Complete Works*, new edition, P. Alexander (ed.), London, Glasgow: Collins, 1st publ. 1951, reprint 1975, pp. 827-869, esp. p. 852. Acte 3, scene 3, declares *Junius Brutus*:

> "Assemble presently the people hither;
> And when they hear me say 'It shall be so
> I' th' right and strength o' th' commons' be it either.
> For death, for fine, or banishment, then let them,
> If I say fine, cry 'Fine!' – if death, cry 'Death!'
> Insisting on the old prerogative
> And power i' th' truth o' th' cause".
> To which replies *Aedile*: "I shall inform them".
> And *Brutus* completes: "And when such time they have begun to cry,
> Let them not cease, but with a din confus'd
> Enforce the present execution
> Of what we chance to sentence."

294. W. Shakespeare, "The Second Part of King Henry the Sixth", in *The Complete Works*, P. Alexander (ed.), reprinted 1975, pp. 623-661, Act V, Scene 1, quoted p. 659: "And so to arms, victorious father To quell the rebels and their complices."

295. C. Hill, *The World Turned Upside Down – Radical Ideas during the English Revolution*, orig. publ., 1972; Braz. ed. *O mundo de ponta-cabeça – Ideias radicais durante a revolução inglesa de 1640*, transl and ed. by R. J. Ribeiro, São Paulo, Companhia das Letras, 1987.

296. C. Hill, *op. cit.*, London, Penguin Books, 1991 ed., at p. 361. Braz. ed. 1987, Chap. 18, "conclusão", pp. 344-367, quoted pp. 344-345.

276. This phenomenon deserves to be addressed at least briefly, not just as a matter of historical record but above all for the lessons it can offer, as we face an upsurge in waves of intolerance and fanaticism in our own postmodern context.

B. Modern scientific thought and the witch hunt

277. During that same period, alongside the renewal of institutions and political thinking, the climate was one in which, paradoxically, "magic and superstition still played a big part in popular thought, as was shown in the brief outburst of witch persecution in Suffolk in 1645. A lot of nonsense was talked and written" [297].

278. As Peter Burke points out, the history of sorcery and demonology is a story of the collective imagination from the myths of the *sabbaths* to the projection of secret fears and desires onto individual scapegoats [298].

279. The witch hunt was not a popular or mass phenomenon. The unjust and cruel persecution relentlessly inflicted on its victims was the work of the clergy [299], sovereigns and jurists – including Jean Bodin [300] – who devised the legal and operational framework for this macabre exercise that claimed the lives of at least 100,000 people,

297. C. Hill, *op. cit.*, at p. 364. Braz. ed. 1987, quoted p. 347.

298. P. Burke, *Varieties of Cultural History*, Oxford, Blackwell – Polity Press, 1997; Braz. ed., *Variedades de história cultural*, trad. A. Porto, Rio de Janeiro, Civilização brasileira, 2006, esp. Chap. 11 – "Unité et variété dans l'histoire culturelle", pp. 231-267, quoted p. 251. In this sense, the border between "culture" and "society" is redefined, and the empire of culture and of individual freedom is enlarged.

299. As sadly illustrated by the Dominican monks H. Kramer and J. Sprenger with their *Malleus maleficarum*, orig. publ. in Strasburg, in 1486 or 1487, republished several times, as a guide for the witch hunt, the manual was extensively used as of the end of the 15th century in several countries of Europe. Shortly thereafter, it was condemned by the Catholic church and inserted in the *Index librorum prohibitorum*, the work was a best seller in the fight against witchcraft, not only in Catholic areas, but also among different Protestant confessions.

300. "In 1580, J. Bodin, one of the most formidable intellects of his day, had declared that sorcerers are driven by a veritble 'demon-mania' to run after devils and do their bidding, and that such crimes, which are both atrocious and widespread, need to be energetically met with the most grievous punishments . . . A *sorcier*, wrote Bodin, 'is one who by diabolical means knowingly attempts to accomplish some end'. This overlay of a demonological content on the idea of primary witchcraft is distinctively European, and is possible only within a Christian culture."

Notes G. Scarre, *Witchcraft and Magic in 16th and 17th Century Europe*, Atlantic Highlands, NJ, Humanities Press International, 1987, réimpr. 1988, *cit.* pp. 3, 5-6 and 29-31:

"J. Bodin recommended that witches, for the gravity of their offences should be slowly roasted alive over a fire of green wood, but in practice such extreme rigor was uncommon, and many of the condemned were granted the mercy of strangulation before the fire was well alight. . . . Some hard-line opponents of magic, such as Bodin or K. James, thought that the more knowledgeable magicians

according to estimates that are necessarily vague given the lapse of time and the absence, or disappearance, of records in many jurisdictions.

280. This frenzy of persecution continued for almost two centuries, mainly from the end of the fifteenth century to the end of the seventeenth, though in some areas it took hold later, lasting in many countries in Europe until the mid-eighteenth century. In the Americas too, unfortunately, especially the English colonies of North America that would become the United States.

281. In the Swiss Confederation, at least 5,000 death sentences are said to have been passed on those convicted of witchcraft, and almost as many in Austria. In the various parts of the Holy Roman Empire, Bavaria and the Southern Rhone seem to have been only slightly impacted, unlike Lothringia (over 1,000), Westphalia (800), Schaumburg-Lippe (over 500), the Electorate of Trier (several hundred), Würzburg (900) and Bamberg (over 300). In the southwest, which corresponds to present day Baden-Württemberg, the records showed 3,229 executions of witches between 1561 and 1670, making as many as ten people tried on average each year in the region. In times of panic the numbers found guilty and put to death went up to 20 or even 40 in a single year.

282. On the Alsace and Franche-Comté side, there were frenzied persecutions of witches. In Lorraine, the judge and demonologist Nicolas Remy claimed to have had 900 witches burnt in the years from 1580-1590 – these numbers may have been exaggerated with the aim of spreading fear – while in Franche-Comté, another judge and demonologist, Henri Boguet, adopted a policy of severity in the early seventeenth century, with panics occurring in 1628-1629 and again in 1657-1659.

283. In the Grand Duchy of Luxembourg [301], the area bounded by the Eiffel, the Ardennes, the Moselle and the Rhine was a hotbed of

---

were, the more they deserved punishment, for the more fully aware they should be of the iniquity of their activities."

301. Under Spanish control at the time, for the periods 1580-1600 and 1615-1630, 358 persons must have been killed, under allegation of witchcraft, in the areas of Luxembourg, for which judicial registers have been kept. According to G. Scarre, *Witchcraft and Magic in 16th and 17th Century Europe*, 1987, reprinted 1988, *cit.* p. 24, whereas M. Pauly, *Histoire du Luxembourg*, orig. publ. *Geschichte Luxemburgs*, 2011, trad. P.-L. van Berg, Bruxelles, éd. de l'Université de Bruxelles, 2013, Chap. X, *Le duché de Luxembourg entre l'Empire des Habsbourg et la France*, pp. 61-67, spéc. "la situation religieuse", pp. 64-65, gives the above stated numbers, between 350 to 700, for the same region, and observes:

"La formation religieuse élémentaire des croyants comme du bas-clergé est également responsable de l'ampleur que prit la chasse aux sorcières. L'éclatement du duché entre cinq évêchés, surtout Trèves et Liège, et la condition du *placet*

witch hunting, which spread like wildfire in the sixteenth century. Europe-wide, the number of executions is estimated at between 60,000 and 80,000, of which 350 to 700 can be attributed to the Duchy of Luxembourg alone. The first trial for witchcraft was held there in 1692:

> "The origins of the phenomenon are complex: signs of an age in crisis (a mini Ice Age, spoiled harvests, numerous wars accompanied by looting between friends and enemies alike, epidemics and epizootic episodes); individual acts of revenge against the *nouveaux riches*; a literature of demonology promoted even by the bishops; suspicion for any deviation from the norm (physical or mental disability, incest, divorce, deaths of infants or cattle) leading to collective hysteria; justice meted out by lords and locals beyond the control of the Provincial Council; torture to extract fresh names of individuals suspected for no reason; officials, lawyers, judges and aldermen making money out of trials. In this extremely fragmented political climate, many minor lords, from the Abbey of St. Maximian to officiants at the altar, saw trials for witchcraft as a way of asserting their jurisdictional powers against central power." [302]

284. Frenzies of witch hunting also broke out in Namur, in what were then the Low Countries; that region alone was said to have accounted for at least 200 deaths between 1509 and 1646 [303].

---

imposée par les ducs de Bourgogne à tout acte épiscopal, menèrent à une formation et un contrôle déficients du bas-clergé. Le Luxembourg ne fut pas touché par la réorganisation diocésaine opérée par Philippe II aux Pays-Bas (1559)."

302. M. Pauly, *Histoire du Luxembourg*, 2013, pp. 64-65:

> "Les origines du phénomène sont complexes: traits de crise de l'époque (petite Age glaciaire, récoltes gâtées, nombreuses guerres accompagnées de pillages entre amis et ennemis, épidémies et épizooties); actes de vengeance individuelle contre les nouveaux riches; littérature démonologique favorisée même par les évêques; suspicion à l'égard de toute déviation de la norme (handicaps physiques et intellectuels, inceste et divorce, morts de nourrissons et de vaches) menant à une hystérie collective; justice seigneuriale et justice locale qui passaient outre aux tentatives de contrôle du Conseil provincial; torture pour extorquer des nouveaux noms d'individus soupçonnés sans raison; fonctionnaires, avocats, juges et échevins qui gagnaient de l'argent grâce aux procès. Dans cet espace très éclaté politiquement, beaucoup de petits seigneurs – de l'abbaye Saint-Maximien aux seigneurs d'Autel – voyaient dans les procès de sorcellerie la possibilité d'affirmer leur compétence juridictionnelle contre le pouvoir central."

Pauly, *op. cit.*, *loc. cit.*, completes his reasoning:

> "Les pérsecutions ne cessèrent qu'environ cent ans après le Concile de Trente, avec la lente amélioration de l'enseignement scolaire, voire lorsque l'absolutisme français y mit fin dans les territoires conquis" . . . "Ni Luther ni Calvin ne firent de prosélytes dans le duché de Luxembourg."

303. "Women were accused of witchcraft far more commonly than men. . . . Records suggest that in Europe as a whole, about 80 percent of trial defendants were

285. In France, not counting Lorraine or the Franche-Comté, which only came permanently under French control after 1660 following the wars of Louis XIV, the worst affected regions were the Pyrenees, the Languedoc, the Alps and the northeast. The zeal for persecution reached its height in the Pyrenees, from 1580-1610. Similar waves took place in Burgundy, Champagne and the Languedoc, and in other areas such as Normandy around 1670, also the Bearn and Guyenne. Trials in this third wave of persecutions were only halted by royal command. Overall, with the exception of Lorraine, France suffered less than Germany from this witch hunting mania [304].

286. In Spain [305] and Italy – where the Inquisition was most active [306] – there were very few witches tried, with most of the sentences passed

---

women, though the ratio of women to men charged with the offence varied from place to place, and often, too, in one place over a period of time."

For G. Scarre, *Witchcraft and Magic in 16th and 17th Century Europe*, 1987, reprinted 1988, quoted p. 24 and 20:

> "The experience of the Empire demonstrates that once the habit of energetic witch prosecution had taken hold of an area, it could easily spread to other areas: zeal for prosecuting witches was infectious."

304. "Statistics for France are frequently uncertain; in one area investigated in detail, corresponding to the modern Department of the North, and known to have had relatively many trials for witchcraft and related magical offences, around 140 people are believed to have been executed, most of them in the peak periods 1591-1600, 1611-1620 and 1651-1660."

According to G. Scarre, *Witchcraft and Magic in 16th and 17th Century Europe*, 1987, reprinted 1988, quoted pp. 20-21:

> "A striking feature of the French experience of witchcraft was a fashion for bewitched convents, the most famous instances being at Aix (1611), Loudun (1634) and Louvais (1633-1644). In all these cases, a priest was burnt for having caused devils to enter the bodies of nuns or young girls, though there was much contemporary debate as to whether the "victims" were really possessed, merely feigning or mentally ill."

305. G. Marañon, in his book about *Olivares – der Niedergang Spaniens als Weltmacht*, orig. publ. *El Conde-Duque de Olivares – La pasión de mandar*, transl. and Foreword by Ludwig Pfandl, Munich, Hermann Rinn, s/d, *Published under Military Governmen Information Control License Nr. US-E-161*, mentions the huge role played by the strong man of the Kingdom, facing a weak king, at each reign, such as the count of Lerma towards Felipe III, and thereafter Felipe IV, towards the Count-Duke of Olivares. During this period, and until the death of Carlos II, Spain was immersed in a great wave of witchcraft, magic, alleged revelations and other errors, against which was set up the powerful Inquisition, formerly turned against Muslims, Jews and Heretics, and then turns to fight against superstitions. Spain, until the 18th century Enlightenment and 19th century Liberalism, seems to follow its king, for the better and for the worse: not only the good as the bad examples and models are copied and reflected by the society.

306. M. Baigent and R. Leigh, *A Inquisição*, orig. publ., *The Inquisition*, 1999, trad. M. Santarrita, Rio de Janeiro, Imago, 2001; A. Dines, *Vínculos do fogo* – Antonio José da Silva, o Judeu, e outras histórias da Inquisição em Portugal e no Brasil, São Paulo, Companhia das Letras, 1992; J. B. Gonzaga, *A Inquisição em seu mundo*, São Paulo, Saraiva, 2ª ed., 1993; B. Gui, *Manuel de l'Inquisiteur*, ed. by and transl. by G. Mollat,

early on, around 1550. In the border areas, however, other influences appear to have been at work. Many trials were held in Venice, and in Spain's Basque region, maybe influenced by the frenzy taking hold on the other side of the Pyrenees, there were major persecutions in 1507, 1517, in the 1520s and most of all around 1610 [307].

287. In Poland the crucial phase of witch hunting occurred between 1675 and 1720, and collective trials continued after that date. In Hungary the phenomenon persisted into the eighteenth century, with 34 people burned in 1728-1729.

288. In Sweden, the worst moments came after 1650, as they did in the Swedish-speaking parts of Finland. On the whole, the rest of Scandinavia seems to have held the mania for witch hunting at bay. So did Catholic Ireland and the Calvinist Netherlands – where the last witch was burned in 1610.

289. Russia seems, in general, to have remained apart from the madness, but there are records of 99 people being found guilty of these offences between 1622 and 1700: the western concept of demonic possession and witchcraft seems to have barely touched the world of Orthodox Christianity [308].

290. Witch hunting went on in England [309] too, with its own particular features and an estimated 300 to 1,000 victims, and

Paris, Les belles lettres, 1964; M. de la Pinta Llorente, *La Inquisición española y los problemas de la cultura y de la intolerancia*, Madrid, Ed. cultura hispánica, 2 Vols., 1953; G. Testas and J. Testas, *L'Inquisition*, Paris, PUF – Que sais-je? – Vol. 1237, Braz. ed. *A Inquisição*, trad. A. Nascimento and M. A. Nascimento, São Paulo, Difel, 1968.

307. "The Inquisitions in Spain and Italy, which had become exceedingly painstaking in their legal procedures, seem to have grasped earlier than most other jurisdictions the scale of the difficulty of obtaining satisfactory proof that an accused person was a witch; they appear, too, to have been doubtful whether witchcraft was common", observes G. Scarre, *Witchcraft and Magic in 16th and 17th Century Europe*, 1987, reprinted 1988, quoted pp. 21-22: "Official zeal for exterminating witches had largely evaporated in Spain and Italy before it had even begun to appear in certain other lands."

308. G. Scarre, *op. cit.*, 1988, p. 22: "In only one of the Moscow trials is there any reference to the accused rejecting God and accepting Satan as master".

309. The English experience of judicial pursuit of witches seems to be different from that of Continental Europe, in the sense that for English courts, "the emphasis of the charge normally fell on the *maleficia* allegedly performed by the supposed witch, rather than on any contract with the Devil, although invoking demons was forbidden by statute in 1563, and making a diabolic pact in 1604" according to G. Scarre, *Witchcraft and Magic in 16th and 17th Century Europe*, 1987, reprinted 1988, quoted pp. 22-23 and 30. In England, for instance, the legislation of 1604 on witchcraft would only be repealed in 1736, not forgetting that at such time "no witch trial had been held in England for nineteen years, and no one had been executed as a witch for forty-three".

also in the United States [310], in the same period of the modern era [311].

291. Judges involved in the trials of witches might be men with solid legal training, imbued with sound principles and sincere in their conviction that they were seeking the spiritual wellbeing of the accused; they were even prepared to resort to torture [312] to induce confessions, seen as the first step on the path to repentance and redemption. The judges may have been convinced that they were acting out of duty, not only to do justice and defend the public interest, but also to dispense charity and correction and save souls.

292. People had different reasons for being concerned by witchcraft, depending on their level of formal education. The illiterate worried mainly about the maleficent effects of the witches' deeds, while the

---

310. R. E. Cahill, *The Horrors of Salem's Witch Dungeon – and other New England Crimes & Punishments*, Peabody, MA, Chandler-Smith Publ. House, 1986; M. L. Starkey, *The Devil in Massachusetts – A Modern Enquiry into the Salem Witch Trials*, orig. publ. 1949, New York, Anchor Books – Doubleday, 1989, observes:

> "The reign of terror that swept Salem Village in 1692 is still the most celebrated of all witch hunts. It was a tragedy which underlined as sharply as has any event in history the power of self-righteousness, fantasy, and fear to turn decent people into fanatical persecutors."

in his turn G. Scarre, *Witchcraft and Magic in 16th and 17th Century Europe, op. cit.*, ed. 1988, p. 24, makes the doubtful comparison as follows:

> "New England, it is interesting to note, had proportionately fewer executions for witchcraft than even Old England had. The panic at Salem, Massachusetts, in 1692, which resulted in nineteen executions, has haunted the American consciousness ever since, but in fact was quite exceptional. Witch prosecution was not a feature of life in the New England colonies, and it is unlikely that the total of executions for the offence reached thirty."

311. Again G. Scarre, *Witchcraft and Magic in 16th and 17th Century Europe*, 1988, *cit.* p. 1:

> "A belief in the reality of witchcraft and magic is not a component of the average modern Westerner's view of the world. For most of us, the idea that human beings can harness occult forces to serve their good or ill purposes is as defunct as the notion of a flat earth, and as unlikely to be resuscitated. When misfortune strikes us, we do not search our neighbourhood for the old woman who has bewitched us; nor do we believe that knowledge or love or power can be ours if we employ the correct rites, charms or incantations. The witch and the magician are absent from the stage of real life, and have been relegated firmly to the realm of fantastic fiction."

312. E. Peters, *Tortura*, orig. publ. *Torture*, 1985, transl. L. Spinelli, São Paulo, Atica, 1989; P. Verri (1728-1797), *Observações sobre a tortura*, orig. publ. *Osservazioni sulla tortura*, transl. F. Carotti, São Paulo, Martins Fontes, 1992; M. Perrot, *Les ombres de l'histoire – Crime et châtiment au XIXᵉ siècle*, Paris, Flammarion, champs, 2001, impr. 2002, esp. "Tocqueville méconnu", pp. 109-158, quoted p. 157:

> "Tocqueville a parfaitement compris l'intolérance des sociétés démocratiques pour leurs déviants. Il a décrit les mécanismes de ce 'despotisme de la majorité' qui exclut quiconque n'y adhère pas."

cultivated were more concerned about demonic action [313]. At the same time, popular beliefs were clearly also in circulation among those with an education, and commonly held attitudes often incorporated aspects of learning. Overall, the different social classes shared the view that witchcraft was real, that witches existed, and that they were hateful, threatening beings filled with loathing for "good" people and hell-bent on harming them. With pressure to put witches on trial coming from above and below, as was often the case, the outcome was inevitably fatal for those perceived as social misfits.

293. Curiously, a writer as illustrious as Jean Bodin was particularly impressed by the fact that poor, illiterate people accused of practising magic could confess the same actions, in the same terms, as reported by Plutarch, Herodotus, Philostratus and other ancient writers, whom they would certainly not have read. Bodin deduced from that coincidence that Satan, down the ages, had incited men to dishonour God and do ill to their neighbours, and by engaging in such activities, to damn themselves. Good Christians, therefore, must remain constantly vigilant

313. R. Alleau (ed.), *Guide de la Provence mystérieuse*, Paris, C. Tchou, "Les Guides noirs", 1965, esp. the section "diable, sorciers, fantômes"; A. Bierce, *Dizionario del diavolo*, orig. publ. *The Devil's Dictionary*, intr. G. Almansi, transl. D. Fink, Milan, Longanesi, 1985; S. Doering-Manteuffel, *Das Okkulte – eine Erfolgsgeschichte im Schatten der Aufklärung*, von Gutenberg bis zum World Wide Web, Munich, Siedler, 2008; S. Girard, *Le parfum du démon – un écrivain nommé B. d'Aurevilly*, Paris, Hermé, 1986; R. Geist (ed.), *Hexen, Teufel und Dämonen*, Zürich, Haffmans Verlag, 1990; T. Holme, *The Devil and the Dolce Vita*, publ. orig. 1982, London and Sydney, Futura – Macdonald & Co, 1988; L. Iwasaki (ed.), *Le diable – autobiographie autorisée et illustrée*, orig. publ. *The Devil's Mischief*, Seattle, Marquand Books – Abbeville Press, 1996, transl. C. Chateau, Abbeville France, 2e éd., 1997, quotes K. Kraus: "the devil is an optimist, if he thinks he can make men worse than they are"; R. de Laforrest, *L'art et la science de la chance*, Paris, R. Laffont, 1968, transl. into Spanish, *Suerte y superstición*, transl. M. Orta Manzano, Barcelona, Martinez Roca, 1974; A.-R. Lesage, *Il diavolo zoppo*, transl. D. Guglielmino, Sesto San Giovanni – Milan, A. Peruzzo (ed.), 1986; J. Michelet, *La sorcière*, orig. publ. 1862, Paris, Flammarion, 1966; A. M. di Nola, *Il diavolo*, Rome, Newton, 1994; E. Pagels, *The Origin of Satan*, New York, Vintage Books, Random House, 1995; R. Rendell, *Uma agulha para o diabo*, orig. publ. *The Fever Tree and Other Stories*, transl. L de S. M. Pereira, Porto Alegre, L & PM, 1989; J. B. Russell, *The devil* – Perceptions of Evil from Antiquity to Primitive Christianity, Ithaca and London, Cornell Univ. Press, orig. publ., 1977, 4th ed., 1988; J. B. Russell, *Satan* – the Early C. Tradition, Ithaca and London, Cornell Univ. Press, orig. publ. 1981, 4th ed., 1994; J. B. Russell, *Lucifer – the Devil in the Middle Ages*, Ithaca and London, Cornell Univ. Press, 1984, 2nd ed., 1988; J. B. Russell, *Mephistopheles – the Devil in the Modern World*, Ithaca and London, Cornell Univ. Press, 1986, 2nd ed., 1992; H. Rohden, *Lúcifer e Logos*, São Paulo, M. Claret, 1982; G. Roskoff, *Geschichte des Teufels – eine kulturhistorische Satanologie von den Anfängen bis ins 18. Jahrhundert*, Nördlingen, Greno, 1987; W. Staquet, *Le diable en Wallonie*, Bruxelles, J. M. Collet (ed.), 1987; A. K. Turner, *The History of Hell*, New York, Harcourt, Brace & Company, 1993.

against the Devil's attempts to recruit allies, preventing the formation of witches' sects that were growing like cancers within the community.

294. This uniformity in the language of witches – which Bodin saw as confirmation of the Devil's work – disguises the fact that the uniformity lay not in the words used by the accused themselves but in the written accounts of their confessions, made by judges of different nationalities and transcribed in the records of the proceedings to which the victims were subjected. The cultural uniformity was a by-product of the common training of the judges and clerics, not of the accused. All the more so because many records were kept in Latin, which the clerics and judges knew but which was not the everyday language of the people.

295. We would do well to remember these not merely as historical records but because they serve as a warning of how little it takes to trigger such outbreaks, witch hunts and even intimidation and persecution – what we would now call harassment. Witch hunts can still happen in our postmodern context, based on non-conformity of sexual orientation or gender identity, or on religious or political grounds, and they can end in real murders.

296. Yevgeny Yevtushenko, in *Fuku* (1987) wrote of "the new name for killers, 'occupier', and the old one, 'conquistador'" continuing: "my hands burn with the crust of all the blood spilled by men" and warning that the Middle Ages could "reappear as a 'witch-hunt' someplace or as a *conquista* called a 'peace-keeping mission'" [314].

297. The error of a reputable jurist such as Bodin in subscribing to witch hunts is an eloquent warning. In his treatise *Methodus ad facilem historiarum cognitionem* (1566) [315], Bodin shows the importance of a knowledge of history in understanding the law and politics. He would have done well to ponder his own statements on the subject of history to steer him away from the fanatical zeal with which he pursued allegations of witchcraft, and the cruel punishments he suggested for those supposed crimes. In spite of itself, Bodin's lesson can be a useful one in appreciating the importance of a knowledge of history.

314. Y. Yevtuschenko (1932-2017), *Fuku!*, 1987, in the Volume *Poet v Rossii, bolshe chen poet. Ctixotvorenia – Poemi*, Saint-Pétersbourg, Azbuka, 2017, pp. 1027-1123, *cit.* pp. 1052-1053; or the translation into English by A. W. Bouis, A. C. Todd and Y. Yevtuschenko, *Fuku!* in *Almost at the end*, New York, H. Holt & Co, 1987, pp. 6-92, *cit.* pp. 28-29.

315. J. Bodin, *Methodus ad facilem historiarum cognitionem*, Paris, Martinum Iuvenem, 1566 – facsimile edition. Less often quoted than the major work of Bodin, *Les six livres de la République*, orig. publ. 1576, *Corpus* des oeuvres de philosophie en langue française, Paris, Fayard, 1986, 6 Vols.

298. We can contrast the intolerance demonstrated by Bodin with the wise warnings of Montaigne, throughout his *Essays* [316]. The antithesis of the murderous zeal of his contemporary, Michel de Montaigne the humanist warned against such excesses: "After all, it is putting a very high value on one's surmises to roast a man alive because of them" [317].

299. Montaigne's lesson remains highly relevant, as we witness outbursts of murderous zeal in the name of God or religion, or witch hunts disguised as the promotion of values or protection of the family. All these manifestations of present-day intolerance result from insecurity [318], and are mere revivals of the witch hunts of early modern times, and very revealing about human nature: beneath the veneer of civilization, the human beast sometimes breaks out, in all its primal ferocity.

300. Think about it from now on – "it is putting a very high value on one's surmises to roast a man alive because of them" – before spreading fake news or launching it into the infinite space of the social networks. In doing so, you are contributing to the proliferation of these evils.

301. Controversy about the need to verify the quality of sources is nothing new: Thucydides warned that "men accept from one another traditions of past events, even traditions that are local to their own country, without putting them to the test of fire" [319] – even when those opinions are erroneous.

302. It was precisely because of the refusal to conform to received ideas, and the need to understand the relationship between cause and effect, that the modern age – from the late fifteenth to eighteenth centuries – experienced the great breakthrough in the history of human

---

316. M. E. de Montaigne (1533-1592), *Essais*, in Œuvres complètes, A. Thibaudet and M. Rat (eds.), introduction and notes M. Rat, Paris, Gallimard – Pleiade, 1992, pp. 3-1097. See also P. Magnard, *Montaigne et l'invention de l'homme*, cités, 2010/4, n. 44, pp. 123-136.

317. M. de Montaigne, Essays, earlymoderntexts.com, Book III, Chap. 11 "Cripples", at p. 140. *Essais*, éd. 1992, livre III, chapitre XI – "Des Boyteux", p. 1010, continues his reasoning:

> "Si les sorciers songent ainsi materiellement, si les songes se peuvent ainsi par fois incorporer en effects, encore ne croy-je pas que nostre volonté en fust tenue à la justice."

318. Z. Bauman, *Post-modern Ethics*, orig. publ. Oxford, Blackwell, 1993, Braz. ed. *Etica pós-moderna*, trad. J. R. Costa, São Paulo, Paulus, 1997, esp. p. 57: "a intolerância militante nasce da insegurança".

319. Thucydides, History of the Peloponnesian War, I.20.1, from The Oxford Handbook of Thucydides, Forsdyke, Foster and Balot (eds.), Oxford, 2017. *Histoire de la guerre entre les Péloponésiens et les Athéniens*, "texte présenté, traduit et annnoté" par D. Roussel, in Hérodote-Thucydide, *Œuvres complètes*, intr. J. de Romilly, Paris, Gallimard, Pléiade, 1964, impr. 1982, pp. 655-1337 and 1531-1666, quoted I.20.

knowledge that could be described as the passage from a closed world to an infinite universe.

C. From the closed world to the infinite universe

303. The writings of Hobbes were part of the great scientific revolution, the shift from "a closed world to an infinite universe". That revolution transformed the parameters of modern philosophical thought [320] and saw a huge wave of scientific thinking, an absolute flourishing of the sciences especially in modern Europe [321]. And all the time, witches were being burned.

304. This path through the fifteenth and sixteenth centuries, which led from the closed world of the ancients to the open world, or rather the infinite universe, of the moderns [322] is all the more remarkable because it was not in fact very long. Barely more than a century separated the 1543 *De revolutionibus orbium coelestium* of Nicolas Copernicus [323]

320. E. Bréhier, *Etudes de philosophie moderne*, Paris, Presses Univ. de France – Publications de la Faculté des Lettres et Sciences humaines de Paris – série "Etudes et méthodes", Vol. 12, 1965, Chap. XXII – *Science et humanisme*, pp. 201-204, esp. pp. 202-203:

> "Rien ne faisait prévoir l'essor immense que les sciences allaient prendre à la Renaissance; mais rien non plus, jusque vers le milieu du XIXe siècle, ne laissait prévoir, sinon comme un rêve, les transformations profondes que les sciences, liées intimement aux techniques, allaient produire en s'insinuant dans notre vie quotidienne."

321. This is a vast topic for discussion, easily leading to controversies and "parti-pris", as illustrated, *i.a.*: K. Flannery and J. Marcus, *The creation of inequality*, Cambridge, Ma., London, Harvard Univ. Press, 2012; T. Holland, *Dominion – The Making of the Western World*, London, Little, Brown, 2019; K. Pomeranz, *The Great Divergence – China, Europe and the Making of the Modern World Economy*, Princeton, Princeton Univ. Press, 2000; B. Simms, *Europe – The Struggle for Supremacy – 1453 to the present*, London, Allen Lane, Penguin, 2013; S. Greenblatt, *The Swerve – How the world became modern*, Armonk, NY, Baror International, 2011 – more evident in the works of art, the change in the perception of the world and the way such view is depicted, living has not been limited to esthetics. The change helps to explain the intellectual advancements from Copernicus and Vesalius, from Giordano Bruno and W. Harvey, from Hobbes and Spinoza.

322. A. Koyré (1902-1964), *From the Closed World to the Infinite Universe*, 1957, Baltimore, the Johns Hopkins Press; Braz. ed. *Do mundo fechado ao universo infinito*, transl. by D. M. Garschagen, Rio de Janeiro, Forense Univ.; São Paulo, Edusp, 1979.

323. N. Copernicus (1473-1543), studied at the Jaguelonian Univ. in Krakow (1491-1495), before pursuing his studies in the Universities of Bologna (1496-1500), Padova (1501-1503) and Ferrara (1503) where he was awarded his diploma in Canon law. He led a double life – officially the Canon law, but actually foremost concerned with astronomy – as shown by the "Copernican revolution" triggered by his masterpiece, *De revolutionibus orbium coelestium*, orig. publ. in Nurnberg, Johannes Petrejus, 1543, thereafter published at Basel, Henricus Petrus, 1566, transl. in Portuguese, *As revoluções dos orbes celestes*, by A. Dias Gomes and G. Domingues, intr. and notes L. Albuquerque, Lisboa, Fund. Calouste Gulbenkian – Serviço de educação, 2a. ed., 1996.

from the 1644 *Principia philosophiae* of René Descartes [324]; after that, scarcely more than forty years elapsed between the *Principia* and the *Philosophiae naturalis principia mathematica* of Isaac Newton in 1687 [325]. Not to mention the equally important contributions of Johannes Kepler [326], Giordano Bruno, Galileo Galilei and Gottfried Wilhelm Leibniz [327].

324. R. Descartes (1596-1650), after the *Discours de la méthode*, published in 1637, in French, with three scientific essays, of which the Foreword, published the *Meditationes de prima philosophia – in qua dei existentia et animae immortalitas demonstratur*, Parisiis, apud Michaelem soly, MDCXLI, and the *Principia philosophiae* (1644). The "édition de référence pour les *OEuvres* de Descartes", Ch. Adam and P. Tannery (eds.), Paris, CNRS – Vrin, reprinted 1964-1974, 11 Vol.

325. Sir I. Newton (1643-1727), *Philosophiae naturalis principia mathematica*, orig. publ. 1687 – "Londini, juxta Societatis Regiae ac Typis J. Streater, MDCLXXXVII" – in his lifetime Newton published two other editions, in 1713 and 1726.

326. J. Kepler (1571-1630), notwithstanding the hardship of his social condition, his poor health, and his theological studies, did not become a Lutheran preacher, but committed himself to the study of astronomy, optics and mathematics. After having worked alone and then with the Danish T. Brahé (1546-1601), he is appointed Imperial Astronomer at the Court of Prague, and after his books *Mysterium cosmographicum* (1597), *Tertius interveniens* (1610) and *Harmonice Mundi* (1619) developed the evidence for the heliocentric theory of Copernicus, featured as the "three laws" of Kepler, especially in his works *Astronomia nova seu Physica coelestis*, Heidelberg, C. Voegelinus, 1609, also available in German, *Neue, ursälich begründete Astronomie*, transl. M. Caspar, "durchgesehen und ergänzt sowie mit Glossar und einer Einleitung versehen", von F. Kraft, Wiesbaden, Marixverlag, 2005, followed by his *Harmonices Mundi*, orig. publ. in Linz, 1619 – where in the fifth chapter is formulated the "third law", modestly named by Kepler as "axiom", which mathematically connects time and space, and is the origin of I. Newton's law on gravity; J. Kepler, *Was die Welt im Innersten zusammenhält* – Antworten aus Schriften von J. Kepler, contains the text of the three works by Kepler, *Mysterium cosmographicum*, Tübingen, 1597, 2nd ed., 1621, *Tertius interveniens,* 1610, and *Harmonices Mundi,* 1619, "in deutscher Übersetzung mit einer Einleitung und Glossar, herausgegeben", by F. Kraft, Wiesbaden, Marixverlag, 2005.

327. G. W. Leibniz (1646-1716) is not only one of the main philosophers of his time, but also a model of open mind and horizons of thought in the Western hemisphere, towards other civilizations, notably towards China. In addition, this universal genius, interested in several fields of knowledge, was also specifically concerned with International law. In the history of the development of International law, beyond his personal contribution with the *Recueil des traités* – le *Codex juris gentium diplomaticus* published in Hanover, as of 1693 onwards – and the "Preliminary considerations" to his work of codification, written by Leibniz. See Leibniz, *Codex juris gentium diplomaticus – in quo tabulae authenticae actorum publicorum, tractatum aliarumque rerum maiores momenti per Europa gestarum, pleraque inedita vel selecta, ipso verborum tenore expressae ac temporum serie digestae continentur; a fine seculi undecimi ad nostra usque tempora aliquot tomis comprehensus; quem ex manuscriptis praesertim Bibliothecae Augustae Guelfebytanae Codicibus, ex monumentis regiorum aliorumque archivorum, ac propriis denique Collectaneis edidit G. G. L.*, Hannoverae, literis & impensis Samuelis Ammonii, MDCXCIII *et seq*. It is worth mentioning that Leibniz triggers an illustrious tradition in International law, as the master of Christian Wolff, and he, in turn, as the master of Emer de Vattel. In this sense, a presentation of "law according to Leibniz". See P. B. Casella, *Tratado de direito internacional – tomo 10 – Direito internacional no tempo de C. van Bynkershoek e Christian Wolff,* São Paulo, Almedina, 2024, item 22.1 – *o direito segundo Leibniz.* See G. W. Leibniz, *Elementa*

305. At the same time this path – of rejection of, or at least indifference to, authority in the pursuit of knowledge and truth, a declared faith in the universality of reason and good sense, full of philosophical as well as political significance – was a difficult one, fraught with obstacles and dangerous passages. We cannot examine this period (the late fifteenth to eighteenth centuries) of confrontation of ideas, marking the beginnings of modern philosophical and scientific thought, without mentioning Erasmus of Rotterdam (1469-1536), the advocate of tolerance, non-violence and conciliation [328].

306. Those attitudes and values – tolerance, non-violence and conciliation – are even more needed in the present context than they were in Erasmus's time. Then, as now, education was the only means of building peace in a world in turmoil. Culture alone is the remedy for conflict. In a world where reason is often impotent and those with power often unreasonable, we look to education to gradually raise the moral level of society [329]. We cannot stress enough the importance of tolerance, non-violence and conciliation, or of education and culture, then as now, in maintaining peace and changing human society.

307. The risk of conflict with the political [330] and religious authorities must not be overlooked; they act, in good faith or bad, in the name of protection of the established order. Nor should the ever-present threat

---

juris naturalis, in *Le droit de la raison*, "textes réunis et présentés" par R. Sève, Paris, Vrin, 1994, pp. 90-105.

328. Erasmus of Rotterdam, *Les adages*, J.-C. Saladin (ed.), Paris, Les Belles Lettres, Le miroir des Humanistes, 2011, 5 Vols.; *Antibarbari*, 1520, transl. and ed. by M. Mann Phillips; followed by *Parabolae*, 1514, transl. and R. A. B. Minors (ed.), in *Collected Works* of Erasmus, Craig R. Thompson (ed.), Toronto, Univ. of Toronto Press, Literary and Educational Writings I, Vol. 23, 1978; *De copia*, 1512, transl. and ed. by B. I. Knott and *De ratione studii*, 1512, transl. and ed. by B. McGregor in *Collected Works* of Erasmus, Craig R. Thompson (ed.), Toronto, Univ. of Toronto Press, Literary and Educational Writings II, Vol. 24, 1978.

329. J. Huizinga, *Erasmus and the Age of Reformation*, orig. publ. 1924, New York, Dover Publications, 2011; B. Faidutti, *Copernic, Kepler & Galilée face aux pouvoirs* – Les scientifiques et la politique, Paris, Harmattan, 2010, impr. 2012, pp. 62-66, comments on Erasmus, "sa réflexion sur la pédagogie et ses voyages à travers l'Europe" in order to build his conception of the world, although criticizing the author: "cette vision élitiste sera à la fois la force et la faiblesse du programme que défend Erasme" and also "quant au soutien populaire, sa vision élitiste de l'humanisme l'a empêché de le rechercher et même de le concevoir".

330. B. Faidutti, *op. cit.* 2012, esp. pp. 58-59, about Copernicus, mentions "the weight of history" and observes:

> "Copernic n'est pas un révolutionnaire, ni même un contestataire. Bien au contraire, serait-on tentés d'écrire. D'autant que la Réforme gronde face à l'église. … Dans un tel contexte historique et géographique, Copernic craint, sans doute à juste titre, que ses idées ne lui attirent les foudres de l'autorité écclésiastique."

of a clash between human wisdom and "de-humanized" science[331]. "It is hard to imagine how consciousness, invention or the search for meaning would still be possible for anyone genuinely holding such beliefs, not merely playing with theory, because then it would be man himself who was 'de-humanized'."[332]

308. It is generally admitted that the seventeenth century "underwent, and accomplished, a very radical spiritual revolution of which modern science is at the same time the root and the fruit"[333]. It involved new ways of representing nature and threw open to debate the geocentric conception of the world that had characterized mainstream ancient and medieval thought.

309. This revolution allowed new scientific doctrines and new concepts to emerge, which became the characteristics of the modern world and mindset:

– The secularization of consciousness, which turned away from transcendent goals: in other words, concerns with the other world and the other life were replaced by preoccupation with this life and this world.

331. E. Bréhier, *Etudes de philosophie moderne*, 1965, Chap. XXII, quoted pp. 202-203:

> "Je songe surtout aux philosophes, qui sont très près des sciences, à Descartes, inventeur génial en mathématiques; à Kant, dont on a montré les mérites comme physicien; à Comte, ce dévot des sciences positives; Descartes qui fonde sa méthode sur les mathématiques, Kant dont la conception du monde est commandée par la science newtonienne, Comte qui ne veut pas que la connaissance dépasse les données des sciences positives. Malgré cette affinité avec la science, je trouve entre eux un trait commun qui montre à quel point ils étaient conscients du conflit."

332. "On imagine difficilement comment la conscience, l'invention, la recherche des fins seraient encore possibles à qui aurait réellement pareille conviction, si elle était plus qu'un jeu théorique, car alors ce serait l'homme lui-même qui serait 'deshumanisé'", noted E. Bréhier, *Etudes de philosophie moderne*, 1965, Chap. XXII, quoted p. 203, thereafter adding:

> "Peut-être ces considérations expliquent-elles quelque peu que le problème actuel n'est pas du tout accidentel. Pour bien le montrer, il faut admettre que l'on peut parler de l'indépendance de la science en deux sens bien différents: la première est l'indépendance de la science dans la recherche de la vérité, celle que réclamait Galilée, lorsqu'il déclarait ne pas pouvoir renoncer à la fidélité, à l'observation et au raisonnement ; la seconde, c'est l'ignorance systématique, dans la recherche ou dans l'application, des exigences autres que celles de la science, l'absence d'égards à toute considération d'humanité; c'est cette indépendance au second sens qu'il faut réprouver, celle qui amène à des monstrueuses expériences, celle qui permet d'employer l'industrie et le travail humains à détruire l'homme."

333. A. Koyré, *op. cit.*, 1957, Introduction; Braz. ed., 1979, *Introdução*, pp. 13-15.

- Men discovered the essential subjectivity of consciousness, with the substitution of the subjectivism of the moderns for the objectivism of the medievals and ancients.
- The relationship between *theory* and *praxis* changed, with the old ideal of the *vita contemplativa* yielding to the *vita activa*: "Whereas medieval and ancient man aimed at the pure contemplation of nature and of being, the modern one wants domination and mastery".
- All those aspects went hand in hand with, and expressed, a deeper and more fundamental process as the result of which man – as it is sometimes said – lost his place in the world, or rather, lost the very world in which he was living and about which he was thinking, and had to transform and replace not only his fundamental concepts and attributes, but their very intellectual framework. This shift could be described as the seventeenth century revolution, "the story of the destruction of the Cosmos and the infinitization of the universe" [334].

310. Two phenomena came together here, multiplying their effects on the whole world and man's understanding of it in the modern era: "influence" is not a simple relationship, but on the contrary, bilateral and complex. In one sense, maybe the deepest, we determine the influences to which we subject ourselves; our intellectual antecedents are not given to us but freely chosen, at least to a considerable extent [335].

311. The discovery of the American continent – what Europeans called the New World – brought about a complete reordering of how the world's surface (as it was then known) was charted, and the radical repositioning of man in the world and in the infinite universe as a whole. In this shift from the closed world to the infinite universe we see at work one of the most significant mutations in history.

312. The insertion of the American continent into global cartography triggered a change of perspective for the earth as a whole, and an equal or even greater upheaval in hitherto valid intellectual models and common approaches to knowledge. From one end of the planet to the

334. A. Koyré, *op. cit.*, 1957, Introduction; Braz. ed., 1979, *Introdução*, pp. 13-15, *cit.* p. 13.

335. A. Koyré, *op. cit.*, 1957, Braz. ed., 1979, I., pp. 17-36, esp. p. 17, and also pp. 37-62, esp. pp. 37-38, mentions the "new astronomy and the new metaphysics" characterized by the enormous scientific and philosophical relevance of Copernicus' astronomy: for he moved the earth out of the centre of the universe, to range it among the planets, setting aside the foundations of the traditional cosmic order, with its hierarchical structure and its qualitative opposition between the heavenly domain and the earthly region, subject to change and to corruption.

other, as observed [336], the Iberians were confronted by societies born out of other histories – and when they did not destroy them, they mingled with them.

313. The later "discovery" of the fifth continent, Oceania, and in particular Australia [337], in the eighteenth century would have less of an impact on the vision of the world than that of America at the end of the fifteenth. The choice of dates and viewpoint depended on the commentator [338].

---

336. S. Gruzinski, *Les quatre parties du monde*, Paris, La Martinière, 2004; in Spanish, *Las cuatro partes del mundo – Historia de una mundialización*, Mexico, Fondo de cultura económica, 2010, Segunda parte – La cadena de los mundos, Chap. IV – *Mexico – El mundo y la ciudad*, pp. 97-123:

> "Las ciudades, y más que ninguna otra, las metrópolis coloniales de América, África y Asia son el crisol donde se forman los vínculos entre las cuatro partes del mundo. México, Lima, Potosí, Salvador de Bahía, Manila, Goa y Santiago del Cabo Verde son escenarios privilegiados de coexistencias, confrontaciones y mestizajes."

337. S. Macintyre, *A Concise History of Australia*, Cambridge, Cambridge Univ. Press, orig. publ. 1999, 3rd ed., 2009, Chap. I – *Beginnings*, pp. 1-15, raises the question:

> "How and when did Australia begin? One version of the country's origins – a version taught to generations of school children and set down in literature and art, memorials and anniversaries – would have it that Australian history commenced at the end of the eighteenth century. After several centuries of European voyaging in the southern oceans, the English naval lieutenant J. Cook sailed the eastern coast in 1770, named it New South Wales and claimed possession in the name of his monarch."

Within this framework, different "starting points" could be considered:

> "The blurring of origins turned Australian history into a story of journeys and arrivals, shared by all and continuing right up to the present. But such smudging was too convenient. It failed to satisfy the need for emotional attachment and it left unappeased the pricking of conscience. The desire for a binding national past that would connect the people to the land was frustrated by the feeling of rootlessness, of novelty without depth. The longing for belonging to an indigenous culture was denied by the original usurpation. A history of colonisation yielded to a realisation of invasion."

338. M. King, *The Penguin History of New Zealand*, Auckland, Penguin Books, orig. publ. 2003, "this edition" 2012, *Preface*, pp. 9-11: "New Zealand history sometimes seems extraordinarily compressed and close at hand". But, contrary to such an approach, he builds his view differently:

> "an overview for understanding the unfolding of New Zealand history as a whole over the near millennium that the country has been occupied by humankind. In particular, it identifies the myths that have shaped New Zealand cultures and provided them with cohesion and coherence".

In her turn, P. Mein Smith, *A Concise History of New Zealand*, Cambridge, Cambridge Univ. Press, orig. publ. 2005, 2nd ed., 2012, *Preface*, pp. XVIII-XIX, presents her understanding of the scope of her book:

> "This is not an alternative history, but a broadening of the histories that have already been written. Neither is this an isolated history; the aim is to place New Zealand history in global and pacific context. This requires a comparative element, especially concerning parallels with Australia. Globalisation is a core theme of

314. Other, in no way lesser, transformations in the worldview were taking place in the same era, on distinct planes:

- Advances in astronomy following the invention of the telescope exploded the limits of the closed world of the past, both on earth and in space.
- Man's physical world doubled in size with the "discovery" of other continents such as America and later, Oceania [339].
- It was no accident that at precisely this time F. de Vitoria [340] and his contemporaries began to reflect on the inclusion of the inhabitants of the "New World" in the international system, and B. de Las Casas [341] wrote his critique of the machinery of colonial conquest, the *History of the Indies*, declaring that all the peoples of the world were men, and, as such, reasoning beings. The fundamental truth affirmed by Las Casas was that war was the wrong way to spread the faith [342].

315. Five centuries after he made that statement, the works of Las Casas would receive due recognition as a source of inspiration and

---

this book; first driven by the British Empire, then by the United States, and now by China. One objective is to explore the persistent tension in New Zealand's short history between domestic politics and global and regional pressures and to examine the importance of the effects of smallness and remoteness."

339. P. Watson, *The Great Divide – History and Human Nature in the Old World and the New*, London, Phoenix, 2013, *Appendix 1 – The (Never-Ending) Dispute of the New World*, pp. 523-546, esp. pp. 525-526, observes that

> "the Old World had a problem assimilating the New World – its history, its psychology, its very meaning", in such a way that "it wasn't until the beginning of the eighteenth century that Europeans really began to get to grips with what the existence of the New World implied, or to consider the American Indian as a less developed form of life, like women or children. There were constant battles over whether there were three or four or more stages of 'barbarianism' and where the various Indian polities existed on this progression", and he quotes specifically: "There were people like Hernán de Santillán who thought the Incas had forms of government so good that they deserved to be imitated, and F. de Vitoria who maintained that since God would create nothing useless, efforts must be made to understand the Indian way of life".

340. P. B Casella, *Tratado de direito internacional – tomo 5 – Direito internacional no tempo de Francisco de Vitória*, São Paulo, Almedina, 2023, esp. Chap. 14 – *F. de Vitória (1480-1546)*.

341. (Fray) B. de Las Casas, *Historia de las Indias*, ed. by A. Millares Carlo y estudio preliminar de L. Hanke, Mexico, Fondo de Cultura Económica, 1re éd., 1951, 2ª ed., 1965, 4ª reimpr., 1995, 3 Vols.

342. A. Bozeman, *Politics & Culture in International History – from the Ancient East to the Opening of the Modern Age*, 1960, New Brunswick, NJ: Transaction Publishers, 2nd ed., 4th reprint 2010, Chap. 8, "The Medieval Western European Realm", pp. 238-297, esp. part. E. "New Departures in Intercultural Relations", pp. 289-297, *cit.* pp. 289-290: "This general conclusion led him to inquire into the actual circumstances that attended Spain's dominion in America, in particular the relations between the *conquistadores* and the pagan Indians".

wisdom, a reference point for anyone concerned with redefinition of the relations between peoples [343].

316. There is a direct relationship between the world of ideas and the outside world once it is shown that the latter is infinitely more vast, and man's territories are merely one element in an immeasurable universe.

317. Almost a century after C. Columbus made his "discovery", in 1589 the Jesuit scholar J. d'Acosta [344] published his *Natural and Moral History of the Indies*, first in Latin and the following year in Spanish, which cemented the integration of the New World into the framework of Old World thought, a synthesis that was "the crowning achievement of a century of intellectual transformation, in which three very different aspects of the New World were incorporated into the European mindset:

- first, the American continental landmass, an utterly unexpected addition to the natural world;
- next, the American Indians, for whom a place had to be found in the European and Christian worldview; and
- lastly, America as an entity in time, whose very existence transformed the European understanding of the historical process.

318. From the time America was "discovered", that entire continent was added to the three continental landmasses – Europe, Asia and Africa – known since ancient times. This change in terms of space was an enormous intellectual shift for the Old World. First, and

343. A. Bozeman, *op. cit.*, 1960, éd. 2010, p. 292:

"The ideas for which Las Casas had engaged himself as a fighting priest, diplomat, scholar and publicist may not have had a lasting influence upon Spain's governmental circles, but they continued to permeate Spain's intellectual elites. Indeed, the records of few nations are as complex and contradictory as those of sixteenth century Spain. For the country that sent forth, and continued to support, a horde of conquering adventurers, produced simultaneously a group of most imaginative, fearless men of letters who never ceased to criticize the conduct of their compatriots. It may have been this striking, thought-provoking ambiguity in the character of early imperialist Spain which moved one of the greatest intellectuals of imperialist England in the eighteenth century to remark: 'I love the University of Salamanca; for when the Spaniards were in doubt as to the lawfulness of their conquering America, the University of Salamanca gave it as their opinion that it was not lawful'", in J. Boswell, *Boswell's Life of Johnson*, London, New York, Toronto, 1953, p. 321.

344. J. de Acosta, *De natura nobi orbis libri duo* et *De promulgatione evangelii apud barbaros sive de procuranda indorum salute, libri sex*, Salamanca: Guillermo Foquel, 1589, shortly after also published in Spanish, *Historia natural y moral de las Indias*, orig. publ. 1590, Mexico, Fondo de cultura económica, 1985. See also L. G. A. Kalil, "Salvajes y cazadores": a representação dos primeiros habitantes do Novo mundo na História natural y moral de las Indias de J. de Acosta, São Paulo, USP – FFLCH – Anais Eletrônicos do X Encontro Internacional da ANPHLAC, São Paulo, 2012.

most importantly, it presented a challenge to accepted practices and undermined trust in the heritage of classical knowledge: neither the Bible nor the Greek or Latin authors knew anything about America or referred to it in their works:

> "To change this idea [that there were three landmasses in the world] was as fundamental a break with tradition as the idea that there wasn't a torrid zone in the southern hemisphere. Moreover, until the Bering Strait was discovered in 1728, it was not clear whether America formed part of Asia or not." [345]

319. One of the most powerful, if implicit, ideas of the time of the "discovery" of America was the dualist classification of mankind that ranked peoples according to their religious faith (Judeo-Christian or pagan) and their degree of civilization or barbarism. The extent to which American Indians were rational beings was a subject open to debate. "Pagans" in the sixteenth century were divided into two groups, on the one hand Jews and Muslims who had heard the word of the true faith but turned their backs on it, and on the other, those like the American Indians who had never had the opportunity to hear the word of God and could not, therefore, be judged – and condemned – for their ignorance [346].

320. Lastly, the so-called discovery of America might not have sparked totally new ideas but it forced the Europeans to examine their own concepts and traditions and face up to the problems within their own cultural traditions: the old theories, according to which geography and climate were the main factors responsible for cultural diversity, began to be replaced [347]. The relationship between space and "civilization"

---

345. P. Watson, *op. cit.*, 2013, pp. 528-529:

> "When, in 1535, J. Cartier encountered rapids in the St. Lawrence River above the site of what would become Montreal, he named them 'Sault la Chine', the Chinese Rapids. A century later, in 1634, J. Nicolet a French adventurer, was sent west to investigate rumours of a great inland sea, which led to Asia. When he reached lake Michigan and saw ahead of him the cliffs of Green bay, he thought he had reached China and put on a robe of Chinese silk in their honour."

346. P. Watson, *op. cit.*, 2013, pp. 530-531:

> "This was more important than it might seem. Rationality, especially the ability to live in society, was held to be the criterion of civility. But if this could happen outside Christianity, what happened to the age-old distinction between Christian and barbarian? Inevitably, it began to be blurred, and its significance as a divisive force to decline."

347. P. Watson, *op. cit.*, 2013, p. 532.

was thrown into question once more when the Europeans "discovered" the American continent.

321. The scope of the task to be accomplished was dawning on modern mankind[348]: to reform its own intellectual life, introduce a series of new concepts, devise a new notion of nature and a new conception of science – a new philosophy, in other words. The main trajectory of this great debate, the principal stages along the path leading from the closed world to the infinite universe, is clearly charted in the works of some of the great thinkers who had a profound grasp of the importance of establishing the fundamental facts about how the world was structured[349].

322. This new philosophy burst forth with Galileo, for whom "the book of nature [was] written in the language of mathematics". Thanks to the development in 1609 of the telescope that bears his name, he turned to astronomy. His experience is reflected in his works, particularly *Sidereus Nuncius* (1610), in which he described his discoveries: the four satellites (known as the Galilean Moons) of Jupiter, the Rings of Saturn, the rotation of the sun on its axis and the phases of Venus. In *Il Saggiatore* (1623)[350], Galileo, persuaded by the ideas of Copernicus, sought to have the works of Copernicus removed from the Catholic church's list of banned books, the *Index librorum prohibitorum* – but it was not to be.

323. Galileo gave a detailed exposé of his opinions in the *Dialogue Concerning the Two Chief World Systems* (1632):

> "I propose in the present work to show to foreign nations that as much is understood of this matter in Italy, and particularly in Rome, as transalpine diligence can ever have imagined. Collecting all the reflections that properly concern the Copernican system, I shall make it known that everything was brought before the attention of the Roman censorship, and that there proceed from this clime not

348. A. Koyré, *Etudes d'histoire de la pensée scientifique*, Paris, Gallimard, 1973.

349. A. Koyré, *op. cit.*, 1973, pp. 13-15.

350. G. Galilei (1564-1642), *Il Saggiatore* (1623) or *O ensaiador onde com perfeito e justo equilíbrio raciocina-se sobre as coisas contidas na "Balança astronômica e filosófica"*, by L. S. Sigensano, "escrita em forma de carta ao ilustríssimo reverendíssimo monsenhor D. V. Cesarini, acadêmico linceu, mestre de sala de N. S. pelo senhor Galileu Galilei, acadêmico linceu, nobre florentino, filósofo e matemático principal do Sereníssimo Grão-Duque da Toscana", transl. and notes by H. Barraco, São Paulo, Abril cult., 1973, col. Os pensadores, Vol. XII, pp. 99-238.

only dogmas for the welfare of the soul, but ingenious discoveries for the delight of the mind as well." [351]

324. Published in Italian, Galileo's work caused a considerable stir and was the reason for his celebrated trial in 1633, at the end of which he was condemned by the court of the Inquisition and forced to recant. While under house arrest at Arcetri, near Florence, he published the *Dialogues Concerning Two New Sciences* (1638).

325. Galileo was to pay the price for presenting knowledge as the discovery of the world, requiring the rejection of precedents and received wisdom: "Philosophy is written in this grand book – I mean the Universe – which stands continually open to our gaze, but it cannot be understood unless one first learns to comprehend the language in which it is written. It is written in the language of mathematics, and its characters are triangles, circles and other geometric figures, without which it is humanly impossible to understand a single word of it" [352].

326. Hobbes recognized that Galileo had been the first to open the door to a universal natural philosophy [353]. It paved the way for a major shift in ways of seeing and understanding the world. As its prime mover, Galileo introduced mathematics into the description of physical phenomena; he laid the foundations of mechanics, with laws based on experimental work that contradicted Aristotle's theory; he discovered the laws of movement of the pendulum (at the age of nineteen, as legend has it, watching the movement of a hanging lamp in Pisa cathedral); he formulated the law of falling objects, the principle of inertia and the law of projectile motion, and studied the laws of weight of objects falling or rolling down an incline. He found, by experiments, the relationship between space and time in accelerated movement; he showed how the trajectory of a projectile is a parabola; he built the telescope that bears

351. English ed., 1967, Berkeley and Los Angeles, University of California Press, Preface, at p. 5. Although he was forced to dismiss his conclusions, Galilee would have cried: "Eppur si muove" – *and nevertheless, she moves herself.* Galileo, *Dialogo sopra i due massimi sistemi del mondo tolemaico e copernicano*, 1632, Braz. ed., *Diálogo sobre os dois máximos sistemas do mundo ptolemaico e copernicano*, transl., intr. and notes P. R. Mariconda, São Paulo, Associação filosófica Scientiae Studia – Ed. 34, 3rd ed., 2011, dedicated *"ao discreto leitor"*, pp. 91-93.

352. Galileo Galilei, *Il Saggiatore*, 1623, publ. in English as The Assayer, translated by Stillman Drake, New York, Doubleday, 1957; French translataion by C. Chauviré, *L'Essayeur de Galilée*, Paris, Les Belles Lettres, 1980, p. 141.

353. T. Hobbes, *De Corpore*, orig. publ. 1655, second edition in 1668, "dedication letter", *Hobbes Latinus*, p. 3, Œuvres Latines de Hobbes, Vol. 1, ed. 2010, p. 10; see also *De Corpore*, ed., introduction and notes by K. Schumann, Paris, Vrin, 2000.

his name, and which enabled him to turn his attention to astronomy, a field that was to bring him fame as well as trouble.

327. When in 1604 Galileo discovered the law of falling objects, the first law of dynamics, and thus created mathematical physics, he proved that Plato was right and Aristotle wrong: the real world could be subject to the laws of mathematics, and worldly appearances masked a hidden structure. That structure was mathematical, and everything could be expressed in terms of geometric forms and movements, and therefore measured, counted and weighed. This led on to the perception that man had an influence on nature, and the conclusion that such influence was infinite [354].

328. This change in thinking, the definitive shift from qualitative physics to mathematical physics, from the qualitative mindset to the quantitative, from approximation to precision, was of such huge importance in human history that it amounted to a variation in the species – an intellectual mutation.

329. This was the "great intellectual change in humanity" that occurred at the start of the modern era. Afterwards, nothing could ever be the same again. Out of this seismic shift, with Hobbes and Galileo, Descartes and Newton, and after them the philosophers of the Enlightenment, came forth the whole modern intellectual universe that has shaped the world of today.

330. That great revolution in the seventeenth century had been many years in the making and continued its advance for centuries [355]. Like all the major changes in history, whether in international law or in other fields of knowledge, it did not happen overnight.

331. In the course of the endless struggle between realist and nominalist philosophies, the latter briefly gained the upper hand in the fourteenth and fifteenth centuries after William of Ockham [356], when the

354. R. Mousnier mentions the "great intellectual change in humanity" in his *Histoire générale des civilisations – XVIe et XVIIe siècles*, Paris, Presses univ. de France, 1961, Braz. ed., transl. by V. Ramos, J. Guinsburg and G. G. de Souza, São Paulo, Difel, 4a. ed., 1973, Vol. 9, "introdução", pp. 9-13.

355. R. Mousnier added to this list some other names: A. Comte, C. Darwin, K. Marx, Curie and Einstein, *op. cit.*, ed. 1973, Vol. 9, *loc. cit.*, and asked himself whether this intellectual change should be connected to the technological developments, considering the fact that such techniques required a rational, positive spirit, submitted to the principle of identity and of causality, to the techniques of credit and exchange, obliging to count everything and to translate everything in algorithms, as much as the techniques of construction and of industrial production.

356. William of Ockham, born ca. 1285 and died between 1347-1350, English theologian and philosopher, was a Franciscan friar, studied in Oxford and Paris. For having sided with M. de Cesena, the general master of his order, against the pope John

scholars convinced themselves that ideas were not the ideal and innate model of all reality, but merely the product of the mind's processing of the impressions received by the five senses; that ideas were only one way of representing things and knowledge, therefore, relative; and that all we could validly know were phenomena accessed through experiment [357].

332. To Ockham the only admissible source of knowledge [358] was the intuition, inner or external [359], and this paved the way [360] for English empiricism from Locke to Hume, and also marked the split between philosophy and theology. The role of intuition as a driver of scientific discovery merits a whole chapter in the history of human thought.

XXII, in the controversy about the poverty of Jesus, Ockham was excommunicated and threatened with arrest. To avoid that, he flew to Pisa, and then to Munich, under Ludwig of Bavaria. At Munich, he wrote his political pamphlets against the pope and completed his philosophical works and his treaties on physics. The standard edition in Latin for the works of Ockham, *Opera theologica*, Saint Bonaventure, New York, Franciscan Institute, 1967-1984, 10 Vols. See the remarks on Ockham in P. B. Casella, *Tratado de direito internacional – tomo 4 – Direito internacional no tempo medieval*, São Paulo, Almedina, 2023, Chap. 9 – *Marsílio de Pádua e Guilherme de Ockham.*

357. R. Mousnier, *op. cit.*, éd. 1973, Vol. 9, *loc. cit.*, emphasized that each progress meant a rupture, and that, in the beginning, the breaking apart of a man or a few men with the usual ways and means of thinking towards the milieu would entail changes to the entire society.

358. William of Ockham, in his *Treaty on predestination, French edition Traité sur la prédestination et la prescience divine des futurs contingents*, "textes introduits, traduits et annotés", par C. Michon, Paris, Vrin, 2007, raises a question widely controversial, to which he gives a "solution", at the same time traditional and original: traditional, because he defends the idea of a compatibility of divine science and the future and also of the divine choice of individual destinies, with the freedom of each man; original, because the "principle of his solution resides in a distinction between two sorts of past: a hard past and a soft past", according to C. Michon: "this conception extends to the consideration of the relations between grace and freedom, and also the divine choice and the merit, that, contrary to certain interpretation received, situates him as opposed both to Pelagius and to Luther".

359. William of Ockham, *Intuition and abstraction*, French edition *Intuition et abstraction*, "textes introduits, traduits et annotés" par D. Piché, Paris, Vrin, 2005, develops an original theory of knowledge, based on the central distinction between "intuition" and "abstraction", which remain as landmarks in the discussion around intuitive knowledge and abstractive knowledge.

360. M. Villey, *La formation de la pensée juridique moderne*, orig. publ. in 1968, Paris, Presses univ. de France, 2013, Braz. ed. *A formação do pensamento jurídico moderno*, transl. C. Berliner, São Paulo, Martins Fontes, 2nd ed., 2009, pp. 221-298, in his chapter on William of Ockham mentions the "victory of nominalism" and presents Ockham as the founder of a medieval philosophic school, that goes through all Modern history and survives down to our days: "ne cédons pas trop à la mode", warned Villey, in the sense that we can hardly find men with such an intelligence, the power of thinking and the wideness of ideas, comparable to saint Thomas Aquinas and William of Ockham, and that these two not only did establish the foundations of Modern law, but also that their philosophy continues to be a required instrument for the knowledge of our present problems.

333. It is important in our postmodern context to look again at Ockham's teaching, in which he questioned the usual practice of referring to "believers" and "unbelievers", "faithful" and "faithless", given that there was no means of knowing someone else's innermost convictions – and therefore warned that visible social structures should not be built on uncertainties [361]. That warning did not apply to medieval society alone: even today, such distinctions are adopted and often repeated with no regard for their content.

334. Even the Eurocentric discourse, one example being the historian Roland Mousnier with his stated conviction that Europe had assumed control of world history, recognized that Asians had not shown themselves incapable of change, and that certain peoples were progressing towards concepts that amounted to the first individual freedoms. Examples were:

- the Sikhs in India, who, out of the love of God in spirit and in truth, manifested in good works, had freed themselves from respecting the bonds of caste;
- the Chinese Wang Iang Ming, for whom each man, whether educated or ignorant, rich or poor, intelligent or not, carried within himself, in his intuition, the source of morality and perfection and the potential to form his own Judgment about the value of acts to be performed, thus freeing himself from familiar rites, the tyranny of ancient writers and the constraints of custom; and
- the Japanese, in the tradition of Zen Buddhism, who placed all their hopes in the effort of personal reflection on the world and society starting from worldly objects, and who arrived at a personal intuition of the absolute, which marked a school of independence and individualism [362].

335. In the study of Renaissance philosophy [363], can be considered the intellectual pathway by which this doctrine, based on the idea of an

361. K. Flasch (born in 1930), *Das philosophischer Denken im Mittelalter*, orig. publ. 1986, Reclam, Stuttgart, 3. Auflage, 2013; *Einfuhrung in die Philosophie des Mittelalters*, orig. publ. 1987, French edition *Introduction à la philosophie médiévale*, transl. J. de Bourgknecht, Fribourg, éd. universitaires, Paris, éd. du Cerf, 1992, pp. 170-189, quoted p. 181, mentions that Ockham was a logician of great value. Because he eliminated several thesis, presented by traditional philosophy, this is described as "Ockham's razor". See also Jérome Baschet, *La civilisation féodale*: de l'an mil à la colonisation de l'Amérique, Paris, Aubier, 2004.

362. R. Mousnier, *op. cit.*, ed. 1973, Vol. 9, *loc. cit.*, insists on the fact that such manifestations, albeit limited are a witness and an eloquent testimony of the unity of humankind, beyond secondary differences, triggered by race, the climate, and historical events.

363. E. Bloch, *Vorlesungen zur Philosophie der Renaissance*, Frankfurt, Suhrkamp, 1972, French edition, *La philosophie de la Renaissance*, transl. P. Kamnitzer Paris,

initial transfer of individual rights to an organized society, impacted the French Revolution via the "social contract" of J.-J. Rousseau, as well as through what remained unwritten by Rousseau on material, flexible ethics [364].

336. We can find one especially important aspect of the social contract in Grotius. Its fundamental impetus did not come from history but was more of a hypothetical impulse, giving rise to a contract that itself was not so much historical as hypothetical, a sort of beneficent prompting that Grotius called the *appetitus socialis* [365].

337. That model would undergo a major mutation with another writer on natural law, T. Hobbes, for whom the social contract was a pact not of alliance but of submission, necessitated by man's corrupt nature [366].

338. These major intellectual shifts are important for understanding the corresponding mutations in international law at that time, even though there is little direct or immediate connection.

339. E. Nys (1894) [367] expressed regret where international law was concerned: to him, Francis Bacon could have made a significant contribution. However Bacon, John Selden and Thomas Hobbes each offered only slight assistance [368].

Payot and Rivages, 2007; see also his *Remarques sur la philosophie du droit et de l'Etat dans la bourgeoisie montante*, French edition 1994, Chap. 9, pp. 143-163, *cit.* p. 162. In addition, see also B. Huisman and F. Ribes, *Les philosophes et le droit*, Paris, Bordas, 1988.

364. M. Menin, *Il libro mai scritto – la morale sensitiva di Rousseau*, Bologna, Il Mulino, 2013, explains: "sensitive morals or the materialism of the wise" is the title of a book around which the philosopher of Geneva long pondered and that he announced several times, without ever writing same. The notion remains ambiguous, given the fact that the idea of "sensitive morals" on the one hand expresses the requirement of looking for the reasons and the instruments of morals, in the dimension of the sensible, and thus of the physical world and of nature, whereas on the other hand, implies the will to maintain the freedom and the autonomy of the moral sphere, not subject to any reduction of naturalistic order *(sottraendola a ogni riduzionismo naturalistico)*. The only possible solution thus seems to resign to a rigid formal ethics, and to adopt a material and more flexible ethics: precisely the "materialism of the wise", that Rousseau wanted to build, by the constant dialogue he kept, with the culture of his time, not only philosophical and litterary, but also medical.

365. E. Bloch, *op. cit.*, 1972, éd. 1994, p. 163.

366. T. Hobbes, *Eléments de droit naturel et politique*, 1640, "introduction, notes, bibliographie, index et traductions", par D. Thivet, Paris, Vrin, 2010.

367. Ernest Nys, *Les origines du droit international*, Bruxelles, A. Chastaigne, Paris, Thorin et Fils, 1894, Chap. VII, "la guerre contre les infidèles et contre les hérétiques", pp. 140-164.

368. E. Nys, *op. cit.*, 1894, quoted p. 158: "F. Bacon aurait pu rendre au droit des gens de grands services. Comme J. Selden, comme T. Hobbes, il n'y apporta qu'une faible assistance".

340. Hobbes's concept of the state was more austere and probably more realistic than that of Grotius[369]. The dimension that brings us closer to Grotius was his conviction, or rather expectation, that man had the capacity for achieving perfection, at the level of the individual and of society as a human grouping, and for organizing relations between human societies by means of the law of nations. This may be because Grotius failed to take account of the impact of human selfishness and aggressivity on the shaping of human institutions.

341. The important, humanist dimension of this thinking brings us back towards Grotius: the time has come to reaffirm his conviction that man has the capacity for achieving perfection, at the level of the individual and of society as a human grouping, and for organizing relations between human societies by means of the law of nations.

342. In doing so, we must not forget that Grotius's view might seem very Hobbesian. If we remove the quotation marks, what follows could have been written by a different author:

> "[I]f the law had only prohibited a thing, and had not said that what was done in contradiction of it was void, yet that the thing so done was null, void and of no effect . . . But this was not in virtue of the prohibition alone, but of the new Law; and such rule other nations are not bound to follow[370].
>
> Besides marriage, the most natural of partnerships, there are others, both private and public; and these latter, either partnerships *in populum* or *ex populis*. All partnerships have this in common, that in those matters for which the partnership was instituted, the whole body, and the majority as representing the whole, bind the special members of the partnership. For it must be supposed to have been the intention of those who united to make the society, that there should be some way of promoting business; and it is manifestly unjust that the greater part should follow the less; wherefore by Natural Law, not taking into account pacts and laws

369. There is a huge bibliography available on Grotius, concerning his sources and his influences, as well as the analysis and the numerous developments of his work. To make it short – *brevitatis causae* – see my considerations in the *Tratado de direito internacional – tomo 7 – Direito internacional no tempo de Hugo Grócio*, 2023, Chap. XVIII – *H. Grócio (1583-1645)*.

370. H. Grotius, The Rights of War and Peace, 1625, abridged translation by William Whewell, London, John Parker, 1853, II.V.XVI.2 at p. 102; *Le droit de la guerre et de la paix*, 1625, "nouvelle traduction" by J. Barbeyrac, "avec les notes de l'auteur même, qui n'avoient point paru en françois et des nouvelles notes du traducteur", Amsterdam, chez P. de Coup, 1724, II.V.XVI.2, p. 301 to complete the ídea of the paragraph with this quote from the precedent.

which prescribe a form for conducting business, the majority has a right to act for the whole." [371]

343. So, did Hobbes (1651) borrow from the works and ideas of Grotius (1625)? Hobbes often cites whole passages from Aristotle, but hardly ever quotes him when it comes to refuting him. It might be interesting to look to Grotius for the sources of some of Hobbes's ideas, for instance the concept of the social contract – but that would go way beyond the scope of this course and would involve a much lengthier comparison of the works of the two authors [372].

344. It is no accident that the preoccupation with rationality in politics and the setting of boundaries between politics and religion are among the core themes in Hobbes's work. Given the time and the context in which Hobbes was living, it is easy to explain his focus on those questions: he had to deal with their practical consequences in his historical and cultural milieu. Let us not forget that Hobbes was exactly thirty when the Thirty Years' War (1618-1648) broke out, and he was there when what began as a religious conflict turned into a widespread conflagration, unleashing escalating warfare, killing and destruction over vast swathes of the continent for three decades [373]. Also, Hobbes spent more than ten years in exile as a result of the conflict stirred up by the two English Civil Wars, the first from 1642 to 1645 and the second from 1648 to 1649 [374].

345. To end this chapter on international law in time and its role in history, against the backdrop of the changes that were taking place, we see the powerful symbol of the Leviathan lurking in the ocean depths and becoming lodged in the collective human imagination from ancient

371. H. Grotius, *ibid.*, II.V.XVII, at p. 102; *Le droit de la guerre et de la paix*, ed.1724, II.V.XVII, pp. 301-302.

372. It would be an extremely interesting work, along with the excellent research done on the sources of Grotius, in his *Mare liberum*. See H. Grotius, *Mare liberum* 1609-2009, original in Latin, from the 1st ed., 1609, transl. into modern English, ed. and annotated by R. Feenstra, Foreword by J. Vervliet, Leiden, Boston, Brill, 2009.

373. See, i.a., H. Bogdan, *La guerre de trente ans 1618-1648*, orig. publ. 1997, Paris, Perrin-tempus, ed. 2006, reprint 2010; H. D. Kittsteiner (1942-2008), *Die Stabilisierungsmoderne – Deutschland und Europa 1618-1715*, Munich, Carl Hanser, 2010; B. Roeck (ed.), *Deutsche Geschichte in Quellen und Darstellung*, Band 4, *Gegenreformation und Dreissigjähriger Krieg 1555-1648*, Stuttgart, Reclam – Univ. Bibl. Nr. 17004, 1996, impr. 2002; F. Schiller, *Geschichte des dreissigjährigen Kriegs*, Gütersloh, P. P. Kelen, Afterword by H. Reinoss, dated 1964; F. E. Schrader, *L'Allemagne avant l'Etat-nation*: le "corps germanique" (1648-1806), Paris, PUF, 1998.

374. B. Gert, *Hobbes*, Cambridge, Polity Press, 2010, Chap. 1, "Hobbes's Life, Times and General Philosophical Views", pp. 1-29.

times, before working its way into the equally deep and unfathomable models of human government. Hence the perception that truth requires almost as much amplification as error – and the reappearance of the Leviathan as a whale.

346. The present day has stripped the whale, a mere mammal, of its mystique. It has given way to the *Leviathan* as the modern state, an expression of the tendency to insist on the need for rational explanations for natural phenomena. The two expressions of the Leviathan have come together.

347. It is no accident that only now has the Leviathan shaken off its material incarnation. It now exists in politics and in the world of ideas as an image, though no less dangerous and appalling. The present embodiment of the *Leviathan* is the modern state, a form in which it is no less prolific or recurrent.

348. The modern era lives under the sign of the Leviathan, a monster made by men that comes back again and again to dominate them. Sometimes it takes the form of outrageous totalitarian regimes, but it is always present, and leaves its mark on human communities even when it is corrupt and ineffective.

349. That same monster, the state, has bedeviled international law since the start of the modern age: neither one can live without the other, but relations between the state and the law, specifically international law, are not always peaceful.

350. What is the dilemma? Whoever advocates for the state cannot at the same time advocate for international law as an international institutional and normative system. The existence and operational nature of the state require the imposition of limits on states, on their discretionary powers and their wrongdoings, both in the domestic order and the international order.

351. States are still necessary today for the functioning of an international institutional and normative system. It is however indispensable to impose limits on states both as a whole and individually, in their respective domestic spheres of action and in their international relations, if international law is to exist. This old dilemma is still there in postmodern international law.

352. Next, we will consider the evolution of territorial regimes in international law, another aspect that shows the changes that have taken place, tracking them through their time and cultural context.

CHAPTER II

TERRITORIALITY AND EXTRATERRITORIALITY: SPACE IN POSTMODERN INTERNATIONAL LAW

353. In situating international law as a legal category both in time – as we have just done – and in space – as we will now proceed to do – we find ourselves facing a living subject in the midst of considerable changes. A fascinating subject that prompts further questioning and research beyond its strictly technical bounds, and demands to be viewed not only in terms of time and space but also in terms of the relationship between beings and space. Understanding that relationship enables us to position the construction of the legal regimes governing spaces as a historical and cultural process [375]. International law as a cultural product, like other fields of knowledge, exists in both time and space. Allow me to stress that, unless we take both dimensions into account, there can be no understanding of how the legal regime of spaces in international law has evolved.

354. This relationship to space is key to major innovations such as the legal categories of common heritage of mankind and common concern of humankind. Both these major changes are not merely technical in nature, but rather conceptual developments. They represent

375. Within the framework of P. B. Casella, *Tratado de direito internacional – tomos 1 e 2 – Direito internacional dos espaços*, São Paulo, Almedina, 2022 and also my participation, during several years, in the *Réseau franco-brésilien sur l'internationalisation du droit*, organized by M. Delmas-Marty and K. Martin-Chenut; at the time of the *deuxième rencontre*, at the Hugot Foundation, at the Collège de France, on 20-21 November 2008, in Paris, I had the opportunity of presenting my considerations on "Territorialité et extraterritorialité: étanchéïté ou fluidité?" on the avatars of the notion of extraterritoriality in Postmodern International law. Among other sources see M. Flory, "Le juge international et l'aménagement de l'espace: la spécificité du contentieux territorial – Conclusions", in P. Weckel (ed.), *Le juge international et l'aménagement de l'espace: la spécificité du contentieux territorial, Actes de la Première journée méditéranéenne sur le contentieux international, réalisé à l'Université de Montpellier I*, le 7 mai 1997, Paris, Pedone, 1998, pp. 225-229, quoted p. 229:

> "Il est alors permis de se demander si le territoire n'est pas en train de changer de statut, en raison de la mondialisation. L'état ne va pas disparaître, mais son territoire ne sera plus porteur d'une souveraineté sans partage dont les frontières marquent aussi celles de ses compétences. Les limites douanières, financières et économiques échappent de plus en plus à la frontière étatique et même parfois à toute frontière puisque telle est la signification même de la mondialisation."

a qualitative shift in international law, which is no longer restricted to relations between states, as was largely the case previously, but now includes human beings as the subjects of rights and obligations laid down in international law[376] and, inexorably, also encompasses the planet on which we live and depend.

355. We must conserve the planet, which is fragile and has suffered massive and irreversible anthropogenic damage – the kind caused by human activity – and this duty falls on each individual as well as on each national group. This is an imperative, despite the blindness of those who still appear to claim that natural resources are inexhaustible and can be neglected. The planet is fragile, and we are dependent on it. There must be limits to this stupidity, even if it still means arguing the case that the earth is round and not flat.

356. Centuries on from Copernicus, there are still those who repeat stories like that one, and others who support creationism – or its "light" version, "intelligent design" – against what they call C. Darwin's "theory" of evolution[377]. It brings to mind O. Wilde, who said the advances of ignorance never failed to surprise him.

357. Considering the relationship between beings and space leads us to the question, ever present in this context: are these frontiers of separation or frontiers of cooperation? Which brings us to what might be called the avatars of the notion of extraterritoriality in postmodern international law. This approach is not without ambiguity.

358. Despite Kant's proposition that hospitality was one of the elements in building a lasting peace, in recent times we have witnessed more walls being built than bridges:

> "We are speaking here . . . not of philanthropy, but of right; and in this sphere hospitality signifies the claim of a stranger entering foreign territory to be treated by its owner without hostility . . . This right to present themselves to society belongs to all mankind in virtue of our common right of possession on the surface of the earth on which, as it is a globe, we cannot be infinitely scattered, and must in the end reconcile ourselves to existence side by side:

---

376. The scope of chapter IV, on the role of the international protection of fundamental rights as an element of renewal and transformation of international law.

377. Already C. Darwin (1809-1882) in his work on the *The Origin of Species*, orig. publ. 1859, Braz. ed. *A origem das espécies*, trad. E. N. Fonseca, São Paulo, Folha de São Paulo, 2010, quoted p. 98, stressed that we should not forget that there are still so many obscure points concerning the origin of the Species, if we meditate on the profound ignorance in which we find ourselves, on the reactions of the inhabitants of the world in our times, moreso for distant times.

at the same time, originally no one individual had more right than another to live in any one particular spot." [378]

359. With Kant we are in good company, as he not only reminds us of the right to hospitality but also the fact that the earth "is a globe".

360. Let us first consider the distinction between territoriality and extraterritoriality. This will provide us with some pointers on the nature and content of the concept of territoriality contrasted with the opposing idea of extraterritoriality, from which we can move on to the avatars of the notion of extraterritoriality in postmodern international law. And from there to examining the case of Brazil and the construction of its territory under international law, from the Treaty of Tordesilhas in 1494, to the implementation of the 1982 United Nations Convention on the Law of the Sea, which came into force in 1994 – exactly five centuries.

A. Territoriality and extraterritoriality

361. Space is perceived in international law as a physical dimension for the purposes of territoriality and the expression of a state's sovereignty. Most of all, it is seen as a stable foundation for interaction between states. Territoriality and state sovereignty remain the elementary components of the international system, which moreover is still inter-state and territory-based [379].

---

378. I. Kant, *Zum ewigen Frieden – ein philosophischer Entwurf*, orig. publ. in 1795, mit Einleitung und Anmerkungen, Bibliographie und Registern kritisch herausgegeben von H. F. Klemme, Hamburg, Felix Meiner, 1992, esp. the *Dritter Definitifartikel zum ewigen Frieden – Das Weltbürgerrecht soll auf Bedingungen der allgemeinen Hospitalität eingeschränkt sein*, pp. 69-72. Published in English as Perpetual Peace: A Philosophical Essay, translated by M. Campbell Smith, London, George Allen & Unwin, 3rd ed. 1917, "Third Definitive Article", at p. 137. French translation, *Projet de paix pérpetuelle*, transl., presented and comments by J.-J. Barrère and C. Roche, Paris, Nathan – Les intégrales de philo, 1991, *Troisième article définitif d'un traité de paix perpétuelle – Le droit cosmopolitique doit se borner aux conditions d'une hospitalité universelle*, pp. 26-29.

379. D. Alland, "Les représentations de l'espace en droit international public", in *Le droit international*, Paris, Archives de philosophie du droit, Vol. 32 (1987), pp. 163-178 J. Ancel, "Les frontières, étude de géographie politique", *Collected Courses*, Vol. 55 (1936), pp. 203-298; J. A. Barberis, *Los recursos naturales compartidos entre estados y el derecho internacional*, Madrid, Tecnos, 1979; J. A. Barberis, "La concepción brasileña del uti possidetis", in *Dimensão internacional do direito: estudos em homenagem a G. E. do Nascimento e Silva*, P. B. Casella (ed.), São Paulo, LTr, 2000, pp. 33-48; D. Bardonnet, "Les frontières terrestres et la relativité de leur tracé: problèmes juridiques choisis", *Collected Courses*, Vol. 153 (1976), pp. 9-166; S. Bastid, "Les problèmes territoriaux dans la jurisprudence de la Cour internationale de Justice", *Collected Courses*, Vol. 107 (1962), pp. 361-496, esp. p. 391; P. B. Casella, *Tratado de direito internacional – tomos 1 e 2 – Direito internacional dos espaços*, São Paulo, Almedina, 2022; G. Distefano, *L'ordre international entre légalité et effectivité: le titre juridique dans le contentieux territorial*, Foreword G. Abi-Saab,

362. When we speak of territory it is not merely something physical: the international law of spaces also has a human and cultural dimension, constructed out of the interaction between beings and space based on international institutions and rules. This dimension changes, following the perceived mutations in the cultural models that inspire or even give direction to those institutions and rules.

363. To situate the notion of extraterritoriality we must first situate that of territoriality. Both can be viewed in terms of whether, and to what extent, they aim to be either impermeable or fluid. What is the purpose of setting frontiers? To determine who is welcome within them and who must stay outside. It is about defining one space in relation to another: creating an inside and an outside, and the rules that will henceforth apply to each of these categories.

364. One might have hoped that changes in frontiers would become unnecessary, with frontiers being rendered meaningless by the growth in joint activities and interests that transcend them [380]. Any such hope has turned out to be a contradiction, true and false at the same time, depending on one's point of view: here we have another notion of space, which forces us to position ourselves at one point or another.

365. The key consequence is not the establishment of frontiers, but the use that is made of them. Will they serve as frontiers for separation or frontiers for cooperation? The difference between the two is far from

Paris, Pedone – Genève, Institut universitaire des hautes études internationales, 2002; J.-P. Pancracio, *Droit international des espaces: air – mer – fleuves – terre – cosmos*, Paris, A. Colin-Masson, 1997; P. de G. de la Pradelle, "Notions de territoire et d'espace dans l'aménagement des rapports internationaux contemporains", *Collected Courses*, Vol. 157 (1977), pp. 415-484; P. de G. de la Pradelle, "Progrès ou déclin du droit international?", in *La communauté internationale: mélanges offerts à C. Rousseau*, Paris, Pédone, 1974, pp. 139-152; A. Movcham, "Problems of Boundaries in the Helsinki Declaration", *Collected Courses*, Vol. 154 (1977), pp. 1-43; D. Nincic, "Les implications générales juridiques et historiques de la Déclaration d'Helsinki", *Collected Courses*, Vol. 154 (1977), pp. 45-102; L. I. Sanchez Rodriguez, "L'*uti possidetis* et les effectivités dans les contentieux territoriaux et frontaliers", *Collected Courses*, Vol. 263 (1997), pp. 149-382; W. Schoenborn, "La nature juridique du territoire", *Collected Courses*, Vol. 30 (1929), pp. 81-190, esp. p. 126.

380. As desired by D. Mitrany, writing before the end of the Second world war. Some years later, R. Aron seemed to have lost the illusions on the matter. See D. Mitrany, *A Working Peace System*, London, The Royal Institute of International Affairs, 1943, p. 26, also publ. in Chicago, Quadrangle Books, 1966, p. 62; D. Mitrany, *The Functional Theory of Politics*, London, London School of Economics and Political Science, 1975, pp. 169-170; R. Aron, *Paix et guerre entre les nations*, 1962, Paris, Calmann-Lévy, Braz. ed., *Paz e guerra entre as nações*, transl. S. Bath, Brasília, ed. UnB, Col. pensamento político, Vol. 7, 1979.

negligible. Along these lines, E. R. Lewandowski (2004) [381] suggests that:

> "The Westphalian model of horizontal relations between states, the model founded on sovereignty, supremacy of the domestic legal system, application of international law in conformity with local legal criteria and the recognition of a people situated in a territory, remains intact as the source of legitimacy, despite the fact that in other, especially economic, fields, the heteronomy of decision-making is advancing all the time." [382]

366. Geographical limits as such are neither good nor bad; what matters is the consequences they can have. Will they create physical boundaries that become transposed into people's thinking, or will they be used to build spaces of communication, sharing and fluidity, in which people and ideas can circulate, with legal regimes applicable to them? Are we building walls or the legal regime of hospitality described by Kant?

367. Since the start of modern times, with J. Bodin in *The Six Books of the Commonwealth* (1576) [383] the relationship between sovereignty and territoriality has taken on a dimension that opens up consideration of geography and territoriality [384]. Useful as this is, I doubt if I would count Bodin among the founding fathers of international law [385].

368. From this relationship with territoriality we can deduce extraterritoriality, or the projection of state power beyond its territorial

---

381. E. R. Lewandowski, *Globalização, regionalização e soberania*, São Paulo, Juarez de Oliveira, 2004; *Proteção dos direitos humanos na ordem interna e internacional*, Rio de Janeiro, Forense, 1984.

382. E. R. Lewandowski, *op. cit.*, 2004, p. 301.

383. J. Bodin, *Les six livres de la République*, orig. publ. Paris, J. Du Puys, 1576, following the 10th. ed., publ. in Lyon, G. Cartier, in 1593, *Corpus des oeuvres de philosophie en langue française*, Paris, Fayard, 1986, 6 Vol. Published in English as *The Six Books of the Commonwealth*, abridged and translated by M. J.Tooley, Oxford, Basil Blackwell, 1955. Less often quoted, Bodin's method for getting acquainted with history: J. Bodin, *Methodus ad facilem historiarum cognitionem*, ed. 1566, Parisiis: apud Matinum Iuuenem, MDLXVI, available on line Paris, BnF – Gallica bibliothèque numérique/Hachette Livre, http://gallica.bnf..fr/ark :/12148/bpt6k111605f.

384. P. B. Casella, *Tratado de direito internacional – tomo 5 – Direito internacional no tempo de Francisco de Vitória*, São Paulo, Almedina, 2023, Chap. 13 – "estado como sujeito de direito internacional – a contribuição de Maquiavel e Bodin".

385. In his course at The Hague, A. Gardot considered the role of J. Bodin among the founders of International law.

See "J. Bodin: sa place parmi les fondateurs du droit international", *Collected Courses*, Vol. 50 (1934), pp. 545-748. In view of Bodin's presentation of the features of International law, the attempt to include him among the founders of International, as presented by Gardot, seems to me – at least – very doubtful.

limits. There is a dichotomy – and an essential dissociation – between the affirmation of sovereignty and its premises, and the concrete need to recognize cooperation as an imperative: sovereignty is still present and expressed through the territorially-determined basis of the state, in the various fields in which this is manifested. As an abstract theoretical concept sovereignty may be in decline, and it seems less important these days according to E. McWhinney (2002)[386], while others like G. Sperduti (1976)[387] present it as a myth damaging to the sound representation of international law as a system binding states together.

369. It does not require much reflection to realise that the physical dimension of the different categories of territory, as opposed to their legal character, is never only physical but is made up of cultural, political, historical and social dimensions, and the list could go on. This means that international law in the postmodern context should be viewed from the perspective of spaces, and the interaction between beings and spaces, which brings all these factors to bear in its application to land, river, sea and air, as well as common spaces like the high seas and ocean floor, Antarctica and outer space. All these legal categories are projected by humans onto the world's physical base.

370. International law shows how the treatment of space within its historical and cultural context is dynamic, though the spaces themselves, even rivers and oceans, are static. Territory is, by definition, the fixed base of the structure of the sedentary body known as the state.

371. Human categories can change, and do so at least as much as the concepts of appropriation and management of space. Settled institutions

386. E. McWhinney, "Self-Determination of Peoples and Plural-Ethnic States (Secession and State Succession and the Alternative Federal Option)", *Collected Courses*, Vol. 294 (2002), pp. 167-264, Chap. VI – "law and politics and the dialectical unfolding of the self-determination principle", pp. 256-263, quoted "new thinking on recognition and state succession", pp. 260-263: "State sovereignty, as an abstract theoretical concept, is demonstrably of declining relevance and importance today".

387. G. Sperduti, "Le principe de souveraineté et le problème des rapports entre le droit international et le droit interne", *Collected Courses*, Vol. 153 (1976), pp. 319-410, Chap. I – "dualisme et monisme: une querelle doctrinale causée par de faux points de départ", pp. 333-337, quoted p. 334 and p. 335:

> "Le mythe de la souverainété de l'état est resté essentiellement inaltéré, au préjudice d'une représentation sûre du droit international comme système de normes liant les états. … en dépit de la conception moderne de l'état de droit, on ne distingue pas suffisamment les deux concepts suivants: celui de la souveraineté originaire, ou appartenant *jure nativo*, souveraineté qui est propre de l'état, et le concept de souveraineté en tant que somme de pouvoirs revenant encore à l'état, mais en tant que pouvoirs que l'état détient en vertu de son propre ordre juridique, donc en tant que pouvoirs que le droit interne confère à l'état, et dont l'exercice est réglé par la Constitution."

are normally considered as one of the markers of civilization [388]: one frequent definition of civilization is the type of culture found in cities [389], which shows how closely the city is bound up with the concept of socially ordered life. Urban life is what takes place in the "urbs" [390].

372. A marker of civilization, at least according to the European model that became the benchmark for classical international law, and thence for a considerable time [391] for the other parts of the world to which the model had spread. This Eurocentric model became widespread throughout the world, including in the Americas.

373. The entire American continent has been effectively decolonized for almost two centuries now: the *de facto* process started in 1810 and went on until 1836, when Spain acknowledged that the independence of the former Spanish colonies on the American continent was by now irreversible and recognized it as such. In the case of Brazil, the process of *de facto* independence occurred from 1822 to 1825, when it was recognized by Portugal in the Treaty of Lisbon.

374. Certain territories on the American continent were exceptions to the rule, including the three Guianas [392], the Caribbean

388. A. Toynbee, *Um estudo da História*, orig. publ *A Study of History*, 1972, revised and condensed by A. Toynbee and J. Caplan, transl. I. S. Leal and M. Silveira, Brasília, ed. UnB, São Paulo, Martins Fontes, 1987, primeira parte – *Morfologia da história*, Chap. 9 – *Análise das civilizações*, pp. 71-74, quoted p. 72.

389. As considered in chapter I. See also L. Mumford, *The City in History: its origins, its transformations and its prospects*, orig. publ., 1961, London, Penguin Books – M. Secker and Warburg Ltd., reprint 1987; P. Manent, *Les métamorphoses de la cité – Essai sur la dynamique de l'Occident*, Paris, Flammarion, 2010; K. Lynch, *The image of the city*, orig. publ. Harvard, Massachusetts Institute of Technology, 1960, Braz. ed. *A imagem da cidade*, transl. J. L. Camargo, São Paulo, Martins Fontes, 1997; in contradistinction may be considered, M. Baridon, *Naissance et renaissance du paysage*, Arles, Actes Sud, 2006.

390. The matter is extensively considered in a classical work on the subject, N. D. Fustel De Coulanges (1830-1889), *La cité antique* – Etude sur le culte, le droit, les institutions de la Grèce et de Rome, orig. publ. 1864, Braz. ed., *A cidade antiga*, transl. F. O. P. de Barros, São Paulo, Edameris, 1961.

391. See the analysis of the ICJ, in the *Affair of Western Sahara*, Order, 22 May 1975, Advisory opinion, 16 October 1975.

392. Under the denomination of the "three Guyanas", are to be considered: the Guyana (former British Guyana), the Surinam (former Dutch Guyana) and the French Guyana. At the northern region of South America du Sud, the coasts were first perceived by C. Columbus, in 1498, and attracted during the 16th century adventurers from several countries, among the English, the French and the Dutch divided among them these territories, whose surface extends over 1 million sq. Km, in 1814, and have kept same as colonies until the second half of the 20th century: the Guyana becomes independent in 26 May 1966; the former Dutch Guyana, after having been an autonomous region of the Kingdom of the Netherlands, in 1954, the Surinam becomes independent in 25 November 1975. The French Guyana was, in accordance with French administration, successively a "Département d'outre-mer" since 1946, a "région" since 1982, and a

islands [393], especially Cuba, Haiti and the Dominican Republic, each with its own complications, and the particular case of Canada [394].

375. Nor can we ignore the controversies surrounding the "colonization" by the United States of America on the American continent and elsewhere, undertaken as an expression of their "manifest destiny" [395]

"collectivité territoriale", integrating a "département" plus a "région", since 2015, within the "région naturelle des Guyanes".

393. B. W. Higman, *A concise History of the Caribbean*, Cambridge, Univ. Press, 2011, "Preface", p. XI-XII:

> "The history of the Caribbean has its special difficulties, particularly because of the large number of states, polities and islands in the region, all of them with their own individual as well as shared histories" . . .

Higman explains the criterion adopted:

> "I have simplified my task by dealing strictly with the islands and ignoring the surrounding rimland and the outliers – notably Belize, Guyana, Suriname and French Guyana, which are often included in general histories – except when these continental places connect directly with the experience of the islands."

Thereafter, Higman, *op. cit.* 2011, Chap. I – *A History of Islands*, pp. 1-8, quoted pp. 6 and 7, exposes in which sense he considers the 'peripherical enclaves' in connection with the Caribbean, specifically the Guyana, the Surinam and the French-Guyana, "where the languages are versions of English, Dutch and French". Only the French Guyana is not an independent state: "only one mainland territory – the French Guyana – is not a member of the United Nations and has representations only through its parent state, France".

394. Canada is a federation of ten provinces, each with its own capital and government, and three territories. To the four original – Nova Scotia, New Brunswick, Quebec and Ontario – were added Alberta, British Columbia, Manitoba, Prince Edward Island, Saskatchewan, Newfoundland and the three territories: Northwest, Nunavut and Yukon. On her turn M. Conrad, *A Concise History of Canada*, Cambridge, Univ. Press, 2012, *Introduction – A Cautious Country*, pp. 1-8, *cit.* p. 1 and 5-6, asks the question:

> "What is this thing called Canada? The second-largest country in the world geographically, it is a loose-jointed construction that seems to lack the cohesion that many other nation-states enjoy. So vast that it is difficult to grasp the whole, some provinces are nations unto themselves. One is at a loss even to establish a founding moment in Canada's past. While 1867 works for the four original provinces in 'confederation' [Nova Scotia, New Brunswick, Quebec and Ontario], it serves less well for other areas of northern North America that were later induced to join the improbable experiment in nation-building . . . By 1880, Rupert's Land (the vast territorial domain claimed by the Hudson's Bay Company), the Northwest and the Arctic, along with the colonies of British Columbia and Prince Edward Island, had been brought under the jurisdiction of Ottawa. The last holdout, Newfoundland and Labrador, joined Confederation in 1949."

395. F. S. Dunn, "Foreword", in A. K. Weinberg, *Manifest Destiny – A Study of Nationalist Expansionism in American History*, Baltimore, MD, J. Hopkins Press, 1935, "Foreword", pp. IX-XII:

> "As the period of American expansion recedes in time and takes on perspective, it stands revealed as an amazing phase of our national development. The mere physical extent of the territory acquired is impressive enough, but the really astonishing thing is the range of ideas and moral doctrines that have been advanced in justification of this extension of the national domain at the expense of other – and usually weaker – peoples. Each phase of this movement has developed its own

in the form of occupation, followed by incorporation into the Union, in the case of Hawaii [396], or military conquest in the case of Puerto Rico, Cuba or the Philippines, taken from Spain after the war of 1898 [397].

376. The United States acquired some territories by negotiation and the payment of compensation, as illustrated by its successive purchases of Louisiana (sold by Napoleon) [398], followed by Alaska (sold by Russia in 1867) [399] and finally the Danish islands of Saint Thomas and Saint

---

> set of doctrines that have caused territorial aggrandizement to appear either as the inevitable working of Providence or as the dictate of the highest international morality. While the development of each of these doctrines makes a fascinating story in itself, the cumulative force of the whole is far more than the sum of its parts taken separately. One is struck with the constantly recurring tendency to see the pursuit of national self-interest as a manifestation of international altruism. One likewise finds many revealing parallels between the doctrines associated with past American expansion and those which we now condemn as morally indefensible when advanced by other nations in justification of their own steps toward territorial enlargement."

396. G. C. Herring, *From Colony to Superpower – US Foreign relations since 1776*, Oxford, Oxford Univ. Press, 2008, Chap. 8 – "The war of 1898, the New Empire and the dawn of the American century, 1893-1901", pp. 299-336, *cit.* pp. 305-306: "A second G. Cleveland administration (1893-1897) killed the Republican effort to acquire Hawaii. Anti-expansionist and anti-annexation, Cleveland had a strong sense of right and wrong in such matters".

397. G. C. Herring, *From colony to superpower – US Foreign relations since 1776*, ed. 2008, Chap. 8 – "The war of 1898, the new Empire and the dawn of the American century, 1893-1901", pp. 299-336, *cit.* pp. 308-309. From 1895 to 1898 the expansionist programme is clearly structured, widely diffused and receives several adhesions. At the electoral campaign of 1896, the Republican platform by W. McKinley from Ohio had the expansionist agenda clearly presented: European retreat from the Hemisphere; a voluntary union of the English-speaking peoples of North America, which included Canada; the construction of a canal, controlled by the United States in the Isthmus of Panama; the acquisition of the Virgin Islands; the annexation of Hawaii; and the independence of Cuba. The war of 1898 offered the occasion for the implementation of several aspects of that agenda and even beyond the original formulation.

398. J. Martin, *L'empire renaissant* 1789-1871, Paris, Denoel, 1987, "Rétrocession et vente de la Louisiane", pp. 73-74: "Bonaparte souhaitait voir la Louisiane – perdue depuis 1764 – réintégrer cet empire d'Amérique qu'il rêva un temps de constituer". But the circumstances were growingly unfavorable:

> "L'échec de l'expédition de Saint-Domingue, suivi de la rupture de la paix d'Amiens par Londres, avaient rendu le Premier consul plus accommodant. Il avait de plus grand besoin de fonds pour faire face aux dépenses de son couronnement impérial prévu pour l'année suivante. C'est ainsi que, le 8 mai 1803, la Louisiane, qui n'était même pas encore réoccupée, fut cédée aux Etats-Unis d'Amérique pour la somme de 15 millions de dollars (80 millions de francs)."

399. P. B. Casella, *Tratado de direito internacional – tomo 2 – Direito internacional dos espaços*, São Paulo, Almedina, 2022, esp. 24.2.1 – "Alaska", the territory acquired in 1867 only became a State in 1959: the 49th and the largest in the Union. See F. F. de Martens, *Traité de droit international*, orig. publ. in Russian, in 1882, transl. A. Léo, Paris, Librairie Marescq, 1883, 3 Vols., Vol. I, partie générale, Chap. III – le territoire de l'Etat, pp. 451-509, esp. item III – "des moyens d'acquérir des territoires", pp. 459-473, where De Martens examines the acquisition, by the United States of the Russian territories in the North-West of the American continent.

John, acquired by the United States in 1917 [400]. The territory of French Louisiana was later divided into six States of the Union, numbering among the largest (Mississippi, Iowa, Missouri, Kansas, Arkansas and Louisiana itself). At a stroke, the United States had doubled in size [401].

377. Elsewhere, imposition of this Eurocentric model proceeded less smoothly, with European neocolonial incursions [402] into Africa, the Middle East and Asia. Europe is now experiencing the backlash, with the former colonial powers tending recently to turn in upon themselves.

378. Cut off from their overseas territories, Europe's former maritime empires – Great Britain, Holland, Belgium and Portugal – have shrunk over time, reverting to their European base and turning their focus back towards Europe [403]. Decolonization, too, is a matter of organizing the use of spaces [404].

379. The process of colonization had mercantile and economic as well as military and political components. Sponsored to a greater or lesser degree by nation states and major capital investment, the mighty trading companies were the first real agents of European colonization. They opened up the route to the East, initially through peaceful trading

400. P. B. Casella, *Tratado de direito internacional – tomo 17 – Direito internacional no tempo do colonialismo*, São Paulo, Almedina, in preparation, 2025, at Chap. 9, colonização pelos Estados Unidos, esp. 9.5, Ilhas Virgens e outras possessões territoriais no Caribe.

401. J. Martin, *L'empire renaissant* 1789-1871, Paris, Denoel, 1987, quoted p. 74:

> "Cette vente était sans doute le fruit d'une nécessité même si elle fut ressentie comme un abandon et une humiliation ... Le Premier consul avait ainsi consolidé la puissance américaine. Bien plus tard, à Sainte Hélène, il se félicitait encore d'avoir, selon ses propres termes: "donné à l'Angleterre une rivale qui tôt ou tard abaissera son orgueil."

402. P. B. Casella, *Tratado de direito internacional – tomos 14 a 17 – Direito internacional no tempo do colonialismo*, São Paulo, Almedina, in preparation, 2025; M. Koskenniemi, *La politique du droit international*, préface de B. Stern, prés. critique d'E. Jouannet, Paris, Pedone, 2007; M. Koskenniemi, *The Gentle Civilizer of Nations: The Rise and Fall of International Law 1870-1960*, "H. Lauterpacht Memorial Lectures", Cambridge UP, orig. publ. 2001, reprint 2005.

403. According to T. Judt, *Pós-guerra: uma história da Europa desde 1945*, orig. publ. *Postwar: a History of Europe since 1945*, 2007, transl. J. R. O'Shea, Rio, Objetiva, 2008, quoted p. 21, in Europe, since 1945, starts postmodernity: the last decades of the 20th century have witnessed the enfeeblement of the "major tales" of European history: the great theories on history, appeared during the 19th century, with their models of progress and change, of revolution and transformation, which inspired political projects and social movements, responsible for the destruction of Europe, during the first half of the twentieth century.

404. See chapter III, on the impact of colonialism on International law, the crisis of the system, decolonization and the development of the right of peoples to self-determination. See also B. Droz, *Histoire de la décolonisation – au XXe siècle*, Paris, Seuil – points – histoire, 2006, reprint 2009; J.-L. Miège and C. Dubois (eds.), *L'Europe retrouvée – les migrations de la décolonisation*, Paris, L'Harmattan, 1994.

and then with armed force, dividing up vast swathes of territory and ocean and sharing out that entire part of the world among themselves [405].

380. That outdated classical model [406] nonetheless remained widespread until the postmodern model arrived to counter it. Other protagonists appeared for whom Eurocentrism had had its day; they put it aside in favour of a more universal concept [407], confining the European model to the secondary role of organizing its own internal space. "We must cultivate our garden", Voltaire urged in *Candide* [408], and expect to do so in "the best of all possible worlds" – but without excluding all the neighbours. Or, at best, be aware that this is only one among competing systems that are applied at least as extensively.

381. Europe's retreat and subsequent process of integration came after the extra-European deployment of colonialism. There is now also a movement towards dis-integration, as painfully illustrated by the farcical unfolding of the United Kingdom's departure from the European Union (Brexit). This might lead to the end of the United

---

405. J. M. G. Le Clézio, *Voyage à Rodriguez*: *journal du chercheur d'or*, Paris, Gallimard – NRF, 1986, *cit.* p. 41:

> "N'est-ce pas ce passé extraordinaire qui est au coeur du trésor, le secret de ce mouvement de digestion du monde de l'Europe triomphante? Aller à la recherche de ces mers et des îles où passèrent autrefois les navires, parcourir l'immense champ de bataille où s'affrontèrent les armées et les hors-la-loi, c'était prendre sa part du rêve de l'Eldorado, chercher à partager près de deux siècles plus tard, l'ivresse de cette histoire unique: quand les terres, les mers, les archipels n'avaient pas encore été enfermés dans leurs frontières, que les hommes étaient libres et cruels comme les oiseaux de la mer, et que les légendes semblaient encore ouvertes sur l'infini."

406. R. Charvin, "Le droit international tel qu'il a été enseigné: notes critiques de lecture des traités et des manuels (1850-1950)", dans *Le droit des peuples à disposer d'eux-mêmes: méthodes d'analyse du droit international, Mélanges offerts à C. Chaumont*, Paris, Pedone, 1984, pp. 135-159.

407. K. Zemanek, "The Legal Foundations of the International System: General Course on Public International Law", *Collected Courses*, Vol. 266 (1997), pp. 9-335, especially in his Chap. II, considers such universality as not easy to establish, on truly universal foundations, simultaneously solid and wide enough to build an international institution and normative system.

408. Voltaire (1694-1778), *Candide ou l'optimisme*, orig. publ. 1758-1759, "avec une biographie chronologique de l'auteur, une présentation de l'homme et du conteur, une introduction à l'étude de *Candide*, le texte intégral de ce conte, annoté et analysé méthodiquement, des questions, des jugements", par A. Magnan, Paris, Bordas, publ. orig., 1969, ed. 1979, published in English as Candide, Or, Optimism, New York, Barnes & Noble Classics, 2003, translated by H. Morley and L. Walsh, quoted p. 184 and p. 40:

> "Pangloss enseignait la méthaphysico-théologo-cosmolonigologie. Il prouvait admirablement qu'il n'y a point d'effet sans cause, et que, dans ce meilleur des mondes possibles, . . ." and also: "Il est démontré, disait-il, que les choses ne peuvent être autrement : car, tout étant fait pour une fin, tout est nécessairement pour la meilleure fin."

Kingdom as such, given that once London decided to leave an integrated Europe, Scotland began to show a renewed interest in holding a second referendum on its own membership of the UK. Whereas Northern Ireland could progressively join the Republic of Ireland.

382. This absurd quest to reconstitute a British power that has long since gone, and to do so by abandoning the European Union – with all the costs and economic disadvantage this pointless and illogical break has brought and will continue to bring – seems all the more inexplicable coming from a people with a proud history of pragmatism, philosophically aligned with the various strands of empiricism – none of which seem to have come into play in relation to Brexit.

383. I will say nothing about *"Lebensraum"*, in the sense of a European "living space", projected out into the world: the aim is not to offend our European hosts but to give all of us food for thought. It seems easier to bemoan the current consequences of this retreat than to look again at their deep-seated causes, which go further back in time but nonetheless determine both the course and the features of the present situation.

384. Cultural and historical shifts intertwine and alter the legal and political regime conferred on the so-called physical dimensions of territoriality. This might have been hoped to produce the means to make frontiers superfluous, by ordering human activity in ways that transcend them. We are witnessing, at the same time, a shrinking in the power of frontiers and a revival in the most restrictive understandings of spatial relationships, which drive prejudice and inward-looking attitudes that aim to exclude otherness and to put up spatial barriers.

385. The obvious fact that frontiers are becoming increasingly fluid fuels the quest for impermeability – a quest that, inevitably and fortunately, is doomed to fail. To seek impermeability is not only psychologically unhealthy and improper, but also physically impossible. Except in the misleading advertising served up to ill-informed voters by political regimes whose ultimate strategy and justification is to win the next election. Examples are rife among current regimes: the farce of Brexit, just mentioned, is not the only one. Ever since S. Berlusconi, thereafter with M. Salvini, and more so with G. Meloni, there have been attempts to revive the outdated vision of the far Right in Italy, though fortunately so far these have not so far endangered the Italian commitment towards the European Union. In France, too – more during Sarkozy's time but less so under Macron. In some Central European countries where the xenophobic instincts of the 1930s are re-emerging,

in Hungary with the rise of the authoritarian Viktor Orban, and in Poland with the passing of repressive anti-minority laws harsher than those of the pre-war era. The game is a sordid one, but it is transparent: rejection of difference projects all failings onto others, while we alone, behind the barriers, have all the good qualities. What is surprising is not that there are politicians prepared to do this – as is well known, you can find politicians to do anything. But the fact that they use such arguments and attitudes and are elected again and again shows that in electoral terms there is a sizeable part of the population ready to support such regimes.

386. And what of Brazil? The picture looks darker than anything seen before. As an example, after some one hundred thousand Venezuelan refugees had entered the country, the Governor of the State of Roraïma applied to the Constitutional Court of Brazil, the *Supremo Tribunal Federal*, for the right to close the border. Is that possible? The federal government at the time ruled that it was "inconceivable". Such an attitude seems inadmissible, first of all, in a country with a population of over 210 million, the vast majority of them more or less recent immigrants. Second, it is not permitted by the international legal regime of migration and refugees. Lastly, simply in practical, operational terms, there is no effective way of "closing" 2,200 kilometers of border: only 90 kilometers follow lines established by treaty, while all the rest is based on the division of waters *(divortium aquarum)* – which means that there is no way of closing a frontier in the middle of a forest the exact course of which is not even known.

387. In April 2019, it was the turn of the Venezuelan government to attempt a similar manoeuvre. Caracas declared the frontier between Venezuela and Brazil closed for several weeks, offering television news reports the spectacle of long lines of Venezuelans sneaking through the forest and brush on foot to reach the Brazilian side of the border, to do their shopping for medicines, food, spare parts for their cars, electronic devices and even toilet paper, to compensate for the worsening shortages on the Venezuelan side.

388. As happens everywhere, fanatics and fundamentalists of all stripes lost no time in proclaiming the truth and merit of their views. On the subject of ethnocentrism, the following observation about the origin of values:

> "The seventeenth century moralists did not, in principle, ignore human diversity. In some respects they were relativists, even – in the manner of Montaigne. They readily acknowledged the hold

> custom has over us, and is not custom national, most of the time? It calls to mind Pascal's famous sayings: 'Custom is our nature'. 'What are our natural principles but principles of custom?' 'Let each one follow his country's customs.' But if customs are both powerful and diverse, how can we know a man without taking account of his customs?" [409]

389. We are the guardians and the standard-bearers of civilization. But we have heard this before – and worse, we know where it leads.

390. Colonialism made extensive use of this argument, but let us limit ourselves to two examples. Absurd colonialist rhetoric evolved and spread, not only among hardened colonialists but even missionaries, intellectuals and writers such as Victor Hugo, author of *Les Misérables*, who in 1879 made the deplorable statement that the colonial occupation of Africa was a matter of duty for Europeans (especially the French), and in one scandalous speech said, "Take it!" Almost twenty years later it was an Englishman, Rudyard Kipling, who described as "the white man's burden" the task of bringing "civilization" to peoples who, according to him, lived in darkness [410].

---

409. "En principe, les moralistes du XVIIe siècle n'ignorent pas la diversité humaine ; à certains égards, ils sont même relativistes – à la manière de Montaigne. Ils reconnaissent volontiers sur nous l'emprise de la coutume ; or la coutume n'est-elle pas, la plupart du temps, nationale ? On se souvient des formules célèbres de Pascal: "la coutume est notre nature". "Qu'est-ce que nos principes naturels, sinon nos principes accoutumés ?" … "Que chacun suive les moeurs de son pays". Mais, si les coutumes sont à la fois puissantes et diverses, comment pourrait-on connaître l'homme sans tenir compte de ses coutumes?", wrote T. Todorov, *Nous et les autres – La réflexion française sur la diversité humaine*, orig. publ. 1989, Paris, Seuil – points, 2001, "Ethnocentrisme", pp. 21-34, *cit.* p. 24. The work was published in English as On Human Diversity: Nationalism, Racism and Exoticism in French Thought, translated by C. Porter, Cambridge, Mass., Harvard University Press, 1993. The author continues:

> "Curieusement, la seule fois où il doit aborder la diversité concrète des coutumes, Pascal assume immédiatement une position absolue: la nature des autres n'est peut-être qu'une première coutume, mais pas la sienne; s'il défend une religion, c'est au nom de critères absolus, non parce qu'elle est celle de son pays. Mais c'est bien sûr, que la religion n'est pas, pour lui, une coutume. Et il en ira toujours ainsi: les autres sont esclaves de la coutume, parce qu'ils ignorent la vraie foi; celui qui la connaît vit dans l'absolu, hors coutume. La pratique de Pascal n'illustre donc pas les principes relativistes qu'il énonce. Cette pratique pourrait cependant être défendue en elle-même: ce n'est pas parce que le pays auquel j'appartiens possède telles valeurs que je dois nécessairement les condamner: ce serait là un ethnocentrisme à l'envers, guère plus convaincant que sa version à l'endroit, si je puis dire."

410. See Chapter III – the impact of colonialism on International law. The poem of R. Kipling, "The White Man's Burden – The United States and the Philippine Islands" was originally published in the popular magazine *Mc Clure's* on 12 February 1899.

391. Constructing barriers to close other in, those who are different, who are not like us – barbarians, whose speech we do not understand – starts with consciences and ends with ghettos, the prototype of which was devised and established by the Republic of Venice, as early as the fourteenth century.

392. We must not forget the first principle of all law, which is human dignity. Kant emphasized this at the end of the eighteenth century as had Grotius long before him, at the start of the seventeenth [411]. So did L. Le Fur (1927) [412], during the fleeting but interesting period between the two world wars, a time of experiment and advances in international law, a period when the hope of building a more organized, effective, consolidated international system based on the new rights of citizens in the global order found itself in stark conflict with nationalist and totalitarian regimes, on the left and right alike, in an escalating spiral of confrontation and tension that culminated in the catastrophe of the second world war.

393. One can sense the growing despair and dejection in the successive General Courses on international law – called at the time "General Rules of the Law of Peace" – with Verdross and Cavaglieri in 1929, C. Dupuis and S. Séfériades in 1930, M. Bourquin in 1931, L. Le Fur in 1932 and 1935, G. Scelle in 1933, G. Salvioli in 1933, Karl Strupp in 1934, E. Kaufmann in 1935, J. Brierly in 1936, J. Basdevant in 1936, H. Lauterpacht in 1937, and J. P. A. François and J. Van Kan in 1938 [413]. After 1939 courses did not resume at the Hague Academy of International Law until 1947.

411. H. Grotius, *De jure belli ac pacis*, trad. J. Barbeyrac, "avec les notes de l'auteur même, qui n'avoient point encore paru en françois et de nouvelles notes du traducteur", publ. at Amsterdam, chez P. Ducoup, 1724, reprinted in Caen, Publications de l'Univ. de Caen, 1984, 2 Vols; see also H. Grotius, *Traité du pouvoir du magistrat politique sur les choses sacrées*, orig. publ. in Latin *De imperio summarum potestatum circa sacra*, facsimilaire edition of the original anonymous publ. Paris, 1751, transl. C. A. L'Escalopier de Nourar, presentation by V. Guillaume, Caen, Publications de l'Univ. de Caen, 1991; J. Basdevant, "H. Grotius", in *Les fondateurs du droit international public: leurs œuvres, leurs doctrines*, introduction de A. Pillet, Paris, V. Giard and E. Brière, 1904, pp. 125-267.

412. L. Le Fur, "La théorie du droit naturel depuis le XVIIe siècle et la doctrine moderne", *Collected Courses*, Vol. 18 (1927), pp. 259-442, quoted p. 305: "le principe premier de son droit humain est donc la digniré de l'homme".

413. A. Cavaglieri, "Règles générales du droit de la paix", *Collected Courses*, Vol. 26 (1929), pp. 311-586; A. von Verdross, "Règles générales du droit international de la paix", *Collected Courses*, Vol. 30 (1929), pp. 271-518; C. Dupuis, "Règles générales du droit de la paix", *Collected Courses*, Vol. 32 (1930), pp. 1-290; S. Séfériadès, "Principes généraux du droit international de la paix", *Collected Courses*, Vol. 34 (1930), pp. 177-492; M. Bourquin, "Règles générales du droit de la paix", *Collected Courses*, Vol. 35 (1931)5, pp. 1-232; L. Le Fur, "Le développement historique du droit

394. Limits have to be set on the state, and the state's claim to establish the scope of its own sovereignty, to the extent that the state possesses it. Limits are placed on state sovereignty not only because they are necessary for international law to exist as a legal system, but more broadly to make the state subject to law and give structure to the rule of law[414].

395. Sovereignty must be that of the law, not the state. And its limits must be those of human dignity, as the ultimate aim of any legal order.

396. Building human dignity into a part, and a guiding principle, of the international institutional normative system in the postmodern

international: de l'anarchie internationale à une communauté internationale organisée", *Collected Courses*, Vol. 41 (1932), pp. 501-602; G. Salvioli, "Les règles générales de la paix", *Collected Courses*, Vol. 46 (1933), pp. 1-164; G. Scelle, "Règles générales du droit de la paix", *Collected Courses*, Vol. 46 (1933), pp. 327-704; K. Strupp, "Règles générales du droit de la paix", *Collected Courses*, Vol. 47 (1934), pp. 257-596; and again, L. Le Fur, specifically "Règles générales du droit de la paix", *Collected Courses*, Vol. 54 (1935), pp. 1-308; E. Kaufmann, "Règles générales du droit de la paix", *Collected Courses*, Vol. 54 (1935), pp. 309-620; J. L. Brierly, "Règles générales du droit de la paix", *Collected Courses*, Vol. 58 (1936), pp. 1-242; J. Basdevant, "Règles générales du droit de la paix", *Collected Courses*, Vol. 58 (1936), pp. 471-692; H. Lauterpacht, "Règles générales du droit de la paix", *Collected Courses*, Vol. 62 (1937), pp. 95-422; J. P. A. François, "Règles générales du droit de la paix", *Collected Courses*, Vol. 66 (1938), pp. 1-294; J. Van Kan, "Règles générales du droit de la paix", *Recueil des Cours*, Vol. 66 (1938), pp. 295-602.

414. H. Krabbe, *Die Lehre der Rechtssouveränität*, Groningen, J. B. Wolters, 1906; H. Krabbe, "L'idée moderne d'Etat", *Collected Courses*, Vol. 13 (1926), pp. 509-584; L. Krader, *Formation of the State*, Englewood Cliffs, NJ, Prentice Hall, 1968; J.-Y. Morin, "L'Etat de droit: émergence d'un principe du droit international", *Collected Courses*, Vol. 254 (1995), pp. 9-462; A. Franck, *Philosophie du droit ecclésiastique: des rapports de la religion et de l'état*, Paris, London, New York, Germer Baillière Libr.-éd., 1864; T. M. Franck, *The Empowered Self: Law and Society in the Age of Individualism*, Oxford, UP, 1999; T. M. Franck, "Fairness in the International Legal and Institutional System: General course on Public International Law", *Collected Courses*, Vol. 240 (1993), pp. 9-498; R. Nozick, *Anarchy, State and Utopia*, New York, Basic Books - Harper Collins, 1974; P. B. Casella, *Fundamentos do direito internacional pósmoderno*, São Paulo, Quartier Latin, 2008, Chap. XVI, "jurisdição, competência do estado e aplicação do direito internacional", pp. 1217-1271; P. B. Casella, "Direito internacional e direito interno na CR (1988)", in *20 anos da Constitução cidadã de 1988*: efetivação ou impasse institucional?, J. Ribas Vieira (ed.), Rio de Janeiro, Forense – Bilac Pinto ed., 2008, pp. 483-508; SFDI, *Les compétences de l'état en droit international*, "colloque de Rennes" du 2 au 4 juin 2005, Paris, Pedone, 2006; G. Sperduti, "Le principe de souveraineté et le problème des rapports entre le droit international et le droit interne", *Collected Courses*, Vol. 153 (1976), pp. 319-410, Chap. IV, *cit.* pp. 371-372:

> "puisque la souveraineté étatique conçue comme pouvoir originaire exclut tout droit au-dessus de l'Etat, elle exclut donc que l'on puisse reconnaître au droit international une dignité propre de droit, c'est-à-dire la dignité d'ordre juridique qui se pose au-dessus des Etats et les lie dans leur conduite. La soumission de l'Etat à l'autorité du droit international est un aspect, certes important, d'un problème plus général: celui de l'assujettissement de l'Etat au droit".

context requires limits to be set on the discretionary action of states. This is what allows the body of international law to exist [415].

397. International protection of fundamental rights has become crucial, to the point that postmodern international law could be characterized as "the age of human rights" [416], though in fact this concern with fundamental rights at the international level is not a recent phenomenon [417]:

> "Man, taken individually or as part of social groups or society itself, has penetrated the international order and is coming under protection by that order, not purely and simply as an individual but as a personality invested with rights, individual and social, spiritual and intellectual, political and economic." [418]

398. International law is a body of rules and principles on state conduct. Its compelling legal nature is that of an instrument regulating the workings of the international system, both between states, as derived from traditional international law, and *vis-à-vis* the new players, around

---

415. M. Bedjaoui and H. Thierry, "Avenir du droit international", in *Droit international: bilan et perspectives*, M. Bedjaoui (ed.), Paris, Pedone – Unesco, 1991, Chap. LVI, pp. 1305-1317, quoted p. 1313, par. 29 : "C'est ainsi en fonction des limitations qu'il impose à la souveraineté que le droit international se construit".

416. Th. Meron, "International Law in the Age of Human Rights: General Course on Public International Law", *Collected Courses*, Vol. 301 (2003), pp. 9-490.

417. A. N. Mandelstam, "La protection internationale des droits de l'homme", *Collected Courses*, Vol. 38 (1931), pp. 125-232; A. N. Mandelstam, "La protection des minorités", *Collected Courses*, Vol. 1 (1923), pp. 363-520; P. B. Casella, "Proteção das minorias no direito internacional pós-moderno", in *Direito no século XXI: em homenagem ao prof. W. Faria*, coord. E. Accioly, Curitiba, Juruá, 2008, pp. 541-595; J. Dumas, "La sauvegarde internationale des droits de l'homme", *Collected Courses*, Vol. 59 (1937), pp. 1-98; J.-A. Pastor Ridruejo, "Les procédures publiques spéciales de la Commission des droits de l'homme des Nations Unies", *Collected Courses*, Vol. 228 (1991), pp. 183-272; J. A. Pastor Ridruejo, "Le droit international à la veille du XXIe siècle: normes, faits et valeurs: cours général de droit international public", *Collected Courses*, Vol. 174 (1998), pp. 9-308; C. Lafer, "Os direitos humanos no plano internacional – reflexões em torno da 52ª sessão (1996) da CDH da ONU", in *O direito internacional no terceiro milênio* – estudos em homenagem ao professor V. M. Rangel, L. O. Baptista and J. R. Franco da Fonseca (edS.), São Paulo, LTr, 1998, pp. 635-642; C. Lafer, *A internacionalização dos direitos humanos: constituição, racismo e relações internacionais*, Barueri, Manole, 2005.

418. "L'homme, considéré individuellement ou comme partie de certains groupes sociaux ou de la société elle-même, pénètre l'ordre international et passe à être protégé par cet ordre, non pure et simplement en tant que unité individuelle, mais comme une personnalité pourvue de droits, individuels et sociaux, d'ordre spirituel et d'ordre intellectuel, d'ordre politique et d'ordre économique." V. Ráo, at the 10th Inter-American Conference of the Organization of American States, in Caracas, in 1954.

whom the international equivalent of what we call civil society is beginning to configure itself as an international civil society [419].

399. Does this seem new? Not if one remembers that Kant formulated the concept of a "universal civil society" as long ago as the end of the eighteenth century [420]. However, how this comes about, and how it works, remain to be clarified, especially with the increase in the number of players in what might be called the postmodern context.

400. Kant can help us understand the concept of human dignity, *per se* and as a subject of international law:

> "Humanity itself is a dignity; for man cannot be treated by man (either by another or by himself) as a simple means, but must always be treated at the same time as an end, and his dignity (personality) consists precisely in that." [421]

401. As they lose their economic importance, political frontiers will no longer be a source of tension between states. The idea might be an attractive one, but it remains if not utopian then strictly limited in scope, except in the very specific case of the current experience of the

419. E. Roucounas, "Facteurs privés et droit international public", *Collected Courses*, Vol. 299 (2002), pp. 9-420, part I, Chap. V – "les acteurs qui se réclament de la "société civile internationale", pp. 97-103, quoted pp. 97-98:

> "La présence de forces sociales non-étatiques est assurée par la montée spetaculaire de la 'société civile', avec la remarque supplémentaire que nous assistons depuis quelque temps à la formation d'une "société civile internationale" (ou plutôt *transnationale*) qui, depuis les événements politiques en Europe de 1989, porte même la qualification de globale. Mais il faut répéter, ici, que la société civile n'est pas le *substitut* des facteurs privés au sein des sociétés, internes et internationale. Bien que le concept n'ait pas acquis un sens précis le phénomène de la société civile connaît des spetaculaires adhésions dans plusieurs parties du monde. Pour les uns il s'agit de l'idée de *construction d'une sphère publique à partir de la communauté de base*, qui s'exprime en parallèle avec, ou en opposition aux institutions établies de la société. Pour les autres c'est une *organisation intermédiaire de de représentation d'intérêts* qui se situe entre la société et l'état, dans un sens posttocquevillien. Son existence se justifie par la séparation qu'elle tend à opérer (surtout dans la société industrielle) entre la politique et le marché et sa mobilisation s'effectue face aux diverses crises de la société."

420. I. Kant, *Idee zu einer allgemeinen Geschichte in weltbürgerlicher Absicht*, orig. publ. 1784, transl. in French "Idée d'une histoire universelle au point de vue cosmopolitique", in Kant, *Opuscules sur l'histoire*, trad. S. Piobetta, "introduction, notes, bibliographie et chronologie", par P. Raynaud, Paris, Flammarion, 1990, pp. 69-89. See also Chap. V of this course.

421. "L'humanité elle-même est une dignité; car l'homme ne peut être traité par l'homme (ni par un autre, non plus par lui-même) comme un simple moyen, mais il faut qu'il soit toujours traité en même temps comme une fin, et c'est précisément en cela que consiste sa dignité (la personnalité)", I. Kant, *Logique*, transl. L. Guillermit, Paris, Vrin, 2e éd., "revue et augmentée", 1971, 5e tirage, 1997, Translator notes, n. 16, p. 167) Kant explains Human dignity in his *Doctrine de la vertu* (par. 38).

European Union. However fascinating that is I will not dwell on it, having personally felt the lure of this siren voice [422]. The fascination turns out to be for internal consumption only. In all the fierce fighting over the details, the full scope of the European "grand design" [423] with its worldwide repercussions has been forgotten in an increasing welter of restrictions on non-Europeans, with multiple instances of unfairness in the perception and treatment of the other – the foreigner, the non-citizen of the European Union.

402. It is disappointing to witness the resurgence of xenophobia and discrimination. All systems in crisis are less generous. Barriers are erected against foreigners entering or staying. Unspeakable measures of segregation are contemplated, even in the schools, "because foreigners do not understand the language". I am offended on behalf of my Italian ancestors, who spread out across the entire western world. Many European states seem to forget that for many years they were countries of emigration, and have only recently turned into countries of immigration. Which, moreover, is all for the better: the total population of Europe is estimated to have fallen by a massive 10 percent in the course of forty years, with talk of a fall from 740 to around 660 million inhabitants by 2050. The situation is more obvious in Japan, which has an even more ageing population than Europe, but nonetheless seems no more inclined to accept foreigners even of Japanese origin – as shown by the experience of large numbers of *dekasseguis*, Brazilians from Japanese families who wanted to resettle in Japan.

403. We should remember the Carménère grape variety, which was ravaged by phylloxera in Europe but brought back many years later as wine bottled in Chile, where the vines had remained untouched. Things come full circle: something brought from Europe to the New World returns to its origins and the balance is reestablished.

404. Is it not the same for people? European contributions to the New World long ago seem less welcome when people wish to resettle

422. E.g., P. B. Casella, "Ampliação da União Européia: a Europa central se integra", in C. Lima Marques and N. de Araujo (eds.), *O novo direito internacional: estudos em homenagem a Erik Jayme*, Rio de Janeiro, Renovar, 2005, pp. 723-743; P. B. Casella, *União Européia: instituições e ordenamento jurídico*, Foreword I. Strenger, São Paulo, LTr, orig. publ., 1994, 2ª ed., 2002.

423. The pious forgery made in memory of the king Henri IV by Maximilien de Béthune, Baron de Rosny, Duc de Sully, "Le grand dessein (1632)", text in R. H. Foerster (ed.), *Die Idee Europa 1300-1946: Quellen zur Geschichte der politischen Einigung*, Munich, DTV, 1963, pp. 60-72.

in Europe. Are they not needed to compensate for the dramatic fall in population forecast on the old continent in the next forty years?

405. Was all the rhetoric on human rights true, or merely window-dressing? Can we still believe in it when it is put to the test by economic and social conditions that threaten to be less favourable in the coming years, and beyond?

406. The moment these basic values are denied, that in the past were considered as the backbone and structure of those same societies, will they not collapse? That would be to deny not only the humanity and dignity of the other, but most of all our own. The worst betrayal is to betray oneself.

407. Every state – let us generalize for the sake of argument – built itself from the inside outwards, juxtaposing the classic constitutive elements of people, territory and some form of government, making a sovereign political unit, the expression of an internal concentration of power, ordering the political competences determined by that system, over that population and that territory. Through the ties between people and government, which is how sovereignty is expressed in a space determined by territory.

408. There is one diversity it is essential to consider. At the internal level, sovereignty is a process of *concentration* of powers. At the same time, it must be seen and understood at the external level as the *division* of power, the attribution of fractions of it to the distinct political units that make up what, for want of a better word, we call the international system. These must of necessity coordinate with each other, according to what we call international policy [424] and international law. Which has to be kept up to date, in a broader cultural context [425].

---

424. E. Veron, "introduction" to J. Novicow, *La politique internationale*, Paris, F. Alcan, 1886, p. XXII, already mentioned in this text published in 1886, the risks of what was approaching:

> "Non, malgré toutes les leçons de l'histoire, malgré les démonstrations de l'expérience, en dépit de toute morale et de tout droit, l'Allemagne, la Russie, l'Autriche, la Prusse, l'Angleterre, la Turquie, en opprimant l'Alsace-Lorraine, la Pologne, la Bohême, l'Irlande, les populations diverses des Balkans, persisteront à laisser peser sur l'avenir la menace incessante de la plus formidable des guerres, provoquée par l'explosion des haines accumulées, d'un bout à l'autre du continent. Et ce qu'il y a de pire, c'est que tous savent bien que cette revanche des nationalités est inévitable; nul n'ignore que d'ici là l'absence seule de sécurité suffira pour infliger à tous les peuples de cruelles souffrances."

425. R. B. J. Walker, "After the Future: Enclosures, Connections, Politics", in R. Falk, L. E. J. Ruiz and R. B. J. Walker (eds.), *Reframing the International: Law, Culture, Politics*, New York, Routledge, 2002, Chap. 1, pp. 3-25, quoted p. 18:

409. In international law, sovereignty is understood and expressed as the division of power among the units that make up the system. That system, as an inter-state model, develops by definition through the interaction of different sovereignties, and the imposition of limits on each of them, depending on how the system is structured. International law as an institutional normative system is built out of limits on the sovereignty of each state [426].

410. Faced with this set of limits – and we are right to call them that – the institutional normative system of postmodern international law is constructed, in which structural features combine with the material shared values considered as fundamental. The difficulty of establishing the content of those basic values and principles of international law, which "[did] not have the force merely of pacts or agreements between men, but [had] the validity of a positive enactment *(lex)*", had already been identified by Vitoria [427]. I will not delve here into the

---

> "the future tense seems here to stay. Even the most cursory readings of contemporary events suggest patterns of change, that are at least as important as those patterns of unchanging territoriality, that once made claims about geopolitical necessity seem so plausible as accounts of what we must be, or not be, as political beings. In an age of movement and movements, of speed and accelerations, of flows and circuits and all those other signs of our moving on, our plans and predictions seem obsolete as soon as they are articulated. Stories about the possibility of moving from somewhere to somewhere else – from the sovereign state to some world order or cosmopolis or global society – seem less plausible than stories about the multiple journeys that we are already undertaking. Change, we might say, is what there is. It is not the exception to some spatial norm".

See also C. A. Blach and R. A. Falk (eds.), *The Future of the International Legal Order*, Princeton, UP, 1969.

426. M. Bedjaoui and H. Thierry, "Avenir du droit international", in *Droit international: bilan et perspectives*, M. Bedjaoui (ed.), Paris, Pedone – Unesco, 1991, Chap. LVI, pp. 1305-1317, quoted p. 1313, par. 29: "C'est ainsi en fonction des limitations qu'il impose à la souveraineté que le droit international se construit".

See also H. Thierry, "L'évolution du droit international: cours général de droit international public", *Collected Courses*, Vol. 222 (1990), pp. 9-186.

427. This can be traced back at least to F. de Vitoria, in his "On Civil Power", the first course he lectured in Salamanca, probably in 1528. The text of the course *De potestate civili* in the volume Vitoria, *Political Writings*, A. Pagden and J. Lawrance (eds.), Cambridge, Cambridge Univ. Press – Cambridge Texts in the History of Political Thought, 1991, "On Civil Power", pp. 1-44, quoted p. 40, question 3, Art. 4, par. 21:

> "the law of nations (jus gentium) does not have the force merely of pacts or agreements between men, but has the validity of of a positive enactment *(lex)*".

See also Vitoria and Suarez, *Contribution des théologiens au droit international moderne*, Foreword J. Brown Scott, introduction Y. de la Brière, Paris, Pedone, 1939, "préface", pp. VII-XI, quoted p. IX:

> "Le droit que le théologien espagnol a ainsi fondé, environ quarante ans après la découverte de l'Amérique, n'était pas dans ses principes, un nouveau droit. Il

controversies [428] about *ius cogens* [429], the outlines of which were already present in Roman law [430].

---

avait été établi sur des principes du riche héritage légal du passé. Mais, Vitoria adapta ces principes fondamentaux aux problèmes internationaux nouveaux d'une ère nouvelle dans ses lectures célèbres *De Indis*."

428. See, for example, R. Kolb, *La bonne foi en droit international public: contribution à l'étude des principes généraux de droit*, préface G. Abi-Saab, Paris, Presses Univ. de France – publ. de l'IUHEI, 2000, part I, "les principes généraux: la place des principes généraux dans l'ordre juridique", Chap. I, "quelques réflexions sur l'évolution des principes généraux de droit", quoted p. 3. The preference of the UN General Assembly for texts containing very broad principles would illustrate this tendency. See also, M. Virally, "Le rôle des principes dans le développement du droit international", in M. Virally, *Le droit international en devenir – Essais écrits au fil des ans*, Paris, Presses Univ. de France – Genève, Publications de l'institut des hautes études internationales, 1989, p. 199 ff; A. von Verdross, "Les principes généraux du droit dans la jurisprudence internationale", *Collected Courses*, Vol. 52 (1935), pp. 191-252; J. B. Whitton, "La règle *"pacta sunt servanda"*, *Collected Courses*, Vol. 49 (1934), pp. 147-276; G. Schwarzenberger, "The Fundamental Principles of International Law", *Collected Courses*, Vol. 87 (1955), pp. 191-386; C. Rousseau, "Principes de droit international public", *Collected Courses*, Vol. 93 (1958), pp. 369-550; C. Rousseau, "L'indépendance de l'état dans l'ordre international", *Collected Courses*, Vol. 73 (1948), pp. 167-254; M. Sorensen, "Principes de droit international public", *Collected Courses*, Vol. 101 (1960), pp. 1-254; P. Reuter, "Principes de droit international public", *Collected Courses*, Vol. 103 (1961), pp. 425-656; R. Y. Jennings, "General Course on Principles of International Law", *Collected Courses*, Vol. 121 (1967), pp. 323-606; E. A. Walsh, "Les principes fondamentaux de la vie internationale", *Collected Courses*, Vol. 53 (1935), pp. 97-176; G. D. Tassitch, "La conscience juridique internationale", *Collected Courses*, Vol. 65 (1938), pp. 305-394; J. Ray, "Des conflits entre principes abstraits et stipulations conventionnelles", *Collected Courses*, Vol. 48 (1934), pp. 631-708; C. de Visscher, "Cours général de principes du droit international public", *Collected Courses*, Vol. 86 (1954), pp. 445-556; C. de Visscher, *Théories et réalités en droit international*, Paris, Pedone, 1953; P. de Visscher, "Cours général de droit international public", *Collected Courses*, Vol. 136 (1972), pp. 1-202.

429. It is useful to understand the character of *jus cogens*, as it was present already in Roman law: *ius publicum privatorum pactis mutari non potest* – whereby is clearly stated the general interest *(rei publicae)* in the application of Interrnational law, not possibly accepting derogation, resulting from private conventions.

On the topic *i.a.*, see L. Alexidze, "Legal Nature of *Jus Cogens* in Contemporary International Law", *Collected Courses*, Vol. 172 (1981), pp. 219-270; G. Gaja, "*Jus cogens* beyond the Vienna Convention", *Collected Courses*, Vol. 172 (1981), pp. 271-316; A. Gomez Robledo, "Le *jus cogens* international: sa génèse, sa nature, ses fonctions", *Collected Courses*, Vol. 172 (1981), pp. 9-217; R. Kolb, *Théorie du* jus cogens *international*: essai de relecture du concept, Paris, PUF, 2001.

430. *Corpus iuris civilis*, Vol. *primum*, *Digesta*, "recognovit T. Mommsen retractavit P. Krueger", Dublin, Zurich, Weidmann, 22ᵉ éd., 1973, pp. 653-654, in the *Digesto* XXXIX.V, "de donationibus", 29, Papinianus, *libro duodecimo responsorum*:

> "Donari videtur, quo nullo iure cogente conceditur. Quidam in iure interrogatus, nihil sibi debere tutores heredis respondit eum actionem iure amisisse respondit: licet euim non transactionem, sed donationis haec verbis esse quis accipiat, attamen eum, qui in iure confessus est, suam confessionem infirmare non posse."

There is no direct reference here – obviously – to *jus cogens*, in the sense of International law, but about what is essential, for an act of donation: to proceed from a voluntary act, and not result from a legal obligation.

411. C. Castoriadis (1975, ed. 1982) wrote that central significations are not significations "of" something – nor are they, except in a secondary sense, significations bound to, or referring to, something. They are what provides a given society with its sense of belonging, and they can be, to all appearances, a motley assortment of objects, acts and individuals. They have no "referent": they set up a way for things and individuals to exist in relation to them. As such, they are not necessarily explicit for the society that sets them up. They are present through the totality of that society's explicit institutions, its very organization and the social world whose tools they are [431].

412. The foundations of postmodern international law and the existence and scope of the imperative norms of general international law have a necessary and direct relationship. It is important, therefore, to understand imperative norms *(ius cogens)*, not as a novelty that has appeared recently and could thus still be subject to opposition, but as an indispensable phenomenon to be viewed from a historical perspective, as Aristotle advised in *Politics*: here as elsewhere, it is by looking at how things have developed from their beginnings that we obtain the truest picture [432].

413. That relationship is present in how we perceive and treat not only space as such, but also the other person's humanity, so that we can understand and preserve our own human condition. Once I deny the other's humanity, I deny my own; it does not exist in isolation. We have seen the damaging consequences of the idea that "all animals are equal but some animals are more equal than others", as George Orwell warned years ago in his novel *Animal Farm* [433]. The famous French actor and humourist Coluche said more or less the same thing in a well-known sketch, which was of course a critical satire on xenophobia [434].

---

431. C. Castoriadis, *L'institution imaginaire de la societé*, orig. publ. 1975; in English as The Imaginary Institution of Society, translated by K. Blamey, Cambridge, Polity Press, 1987, see p. 351 *et seq.*; Braz (ed.), *A instituição imaginária da sociedade*, transl. G. Renaud, technical rev. Luis R. Salinas Fortes, Rio, Paz e Terra, 1982, quoted p. 409.

432. Aristotle, *Politics*, with and English transl. H. Rackam, Cambrigde, Ma., London, Loeb Classical Library, Vol. XXI, LCL 264, orig. publ. 1932, reprinted 2005, quoted A, 1252a, l. 24-26. See also the French edition, Aristote, *Politique*, "texte établi et traduit" par J. Aubonnet, Paris, Les belles lettres, 1960, *cit.* 1252-1255.

433. E. A. Blair (1903-1950), better known under his pseudonym, G. Orwell, British essayist and novelist, in his *Animal farm*, orig. publ. in 1945, makes an allegory – possibly inspired by J. Swift – about the Proletarian dictatorship regimes, where "all animals are equal, but some are more equal than the others". Reference was made in the introduction, concerning the legal equality of states in International law.

434. M. Colucci, nicknamed Coluche (1944-1986), in his turn, stated: "tous les hommes sont égaux, mais certains sont moins égaux que d'autres, les noirs, les

414. Is the risk still present? We must expand our perception of it.

415. Recognizing the humanity of the other has to encompass not only all human beings –without exception – but also the relationship of all those beings to the planet and its resources. Those resources are no longer inexhaustible: that is now understood, but the way we live does not reflect that understanding [435].

416. The international law concerning spaces adds to, and is superimposed on, the territorial dimensions of how the condition of the state is expressed, starting with the land and projected into the sea, the air and spaces not subject to national jurisdiction, like the high seas, the polar regions and outer space. These are international legal constructs, to guide the identification of these spaces and distinguish between their different legal regimes. There are elements of the domestic law of various states, and elements of the international institutional normative system, and each of these dimensions is evolving.

417. It is especially important to grasp how much the international legal construct of spaces has changed in the course of the past hundred years, though from the point of view of the history of the planet this is merely a fleeting instant, a momentary glimpse. At the same time the international system is developing, with the increase in the numbers of its traditional components, independent states that are the subjects of international law, from around fifty in the mid-twentieth century to almost two hundred at the start of the twenty-first. A very recent example is South Sudan.

418. Among the latest additions thrown up by European tribalism are Montenegro in 2006, and Kosovo in 2008. With regard to recognition of the state in international law, the old dichotomy remains: was the act unilateral or bilateral? The ICJ examined that issue in its Advisory

---

arabes par exemple, sont moins égaux". About Coluche, described as a "fantaisiste et comédien français, comique au langage populaire, il devint célèbre grâce à des sketches satiriques, s'attaquant à la bêtise, à l'esprit petit-bourgeois, au racisme" – mentions *Le Petit Robert des noms propres*, rédaction dirigée par A. Rey, Paris, Dictionnaires Le Robert, éd. 2001, p. 487.

435. H. Accioly, G. E. do Nascimento e Silva and P. B. Casella, *Manual de direito internacional público*, São Paulo, Saraiva, 26ª ed., 2023, part 6, "direito internacional do meio ambiente". It is time to reconsider the Western models of civilization and consumption, imposed to different regions of the world, with indifference towards nature. The autochthonous peoples in the Americas, as well as kingdoms and tribes in Africa, and certain traditional societies and cultures in Asia, have been considered as "savages", because the standards for progress and civilization were oriented by the estrangement between man and his natural environment. See also D. Pepper, *Modern Environmentalism: An Introduction*, London, Routledge, 1st publ. 1999, reprinted 2003.

Opinion on Kosovo, in 2010[436]. The topic could be re-opened, with the recent – and dubious – initiatives by the government of Serbia, seeking to persuade a number of small states to withdraw their recognition of Kosovo as a subject of international law. This seems not only futile but impossible, given the nature of a formal declaration of recognition, unless such recognition was initially made subject to conditions: such a unilateral act by another state is not constitutive of the object of the recognition, but merely declaratory.

419. The various stages in the dismemberment of the former Yugoslav Federation saw the revival of genocide, war crimes[437] and crimes against humanity, between 1991 and 1999[438]. Those same elements had already been present in the dispute between Albania and the Kingdom of the Serbs over the Monastery of Saint Naoum, according to the Advisory Opinion of the Permanent Court of International Justice of 4 September 1924[439].

420. These changes are not only numerical but above all historical and cultural, and are reflected in all the dimensions of territory, projected beyond the land as such, with the consolidation of its marine extensions: the so-called "territorial" sea and its corollaries the contiguous zone, the exclusive economic zone and the continental shelf. State control over the sea is also projected vertically into the air, with sovereignty asserted over the column of air above those areas of land and sea that are subject to the territorial sovereignty of the state. The spatially configured delimitation of state sovereignty requires limits, to make it possible for common life to go on, and enable the circulation of people, ships, aircraft, satellites, radio waves and the entire range of telecommunications throughout the *oikumene* – the living space shared by all beings.

421. Considerable changes have taken place, too, for those spaces not subject to state jurisdiction, which have gone from being categorized as

436. ICJ, Accordance with International Law of the Unilateral declaration of independence in Respect of Kosovo, Advisory opinion, *ICJ Reports 2010*, p. 403.

437. R. Gutman, D. Rieff and A. Dworkin (eds.), *Crimes of War*, New York, Norton, 1st publ., 1999, 2nd ed., 2007.

438. Th. Christakis, *L'ONU, le chapitre VII et la crise yougoslave*, avant-propos d'Y. Daudet, preface M. Bedjaoui, Paris, Montchrestien, CEDIN – Paris I, 1996. The falling apart of the former Yugoslavia is aptly described by T. Judt, *op. cit.*, 2008, Chap. XXI, pp. 658-691.

439. PCIJ, Monastery of Saint-Naoum, Advisory opinion of 4 September 1924, Series B, No. 9 and Series C, No. 5-II, Acts and Documents relating to Judgments and Advisory opinions given by the Court, relating to Advisory opinion no. 9, 4 September 1924.

belonging to no one – *res nullius* – to spaces configured as the "common heritage of mankind". Common spaces are said to be the expression of the "common concern of humankind", though I would question whether we can yet make that assertion. It is not yet time to cast aside the burden of that responsibility, which, to date, we have not borne well. The consequences of our actions in these areas still raise questions: let us hope the common concern of mankind will exist not just in name only, as an appealing label – and the same applies to the high seas, the oceans, the polar regions and outer space. Plus all the radio waves and physical means of transmitting satellite telecommunications. Every day, with every mobile phone call and GPS – or any other form of geolocation – we are participating in the relationship between beings and space.

422. International law on the regulation of spaces leads us on to the necessary dimensions of the international law of the environment, a matter of survival for the planet and for life on it. And to the responsibility of the human species with its perverse and destructive actions, proceeding unhindered to use the earth's common spaces, causing devastation to resources across the entire planet and threatening the life and survival of all its living species. These are not mere details: human actions are causing the disappearance of entire animal species and this has accelerated from the early 1970s, when the United Nations Conference on the Environment was held in Stockholm in 1972, to the present time. The destruction of living species by each generation creates irreversible losses for humanity now and in the future, as well as for the planet and the life forms that coexist there.

423. Life on earth and its conservation are part of the concept of sustainable development, to which we must do more than pay lip service [440]. We already know this, but from now on we must be sure to apply it.

424. I repeat: awareness of the environment is a matter of civilization, and we can no longer ignore it. The consequences of remaining ineffectual *(Vollzugsdefizit)* are too serious. The rules of international environmental protection must not remain a pious hope, with no effective enforcement.

---

440. S. Sur, "La créativité du droit international, Cours général de droit international public", *Collected Courses*, Vol. 363 (2012), pp. 9-331, quoted p. 325:

> "Si une règle de droit ne s'inscrit pas dans la réalité, soit qu'elle la consacre, soit qu'elle la façonne, elle devient au pire norme illusoire, au mieux norme dormante. Elle demeure utopique, peut-être intellectuellement séduisante, mais sans espoir."

425. According to the Judgment of one Brazilian regional federal court in 2018:

> "The issue of the environment is directly linked to human dignity, as there can be no worthwhile existence without a healthy living environment. An ecologically balanced environment encompasses the fundamental rights enshrined in our Constitution as well as in the international treaties the country has ratified, such as the 1972 Stockholm Declaration on the Human Environment, especially paragraphs 17 and 19." [441]

426. The foundations of international environmental law have been laid in a number of conferences starting in Stockholm (1972), and continuing with Toronto (1988), Geneva (1990), Rio de Janeiro (1992), Berlin (1995), Geneva (1996), Kyoto (1997), Buenos Aires (1998), Bonn (1999), The Hague (2000), Bonn (2001), Marrakesh (2001), Johannesburg (2002), New Delhi (2002), Milan (2003), Buenos Aires (2004), Montreal (2005), Nairobi (2006), Bali (2007), Poznan (2008), Copenhagen (2009), Cancun (2010), Durban (2011), Rio de Janeiro (2012) and Paris, (2015). One might say that their implementation is still work in progress.

427. Any examination of how international law treats spaces must necessarily include the regime applicable to ships and aircraft, as legal categories: the legal rules treat them for certain purposes as the equivalent of territory. They must be understood, legally, as spaces. They carry with them the attribution of nationality, depending on the criteria for applying legal rules to them and the persons and property on board. The law attributes to physically created spaces categories that are equivalent to territory, with states extending their competences to them. An important body of international case law has grown up around these, including the famous cases concerning ships: the *Wimbledon*

441. Tribunal Regional Federal da Terceira Região, AI n. 589.913, 0018957-68.2016.4.03.0000, Quarta Turma. Rel. Juiz convocado Ferreira da Rocha, julgado em 7 mar. 2018, e-DJF3 Judicial 1 de 19 de abril 2018:

> "A questão ambiental está diretamente atrelada à dignidade da pessoa humana, na medida em que não há existência digna sem a configuração de um ambiente saudável para viver. O meio ambiente ecologicamente equilibrado compõe os direitos fundamentais assegurados por nossa Lei maior e também pelos tratados internacionais ratificados pelo país, a exemplo da Declaração de Estocolmo sobre o ambiente humano, de 1972, da qual se destacam os itens 17 e 19."

(1923)[442], the *Lotus* (1927)[443] and the *Achille Lauro* (1985)[444], to give only a few easily accessible random examples.

428. Variations can be seen – not limited to ships and aircraft – as well as projections of some elements of sovereignty and jurisdiction, whether imposed by a state or internationally determined. All these many cases fall under the designation of extraterritoriality.

429. Let us turn to consider how the notion of extraterritoriality manifests itself in the context of postmodern international law.

B. The avatars of the notion of extraterritoriality in postmodern international law

430. Postmodern international law deals sometimes positively and sometimes negatively with the manifestations of this phenomenon of extraterritoriality.

431. Considerations relating to the impact of geography are also relevant to its extraterritorial emanations: the first requirement for understanding extraterritoriality is to understand its territorial basis. Territoriality supplies the basic data for the functioning of each national institutional normative system, as well as for all its international equi-

---

442. PCIJ, SS "Wimbledon", Judgment 17 August 1923, Series A, No. 1. and Judgment 28 June 1923 (Question of Intervention by Poland) and Series C, No. 3.

443. PCIJ, The Case of the SS "Lotus" (France v. Turkey), Judgment 7 September 1927, Series A, No/ 10, the Court stressed at the time that:

> "International law governs relations between independent states. The rules of law binding upon states therefore emanate from their own free will as expressed in conventions or by usages generally accepted as expressing principles of law and established in order to regulate the relations between these co-existing independent communities or with a view to the achievement of common aims. Restrictions upon the independence of states cannot therefore be presumed."

On this Judgment by the PCIJ, comment P.-M. Dupuy and C. Leben, in D. Anzilotti, *Cours de droit international*, "re-édition de la trad. de 1929 en français", par G. Gidel, avant-propos de P.-M. Dupuy and C. Leben, Paris, LGDJ diffuseur, ed. Panthéon-Assas, 1999, quoted "avant-propos":

> "On trouvera dans cette affirmation l'influence directe des conceptions de D. Anzilotti. L'écho favorable ultérieurement rencontré par cette jurisprudence dans la pratique des états devait confirmer que l'arrêt du Lotus marquait en quelque sorte le point d'orgue d'une société internationale au sein de laquelle le droit avait, alors, essentiellement pour tâche d'organiser, comme la Cour le dit, la coexistence des états, chacun y restant attaché à l'exercice de sa pleine souveraineté."

444. A. Cassese, *Il caso Achille Lauro: terrorismo, politica e diritto nella comunità internazionale*, Rome, Editori Riuniti, 1987; P. B. Casella, "Special Rules for Areas not under National Jurisdiction and the Achille Lauro Affair", presented to J. A. Frowein and J. A. Carrillo Salcedo (ed.), *The Legal Aspects of International Terrorism/ Les aspects juridiques du terrorisme international*, La Haye, Centre de recherche, Académie de droit international de La Haye, 1988.

valents. Any understanding of its projection outwards, in term of functioning or interaction, proceeds from that territoriality. The foundations of the extraterritoriality phenomenon are complex: it is a legal fiction involving, in some cases, the conferring of lawfulness on exercises in extraterritorial projection.

432. In a similar manner, spatiality makes it possible to understand the dimension of international protection of fundamental rights: these exist in relation to a physical base which gives them their effectiveness. The same applies to their limitations and exceptions, in relation to the legally established distinction between those who are and those who are not "nationals".

433. The subject deserves attention, and should lead to major advances in combating the deviant practices now being seen on the part of those concerned only with short-term party-political interest and electoral considerations, whose main goal is to remain in power even where this means ignoring the most basic human dimension as well as the collective interests of those whom their actions are intended to affect. A degree of distance is needed to see this as another dimension of the relationship of humans to space.

434. Life goes on beyond the next set of election results, and its horizons are broader. The difference between politicians and statesmen, according to Winston Churchill, is that the former aim no further than the next election while the latter look to future generations.

435. The renewed movements of contingents of people across the surface of the planet are historical phenomena. They must be understood in their human dimension, not just through the shifting lens of the politics of the moment, as a matter of whether to encourage or restrict immigration.

436. Some of the cases examining projection of territorial laws also look at unilateral acts in relation to the configuration of territory. Famous examples are the case of the *Legal Status of Eastern Greenland* (1933) [445] and the *French Nuclear Tests* case (1974) [446].

---

445. PCIJ, Legal Status of the South-Eastern Territory of Greenland oriental (Denmark v. Norway), Judgment 5 April 1933, PCIJ Series A/B, No. 53, 71.

446. ICJ, Nuclear Tests (New Zealand v. France), Judgment, ICJ Reports 1974, p. 457.

ICJ, *Nuclear Tests* (*Australia* v. *France*), Order of 22 June 1973, for the indication of interim measures of protection, Orders of 12 July 1973 and 20 December 1974, re. Application by Fidji for the permission to intervene, and Judgment 20 December 1974; *ICJ Reports 1974*, p. 253.

See also E. Zoller, *La bonne foi en droit international public*, pref. S. Bastid, Paris, Pedone, 1977.

437. There are conceptual lessons to be drawn from these specific cases: even a dimension as stable or fixed as territory can be adversely impacted by the commission of unilateral acts [447].

438. Also, to some extent, from the case of the *Marshall Islands* (2016), in which the Marshall Islands filed an application against the United Kingdom claiming that it had breached its treaty and customary obligations to negotiate in good faith to bring an end to the nuclear arms race. The Court found that none of the statements made by the Marshall Islands in multilateral fora specifically related to the behaviour of the United Kingdom. As such, "the conduct of the United Kingdom does not provide a basis for finding a dispute between the two States before the Court" [448].

439. The manifestation of the will of states remains, despite all the controversy, a crucial element in establishing the rules of international law. This factor is still present notwithstanding the progressive recognition of rules of *ius cogens* as the expression of principles of general international law from which there can be no derogation – still the subject of debate and cultural resistance.

440. Among the lessons to be drawn from the interaction between territory and state is an appreciation of the direct and sometimes complex relationship between territory and cultural identity; some cases are tragic and in others there is compromise [449]. Some cases have been consigned to history while in others the dispute remains alive [450]: the *Question of Jaworzina* [451], the *Statute of the Memel Territory*

447. P. B. Casella, *Tratado de direito internacional – tomo 2 – Direito internacional dos espaços*, *op. cit.*, 2022, Chap. 30 "*território e ato unilateral*".

448. ICJ, Obligations concerning negotiations relating to cessation of the nuclear arms race and to nuclear disarmement (*Marshall Islands* v. *United Kingdom*), preliminary objection, Judgment, *ICJ Reports 2016*, at p. 856.

449. SFDI, *Les compétences de l'Etat en droit international*, "colloque de Rennes, du 2 au 4 juin 2005", Paris, Pedone, 2006, especially "Retour sur une situation: Les titres rivaux dans les territoires de l'ancienne Palestine sous mandat" par G. Bastid-Burdeau, C. Klein and Giovanni Distefano, pp. 161, 175, 185 ff.

450. P. B. Casella, *Tratado de direito internacional – tomo 2 – Direito internacional dos espaços*, *op. cit.*, 2022, Chap. 31 "território e identidades culturais", specifically 31.1, 31.2, 31.3, 31.4 and 31.5 for each of the above mentioned cases.

451. PCIJ, Question of Jaworzina (Polish-Tchekoslovakian Frontier), Advisory opinion 6 December 1923, Series B, No. 8. The Court considered (p. 29) that "the very terms of the decision of 28 July prove that not only a final solution was intended, but one which would have immediate effect", and thus the question of the delimitation of the frontier between Poland and Czechoslovakia was solved by the decision of the Conference of Ambassadors of 28 July 1920, which is definitive (p. 57). The Court had also considered (p. 38) that "the frontier was, directly or indirectly, fixed in a definitive manner throughout the whole region of Spisz by the decision of 28 July 1920", whilst reserving (as stated p. 43) "the right to introduce in the general lines thus indicated any

(1932)[452], the *Railway Sector Landwarow-Kaisiadorys* (1931)[453] or the arbitral award of Max Huber in the *Island of Palmas* case (1928).

441. The Advisory Opinion of the International Court of Justice on the *Legal Consequences of the Construction of a Wall in the Occupied Palestinian Territory* (2004)[454], deserves particularly careful attention.

---

modification proposed by the Delimitation Commission which appeared 'justified by reason of the interests of individuals or of communities in the neighbourhood of the frontier line and having regard to special local circumstances'". The Court concluded (p. 57) that the "decision must be applied in its entirety, and that consequently that portion of the frontier in the region of Spisz topographically described therein remains subject (apart from the modifications of detail which the customary procedure of marking boundaries locally may entail) to the modifications provided".

452. PCIJ, Interpretation of the Statute of the Memel Territory, Judgment 11 August 1932, Series A/B, No. 49. and Interpretation of the Statute of the Memel Territory, Preliminary Objection, Judgment 24 June 1932, Series A/B, No. 47, XXVth. session, fascicule nr 49, 1932, the governments of the United Kingdom, France, Italy and Japan have brought before the Court a suit against the government of the Lithuanian Republic "in respect of a difference of opinion as to whether certain acts of the latter government are in accordance with the Statute of the Memel territory, annexed to the Convention of 8 May 1924 concerning Memel".

The Court, by ten votes to five, decided that:

> "the Governor of the Memel territory is entitled, for the protection of the interests of the state, to dismiss the President of the Directorate in case of serious acts which violate the Convention of Paris of 8 May 1924, including its annexes, and are calculated to prejudice the sovereignty of Lithuania" and "the dissolution of the Chamber of Representatives of the Memel territory which was carried out on 22 March 1932, by the Governor of the said Territory when the Directorate presided over by M. Simaïtis had not received the confidence of the Chamber, was not in order".

453. PCIJ, Railway Trafic between Lithuania and Poland (Railway Sector Landwarow-Kaisiadorys), Advisory opinion 15 October 1931, Series A/B, No. 42, XXIIth. session, fascicule No/ 42, 1931, the Council of the League of Nations requested the Court to give an advisory opinion under Article 14 of the Covenant, on the question:

> "do the international engagements in force oblige Lithuania, under the present circumstances, and if so in what manner, to take the necessary measures to open for traffic the Landwarow-Kaisiadorys railway sector"?

The Court, unanimously, was of the opinion that "the international engagements in force do not oblige Lithuania in the present circumstances to take the necessary measures to open for traffic or for certain categories of traffic the Landwarow-Kaisiadorys railway sector".

At the occasion, D. Anziilotti, whilst concurring to the conclusions of the Court, was of the opinion that "the real question before the Court is not whether Lithuania is bound to open for traffic a given railway line; it is rather whether Lithuania can refuse to have railway communications with Poland. It is certain that all the railway communications directly connecting Lithuania with Poland are broken, and that the sole reason why the Council's question is confined to the Landwarow-Kaisiadorys line is that this line is the only one of considerable economic importance".

454. ICJ, Legal Consequences of the construction of a Wall in the Occupied Palestinian Territory, including in and around East Jerusalem, Advisory opinion, *ICJ Reports 2004,* p. 136, the scope of the question on which the advisory opinion of the Court has been requested by the General Assembly, "guided by the principles of the Charter of the United Nations" and "aware of the established principle of international law on the inadmissibility of the acquisition of territory by force".

In its request to the Court for an advisory opinion, the UN General Assembly had affirmed "the necessity of ending the conflict on the basis of the two-State solution of Israel and Palestine living side by side in peace and security based on the Armistice Line of 1949, in accordance with relevant Security Council and General Assembly resolutions":

> "The Court, being concerned to lend its support to the purposes and principles laid down in the United Nations Charter, in particular the maintenance of international peace and security and the peaceful settlement of disputes, would emphasize the urgent necessity for the United Nations as a whole to redouble its efforts to bring the Israeli-Palestinian conflict, which continues to pose a threat to international peace and security, to a speedy conclusion, thereby establishing a just and lasting peace in the region [455].
>
> The Court has reached the conclusion that the construction of the wall by Israel in the Occupied Palestinian Territory is contrary to international law and has stated the legal consequences that are to be drawn from that illegality . . . The Court would emphasize that both Israel and Palestine are under an obligation scrupulously to observe the rules of international humanitarian law, one of the paramount purposes of which is to protect civilian life." [456]

442. The State of Israel has the right to exist. It also has the right to defend itself. But the State of Israel may not invoke in its defence the very circumstances to which its occupation of Palestinian territory by use of force, contrary to international law, has given rise [457]. In its Opinion the Court also stressed that lawful acquisition of territory by the use of force was impossible – which represents a major shift away from earlier international law – thus excluding any claim to have acquired territory by military occupation.

443. This is how rejection of relations between human communities is expressed, by walls of incomprehension, literally erected as barriers to people's movement, in ostensible defiance of the categorical

455. ICJ, Legal Consequences of the construction of a Wall in the Occupied Palestinian Territory, including in and around East Jerusalem, Advisory opinion of 9 July 2004, p. 136, para. 161.

456. ICJ, Legal Consequences of the construction of a Wall in the Occupied Palestinian Territory, including in and around East Jerusalem, Advisory opinion of 9 July 2004, p. 136, para. 162.

457. P. B. Casella, *Tratado de direito internacional – tomo 2 – Direito internacional dos espaços*, São Paulo, Almedina, 2022, esp. 31.4, *consequências da construção do muro nos territórios palestinos ocupados*.

imperatives of history and of the world as a whole. As regrettable as they are useless, but common nonetheless.

444. Events have an unfortunate way of repeating themselves. The fall of the Berlin Wall in 1989 is considered a moment of significance, but the regrettable increase in the number of walls being built is no less so:

> "Walls are multiplying today and more and more sections of territory worldwide are being 'walled in' by various forms of them: frontier walls, security barriers, simple boundaries, fortifications, ramparts or even virtual walls, which are interesting from the standpoint of international law as soon as they have an extraneous element (the 'frontier wall' is the most obvious)." [458]

445. Aside from the sadly notorious case of the wall in the Occupied Palestinian Territory, the building of barriers and imposition of restrictions on immigrants in the United States since the time of George W. Bush has been carried to excess under Donald Trump. But the question demands to be looked at from a broader perspective. On current estimates the United States has 37 million citizens who are "poor"; they make up more than ten per cent of the nation's total population. By comparison, there are perhaps ten or twelve million illegal immigrants. Where does the real affliction lie in this society? In the growing inequality of distribution of wealth, not in the flow of migrants.

446. The same tendency to refuse to accept others and to put up walls has also, alas, developed in a supposedly united Europe. How sad and paradoxical to see walls of incomprehension between Europe and its own neighbours – and with the support of the majority of the populations concerned.

447. The false internal perception of threat is more menacing than any external one. Could these few million poor immigrants really have the power to dismember civil and political societies built up over centuries? Less cultured, less wealthy and less socially integrated than

458. "Les murs se multiplient aujourd'hui et 'emmurent' de plus en plus des portions de territoires à travers le monde – avec des formes variées : mur frontière, barrière de sécurité, simple limite, fortification, rempart ou même mur virtuel – qui présentent un intérêt du point de vue du droit international, à partir du moment où un élément d'extraneité est présent (le 'mur frontière' en étant le symbole le plus évident)." J.-M. Sorel, "Les murs murent ...", in J.-M. Sorel (ed.), *Les murs et le droit international*, Paris, Pedone, Université Paris I, Panthéon-Sorbonne, Centre d'étude et de recherche en droit international, Cahiers Internationaux no 24, 2010, "Colloque tenu à Paris les 15 et 16 janvier 2009", pp. 7-23, *cit.* p. 8.

the average citizen, "barbarians" in the etymological sense of the word and speaking incomprehensible languages[459] – but ready to pay a high price to integrate, even taking on punishing jobs many citizens are reluctant to do, or even to see or acknowledge as necessary, so long as they do not have to live with the immigrants. But are those citizens who reject immigrants available to do this heavy work, sometimes in extremely demanding conditions? Herein lies the paradox, with concentrations of poverty, exploitation, misery and even breaches of human rights within[460] these affluent, stable, post-industrial and postmodern societies, shaking on their foundations, fearful of their colonialist past turning against them and their own past choices coming back to haunt them.

448. The aftermath of decolonization has brought manifestations of extraterritoriality the colonizers never dreamed of. We should see them as projections in both time and space, as consequences of history as much as geography. Let us remember Francisco de Vitória and his wonderful concept of a *ius communicationis* that would encompass all the human beings on the planet.

449. The issue of the relationship between territoriality and cultural identity projects the territorial dimension above and beyond the purely physical: these are historical facts, but above all they are cultural. The relationship with territory is a human relationship, with all its variables and constraints. It is no accident that history abounds with illustrations, even paradigms of this relationship between territorial space and cultural identity. Some of them are classical examples,

---

459. A. Mehdi Badi, *Les Grecs et les barbares I: Une erreur de l'histoire*, Paris, P. Geuthner, orig. publ. 1963, 3e éd., 1990; *Les Grecs et les barbares II: Deux mondes complémentaires*, Paris, P. Geuthner, orig. publ. 1966, 2e éd., 1990; *Les Grecs et les barbares III: Suse contre Athènes*, Paris, P. Geuthner, orig.publ. 1968, 2e éd., 1990; *Les Grecs et les barbares IV: Salamine et Platées*, Lausanne, Payot, 1975; *Les Grecs et les barbares V: La paix du Roi*, Paris, P. Geuthner, 1984; *Les Grecs et les barbares VI: D'Alexandre à Mithridate*, Paris, P. Geuthner, 1990; J. Boardman, J. Griffin and O. Murray, *Greece and the Hellenistic World*, Oxford, Univ. Press, 1986, reprint 1990; J. B. Bury and R. Meiggs, *A History of Greece: to the Death of Alexander the Great*, London, Macmillan, orig. publ. 1900, 4th ed., 1975; C. Grimberg, *La Grèce et les origines de la puissance romaine*, 1963, adaptation française, G. H. Dumont (ed.), transl. G. Colson, Verviers, Marabout, 1974; J. de Romilly, *La Grèce antique à la découverte de la liberté*, Paris, De Fallois, 1989; J. de Romilly, *Pourquoi la Grèce?*, Paris, De Fallois, 1992; J. de Romilly and J.-P. Vernant (eds.), *Pour l'amour du grec*, Paris, Bayard, 2000; B. Snell, *Die Entdeckung des Geistes*, Hamburg, Claassen Verlag, 1995; Braz. ed. *A cultura grega e as origens do pensamento europeu*, transl. P. de Carvalho, São Paulo, Perspectiva, 2001; E. La Rocca (ed.), *L'esperimento della perfezione: arte e società nell'Atene di Pericle*, Milan, Electa, 1988.

460. The so-called "fourth world" would encompass the clusters of poverty within the rich societies of the "first" world.

like the *Island of Palmas* case already mentioned, or simple matters of historic record like the *Question of Jaworzina*, the *Statute of the Memel Territory* or the *Railway Sector Landwarow-Kaisiadorys*, while others are explosively controversial with unresolved tensions, as with the case of the *Legal Consequences of the Construction of a Wall in the Occupied Palestinian Territory*. The models are clear: we have only to be willing to analyse them, to understand the ever-present human dimension and the interaction between human beings and their spaces. Another projection to consider, perhaps.

450. Understanding the effects of applying international law to the ordering of spaces involves precisely that: grasping that this is not lifeless data, but moving or even living elements. Space is not an inert factor, but subject to variation. Space is alive and changing. Not just physically, but most of all in the cultural perceptions that derive from it, which account for the different legal treatment of space with the passage of time.

451. So much time and effort was expended by free spirits to overcome the dogma and achieve recognition of the fact that the earth not only rotates on its axis but does so while orbiting around the sun, in the midst of the other elements of what is known as the solar system. There is a stable physical basis to this, but many men changed their minds about it, sometimes suddenly and violently, just as tropical rivers can alter course on the surface as well as in the bowels of the earth. Earthquakes show us that the physical basis of territory is stable, but it is not inert.

452. The motion of the seas, not only movement driven by tides but also shifts that accommodate forces, is part of the planetary equilibrium. They receive pollution from the land and from freshwater courses. Overfishing upsets their balance. Both are characteristic of man's excesses towards the planet, which are destroying the balance of ecosystems and if taken to extremes will cause the human race to self-destruct; they have already caused irreversible damage to the natural environment. All these factors must first be understood and then brought under control, ensuring that abuse on such a scale can no longer be committed and the point will not be passed beyond which damage can no longer be repaired and becomes irreversible. The limits on the capacity of the planet, and ourselves with it, to survive such excesses are factors that are crucial for the future of intelligent life on earth, for humanity as a whole and for all natural systems.

453. Movement also takes place on the planet through ships, aircraft and telecommunications signals, either within the earth's atmosphere or via satellite, each of them occupying different spaces and governed by different legal regimes. All these telecommunications pass between states, above them and beyond them, using either conventional systems or satellite transmission[461].

454. The international law applied to spaces starts with physical factors, which are the most elementary, but does not end with them. All of this shows us something of the evolution that has occurred in the different dimensions of territory over the past few decades.

455. This movement culminates with the awareness of multiculturality and the challenges of living together, in spite of the cultural, historical and human differences surrounding how human beings and all the other species on the planet understand and use their physical space. The species interact, both among themselves and with the space to which they belong.

456. We may well wish to deny or restrict, at will, the *ius communicationis* of which F. de Vitória wrote. Humanity may want it to go away, but it will come back. The imperative of common life and interdependence, which is a matter of nature, has not, in spite of everything, taught us how to manage our lives together – and indeed their sustainable development – in a reasonable, stable manner. This is becoming increasingly necessary, as a categorical imperative in the Kantian sense: it is indispensable, in the sense that we cannot escape from living together, but doing in a viable way so requires rules, limits and parameters.

457. The relationship between the law and spaces has a spatial quality. This is tautologous, but undeniable. Looked at from the institutional and normative standpoint, the human and legal perception of space is constructed against a background that is, spatially, international, alongside domestic laws, and projects itself beyond such static elements to become something alive and mobile. Some of this we see and some of it is beyond our grasp: but it could lead us to the realization that we need to preserve the balance of the planet.

458. Both natural processes and human actions cause changes and have impacts. The planet might suffer irreversible damage or it

461. As already stated, every time we operate "simple" mobile phones, or put into operation an orientation "GPS" device.

might survive, if it is not too late to counteract some of the harm done unthinkingly and without heed to the consequences.

459. The entire system is not only living, but dynamic and changing. Considerable shifts have occurred throughout the past few decades, since the establishment of the United Nations and the whole family of international organizations that converge and interact with it at a global level, as well as with the whole range of specialized regional and subregional organizations, including non-governmental organizations, whose role is growing. Many of those non-governmental organizations have a wide-ranging brief in terms of control and preservation of the environment. The international law of spaces is not a set of immutable physical data, but also includes the living dimensions superimposed on that of history and the all-too-human dimension of culture, as the expression of the condition for survival of the human species alongside all the planet's ecosystems.

460. The way we perceive extraterritoriality furnishes some of the basic elements of regulation of the planet's physical space. This normative base is built on a human scale, and grows stronger or weaker depending on human factors: political, economic, historical and cultural factors, the expressions of the lives of individuals as well as groups in society. The perception of extraterritoriality proceeds from a physical basis, through the dark and hostile wood of politics, economics, history and culture at the mid-point of its path, until it arrives at the ultimate end-point of the international institutional normative system: the human being.

461. The fact that in 2005 the Institute of International Law recognized universal jurisdiction with regard to the crime of genocide, crimes against humanity and war crimes might be identified as an institutional landmark in international law [462]. But it is quite another matter to ensure that it is properly used: tools are necessary in international law but we need men and women with a high sense of mission to use them well.

462. One positive example is the immunity from legal process of the Special Rapporteur of the Commission on Human Rights, according to the Advisory Opinion of the International Court of Justice of 29 April 1999: a Rapporteur of the United Nations Commission on Human Rights must have the necessary guarantees to be able to carry out his

462. Institut de Droit International, *Universal criminal jurisdiction with regard to the crime of genocide, crimes against humanity and war crimes*, Rapporteur C. Tomuschat, Krakow Session 2005, Annuaire de l'Institut de droit international, Vol. 71, Vol. II, Paris, Pedone, 2006, p. 199 ss.

or her duties free from constraints imposed by the state in which they are performed, including immunity from legal process with regard to statements made within the scope of those duties.

463. The *Case concerning the arrest warrant of 11 April 2000* was an example of the wrongful application of extraterritoriality[463]. The issue of an arrest warrant against the acting Congolese Minister for Foreign Affairs, Mr Abdoulaye Yerodia Ndombasi, by Judge Van der Meersch, in Belgium, pursuant to Article 5 of the Belgian Law of 16 June 1993, amounted to a breach of the immunity of a foreign authority under customary law as well as Article 41 of the Vienna Convention on Diplomatic Relations.

464. The basis for this might be physical, but added to that are cultural elements. How the dimension and scope of these cultural factors are perceived is therefore inherent in the content of extraterritoriality, and indispensable for an understanding of space and its legal attributions. Not only in postmodern international law, but also in the different domestic legal systems, the relations between space and power, from the standpoint of sovereignty, jurisdiction and "territorially determined competences" are not neutral elements, nor can they be understood if one ignores the historical and cultural models out of which they came and in which they are enshrined. Such relationships are not one way only, but intersect and recur in multiple forms.

465. Relationships between power and space are built up and deployed: the sovereign state is a delimited space in which the same power is exercised at the same time over and by a given people, in a defined territory. With one crucial distinction, that must not be overlooked: in domestic systems this is a concentration of power, but in international systems it is a division of power between distinct units. This key distinction provides both the link and the central confrontation between territoriality and extraterritoriality: it also explains the spatial dimension as a *process*. This intellectual process of communication, written or spoken, tracks the process of constructing the spatial dimension, with space as the basis of law and power – the area in which both are played out and enforced – and the basis of delimitation of those areas where law and power are enforced, between

463. ICJ, Difference relating to immunity from legal process of a special rapporteur of the Commission on Human Rights [D. P. Cumaraswamy], Advisory opinion of 29 April 1999, *ICJ Reports 1999*, p. 62.

ICJ, *Arrest warrant 11 April 2000 (Democratic Republic of Congo* v. *Belgium*, submitted 17 October 2000, judgmet rendered 14 February 2002, *ICJ Reports 2002*, p. 3.

sovereign states deemed to have rules and criteria to govern the life they inevitably share. This is where international relations are played out, whether inter-state or mixed, involving non-state agents operating at the international level.

466. Throughout this entire domain, these state or non-state agents have a shared life, together delimiting their fields of competence and national jurisdiction, and the privileged spaces for the exercise of their state prerogatives, whether these are territorially determined or extraterritorial. These exist alongside the internal competences of the state in relation to "its" people, territory or government, and those aspects derived from internal and international usage.

467. As with the state's territorial competences at the internal level, these domestic competences are projected outwards into the shared life of states, in the necessary but not always peaceful interactions between the various sovereignly determined national *spatialités*. The competences intersect, sometimes in ways previously established and considered as lawful and legitimate: state immunity, both diplomatic and consular, is an example of the "civilized" category, accepted as valid and accorded on a reciprocal basis for the expression and protection of shared interests, and capable of uniform interpretation and application in almost every case [464].

468. Other areas, too, have been made subject to regulation, as with mutual legal assistance in civil and criminal matters and extradition mechanisms. The treatment of refugees, with the recent addition of the category of environmental refugees, and the protection of minorities, are some of the types of operation states mutually agree to implement on their territory for the benefit of other states. These are mere samples of a vast array of operations conducted extraterritorially by agreement, which fall within the category considered as "civilized".

---

464. H. Thirlway, "Concepts, Principles, Rules and Analogies: International and Municipal Legal Reasoning", *Collected Courses*, Vol. 294 (2002), pp. 265-406, quoted p. 274:

> "Article 38 includes among the recognized sources of law the 'general principles of law' recognized in the legal systems of 'civilized nations'. As you will be aware, there are differing views as to the meaning of the reference in the Statute to those principles; but for most scholars, the correct interpretation would at least include the principles which can be found to be shared by all, or at least most, national legal systems. The reference to general principles of law was included in the Statute of the Permanent Court essentially to ensure that the Court should not, for lack of a customary or conventional rule, be obliged to declare a *non-liquet*, that is, decline to give a decision. Is the effect of article 38 that such principles form part of international law, or are they something existing outside it which can, when necessary, be transposed to the plane of international relations?"

469. Others, on the other hand, such as the forcible removal of persons from one state by the agents of another, are internationally unlawful practices despite being common. Often attributed to the United States, they are practised by other countries too [465].

470. International direct actions taken outside the law upset the framework of this shared life, which is ordered on the basis of mutual respect for state competences organized around territory. In Europe, several cases have been identified, and criticized, in which persons have been forcibly removed by agents of the United States, outside of any judicial cooperation or formal inter-state arrangement. They are unlawful precedents and should not be forgotten.

471. In some situations, the acts are so serious as to qualify as internationally wrongful acts, making it possible for any state to exercise the power to punish them. One classic category of extraterritorial jurisdiction, since ancient times, has been piracy, as the action of an enemy of humankind – *hostes humani generis* – that is universally punishable by any jurisdiction, as laid down in the applicable international law: the 1982 United Nations Convention on the Law of the Sea. Under the Rome Statute of the International Criminal Court, other acts deemed to be internationally wrongful acts are war crimes or crimes against humanity, and the crime of genocide under the United Nations Convention of 1948. Acts of international terrorism are a much more controversial area.

472. In this area in particular, the categories are not universally accepted: cultural factors are decisive in determining who is a terrorist and who is a resistance hero. Maybe it is better not to go into too much detail concerning the grim line separating the legal from the political – or into what, politically, will be accepted or rejected.

---

465. Hard to explain in the framework of regular bilateral relations between France and Brazil: French secret agents were found in Brazilian territory, on their way to attempt the rescue of Ingrid Bettancourt, from the hands of the FARC, in the Colombian jungle. The French government at the time, under N. Sarkozy tried to describe these agents as scientists in a research mission in the Amazon region – which hardly matched with their appearence: they did not have the "physique du role" to be considered as such. Moreso due to the fact that these agents had landed from an official aircraft of the French Government, which was waiting for them at the tarmac of the Manaus Airport during the operation: hardly ever scientists fly around in airplanes of the Republic of France, especially for such long-distance flights!

All's well that ends well. What might have turned into a serious international incident between the two countries, was turned into a joke – "une blague" – that is a positive reaction to the cynical and high-handed remark, as often attributed to De Gaulle as denied: "les Brésiliens ne sont pas sérieux" – the Brazilians are not a serious people. Brazil would have had reasons to be serious about the incident: a hidden and illegal extraterritorial action of France in Brazilian territory.

473. These categories may not be unambiguous, and the punishments or rewards may not be either. Misunderstandings are frequent.

474. On the one hand, internationalization of crimes and international jurisdiction might meet common operational needs, but on the other we should still consider to what extent it can be characterized as the expression of a supposedly universal, or at least widespread, consensus about what practices are deemed undesirable or wrongful and to be rejected by all states and all human communities. That would mean establishing in advance the content and extent of what is or is not accepted as rightful and legal, which is not always an easy matter [466].

475. The construction and designation of the spatial dimension appear to be typically human operations: man takes his place within a space and makes himself master of it. Giving names and legal titles to spaces is intrinsically human – carried out under the eye and with the blessing of God, according to the Book of Genesis. The physical space is "humanized" turning it from a natural environment into a space that is culturally determined and delimited.

476. Physical space becomes a cultural space, in which laws enter into force and are applied, power is exercised, legal rules apply, punishments may be imposed and sovereignty exercised, as a set of prerogatives. The construction of this spatiality drives all the state's prerogatives over its territory, with sovereignty as the expression of this culturally-determined spatial identity.

477. Culture and spatiality also manifest as limits: "spatialization", as with other categories previously thought to be static, or at least stable, is modified, extended and enhanced by other dimensions and additions. There is a corresponding intensification of its permeability and susceptibility to circumstance, as it becomes subject, reciprocally, to the rules and procedures whereby other states assert their respective spatiality.

478. Increasingly, states are making claims to maritime spaces such as the so-called territorial sea or the aptly named exclusive economic zone, and even beyond that to the continental shelf, where claims to extend the state's territorial powers are supposed to be determined by physical features.

479. As well as the marine dimension, there is, literally, a corresponding extension of the power and jurisdiction of the state into what

466. M. Delmas-Marty and A. Cassese (eds.), *Crimes internationaux et juridictions internationales*, Paris, PUF, 2002; also in Spanish, *Crímenes internacionales y jurisdicciones internacionales*, transl. H. Pons, Bogotá, Grupo Edtrl. Norma, 2004.

is known as airspace, the space represented by the column of air above the land and marine territory of the state. The vertical extent of this territoriality is subject to research. How, and how far out, it can extend has not yet been clearly determined internationally, but only in national legislation. Australia's law sets its vertical sovereignty at 100 kilometers. The 2008 Constitution of Ecuador goes still further, claiming sovereignty over the equatorial orbit, contrary to the international law in force according to which no state may appropriate outer space.

480. The question of the vertical limits of state sovereignty remains open. Beyond that limit, which may not be altogether imaginary but is certainly difficult to determine, lies outer space, and the end of valid claims to territorial sovereignty. Its status is that of a common space, not subject to claims of sovereignty by any state but destined for peaceful common use for the purpose of non-militarized scientific research. However precarious the status of outer space, the moon and other celestial bodies have been declared the common heritage of mankind: can the attribution of such a legal title have any meaning? Is it not completely unviable? That said, it is enshrined in international instruments allegedly in force, whose application is recognized as expressing general rules of international law binding on all states.

481. Various civilizations have founding myths in which the naming of animals, plants and physical spaces comes just after their creation. Upon their physical creation man asserts his mastery over the space by the attribution of names. These two operations are parallel but not concurrent, either in time or content; the attribution of names expresses the cultural appropriation of a space. Naming creates *denominations*, for the conferring of titles and legal status in addition to their *de facto* characteristics.

482. Spatiality is not a neutral matter, but is built up as a culturally determined and determinable set of characteristics. Among other traditions, the ancient Greek tradition has had a considerable influence both intellectually and culturally on the so-called West [467], free from the weighty connotations of faith, dogma and religious controversies that would mark the Judeo-Christian tradition. This is because the ancient Greek tradition occupies a place as the common heritage of the West, seen as a shared cultural legacy in a space that is at the same time geographical, historical and cultural. It allows us to sidestep the false

467. See, among many others, A. Bidar, *Histoire de l'humanisme en Occident*, Paris, A. Colin, 2014; *Bibliothèque idéale des philosophes antiques – de Pythagore à Boèce*, "textes rassemblés et présentés", par J.-L. Poirier, Paris, Les Belles Lettres, 2018.

but continuing polemic between "creationists" and "evolutionists". We can leave aside traditions freighted with other values, but look rather to the Hellenic tradition as it appears to us today, stripped of all religious and transcendental baggage but seen as a cultural and historically identifiable phenomenon, a model of images and culture from which to build a view of the world and understand its workings.

483. Paul Clavier (2000) cites Proust, who said that the world is true for us all and dissimilar to each of us [468]. That is another way of saying that subjective differences in how we apprehend and comprehend reality presuppose an objective convergence. At the root or at the point of intersection of these divergent conceptions there has to be a common configuration, a general structure of beings and events, a frame of reference in which such conceptions complement or contradict, agree with or ignore each other. A system or shape, from which all the subjective perspectives of knowledge or action proceed or at which they all arrive.

484. In ancient Greek tradition there was Chaos, the primal form, indistinct, indeterminate and nameless. Then came the moment when Gaia, the earth, and Uranus, the sky, came together in unending union and their primal passion brought the shift from indeterminate chaos to a space that was gradually humanized, the Cosmos, in which the attribution of names served to create title.

485. The earth was no longer benighted and obscure, formless and ill-defined. It acquired a distinct, separate and precise form. The confusion of d ark, indeterminate, undifferentiated chaos gave way to the clarity, firmness and stability of the earth, where things were defined, visible and solid. Spaces were delimited for human competencies and actions.

486. In counterposition to the earth was Uranus, literally the sky, or even a starry sky. Earth and sky made up the two superimposed planes of the universe. The starry sky appeared as a mirror image, the same size as the earth over which it extended. The two appeared to be two planes of the human universe. One was the base and the other a vault,

468. P. Clavier, *Le concept de monde*, Paris, PUF, 2000, *cit.* p. 4:

> "Nous pouvons constater, à travers les époques et les générations, à travers les lieux et les milieux, l'existence de différentes façons de concevoir le monde: représentations mythologiques, interprétations scientifiques, doctrines théologiques, organisations politiques, approches économiques, choix éthiques, visions artistiques ... Et, à l'intérieur de chacune de ces approches, des conceptions divergentes ... Dans *La prisonnière* Proust écrit que 'l'univers est vrai pour nous tous et dissemblable pour chacun'."

one below and the other above, with the two coextensive and matching perfectly.

487. The earth generated the primordial sea, Pontus, in its midst, which created vast liquid stretches across the earth, setting limits to the land. Like the sky, the ocean represented the opposite of the earth. While the earth was solid and compact and allowed no mixing of elements, the seas on the other hand were fluid and formless, as the waters flowed into each other indistinctly and merged together. On the surface the sea flows clear and luminous, but its depths are dark, binding it and the earth to chaos.

488. To the Ancient Greeks, the world was made from these three primordial entities: Chaos, Gaia, and the primitive Eros. Those three forms gave rise to two others, made out of the earth: Uranus, the sky, and Pontus, the sea. They were at the same time natural forces and divinities. Gaia was the earth on which walked all the humans and animals, but at the same time she was a divinity. Pontus represented the waters, but he was also a divine power requiring to be worshipped.

489. From the union of Gaia and Uranus forms arose that were still indistinct and primitive: six male Titans and six female Titans. Other monstrous beings were born, in two trios: first the Cyclopes – Brontes, Steropes and Arges – inhabitants of the underworld who stood for tectonic and natural forces, thunder and lightning. The second trio was the hundred-armed Hekatonochires, Cottus, Briareus and Gyges. They were huge and monstrous, each with fifty heads and a hundred terrifyingly powerful arms.

490. Spatiality was constructed out of differences and the division into categories. The separation between sky and earth, Uranus and Gaia, began when time, Kronos, emasculated his own father, Uranus, who with his cries of pain cursed his descendants as he departed from the earth.

491. The arrival of time marked the start of the world. Primitive lack of differentiation gave way to the characterization of its content and scope, temporally determined like the succession of night and day and the sequence of the seasons. History, as a human construct, took its place as a way of ordering how the passage of time was perceived and what its effects were on the world, on mankind and on human creations.

492. Human order was built out of the primal world, of chaos without form. By his violence, Kronos brought about the fundamental stage of the birth of the Cosmos. This separated earth from sky, and created a space between the two that mankind could claim.

493. The separation of Uranus and Gaia following the intervention of Kronos made way for the Cosmos, the world conceived on a human scale, and for successive generations of beings. Time provided a way of perceiving and understanding the world. But as yet there was no sovereign order to govern this cosmic space.

494. On this world stage space opened up, time passed and successive generations came and went. Kronos made his presence felt with violence: he castrated his father, instituted the passage of time and opened up the world to allow other forms of life to emerge. Kronos, in turn, formed a union with Rhea, one of the Titans, producing sons who went on to have other sons. These were to form a new generation of divinities, the second generation of individualized deities.

495. This generation, the sons of Kronos and Rhea, had sons each of whom was devoured, one after the other, by their father, to prevent them from taking the place Kronos had taken from their grandfather, whom he had castrated and dethroned. The youngest, Zeus, was saved by his mother from his father's devouring appetite. In his turn, Zeus set up a new sovereign order, which would become the Greek pantheon, in which he held pride of place as ruler of the world, while his brother Poseidon was given dominion over the waters and the third brother, Hades, dominion over the underworld.

496. This so-called Olympian ordering of the world was rich in symbolism: its construction did not deny or abolish the primitive forces, which could always resurface. Thus the order was established as a sort of superstructure over the natural world – which remained alive and present, moving beneath a veneer of civilization.

497. Thus, the divine world was constructed as an ideal model, compared to the world of men. Alongside this idea of the Olympian world order, the primitive tectonic forces remained alive, and had to be kept under control. Cultural constructs could not exclude the still-living primal forces, which sometimes resurfaced, taking destructive forms as they do even now.

498. The role of the founding myths of any civilization and cultural community is clear, and its relationship to postmodern international law has been acknowledged and studied [469]. The richness and complexity to be found there contributes to a greater understanding of any concept of the world as something culturally constructed and determined.

469. P. B. Casella, *Fundamentos do direito internacional pós-moderno*, Foreword H. Caminos, São Paulo, Quartier Latin, 2008, esp. Chap. VI – "direito, história e cultura", pp. 491-614.

499. The substantial part played by founding myths in every society has been the subject of many studies by authors who can still be appreciated though their analyses are now outdated, such as J. G. Frazer [470], as well as more recent ones whose approach is more in keeping with our perception of multiculturality but who treat the subject in a variety of different ways, like G. Dumezil [471], C. G. Jung and K. Kerenyi [472], M. Detienne [473], M. Eliade [474] and J.-P. Vernant [475], writing of cultural contexts that can be transposed to facilitate the analysis of international myths.

500. International society, too, inevitably has its myths. René-Jean Dupuy, speaking in 1987 about the role of myth in international life [476], highlighted the place occupied by imagination. To understand this,

---

470. J. G. Frazer, *The Golden Bough – A Study in Magic and Religion*, London, Macmillan, orig. publ. 1913, reprint 1990, 13 Vols.

471. G. Dumezil, *Mythe et épopée I*, Paris, Gallimard, NRF, 5e éd., 1968, nouv. éd., 1986, impr. 1989; *Mythe et épopée II*, Paris, Gallimard, NRF, 4e éd., 1971, nouv. éd., 1986, impr. 1988; *Mythe et épopée III*, Paris, Gallimard, NRF, 3e éd., corrigée, 1973, nouv. éd., 1981, impr. 1986; *L'oubli de l'homme et l'honneur des dieux: esquisses de mythologie*, Paris, Gallimard, NRF, 1985, impr. 1985; *Les dieux souverains des indo-européens*, Paris, Gallimard, NRF, 3e éd. "revue et corrigée", 1977, nouv. éd., 1986, impr. 1988; *Mythes et dieux des indo-européens* "textes réunis et présentés" par H. Coutou-Bégarie, Paris, Flammarion – Champs, 1992, impr. 1994.

472. C. G. Jung and K. Kerényi, *Essays on a Science of Mythology*, transl. R. F. C. Hull, New York, Bollingen Foundation, Princeton, University Press, 1949, reprinted 1973; K. Kerényi, *Die Mythologie der Griechen I. Die Götter- und Menschheitsgeschichten, Munich, DTV, orig. publ. 1966, 6th. ed., 1983; II. Die Heroengeschichten*, Munich, DTV, orig. publ. 1966, 6th. ed., 1983.

473. M. Detienne, *L'invention de la mythologie*, Paris, Gallimard, NRF, 1981, impr. 1987.

474. M. Eliade, *Histoire des croyances et des idées religieuses*, Paris, Payot, 1976, in English, *History of Religious Ideas and Beliefs I. from the Stone Age to the Eleusinian Mysteries*, transl. W. R. Trask, Chicago, Univ. Press, 1978, *II. From Gautama Buddha to the triumph of Christianity*, Paris, Payot, 1978, transl. W. R. Trask, Chicago, Univ. Press, 1984, *III. From Muhammad to the Age of Reforms*, Paris, Payot, 1983, transl. A. Hiltebeitel and D. Apostolos-Cappadona, Chicago, Univ. Press, publ. 1985; *Aspects du mythe*, Paris, Gallimard – Folio, 1963, reprint 1989; *The Quest*, Chicago, Univ. Press, 1969; French ed., *La nostalgie des origines: méthodologie et histoire des religions*, Paris, Gallimard, Folio, Essais, orig. publ. 1971, reprinted 1991.

475. J.-P. Vernant, *La volonté de comprendre*, "entretiens", préface de A. Spire, Paris, Ed. de l'Aube, 1999; *Les ruses de l'intelligence: la métis des grecs*, avec M. Detienne, Paris, Flammarion, 1974, nouvelle éd., "Champs", 1978; *Mythe et pensée chez les grecs: études de psychologie historique*, 1965, nouvelle édition, Paris, La Découverte, 1985; Braz. ed., *Mito e pensamento entre os gregos*, trad. H. Sarian, São Paulo, Difel – Edusp, 1973; *Oedipe et ses mythes*, with P.-V. Naquet, 1986, Paris, ed. Complexe, 1988; *Nascita di imagini*: e altri scriti su religione, storia, ragione, 1979, transl. A. Montagna, Milan, Il Saggiatore, 1982.

476. R.-J. Dupuy, *Le mythe dans la vie internationale* "le texte est la transcription littérale de l'enregistrement de la conférence faite par Mr. le Prof. R.-J. Dupuy, le 14 décembre 1987, à Nice", préface de C. Nigoul et M. Torrelli, Cycle de conférences portant sur "La diplomatie nouvelle", Nice, Institut du droit de la paix et du développement – Institut européen des hautes études internationales, 1988.

myth has to be looked at in a triple sense: first as a narrative, the obvious illustration of which is Greek mythology; then, in a pejorative sense, as the summary, simplified version showing the error of the other's ways, so we can wonder why they did not break free of them; and lastly, myth as a driving creative force, an idea that motivates the overwhelming urge to go down in history. In postmodern international law all three dimensions are still present, superimposed one on the other.

501. Extraterritoriality, as a legal concept, partly follows this trajectory. The construction of the world beyond its physical characteristics is that of a cultural space, historically constructed, determined and identified as such by humans. It is a cultural superstructure, projected onto the natural world and imposed on a world of forces that were to a great extent territorially limited but still neither regulated, nor subject to any form of order. These were primitive forces, but they can still burst forth again, uncontrolled, like the French secret agents who, when surprised in Brazilian Amazonia, tried to pass themselves off as research scientists.

502. The world is constructed as a culturally determined space that transcends physical characteristics. Human intervention in the world began as soon as humans first appeared. Humans are part of the world but they establish relationships with it and transform it, sometimes ordering the forces of nature as if it were a garden designed by Le Nôtre. States, roads and shipping routes have been laid out and spaces set aside for agriculture, sometimes involving destruction. The human hand can be seen as an expression of primitive forces destroying nature and life with wars and bombs. Lives, cities, historic and cultural heritage are wiped out by armed conflict, and other forms of animal and plant life destroyed by acid rain and industrial pollution that strips and impoverishes the ecosystems.

503. Humans act as if they were not part of the world they inhabit, but all the harm they do will have repercussions, for themselves or for future generations. The cycle repeats itself endlessly down the ages.

504. The Hellenic myths about how the world was created and the different categories of spaces established and named provides a remarkable illustration of human attributes. In parallel with the creation of internal systems, rules are established for relations between international subjects, and between the sovereign normative and political orders. As was done in ancient times and still is now, with the ordering of the *oikomenos,* the space on the planet occupied by humans.

505. International law adds a further dimension to how the world is perceived and regulated. As a product of culture, in a given historical

context, it bears the traces of our thinking so far. A phenomenon like the concept of extraterritoriality has its own legal framework which is in turn culturally determined, and depends on that cultural framework for the evaluation of which practices will be considered lawful and which unacceptable and contrary to the law as breaches of the *comitas gentium*.

506. Placing spaces into legal categories does not change their nature, but attributes distinct legal ranks to the different frameworks. The distinct legal categories into which these spaces are placed in order to be regulated appear as superstructures of human culture. They can shift over long periods of time, as has been seen in practice. This is not a neutral process: the limits of extraterritoriality can and will be determined according to legal categories, and also by reference to cultural models. The division between what might or might not be acceptable where extraterritoriality is concerned is also conditioned by culture.

507. In a paradigmatic sense, this accounts for the changing treatment of common spaces, previously considered as belonging to no one – *res nullius* – but which have come to be acknowledged in the law of the sea as the common heritage of mankind, and in international environment law as the common concern of humankind. We are left with the problem of how to put this perception into practice and move to the stage of effective implementation of the rules and procedures to ensure, as a matter of common interest, protection for these different categories of spaces.

508. Colonialism overturned the legal categories of what was deemed acceptable or otherwise in terms of the attribution of legal title to the vast territories and entire peoples subjected to it. Before, during and after, but mainly from the second half of the nineteenth century to the first half of the twentieth.

509. No less remarkable and important is the shift in the perception and treatment of spaces previously regarded as colonial territories. From occupation by force by foreign powers, arrogating to themselves a duty to "civilize", through to the negation of this ideology, both in theory and in practice, with the acceptance of the right of peoples to self-determination as a criterion for the ordering of physical spaces and the institutional and normative systems set up in them.

510. Countless iniquities were committed before the principle was recognized of the intrinsic dignity of every human being, and their right to be treated accordingly. There followed the rejection of colonization of

certain people by others. As a product of the culture and the prevailing climate of the time, the international law of that era bears the marks of its cultural conditioning, as is inevitable for any product of culture, stamped with its time and origins.

511. Now more than ever, nothing is gained either by denying what happened in the past or creating a different narrative. First, because what was done in the past was done, and second because it cannot now be changed. We must be on our guard against a recurrence of such distortions – we could call them neocolonial – in relations between people, and between people and spaces. As the pendulum of history swings back, tensions are appearing, with once-colonial powers now experiencing the impact of migration from their former colonies, into which other peoples and ethnic groups are moving.

512. Any process of cultural evolution down the ages might be expected to expand and develop the perception of the human condition, united in its diversity. Nonetheless, some strands are blinded by prejudice, with a resurgence of rejection of others and denial of universal human dignity, obtuse and closed to the intrinsic humanity of the other, or to distinct forms of expression. Even when we do not understand another's language, we should think twice before denouncing them as barbarians, and reflect on the fact that they are as human as we are, and share the same ancestors.

513. Under cover of resistance to diversity of language, behaviour and forms of dress, outdated forms of nationalism are reappearing with their shameful (albeit unsuccessful) attempts to build walls, not only of bricks and mortar but in the abstract form of legal barriers and procedures designed to exclude others, reject dialogue and turn their backs on diversity. People discriminate because otherness makes them doubt their own fragile identity. I exclude the other from my space so I do not have to think about them. Does this mean my inner space is less threatened?

514. At this moment in the life of humankind we must be mindful: the specific ills of our time need to be treated, because we can see in them buried ingredients from the distant past, still intact and aggravated by the conditioning of the present time. The human dilemma remains the same: casting huma nity aside means aligning with the inhuman. I can cover my fears with layers of rules and procedures. I can hide my humanity behind something called law, or public policy, or the defence of national interests, or the protection of national identity, and no end of other loud and empty slogans.

515. Turning in upon ourselves is not just myopic, but unhealthy. Our lives will be deprived of any dimension outside of ourselves, inherent in and necessary for our progress, of interaction with the world and other beings. At a time of doubt and uncertainty about where we are and what we are doing, each of us must work on our inner selves: why do we project onto the stranger the image of otherness, to be rejected because we do not understand them and do not want to understand them? To the other, who is distinct from me, I, the human, attribute the whole set of characteristics I reject and deeply despise, even down to animal ones, from their incomprehensible speech to their values that I do not understand, or refuse to understand or accept because they are different from mine.

516. The instant I refuse to invest the other with the minimum of common humanity, I refuse to share *my* space with them. It becomes necessary to put them aside, to enable me to continue in my illusion: I retrench in order to safeguard myself, to try to conserve my identity, or at least the space that represents it.

517. To conclude, international law cannot approach extraterritoriality in terms of defining spaces by their technical features, or their categories of occupation or management according to the prevailing law or politics. That is present in our examination of international legal categories, the attribution and treatment of spatial categories and physical territory and all its legal configurations, but the real, overriding effort is a humanist one, working towards the recognition of the intrinsic humanity of all people – the obvious, unavoidable fact that everyone on the planet is obliged to live together in ever closer proximity, given its growing population. We are merely part of a greater whole.

518. These thoughts on extraterritoriality, its content, meaning and implications, should be expanded to encompass not only relations between human beings but between them and the earth; there is an urgent need to see the bigger picture and not neglect all other life forms, animal and vegetal, and all other components of the planetary ecosystem. A global ethos is not only possible, it is necessary [477].

477. L. Boff, *Ethos mundial:* um consenso mínimo entre os humanos, Rio de Janeiro, Sextante, 2003; L. Boff, *Civilização planetária*: desafios à sociedade e ao Cristianismo, Rio de Janeiro, Sextante, 2003; R. P. Anand, "*A New International Economic Order for Sustainable Development?*", in R. P. Anand, *Studies in International Law and History – An Asian Perspective*, Leiden, Brill, 2004, pp. 244-273; L. Boisson de Chazournes and R. Mehdi (eds.), *Une société internationale en mutation: quels acteurs pour une nouvelle gouvernance?*, Bruxelles, Bruylant, 2005; R. Ben Achour and S. Laghmani (eds.), *Acteurs non-étatiques et droit international*, "Rencontres internationales de la

519. Can we achieve a global understanding of the planet? We are all parts of the whole. We need to control and restrict the human capacity for unconscious destruction and exhaustion of all the planet's resources, because those resources are finite and cannot be renewed, and their limits are becoming closer and more pressing for everyone, even the most indifferent.

520. The world can be seen as "will and representation", as Arthur Schopenhauer [478] put it in his major work, but also as a perception of projections of culturality onto physical space. As a human construct added on to the physical world, as a space and dimension culturally determined by human action and human culture alone, we can order our space in a meaningful way.

521. The entire process of building the regulation of spaces under international law culminates with Seneca, in his celebration of human action over the world's space, in the final part of which the chorus sings of Jason's voyages: . . . *Venient annis/saecula seris quibus Oceanus/ vincula rerum laxet et ingens/pateat tellus Thetysque nouos/detegat orbes nec sit terries/ultima Thule* . . . [479]

522. Reflecting together on what I have suggested we call the avatars of the notion of extraterritoriality in postmodern international law, I take the view that we cannot understand the full dimensions of the concept or its impact as long as we limit ourselves to a strictly technical analysis of its features. We have to enlarge the frame, to grasp the fact that the notion of extraterritoriality derives from the cultural foundation from which each person's perception of the world is formed – the *Weltanschauung* – and according to which we locate our place in the vast theatre of the world, and find our cultural, legal and vital bearings from which to go forward.

523. Man has given names to space, just as law creates categories and attributes different legal regimes to them. But that is not enough. We must take a step back, to ask the real questions, and understand why we set up certain categories with their regimes and conditions, and not

Faculté des sciences juridiques, politiques et sociales de Tunis, Colloque des 6, 7 et 8 avril 2006", Paris, Pedone, 2007.

478. A. Schopenhauer, *Die Welt als Wille und Vorstellung*, orig. publ. 1818, W. Frhr. von Löhneysen (ed.), Frankfurt, Suhrkamp, 1986, reiprint 2001. English edition, The World as Will and Representation, translated by E. F. J. Payne, New York, Dover Publications, Inc., 1969.

479. There will be a time, in the last years of the world, when the Ocean will wash away all the Earth, and a great space will be opened, and a seaman, resembling Jason, named Typhis, will discover a new world, and then the island of Thule will no longer be the farthest point of the Earth.

others. We should be asking why – from the standpoint of humanity on this planet – we place territoriality and extraterritoriality within a certain legal and institutional framework but do not admit them in a different context.

C. Territory and international law: the case of Brazil

524. Analysing the case of Brazil shows the role played by international law in the formation and consolidation of the national territory [480]. On the one hand there is a notable legal legacy of peaceful settlement of international disputes by negotiation and international arbitration. Internally, however, from the start of white colonial occupation there was an undeniable tendency to use force rather than legal rules, with the gradual elimination of the indigenous peoples, sometimes through violence and sometimes through "assimilation" – in other words their "integration" into white society, which led to the loss of their identities, languages and cultures. So much so that one wonders if there could ever have been a way of achieving coexistence between indigenous people and the white man that did not involve the disappearance of the American continent's first inhabitants [481].

525. Brazil's international practice was characterized, as a general rule, by the peaceful settlement of disputes, especially where frontiers with all its neighbouring states were concerned. At the internal level,

---

480. P. B. Casella, "Papel do direito internacional na formação e consolidação do território brasileiro", dans *Zemlia kak object prava b Rossii i Brazilii – A terra como objeto de direito na Rússia e no Brasil – Materiali mejdunarodnovo naucznovo seminara – Seminário científico internacional*, organised by The National Research University, Saint Petersburg, 11-12 avril 2014, St. Petersburg, National Research University, 2014, pp. 156-168, 209-210 and 221; *Tratado de direito internacional – tomo 2 – Direito internacional dos espaços*, São Paulo, Almedina, 2022, esp. Chap. 27 – *território brasileiro e direito internacional* and Chap. 28 – *fases da formação do território brasileiro: algumas lições de direito internacional*; R. Ricupero, *A diplomacia na construção do Brasil* 1750-2016, Rio de Janeiro, Versal, 2017, esp. "definição da política de fronteiras", p. 233-238:

> "Opiniões de observadores imparciais, até de países que foram nossos adversários nas negociações ou nas doutrinas, reconhecem que o Brasil terminou por prevalecer graças à continuidade da política, à coerência da doutrina e ao profissionalismo de uma diplomacia preservada das oscilações oriundas da instabilidade dos vizinhos. A política de fronteira certamente representa o exemplo mais incontestável do potencial construtivo de diplomacia baseada no conhecimento e no poder suave da negociação e do compromisso."

481. See, i.a.: P. B. Casella, "The Amerindians and International law – a Brazilian perspective", *Revista da Faculdade de Direito da USP*, 2017, Vol. 112, pp. 285-301; M. L. T. Carneiro and S. Rossi (eds.), *Índios no Brasil – Vida, Cultura e Morte*, São Paulo, IHF/LEER-USP/Intermeios, 2018.

violence was used systematically. Extreme levels of violence seem to have become an established part of normal social life, from the numbers killed or injured in road traffic accidents to crime and the violent police response to it. Criminal activity has become increasingly deadly, with the internationalization of organized crime and its spread into neighbouring countries.

526. Broadening the scope of this analysis to include the phases in the formation of Brazil's territory yields a number of practical lessons in international law and its practice in relation to specific issues the country has faced [482]. It could be said that "unity in diversity is a major outcome of the national story" [483].

527. Questions of territory have long been vital for Brazil, not merely as a matter of historical record but as an expression of culture and of international legal categories. The relationship of humans to territory, the way that has been understood and the way political and legal power have been exercised over physical space reveal, with a few minor anomalies, a positive engagement on the part of Brazil to adopt the rules of international law and favour the peaceful settlement of disputes over territory. In recent years, Brazil has begun to look to its continental shelf, to prospect for and exploit the hitherto untapped undersea oil reserves *(pré-sal)*.

528. The aim of this section is to summarize how throughout its history Brazil has been guided by international law and international legality, adopting peaceful means of international dispute resolution. This is an important legacy, and one that emerges clearly from the formation and evolution of the national territory [484]. That remains true even though the government's approach internally has often been much less peaceful and law-abiding, where indigenous peoples are concerned.

---

482. P. B. Casella, *Tratado de direito internacional – tomo 2 – Direito internacional dos espaços, op. cit.*, 2022, Chap. 27 "*território brasileiro e direito internacional*" and Chap. 28 "fases da formação do território brasileiro: algumas lições de direito internacional".

483. F. Iglesias (1923-1999), *Trajetória política do Brasil 1500-1964*, São Paulo, Companhia das Letras, 1993, 4ª reimpr. 2001, "perspectiva final", pp. 295-297: "A unidade na diversificação é um dos resultados maiores da acidentada trajetória nacional".

484. See also P. B. Casella, *Tratado de direito internacional – tomo 1 – Direito internacional dos espaços*, São Paulo, Almedina, 2022, item 8.2.1. "o Brasil e a navegação dos rios internacionais"; P. B. de Abreu Dallari, "Aspectos jurídicos da formação e da gestão do território nacional: o caso brasileiro", in P. B. de Abreu Dallari (ed.), *Relações internacionais: múltiplas dimensões*, São Paulo, Aduaneiras, 2004, pp. 12-18.

529. The lesson is useful, and the legacy should be preserved. In terms of the equality of states before the law [485], as an example of refusal to use force in settling disputes [486] and of commitment to the peaceful resolution of international disputes, as well as for its moral content, it makes Brazil a voice to be heard in future international controversies [487].

530. This legacy of peaceful settlement of frontier disputes is open to criticism [488], but it has been adopted and applied very effectively since the early days of Brazil's independence, during the Empire period (1822-1889) and also the period known as the "old" Republic (1889-1930). Conceptually, the foreign policy line has been maintained since then, though frontier questions had mostly already been resolved, with

485. Brazil was committed to the principle of legal equality of States already at the Second Peace Conference at The Hague in 1907, as considered in P. B. Casella, "*Brasil entre igualdade jurídica dos estados e reforma da ONU – legado de Ruy Barbosa na II Conferência de Paz da Haia*", Boletim da Sociedade Brasileira de Direito internacional, ano CIII, julho-dezembro de 2017, No. 125-130, pp. 815-851. For a geneeral approach of the topic, R. P. Anand, "Sovereign Equality of States in International Law", *Collected Courses*, 1986, Vol. 197, pp. 9-228; J. B. Scott, "Le principe de l'égalité juridique dans les rapports internationaux", *Collected Courses*, Vol. 42 (1932), pp. 467-630. Notwithstanding the fact that such "legal equality" is relative, in certain International organizations, as analysed by C.-A. Colliard, "Egalité ou spécificité des états dans le droit international public actuel", in *Mélanges offerts à Mr. le Doyen L. Trotabas*, Paris, LGDJ, 1970, pp. 529-558.

486. C. H. M. Waldock, "The Regulation of the use of Force by Individual States in International Law", *Collected Courses*, Vol. 81 (1952), pp. 451-518; H. Wehberg, "L'interdiction du recours à la force: le principe et les problèmes qui se posent", *Collected Courses*, Vol. 78 (1951), pp. 1-122.

487. *C. Lafer, "Palavras"*, in *CPLP: oportunidades e perspectivas*, C. H. Cardim and J. B. Cruz, Brasília (eds.), Ipri/Funag, 2002, pp. 17-20:

> "o Brasil é um país que tem, na paz, o valor ordenador dos demais valores da vida internacional, e nela vê o elemento básico para a promoção de nosso maior objetivo, o desenvolvimento. Esse binômio, paz e desenvolvimento, constitui o tema fundamental da política externa brasileira. E preciso que haja paz, para haver desenvolvimento. E, em contrapartida, somente um desenvolvimento sustentado, capaz de eliminar a exclusão, pode garantir a paz. Reside, portanto, na permanente manutenção da paz, como valor ordenador e do desenvolvimento como metasíntese, a efetiva garantia de uma organização mundial, mais compatível com nossas aspirações e desejos".

488. On the peaceful settlement of international disputes, some criticisms of the Brazilian action are presented by J. A. Barberis, in his chapter on "La concepción brasileña del uti possidetis", in *Dimensão internacional do direito: estudos em homenagem a G. E. do Nascimento e Silva*, P. B. Casella (ed.), São Paulo, LTr, 2000, pp. 33-48; the chapter was also published by Barberis, "La conception brésilienne de l'uti possidetis", in E. Yakpo et Boumedra (eds.), *Liber amicorum Judge M. Bedjaoui*, 1999; see also J. Barberis, "Les règles spécifiques du droit international en Amérique latine", *Collected Courses*, Vol. 235 (1992), pp. 81-230; J. M. Yepes, "Les problèmes fondamentaux du droit des gens en Amérique", *Collected Courses*, Vol. 47 (1934), pp. 1-144. As mentioned by J. Barberis, *op. cit.*, 2000, pp. 33-34:

> "dichos limites serían los de las antiguas divisiones administrativas de la época colonial … y tomó el nombre de *uti possidetis* el Brasil invocó también el *uti possidetis*, aunque otorgó a esta regla un contenido diferente".

the exception of Brazil's frontier with what was still British Guiana, settled in 1932.

531. Territorial questions between states, like those between individual neighbours, can easily turn sour [489]. Sometimes strategic animosity between two or more states can show border conflicts in their true light, "as symptoms rather than as causes of conflict" [490]. This happens fairly frequently.

532. Brazil has always upheld the interpretation and application of *uti possidetis* [491] in the sense of effective possession – and, literally, what else could that expression mean? – while its South American neighbours favoured a somewhat different view, derived from the administrative boundaries at the time of Spanish colonization [492]. The

489. See also J. Andrassy, "Les relations internationales de voisinage", *Collected Courses*, Vol. 79 (1951), pp. 73-182.

490. A. J. Nathan and R. S. Ross, *The Great Wall and the Empty Fortress: China's search for Security*, New York, Norton, 1997, p. 52.

491. L. I. Sánchez Rodríguez, "L'*uti possidetis* et les effectivités dans les contentieux territoriaux et frontaliers", *Collected Courses*, Vol. 263 (1997), pp. 149-381, "conclusions générales", pp. 370-372, considers the extent to which the settlement of territorial disputes by jurisdictional means may oscillate, essentially between the existence of legal title – "soit l'*uti possidetis juris*, soit un traité de frontières, colonial ou non" – and the presence of effective occupation of territory considered as *"nullius"*, in order to acquire territorial sovereignty titles:

> "Eu égard à tout ce qui précède, on doit tenir compte de deux autres éléments. D'une part, le facteur temps, étant donné qu'il peut être d'une influence considérable non seulement au sujet de la validité des titres invoqués, mais encore dans le domaine de l'appréciation de la preuve. D'autre part, le rôle de l'equité *infra legem* dans le processus d'adaptation des principes et des normes internationales abstraites aux situations concrètes."

Sánchez Rodríguez does not exclude the interpretation given to the principle of *uti possidetis* by the historical practice of Brazil.

492. E. McWhinney, "Self-Determination of Peoples and Plural-Ethnic States, Secession and State Succession and the Alternative Federal Option", *Collected Courses*, Vol. 294 (2002), pp. 167-264, esp. Chap. IV, "the United Nations Charter principle of territorial integrity of states: the *uti possidetis* doctrine as element in state succession", pp. 229-235, *cit.*, p. 233:

> "Within Latin America itself, there is some tendency today to restrict the application of the *uti possidetis* doctrine to its special historical fact-context in Latin America, as the moment from independence from the European imperial power (Spain or Portugal, as the case may be). Thus, it is pointed out that Brazilian state practice limited application of the *uti possidetis* doctrine to invocation against Hispanic-American countries; and, in particular, that it was never mentioned in Brazilian controversies with third states (France, Great Britain), which might try to rely on the fact of possession. It is further argued that, in controversies with Hispanic-American states, Brazil uses *uti possidetis* as a synonym for possession – *effective* possession – *uti possidetis facto*, as opposed to a *uti possidetis juris* claimed to be derived from the old Spanish Crown documents. While treaties are to be given primacy over possession, *uti possidetis* (possession) is invoked as a supplementary title in the absence of treaties in force. In giving primacy, in its disputes with its Spanish-American neighbours, to *uti possidetis facto* – to

former administrative divisions – previously "internal" – could be taken as the criteria for determining the new frontiers between states having newly acquired the status of subjects of international law. In practice, the legal interpretation of the principle would be no different from the one Brazil had always given it [493].

533. Along the same lines, L. Caflisch observes:

> "The stability of frontiers was also a cornerstone of the decolonization process. Latin America's emancipation in the first half of the nineteenth century, which served as a model, gave birth to the principle of *uti possidetis iuris*, whereby the international frontiers of the emancipated countries were identical to the lines that had previously served to divide the administrative units of the Spanish colonial empire. For the lines separating that empire from the Portuguese colonies, the *uti possidetis de fact*o rule was

---

possession – Brazil was able to claim large tracts of land well beyond the borders set in documents between Spain and Portugal (strictly *uti possidetis juris*)."

493. H. Accioly, G. E. do Nascimento e Silva, P. B. Casella, *Manual de direito internacional público*, 26ª ed., 2023, part 6 "território", esp. 6.2, "domínio terrestre", pp. 548-552, quoted pp. 549-550:

> "um princípio que apresenta critério muito razoável para a solução e na falta de outro, como que se impõe" due to the circumstance that "enquanto, no Brasil, se dava ao *uti possidetis* o único sentido que este poderia razoavelmente ter, isto é, de posse real e efetiva, herdada pelos países americanos, ao tempo de sua independência, vários autores e governos hispano-americanos sustentaram conceito diferente, adotando o chamado *uti possidetis juris*, ou o direito à posse, independentemente da ocupação efetiva".

And note 110:

> "Com efeito, segundo observou P. de La Pradelle, l'*uti possidetis juris* repousa sobre uma afirmação contraditória: funda-se no *título* e não no *fato* da posse. Ora, em seu verdadeiro sentido, o *uti possidetis* significa a posse continua e prolongada, tranqüila e pacífica, independentemente de qualquer outro título; é, para um estado, conforme se deduz do que A. Bello escrevia em 1857, o que tal estado tem possuído real e efetivamente com qualquer título ou sem título algum, e não o que ele tinha direito de possuir e não possuía".

See also Casella, *Tratado de direito internacional – tomo 10 – Direito internacional no tempo de C. van Bynkershoek e Christian Wolff, São Paulo, Almedina, 2024, esp.* "tratado de Madri e o uti possidetis"; *Tratado de direito internacional – tomo 1 – Direito internacional dos espaços*, 2022, Chap. 7 "conceito e extensão do domínio terrestre" and Chap. 28 "fases da formação do território brasileiro: algumas lições de direito internacional"; A. Cussen, *Bello y Bolivar*, Caracas, La casa de Bello, 1995; second edition, Mexico, FCE, 1998; orig. publ. *Bello and Bolivar: poetry and politics in the Spanish American revolution*, Cambridge, Cambridge Studies in Latin American and Iberian Literature, Vol. 6, 1992; I. Jaksic, *A vida de Andres Bello – erudição e construção de nação na América Latina do século XIX*, transl. Vera Caputo, Rio de Janeiro, ed. de Janeiro, 2018; orig. publ. *Andres Bello – Scholarship and Nation-building in Nineteenth century Latin America*, Cambridge and New York, Cambridge Univ. Press, 2001.

applied, with the *de facto* limits separating the colonial empires turning into the international frontiers of territories that had become independent." [494]

534. It was necessary to prove *uti possidetis juris* to determine the scope and content of titles [495], and also, in the event there was effective occupation, to complete inchoate titles or even replace contradictory ones, as with the arbitral award of Max Huber in the *Island of Palmas* case in 1928 [496]. The taking of effective possession did not appear essential as long as the territory remained "unoccupied".

---

494. L. Caflisch, "Des frontières européennes pour l'Afrique?", in *L'Afrique et le droit international: variations sur l'organisation internationale/Africa and International Law: Reflections on the international organization – Liber amicorum R. Ranjeva*, Paris, Pedone, 2013, pp. 59-72, "La stabilité des frontières est également une pierre angulaire du processus de décolonisation. L'émancipation de l'Amérique latine, dans la première moitié du XIXe siècle, qui a servi de modèle, a donné naissance au principe de l'*uti possidetis juris* : les frontières internationales des pays émancipés étaient identiques aux lignes qui, auparavant, servi à diviser les unités administratives de l'empire colonial espagnol. Pour ce qui était des lignes séparant cet empire des colonies portugaises, la règle de l'*uti possidetis de facto* était appliquée : les limites séparant en fait les empires coloniaux se muaient en frontières internationales des territoires devenus indépendants."

At p. 63 he adds:

> "L'idée de conserver les divisions établies par les colonisateurs fut reprise, cent cinquante ans plus tard, lors de la décolonisation de l'Afrique. Dans sa résolution AHG/16/1, l'Organisation de l'Unité Africaine (OUA) constata que ses membres avaient accepté, dans la Charte de l'Organisation, de reconnaître le 'droit inaliénable' de tous les états 'à une existence indépendante', ce qui comprenait le respect des frontières 'telles qu'elles existaient lors de l'accession à l'indépendance'."

495. L. I. Sánchez Rodríguez, "L'*uti possidetis* et les effectivités dans les contentieux territoriaux et frontaliers", *Collected Courses*, Vol. 263 (1997), pp. 149-381, quoted p. 372:

> "Le comportement manifestant l'existence de l'acquiescement, par rapport au principe de la bonne foi, peut rester la clef de voûte dans le processus de décision d'un tribunal, qu'il s'agisse de contentieux qualifiés a priori de délimitation ou d'acquisition de la souveraineté territoriale."

496. Sentence arbitrale du 4 avril 1928. *Etats-Unis d'Amérique c. Royaume des Pays-Bas*. Arbitre M. Huber. *Ile de Palmas*. Recueil de sentences arbitrales (RSA), Vol. II, p. 629, the arbitrator declared:

> "Il semble en outre évident que les traités conclus par l'Espagne avec les tierces puissances et qui reconnaissaient sa souveraineté sur les Philippines ne pourraient lier les Pays-Bas."

In this case, it is convenient to mention three principles equally applicable in other decisions in territorial matters: the full and exclusive state competence, the rule of effective occupation and the non-opposability of a treaty provision towards a third party. The principle of the relative effect of treaties – or, more precisely, the rules of a treaty becoming binding upon third states, due to the formation of an international customary rule – is presently stated in article 38 of the Vienna Convention on the law of treaties of 1969: "Nothing in articles 34 to 37 precludes a rule set forth in a treaty from

535. It should be noted that in Africa, after decolonization, *uti possidetis* seems to have been the norm for determining the frontiers between decolonized states based on the territorial, administrative and international divisions adopted during the period of colonial domination. This interpretation can be deduced from the formal declaration made by the African states on *Border Disputes among African States*, adopted in Cairo in 1964 [497].

536. In Africa, *uti possidetis* was "the product of the idea that the frontiers drawn by the European colonizers were preferable at the end of the day to no frontier at all, and that any order, even a bad one, was preferable to chaos", even if "the idea of stability seemed at least partly to contradict that of self-determination", and those frontiers, "established by colonizers, were often badly drawn and gave rise to substantial conflict" [498].

537. In the case law of the International Court of Justice, the application of *uti possidetis* tended to work in favour of maintaining colonial frontiers, or even treating them as intangible. This can be interpreted either as *uti possidetis juris* or as *uti possidetis de facto*: the key element in the distinction, in my view, is whether the lines are the "internal" administrative lines of the former colonizers, which become international frontiers, which is more a case of *uti possidetis juris*, or whether, by contrast, they were former "international" frontiers, in other words those between the former colonial powers, in which case the Brazilian interpretation of the principle applies in the form of *uti possidetis de facto*.

538. In its 12 July 2005 Judgment in the case of the *Frontier Dispute (Benin/Niger)*, the Court cited various cases involving issues of

---

becoming binding on a third state as a customary rule of international law, recognized as such".

497. *The Organization of African Union, Cairo Resolution of 1964: OAU Border Disputes among African States*, AHG/ Res. 16 [I], 17-21 July 1964.

498. L. Caflisch, "Des frontières européennes pour l'Afrique?", in *L'Afrique et le droit international – Liber amicorum R. Ranjeva*, 2013, quoted pp. 63-64: "produit de l'idée que des frontières tracées par les colonisateurs européens étaient en définitive préférables à l'absence de toute frontière, et qu'un ordre, même mauvais, était préférable au chaos. … l'idée de la stabilité semblait contredire, du moins en partie, celle de l'autodétermination … établies par les colonisateurs ont souvent été mal tracées et ont généré un contentieux substantiel".

> "La sagesse dont ont alors fait preuve les hommes d'état africains doit être appréciée à sa juste valeur, même si l'arbitraire des frontières ainsi conservées, qui passaient à travers les peuples et les cultures, réduisait des parties de tribus au statut de minorités, ou réunissait différentes tribus dans un seul et même état, continue à jeter une ombre sur le continent. Autre inconvénient, l'accord sur la résolution AGH/16/1 n'était point universel, puisque le Maroc et la Somalie se tenaient à l'écart."

territory and stressed the need for greater stability and predictability of frontiers in the interests of international security [499]. In its Judgment, the Court briefly summarized the geographical and historical context of the dispute between the two former colonies, part of French West Africa (AOF), both of which had become independent in August 1960, before examining the question of the law applicable to the dispute.

539. The Court interpreted the principle of the intangibility of frontiers inherited from the colonial era as synonymous with the principle of *uti possidetis juris*, the primary aim of which was "securing respect for the territorial boundaries at the moment when independence is achieved" [500]. In this case one can see the logic of choosing to interpret the *uti possidetis* principle as *uti possidetis juris*, in other words established on the basis of legal titles (formal elements that constituted evidence), rather than mere long and peaceful possession, given that these were "internal" administrative lines between two former French colonies within the same huge area of former French West Africa (AOF).

540. The International Court of Justice concluded from its examination of the case that it had not found, among the documents submitted by the parties, any that could contain a legal title showing sovereignty over the disputed territories. Thus, given the absence of clear legal title, the Court looked to the *effectivités* and considered whether the exercise could be characterized as one of effective possession [501].

541. Applying the effective possession test, the Court determined the frontier between Benin and Niger as following the line of deepest soundings of the main navigable channel of the river Niger. The line drawn based on that test determined the attribution of the islands to the states parties to the case: Benin obtained the islands lying between the frontier so defined and the right bank of the river, while Niger obtained sovereignty of the islands between the frontier and the left bank, including the island of Lété. As the River Mekrou was not navigable, it was not possible to use the above-mentioned *thalweg* concept in that sector, so the frontier was determined by applying the median line between the banks of the river.

499. ICJ, Frontier dispute (Benin/Niger), Judgment, *ICJ Reports 2005*, p. 90.

500. ICJ, Frontier dispute (Benin/Niger), Judgment, *ICJ Reports 2005*, p. 108.

501. See A. Meyer-Heine, "L'application par le juge du principe de l'effectivité", in *Le juge international et l'aménagement de l'espace: la spécificité du contentieux territorial*, Paris, Pedone, 1998, pp. 35-56; R. Mehdi, "L'application par le juge du principe de l'*uti possidetis*", in *Le juge international et l'aménagement de l'espace: la spécificité du contentieux territorial*, Paris, Pedone, 1998, pp. 57-89.

542. The International Court of Justice referred to several of its earlier judgments, including, in particular, in the 1986 *Frontier Dispute (Burkina Faso/Republic of Mali)* [502]: in that Judgment, the Chamber applied the principle of *uti possidetis juris*, supplemented by considerations of equity, though there was no treaty instrument applicable in that case as both parties to the case were former French colonies.

543. In its 2005 Judgment the Court also referred to the 1999 *Kasikili/Sedudu Island (Botswana/Namibia)* case [503], in reaching the conclusion that effective possession was only a subsidiary test, to which it would refer if there was no valid legal title to determine sovereignty over the disputed territory.

544. In that case, Article 3.2 of the Anglo-German Treaty of 1 July 1890 provided that the frontier followed the centre of the main navigable channel of the River Chobe. Kasikili/Sedudu Island was situated between the northern branch (in Namibia) and the southern branch (in Botswana).

545. In its 1999 Judgment, the Court referred to a series of criteria – the course of the river, the depth and width of the two branches, the volume of flow, whether there was flooding and comparative navigability – to decide which of the two branches could be considered as "the principal and natural prolongation of the course of the Chobe before the bifurcation" [504]. The Court took the view that the northern branch was the main channel and that the island therefore belonged to Botswana [505].

---

502. ICJ, *Frontier dispute Burkina Fasso/Republic of Mali*, Judgment, *ICJ Reports 1986*, pp. 586-587, par. 63 and p. 566, par. 23. In the Judgment of 22 December 1986 the Court stated: "pre-eminence [is] accorded to legal title over effective possession as a basis of sovereignty", and this is essentially based on "its primary aim of securing respect for the territorial boundaries at the moment when independence is achieved".

503. ICJ, *Kasikili/Sedudu Island (Botswana/Namibia)*, Judgment 13 December 1999. ICJ Reports 1999, p. 1045.

Specifically:

> "Treaties or conventions which define boundaries in water courses nowadays usually refer to the *thalweg* as the boundary when the watercourse is navigable and to the median line between the two banks when it is not, although it cannot be said that practice has been fully consistent." (*ICJ Reports 1999* (II), p. 1062, par. 24).

504. ICJ, *Kasikili/Sedudu Island (Botswana/Namibia)*, Judgment 13 December 1999, *ICJ Reports 1999*, pp. 1070-1071, par. 39-40.

505. The picture has considerably changed since it was reviewed by R. Zacklin, in his course at The Hague on "The problem of Namibia in International Law", *Collected Courses*, Vol. 171 (1981), pp. 225-339. L. Caflisch, "Des frontières européennes pour

546. There are historical illustrations of how the principle of *uti possidetis* has been interpreted and applied in international arbitral case law in the inter-American context, and how it was treated as a constitutional principle in the award of the Swiss Federal Council of 24 March 1922 in the arbitration between Colombia and Venezuela. There *uti possidetis* was mentioned in these terms: "a general principle that offers the advantage of laying down an absolute rule that in Spanish America there are no territories without a master", so that any attempt at colonization would be "without effect or legal consequences". The interpretation given by the Swiss Federal Council in that arbitral award of 24 March 1922 pointed to the existence, at the time of independence, of "many regions that had not been occupied by the Spanish and many regions that were unexplored or inhabited by non-civilized indigenous people" [506].

547. One can deduce from this that, from the standpoint of legal consequences, effective occupation counted for little in colonial times: the new republics would "succeed to the rights of possession and title" of the former Spanish Crown – and, we should add, of the Portuguese Crown – over the entire continent.

548. *Uti possidetis* was the legal principle and the criterion adopted [507] in frontier issues between Brazil and its neigh-

---

l'Afrique?", in *L'Afrique et le droit international – Liber amicorum R. Ranjeva*, 2013, quoted p. 66:

> "A l'appui de sa thèse, la Cour a en outre invoqué le but poursuivi par les puissances coloniales, lors de la conclusion du Traité de 1890, les travaux préparatoires de celui-ci ainsi que de traités subséquents et la pratique relative à ceux-ci."

506. Conseil fédéral helvétique, *sentence arbitrale rendue le 24 mars 1922, entre la Colombie et le Vénézuéla, Recueil de sentences arbitrales*, Vol. I, p. 227: "principe général qui offre l'avantage de placer une règle absolue, dans le sens qu'il n'y a pas, dans l'Amérique hispanique, de territoires sans maître"; "dépourvu de portée et sans conséquences juridiques"; "nombreuses régions qui n'avaient pas été occupées par les Espagnols et de nombreuses régions inexplorées ou habitées par des indigènes non civilisés". No official English text is available.

507. Not as a "principle", but rather as a "doctrine", *uti possidetis* is considered by G. Nesi, "*Uti possidetis doctrine*", in R. Wolfrum (ed.), *The Max Planck Encyclopedia of Public International Law*, Oxford, Univ. Press, 2012, Vol. X, quoted pp. 626-630, par. 3:

> "The modern meaning of *uti possidetis* in international law dates from early ninettenth century Latin America. In Latin America, *uti possidetis*, and more precisely *uti possidetis iuris*, was qualified as a regional norm for the determination of boundaries. Through *uti possidetis iuris* the newly decolonized States felt bound to adopt as their international boundaries the delimitations – usually administrative but sometimes international in character – traced or tolerated by the colonial authorities and existing at the date of independence, thus contributing to the consolidation of the norm. The Brazilian concept of the *uti possidetis de*

bours [508]. We look here, in turn, at Brazil's frontiers with Peru, Argentina, Bolivia, Venezuela, Colombia, Uruguay and Paraguay, and those with British Guiana and French Guiana [509]. Two other incidents – the

---

facto emphasized instead the *de facto* situation at the time of independence, but it was confined to Brazil."

The judgments rendered by the International Court of Justice, in the above quoted cases, evidences clearly that such interpretation of the *uti possidetis de facto* is not "confined to Brazil", as presented by G. Nesi (art. *cit.*, 2012). It is interesting to compare the equivalent text on the *uti possidetis* by F. Woolbridge, "The *uti possidetis* doctrine", in the precedent edition of the *Encyclopedia of Public International Law*, R. Bernhard (ed.), Amsterdam, Elsevier, 2000, Vol. IV (Q-Z), pp. 1259-1262 and also G. Abi-Saab, "L'*uti possidetis*. Son rôle et ses limites dans le contentieux territorial international", in M. Kohen (ed.), *La promotion de la justice, des droits de l'homme et du règlement des conflits par le droit international – Liber amicorum Lucius Caflisch*, Leyde, Nijhoff, 2007, pp. 657-671.

508. It is worth considering the essential difference between the "Brazilian" interpretation of the *uti possidetis* as compared to the neighbouring countries as resulting from the fact that in the determination of frontiers, thereafter international, among the Spanish speaking countries, these "frontiers" resulted from (internal) administrative limits, within the former Spanish colonial empire in the American continent; whereas, for Brazil, these frontiers were already strictly international, in the sense that these were actual (international) frontiers, stipulating the limits between the former Spanish colonies and the former Portuguese colony. Not forgetting the consequences of all the incidents and the wars, between Spain and Portugal, with repercussion in the Americas and elsewhere. This diversity in the starting point is usually neglected, when a "Brazilian conception of *uti possidetis"* is mentioned. But in this approach only a partial view of the matter is covered, as considered in Casella, *Tratado de direito internacional – tomo 10 – Direito internacional no tempo de C. van Bynkershoek e Christian Wolff*, São Paulo, Almedia, 2024, esp. "tratado de Madri (1750) e o uti possidetis"; see also J. Andrassy, "Les relations internationales de voisinage", *Collected Courses*, Vol. 79 (1951), pp. 73-182.

509. J.-C. Giacottino, *Les Guyanes (Guyana, Surinam, Guyane française)*, Paris, PUF, orig. publ. 1984, 2e éd., "corrigée", 1995, "introduction", pp. 3-4, *cit.* p. 3, mentions "la région naturelle des Guyanes", encompassing ca. 1,5 million square kilometers, in the north of South America:

> "politiquement elle est partagée entre le Brésil qui en occupe 620 000 kilomètres carrés, le Venezuela, dont les territoires guyannais s'étendent sur 415 000 kilomètres carrés, la Guyana, ex-Guyane britannique, devenue indépendante en 1966 (214.000 kilomètres carrés), le Surinam, ex-Guyane néerlandaise, devenue indépendante en 1975 (163 265 kilomètres carrés) et enfin la Guyane française qui n'occupe que 4 % de la superficie totale (90 000 kilomètres carrés) et a, depuis 1946, le statut de département d'outre-mer"

– the legal status of the French Guyana has been modified two other times: according to French law, a "region" since 1982, and thereafter a "collectivité territorial" since 2015. Adding to the description of the natural framework:

> "Pendant longtemps le partage politique des Guyanes a été incertain en raison de la méconnaissance de l'intérieur et des prétentions des uns et des autres. Divers accords et arbitrages ont fixé les frontières. Pour la Guyane française le Traité d'Utrecht, de 1713, fixait ses frontières sur le Maroni, or le tracé du fleuve est compliqué et il a plusieurs formateurs, d'où les contestations entre la France et les Pays-Bas. Celles-ci ont été réglées par un arbitrage du tsar en 1898 et en 1915, une convention en 1977 avec le Surinam. Avec le Brésil il existait une contestation à propos de l'Amapá; un arbitrage de la Confédération helvétique en 1900, donne

question of Trindade Island, and that of the Colony of Descalvados – are discussed in the chapter on the impact of colonialism on international law [510].

549. This chapter on space in postmodern international law ends with an overview of the case of Brazil, showing the role of international law in the consolidation of territory.

550. In chronological order, let us start with the frontiers with Peru.

a) *Brazil's frontiers with Peru*

551. After respectively becoming independent, the Republic of Peru and the Empire of Brazil established diplomatic relations in 1827. Brazil's first *chargé d'affaires* in Lima, Duarte da Ponte Ribeiro – later Baron da Ponte Ribeiro – was tasked, after the dissolution of the short-lived Peruvian-Bolivian Confederation, with negotiating a treaty of peace, friendship, trade and navigation between Peru and Brazil, also covering frontiers and extradition. That first treaty was signed on 8 July 1841.

552. Peru was one of the first countries with which the Empire of Brazil signed a frontier treaty, though that first one, in 1841, never entered into force as the imperial government did not approve it [511].

> l'Amapé au Brésil et fixe la frontière sur la ligne médiane de l'Oyapok. En 1938, une convention a fixé le point de tri jonction entre le Brésil, le Surinam et la Guyane française, l'Itani étant reconnu comme frontière entre la Guyane française et le Surinam. En 1957 on a procédé au bornage de la frontière méridionale de la Guyane française. Entre le Surinam et la Guyana, il existe une contestation importante sur le cours supérieur de la Corentyne, portant sur environ 16 000 km2, dont l'origine tient au repérage du cours principal du fleuve. Les deux pays ont décidé en 1970 de régler le problème à l'amiable. La contestation la plus grave existe entre le Venezuela et la Guyana, le premier revendiquant toute la partie occidentale de celle-ci jusqu'à l'Essequibo, c'est-à-dire, plus de la moitié de son territoire. Le Venezuela ne reconnaît plus depuis 1963 l'arbitrage de Paris qui en 1899 avait fixé les frontières occidentales entre la colonie britannique et lui-même, alors que son gouvernement de l'époque l'avait accepté. Très vive, la tension entre les deux pays s'est apaisée à la suite de la décision prise en 1970, sous les auspices de Trinidad, de maintenir le *statu quo* et de 'geler', la revendication du Venezuela pendant douze ans."

See also A. Chaumet and J. De Wenger, *La Guyane: Plaidoyer pour Cendrillon*, s.i.l., s.i.e., 2001.

510. See Chap. III, hereinbelow.

511. J. Barberis, *op. cit.*, 2000, item 2, "Peru", pp. 38-39:

> "En el 8 de julio de 1841, el encargado de negocios de Brasil Duarte da Ponte Ribeiro y el Ministerio de Relaciones Exteriores peruano firmaron un tratado en Lima, que finalmente no entró en vigor pues no recibió la aprobación del Gobierno imperial."

In the 1841 Treaty it was stipulated [512] that the border between the two countries was the one that had been determined according to *uti possidetis* [513] in 1821, when the Peruvian Republic came into being. Ten years later, on 23 October 1851, a new treaty – the Special Convention on Trade, River Navigation, Extradition and Borders – was signed [514] and approved by both governments, with instruments of ratification exchanged on 18 October 1852.

553. With regard to borders with Brazil, Article 7 of the 1851 Treaty provided: "For the avoidance of doubt as to the frontier mentioned in the clauses of the present Convention, the High Contracting Parties stipulate that the limits of the Empire of Brazil with the Republic of Peru are determined in accordance with the principle of *uti possidetis*; thus they respectively recognize as the frontier the village of Tabatinga; and from there northward, in a straight line, to the River Iaporá (Japurá), facing the delta of Apapóris, and southwards from Tabatinga, the River Javari (Yavary), from its confluence with the River Amazonas." [515]

---

512. According to Article 14 of the Treaty of Lima, of 8 July 1841, between Brazil and Peru:

> "Conhecendo as altas partes contratantes o muito que lhes interessa proceder quanto antes à demarcação dos limites fixos e precisos que hão de dividir o território do Império do Brasil do da República Peruana, comprometem-se ambos a levá-la a efeito o mais pronto que for possível, pelos meios mais conciliatórios, pacíficos, amigáveis e conforme ao *uti possidetis* de 1821, em que começou a existir a República Peruana, procedendo de comum acordo, em caso de convir-lhes, à troca de alguns terrenos, ou outras indenizações, para fixar a linha divisória da maneira mais exata, mais natural e mais conforme aos interesses de ambos os povos."

513. L. I. Sánchez Rodríguez, "L'*uti possidetis* et les effectivités dans les contentieux territoriaux et frontaliers", *Collected Courses*, Vol. 263 (1997), pp. 149-382 mentions, in his conclusion, the convergence between the concepts:

> "décisions récentes, comme l'affaire du *Différend frontalier terrestre, insulaire et maritime*, sont un excellent banc d'essai pour l'analyse de certains aspects, telles les interrelations entre les effectivités et l'*uti possidetis juris*, pour l'examen de moyens de preuve fort divers dudit principe et pour des recherches sur des larges catalogues d'éventuelles effectivités réelles".

Therefore, the most recent case law, emanating from the ICJ is in conformity with the interpretation historically given to the principle, in the cases concerning the interests of Brazil, in matters of frontiers.

514. J. Barberis, *cit.*, 2000, *loc. cit.*: "El mismo diplomático del Imperio, que era entonces Ministro plenipotenciario en Lima".

515. According to the same article of the treaty between Brazil and Peru of 23 October 1851:

> "Uma Comissão mista, nomeada por ambos os governos, reconhecerá, conforme o princípio *uti possidetis*, a fronteira, e proporá a troca dos territórios que julgar a propósito para fixar os limites que sejam mais naturais e convenientes a uma e outra nação."

554. Peru maintained that the frontier line should be determined by the Treaty of Santo Ildefonso, entered into in 1777 between Spain and Portugal [516]. Brazil argued that the said treaty was of a preliminary nature and that it had moreover been annulled by the subsequent war between the two crowns, and that the Peace of Badajoz in 1801 [517] had not adopted its clauses or put them back into force.

555. Brazil systematically applied this line of argument [518]. Peru accepted the Brazilian thesis, and the limits set down in the 1851 treaty coincided with the parties' exercise of effective possession. Peru formally recognized that the *uti possidetis* referred to in the 1851 treaty was that of effective possession.

556. Demarcation efforts on the ground continued from 1861 to 1902. Other negotiations took place in 1853, and the two countries signed a new Special Convention in Lima, in 1858. Conflicts arose

516. Treaty of limits in the Americas, between the queen, D. Maria I, of Portugal, and Carlos III, king of Spain, signed at Santo Ildefonso, on 1st October 1777, ratified by Portugal, on 10 and by Spain on the 11th of the same month and year. Text reproduced by A. P. Pinto (1819-1880), *Apontamentos para o direito internacional* (intr. A. A. C. Trindade, Brasília, Ministério da Justiça – ed. UnB, 2ª ed., 1980, Vol. III, pp. 358-370, of which the first of the "separate articles" (i.e. the secret provisions) of this treaty stipulated:

O tratado preliminar de limites concluído neste dia servirá de base e fundamento a outros três, que os dois altos contratantes tem convindo, e ajustado na forma seguinte:

> "Em primeiro lugar, um Tratado de perpétua, e indissolúvel aliança entre as duas Coroas, em cujos artigos se especificarão as respectivas obrigações de cada uma, devendo promover-se no termo de dois meses seguintes à ratificação destes artigos separados, ou antes de fazer-se pode. Em segundo lugar, um Tratado de comércio entre as duas Nações, no qual serão também promovidas e facilitadas as vantagens de ambas, e se estenderá dentro do mesmo termo. Em terceiro lugar, um Tratado definitivo de limites para uns, e outros domínios de Portugal e Espanha na América meridional, logo que tenham vindo todas as notícias, e se tenham praticado as operações necessárias para especificá-los."

517. J. Barberis, *cit.*, 2000, *loc. cit.*:

> "La tesis brasileña era que, como consecuencia de ello, en el momento de la independencia, no había ninguna norma convencional vigente en materia limítrofe y que, por lo tanto, la única regla a que se debía recurrir era la posesión efectiva, que los diplomáticos del Imperio denominaban *uti possidetis*."

518. B. do Rio Branco, *Obras*, Vol. V, "Questões de limites", Rio de Janeiro, Ministério das Relações Exteriores, 1947, p. 78:

> "o plenipotenciário brasileiro recusou ambas as propostas, dizendo que não podia convir em outras fronteiras que não fossem as determinadas pelo *uti possidetis* efetivo ou real, e declarou que, sobre a base do Tratado preliminar de 1777, sem vigor desde a guerra de 1801 e do Tratado de paz de Badajoz, que o não restabelecera, era impossível para o Brasil aceitar negociação alguma".

in 1862, leading to fresh talks that resulted in another agreement on reciprocal navigation rights, signed in 1863 [519].

557. The 1851 treaty was supplemented by another, signed on 8 September 1909, on borders in the region east and south of the sources of the River Javari (Yavary) [520]. The note written by the Minister of Foreign Affairs, Baron de Rio Branco, when he submitted the treaty to the President of the Republic for it to be sent to Parliament, contained a detailed account of its antecedents [521].

558. That document confirmed that the 1909 Convention took effective possession as the basis of the agreement, and referred to it as the "current *uti possidetis*" [522].

b) *Brazil's frontiers with Argentina*

559. The frontier between Portugal and Spain during the colonial era was determined by the 1750 Treaty of Madrid [523], Article I of which

519. H. Vianna, *História diplomática do Brasil*, São Paulo, Melhoramentos, 1958, especially "tentativas de demarcação da linha divisória (1861-1902)", pp. 183-185.

520. As mentioned by E. da Cunha (1866-1909), in his book *Peru vs Bolívia*, orig. publ. 1907, Rio de Janeiro, Record, 3ª ed., "com dois mapas e um estudo de Oliveira Lima", s/d, quoted p. 16:

> "no tocante ao Brasil, ambas as nações litigantes, desde 1851 e 1867, até 1903, pleitearam à saciedade por vezes, a situação e grandeza das extremas setentrionais e ocidentais daquelas terras".

521. B. do Rio Branco, *Obras*, Vol. V, "Questões de limites", Rio de Janeiro, MRE, 1947, pp. 75 ff, quoted pp. 80-81, and p. 107:

> "Na negociação do Tratado de 8 de setembro último, os dois Governos, como em 1851, tomaram por base o *uti possidetis* atual, de acordo com as verificações feitas pelos seus Comissários técnicos de 1905."

522. J. Barberis, *cit.*, 2000, p. 39:

> "Introduce, sin embargo, alguna modificación en su argumentación jurídica: reconoce que existen algunos tratados que no son anulados por una guerra posterior como, por ej., un tratado definitivo de límites. Pero afirma que ello no ocurrió con el Tratado de San Ildefonso, porque se trataba solo de un tratado preliminar."

523. "Tratado de limites na América, entre D. João V, rei de Portugal, e D. Fernando VI, rei de Espanha, assinado em Madri, em 13 de janeiro de 1750, e ratificado por parte de Portugal, em 26 do dito mês, e pela de Espanha em 8 de fevereiro do mesmo ano", text presented by A. Pereira Pinto, *Apontamentos para o direito internacional*, 2ª ed., 1980, Vol. III, pp. 346-357. Differently from the Treaty of Santo Ildefonso (1777), whose preliminary and provisional nature was clearly stated, the Treaty of Madrid (1750) contained a specific clause, in its article XXVI, to ensure the validity, even in case of a subsequent armed conflict between the two Contracting states:

> "Este tratado, com todas as suas cláusulas, determinações, será de perpétuo vigor entre as duas Coroas, de tal sorte que, ainda em caso (que Deus não permita) que se declarem guerra, ficará firme e invariável durante a mesma guerra, e depois dela, sem que nunca se possa reputar interrompido, nem necessite de revalidar-se.

stated: "This treaty shall henceforth be the sole foundation and rule for the division and limits of the two domains, in all of America and in Asia." All earlier instruments between the two crowns were expressly revoked, including the Bull of Pope Alexander VI "of happy memory", and the treaties of Tordesilhas, Lisbon and Utrecht [524], among others.

560. The attempts in Articles VII and VIII of the 1750 Treaty of Madrid to lay down the frontiers between the Spanish and Portuguese domains related to the western extremity of Brazil's territory [525].

561. The intention of replacing several documents and criteria with one consolidated rule was logical, but not enough to resolve all the controversies, because the base points had remained fluid ever since the Treaty of Tordesilhas in 1494 [526].

562. After the period of union of the Iberian crowns from 1580 to 1640, the frontier issues shifted away from the southern borders to the Amazonia region [527], owing to Flemish and British incursions [528]. The

---

> E presentemente se aprovará, confirmará e ratificará pelos dois Sereníssimos Reis, e se fará a troca das ratificações no termo de um mês, depois de sua data, ou antes se for possível."

See J. Cortesão, *O Tratado de Madri*, facsimile edition, pres. Emb. A. da Costa Franco, Brasília, Senado Federal, 2001, 2 Vols.

524. Treaty of Utrecht, signed 11 April 1713.

525. Treaty of Madrid, 1750, Articles VII and VIII. The treaty of Madrid was cancelled by the Treaty of El Pardo, of 1761. The same provisions are reestablished, with minor changes of lesser importance, by the preliminary Treaty of Santo Ildefonso, in 1777, in its Articles X and XI. When the war of 1801 was commenced between Spain and Portugal, the demarcations were not yet completed. According to the Treaty of Badajoz, of the same year, the Treaty of Santo Ildefonso was cancelled and was not reenacted by the Peace of Badajoz, in 1801. In the same sense concur J. Cortesão, *O Tratado de Madri*, ed. 2001, 2 Vol. and H. Vianna, *História diplomática do Brasil*, São Paulo, Melhoramentos, 1958, Chap. XXIII, "limites com o Peru", pp. 180-188, quoted pp. 180-181.

526. On the Treaty of Tordesilhas, see J. Capistrano de Abreu, *Capítulos de história colonial (1500-1800) & Os caminhos antigos e o povoamento do Brasil*, Brasília, ed. UnB, 5ª ed., 1963, cap. 10 – formação dos limites, pp. 192-206, quoted p. 192:

> "O convênio assinado em 7 de junho de 1494, manteve o princípio enunciado pelo Papa: a divisão do mundo em dois hemisférios, pertencentes um a Portugal, outro à Espanha; modificou, porém, o número de léguas, elevando-as de cem a trezentas e setenta, e o ponto de partida para a contagem, que seria uma ilha, não especificado então nem depois, do arquipélago do Cabo Verde. O arreglo foi meramente formal e teórico: ninguém sabia o que dava ou recebia, e se ganhava ou perderia com ele, no ajuste das contas."

527. N. de Figueiredo Ribeiro, *A questão geopolítica da Amazônia: da soberania difusa à soberania restrita*, Brasília, Senado Federal, 2005, esp. Primeira Parte – "A Amazônia espanhola e a Amazônia portuguesa do tratado de Tordesilhas (1494) ao tratado de Madri (1750)", pp. 1-113.

528. J. Capistrano de Abreu, *op. cit.*, cap. *cit.*, pp. 193-194:

> "pareceu acertado confiar as novas conquistas à guarda dos portugueses, mais próximos e melhor preparados para defendê-las; a criação do governo separado do

south thus attracted less attention, and the movement of occupation by the Luso-Brazilians progressed very slowly, following the coast from the Amapá [529] to Santa Catarina.

563. Occupation of the coast continued from the Paraná and Santa Catarina, after that period of union ended in 1640 [530]. In 1680, the Portuguese founded the colony of Sacramento [531], on the northern bank of the River Plata, ten leagues from Buenos Aires. Other nations coveted the region at that time [532], including France under Louis XIV [533].

Maranhão representou um primeiro passo nesse sentido. Ainda mais decisiva foi a criação de duas capitanias hereditárias, sujeitas ambas à Coroa portuguesa, em terreno indiscutivelmente espanhol pelo espírito e pela letra de Tordesilhas: a de Cametá, concedida a F. C. de Carvalho, limitada a oeste pelo Xingu, na margem direita, a do cabo do Norte, na margem esquerda do Amazonas, concedida a Bento M. Parente, limitada a oeste pelo Paru. Em 1639, P. Teixeira, voltando de Quito, tomou posse em nome del rei de Portugal, das terras situadas entre o rio Aguarico, afluente do Napo, e o mar; faltava-lhe autoridade para tanto; mas este ato foi mais tarde e muitas vezes invocado e aceito como título de posse".

529. J. Sarney and P. Costa, *Amapá: a terra onde o Brasil começa*, Brasília, Senado Federal, 2ª ed., 1999.

530. J. Capistrano de Abreu, *op. cit.*, *loc. cit.*:

> "por sua parte, os espanhóis não curaram de ocupar a margem esquerda do Prata, descuido verdadeiramente inexplicável, se não duvidavam de seus direitos, a menos que se não explique pela certeza de sua intangibilidade".

531. J. Capistrano de Abreu, *op. cit.*, *loc. cit.*:

> "Apenas certificou-se de sua existência, o governador espanhol atacou-a e tomou-a. A notícia transmitida à Europa quase desencadeou nova guerra. Procurou-se, ainda uma vez, e agora com mais veras, apurar o verdadeiro alcance da linha de Tordesilhas. Não se conseguiu. A Espanha condescendeu em reconstruir a fortaleza e restituir provisionalmente o território, para fastar qualquer motivo de irritação do debate, que deveria continuar no terreno científico. Ao rebentar a guerra de sucessão da Espanha, el-rei de Portugal esposou a causa do Duque de Anjou, que por isso lhe cedeu o território disputado no Prata. Mais tarde mudou de partido e aliou-se à Inglaterra, a favor do pretendente austríaco. Daí resultou novo ataque e nova tomada da colônia do Sacramento, que permaneceu em mãos do inimigo, de 1706 a 1715."

532. B. de Massiac, *Plan francés de conquista de Buenos Aires 1660-1693*, orig publ. *Mémoire touchant l'établissement d'une colonie à Buenos Ayres ou sur la rive opposée du Rio de la Plata*, 1664, investigación, introdución y trad. de M. de Ridder de Zemborain, Buenos Aires, Emecé, 1a. ed., 1999.

533. M. De Ridder de Zemborain, est. *cit.*, 1999, quoted p. 11:

> "De todos los testimonios conocidos sobre el Buenos Aires del siglo XVII el más cautivante es, sin duda alguna, la *Memoria* de Barthélemy De Massiac. Escrita durante su estada en este puerto, entre 1660 y 1662, esta *Memoria* presenta, además de las descripciones físicas del lugar, un estudiado proyecto de conquista del Rio de la Plata hasta las minas del Potosi por Luis XIV, rey de Francia. Fue enviada a su ministro Colbert desde Madrid en 1664 y firmada por su hermano P. De Massiac, Sieur de Ste.-Colombe. Se publicó por primera vez en 1933 en el *Journal de la Société des Américanistes*, tomo XXV, Paris, com prólogo de P. Roussier."

564. The colony of Sacramento changed hands several times between Spain and Portugal. The Treaty of Utrecht, in 1713 [534], laid down the obligation to hand the colony over to Portugal, along with its territory. But, what territory? The entire left bank of the River Plata, the Portuguese claimed. The Spanish understood it as extending as far as the reach of a cannon ball fired from the fortress, and they prevailed.

565. Attempts to settle in Montevideo met with failure [535]. Argentinian sources seem to forget that the colony of Sacramento had been founded and controlled for many years by the Portuguese [536]. That region, once independent, became the Eastern Republic of Uruguay.

534. Treaty of Utrecht, signed 11 April 1713.

535. J. Capistrano de Abreu, *op. cit.*, pp. 195-196:

> "A fundação da colônia do Sacramento devia servir de ponto de partida para um povoamento que, partindo do Prata, iria ter à beira-mar. Este plano falhara; restava o plano contrário: estabelecer-se na marinha, estender-se pelo interior, até chegar às águas platinas, em outros termos, povoar o rio de São Pedro, mais tarde chamado Rio Grande do Sul."

536. F. Luna, *Breve história de los argentinos*, Buenos Aires, Planeta, 1993, 6ª ed., 2000, especially "guerra contra el Brasil", pp. 83-85:

> "Si bien la Banda oriental estuvo en su momento bajo la hegemonía de Artigas, los portugueses, que siempre la habían codiciado, empezaron una invasión lenta, pero progresiva y firme, que terminó en 1820 con la ocupación de Montevideo. Un año después se proclamaba a la Banda oriental, Provincia Cisplatina; es decir, una provincia más del imperio portugués – y, a partir de la independencia, una provincia más del imperio del Brasil –. Esto era inaceptable. La Banda oriental había pertenecido siempre a la Corona española y no olvidemos que una de las nociones jurídicas se mantuvo durante los gobiernos patrios fue el principio de que las nuevas naciones conservarían las mismas fronteras de las jurisdicciones coloniales. Es decir que así como el Virreinato del Río de la Plata llegaba hasta el desaguadero en el Perú, Bolivia, ya convertida en república, no pretendió pasar mas allá del Desaguadero. Del mismo modo, la Banda oriental había pertenecido siempre a la corona española y su ocupación por los portugueses era una usurpación. … Después de una guerra casi empatada con Brasil (en Ituzaingó se ganó la guerra terrestre, pero el bloqueo brasileño fue muy duro y asfixió económicamente a las Provincias unidas), se logró un tratado de paz, por el cual la Banda oriental se constituiría en república independiente. Así se completó la fragmentación del antiguo Virreinato: Bolivia se había declarado independiente con el asentimiento del Congreso; Paraguay seguía en estado de neutralidad y de encerramiento y la Banda oriental se convirtió en República oriental del Uruguay. A partir de ese momento quedaron definidas las fronteras de lo que después sería la República argentina, pero la guerra con el Brasil y los intentos utópicos de Rivadavia terminaron con el régimen presidencial: el experimento unitario se frustró con la renuncia de Rivadavia y el país regresó a su anterior situación. Es decir, la de trece provincias que se gobernaban cada una por sus instituciones, pero que confiaban a Buenos Aires el manejo de las relaciones exteriores."

566. At the same time the coast was being occupied, so was the interior, the vast hinterland of the continent [537]. This became the subject of a frontier dispute between the two countries.

567. With the Treaty of Madrid in 1750, Spain and Portugal acknowledged that they had both breached the 1494 Treaty of Tordesilhas, Spain in Asia and Portugal in America. In order to avoid future confrontations, the parties agreed that each would keep what it controlled at the time of signing the Treaty of Madrid [538]. The brilliant proposal by Alexandre de Gusmão, a Brazilian in the Portuguese diplomatic service, that the *uti possidetis* principle should be adopted as a criterion for the division of territory between Spain and Portugal, was a major innovation and is still applied [539]. That same test of effective possession has guided the solution to almost all the frontier disputes between Brazil and its neighbours, except for Paraguay [540].

---

537. J. G. de Lemos Brito, *Pontos de partida para a história econômica do Brasil*, São Paulo, Ed. Nacional, Brasília, INL, orig. publ. 1923, 3ª ed., 1980, col Brasiliana, Vol. 155, "o desbravamento dos sertões e a obra realizada durante o século XVII", pp. 77-86, thereafter "século XVIII – o norte, o centro e o sul em face do estrangeiro", pp. 87-96, and "século XVIII – o norte, o centro e o sul em face dos problemas internos", pp. 97-101, quoted pp. 77-78:

> "A tentação do ouro chega ao paroxismo. As grandes bandeiras, substituindo as tímidas entradas, arremessam-se com estrondo pelas regiões ignotas, misteriosas e fechadas ao *ousio* humano; para vencê-las, transpô-las, dominá-las, têm que abrir estradas sobre pântanos, rasgar extensíssimas picadas nas florestas virgens, atravessar rios vertiginosos, dominar cachoeiras fulminantes, pendurar-se à crista dos abismos, fazer ascensões maravilhosas de alpinistas ao liso das montanhas granıíticas, enfrentar feras e répteis, sofrer o insulto da malária, padecer a ação torturante dos insetos, curtir muita vez a fome e a sede, ou sustentar a cada passo luta feroz, tenaz, diabólica, com o selvagem."

538. A. J. Capistrano de Abreu, *op. cit.*, *loc. cit.*:

> "Depois de tantos anos e de tantas canseiras nem um passo se dera para realizar o ideal afagado pelo Tratado de Madri. Para os interesses de Portugal, a solução não foi desvantajosa: estribado no *uti possidetis*, dando-lhe uma extensão inconciliável com o Tratado de Madri, pôde agora satisfazer a sua avidez de terras."

See also J. Cortesão, *O Tratado de Madri*, ed. 2001, 2 Vols.

539. J. Cortesão, *O Tratado de Madri*, ed. 2001, 2 Vols.; P. B. Casella, *Tratado de direito internacional – tomo 10 – Direito internacional no tempo de C. van Bynkershoek e Christian Wolff*, São Paulo, Almedina, 2024, esp. "Tratado de Madri e o *uti possidetis*".

540. L. A. Moniz Bandeira, *La formación de los Estados en la cuenca del Plata: Argentina, Brasil, Uruguay, Paraguay*, 2006, trad. de M. Grinberg, Buenos Aires, Edtrl. Norma, 2006 cap. III, "Fundación de la colonia del Sacramento – teoría de las fronteras naturales – Portugal y Inglaterra en el siglo XVIII – Tratado de Madrid y configuración territorial de Brasil", pp. 63-76, quoted pp. 68-69:

> "Si la soberanía de España sobre el territorio de las misiones era, como se sabe, nominal, la toma, *ipso facto*, no sería fácil para Portugal. Los indígenas, bajo el comando de los jesuitas, se rebelaron y, negándose a abandonarlo, resistieron con armas en las manos a las fuerzas conjuntas de España y Portugal, que los

568. After the death of Ferdinand VI, Carlos III ascended the Spanish throne: the 1750 Treaty of Madrid was annulled by a new Pact, signed at El Pardo on 12 February 1761 [541]. In Portugal, following the death of José I, Queen Maria of Portugal signed the Treaty of Santo Ildefonso on 1 October 1777: *uti possidetis*, recognized in 1750 and abandoned in 1761, was resumed from 1777 [542].

569. Demarcation of the frontiers dragged on for many years but produced no results. A fresh outbreak of war between Portugal and Spain made the Treaty of Santo Ildefonso a dead letter. Discussions about demarcation were still going on in 1801, when war broke out again between Portugal and Spain. *Ipso facto*, the treaties lapsed [543].

---

acometieron para desalojarlos. La guerra duró varios años y las tropas regulares de los dos países, que en ella se involucraron, experimentaron serios reveses frente a la tenacidad y la bravura con que combatían los guaraníes."

541. In the "Preamble", the Treaty of El Pardo, dated 12 February 1761:

> "estipulado substancial e positivamente para estabelecer uma perfeita harmonia entre as duas Coroas e uma inalterável união entre os vassalos delas, se viu pelo contrário que desde o ano de 1752 tem dado e daria no futuro muitos e muito frequentes motivos de controvérsias e contestações opostas a tão louváveis fins".

Text presented by the Barão do Rio Branco, *Questão de limites brasileira-argentina*, New York, 1894, Vol. IV, pp. 71-72; see also J. Cortesão (ed.), *Do tratado de Madri à conquista dos sete povos (1750-1802)* – Manuscritos da Coleção De Angelis, Vol. VII, Rio de Janeiro, Biblioteca nacional – Divisão de publicações e divulgação, 1969, esp. part III, "tratado do Pardo e guerra do Pacto de família", quoted "introdução", p. 10:

> "evocam-se muito rapidamente os fatos que anularam o tratado de Madri e a boa paz reinante entre as duas coroas peninsulares ... deve, no entanto, assinalar-se o documento de n. XX, pelo qual se fica sabendo quanto fora profunda a penetração luso-brasileira até às margens dos rios Jejuí e Iguatemi, onde os espanhóis, encarregados de demolir os marcos, erigidos a quando os trabalhos da demarcação, encontraram muitos ranchos, restos de povoações, abandonadas ou semidestruídas".

542. Treaty of Santo Ildefonso, 1777, Article VI:

> "ficará também reservado no restante da linha divisória, tanto até a entrada no Uruguai do rio Pepiri-guaçu, quanto no progresso que se especificará nos seguintes artigos, um espaço suficiente entre os limites de ambas as nações, ainda que não seja de igual largura à das referidas lagoas, no qual não possam edificar-se povoações por nenhuma das duas partes, nem construir-se fortalezas, guardas ou postos de tropas, de modo que os tais espaços sejam neutros, pondo-se marcos e sinais seguros, que façam constar aos vassalos de cada nação o sítio de que não deverá passar; a cujo fim se buscarão os lagos e rios, que possam servir de limite fixo e inalterável, e em sua falta os cumes dos montes mais sinalados, ficando estes e as suas faldas por termo neutral e divisório, em que não se possa entrar, povoar, edificar nem fortificar por alguma das duas nações".

543. J. Capistrano de Abreu, *op. cit.*, pp. 204-205.

570. The period from the Treaty of Madrid in 1750 to the "conquest of the seven peoples" [544] in the Mission territories in 1802 was part of a long historical process that had begun with the pioneers *(bandeirantes paulistas)*:

- In 1606, Captain Sebastião Preto invaded the Guairá and brought a number of *Ybyrayaras* Indians from Villa Rica to São Paulo; he came back in 1612 and captured 900 Indians, but he was pursued on the return journey by the governor of Ciudad Real, who recaptured 500 Indians [545].
- In 1627, the incursion *(bandeira)* of Antonio Raposo Tavares [546] into the Guairá region [547] was repelled by the Indians, armed and commanded by the Jesuits; they were later expelled from that region as well as the regions of Itatim and Tape [548].

---

544. J. Cortesão, *Do tratado de Madri à conquista dos sete povos (1750-1802)*, Manuscritos da Coleção de Angelis, J. Cortesão (ed.), Vol. VII, Rio, Biblioteca nacional – Divisão de publicações e divulgação, 1969; see also J. Cortesão, *O Tratado de Madri*, facsimile, Brasília, Senado Federal, 2001, 2 Vols.

545. D. González Torres, *Origen y Historia de los pueblos del Paraguay*, orig. publ. 1994, Asunción, Servilibro, 3ª ed., 2010, Chap. V – *Migraciones, movimientos migratorios*, pp. 63-68, quoted p. 64.

546. Dates slightly different are stated by D. González Torres, *Origen y Historia de los pueblos del Paraguay*, 3ª ed., 2010, *cit.* p. 64, when mentioning

> "las migraciones obligadas por presiones periféricas como registró la historia, de reducciones y pueblos ya establecidos que sufrieron los asaltos de los 'bandeirantes' en procura de indios para el mercado de esclavos de Piratininga", of which "La primera 'bandeira', organización bien armada, cuyo objetivo era la caza de indios para seren vendidos en Brasil como esclavos, salió de São Paulo el 18 de octubre de 1628 al mando de A. Raposo Tavares y arrasó las reducciones del Guayrá, comenzando por la de Jesús María, siguiendo con las de Loreto, San Miguel, San Antonio, Encarnación, San Javier y San José. Estos 'bandeirantes' llevaran a São Paulo, según los cronistas, 10.000 indios al mercado de esclavos".

And he adds:

> "Raposo vuelve en 1632 acompañado de A. Fernández y de otros y destruyen Villa Rica y Ciudad Real y Jerez (cerca de las nacientes del Aquidauana) y las reducciones de Itatin, en el actual estado de Mato Grosso: San José, San Pedro y San Pablo. El mismo Raposo Tavares volvió con otra 'bandeira' en 1648-49 y destruyó lo que quedó de su anterior incursión. Otra 'bandeira', esta vez dirigida por A. P. Xavier, el 14 de febrero de 1676, ataca de nuevo Villa Rica, cuando estaba instalada en Tupaitá, cerca del río Curuguaty en las nacientes del Jejui."

547. Archeological síte and cultural heritage. See analysis and documents in J. O. Gazaneo (ed.), *Las misiones jesuíticas del Guayrá*, photographs C. Mordo, texts by S. Cabral, A. G. Amat, L. Rojas, G. Cambas, M. M. Morales S. J., J. O. Gazaneo, A. de Paula, B. D. Sustersic, R. di Stefano, Buenos Aires, Manrique Zago, UNESCO, ICOMOS, 2a. ed., 1995.

548. On the settlements of Itatim and Tape, see D. G. Torres, *Origen y Historia de los pueblos del Paraguay*, 3a ed., 2010, quoted pp. 65-66:

> "En *Los Itatines*. En 1632 se fundaron cuatro Reducciones. Se reunieron en dos: Andirapucú y Tepoti y, al año, una en Yatebó. Entre 1635 y 1647 esta Reducción

– In 1632, Villa Rica and other settlements in the Missions Province were razed by another incursion *(bandeira)* under the command of Raposo Tavares [549].

571. Similar acts were carried out in the river Madeira region and around the mouth of the river Amazonas, reinforced by the founding of the colony of Sacramento. Those initiatives were confirmed soon afterwards by the Treaty of Madrid [550].

572. The conquest of the seven peoples of the eastern missions was a time of extreme violence in the region's history [551]. The reasons were a combination of strategy and greed for the region's rich resources [552].

---

volvió a dividirse en dos: Santa Maria de Fe y San Ignacio de Caaguazú, y en 1649 volvieran a unirse. En 1650, la Reducción de Nuestra Señora de Fe pasó a Aguanamby y la de San Ignacio bajó más al sur. En 1659, ambos pueblos se trasladaron al sur del Tebicuary y se instalaron donde hoy están Santa Maria y Santiago. En *El Tape*, al este del rio Uruguay, hoy en Brasil, fueran más al sur. Las otras Reducciones se instalaron en las ya existentes entre los ríos Paraná y Uruguay."

549. D. G. Torres, *Origen y Historia de los pueblos del Paraguay*, 3ª ed., 2010, quoted p. 64: "Ciudad Real y Villa Rica son trasladadas y unidas como Villa Rica al pie de la cordillera del Mbaracayú, ese mismo año de 1632."

550. J. Cortesão, *op. cit.*, 1969, "introdução", pp. 7-12, quotes the documents of the De Angelis Collection, on this long period of great relevance for the history of Brazil, among which the Opinion stated by the Master Jesuits of Cordova, "cabeça da Ordem, nas províncias do Prata e do Paraguai, que haviam decidido, em seu alto juízo, que os preceitos do padre geral não obrigavam aos missionários, pois bastava conhecer a doutrina cristã para concluir que o tratado de 1750 era injusto, no que respeitava ao traçado da linha divisória entre a América portuguesa e a América espanhola. Este parecer foi divulgado entre os seus colegas dos Sete povos pelo padre Cardiel. Igual importância teve a opinião do padre Ravago, confessor do rei, o qual depois de ter aprovado, com o seu voto e influência junto do monarca, o tratado, agora o condenava e comunicava a sua condenação aos padres da Missão dos Sete povos".

See also Rodrigo Octávio [Langgaard Menezes], "Les sauvages américains devant le droit", *Collected Courses*, Vol. 31 (1930), pp. 177-292.

551. H. Vianna, *História do Brasil*, São Paulo, Melhoramentos, Edusp, 12ª ed., "rev. e atualizada por A. J. Lacombe", 1975, esp. Chaps. XXXI, "povoamento do Rio grande de são Pedro", XXXII, "tratado de Madrid, de 1750", XXXIV, "lutas contra os espanhóis ao sul e oeste do Brasil (1762-1777)", XXXV, "tratado de santo Ildefonso" and XL, "política exterior da regência de D. João em Portugal e repercussões no Brasil", pp. 295-346; H. Vianna, *História diplomática do Brasil*, São Paulo, Melhoramentos, 1958.

552. H. Vianna, *op. cit.*, A. J. Lacombe (ed.), 1975, "conquista dos Sete povos das missões orientais do Uruguai", pp. 344-345, stated:

> "Capitulando em São Miguel o tenente-coronel F. Rodrigo e submetendo-se São Borja aos luso-brasileiros, chegaram estes a incursionar até mesmo na margem direita do rio Uruguai, quando já governava os conquistados Sete povos o sargento-mor J. F. da Fonseca Manso. Era esta a situação, quando chegou a notícia da paz de Badajoz."

573. After the Luso-Brazilian conquest of the seven peoples, the region had to be populated, and arrangements made for the frontier areas as well as for trade [553].

574. The 1801 Peace Treaty of Badajoz did not contain any provision reaffirming those of the earlier [554] Treaty of Santo Ildefonso, dating from 1777, an observation made by Viscount Rio Branco – father of Baron Rio Branco – in the memorial submitted to the Government of Argentina on 26 November 1857. It followed that "Spain retains the city of Olivença, conquered according to the laws of war, and Portugal all the occupied territory in America belonging to Spain according to the same law" [555].

575. After that, no other frontier-related issues arose between the two Iberian powers. As pointed out, "knowledge of the past is fundamental

553. J. Cortesão, *op. cit.*, 1969, parte V, "a conquista dos Sete povos", and "introdução", pp. 11-12, mentions:

> "mais notável de todos os documentos desta seção é a *Memória de d. Felix de Azara sobre a necessidade e meios de defender a fronteira do sul contra os luso-brasileiros*. O célebre geógrafo e naturalista, figura primacial das comissões demarcadoras, quer espanholas, quer portuguesas, naquela época, deixou nesse documento um valiosíssimo testemunho sobre o gênero e estilo de vida das populações do Prata, as condições econômicas do seu desenvolvimento e, muito em particular, nas relações com os seus vizinhos de fronteira, os luso-brasileiros do Rio grande do sul. A sua *Memória* constitui, por esse motivo, um documento de base para o estudo da formação econômica e social, quer da atual República do Uruguai, quer do estado do Rio grande do sul. Ora advoga a necessidade de introduzirem muitos portugueses no território do atual Uruguai, justificando largamente essa proposta e referindo-se às razões do fracasso de D. P. Cevallos, quando fundou com eles a povoação de São Carlos, junto de Maldonado; ora menciona os muitos que subsistiram no Paraguai, em Mendoza e outras partes daquelas províncias, porque lhes foi possível adquirir fazendas, e eram, então, "os moradores mais úteis, industriosos, ricos e asseados". Como D. P. Cevallos, Azara mostra-se extremamente preocupado com a capacidade de expansão dos luso-brasileiros, que já se haviam apoderado do comércio do território de Misiones, e em parte do de Corrientes, Paraguai, Santa Fé, mas ameaçavam ainda ocupar as terras respectivas. Em seu entender, era necessário fomentar por meios adequados, o povoamento e organização das regiões fronteiriças, assim como regulamentar o comércio com os portugueses, de modo a contê-los nos seus limites. Finalmente, uma memória dum espanhol anônimo refere ao Vice-rei do Prata, as causas da conquista dos Sete povos pelos portugueses, entre as quais a desorganização das tropas espanholas, a incompetência do comando, e, mais que tudo, a submissão dos índios à comunidade dos seus respectivos povos, que os abate e descontenta, o que torna impossível organizá-los, por maneira eficaz, em companhias de naturais".

554. J. M. Othon Sidou, *Dicionário jurídico*, Rio de Janeiro, Forense univ., 3ª ed., 1995, *cit.* p. 674, *repristinamento*:

> "retomada de vigor de um preceito legal em razão da perda de vigência da lei que o revogara; princípio, em regra, não adotado pelo direito brasileiro, a não ser que a nova lei expressamente restaure o preceito afastado".

555. H. Vianna, *op. cit.*, ed. 1975; and also H. Vianna, *História das fronteiras do Brasil*, Rio de Janeiro, Gráfica Laemmert, Biblioteca Militar, 1949.

for resolving issues in the present" [556]. Questions not resolved by the former powers would be solved by the region's countries once they had achieved independence, as subjects of international law.

576. From the standpoint of their territorial units [557], the legal construction of both states came late: "the territory inherited by Brazil derives from the Treaty of Madrid, of 1750; that of the future Argentina from the creation of the Viceroyalty of Rio de la Plata, in 1778" [558].

577. Argentina invoked state succession with respect to international treaties, with Spain's rights being laid down in the 1777 Treaty of Santo Ildefonso, the most recent agreement between Spain and Portugal on frontiers. Brazil argued that the Treaty of Santo Ildefonso had lapsed because of the subsequent war between the former powers, and had not been brought back into force by the Peace of Badajoz in 1801 between Spain and Portugal.

578. Given that there were no valid legal titles in existence at the time of independence of the countries in the region, and no treaties in force to fix their borders, *uti possidetis* would have to be applied to determine the possession exercised by each country [559]: "these principles are the

556. A. Vicente, *Portugal visto pela Espanha*, Foreword F. Morán, Lisbon, Assírio & Alvim, 1992.

557. B. Fausto and F. J. Devoto, *Brasil e Argentina: um ensaio de história comparada (1850-2002)*, trad. dos textos em castelhano S. Molina, São Paulo, ed. 34, 2004, parte 1 "a herança do passado e a construção nacional", pp. 29-145, esp. "território, unidade, desagregação", pp. 29-40:

> "Mas deu-se evolução inversa nos dois casos, ao menos sob o ponto de vista territorial, porquanto o Brasil conta área três vezes maior que a da Argentina (8,5 milhões de km^2 contra 2,8 milhões de km^2), mas "o vice-reinado do Prata contava, em 1810, com 5 milhões de km^2. A pergunta de por que a Argentina, ao contrário do Brasil, não conservou a precedente unidade territorial tem suscitado muitas opiniões nas respectivas historiografias."

558. B. Fausto and F. J. Devoto, *op. cit.*, 2004, *loc. cit.*:

> "O tratado de Madri ampliara o território reconhecido como pertencente a Portugal para regiões, em sua maioria, muito pouco povoadas – com exceção do Sul –, não dominadas e sobre as quais nenhuma outra potência colonial exercia efetiva jurisdição. O vice-reinado fora cria por meio da reorganização de jurisdições preexistentes do império espanhol e era uma unidade nova, sobrepondo-se em alguns pontos a territórios densos e administrativamente coesos (como o do alto Peru ou do Paraguai), que, ou funcionavam com razoável autonomia, ou dependiam de outros centros do poder espanhol. Isso fazia da nova jurisdição uma unidade muito mais superficial."

559. The Brazilian Empire presented this thesis on 26 November 1857, by its diplomatic representative, J. M. da Silva Paranhos, later the Visconde do Rio Branco, in a note to the Argentinian government:

> "As Convenções com que as duas Coroas de Portugal e Hespanha procuraram dividir entre si as terras ainda não descobertas, ou conquistadas na América, e extremar suas possessões já estabelecidas no mesmo continente, nunca surtiram

expression of reason and justice, and are enshrined in universal public law" [560].

579. The question of the borders between Brazil and Argentina remained alive after the end of the Empire: a treaty was signed on 7 September 1889 and ratified on 4 November that year, whereby Brazil and Argentina agreed to submit the matter of their borders to arbitration if, within three months from the conclusion of reconnaissance and exploration of the disputed rivers by the Brazil-Argentina Mixed Commission, the two governments had not reached a negotiated solution.

580. Once the Republic was proclaimed, Quintino Bocaiúva became Foreign Minister. The new regime indicated that it was willing to accept Argentina's claim and divide the territory of Palmas. On 25 January 1890 a treaty was signed in Montevideo that divided the disputed territory between the two contracting parties, "under the auspices of the institutional unity of America and in the name of the sentiments of fraternity that must endure among all the peoples of this continent", according to the treaty's preamble [561].

---

o desejado efeito. As dúvidas e incertezas de tais estipulações, os embaraços emergentes de uma e outra parte, e pôr fim à guerra, sucessivamente inutilizaram todos os ajustes, e consagraram o direito do *uti possidetis* como o único título e a única barreira contra as usurpações de uma e outra nação, e de suas colônias na América meridional. As últimas estipulações ajustadas e concluídas entre as duas Coroas para a demarcação de seus domínios no novo mundo são as do Tratado preliminar de 1° de outubro de 1777, disposições em grande parte copiadas do Tratado de 13 de janeiro de 1750, que aquele teve por fim modificar e esclarecer. O Tratado de 1777 foi roto e anulado pela guerra superveniente em 1801 entre Portugal e Hespanha, e assim ficou para sempre, não sendo restaurado pelo Tratado de Paz, assinado em Badajoz, aos seis dias de junho do mesmo ano … E pois incontestável que nem mesmo a Hespanha ou Portugal poderia hoje invocar o Tratado de 1777, porque contra semelhante pretensão protestaria a evidência do direito internacional. O Governo de sua Majestade o Imperador do Brasil, reconhecendo a falta de direito escrito para a demarcação de suas raias com os estados vizinhos, tem adoptado e proposto as únicas bases razoáveis e equitativas que podem ser invocadas: *uti possidetis*, onde este existe e as estipulações do Tratado de 1777, onde elas se conformam ou não vão de encontro às possessões actuais de uma e outra parte contratante."

560. Note of the Brazilian Empire to the Argentinian government, dated 26 November 1857, *cit., supra*.

561. H. Vianna, *História diplomática do Brasil*, São Paulo, Melhoramentos, 1958, cap. XVIII, "limites com a república Argentina", pp. 142-147, item 3, "tentativa de divisão da zona de Palmas, pelo governo provisório da república (1890-1891)", pp. 145-146:

> "Este território que formava a maior parte da comarca de Palmas, no estado do Paraná, confinando a oeste com o território argentino de Misiones e ao sul com o estado do Rio grande do sul, media cerca de 30.621 quilómetros quadrados, com uma população, segundo o recenseamento de 30 de dezembro de 1890, de 5.793 habitantes, dos quais 5.763 brasileiros e 30 estrangeiros, entre os quais não se contava um só cidadão argentino."

The precise content of those sentiments is not easy to determine [562].

581. When this was published in the press it provoked a level of interest within the country unusual for international matters: there was no precedent, in the history of Brazil's international relations, for the reactions from the whole of the press, ministers of state, plenipotentiaries, geographers, publicists, frontier demarcation experts and anyone who in recent years had become involved in Brazil's foreign policy, including eminent figures from both the new and old regimes who were familiar with the issue, such as Admiral Baron de Ladário, Baron de Capanema, the adviser Nascentes de Azambuja, Dr Serzedelo Correia and numerous others, not to mention Eduardo Prado, who was writing from Paris [563].

582. As a result, by 142 votes to 5, the national Parliament, at a secret session on 10 August 1891, approved the opinion of the Special Commission drafted by General Dionísio Cerqueira, who proposed that the Treaty of Montevideo be rejected and the matter submitted to arbitration.

583. Following the rejection of the 1890 Treaty of Montevideo by the Brazilian Parliament, Brazil and Argentina agreed to submit their dispute to arbitration as a way of resolving the issue of the frontier in the territory of Palmas, incorrectly described as the Missions [564].

---

562. How can be determined the contents of "fraternité"? On the contemporary contents of the topic, see for instance, R. Debray, *Le moment fraternité*, Paris, Gallimard, 2009.

563. A. G. de Araujo Jorge, *Introdução às obras do Barão do Rio Branco*, Rio, ed. MRE, 1945, pp. 12-16: "A notícia da partilha, acolhida com júbilo no país vizinho, levantou entre nós um clamor intenso"; quoting E. Prado, in an article published in the *Revista de Portugal*, and subsequently in the book *Fastos da ditadura militar no Brasil*, o "território de Missões, segundo o tratado do Sr. Bocaiuva, é uma verdadeira cunha entrando pelo Brasil a dentro", *op. cit.*, 3ª ed., 1890, p. 142; the new border would be a straight line, connecting the mouth of the rivers Chopim and Chapecó, leaving for Brazil the region to the east of same and to Argentina the zone to the west, down to rivers Pepiri-guaçu and Santo Antonio. See E. (P. da Silva) Prado, *Fastos da ditadura militar no Brasil*, s/l., s/ed., 1890, available on line: Senado Federal, Biblioteca digital – http://www2.senado.leg.br/bdsf/handle/id/518725 nome 000087402.pdf.

564. J. Barberis, est. *cit.*, 2000, II . "Las controversias territoriales del Brasil con estados hispanoamericanos", item 1 "Argentina", pp. 34-38, *cit.* p. 34:

> "El límite entre la Argentina y el Brasil está dado, casi en su totalidad, por cuatro ríos: el Iguazú, el Uruguay, el Pepiri Guazú y el San Antonio. El litigio se debía a que las partes no coincidían en cuáles eran los ríos Pepiri Guazú y San Antonio. En los reconocimientos y demarcaciones efectuados en el período colonial hubo distintos critérios acerca de cuáles eran aquellos ríos."

584. The arbitrator was the President of the United States of America, Grover Cleveland. The arbitral award of 5 February 1895 was entirely in Brazil's favour [565].

c) *Brazil's frontiers with Bolivia*

585. The arguments put forward concerning the frontiers with Bolivia [566] were similar to those adopted when issues arose with

565. Observed J. Barberis, *cit.*, 2000, p. 38:

"La sentencia del presidente Cleveland no contiene considerandos, se limita simplemente a fallar a favor del Brasil y a decidir que los ríos que constituyen el limite entre ambos Estados son los reconocidos en la demarcación habida en 1759. Por ello, resulta dificil analizar cual fué el razonamiento del árbitro que lo llevó a adoptar esta decisión, sobre todo si se tiene en cuenta que la demarcación de 1759 habia sido dejada sin effecto por el Tratado de El Pardo."

566. J. de Mesa, T. Gisberti and C. D. Mesa Gisberti, *História de Bolívia*, La Paz, Edtrl. Gisberti y Cia., 3a ed. atualizada, 1999, libro vii, "1880-1952", cap. II, "1899-1920. los liberales, el signo del estaño y el drama de la goma", pp. 491-519, esp. "la guerra del Acre 1899-1903", pp. 498-500:

"El conflicto militar del Acre tuvo su punto más álgido entre 1902 y 1903, pero comenzó realmente en 1899 con el primer levantamiento secesionista en Puerto Acre, mientras el país vivía la guerra civil en altiplano y valles. El origen de esta guerra está en las diferencias de límites con el Brasil y la importancia económica de la goma en la región. El antecedente más crítico fue el tratado de 1867 firmado por Melgarejo, que marcó los límites binacionales entre la confluencia del Mamoré y el Beni (cediendo soberanía sobre el rio Madera que es nuestro principal acceso al Atlántico en el norte) y una línea hasta las desconocidas nacientes del rio Yavarí. El mencionado tratado fue una cesión del territorio que teníamos cuando nacimos a la independencia. En 1896 el propio Pando firmó un acuerdo con Brasil en el límite de los ríos Purus y Acre. Pero el detonante fue, otra vez, una cuestión económica. La fundación de Puerto Alonso, en 1899 Puerto Alonso se conoció luego como Puerto Acre, capital del territorio de colonias a orillas del rio Acre, hoy en territorio brasileño) se hizo para instalar un puesto aduanero de recaudación de impuesto sobre exportaciones de goma. Esto molestó a los aventureros que explotaban goma y la contrabandeaban sin rubor a los estados vecinos de Pará y Amazonas. Brasil veía así reducidos sus ingresos por 'tránsito' de la goma boliviana por sus puertos. El 1º de marzo de 1899 el español L. Gálvez se sublevó y declaró el estado independiente del Acre, tomando Puerto Acre. Sorpresivamente L. Salinas Vega representante boliviano, pidió el apoyo brasileño para conjurar el levantamiento. La respuesta inicial fue positiva, pero muy pronto Brasil se desentendió del problema para luego declarar el territorio del Acre en litigio. Entre 1899 y 1900 Bolivia envió tres expediciones: la de A. Muñoz, la de L. Perez Velasco y la de I. Montes. En valientes acciones de armas en Capueiro, Riosinho, Bagé y Puerto Acre, Bolivia restauró su soberanía y recuperó Puerto Acre. Allí se destacó M. Paredes que murió en el combate de Riosinho. La excusa para la intervención brasileña se dio en 1902 con la propuesta de F. Avelino Aramayo de crear una sociedad anglo norteamericana, el Bolivian Syndicate que arrendaría la totalidad del Acre a Bolivia y lo explotaría de manera privada. El Barón de Rio Branco, ministro de [relaciones] exteriores de Brasil, protestó y acusó a Bolivia de romper las reglas de la soberanía en el continente. Casi simultáneamente se levantó en el Acre Plácido de Castro declarando otra vez la secesión, pero esta vez Brasil intervino Puerto Acre con un contingente

Peru and Argentina. Just after the Treaty of Madrid in 1750, the new *capitania geral* of Mato Grosso was established, and its headquarters was deliberately sited close to the frontier [567]. In 1752, the *"Vila bela da santíssima trindade"* was created on the right bank of the River Guaporé, later to become the city of Mato Grosso [568]. When the 1750 Treaty was annulled by the Treaty of El Pardo in 1761, the situation with regard to the frontier remained unchanged, despite the outcome of the latest Hispano-Portuguese war, as Articles IX, X and XI of the 1777 Treaty of Santo Ildefonso re-established the frontier in the Treaty of Madrid for that part of the territory [569].

armado tomándolo por segunda vez. El presidente Pando apremiado por el peligro para la soberanía nacional se trasladó con un destacamento militar a la zona del conflicto. Hacerlo demandó un penoso viaje de varias semanas desde los Andes hasta el llano amazónico. Pando combatió y venció a Castro en el rio Orton (Puerto Rico). En tanto, la columna Porvenir organizada y financiada por Nicolás Suarez combatió heroicamente en Bahía (hoy Cobija), venciendo a los filibusteros y defendiendo esa región de nuestro territorio. Las acciones militares no estaban decididas, pero era evidente que Brasil estaba dispuesta a una escalada militar que, por su clara superioridad en todos los órdenes, podía inclinar fácilmente la balanza en su favor. En La Paz las autoridades prefirieron la negociación diplomática. El 21 de marzo de 1903 se declaró un *modus vivendi* que era el preámbulo de la cesión. El 17 de noviembre de 1903 F. Guachalla y C. Pinilla firmaron por Bolivia el tratado de Petrópolis por el que cedían el territorio del Acre a cambio de una compensación pecuniaria de 2.000.000 de libras esterlinas, el compromiso de construcción de un ferrocarril en la zona de las cachuelas (rápidos de los ríos que impedían o dificultaban la navegación) y aspectos relativos al status y derechos de los habitantes de la región en cuestión. Asi Bolívia perdió alrededor de 190.000 km2 de territorio."

567. H. Vianna, *História diplomática do Brasil*, São Paulo, Melhoramentos, 1958, cap. XX, "limites com a Bolívia", pp. 155-163, *cit.* pp. 155-156:

"Embora não possam ser agora precisamente determinadas as zonas de tri junção de fronteiras em que, sob o regime colonial, começavam e terminavam nossos limites com a atual república da Bolívia, devidos às variações que desde então sofreram as divisórias dos antigos domínios hispano-americanos", eram estes especificados pelos artigos IV, VII e VIII do tratado de Madri, de 1750.

568. See also J. Cortesão, *O Tratado de Madri*, edition 2001, 2 Vols.

569. H. Vianna, *op. cit.*, 1958, *loc. cit.*:

"Novas fundações aí balizaram melhor a nossa nova fronteira: Vila Maria, hoje São Luís de Cáceres, no rio Paraguai, em 1778; Casalvasco, em 1783. Quanto às demarcações previstas no convênio, apesar de todas as providências portuguesas, a elas não concorreriam os espanhóis nesse setor."

Vianna mentions a curious incident:

"Ao terminar, para a Bolívia, o período colonial, um curioso episódio fronteiriço ocorreu, sem consequências, graças à leal atitude do governo de D. Pedro I. Derrotados os espanhóis em Ayacucho, a 9 de dezembro de 1824, pelos hispano-americanos comandados por A. J. de Sucre, viram-se perdidos, depois da morte do general Olañeta, em abril seguinte, os remanescentes do poder castelhano, no centro da América do sul! Um deles, o governador de Chiquitos, D. S. Ramos, teve então a bizarra ideia de solicitar do governo de Mato Grosso a transitória incorporação ao Brasil de sua província, até que fossem vencidos os 'sediciosos'

586. After Bolivia became independent, diplomatic relations were established in 1831. As early as 1834, its *chargé d'affaires* in Brazil, General Mariano Armaza, unsucessfully initiated talks to fix the borders with the Empire. Brazil's efforts to engage with the Bolivian Government were also fruitless: in 1851-1852 by Duarte da Ponte Ribeiro, in 1860 by João da Costa Rego Monteiro, and in 1863 by Antonio da Costa Rego Monteiro and his successor Antonio Pedro de Carvalho Borges, later appointed Baron de Carvalho Borges.

587. When Bolivia's representative Dr. Rafael Bustillo proposed, at a meeting at Oruro on 17 July 1863, that the border between the two states should be the line fixed by the 1777 Treaty of Santo Ildefonso between Spain and Portugal, the Brazilian minister Rego Monteiro expounded the theory that treaties entered into during the colonial period were null and void. He favoured the application of *uti possidetis*, in the absence of any treaties, to resolve the question of the borders between the two states.

588. After that the Minister for the Empire sent a note to the Bolivian Minister for Foreign Affairs, resuming the arguments already put forward and adding another legal one: that the 1777 Treaty had lapsed, not only because of the war in 1801 between the two contracting parties, but also because Spain had failed to fulfil the essential condition of carrying out the demarcation[570]. Two days later, the Bolivian Government replied, refuting the arguments in the Brazilian note.

589. On 27 March 1867 the Treaty of Friendship, Limits, Navigation, Trade and Extradition was signed in La Paz, between Bolivia, represented by the Minister of Foreign Affairs, Mariano Donato de Muñoz, and the Empire of Brazil, represented by the parliamentarian Filipe Lopes

Bolívar and Sucre. Imprudentemente aceita a proposta em Vila Bela, por uma maioria ocasional e que aliás não tinha autoridade para fazê-lo, tropas brasileiras entraram por algumas semanas em Chiquitos, retirando-se logo, antes mesmo de receber a junta mato-grossense a cabal reprovação do governo do Rio de Janeiro, ao impensado ato."

570. H. Vianna, *op. cit.*, 1958, cap. xx, p. 156:

"Demarcado no ano seguinte [1753] o trecho fronteiriço do rio Paraguai, até a foz do Jauru, aí foi colocado um marco. Não tiveram prosseguimento, entretanto, as demarcações que daí por diante deveriam ser feitas. Todavia, tomando posse de outro trecho do Guaporé, que nos havia sido adjudicado pelo convênio de Madri, no local da antiga aldeia jesuítica espanhola de Santa Rosa, estabeleceu uma guarda o governador D. A. Rolim de Moura Tavares."

Neto, later to become Baron de Lopes Neto, as plenipotentiary on special mission[571].

590. Article 2 of that treaty described the limits between the two states. One sentence in it contained a serious but unintentional error, which later triggered the Acre issue[572]: "the Republic of Bolivia and His Majesty, the Emperor of Brazil, agree to recognize as the basis for determining the frontier between their respective territories, *uti possidetis*, and in conformity with that principle, they declare and define their frontier"[573].

---

571. H. Vianna, *op. cit.*, 1958, p. 157:

> "Embora ratificado no mesmo ano, foi ainda submetido ao Congresso constituinte da Bolívia e por ele aprovado no ano seguinte, para que fosse promulgado como lei da república".

J. Barberis, *cit.*, 2000, pp. 40-41: "La expresión *uti possidetis* que figura en el tratado está tomada en el sentido brasileño, o sea como *uti possidetis de facto*."

572. Observed H. Vianna, *op. cit.*, 1958, cap. XX, item 2, quoted p. 157:

> "o rio Javari, como verificou em 1874 o demarcador, capitão de fragata A. L. von Hoonholtz, depois almirante Barão de Tefé, não nasce a 'oeste' da confluência do Beni com o Mamoré, ou seja onde este toma o nome de Madeira, a 10°20" de latitude sul, porém muito a noroeste do referido ponto, de modo a tornar impossível a referida 'paralela', como aliás prevenia o parágrafo seguinte do tratado, que a transformou simplesmente numa 'reta', para o caso, que se verificou mais verdadeiro, de ter o Javari as suas nascentes 'ao norte daquela linha leste-oeste'. A origem da dúvida estava em uma carta geográfica manuscrita de 1860, o célebre "mapa da linha verde", que traçado por Duarte da Ponte Ribeiro e pelo major I. J. Mendonça De Carvalho, servira para acompanhar as negociações de que então esteve encarregado J. da Costa Rego Monteiro, ministro residente em La Paz, como posteriormente, as de F. Lopes Neto. Nele eram apresentadas três hipóteses para a localização da referida nascente, daí partindo a dúvida incluída no mencionado texto".

573. Treaty of friendship, limits, navigation, trade and extradition, between Brazil and Bolivia, signed in La Paz, 27 March 1867, Article 2:

> "a fronteira entre o império do Brasil e a república da Bolívia partirá do rio Paraguai, na latitude do 20°10" onde deságua a Baía Negra, seguirá pelo meio desta até o seu fundo, e daí em linha reta à lagoa de Cáceres, cortando-a pelo seu meio, irá daqui à lagoa Mandioré, cortando-a pelo seu meio, bem como as lagoas Gaíba e Uberaba, em tantas retas quantas forem necessárias, de modo que fiquem do lado do Brasil as terras altas das Pedras de amolar e da Insua. Do extremo norte da lagoa Uberaba irá em linha reta ao extremo sul da Corixa grande, salvando as populações brasileiras e bolivianas, que ficarão respectivamente do lado do Brasil ou da Bolívia; do extremo sul da Corixa grande irá em linhas retas ao morro da Boa Vista e aos Quatro irmãos; destes, também em linha reta, até as nascentes do rio Verde; baixará por este rio, até a sua confluência com o Guaporé, e pelo meio deste e do Mamoré, até o Beni, onde principia o rio Madeira. Deste rio, para oeste, seguirá a fronteira por uma paralela, tirada da sua margem esquerda na latitude sul 10°20" até encontrar o rio Javari. Se o Javari tiver as suas nascentes ao norte daquela linha leste-oeste, seguirá a fronteira desde a mesma latitude, por uma reta, a buscar a origem principal do Javari".

591. No demarcation had been carried out following the Treaties of Madrid and Santo Ildefonso of the vast area between rivers Jauru and Javari, as a result of which the region was still uncharted, as was the further area between those two rivers and the river Madeira [574]. When exploration of the region resumed in 1874, with a view to the demarcation of the frontier [575], it was found that the main source of the Javari lay at 7°1'17" south, and 74°8'27" west of Greenwich. That would have huge importance for Brazil's borders with Peru under the 1851 Treaty, and also with Bolivia, under the 1867 Treaty [576].

592. After that, especially from 1877 onwards, Brazilians began to build settlements on the banks of the river Acre [577]. They came from different places but mostly from the northeast of Brazil, especially Ceará, escaping from that year's severe drought. They met with no problems in establishing themselves, other than those inherent in the forest, and began cultivating and trading rubber *(borracha de seringueira)*, the value of which on the international markets was

574. H. Vianna, *op. cit.*, 1958, cap. XX, item 3, "povoamento do Acre", pp. 158-159:

> "Zona de florestas ainda dominadas pelos indígenas, figurava nos mapas como verdadeiros desertos, imprecisamente cortados pelos cursos de grandes rios, como o Purus e o Juruá. Documentando-o, basta lembrar que no *Atlas do Império do Brasil*, o melhor de seu tempo, de C. Mendes De Almeida, publicado em 1868, não figuravam o rio Acre e seus principais afluentes e vizinhos. Entretanto, desde 1852, havia sido descoberto pelo prático brasileiro M. Urbano da Encarnação, que saindo de Manaus subiu o Purus e dele passou ao seu maior afluente. O mesmo fizeram, em 1875 e 1861 *(sic)*, outros brasileiros, J. R. Cametá e João da Cunha Correia, certamente sem que suas penetrações chegassem ao conhecimento do notável geógrafo. Fazendo-as, em regiões exclusivamente habitadas pelos selvagens, não podiam saber se exploravam terras pertencentes ao Brasil, ao Peru ou à Bolívia, alheios que eram às questões de limites, então ainda envolvidas nas imprecisões deixadas pelo período colonial."

See C. Mendes de Almeida (ed.), *Atlas do Império do Brasil – compreendendo as respectivas divisões administrativas, eclesiásticas, eleitorais e judiciárias*, Rio de Janeiro Litographia do Instituto Philomatico, 1868; available on line: http://bibliotecadigital.tse.jus.br/xmlui/handle/bdtse/4933.

575. After frustrated attempts, in 1861 and in 1864, finally, in 1866, the two teams, Peruvian and Brazilian, navigate in the rivers of the region, but were attacked by the Indians *maiorunas*, killing the Brazilian chief, Capitão-tenente J. S. Pinto, and seriously injured the Peruvian M. Rouad y Paz Soldán, forcing them to retreat.

576. These circumstances led to the necessity of completing the treaty of 1851, between Brazil and Peru, by another one, signed on 8 September 1909, concerning the limits in the region to the east and south of the sources of river Javari (Yavary). See also the considerations on the matter by Euclydes da Cunha, in his book *Peru vs Bolívia*, orig. publ. 1907, Rio de Janeiro, Record, 3ª ed., "com dois mapas e um estudo de Oliveira Lima", s/d, *cit.* p. 16:

> "no tocante ao Brasil, ambas as nações litigantes, desde 1851 e 1867, até 1903, pleitearam à saciedade por vezes, a situação e grandeza das extremas setentrionais e ocidentais daquelas terras".

577. H. Vianna, *op. cit.*, 1958, p. 159.

starting to rise. There is no record that these settlements were subject to any official intervention; they spread westwards along the Rivers Yaco, Purus, Tarauacá and Juruá, and by the end of the century their population was estimated at 60,000.

593. The 1874 demarcation that fixed the source of the river Javari was confirmed by a further demarcation in 1898. This one found a minor anomaly, but one which led to the inexorable conclusion that, according to the 1867 Treaty, Acre belonged to Bolivia, despite the presence of Brazilian settlements [578]. The Bolivian government took steps to control the region, provoking revolts by the Brazilian population and a series of incidents from 1899 to 1903.

594. In the period before the dispute was resolved there was a brief episode in which the territory was declared the "independent state of Acre" by J. Plácido de Castro (1873-1908) [579].

595. By the Treaty of Petropolis of 17 November 1903, Brazil, represented by Barão do Rio Branco and Dr. Assis Brasil, and Bolivia, represented by Dr Fernando Guachala and Cláudio Pinilla, amended the 1867 Treaty and formalized the acquisition by the Republic of Brazil of the former territory now known as the state of Acre [580].

578. H. Vianna, *op. cit.*, 1958, cap. XX, item 4, "das revoltas acreanas à intervenção brasileira", pp. 159-162:

"Mudando de atitude, a fim de fazer valer o seu direito, mandou que J. Paravicini, seu ministro no Rio de Janeiro, partindo de Belém do Pará, onde fretou um navio brasileiro, o *Rio Tapajós*, fosse fundar a 2 de janeiro de 1899, a 4 ½ milhas de Caquetá, no rio Acre, a povoação de Puerto Alonso, onde estabeleceu alfândega e governo. Com isso não se conformaram, porém, os moradores da zona que se lançaram à revolta, que com intervalos duraria quatro anos, até 1903."

579. G. de Castro, *O estado independente do Acre e J. Plácido de Castro*, orig. publ., 1930, Brasília, Senado Federal, 2005, quoted p. 46:

"O bosquejo histórico do Acre e terras circunjacentes, que encontrei no arquivo de Plácido e que constitui um capítulo desta obra, bem como a carta que ele em 1900 escreveu ao Cel. Joaquim V. da Silva sugerindo-lhe algumas providências políticas tendentes ao reconhecimento do 'estado independente do Acre' …, então interinamente presidido por aquele senhor – mostram que Plácido sabia bem quais os direitos que cada um dos interessados na posse daquela região podia invocar para defender a sua pretensão. Esse conhecimento justifica plenamente o plano que traçou para anexar o Acre ao Brasil, sem que sua pátria pudesse tornar-se passível de acusação de haver feito uma conquista territorial de um país mais fraco. … Assim, também, ao comunicar-me a decisão que tomara, Plácido disse que pretendia desligar da Bolívia toda a região habitada por brasileiros, proclamando-a independente, e mais tarde anexá-la ao Brasil."

580. J. Craveiro Costa (1874-1934), *A conquista do deserto ocidental: subsídios para a história do território do Acre*, prefácio de A. C. Ferreira Reis, São Paulo, Brasília, Ed. Nacional, INL, 2ª ed., 1973, cap. 12, pp. 100-108, quoted pp. 104-106:

"O resultado a que chegaram as negociações propostas e sabiamente conduzidas a bom termo pelo Barão do Rio Branco, não visou a fim algum de interesse

596. The 1903 Treaty of Petropolis put an end to a controversy that could have had damaging consequences for peace in the region. Despite being praised by Brazilian sources [581], it has drawn criticism from others such as G. de Castro (1930, ed., 2005) [582] and Bolivian historians like J. De Mesa, T. Gisberti and C. Mesa Gisberti (1999) [583].

material e muito menos à dilatação da nossa fronteira, o que seria deslustrar com uma flagrante inconstitucionalidade o maior feito político da nossa diplomacia. ... Ortodoxos do constitucionalismo, increparam de inconstitucional o arranjo de 1903; mas esse arranjo foi uma consequência jurídica, sustentaram os mais abalizados comentadores, do tratado de 1867, que a Constituição federal não revogou. Aquele tratado estipulava que a execução do acordo então celebrado, dependia da demarcação, que se mandaria proceder conjuntamente, a qual várias vezes se tentou, não se chegando nunca a uma solução, suspendendo-a, por fim, o governo brasileiro, em 1898, conforme a nota de 23 de abril. Estabelecia mais aquele tratado que, se parecesse vantajosa a troca de territórios, esta poderia ter lugar, abrindo-se novas negociações. Essa troca era a medida a tomar, na situação a que se chegara. E, como não era justo que a Bolívia abrisse mão de 191.000 quilómetros quadrados por 2.296, deram-se-lhe outras compensações, pecuniárias e materiais, interessando estas muito diretamente o desenvolvimento das nossas relações comerciais com a vizinha República. O remate, pois, a que chegou o Barão do Rio Branco, contendo-se no tratado de 1867, não podia ser atentatório da Constituição federal."

581. J. Craveiro Costa, *op. cit.*, 2ª ed., 1973, o cap 12, quoted p. 108:

"A grandeza patriótica dos acreanos só é comparável à sua heroica tenacidade em defender o território que eles supunham ser incontestavelmente nacional, enquanto o governo do Brasil dava ao da Bolívia todos os meios de ocupação e de utilização. Foi ainda essa tenacidade que levou a Bolívia a amparar-se aos Estados Unidos, arrendando o território ao *Bolivian Syndicate*, como antes havia arrendado a sua alfândega de Puerto Alonso. Foi essa resistência de quatro anos à dominação boliviana, para que povo estranho não colhesse a riqueza que não semeara, a causa única do rumo dado à questão pelo Barão do Rio Branco."

582. G. de Castro, *op. cit.*, 1930, éd. 2005, "em conclusão", pp. 327-330, quoted p. 329:

"A coerência fez com que o Brasil *comprasse* o Acre a Bolívia, por dois milhões de libras esterlinas e outras vantagens mais, não obstante esse pedaço da América do Sul já existir como estado independente, quando o Brasil o ocupou militarmente. A Bolívia fez, pois, um ótimo negócio, porque vendeu uma coisa que não lhe pertencia, e o Brasil uma excelente transação, porque obrigou imediatamente o Acre a pagar a liberalidade do tratado de Petrópolis, obrigando os acreanos a um tributo de 23 percent sobre sua produção; de modo que, em menos de dez anos a opulente indústria acreana da borracha estava inteiramente aniquilada. O nosso grande chanceler, o Barão do Rio Branco, teve mais uma oportunidade de revelar as suas excelsas qualidades de estadista – atingindo o zenith de sua justa fama; os Acreanos continuaram sob um regime militar, cada vez mais opressivo e Plácido foi condenado à morte por haver protestado contra o negregado cativeiro a que foi reduzido o Acre."

583. See J. De Mesa, T. Gisberti and C. D. Mesa Gisberti, *Historia de Bolivia*, La Paz, Edtrl. Gisberti y Cia., 3ª ed. 1999, libro VII, "1880-1952", cap. II, "1899-1920. los liberales, el signo del estaño y el drama de la goma", pp. 491-519, esp. "la guerra del Acre 1899-1903", pp. 498-500.

597. We should not forget that the incident could have assumed the proportions of a major crisis [584].

d) *Brazil's frontiers with Venezuela*

598. Venezuela's national territory corresponds to the former *Capitanía general de Venezuela*, prior to the political transformation begun in 1810, with the modifications resulting from the treaties entered into by the Republic, according to the Constitution of the Republic of Venezuela (23 January 1961, Chap. II, art. 7) [585].

599. With Venezuela too, the Empire of Brazil signed an agreement on frontiers. A proposal was put forward while Venezuela was still *Gran Colombia*, to seek agreement on frontiers with the Empire. After the dissolution of *Gran Colombia*, from 1843 onwards Venezuela asked Brazil to negotiate a border treaty. In 1852, the Empire sent Miguel M. Lisboa as plenipotentiary to Caracas to start negotiations.

600. On 25 November 1852 the border treaty was signed, Article 2 of which provided:

---

584. J. Craveiro Costa, *op. cit.*, 2ª. ed., 1973, cap. 12, pp. 100-107, quoted p. 100:

> "A gravidade da situação decorria dos múltiplos interesses em jogo e da situação que se criara ante a indiferença do próprio governo federal. Não eram as pretensões bolivianas, autorizadas e garantidas na sua efetivação pelo Brasil; não era a atitude da população acreana, em plena beligerância, ameaçada pela tropa regular da vizinha República, em preparativos ruidosos e à frente da qual se pusera o próprio chefe da nação, o que mais engravescia a situação, ensombrando os horizontes das relações políticas das duas potências colindantes. O ponto central da disputa, agora, o seu ponto inquietante, por ferir interesses que se haviam deslocado da Bolívia para os Estados Unidos, era, sem dúvida, o arrendamento feito ao *Bolivian Syndicate of New York*, do chamado *território de colônias*, na expressão da legislação boliviana, em cuja vastidão estava a zona mais rica, mais próspera e mais produtiva, que o destemor do homem do nordeste brasileiro povoava, civilizava, explorava, mansa e pacificamente, há mais de trinta anos, imprimindo a essa obra formidável de colonização os característicos da nacionalidade e fincando por toda parte os marcos irrecusáveis da posse brasileira."

585. "El territorio nacional es el que correspondía a la Capitanía General de Venezuela, antes de la transformación política iniciada en 1810, con las modificaciones resultantes de los tratados celebrados válidamente por la República." *Apud* F. Area and E. Nieschulz de Stockhausen, *El golfo de Venezuela*: documentación y cronología, Caracas, Instituto de Estudios Políticos – Facultad de Ciencias Jurídicas y Políticas – Universidad Central de Venezuela, 1984. The precedent Constitution of the United States of Venezuela, dated 29 March 1901, stipulated in its First title, Art. 1:

> "El territorio de los Estados Unidos de Venezuela es el mismo que en el año de 1810 correspondía a la Capitanía General de Venezuela, con las modificaciones que resulten de tratados públicos." Several constitutional changes, with the subsequent adoption of the Bolivarian Constitutions, since the governments of the late H. Chavez and his successor, N. Maduro, to ensure the possibility of endless reelections. But the Constitutions of 1901 and 1961 remain as historical registers for the legal parameters in the determination of the Venezuelan territory.

"The Republic of Venezuela and His Majesty the Emperor of Brazil agree to recognize, as the basis for the determination of the frontier between their respective territories, *uti possidetis*, and in conformity with that principle declare and define the line of division in the following manner."

The treaty was rejected by the Venezuelan parliament [586].

601. Venezuela and the Empire of Brazil entered into a fresh treaty on 5 May 1859, Article 2 of which determined the frontier in terms similar to those in the 1852 Treaty, but without any reference to *uti possidetis*.

602. When the negotiations resumed Brazil's position was accepted, despite the absence any reference to the *uti possidetis* principle.

e) *Brazil's frontiers with Colombia*

603. Brazil's borders with Colombia took over half a century of negotiation. On 25 March 1853 the Empire and what was then the Republic of Nova Granada signed a treaty, article 7 of which referred to the principle of *uti possidetis*, but the Granadian parliament did not accept the treaty [587].

604. In 1867, Brazil's representative in Bogotá, the adviser Joaquim M. N. de Azambuja, resumed the negotiations and both sides set forth the basis of their respective positions. Once again, the *uti possidetis* principle became the subject of discussions between the two governments [588].

586. J. Barberis, *cit.*, 2000, p. 41:

"Este convenio fue sometido al Congreso venezolano, que no lo aprobó. La Cámara de representantes del Congreso constituyó una Comisión que elaboró un informe en el que se afirma que el *uti possidetis* a que se refiere el convenio no puede ser otro que el que se derivaba de los tratados entre España y Portugal, al tiempo de la independencia de Venezuela. Recuerda también que el artículo 5 de la Constitución venezolana (1830) declara que el territorio del estado es el que antes de 1810 correspondía a la Capitanía general de Venezuela. El motivo principal del rechazo era que la línea descripta en el artículo 2 del tratado correspondía a la posesión existente y no al *uti possidetis* tal como era interpretado por las autoridades venezolanas."

587. J. Barberis, *cit.*, 2000, pp. 42-43:

"En realidad, la expresión había sido empleada en el tratado en el sentido brasileño y ello no resultaba satisfactorio a aquella República, quien sostenía ser sucesora de España respecto de las fronteras pactadas en San Ildefonso en 1777."

588. J. Barberis, *cit.*, 2000, *loc. cit.*:

"El 26 de enero de 1868 Azambuja expuso el punto de vista brasileño [...]: la nulidad del tratado de San Ildefonso (1777), que la paz de Badajoz no renovó los anteriores acuerdos sobre limites, la inexistencia de normas convencionales sobre

605. The border question was resolved by the Treaty of Bogotá of 24 April 1907 [589]. In its preamble the parties recognized the criterion adopted for the delimitation and the exercise of possession: "The Republic of the United States of Brazil and the Republic of Colombia . . . have decided to enter into the following treaty, with consideration, for an amicable agreement, of the state of their respective possessions and rights."

606. Which shows that, even without *uti possidetis* being mentioned, the principle was being interpreted and applied according to the Brazilian understanding.

f) *Brazil's frontiers with Uruguay*

607. The question of the frontiers between Brazil and Uruguay brings us back to the historical context of the conflicts between the subjects of the Portuguese and Spanish Crowns. It involved the founding of the colony of Sacramento, and all the occasions on which that colony changed hands, until it became part of the *Províncias Unidas del Rio de la Plata* in 1810.

608. In 1821, Uruguay decided to become part of Brazil, under the name of *Província Cisplatina*. Four years later, war broke out between the Empire and Buenos Aires. When the conflict ended, a preliminary peace treaty was signed by the representatives of the Argentinian and Brazilian governments on 27 August 1828, which created the Eastern Republic of Uruguay as an independent state [590].

---

límites entre España y Portugal en el momento de la independencia de los países sudamericanos y la aplicación, como única regla, de lo que él llama *uti possidetis*. El 27 de marzo el Canciller colombiano Martin respondió la nota brasileña afirmando que el único *uti possidetis* reconocido por su país era el *uti possidetis* de derecho de 1810 emergente de los tratados públicos celebrados entre España y Portugal. A su vez, Martin preparó un informe más detallado sobre el tema, que presentó al Congreso de su país."

589. The Minister of Foreign Affairs at the time, the Baron do Rio Branco, in his message of 30 September 1907, to the President of Republic, forwarding the treaty with Colombia, to be submitted to the Parliament, mentioned as the criterium adopted by the treaty for determination of the borders:

> "No tratado de 24 de abril último, ao contrário de antigas pretensões baseadas pelos nossos vizinhos no insubsistente Tratado preliminar, ou preparatório, de 1777, o Brasil e a Colômbia adotaram como critério para a fixação dos seus limites a posse atual e os direitos dela decorrentes."

This is the *uti possidetis*, as effective possession, in accordance with the Brazilian conception.

590. Convención preliminar de paz firmada por los representantes de los Gobiernos argentino y brasileño, en Rio de Janeiro, el día 27 de agosto de 1828, y firmada por Dorrego, el 29 de setiembre del mismo año, en Buenos Aires,

609. During the war between Argentina and Brazil (1825-1828) for control of the territory that would later become the independent Uruguay, the worst incident in Brazilian naval history occurred on 7 March 1827, at Carmen de Patagones [591], on the banks of the River Negro in Patagonia [592]. The fleet in the service of the Brazilian Empire,

---

"1. Su Magestad el Imperador del Brasil, declara la Provincia de Montevideo, llamada hoy Cisplatina, separada del territorio del Imperio del Brasil, para que pueda constituirse en estado libre e independiente de toda y cualquier nación, bajo la forma de Gobierno que juzgare conveniente a sus intereses, necesidades y recursos.

2. El gobierno de la República de las Provincias Unidas, concuerda en declarar por su parte la independencia de la Provincia de Montevideo, llamada hoy Cisplatina, y en que se constituya en estado libre e independiente en la forma declarada en el artículo antecedente.

3. Ambas partes contratantes se obligan a defender la independencia y integridad de la provincia de Montevideo, por el tiempo y en el modo que se ajustare en el tratado definitivo de Paz."

Text of the Peace treaty with Brazil, presented by M. B. Etchart and M. C. Douzon, *Documentos de historia argentina (selección)* incluye la documentación sobre nuestra soberania territorial, Buenos Aires, Cesarini Hnos. Editores, 10e ed., 1983, pp. 65-66.

591. The naturalist A. Dessalines D'Orbigny (1802-1857), in his *Voyage dans l'Amérique méridionale*: Pampas, Patagonie, La Rochelle, Découvrance éd., 2007, "avant-propos" de P. de Laborde Pédelahore, pp. I-II, had been entrusted by the *Muséum d'Histoire naturelle* of Paris to complete the work commenced by A. von Humboldt, for Equatorial America. D'Orbigny left France, in 1826, for a trip that lasted seven years and seven months. After the description of Argentina, in his first volume, the second volume of his *Voyage*, D'Orbigny describes the region of the Pampas, and then went to discover the region of Patagonia, the limit of the territories then controlled by Argentina. In his "preface", P. de Laborde Pédelahore observed about the settlement of Carmen de Patagones:

> "La gravure de couverture représente un paisible village, en apparence un lieu indéterminé puisqu'il pourrait s'agir de la lointaine Asie, peut-être même de la Sibérie extrême-orientale. Or, Carmen de Patagones c'est son nom, était un fort avancé de l'Europe, ou plus exactement de l'Amérique aux confins de l'Argentine 'blanche'. Les anciens cartographes auraient représenté le fortin stylisé, en marge d'un espace vide, zébré de l'habituelle inscription latine: 'Ici sont les lions'. Ce qui se passe dans ce second volume du voyage orbignynien, c'est, justement le travail de comblement du vide, d'abord par un arpenteur patenté, N. Parchappe, dont A. D'Orbigny emprunte sur plus d'une centaine de pages le récit, tout en lui reconnaissant très explicitement la paternité. Cet 'agrimenseur' avait été requis par le gouvernement d'une république toute neuve, ayant en vue de contenir les Indiens, puis de les réduire, en même temps qu'il s'agissait de relever les richesses de la terre que l'on s'apprêtait à conquérir puis livrer à des colons venus d'Europe. Mais le plan de carte prend une dimension nouvelle, la quatrième (celle du Temps, qui s'ajoute à la longueur, la largeur, puis le relief) quand il ne s'agit pas d'une cinquième, encore à définir, mais dont on devine la nature."

"Parce que les Lions sont justement ceux par qui l'espace est nommé, ou plus exactement renommé par eux, pour nous."

592. OESP "Uma página rasgada dos livros", 7 March 2009, *História*, pp. A-12:

> "Carmen de Patagones é uma cidade da Argentina desconhecida até mesmo para a maioria dos argentinos. Que também desconhecem o fato mais importante ocorrido lá, há exatos 182 anos. Surgida na segunda metade do século XVIII e hoje

comprising four warships and 650 men, was beaten by a band of corsairs of various nationalities. These adventurers had joined forces to attack and plunder Brazilian merchant ships. The action caused huge losses for Brazil, and for the image of Emperor Pedro I [593].

610. The incident helped put an end to the war between Argentina and Brazil, as a result of which Uruguay was recognized as independent.

611. In 1851, in the midst of armed conflict and with Montevideo under siege by the army of General Oribe with the support of General Rosas, Governor of Buenos Aires, Uruguay made an alliance with the Empire of Brazil and the provinces of Entre-Rios and Corrientes [594], to confront Rosas and Oribe. That alliance was victorious.

612. The Empire went on to sign a treaty on borders with Uruguay, on 12 October 1851 in Rio de Janeiro. Article 2 of that treaty stated that "the High Contracting Parties recognize *uti possidetis* as the basis for determining their limits", and the expression reappears in article 4 of the treaty, while Article 3 admits certain minor derogations from effective possession [595].

---

com cerca de 18 mil habitantes, é uma cidadezinha simpática, a mil quilômetros de Buenos Aires, que escorre por uma ladeira até encontrar-se com o rio Negro, na Patagônia. Possui centro histórico conservado e a sua catedral, dedicada à Virgem do Carmo, expõe duas bandeiras – do império do Brasil. Essas bandeiras explicam o que ocorreu ali em 7 de março de 1827 – e que constitui o maior vexame naval da história brasileira."

593. OESP "Uma página rasgada dos livros", 7 March 2009, *História*, pp. A-12:

"Bloquear o porto de Buenos Aires era crucial para os propósitos brasileiros, mas a tarefa era difícil. Apesar da superioridade sobre os argentinos, os veleiros brasileiros eram para alto-mar e inadequados para aquele cenário. E tudo o que não poderia ter ocorrido aconteceu: planejamento deficiente, desconhecimento das armadilhas do rio, tempo traiçoeiro e a determinação do comandante de cumprir as ordens a ferro e fogo. Por fim, após um desembarque não planejado, um guia pouco confiável conduziu marinheiros e soldados, sem água, alongando penosamente o trajeto numa noite de calor exasperante. Quando estavam extenuados e o dia amanhecia, o adversário lançou-se sobre eles e se impôs facilmente. Não restou alternativa que não a rendição. Carmen de Patagones comemora o 7 de março por 15 dias. O Brasil nem sequer registra o episódio em sua historiografia oficial. Já as bandeiras expostas na catedral de Carmen pertenciam à corveta Itaparica."

594. S. I. Rato De Sambuccetti, *Urquiza y Mauá – el MERCOSUR del siglo XIX*, Buenos Aires, edtrl. Macchi, 1999, préface de B. Bosch, quoted pp. III-IV:

"Ligado a la marcha política de su país, de la República oriental del Uruguay e de la República Argentina, Mauá interviene en decisiones fundamentales de dichos países. Propicia ante Urquiza un arreglo pacifico para reincorporar a la provincia de Buenos Aires y emplea todos sus esfuerzos para evitar la guerra de la Triple Alianza. Afiliado a la Masonería azul, simpatiza con los partidarios del régimen republicano y se opone a la vigencia de la esclavitud."

595. "Deseando las altas partes contratantes ... corregir al mismo tiempo algunas irregularidades de la linea que perjudican a su polícia y seguridad, y que son susceptibles de ser corregidas sin alteración importante de la base de *uti possidetis*."

613. The Uruguayan authorities refused to ratify the treaty. After mediation by Argentina, the original instrument from 1851 was slightly modified, and the treaty, as so amended, was approved on 15 May 1852 [596].

614. The unfavourable situation of Uruguay, which under the 1851 Treaty had one border on dry land on the bank of the River Jaguarão and of Lagoa Mirim, was modified[597] by the treaty of 30 October 1909 [598].

615. The frontier henceforth followed the mid-line of the River Jaguarão [599].

g) *Brazil's frontiers with Paraguay*

616. By contrast with the solutions adopted in all the other cases, the Brazilian Empire signed a treaty with Paraguay on 8 October 1844, which adopted as the border the line established by the 1777 Treaty of Santo Ildefonso [600]. That treaty, which was never ratified, had always

596. J. Barberis, *cit.*, 2000, p. 44:

> "La expresión *uti possidetis* empleada en el texto del tratado de 1851 y en el acuerdo complementario de 1852 está utilizada en el sentido brasileño, o sea, como equivalente de la posesión efectiva".

See H. Vianna, *História diplomática do Brasil*, São Paulo, Melhoramentos, 1958, cap. XII, "intervenções brasileiras contra Oribe and Rosas", pp. 110-113; cap. XIII, "limites com o Uruguai", pp. 114-116; cap. XIV, "intervenção brasileira contra o governo de Aguirre", pp. 117-120.

597. J. Barberis, *cit.*, 2000, *loc. cit.*:

> "El tratado fija un límite en la laguna Merim y en el rio Yaguarón que otorga aguas a los dos estados. En su artículo 2 el convenio hace referencia a la 'cesión de los derechos de soberanía del Brasil, basados, al principio, en la posesión que él adquirió y mantuvo, desde 1801."

598. In the message of Foreign Affairs Minister Rio Branco to the President of the Republic, to forward the treaty to the Parliament, are presented the border issues with Uruguay, the cancellation of the Treaty of Santo Ildefonso, of 1777, the preliminary character of such treaty, not reenacted by the Peace treaty of Badajoz, in 1801, and the absence of demarcation, never completed. He also mentioned that the region of the Lagoa Mirim, acquired by conquest in 1801, due to the war between Portugal and Spain. These texts are presented in Rio Branco, *Obras*, Vol. V, p. 138, 145 ff.

599. H. Accioly, G. E. do Nascimento e Silva, P. B. Casella, *Manual de direito internacional público*, São Paulo, Saraiva, 26ª ed., 2023, p. 519: "entre o Brasil e o Uruguai: o caso do rio Jaguarão, que até o tratado de 30 de outubro de 1909 pertenceu integralmente ao Brasil".

600. Article 35 of the treaty of 8 October 1844:

> "Las altas partes contratantes se comprometen también a nombrar comisários que examinen y reconozcan los limites indicados por el Tratado de San Ildefonso de 1 de octubre de 1777 para que se establezcan los limites definitivos de ambos países."

been rejected as a basis for determining Brazil's frontiers with its other neighbours [601].

617. Negotiations took place in 1865, between J. M. da Silva Paranhos, who later became Viscount Rio Branco, and the Paraguayan representative J. Berges, to seek mutually acceptable terms [602]. Those negotiations were never concluded owing to the outbreak of war.

618. Paraguay [603] under Solano Lopez committed numerous acts of aggression:

- According to the contents of his notes, he ordered the arrest of the Brazilian steamship *Marquês de Olinda*, on 12 November 1864.
- On 28 December 1864 the fort of Coimbra, in the state of Mato Grosso, was attacked and occupied by Paraguayan troops, as were the military colonies of Miranda and Dourados and the town of Nioaque, between 2 and 12 January 1865.
- Paraguayan troops invaded Mato Grosso in April 1865, extending their occupation as far as Coxim.
- On 13 April 1865, after Bartolomé Mitre refused to allow Paraguay's troops to pass through the Missions territory to attack the Rio Grande do Sul, in Brazil, Solano Lopez declared war on Argentina and attacked Corrientes.

---

601. J. Andrassy, "Les relations internationales de voisinage", *Collected Courses*, Vol. 79 (1951), pp. 73-182.

602. J. Barberis, *cit.*, 2000, p. 45:

> "La cuestión entre el Brasil y el Paraguay, por el contrario, ofrece alguna característica particular." ... ocurría que en varios sectores del límite, la posesión favorecía al Paraguay. En última instancia, este país se rehusó a aceptar la línea reclamada por el Imperio pues esta iba más allá de la que surgía de la posesión efectiva. Los representantes de ambos estados no pudieron llegar a un acuerdo y, por último, suscribieron una convención el 6 de abril de 1856, en la que acordaron que en el término de seis años designarían plenipotenciarios para que ajusten definitivamente los límites. En el articulo 2 de ese convenio las partes estipularan también que mientras no se celebrara el acuerdo definitivo de límites, respetarían y harían respetar el *uti possidetis* actual."

603. The Brazilian emperor, Pedro II, in his message "fala do trono" addressed to the Parliament, at the opening of the General Assembly, on 9 May 1868, mentioned:

> "Não findou ainda a guerra a que fomos provocados pelo presidente da República do Paraguai. ... Mais uma vez, apraz-me reconhecer que, na defesa da honra nacional, ultrajada pelo presidente do Paraguai, o governo há sido auxiliado por todos os brasileiros. Estou certo de que esse auxílio não cessará enquanto a desafronta não for completa, e rendo ao exército, à esquadra, à guarda nacional e aos voluntários da pátria os encômios de que são credores."

Text in the volume *Falas do Trono*, "desde o ano de 1823 até o ano de 1889, coligidas na Secretaria da Câmara dos Deputados", préface de P. Calmon, São Paulo, Melhoramentos, 1977, pp. 379-380.

– Between June and August 1865, Paraguayan troops invaded the Rio Grande do Sul at São Borja and advanced as far as Uruguaiana, but on 18 August 1865 they surrendered at Uruguaiana, in the presence of Pedro II, Mitre and Flores.

619. On 1 May 1865, Argentina, Brazil and Uruguay signed the Triple Alliance treaty whereby the allies would fight against Solano Lopez, remove him from power and guarantee free navigation of the region's rivers. A secret clause in that treaty defined the frontiers at the end of the conflict, and attributed to Argentina and Brazil the territories that Paraguay had disputed.

620. That treaty signaled the start of the war against Paraguay. On 11 June 1865, in the naval battle of Riachuelo, the Paraguayan navy was annihilated by the Brazilian imperial fleet. Once the river was blockaded during the war, Paraguay could no longer obtain supplies of arms or conduct foreign trade.

621. After five years of armed conflict and substantial losses of men and equipment, the country was militarily defeated [604]. Shortly afterwards, Paraguay signed the preliminary peace treaty of 20 June 1870 with the other three states [605].

622. We should not forget that even after the war with Paraguay there was no territorial expansion for the victors in that conflict. To put the events in context, at the firm insistence of Brazil, the Triple Alliance

---

604. M. Angel Santiago de Marco, *La guerra del Paraguay*, Buenos Aires, Planeta, 1995, Prologo, pp. 9-13, quoted pp. 9-10:

> "las enseñanzas militares que esa gran sangría americana de cinco años arrojó para las naciones que, aquende y allende los mares, las analizaron y aprovecharon; el entramado diplomático que ha ido clarificándose recién en los últimos años por sobre las conclusiones simplistas o interesadas, han originado notables y cuantiosos aportes eruditos. ... notables estudiosos de las naciones otrora en pugna – como el ilustre paraguayo Efraim Cardoso, que desentrañó en dos libros de recia arquitectura las seculares rivalidades entre el Brasil y el Rio de la Plata y mostró como, inexorablemente, ellas desembocaron en una guerra en la que se invirtieron las *alianzas naturales*".

H. Vianna, *História diplomática do Brasil*, São Paulo, Melhoramentos, 1958, cap. XV, "guerra da tríplice aliança contra o governo do Paraguai", pp. 121-125, quoted p. 125:

> "Não cabe aqui recordar os seus aspectos propriamente militares. Basta-nos assinalar que a difícil campanha serviu de dura prova à política exterior do Império, que da luta saiu prestigiado como sempre, visto que não se aproveitou da vitória para exigir quaisquer compensações territoriais ou outras."

605. H. Vianna, *História diplomática do Brasil*, São Paulo, Melhoramentos, 1958, cap. XVI, "limites com o Paraguai", pp. 126-132.

– Argentina, Brazil and Uruguay – did not exert any rights of conquest or occupation over Paraguay once the conflict had ended in 1870.

623. The question of Brazil's frontiers with Paraguay thus remained unresolved, given that Brazil was manifestly opposed to the literal application of the Triple Alliance treaty, which favoured Argentina to the detriment of Paraguay. Given Brazil's interest in resolving the issue, J. M. da Silva Paranhos reaffirmed the authorization given by the Imperial Government in 1869 to give Paraguay the lands between Igureí and Sete Quedas, on the condition that the Buenos Aires government showed equal generosity with regard to the Chaco region, to which it had no rights [606]. The negotiations between the allies concerning a definitive peace treaty with Paraguay were never successfully concluded.

624. Given the differences between the positions of Brazil and Argentina, the Baron de Cotegipe took it upon himself to negotiate separately with Paraguay [607]. The result was that on 9 January 1872, treaties of peace, lasting friendship and limits were signed with the Empire of Brazil [608].

606. F. F. M. Doratioto, *Maldita guerra – Nova história da guerra do Paraguai*, São Paulo, Companhia das Letras, 2002, 2ª. ed. rev., 3ª reimpr., "Balanço da guerra", pp. 456-470, quoted p. 463:

> "No plano regional, terminada a guerra, a política externa do governo imperial, exercido pelo partido Conservador, atuou de forma a evitar que a Argentina se se apossasse de todo o Chaco, como estava determinado no tratado da Tríplice Aliança. Os governantes conservadores buscavam, com isso, evitar a ampliação da fronteira argentino-brasileira, pois consideravam que, em algum momento, haveria uma guerra entre os dois países. O governo do presidente Sarmiento, por sua vez, temia pretensões expansionistas do Império em relação ao país guarani."

607. H. Accioly, *Limites do Brasil*: *a fronteira com o Paraguai*, São Paulo, Companhia Editora Nacional – col. Brasiliana, Vol. 131, 1938, cap. VI – *O último tratado de limites entre o Brasil e o Paraguay: (d) Lealdade e desprendimento da diplomacia brasileira*, pp. 148-149:

> "Depois da guerra sangrenta a que fomos levados pela insânia de um ditador paraguaio, guerra na qual tantos e tão dolorosos sacrifícios fizemos, não nos aproveitamos da nossa situação de vencedores e, por acordo mútuo e amistoso, traçamos a nossa fronteira com o país vencido, aceitando menos do que, com legítimos títulos, poderíamos exigir, e do que, antes da guerra, reclamávamos. Não nos arrependemos desse nobre desprendimento, porque ele constitui o justo padrão de orgulho para nós e é a melhor demonstração dos nossos propósitos de confraternidade americana."

608. F. Doratioto, *Maldita guerra – Nova história da guerra do Paraguai*, 2002, *cit.* p. 465:

> "Estabeleceu-se a fronteira entre os dois países no rio Apa e o governo imperial desconsiderou o rio Igurei marco fronteiriço, como constava no Tratado. Assim, decidiu-se que toda a margem direita do rio Paraná, de Sete Quedas para baixo, pertencesse ao Paraguai e desse ponto para cima fosse do Brasil. A fronteira brasileiro-paraguaia, definida em 1872, era a que Paranhos propusera a C. López na década de 1850 e que Portugal disputara com a Espanha no século XVIII."

625. The differences on this subject are best viewed in terms of the nationality of the author: Argentinian writers on international law like J. Barberis do not agree with Brazilian historians like F. Doratioto [609] or H. Vianna [610]. For instance, on the 1872 border treaty between Brazil and Paraguay:

> "fortunately, it put to rest the centuries-old question of borders, with Brazil generously conceding the Igureí line, to which it was entitled under the earlier treaties but not according to *uti possidetis*, and instead claiming the frontier following the right bank of the River Apa, in conformity with our previous effective occupation" [611].

626. In line with the 1872 Treaty, work was then carried out to demarcate the frontier between Paraguay and Brazil, from the mouth of the River Iguaçu and the confluence of the Rivers Apa and Paraguay. The joint commission laid six markers at the most significant points on the frontier and finished its work in 1874.

627. Treaties of peace, limits, friendship, trade and navigation between Paraguay and Argentina were signed on 3 February 1876 in Buenos Aires. The river Paraguay was adopted as the border between the two nations; the Missions territories and the central part of the Chaco were declared to be Argentina's [612].

---

609. F. Doratioto, *Maldita guerra – Nova história da guerra do Paraguai*, 2002, *cit.* p. 464:

> "A diplomacia imperial orientou, na prática, entre 1870 e 1876, a política externa dos débeis governos paraguaios para resistir à pretensão argentina sobre o Chaco. ... Entre 1869 e 1876, o Paraguai foi praticamente um protetorado do Império."

610. H. Vianna, *op. cit.*, 1958, cap. XVI, item 4, "tratado de limites, de 1872", pp. 130-131.

611. The border between Brazil and Paraguay is thus determined:

> "o território do império do Brasil divide-se com o da república do Paraguai pelo álveo do rio Paraná, desde onde começam as possessões brasileiras na foz do Iguaçu, até o Salto grande das Sete quedas do mesmo rio Paraná do Salto grande das Sete quedas continua a linha divisória pelo mais alto da serra de Maracaju, até onde ela finda; daí segue em linha reta, ou mais que se lhe aproxime, pelos terrenos mais elevados, a encontrar a serra Amambaí ; prossegue pelo mais alto desta serra até a nascente principal do rio Apa, e baixa pelo álveo deste até a sua foz, na margem oriental do rio Paraguai; todas as vertentes que correm para o norte e leste pertencem ao Brasil, e as que correm para sul e oeste pertencem ao Paraguai; a ilha do Fecho dos Morros é domínio do Brasil".

612. F. Doratioto, *Maldita guerra – Nova história da guerra do Paraguai*, 2002, quoted p. 468:

> "O restante do território chaquenho foi dividido em duas porções, com a Argentina renunciando a qualquer pretensão entre Bahia Negra e o rio Verde. Já a

628. Part of the Brazil-Paraguay frontier was not fixed by the 1872 Treaty, between the mouth of the River Apa and Baia Negra, on the river Paraguay: the region was claimed by at least three countries, Argentina, Bolivia and Paraguay.

629. In 1876, Argentina, "mainly thanks to the good offices of Brazilian diplomacy, represented by Baron de Aguiar De Andrada, decided to waive its alleged rights to the region", from the valley of the river Verde, going north, or to submit them to arbitration [613]. After Argentina's claims had been disposed of those of Bolivia and Paraguay remained.

630. Those competing claims were resolved only after the Chaco War (1932-1935) between Bolivia and Paraguay. For Brazil, whose possession of the left bank of the river Paraguay was not disputed, it was simply a matter of waiting for the parties concerned to resolve their differences. At the same time, the potential rights of Bolivia were reaffirmed.

631. Historically, Brazil's concern for maintaining the territorial integrity and rights of Bolivia was not without foundation. This was because, in relations with its other neighbours, plans were being considered to carve up Bolivia between Argentina, Chile and Peru, "since it was in those countries' interests", in the view of Peru [614],

---

área entre este rio e o braço principal do rio Pilcomayo, incluindo Villa Occidental, seria submetida à arbitragem do presidente dos Estados Unidos. As ilhas de Atajo e Apipé permaneceram com a Argentina e Yaceretá com o Paraguai."

613. H. Accioly, *Limites do Brasil*: *a fronteira com o Paraguai*, São Paulo, Companhia Editora Nacional – col. Brasiliana, Vol. 131, 1938, cap. VI – *O último tratado de limites entre o Brasil e o Paraguay*, (a) *A pretensão boliviana ao Chaco boreal*, pp. 130-133, quoted pp. 131-132:

> "A pretensão da Bolívia era antiga, e não podíamos alegar o desconhecimento da mesma, tantas vezes proclamada pelos governos da Bolívia e pelos seus representantes diplomáticos … Como quer que seja, não podíamos ignorar a pretensão da Bolívia. Por isso mesmo, de então por diante, sempre que negociamos algum tratado sobre limites naquela região, procuramos ressalvar os eventuais direitos daquele país vizinho e amigo."

614. S. Carrasco D., *Historia de las relaciones chileno-bolivianas*, Santiago, Edtrl. Universitária – Univ. de Concepción, 1ª ed., 1991, cap. tercero, "la guerra del Pacífico", pp. 73-118, par. 81, "tentativa de polonizar Bolívia", pp. 117-118:

> "El año 1898, el presidente del Perú, N. de Piérola, preocupado, al parecer, por la crónica inestabilidad política de Bolivia, en conferencia sostenida con el Ministro plenipotenciario de Chile, D. Amunátegui, le propuso repartir Bolivia entre Argentina, Chile y Perú, en razón de los intereses de esos países. Así, los departamentos sureños entrarían a formar parte de la Confederación Argentina; Oruro y Potosí pasarían a Chile, en tanto que los departamentos de La Paz y el Beni ingresarían al Perú. La proposición del presidente Piérola no encontró, por cierto, acogida en el gobierno de Errázuriz Echaurren. En 1902, Piérola, que había dejado

while Bolivian sources attributed similar plans[615] to Chile[616].

632. Irrespective of those circumstances, the Brazilian government made attempts with Paraguay in 1911, 1922 and 1924 to demarcate the frontier between the mouth of the River Apa and Baía Negra[617], but without success.

633. This was finally achieved on 27 May 1927 by a supplementary border treaty[618].

> la presidencia del Perú, en conversación sostenida con A. Custodio Vicuña, insistía en su idea de polonizar Bolivia excluyendo ahora a Argentina de la repartición y dividiéndola únicamente entre Chile y Perú. Esta vez su planteamiento tampoco fue acogido."

615. C. A. Salinas B., *Historia diplomatica de Bolívia*, Sucre, Edtrl. Charcas, 1938.

616. S. Carrasco D., *op. cit.*, 1991, cap. tercero, "la guerra del Pacífico", pp. 73-118, par. 81, "tentativa de polonizar Bolívia", p. 118:

> "El catedrático boliviano C. A. Salinas plantea en forma muy distinta la situación, expresando que fue Chile el que en 1901, propuso al Perú la polonización de Bolivia y que esta idea habria fracasado por la circular de ese año dirigida por el canciller del Perú, Felipe OSMA, en la que habría denunciado a las cancillerías de América los plane chilenos respecto a Bolivia. 'El canciller del Perú don Felipe Osma, en circular de 26 de mayo de 1901, denunció ante las cancillerías de América los planes de Chile con respecto a Bolivia. El Perú, quizás como ningún otro país de América, conocía profundamente a Bolivia, sabía que la polonización de boliviana era imposible y que si se hubiera realizado habría sido el germen de grandes convulsiones y de una inacabable guerra a muerte de los altoperuanos contra los esclavizadores de su soberanía.' En todo caso la peregrina idea mal podría haber prosperado; pues, como puede apreciarse de inmediato, era una idea contraria a todo derecho, principio y lógica."

617. H. Vianna, *op. cit.*, 1958, cap. XVI, item 5, "tratado complementar de limites, de 1927", pp. 131-132.

618. In accordance with the Treaty of borders – complementary, dated 27 May 1927, signed by O. Mangabeira, at the time Minister for Foreign Affairs in Brazil and R. Ibarra, Representative of Paraguay, the line follows, in the region, the alveo of the river Paraguay. The treaty declared that the right margin of the river belongs to the Republic of Paraguay, and the left margin to Brazil. Concerning the islands in the river, same are to be ascribed to one or the other country, according to the criterion applicable to navigable rivers: to be separated according to the middle of the navigation channel. See H. Vianna, *op. cit.*, 1958, *loc. cit.*; H. Accioly, *Limites do Brasil*: *a fronteira com o Paraguai*, São Paulo, Companhia Editora Nacional, col. Brasiliana, Vol. 131, 1938, Chap. I, *(d) "comprovação cartográfica da existência do rio Igurei"*, pp. 19-29 and also Chap. VI, *(c)* "o tratado complementar, de 1927", pp. 145-146.

At the very opening of the volume, Accioly mentioned:

> "verificar de perto que o Brasil tem sido vítima de increpações injustas, da parte de historiadores ou publicistas estrangeiros, sobretudo hispano-americanos, imperfeitamente informados dos fatos da nossa história" and expressed the wish "que outro ou outros estudiosos, de dentro ou fora do Itamaraty, se lancem à execução de um plano sistemático de estudo da história diplomática da fixação da extensa fronteira terrestre do Brasil".

h) *Brazil's frontiers with British Guiana*

634. Where British Guiana is concerned, the criterion adopted by agreement in 1891 to settle the frontier between Brazil and the United Kingdom was that of fixing a "general frontier line". The Minister of Foreign Affairs at the time, Carlos de Carvalho, thought it more convenient not to pursue negotiations with the United Kingdom on the basis of the 1891 deliberations, but rather to follow the 1859 Treaty between the two countries [619].

635. Agreement on our frontiers with the United Kingdom was reached by exchange of notes, in London on 27 October and 1 November 1932. Under the Brazilian proposal, accepted by the British government, for the rivers on the border, "the water and not the riverbed *(leito do rio)* shall be the border".

636. This meant that in the event a given river changed its course completely as the result of a natural phenomenon, the frontier would continue to follow the navigable channel *(thalweg)* of the river [620].

i) *Brazil's frontiers with French Guiana*

637. When Portugal signed the treaties of Lisbon in 1700, and Utrecht in 1713, there was no doubt about the identification of the river that constituted the frontier, the Vicente Pinzón, as being the Japoc or Oiapoc [621]. Portugal's organized occupation of the region began in

619. V. Caixeta Arraes, "A presença britânica na ilha da Trindade: a reação do Parlamento brasileiro", *Brasília, Rev. de Informação Legislativa*, a. 38, n. 153, January-March 2002, pp. 241-253, quoted pp. 250-251:

> "Carvalho relacionou a ligação entre a Guiana e Trindade, visto que 'linha geral de fronteira' significava o desejo da Grã-Bretanha de delimitar seus territórios no Atlântico. Carvalho procedeu de modo que paralisaria as negociações sobre a Guiana."

620. H. Accioly, G. E. do Nascimento e Silva, P. B. Casella, *Manual de direito internacional público*, 26ª ed., 2023, p. 519.

621. H. Vianna, *História do Brasil*, São Paulo, Melhoramentos, EDUSP, 12ª ed., 1975, cap. XL, "política exterior da regência de D. João em Portugal e repercussões no Brasil", item 1, letra *(a)*, "tentativas francesas de modificação da fronteira do Oiapoque", pp. 342-344:

> "Somente depois de 1725 começaram os franceses da Caiena a situá-lo mais para o sul, de modo a incluir na Guiana terras do atual … Amapá. Com esse objetivo quis o governador Charanville considerar como o rio de Vicente Pinzón o Maiacaré. Aumentando a confusão de seus patrícios, em 1745, sustentou La Condamine que aquele e o Oiapoque eram dois cursos d'água diferentes. De acordo com essa corrente de idéias, estabeleceram-se precários postos e missões religiosas francesas às margens, sucessivamente, do Maiacaré e do Cunani, do rio e do lago de Macari, chegando as suas pretensões até ao Araguari. Inutilizou, porém, todos

1637, with the creation of the settlement *(capitania hereditária)* of Cabo do Norte, a territory roughly corresponding to the present-day state of Amapá [622].

638. Attempts to occupy the Cabo do Norte region, corresponding to the whole of the Guianas from the Amazonas to the Orinoco, were short-lived: the Principium colony, founded by Charles Leigh in 1604 on the left bank of the Oiapoc, lasted two years. The one founded by Robert Harcourt at the same place, in 1608, lasted only as long, and in 1617 it was the turn of Edward Harvey to make another attempt at settlement in the area.

639. Like the British, the French failed to maintain their settlements for long periods. La Ravardière, after the brilliant episode at Maranhão, was never even able to use his royal concession, renewed on 27 November 1624. In 1626, some traders from Rouen held out for a while with a colony of 26 men on the banks of the river Sinamari, 50 leagues from the Oiapoc. In 1628, the French settled for longer at Conanama, near Sinamari: starting with 14 men, there were more than 50 by 1630, and still 66 by 1633. The Dutch were no more successful at establishing lasting settlements in the region [623].

---

esses esforços, o Governador do Grão-Pará, D. F. M. de Sousa Coutinho, que em 1791 mandou que se fizesse um reconhecimento até ao Oiapoque, fundando-se na região três novas povoações luso-brasileiras. Era essa a situação no local, quando, a partir do tratado de Paris, de 1797, procuraram vários governos franceses conseguir aquele aumento territorial mediante imposições diplomáticas. Assim, pelo referido convênio ficaria assentado que os "limites entre as duas Guianas, francesa e portuguesa, seriam determinados pelo rio chamado pelos portugueses Calcuenne (*sic*) e pelos franceses de Vicente Pinzón, que se lança no oceano acima do Cabo do Norte, mais ou menos a dois graus e meio de latitude setentrional."

"Seguiria pelo dito rio até suas nascentes, de onde uma linha reta, dirigida para oeste, alcançaria o Rio Branco. Apesar de confirmado pelo Diretório, não obteve a necessária aprovação do governo português, motivo pelo qual foi declarado nulo, no mesmo ano de 1797." No período napoleônico, houve nova tentativa de regulação, por novo tratado, entre França e Portugal, pelo qual "passou a fronteira guianense a ser traçada pelo rio Araguari, desde a sua foz mais distante do Cabo do Norte até às nascentes, e daí por uma reta ao Rio Branco".

622. H. Vianna, *História diplomática do Brasil*, São Paulo, Melhoramentos, 1958, cap. XIX, "limites com a Guiana francesa", pp. 148-154; J. Sarney and Pedro Costa, *Amapá: a terra onde o Brasil começa*, Brasil, Senado Federal, 2ª ed., 1999, p. 36:

"O cabo Norte, ou cabo do Norte, é o limite norte da boca do Amazonas, e marca essa grande massa de terra molhada que é o extremo leste do Amapá. Seu nome definiu a região, mas durante muito tempo serviu a mais de um senhor: foi dado também ao atual cabo Raso do Norte, ao norte da ilha de Maracá."

623. J. Sarney and P. Costa, *op. cit.*, 1999, pp. 95-97:

"Em 1627, os 46 holandeses escapados dos ataques de P. Teixeira no Amazonas foram encontrados pelo A. Lucifer instalados na margem esquerda do Oiapoque."

640. In 1633, Louis XIII and Cardinal de Richelieu gave permission for traders from Normandy to set up the *Compagnie du Cap Nord.* On the ground, their concession stretched from the Oiapoc to the Maroni. As with the previous concession granted to La Ravardière, it remained a dead letter. On 26 May 1640 another company was established, with the same name. The limits for this one extended from the banks of the Amazonas to the banks of the Orinoco.

641. In 1643, Poncet De Bretigny arrived in Cayenne with 300 men. They came across earlier adventurers and colonies: "six French in Cayenne, four in Maroni and seven in Surinam, without any provisions or commodities from France, and all reduced to living like animals among the savages, without comparison more charitable than the Company" [624].

642. After a number of attempts at settlement, including the Dutch occupation of the region, not to mention confrontations between the French and Portuguese, Article VIII of the 1713 Treaty of Utrecht [625] stipulated that France was to abandon all claims to navigation on the Amazonas and to the lands on both its banks, while the inhabitants of Cayenne were prohibited from trading at the mouth of the Amazonas or in the Maranhão, or from buying slaves in the lands of Cabo do Norte. The Portuguese, for their part, were prohibited from trading in Cayenne.

643. Almost a century later, one of the articles of the 1801 Treaty of Badajoz, following the war waged by Spain and France against Portugal, established the frontier of Guiana, from the River Araguari to the River Branco; it was amended shortly afterwards, and later annulled. The line drawn up according to the 1801 Treaty of Badajoz [626]

---

624. As mentioned by the Baron Do Rio Branco, *Questões de limites: Guiana francesa, 1ª Memória, Obras*, Vol. III, Rio de Janeiro, MRE, 1945, p. 80: "seis franceses em Caiena, quatro no Maroni e sete no Suriname, sem quaisquer provisões ou comodidades da França, todos reduzidos a viver bestialmente entre os selvagens, sem comparação mais caridosos que a Companhia".

625. Treaty of Utrecht, 11 April 1713, Article VIII.

626. H. Vianna, *op. cit.*, ed. 1975, "tratado de Badajoz", pp. 345-346:

> "Quanto, porém, aos domínios espanhóis e portugueses na América do sul, o convênio não estipulou o *statu quo ante bellum*, nem revalidou o de limites de 1777. Para que este último, o de Santo Ildefonso, continuasse em vigor, seria preciso, de acordo com os princípios que dominavam naquela época e com a regra observada uniformemente nas negociações de paz entre Portugal e Espanha", que o novo tratado o revalidasse, mesmo parcialmente. "Examinando os tratados de paz entre estas duas coroas depois da restauração de Portugal" – wrote the Baron do Rio Branco – "ver-se-á que a revalidação expressa de todas as convenções *ante bellum*, e muito especialmente das que versavam sobre limites, era condição indispensável para que elas readquirissem a anterior vigência. Assim é que o

was confirmed in 1802 by the Treaty of Amiens between France and Great Britain. Portugal did not take part in those negotiations, nor did it later adhere to the treaty.

644. During the wars in Europe, Portugal initially approached Napoleon, by then Emperor of France, seeking a declaration that it was neutral [627], to avoid the damage that would result from alignment with the countries at war. Such neutrality became impossible from 1807 onwards, when Napoleon decided to extend his continental blockade to Portugal and demanded not only that Portugal close its ports to British ships but expropriate British assets and imprison its nationals.

645. Napoleon decided to invade the Kingdom of Portugal and divide it into three parts. He declared the Braganza dynasty deposed, and planned to divide Brazil and the other Portuguese colonies between France and Spain, under the Treaty of Fontainebleau, signed on 27 October 1807.

646. The response of the Portuguese Crown was given in the Manifesto of the Prince Regent D. João on 1 May 1808, in Rio de Janeiro, which declared war on the French Empire. The following year, the Luso-Brazilian armies, with a little help from the British, successfully conquered French Guiana. That territory would be restored to the government of Louis XVIII, under the peace treaty signed in Paris in 1814 [628].

art. 13 do tratado de Utrecht, de 6 de fevereiro de 1715 (*sic*, 1713), revalidou os tratados de 13 de fevereiro de 1668 e de 18 de junho de 1701; que pelo art. 2° do tratado de Paris, de 10 de fevereiro de 1763, foram revalidados os de 1668 e 1715 e o de 12 de fevereiro de 1761; e pelo art. 1° do tratado de Santo Ildefonso, em 1777, foram ratificados os de 13 de fevereiro de 1668, 6 de fevereiro de 1715 e 10 de fevereiro de 1763 em tudo aquilo que expressamente não fosse derrogado pelas disposições do novo tratado"; quotes the Barão do Rio Branco, *Questões de limites: República argentina*, reprinted, *Obras: I*, Rio de Janeiro, MRE, 1945, p. 7 and 10-11.

627. Neutrality has been extensively discussed and analysed in International law. Since the classical reference on the matter, the treaty on neutrality, by J. W. Newmayr Von Ramsla, *Von der Neutralitet und Assistenz oder Unpartheyligkeit vnd Partheyligkeit in KriegsZeiten sonderbarer Tractat oder Handlung*, Erfurt, J. Birckner, 1620; on the subject see P. B. Casella, "Construção da neutralidade no direito internacional moderno e o tratado de Newmayr Von Ramsla (1620)", in *Tratado de direito internacional – tomo 8 – Direito internacional além do paradigma vestfaliano*, São Paulo, Almedina, 2024, down to the present context, following the creation of the UNO, among which: D. Schindler, "Aspects contemporains de la neutralité", *Collected Courses*, Vol. 121 (1967), pp. 221-322; T. Komarnicki, "The Place of Neutrality in the Modern System of International Law", *Collected Courses*, Vol. 80 (1952), pp. 395-510; C. Chaumont, "Nations Unies et neutralité", *Collected Courses*, Vol. 89 (1956), pp. 1-60.

628. H. Vianna, *op. cit.*, 1975, *loc. cit.*; F. A. de Varnhagen, Visconde de Porto Seguro, *História geral do Brasil – antes da sua separação e independência de Portugal*, orig. publ. 1854 1857; "sexta edição integral", revisão e notas de R. Garcia, São Paulo, Melhoramentos, 1959, tomo V, pp. 3-8; Barão do Rio Branco, *Obras: III. questões de*

647. When the Treaty of Paris was signed in 1814 between France and Portugal, it provided that the territory to be handed back would have the same borders as on 1 January 1792 – in other words, before diplomatic relations were broken off. At the signing of the treaty, the representative of the Portuguese Government, the Count of Funchal, stated that the mention it made of the date of "1 January 1792" did not mean the abandonment of the River Oiapoc frontier laid down in the Treaty of Utrecht [629]. At the Congress of Vienna, convened to settle on a new order after the upheavals of 1792-1815, two Portuguese plenipotentiaries, the Count of Palmela and Antonio de Saldanha Da Gama, reached agreement with the same French representative by an exchange of notes on 11 and 12 May 1815, that Guiana would be handed back according to Article VIII of the Treaty of Utrecht of 1713 [630].

648. Between 1809 and 1817 the region remained under Luso-Brazilian control [631]. Following the restitution of Guiana in 1817, the successive French governments from Louis XVIII to Charles X,

limites: Guiana francesa, 1ª Memória, Rio de Janeiro, MRE, 1945, pp. 178-189; Artur C. F. Reis, *Limites e demarcações na Amazônia brasileira – 1. "A fronteira colonial com a Guiana francesa"*, Rio de Janeiro, Comissão brasileira demarcadora de limites, 1947, *passim*; see also L. de Castro, *A questão do Amazonas nos tratados de Paris e de Madri (1797 e 1801)*, Porto, Portucalense, 1945.

629. H. Vianna, *op. cit.*, 1958, p. 149:

> "Para maior garantia da integridade dos domínios portugueses na região do Amapá, deixou D. João de ratificar o capcioso tratado de 1814, obtido pela habilidade de Talleyrand, príncipe de Benevento."

630. H. Vianna, *op. cit.*, 1958, p. 149:

> "Confimando-o, esclareceu o Ato final do Congresso de Viena, que a embocadura do referido rio ficava 'situada entre o quarto e o quinto grau de latitude norte, limite que Portugal sempre considerou como o fixado pelo tratado de Utrecht'. Estabelecendo o modo por que seria restituída Caiena, outra convenção foi assinada em Paris, a 28 de agosto de 1817, pelo Conselheiro F. J. M. de Brito, ministro plenipotenciário do Reino unido de Portugal, Brasil e Algarve, e o Duque de Richelieu. De acordo com os seus termos, far-se-ia a devolução até o rio Oiapoque, a leste e ao sul, até o paralelo de 2°24" de latitude norte, desde o Oiapoque até 22° de longitude oeste da ilha do Ferro. Nomear-se-ia também uma Comissão mista, encarregada da definitiva fixação dos limites, sempre de conformidade com o tratado de 1713 e o Ato final do Congresso de Viena. No caso de não chegarem a acordo os dois reinos, seria solicitada a mediação da Inglaterra."

631. H. Vianna, *História diplomática do Brasil*, 1958, cap. XIX, pp. 148-149:

> "a reação luso-brasileira consistiu na conquista e ocupação de Caiena, entre 1809 e 1817, até sua restituição a um representante do novo soberano francês, Luis XVIII. ... Com a abdicação de Napoleão em Fontainebleau, e a primeira restauração dos Bourbons no trono da França, em 1814, não teve dúvida o governo português do príncipe-regente D. João, então sediado no Rio de Janeiro, em celebrar a paz com esse pais, ao mesmo tempo em que concordava com a restituição de Caiena aos franceses".

and Portugal under João VI and subsequently Pedro I after Brazil's independence [632], failed to set up the Joint Commission that was to have implemented the frontiers between Brazil and French Guiana.

649. There was a further French incursion into the Amapá region at the time of Louis Philippe. European colonial expansion began shortly afterwards, with "voices in France advocating the territorial expansion of Guiana, at the expense of Brazil" at a time of political difficulty for the Regency [633]. For the same reason, the old border issues were resurrected, despite the peremptory terms of the Treaty of Utrecht having been restated at the Congress of Vienna and in the Franco-Portuguese Convention of 1817.

650. Negotiations were arranged to discuss the question of Amapá with France, in Rio de Janeiro in 1841-1842, and in Paris, in 1846 and again in 1854. None of them produced a definitive solution [634]. This was never a problem in the relations between the two countries, despite the episode in 1887 of the short-lived "Republic of Cunani", the fruit of the imagination of an adventurer whose plans did not succeed. Negotiations were under way between the governments of Brazil and France to

632. F. A. de Varnhagen, Visconde de Porto Seguro, *História da independência do Brasil* – até o reconhecimento pela antiga metrópole, orig. publ. 1916, "anotada pelo Barão do Rio Branco" *et al.*, quarta edição, "revista e anotada pelo prof. H. Vianna, São Paulo, Melhoramentos, s/d [1959].

633. H. Vianna, *op. cit.*, 1958, pp. 149-150:

> "valendo-se do pretexto fornecido pelas agitações da *cabanagem*, no Pará, determinou o governo de Luis Filipe, em 1835, o estabelecimento de um posto à margem direita do Oiapoque, portanto em terras do Brasil, o que foi feito no ano seguinte, porém ainda mais adiante, na região do lago Amapá".

634. H. Vianna, *op. cit.*, ed. 1975, cap. LXII, "política exterior do segundo reinado", pp. 519-525, item 3, "questões fronteiriças", *cit.* pp. 524-525:

> "Quanto à zona do Pirara, desde 1843 concordou o Império em sua neutralização, relegando para tempos melhores a solução desse dissídio com a Inglaterra. Com os países sul-americanos, a base para todos os estabelecimentos de linhas divisórias, durante o segundo reinado, foi a anterior ocupação efetiva. Assim se fez no tratado celebrado com o Uruguai, em 1851; nos acordos com o Peru, nesse mesmo ano e em 1874; no tratado com a então república de Nova Granada (depois Colômbia), em 1853; no tratado firmado com a Venezuela, em 1859; noutro assinado com a Bolívia, em 1867. Uma questão mais delicada, a do território de Palmas, impropriamente chamado das Missões, com a Argentina, deixou-a o Império encaminhada para o arbitramento, em 1889. Entre os especialistas em questões de fronteiras, com que contou o segundo reinado, distinguiu-se o Barão da Ponte Ribeiro, autor de numerosas *Memórias* a respeito. Completando essa política, tiveram cuidadosos encarregados as demarcações de limites, distinguindo-se, entre estes abnegados servidores do país, os Barões de Capanema, Ladário, Tefé e Parima, e o Visconde de Maracaju."

See also H. Vianna, *História diplomática do Brasil*, 1958, *ipsis verbis*, pp. 108-109.

resolve the matter, when the Empire collapsed and the Republic was set up in 1889.

651. The situation in the Guiana region took on a degree of urgency when, in about 1894, gold was discovered in the area around the source of the river Calsoenne. This had "attracted thousands of adventurers, who were setting up there in conditions of total anarchy" [635]. After a series of incidents in the area, the governments of France and Brazil set themselves the common goal of finally resolving their border issues, after nearly two centuries of unproductive negotiations [636].

652. In 1890, France and Brazil had agreed to submit the dispute to arbitration in the event a direct compromise between the parties proved impossible. Events from 1894-1895 showed that a solution had become urgent. In 1896, in his message to the national parliament, President Prudente de Moraes announced his intention to do so. The arbitration agreement, signed on 10 April 1897 in Rio de Janeiro, named the Government of the Swiss Confederation as arbitrator. Under the 1897 arbitration agreement the frontier was to be established as follows:

(i) The so-called *maritime* line, which was to determine the maritime part of the disputed territory – that line, starting from the coast, followed the course of the "River Japoc or Vicente Pinzón", determined by article VIII of the Treaty of Utrecht;

(ii) The *internal* limit, starting from the "River Japoc or Vicente Pinzón", proceeded westward, to complete the frontier between Brazil and the French colony.

653. Under the 1897 arbitration agreement, the arbitrator had to decide which the "River Japoc or Vicente Pinzón" was, and fix the limit of the territory in the interior [637]. Calculations showed the disputed area as 260,000 square kilometers [638].

635. A. G. de Araújo Jorge, *Introdução às obras do Barão do Rio Branco*, Rio de Janeiro, MRE, ed. 1945.

636. A. G. de Araújo J, *op. cit.*, éd. 1945, pp. 81-83.

637. "Compromisso arbitral França-Brasil, de 10 de abril de 1897", clearly stated, in the articles that Brazil identified the mentioned river as the Oiapoque and claimed that the border should be drawn along same, until it reached our border with the Dutch Guyana. Whereas France claimed that such river was the Araguari, from whose source should be drawn a line, running parallel to the river Amazon, towards Rio Branco, and from there going towards the parallel that crosses the limits of the Serra de Acarai.

638. On 22 November 1898, the Barão do Rio Branco was appointed minister plenipotenciary in especial mission in Bern. As observed by H. Vianna, *História diplomática do Brasil*, *op. cit.*, 1958, cap. XIX, p. 154:

> "Com o habitual devotamento ao trabalho, [Rio Branco] prontamente concluiu a *1ª. Memória*, justificativa de nossos direitos, entregando-a, acompanhada de

654. The arbitral award of 1 December 1900 was 838 pages long, and its Judgment was entirely in Brazil's favour. It was signed by the President of the Council, Dr Walter Hauser, with the basis of the Judgment set out in a note drafted by the Federal Councillor Colonel Eduard Müller. French language sources present matters in a substantially different way [639].

655. French Guiana was, in turn, a *"département d'outre-mer"*, a *"région"* and a *"collectivité territoriale"* [640], which included the

---

dois tomos de documentos, mais dois contendo a redação do livro *L'Oyapoc et l'Amazone*, de J. Caetano da Silva, e dois Atlas, a 5 de abril de 1899. Havendo réplica, em oito meses preparou a *2ª. Memória*, acompanhada de mais dois tomos de documentos, um de textos originais, um álbum de fac-similes e outro Atlas, entregando-a a 6 de dezembro do mesmo ano."

639. A. Chaumet and J. De Wenger, *La Guyane: plaidoyer pour Cendrillon*, *op. cit.*, 2001, "histoire de la Guyane", pp. 15-28, *cit.* p. 22:

"En 1700 un accord important fut signé entre les deux couronnes de France et du Portugal, asignant comme frontière entre les deux colonies les bouches de l'Amazone. Le 11 avril 1713, le traité d'Utrecht entérina ces dispositions ainsi précisées: "sa majesté-très-chrétienne se désiste de tous droits ... sur la propriété des terres ... entre la rivière des Amazones et celle de Japoc (*sic*, Oyapok in French) ... sans se réserver ou retenir aucune portion des dites terres...". Or, tout le contentieux futur découle d'erreurs sur les noms locaux. Il semble bien en effet que c'est le fleuve Arauoari, ou Araguari, qui devait servir de frontières. L'idée étant cependant d'assigner au Portugal les deux rives de l'Amazone, la rive gauche étant élargie à vingt lieues de territoire (80 Km). Cette hypothèse, sans doute conforme aux pourparlers préalables au Traité d'Utrecht eût doublé la surface actuelle de la Guyane française en incluant la majeure partie de l'Amapá. Une longue controverse juridique et géographique commençait; elle devait durer trois siècles. ... On sait que le traité d'Utrecht désignait le Maroni somme frontière nord de la Guyane avec l'actuel Surinam. Il fut impossible de s'entendre, en raison du véritable écheveau aquatique du Haut Maroni, jamais cartographié sérieusement. Au tournant du siècle, les deux parties s'en étant remises au tsar Nicolas II afin qu'il rendît un arbitrage, permirent de régler la question une bonne fois. En revanche, la contestation avec le Brésil traînait sur les bureaux des chancelleries empoisonnant le climat entre les deux pays qui décidèrent de s'en remettre aux bons offices de la Confédération helvétique. L'incurie des représentants de la France pouvait faire croire à de la haute trahison, tant ils furent incompétents. Et la Suisse trancha en faveur du Brésil; la vaste région de l'Amapá lui fut attribuée. La frontière suivait le milieu du lit de l'Oyapock."

640. P. B. Casella, *Tratado de direito internacional – tomo 2 – Direito internacional dos espaços*, 2022, Chap. 27 "território brasileiro e direito internacional", specifically 27.9. "fronteiras brasileiras com a Guiana Francesa"; J.-C. Giacottino, *Les Guyanes, Guyana, Surinam, Guyane française*, Paris, PUF, orig. publ., 1984, 2e éd., "corrigée", 1995, "introduction", pp. 3-4, *cit.* p. 3, situe "la région naturelle des Guyanes", qui s'étend sur à peu près 1,5 million de kilomètres carrés, dans la partie centrale du nord de l'Amérique du Sud, "politiquement elle est partagée entre le Brésil qui en occupe 620.000 km^2, le Venezuela, dont les territoires guyannais s'étendent sur 415.000 km^2, la Guyana, ex-Guyane britannique, devenue indépendante en 1966 (214.000 km^2), le Surinam, ex-Guyane néerlandaise, devenue indépendante en 1975 (163.265 km^2) et enfin la Guyane française qui n'occupe que 4 pour cent de la superficie totale (90.000 km2)". The French Guyana received in 1946 the Statute of "département d'outremer",

"natural region of the Guianas" [641] within the vast Amazon region as a whole, or so the government of the French Republic argued, in order to make it legally part of Amazonia.

656. Two other international disputes, also concerning questions of territory – the Trindade Island incident and the Colony of Descalvados – were the result of incursions of a colonialist nature into Brazil's territory [642].

D. Phases in the formation of Brazil's territory: lessons in international law

657. For exactly five centuries, since the Treaty of Tordesilhas in 1494, through the frontier questions that arose from the mid-nineteenth

---

overseas department; it was labelled, according to French law, a "région" in 1982; and thereafter a "collectivité territoriale" since 2015, as in the case of Corsica.

641. Special thanks to my colleague, prof. Marc Pavé, University of Guyane, for updating information on the topic. Adds Giacottino, *Les Guyanes*, *op. cit.*, 1995, *loc. cit.*:

> "Pendant longtemps le partage politique des Guyanes a été incertain en raison de la méconnaissance de l'intérieur et des prétentions des uns et des autres. Divers accords et arbitrages ont fixé les frontières. Pour la Guyane française le traité d'Utrecht, de 1713, fixait ses frontières sur le Maroni, or le tracé du fleuve est compliqué et il a plusieurs formateurs, d'où les contestations entre la France et les Pays-Bas. Celles-ci ont été réglées par un arbitrage du tsar en 1898 et en 1915, une convention en 1977 avec le Surinam. Avec le Brésil il existait une contestation à propos de l'Amapá; un arbirtage de la Confédération helvétique en 1900, donne l'Amapá au Brésil et fixe la frontière sur la ligne médiane de l'Oyapok. En 1938, une convention a fixé le point de tri-jonction entre le Brésil, le Surinam et la Guyane française, l'Itani étant reconnu comme frontière entre la Guyane française et le Surinam. En 1957 on a procédé au bornage de la frontière méridionale de la Guyane française. Entre le Surinam et la Guyana, il existe une contestation importante sur le cours supérieur de la Corentyne, portant sur environ 16.000 Km2, dont l'origine tient au repérage du cours principal du fleuve. Les deux pays ont décidé en 1970 de régler le problème à l'amiable. La contestation la plus grave existe entre le Venezuela et la Guyana, le premier revendiquant toute la partie occidentale de celle-ci jusqu'à l'Essequibo, c'est-à-dire, plus de la moitié de son territoire. Le Vénézuela ne reconnaît plus, depuis 1963, l'arbitrage de Paris qui, en 1899 avait fixé les frontières occidentales entre la colonie britannique et le Vénézuela, alors que son gouvernement de l'époque l'avait accepté. Très vive, la tension entre les deux pays s'est apaisée à la suite de la décision prise en 1970, sous les auspices de Trinidad, de maintenir le *statu quo* et de "geler", la revendication du Vénézuela pendant douze ans."

See also A. Chaumet and J. De Wenger, *La Guyane : plaidoyer pour Cendrillon*, s.i.l., s.i.e., 2001; P. B. Casella, *Fundamentos do direito internacional pós-moderno*, São Paulo, Quartier Latin, 2008, Chap. XIII "*boa tradição e a que se deve evitar*", pp. 959-1095; P. B. Casella, *Tratado de direito internacional – tomo 2 – Direito internacional dos espaços*, São Paulo, Almedina, 2022, Chap. XXVII, item 27.9, "fronteiras brasileiras com a Guiana Francesa".

642. See the following chapter III, on "the impact of colonialism on International law".

century to the early twentieth, up to the United Nations Convention on the Law of the Sea, which was signed in 1982 and came into force in 1994, the formation and consolidation of Brazil's territory have demonstrated the role of foreign policy and international law. Consolidation of the national identity has proceeded in tandem with the drawing up and consolidation of the territorial frontiers that are its physical basis. Both dimensions have been in play simultaneously, evolving under the aegis of international law, with disputes settled peacefully either through direct negotiations resulting in treaties, or through international arbitration.

658. The Treaty of Tordesilhas is a curious example of an attempt at international regulation of a territory that had hitherto not been officially "discovered" – which seems to lend weight to the theories that some knowledge already existed about this South American territory. That knowledge may have been acquired years, at least, before the "discovery of America" by C. Columbus, in 1492, and prior to the date of the official "discovery" of Brazil in 1500, by P. Álvares Cabral [643], according to school textbooks and historians [644].

659. The death of King Sebastião of Portugal in 1578, leaving no heir to the Portuguese throne, resulted in the union of the Iberian Crowns from 1580 to 1640 and substantially altered the territorial division of South America. Even though the Portuguese and Spanish colonies remained under their separate administrations until Portugal was "restored" to independence in 1640 [645], the union allowed fluidity

643. C. R. Boxer, *Salvador de Sá e a luta pelo Brasil e Angola, 1602-1686*, orig. publ. in 1952, *Salvador de Sá and the Struggle for Brazil and Angola, 1602-1686*, trad. Olivério M. de O. Pinto, São Paulo, ed. Nacional, EDUSP, 1973, p. 18:

> "Os historiadores não entraram até hoje em acordo sobre se a descoberta do Brasil, pelos portugueses, em maio de 1500, foi ou não acidental, e se eles haviam sido precedidos pelos espanhóis."

644. It is not by chance that we talk about "an enigma called Brazil", as presented by A. Botelho and L. Moritz Schwarcz (eds.), *Um enigma chamado Brasil – 29 intérpretes e um país*, São Paulo, Companhia das Letras, 2009.

645. The Portuguese-Spanish relations are marked by tension and successive wars along several centuries. See, for example, C. R. Boxer, *Salvador de Sá e a luta pelo Brasil e Angola, 1602-1686*, ed. *cit.*, 1973; R. Valladares, *A independência de Portugal: guerra e restauração 1640-1680*, Foreword J. R. Magalhães, transl. P. Cardim, orig. publ. *La rebelión de Portugal*, 1998, Lisboa, A esfera dos livros, 2006; A. Vicente, *Portugal visto pela Espanha: correspondência diplomática 1939-1960*, Foreword F. Morán, Lisboa, Assírio & Alvim, 1992. These hostile feelings against the Spanish were already expressed in the 16th century by the Poet L. de Camões, *Os Lusíadas*, orig. publ. 1572, ilustrações de Lima De Freitas, prefácio e notas de Hernani Cidade, "edição comemorativa do quarto centenário da publicação dos Lusíadas 1572-1972", Lisbon, Círculo de Leitores, quoted canto I, estrofe 25:

of movement of the populations between the respective South American colonies. As early as 1587, Gabriel Soares de Sousa, in his *Descriptive Treatise of Brazil* (ed. 1971) sent this message to the King of Spain: Brazil was deserving of royal attention, because a great empire could be built there [646].

660. The idea of a Luso-American empire did not end there. In the seventeenth century it was the turn of what we would now call a scholar, the great Luso-Brazilian intellectual Father Antonio Vieira (1608-1697), in his *History of the Future* (1718) [647], to propound his theory of the "fifth empire". Given the state of decadence and dissolution at that time of the Holy Roman Empire – which Vieira described as "the aged and almost defunct relics of the Roman" – the Portuguese Empire would be the one to succeed it, according to imperial transmission *(translatio imperii)*: the extinction of the empire in Germany would not result in the final extinction of the Holy Roman Empire as such, but only of the empire of the House of Austria, which would give way to the transatlantic Portuguese Empire of the royal house of Portugal [648].

"Já lhe foi (bem o vistes) concedido,
C'um poder tão singelo e tão pequeno,
Tomar ao Mouro forte e guarnecido.
Toda a terra que rega o Tejo ameno.
Pois contra o Castelhano tão temido
Sempre alcançou favor do céu sereno.
Assim que sempre, enfim, com fama e glória,
Teve os troféus pendentes da vitória."

646. G. Soares de Sousa, *Tratado descritivo do Brasil em 1587*, "edição castigada pelo estudo e exame de muitos códices manuscritos existentes no Brasil, em Portugal, Espanha e França, e acrescentada de alguns comentários" por F. A. de Varnhagen, São Paulo, Ed. Nacional/EDUSP, 4ª ed., 1971, "proêmio", pp. 39-40:

> "do que os reis passados tanto se descuidaram, a el-rei nosso senhor convém, e ao bem do seu serviço, que lhe mostre, por estas lembranças, os grandes merecimentos deste seu estado, as qualidades e estranhezas dele", porquanto, estimava, "em reparo e acrescentamento estará bem empregado todo o cuidado que sua majestade mandar ter deste novo reino, pois está capaz de se edificar nele um grande império, o qual com pouca despesa destes reinos se fará tão soberano que seja um dos estados do mundo porque terá de costa mais de mil léguas, como se verá por este tratado no tocante à cosmografia dele, cuja terra é quase toda muito fértil, mui sadia, fresca e lavada de bons ares e regada de frescas e frias águas. Pela qual costa tem muitos, mui seguros e grandes portos, para nele entrarem grandes armadas, com muita facilidade, para as quais têm mais quantidade de madeira que nenhuma parte do mundo, e outros muitos aparelhos para se poderem fazer".

647. A. Vieira, S. J., *História do futuro*, orig. publ. Lisboa, Pedroso Galram, 1718, J. C. Brandi Aleixo (ed.), Brasília, Univ. de Brasília, 2005.

648. P. Catalano (ed.), *"Quinto Impero" Attualità del pensiero di A. Vieira SJ*, Sassari, Rome, Assla – Associazione di Studi Sociali Latino-Americani, 2000.

661. That Portuguese empire never came to be, though the idea lingered on. Upon independence, Brazil became an empire: a monarchy "chosen" by its people, governed by the son of the King of Portugal, who became Emperor Pedro I of Brazil, having married Princess Leopoldine, daughter of the Emperor of Austria. The only "empire" on the American continent enabled the territorial unity of Brazil to be maintained, and it lasted until it was overturned in November 1889, upon the proclamation of the Republic. The end of the Empire of Brazil was marked by a military *coup d'état*.

662. Brazil's imperial experience in America can be described as unique, if we leave aside the short-lived attempt to set up an empire in Mexico. That was first envisaged in the Treaty of Córdoba, in August 1821, which guaranteed the autonomy of the "New Spain". The successor state, namely Mexico, part of the Spanish Empire under the Bourbon monarchy, was to invite Ferdinand VII, or his younger brother Carlos, to reign in Mexico as emperor: "in this way, the City of Mexico, rather than Madrid, would become the centre of the Spanish Empire, as Rio de Janeiro did for the Luso-Brazilian monarchy from 1808 to 1821". If he refused, the Parliament *(Cortes)* in Mexico would designate (or rather, search for) a monarch from among Europe's royal families. During that time, executive power would be exercised by a regency in the absence of a monarch. The regime did not last for long: Colonel Agustín de Iturbide became Emperor Agustin I in May1822, but ruled for one year only. The Mexican imperial throne remained vacant for more than forty years, until the attempt by Napoleon III to impose a new emperor on Mexico [649]. This episode lasted three years and resulted in the death of his candidate, Archduke Ferdinand Maximilian [650], who was shot in 1867.

649. J.-G. Bluntschli (1808-1881), *Le droit international codifié*, transl. from the German by C. Lardy, "précédé d'une biographie de l'auteur" par Alph. Rivier, Paris, Guillaumin, 5e éd. "revue et augmentée", 1895, par. 474, r 4, p. 272: "La fin tragique de l'empire du Mexique, 1867, a montré combien l'Angleterre avait raison de chercher à empêcher, en 1861, l'intervention française dans ce pays".

650. The younger brother of the Austrian Emperor, Maximilian and his wife Carlota arrived in Mexico in June 1864. He was shot three years later, on 19 June 1867. See B. R. Hammet, *A concise history of Mexico*, orig. publ., 1999, Cambridge, Cambridge Univ. Press, 2nd ed., 2006, reprint 2007, esp. Chap. 5 – "Destabilisation and fragmentation, 1770-1867", pp. 111-171, *cit.* pp. 164-171:

> "The execution was intended to be a powerful deterrent to European monarchies which sought to intervene in the affairs of American republics. The symbolism of an Austrian Habsburg, descendant of the Emperor Charles V, put to death on a hill in Central Mexico by a squad of dark *mestizo* soldiers was lost on no one."

663. Another concept inherited from Rome and Roman law would be decisive in the territorial evolution of the continent, after the former colonies had achieved independence: *uti possidetis*.

664. With the Treaty of Madrid in 1750, the determination of the frontier based on effective possession *(uti possidetis)* resulted in a territory that had almost tripled in size from what had originally been envisaged for the Portuguese colony, owing to the spread of the Portuguese language. That 1750 treaty, hailed in the official historiography as a diplomatic victory by the Brazilian Alexandre de Gusmão, working for the Portuguese diplomatic service, was implemented by demarcation work entrusted by the Portuguese Crown to the Bologna-born architect Antonio José Landi, who spent decades in the region [651].

665. In a document dated 20 September 1754, the governor F. X. de Mendonça Furtado [652] gave this recommendation to the astronomers and geographers going to the Rio Negro area to draw up the maps for use in the demarcation: "once you have left this town, do everything possible to trace the course of the rivers by which you navigate, the direction of

---

On the incident also writes P. L. Russell, *The History of Mexico – From Pre-Conquest to the Present*, New York, Routledge, 2010, Chap. 12 – "Juárez and Díaz, 1856-1909", pp. 216-262, *cit.* pp. 226-227:

> "The former emperor faced the same criminal charges of rebellion that he had decreed Juárez's supporters captured in battle should face. The court found him guilty and sentenced him to be executed by firing squad, along with two of his generals, T. Mejía and M. Miramón. Juárez resisted intense pressure from around the world to issue a pardon, feeling that a live Maximilian would only serve to promote further uprisings and prolong internal strife. Juárez knew that conservatives pardoned after the War of Reform had supported the empire. Liberal journalist J. J. Baz wrote, "This example will ensure in Europe we are respected and will remove any desire on the part of any other adventurer to come here."

651. A. J. Landi, *Amazônia felsínea: itinerário artístico e científico de um arquiteto bolonhês na Amazônia do século XVIII*, Lisbonne, Comissão nacional para as comemorações dos descobrimentos portugueses, 1999, esp. "a expedição das demarcações: notas de viagem", pp. 153-171, *cit.* pp. 153-154:

> "o tratado de Madri, de janeiro de 1750, apenas confirmara uma situação de fato, reconhecendo pelo princípio do *uti possidetis* a posse real por parte de Portugal das terras conquistadas por missionários, 'droguistas do sertão' e bandeirantes. Permanecera, entretanto, um sério problema demarcatório na Amazônia, que exigiria um grande esforço de Portugal, no sentido de reunir uma comissão de técnicos e engenheiros no vale do rio Negro, à qual se vai integrar o arquiteto A. J. Landi. Esta tarefa permaneceria inconclusa, pela ausência dos espanhóis e só bem mais tarde os tratados Del Parto (1761) e de Santo Ildefonso (1777) iriam equacionar a questão, envolvendo sempre a vida de Landi".

652. M. Carneiro de Mendonça, *A Amazônia na era pombalina*: "a correspondência do governador e capitão-general do estado do Grão-Pará et Maranhão, F. X. de Mendonça Furtado 1751-1759", Brasília, Senado Federal, 2005, 3 Vol.

the current and everything else you consider worthy of note, using their names to explain", so they would come back with accurate maps [653].

666. There was scarcely time for the 1750 Treaty of Madrid to take effect before a series of wars broke out between Portugal and Spain, which resulted in its replacement by the Treaty of El Pardo in 1761, that of Santo Ildefonso in 1777, and following a further conflict, by the Peace of Badajoz in 1801. However, the concept of *uti possidetis* remained the criterion for the determination of frontiers not only in Latin America in the nineteenth century, but also in Africa in the twentieth, after decolonization [654].

667. The process of occupation of territory was largely empirical, with no systematic planning, as can be seen from the gradual occupation of Amazonia, first by Portugal and then Brazil [655]. Subsequently, the peaceful settlement of territorial disputes with all Brazil's neighbours on the continent played a considerable role in consolidating its territory, from the mid-nineteenth to early twentieth centuries.

668. The "geographical expansion of colonial Brazil" is a broad and sweeping field of study [656], starting with the rival initiatives to "discover" America in 1492, by C. Columbus in the service of Queen Isabella of Castille, and by the Portuguese Crown, itself engaged in the race to take control of the new territories. At that time there were two competing concepts of the international order: continued efforts to sustain the medieval system, with the Papacy as a kind of arbiter whose

---

653. The instructions by the governor of the province of Grão-Pará, F. X. de Mendonça Furtado, to the members of the Portuguese mission for territorial demarcation in the Amazon region, of 20 September 1754, are reproduced by M. Carneiro de Mendonça, *op. cit.*, 2005 and by A. J. Landi, *op. cit.*, ed. 1999, pp. 161-162:

> "Para que possa o sobredito mapa ser formado com a exatidão possível, os astrônomos e geógrafos tomarão ao meio dia a altura do sol, apontando a variação da agulha e de noite, quando o tempo e as circunstâncias permitirem farão as observações astronômicas que são próprias para determinar as longitudes. Também nessa viagem observarão as qualidades naturais dos países e habitantes que nele vivem e seus costumes, os animais, aves, plantas, rios, lagoas, montes e outras semelhantes coisas dignas de se saber; fazendo todo o possível para que as suas observações e diligências sejam exatas e para que possam também servir para o adiantamento das ciências."

654. As examined in Chapter III on *The Impact du Colonialism on International law.*

655. Relevant contribution to the knowledge about the Amazon region and the Brazilian West, during the period 1783 to 1792, remains A. R. Ferreira, *Viagem ao Brasil*: "a expedição philosophica pelas capitanias do Pará, Rio Negro, Mato Grosso e Cuyabá", documentos do Museu Bocage de Lisboa, intr. C. Almaça, notícia sobre A. R. Ferreira e sua obra por J. Pereira da Silva, transcr. e comentários D. Martins Teixeira et N. Papavero, São Paulo, Kapa Edtrl. – Fund. Vitae, 2002, 2 Vols.

656. B. de Magalhães, *Expansão geográfica do Brasil colonial*, São Paulo, ed. Nacional, Brasília, INL, orig. publ. 1915, 4ª ed., 1978.

role extended to matters of international policy through a succession of Papal Bulls, and the appearance of modern states that resolved their issues through a mix of war and negotiation, an example being the Treaty of Tordesilhas in 1494.

669. The Luso-Spanish dispute was fuelled by a succession of Papal Bulls allocating parts of the New World lands. Sixtus IV issued the *Aeterni Regis* of 31 August 1481. Alexander VI issued the *Eximiae Devotionis* of 3 May 1492 (it was drafted only in July that year), *Inter Coetera I* (drawn up in April, but bearing the date 3 May 1493), *Inter Coetera II* (dated 4 May 1493 but finalized only on 28 June), *Piis fidelium* of 25 June 1493 and lastly *Dudum Siquidem* (dated 25 September 1493, but drafted in October or maybe December) [657].

670. In this way Popes Sixtus IV and Alexander VI intervened in the controversy between Portugal and Spain, which would today be described as geopolitical or geostrategic in nature. The medieval concept of the Papacy as – at least nominally – the centre of the international system was still at work.

671. Later, on 7 June 1494, both countries signed the Treaty of Tordesilhas. This was an early signal that the international system was shifting towards an inter-state model. Even so, Pope Julius II issued the Bull *Ea quae pro bono pacis* on 24 January 1506, expressing papal approval of the 1494 Treaty of Tordesilhas.

672. The Treaty of Tordesilhas was arbitrary both in its design and its basis, but it represented a considerable political victory. Under that agreement, the entire coastal stretch of that hitherto unnamed land, bounded by the Atlantic and a straight line from one pole to the other, 370 leagues from the Cape Verde archipelago – approximately from Belém de Pará, in the north, to the Laguna region in the south – was brought under the sovereignty of the House of Aviz.

673. Later, the regime of royal concessions *(Capitanias hereditárias)* was adopted, to ensure a minimum of Portuguese presence and avoid other colonizers and adventurers advancing into *res nullius*, which,

657. See P. B. Casella, Tratado de direito internacional – tomo 4 – Direito internacional no tempo medieval, São Paulo, Almedina, 2023, 8.4 "continuidade e mudança do contexto medieval ao moderno"; J. Couto, *Construção do Brasil*, Lisbon, Cosmos, 1998, esp. pp. 122-136; N. de F. Ribeiro, *A questão geopolítica da Amazônia: da soberania difusa à soberania restrita*, Brasília, Senado Federal, 2005, part I, tít. I, cap. 2 "a geopolítica do oceano Atlântico no final do século XV e primórdios do século XVI" pp. 8-16, for information concerning the successive Pontificial bullae providing guidelines for the division of the interest zones of Portugal and Spain in the Americas and in Asia. The treaty of Tordesilhas, 1494, was ratified by Isabel and Fernando of Spain on 2 July and by João II of Portugal, in 5 September of the same year.

following the Roman law principle, would be attributed to the first occupier. Hence the conflicts, international claims and surveillance expeditions along the coast. Such concessions, most of which remained inoperative, produced results at Pernambuco and São Paulo.

674. In 1549 a general government was established at Bahia by King João III. French incursions at that time and shortly afterwards, at Rio de Janeiro and Maranhão among other places, resulted in settlements at various points along the coast.

675. Of the many "foreign" attempts to settle along the coast of Brazil, one of the longest lasting was the Dutch presence in the seventeenth century[658]. Though the Dutch political presence was short-lived, the period produced a wealth of artistic and scientific documentation that was unique on the continent at that time[659].

676. The formation of Brazil's territory was marked by five major milestones:

- First, the Treaty of Tordesilhas in 1494, which, even before Brazil was officially discovered, secured for Portugal a large part of South America's Atlantic coast.
- Then, when the Tordesilhas line was crossed during the seventeenth century, a de facto situation was created, that brought into play the *uti possidetis* principle[660].

658. Not forgetting the short-lived French attempts of setting up the so-called "*France Antarctique*" in the 16th century, in the area of the city of Rio de Janeiro. M. Neme, *Fórmulas políticas no Brasil holandês*, São Paulo, Edusp, Difel, 1971; G. Freyre, observes on the Dutch period in the Northeast of Brazil, "um primeiro gosto de governo democrático e largamente representativo" – in the Foreword to the book of J. A. G. de Mello Neto, *Tempo dos flamengos*, Rio de Janeiro, J. Olympio – Col. "Documentos brasileiros", 1949, quoted p. 11; C. Schmalkalden, *Diário de viagem ao novo mundo (1642-1645) de Amsterdã para Pernambuco no Brasil*, transcr. e trad. dos manuscritos originais A. A. Bragança, intr. e org. cient. Dante M. Teixeira, Rio de Janeiro, ed. Index, 1998, 2 Vols. The original Travel journals are kept at the *Landesbibliothek of the city of* Gotha, where the author has lived.

659. Among the relevant contributions by several scientists and cartographers, the paintings by Frans J. Post (1612-1680) and Albert Eckhout (1610-1665) are an unparalleled documentation of great quality and unique heritage on a land in the Americas, in the first half of the 17th century. See, *i.a.*, R. Parker Brienen, *Albert Eckhout – Visões do Paraíso Selvagem – Obra completa*, orig. publ. *Visions of savage paradise:* A. Eckhout – *Court Painter in Colonial Dutch Brazil*, trad. J. Bandeira, Rio de Janeiro, Capivara, 2010; P. Correa do Lago and B. Correa do Lago, *Frans Post – Obra completa*, Rio de Janeiro, Capivara, 2006; B. Correa do Lago, *Frans Post e o Brasil holandês na coleção do Instituto Ricardo Brennand*, Recife, Instituto Ricardo Brennand, 2003.

660. On the different conceptions of the *uti possidetis*, see the considerations at the beginning of Chapter II.

- Territorial unity was preserved during the independence process in 1822, with the adoption of the monarchy and the government of the Portuguese Braganza dynasty assuring a degree of continuity in the political and legal order.
- The frontiers were consolidated in the nineteenth and twentieth centuries through negotiation and arbitration [661].
- Lastly, the sea territory was set at 200 nautical miles, first unilaterally [662], and later pursuant to the United Nations Convention on the Law of the Sea of 1982. Beyond the 12-mile territorial sea and 200-mile exclusive economic zone, the legal regime of the continental shelf set up by the 1982 Convention has added a further substantial expanse, commonly known as Blue Amazonia [663].

677. The territory extended considerably beyond the initial projections. Some expansions were more significant than others, with a combination of official initiatives *(entradas)*, the "official cycle of geographical expansion, almost entirely within the Tordesilhas line" (1504-1696) and private initiatives *(bandeiras)* – "meaning a cycle of unplanned geographical expansion, almost entirely outside the Tordesilhas line, with the interior as its driving force and theatre of

661. As presented in Chap. II, C. Territory and international law: the case of Brazil; H. Accioly, *Limites do Brasil*: *a fronteira com o Paraguai*, São Paulo, Companhia Editora Nacional, col. Brasiliana, Vol. 131, 1938, Chap. VI, *O último tratado de limites entre o Brasil e o Paraguay*, *(d) Lealdade e desprendimento da diplomacia brasileira*, pp. 148-149:

> "No Império como na República, a política externa do Brasil sempre se caracterizou pela sua perfeita lealdade e pelo seu grande desprendimento. A maneira como temos resolvido as nossas questões de limites dão disso o melhor testemunho."

662. V. Marotta Rangel, *Natureza jurídica e delimitação do mar territorial*, São Paulo, RT, 2ª ed., revista, 1970, "prefácio à segunda edição":

> "A Constituição brasileira passou a mencionar, entre os bens da União, 'o mar territorial' (Art. 4, No. VI, da Emenda constitucional n. 1, de 17 de outubro de 1969). Bem o fez. A legislação ordinária – no tocante à superfície desse mar – três vezes se modificou, para contemplar, finalmente, a regra das duzentas milhas marítimas. Estamos a sentir o influxo do chamado processo revolucionário sobre as regras do direito do mar."

663. V. Marotta Rangel, "Le plateau continental dans la Convention de 1982 sur le droit de la mer", *Collected Courses*, Vol. 194 (1985), pp. 269-428; P. B. Casella, "30 anos da Convenção das Nações Unidas sobre o direito do mar", Rio de Janeiro, Revista da Escola de guerra naval, Vol. 18, No. 2, dezembro de 2012, pp. 91-102; F. H. Rosa, *A plataforma continental brasileira – uma vertente soberana no Atlântico Sul ante os desafios da modernidade*, Belo Horizonte, Escola Superior dom Helder Câmara – Programa de pós-graduação em direito, 2019, "mestrado em direito, sob orientação do prof. A. de Paiva Toledo".

operations" [664], which went on from the mid-sixteenth century to the final year of the seventeenth.

678. Added to these two trends was "the advance of the livestock rearers from the coast towards the interior", particularly between 1590 and 1690, greatly helped by the so-called *bandeirantes paulistas*, the pioneers of São Paulo, and also the "services of the Catholic missionaries, to whom, in large measure, we owe the settlement of the valley of the Amazonas in the eighteenth century" [665].

679. The combined effect of these various movements was to almost triple the territory of Portugal's colony in South America, from the line laid down in the Treaty of Tordesilhas in 1494 to the one prescribed by the Treaty of Madrid, in 1750 [666]. Even allowing for the fact that Lisbon had to give up the colony of Sacramento [667], which became Uruguay after 1828.

---

664. B. de Magalhães, *op. cit.*, ed. 1978, cap. 5, item *(f)* "influência da expansão na política da metrópole e no desenvolvimento do Brasil", pp. 220-230.

665. B. de Magalhães, *op. cit.*, ed. 1978, pp. 220-230: At the same time, "a expansão operada desde antes do século XVIII até começos do XIX", included the conquest and settlements established in Mato Grosso, the conquest and the settlements in Goiás, with the initiatives of F. de Melo Palheta (1722-1723) and M. F. de Lima (1742-1743), on the river Madeira, the new discoveries in the state of Minas Gerais, and in the *Hinterland* of Bahia and Espírito Santo, with the new expansion of Paulista pioneers to the south and to the west. Without doubt, the expansion triggered by the pionneers "bandeirantes paulistas" towards the south influenced, during the reign of Pedro II of Portugal, the "imperialist policy" of attempting to extend towards the Rio de la Plata the southern limits of Brazil, with the foundation of the colony of Sacramento, in 1680.

666. B. de Magalhães, *op. cit.*, *loc. cit.*:

> "Graças a tudo isso, pôde ser triplicada a área do Brasil de Tordesilhas, pelo tratado de Madri de 1750, o qual constituirá, *ad perpetuam rei memoriam*, o maior padrão de glória do genial Alexandre de Gusmão, que foi não somente quem o redigiu, como até quem o defendeu, na sua admirável carta (uma carta de 66 páginas!) ao brigadeiro A. Pedro de Vasconcelos, ex-governador da colônia do Sacramento (*Coleção de vários escritos inéditos*, Porto, 1841, pp. 147-213). Anulando o pacto de Tordesilhas, que nem os espanhóis haviam respeitado no oriente, nem os portugueses na América do Sul, – o tratado de Madri, assentado na base lógica do *uti possidetis de facto*, foi o primeiro que deu, com pequena diferença, a configuração atual do Brasil, ou, melhor dito, foi a homologação da conquista dos bandeirantes e a sanção diplomática da ocupação também efetuada ao nordeste e ao norte pelos criadores de gado e pelos missionários católicos. Declarado sem valor pelo tratado de El-Pardo, de 1761, e substituído pelo de Santo Ildefonso, de 1777, ficou, todavia, respeitado nas suas linhas gerais."

667. L. A. Moniz Bandeira, *La formación de los Estados en la cuenca del Plata: Argentina, Brasil, Uruguay, Paraguay*, 2006, trad. de M. Grinberg, Buenos Aires, Norma, 2006, Chap. III, "Fundación de la colonia del Sacramento – teoría de las fronteras naturales – Portugal y Inglaterra en el siglo XVIII – Tratado de Madrid y configuración territorial de Brasil", pp. 63-76, quoted p. 63 and 68:

> "Por el Tratado de Madrid, con el cual Brasil ganó prácticamente sus contornos definitivos, España cedió el territorio de las misiones orientales del Uruguay a Portugal, que, en compensación, abandonó y le entregó la Colonia del Sacramento.

680. The period of the Union of the Iberian Crowns (1580-1640) had a considerable influence on the formation of Brazil's land frontiers. At the same time, advances were taking place on the Brazilian coast [668]: during the period of Spanish domination up to 1640, the Portuguese established themselves from the bay of Paranaguá in the south, to the river Oiapoc, in the extreme north. To appreciate the extent of this spread one need only recall that until 1580, Luso-Brazilian colonizers were confined to the area between Cananéia and Itamaracá [669].

681. The broad pattern of territorial advances in the different regions was as follows:

- The conquest of Ceará, after that of the Rio Grande *(do norte)*, at the end of the sixteenth century; in 1611 the ultimate conqueror of Ceará, M. Soares Moreno, settled there and built a small fortification at the mouth of the river Ceará, close to the present-day capital, Fortaleza.
- The conquest of Maranhão, where a French expedition commanded by Daniel de La Touche, Seigneur de La Ravardière, had been present since 1612. The French were defeated, abandoned the settlement and the fortress and returned to Europe.
- The conquest of Grão-Pará, beginning with the expedition by F. Caldeira de Castelo Branco, who at the start of 1616 founded

---

Por lo que parece, el gobierno de Madrid consideró muy ventajoso ese acuerdo, pues le posibilitaba atender los reclamos de los mercadores de Sevilla, perjudicados por el contrabando que fluía a través de la Colonia del Sacramento, a cambio de un territorio sobre el cual su soberanía era, por así decirlo, nominal."

668. H. Vianna, *História diplomática do Brasil*, São Paulo, Melhoramentos, 1958, Chap. III, "a união das monarquias ibéricas e suas consequências para o Brasil", pp. 34-47, quoted pp. 41-47.

669. N. de Figueiredo Ribeiro, *A questão geopolítica da Amazônia: da soberania difusa à soberania restrita*, Brasília, Senado Federal, 2005, esp. Chap. 11 "o governo português na Amazônia e sua estratégia de ocupação", pp. 56-60. The political model adopted, with the creation, in the Amazon region, of a political entity directly linked to the Portuguese crown, by the Royal Charter of 2 August 1654, the *Estado do Maranhão e Grão-Pará*:

> "Em seu sentido geopolítico, o novo estado, desvinculado do restante do Brasil, indicava com evidência que o governo português pretendia adotar uma estratégia de ação especial e direta, objetivando ocupar as terras amazônicas, situadas a oeste do meridiano que indicava as 370 léguas objeto do tratado de Tordesilhas. Era claro que o acesso do novo estado à coroa portuguesa, era, geograficamente mais próximo, e o processo decisório mais rápido do que se tivesse de passar pela capital do Brasil, situada em Salvador e depois no Rio de Janeiro. A estratégia de ação do novo estado era escolher pontos especiais da região, onde deveriam ser implantados povoados, vilas, cidades, colônias, administradas pelo governo de Portugal, através de seus prepostos no *Estado do Maranhão e Grão-Pará*."

the fort of Presépio e povoação de Nossa Senhora de Belém, on the banks of Baía de Guajará, on the River Pará [670].

- To consolidate Luso-Brazilian possessions in the region south of the river Vicente Pinzón or Oiapoc (in what is now the state of Amapá), in 1637 the *capitania hereditária do cabo do Norte* concession was created [671] and granted to B. Maciel Parente, "one of the good soldiers and administrators of this conquest".
- The conquest of Amazonia: in 1637-1639 progress into the interior of Amazonia reached its furthest point with the river expedition of P. Teixeira, who, starting from Cametá, at Tocantins, arrived at the River Napo, and took possession for the Portuguese Crown of huge areas east of that point, according to the deed drawn up at the time and recorded in the administrative books of the city of Belém *(da Provedoria e da Câmara municipal de Belém)* [672]. Those lands at the mouth of the Aguarico are now part of the territory of the Republic of Ecuador.
- The conquest of the south and south-east: "with the settlement of the Vicentine littoral, from Nossa Senhora da Conceição, Itanhaém, Iguape and Cananéia, the Luso-Brazilians drew closer to the lands of the concession (*capitania*) of Santana, situated between the bays of Paranaguá and Laguna, which had been abandoned for the whole of the sixteenth century". The settlement of Paranaguá was raised to the category of village *(vila)* in 1648 followed by Curitiba, in 1693; from this territory, now *"paranaense"*, the Paulista pioneers moved on to the territory of Santa Catarina, in the second half of the seventeenth century. In 1658, M. Lourenço de Andrade settled São Francisco do Sul, and F. Dias Velho explored the island of Santa Catarina, where he founded Nossa Senhora do Desterro, now Florianópolis. In 1688, D. de Brito Peixoto settled at Santo Antonio dos Anjos da Laguna,

670. On the history of the capital city of the state of Pará, see J. Ribeiro do Amaral, *Fundação de Belém do Pará*: jornada de F. Caldeira de Castelo Branco em 1616, orig. publ. 1915, Brasília, Senado Federal, 2004.

671. J. Sarney and Pedro Costa, *Amapá: a terra onde o Brasil começa*, Brasília, Senado Federal, 1999.

672. J. Ribeiro do Amaral, *op. cit.*, 1915, ed., 2004 as observed by J. Sarney, in his Foreword, this is a "book that remained unpublished, during almost a century" – written at the time of the third centenary of the city of Belém do Pará. In such expansion a relevant role was played by the *entradas*, made by the *tropas de resgate*, "which went up the rivers, with the scope of capturing Indians, for slave labor", notwithstanding the opposition of the missionaries, especially Jesuits, as well as the *droguistas*, in the search for products such as cotton and tobacco, in addition to the so called *drogas do sertão* (cacau, urucu, cravo, canela, baunilha, sementes oleaginosas, raízes aromáticas).

"the furthest point of the concessions *(capitanias hereditárias)* of King João III".

– Elsewhere, the pioneers *(bandeirantes)* were responsible for the destruction of settlements established by the Spanish Jesuits in the Guairá [673] region, as well as in Tape and Itatim: first Manoel Preto and later A. Raposo Tavares led these incursions, totally destroying the Jesuit and Spanish settlements from 1628 to 1631. The same happened in the Tape region, in the centre of what is now the State of Rio Grande do Sul. The Itatim settlements, in the southwest of what is now the State of Mato Grosso, were destroyed in 1648 by A. Raposo Tavares, and those of Serra de Maracaju by one of his lieutenants.

682. The interests of state policy did not always align with the law, but were adapted to the circumstances, both domestic and international. To give an overview [674], we can highlight the following:

(i) The first three centuries under Portuguese domination, conducted on colonial and mercantile lines, saw the conquerors going beyond the territory allocated to them (somewhat vaguely) under the Treaty of Tordesilhas, and advancing by incursions – the more or less official *entradas* and the private *bandeiras* – and occupation, peaceably or by force, of Spanish lands. This proceeded despite the fact that the territory was enormous, and the Portuguese did not have enough people to populate it [675]. Struggles ensued to

673. The Guairá or Guayrá was a region inhabited by the Guarany indians, extending from the river Paraná to the Atlantic Ocean, and from the river Tietê at the north, down to Iguaçu at the south. See J. O. Gazaneo, "Geopolítica de las Misiones", in J. O. Gazaneo (ed.), *Las misiones jesuíticas del Guayrá*, "colección preparada con el patrocínio científico y cultural de Icomos y la colaboración de UNESCO" – "La herencia de la humanidad", Vol. II, Buenos Aires, Manrique Zago Edtrl., segunda ed., 1995, Chap. III, pp. 75-89, quoted p. 75:

> "Los jesuítas hicieran realidad una utopía – similar à la de Tomás Moro – de corte anticolonial, que explica su expulsión, en tanto que, con sus logros, al paso del tiempo, habían llegado a ser considerados por sus enemigos como los forjadores de un Imperio dentro de otro Imperio."

674. F. Iglesias, *Trajetória política do Brasil 1500-1964*, São Paulo, Companhia das Letras, 1993, 4ª reimpr. 2001.

675. The observations by E. Roquette-Pinto, *Ensaios de antropologia brasiliana*, São Paulo, Nacional, Brasília, INL, orig. publ., 1933, ed. 1978, col. Brasiliana, Vol. 22, "ensaio 15", pp. 75-107, quoted p. 107:

> "A antropologia prova que o homem, no Brasil, precisa ser *educado* e não *substituído*. O processo geral de adaptação das raças aos diferentes meios brasilianos segue de acordo com o que a ciência pode desejar. A antropologia do Brasil desmente e desmoraliza os pessimistas."

defend it from claims by the Spanish, French, British and Dutch. Those confrontations gave territorial control which, after wars and treaties, was recognized by Spain. In this way, by the end of the colonial era, the map of Brazil had practically taken shape.

(ii) The transfer of the royal family in 1807-1808 as a result of political upheavals in Europe, and the installation of the Portuguese court in Rio de Janeiro [676] triggered the process of independence, which was completed in 1822. It took an unusual form for the continent, with a monarchy that endured for 67 years. As with the earlier colonial period, policy was marked by a dichotomy between centralization and decentralization that continued during the Empire, despite the Imperial Constitution of 1824 stipulating that the state was centralized. The question was the subject of lively debate when the Republic was declared in 1889, and a federal system set up that has never properly functioned as such, and does so still less as time goes on.

(iii) In the twentieth century there was expansion in all directions, especially after 1930, with an increase in population and economic diversification, growth and development, despite inequalities which are still very stark. The democratic regime laid down in successive Constitutions has not always been upheld, given the conflicts and sometimes successful *coups d'état*, as occurred in 1930, 1937, 1954, 1961 and 1964 [677].

683. A "good" tradition is one in which legal rules are observed, but it reveals the paradox of a country that is scrupulously law-abiding [678]

---

676. Among transfers made at the time, the Royal Portuguese Library was brought to Brazil and is the origin of the collection of the National Library in Rio de Janeiro. Compensation was paid to the Portuguese crown, for the books brought to Brazil, as stipulated in the Treaty of Lisbon, in 1825, whereby the former colonizer acknowledged the independence of the former colony. See L. Moritz Schwarcz, with P. C. de Azevedo and A. Marques da Costa, *A longa viagem da biblioteca dos reis: do terremoto de Lisboa à independência do Brasil*, São Paulo, Companhia das Letras, 2002.

677. F. Iglesias, *op. cit.*, 1993, ed. 2001, "perspectiva final", pp. 295-297.

678. Five years after the independence in 1822, two law schools were created in Brazil, in 1827, of which one remains in São Paulo, as part of the University of São Paulo, and the other, created in Olinda, was eventually transferred to Recife, marking the choice made, by the Imperial government, to ensure the education of the élites, in legal and governmental matters, in the country. A political and strategic choice.

The teaching of "law of nations" was started by the first chair professor, J. M. Avellar Brotero, in São Paulo, since the first lecture of the law course, in March 1828, marking the beginning of a Brazilian school of International law and was never interrupted. It is also worth mentioning that his book on '*Principles of natural law*', orig. publ. in 1829, by J. M. Avellar Brotero was published three years before the *Principios de derecho de gentes*, 1832, by Andrés Bello. This is hardly ever mentioned. On the subject, see

at the international level, while internally the principles and rules of law are observed much more in form than substance. One example is the persistence of huge social inequality and disparities in income and standards of living within Brazil, even in the suburbs of its major cities. This contrast between Brazil's international actions and its internal order is a matter for legal sociology or social anthropology rather than international law [679].

684. International law has been part of the formation of Brazil's territory from its "discovery" under the aegis of the Treaty of Tordesilhas [680], to the 1982 United Nations Convention on the Law of the Sea, which entered into force in 1994. The maintenance of territorial unity is one of the admirable features of that history [681].

685. The peaceful settlement of disputes, not only with regard to frontiers but other international questions too, has consolidated a legacy of peaceful application of international law to its international relations. The conduct of international relations by Pedro II during his 49 years of government left its imprint.

P. B. Casella, "Direito internacional nas Arcadas", Aula inaugural de 16 de fevereiro de 2009, São Paulo, Revista da Faculdade de Direito da USP, 2009, Vol. 104, pp. 931-966. See J. M. Avellar Brotero, *Princípios de direito natural*, Rio de Janeiro, Typographia Imperial Nacional, 1829; A. Bello, *Principios de derecho de gentes*, orig. publ. 1832, "reimpressos en Sucre", Sucre, Imprenta de Beeche y Compañía, 1844, also the edition of A. Bello, *Principios de derecho internacional y escritos complementarios*, prologue de E. Plaza A., Caracas, Ed. del Ministerio de Educación, 1954, "Obras completas de A. Bello", Vol. X, 2 tomos.

679. On the topic see P. B. Casella, *Fundamentos do direito internacional pós-moderno*, Foreword H. Caminos, São Paulo, Quartier Latin, 2008, esp. item XIII – "Boa tradição e a que se deve evitar", pp. 959-1095.

680. See P. B. Casella, *Fundamentos do direito internacional pós-moderno*, 2008, item XII – "Direito e relações internacionais: coexistência pacífica?", pp. 877-958.

681. R. S. Guerreiro, *O Itamaraty e o congresso nacional*, Brasília, Senado – MRE, Secretaria especial de relações com o Congresso, 1985, esp. "palestra proferida por sua excelência o senhor ministro de estado das relações exteriores, embaixador R. S. Guerreiro, na abertura do simpósio *o Brasil na Antártida*, Câmara dos deputados, em 23 de agosto de 1983", pp. 161-195, quoted p. 169:

> "Ao examinarmos a questão da atitude do Brasil com relação ao ocidente e ao terceiro mundo, o primeiro dado a considerar é o da multiplicidade das dimensões brasileiras. E truísmo afirmar que somos um país de contrastes. Será fácil aponta-los. Menos fácil, porém, é tirar as consequências para efeito de política externa que estes contrastes e a multiplicidade das dimensões brasileiras sugerem ou impõem. Seria de todo irrealista procurar, diante da dificuldade da tarefa, omitir ou negar essa complexidade, essa variedade de dimensões. As opções excludentes poderiam, no curto prazo, trazer, talvez, maior tranquilidade psicológica aos que as propõem, mas, por estarem separadas da própria realidade brasileira e do mundo, só teriam consequências políticas e econômicas desastrosas para o País a médio e longo prazo."

686. The Republic and its foreign policy since 1889 have been characterized by the continued pursuit of those broad guidelines [682] first observed during the imperial period (1822-1889) [683], including for the settlement of territorial issues [684] in the defence of national interests, and always in accordance with international law [685].

---

682. Article 88 of the Constitution of the Republic of Brazil, of 1891, stipulated already the prohibition to participate "directly or by an alliance in whatever war for conquest of territory". The international practice at the time was substantially different. During the final years of the nineteenth and the first half of the twentieth century, several wars for territorial conquest were made, albeit most frequently the actual reasons for waging war were disguised under other pretexts.

683. Nothwithstanding such peaceful tradition, Brazil participated in both world wars. See H. Vianna, *História diplomática do Brasil*, São Paulo, Melhoramentos, 1958, cap. XVII, "política exterior da república", pp. 133-141, quoted p. 133:

> "Quanto à participação em conflagrações mundiais, constitui este fato inevitável imposição da época em que vivemos, em que já não existe a possibilidade de isolamento entre os povos, resolvidas, como estão, as dificuldades outrora vigentes quanto às distâncias e tempo de comunicações."

684. H. Vianna, *op. cit.*, 1958, Chap. XVII, item 3, "o Barão do Rio Branco e as questões de limites", pp. 134-135, quoted p. 135:

> "depois de sua morte, ocorrida em 1912, sua influência passou a constituir, com os precedentes imperiais, a tradição pacifista do Itamaraty, essencialmente preservadora do patrimônio territorial e moral da nação, exercida através do conjunto de normas que enforma, até hoje, toda a política exterior do Brasil".

685. The diplomatic tradition of Brazil, based on the peaceful settlement of international disputes and the alignment with International law, is clearly demonstrated during the nineteenth and twentieth centuries by the disputes solved by international arbitration or by direct negotiations and treaties, to settle international disputes related to the payment of indemnities as well as the border disputes, with all the neighbouring countries in South America. All these cases were peacefully settled with international legal devices for dispute settlement, such as treaties, arbitration, international negotiations, as considered in this chapter, item C.

CHAPTER III

THE IMPACT OF COLONIALISM ON INTERNATIONAL LAW, DECOLONIZATION AND THE DEVELOPMENT OF THE RIGHT TO SELF-DETERMINATION

687. In international law, as in other branches of human knowledge, there is interplay between centre and periphery, or between centres and peripheries. Those relationships have to be understood in the light of history, as there is no other context in which to analyse them meaningfully. Especially when it comes to looking at colonial relationships, in other words those between the former colonial powers and the peoples who found themselves colonized, along with their territories which became colonies.

688. The application of ideas, political or artistic, in a new space will cause paradigm shifts, because it throws up new problems and thus demands new responses. This is what happened from the second half of the nineteenth century to the first half of the twentieth, with the advent of the colonial phenomenon. Colonizers set off to conquer and occupy the colonies, using armed force and violence, and set up colonial administrative regimes that were distinct from the national regimes in their countries of origin with their protection of fundamental rights and constitutional guarantees.

689. International law underwent the same kind of phenomenon in the postmodern context as did the novel [686]: once a movement hitherto considered impossible starts to encounter success, a paradigm shift cannot be far behind. Such a shift occurred when the tide finally turned against the excesses of the colonial regimes, with the opposition to colonialism that became known as decolonization. It led the former colonies, each with their own different conditions and circumstances, towards independence, and the overall movement consolidated into a principle – the right of peoples to self-determination.

---

686. In his essay F. Moretti, *Atlas of the European Novel 1800-1900*, London, Verso, 1998, also published in Italian, *Atlante del romanzo europeo 1800-1900*, Turin, G. Einaudi, 1997 and the Braz (ed.), *Atlas do romance europeu 1800-1900*, transl. S. G. Vasconcelos, São Paulo, Boitempo, 2003, observes that geography is not an inert recipient, is not a box in which cultural history unfolds but an active force, impregnating the literary field and giving shape and depth to same.

690. As a product of its historical time and cultural context, colonialism left its mark on international law. The ending of this undistinguished chapter also marked a reinterpretation of the discipline, with the development of the principle of self-determination.

691. A useful parallel can be drawn to help understand this shift. One study of how the novel was transplanted into Brazilian literature, and the contradictions inherent in that process, makes reference to the two principal innovations in modern fiction: the Russian novel of ideas (1860-1890) and Latin-American magic realism (1960-1990) [687]. In both cases, the new model was the product of a new space: the semi-periphery of Europe and the semi-periphery of the world system.

692. International law underwent this transformation within an international context that had been evolving for over two hundred years. The expansion of the global system since the independence of the former European colonies on the American continent (first with the United States of America at the end of the eighteenth century, then the independence of Brazil and most of Spain's former colonies on that continent, in the first quarter of the nineteenth) altered the framework of the old, classical international law, which had mainly been practised between Europeans, and also to some extent between them and the other continents.

693. This chapter on the impact of colonialism on international law, decolonization and the development of the right to self-determination will therefore look at three aspects: first, international law as the most international of all branches of law, except where it lapses into nationalism; next, the impact of colonialism on international law, which can be illustrated by two cases involving Brazil: the Trindade Island incident and the Colony of Descalvados, examples of the race to imperialist colonialism; and lastly, decolonization and the development of the right to self-determination.

A. International law – the most international of all branches of law except where it lapses into nationalism

694. To state that international law is the most international of all branches of law is a tautology. Internationality is part of its nature, as the law governing relations between subjects of international law

687. R. Schwarz, "The Importing of the Novel to Brazil and its Contradictions in the work of José de Alencar", in *Misplaced ideas*, London, Verso, 1992, p. 25.

– historically mostly between states, and gradually between other subjects like international organizations, individuals and collective groups of people, even where those groups are not organized as states. It also applies to humankind as a subject of international law. Another consideration is the rights of the planet on which we are all living. Our lack of awareness towards the planet might seem suicidal, in the sense that the damage humans are causing to the planet and all its life forms will soon result in our living space becoming uninhabitable.

695. We have already seen how much there is to say about each of these types of subject of international law; also that each of these categories has a different legal regime. It is a vast and highly diverse area of study, every aspect of which deserves examination, but that would exceed the scope of this chapter.

696. A factor that might be ancillary in other legal fields is central to international law. Internationality is thus said to be inherent to international law – but is that really the case?

697. States in their practice of international law sometimes seem to want to scale it down and make it national, or European or American – a contradiction inherent in human nature, but not compatible with international law.

698. While the countries of the Muslim world now seem to be commonly regarded as peripheral to the global balance of power, a completely different perspective emerges if we look at the configuration of world trade flows in the thirteenth century. At that time, the Indian Ocean was emerging as the flourishing centre of diplomatic and commercial activity, connecting East Africa to the southern coast of Arabia in the Middle East and on eastwards through Persia and India to the Malaysian archipelago. Europe, by comparison, which with the exception of trading hubs like Genoa or Venice was still deep in its medieval slumbers, was on the periphery of this proto-globalized world system [688].

699. The process of human occupation of the earth's surface could be said to have been practically complete by the fifteenth century, with the exception of remote islands like the Mascarenes (Reunion, Mauritius

688. L. Fawcett, *International relations of the Middle East*, Oxford, Univ. Press, orig. publ. 2005, 2nd ed., 2009, esp. Chap. 8, "Islam and International Relations in the Middle East: From Umma to Nation State", pp. 170-187, quoted p. 172, adds:

> "Europe rapidly re-emerged onto the geopolitical stage from the late fifteenth century, however, and by the early seventeenth century the Ottoman empire was acceding to trade and military capitulations demanded by the French, marking a geopolitical shift towards Europe."

and Rodrigues) in the middle of the Indian Ocean, or the excessively inhospitable southern regions. Thus, "the ecumene no longer designates that part of the globe occupied by man, but the relationship of humanity to the earth's surface as we inhabit it" [689].

700. The modern idea of the world was still some way off: that of a common destiny with dangers for all the earth's living beings, born of the interdependence of societies that are remote but connected.

B. The impact of colonialism on international law

701. In the second half of the nineteenth century and the first half of the twentieth, some of the most developed states at the time, the very ones that might have been supposed to have – and respect – stable parameters of civilization already embodying guarantees for the citizen and protection of fundamental rights, at least within their respective national legal contexts, launched themselves upon an adventure of barbaric exploitation of other peoples, designated them as colonies and subjected them to the colonial yoke. They did so under the cloak of rhetoric that advocated colonialism as a way of propagating the three pillars of Christianity, civilization and commerce, not to mention the fourth, which was never mentioned but underlay the project: conquest, by the colonizers of the colonized. How do we explain this phenomenon and the shameful role international law played in it, as the legal framework that enabled the colonial enterprise to proceed [690]?

702. Colonialism was built on violence, both in its rhetoric and in the ideas that underlay it. Despite the talk of Christianity, civilization and commerce, it was the violence of conquest that underpinned the colonial enterprise and shored it up. The lesson the colonizers taught those they colonized was that force could be used to achieve one's ends without ever asking whether or not those ends were valid. The colonized would later use it in their turn, with some variations, to drive out the colonizers when they achieved independence.

703. Colonialism was also built on deception – a further negation of the fundamental values of western civilization and humanism, a denial

689. P. Boucheron (ed.), *Histoire du monde au XVe siècle*, orig. publ. 2009, Paris, A. Fayard, 2012, Vol. I – *Territoires et écritures du monde*, esp. "Introduction – les boucles du monde: contours du XVe siècle", pp. 9-49, *cit.* p. 11: "l'écoumene ne désigne plus la partie du globe occupée par l'homme, mais la relation de l'humanité à l'étendue terrestre en tant que nous l'habitons".

690. P. B. Casella, *Tratado de direito internacional – tomos 14 a 17 – Direito internacional nteo tempo do colonialismo*, São Paulo, Almedina, in preparation, 2025.

of the concepts of the unity of humanity and the intrinsic value of each individual.

704. As early as 1837, at the start of the French occupation and colonization, Alexis de Tocqueville wrote, in his *Lettre sur l'Algérie*:

> "In Africa as much as in France – more than in France – we need the guarantees essential for man living in society; there is no country where it is more necessary to establish individual liberty, respect for property and the guarantee of all rights than in a colony."

705. Regrettably, he continued: "But on the other hand, a colony needs an administration that is simpler, swifter and more independent from central power than those governing the empire's continental provinces" [691].

706. The shame of the colonial experience left its stain on the history of the colonizers as well as on international law. Colonizing states made use of international law to manage their colonial adventures in such a way that open warfare would not break out between the colonial powers over how they ran their respective colonial affairs.

707. This colonialist phase, far from being glorious, provides one of the principal explanations for the backlash against the great narrative of western civilization: the growing awareness of what it left behind or tried to make invisible. The struggle of the Third World for independence, and its continuing economic exploitation by the wealthiest countries, has shone a light on the strength and persistence of colonial prejudices, even in post-colonial times [692].

691. A. de Tocqueville, "Seconde Lettre sur l'Algérie", published 22 August 1837, in *La Presse de Seine et Oise*, text in the volume *Sur l'Algérie* – containing: Lettre sur l'Algérie, 1837; Notes du voyage en Algérie, de 1841; Travail sur l'Algérie, 1841; Rapports sur l'Algérie, 1847; Souvenirs et récits d'A. Bussière; "présentation, chronologie, glossaire, bibliographie et notes", par S. Luste Boulbina, Paris, GF Flamarion, 2003; quoted the text of the second "Lettre sur l'Algérie", 1837, pp. 43-60, quoted p. 57 : "Nous avons besoin en Afrique autant qu'en France, et plus qu'en France, des garanties essentielles à l'homme qui vit en société ; il n'y a pas de pays où il soit plus nécessaire de fonder la liberté individuelle, le respect de la propriété, la garantie de tous les droits que dans une colonie" ; and "Mais, d'une autre part, une colonie a besoin d'une administration plus simple, plus expéditive et plus indépendante du pouvoir central que celles qui dirigent les provinces continentales de l'empire".

692. P. Burke, *What is Cultural History?*, 2004, Braz. ed. *O que é história cultural?*, transl. S. G. de Paula, Rio de Janeiro, Zahar, 2005, Chap. 3, pp. 44-67, esp. "póscolonialismo e feminismo", pp. 64-67, as the cultural context for the rise of a post-colonialist theory – or rather several theories – thereafter presenting themselves as "post-colonial studies", an entire range of interdisciplinary topics, also including certain elements of cultural history.

708. One of the writers who contributed the most to developing this perception of western prejudice towards other civilizations was Edward Said, in particular in his book *Orientalism* (1978)[693]. This provocative essay draws attention to the importance of the binary opposition between Orient and Occident in western thought – the description certainly owes something to Claude Lévi-Strauss – and he argues that the distinction between "them" and "us" has been perpetuated by exactly those specialist academics who might be expected to be capable of breaking away from it, the professional Orientalists. Said suggests that from the end of the eighteenth century onwards, Oriental studies engaged with colonialism either overtly or latently, to become "a Western style for dominating, restructuring and having authority over the Orient". In an opposing movement, stereotypes about the West were identified and labelled "Occidentalism"[694].

709. After thirteen centuries of successive interaction and conflicts, the time should have arrived for the West and the Muslim world to forge normal relations and foster efforts towards mutual understanding and cooperation. That is not, unfortunately, what we are witnessing, given the fact that the fanatics[695] on both sides shout louder than the

693. E. Saïd (1935-2003), *Orientalism*, orig. publ. 1978, London, Penguin, 1985; *From Oslo to Iraq and the Road Map – Essays*, foreword by T. Judt, afterword by W. E. Said, New York, Vintage Books, 2004; *Culture and Imperialism*, orig. publ. 1993, Braz. ed., *Cultura e imperialismo*, trad. D. Bottmann, São Paulo, Companhia das Letras, 2001; *The Question of Palestine*, 1992, Braz. ed. *A questão da Palestina*, transl. S. Midori, São Paulo, ed. Unesp, 2012; *Humanism and Democratic Criticism*, 2004, Braz. ed. *Humanismo e crítica democrática*, transl. R. Eichenberg, São Paulo, Companhia das Letras, 2007; *Out of place: a Memoir*, 1999, Braz. ed. *Fora do lugar: memórias*, transl. J. G. Couto, São Paulo, Companhia das Letras, 2004; *Reflections on Exile and other Essays*, 2001, Braz. ed. *Reflexões sobre o exílio e outros ensaios*, transl. P. M. Soares, São Paulo, Companhia das Letras, 2003; *Cultura e política*, E. Sader (ed.) transl. L. B. Pericás, São Paulo, Boitempo, 2003.

694. For a critical approach to the main thesis of Edward Saïd, see R. Irwin, *For Lust of Knowing – The Orientalists and their Enemies*, orig. publ. 2006, London, Penguin, 2007; J. M. MacKenzie, *Orientalism: History, Theory and the Arts*, Manchester & New York, Manchester Univ. Press, 1995, an historian specialized in "imperialism", tests the limits of the Eastern influences on the "Western" world, in matters of arts, architecture, design, music and theater; W. J. McCormack, *From Burke to Beckett: Ascendancy, Tradition and Betrayal in Literary History*, orig. publ., 1985, Cork, Cork Univ. Press, 1994; J. Carrier (ed.), *Occidentalism: Images of the West*, Oxford, J. G. Carrier, 1995; I. Buruma and A. Margalit, *Ocidentalismo – O Ocidente aos olhos de seus inimigos*, trad. S. Lopes, Rio de Janeiro, J. Zahar, 2006.

695. As shown by Voltaire (1694-1778) it is always easier to acknowledge fanatism in others. See Voltaire, *Le fanatisme, ou Mahomet, le prophète – tragédie*, "édition établie à partir de l'édition d'Amsterdam, chez Estienne Ledet & Cie., 1753", Paris, Arthème Fayard, Mille et une nuits, 2006, act I, scene 2, p. 14: "La patrie est aux lieux où l'âme est enchaînée. … Seigneur, ayez pitié d'une âme déchirée, Toujours présente aux lieux dont le suis séparée."

moderates. Instead, we are seeing heightened tensions rather than normal, harmonious coexistence between two civilizations and two worlds in a state of constant friction.

710. The colonialist advance was not confined to the Arabo-Muslim world: traces remain on the American continent after centuries of colonization, as they do of the advances into vast swathes of Asia, almost the whole of Africa (apart from Ethiopia and Liberia) and also the recently "discovered" Oceania.

711. We can identify different phases of colonialism: the first, from the fifteenth to the early nineteenth centuries; the second, from the mid-nineteenth century to the first half of the twentieth; and after that a third, post-colonialist, phase, with the consolidation of the right to self-determination and the entry of a hundred new states into the international system.

712. Let us look first at the phase of colonization of the continents of America and Asia [696], which began with the great voyages of exploration in the fifteenth and sixteenth centuries. That phase came to an end between the late eighteenth century – with the independence of the thirteen English colonies that became the United States of America – and the early nineteenth, with the independence of the former Hispano-Portuguese colonies, covering most of the American continent – a phase we could describe as mercantilist colonialism.

713. In the case of Brazil, it ended in 1822, though the colonial power formally acknowledged its independence only in the Treaty of Lisbon in 1825. Following the Treaty of Lisbon, Portugal recognized its former colony as independent, whereupon the Empire of Brazil took its place as a subject of international law and was accepted by

---

At the first performance, outside Paris, in 1741, the tragedy by Voltaire was appreciated by certain priests, too happy to see the prophet of the "mahometans" appearing as an old creep, lusting for power, and driving a young disciple to commit a political murder. Did Voltaire attempt to commit blasphemy against Islam, as it is now believed by certains Muslims? The church authorities were not long to acknowledge the trap: the play was forbidden as of 1742, following the third performance in Paris. Voltaire's *Mahomet* aimed first the Roman Catholic Church. Much more than the perversity and falseness of a theater prophet, fanatism in general is aimed by the author: the true subject of the play is to show the strange seduction of religious speech and the fascination it exerts on young souls.

696. The Greek, Mediterranean and Arab-Muslim conception of the earth as a sphere carried troubling consequences. In accordance with same, and following same, the great European explorers forged the destiny of the Great Discoveries. This was crucial at the time and, consequently, for the following eras, since the Renaissance, leading to the expansion of European knowledge and its corollary, colonization. See P. Pelletier, *L'Extrême-Orient – L'invention d'une histoire et d'une géographie*, Paris, Gallimard – Folio – Histoire, Vol. 190, 2011, esp. pp. 91-92.

the other European powers according to the system prevailing at the time.

714. In the case of the former Spanish colonies covering a large part of Latin America, the process of national independence began with the first armed revolts around 1810 – by which time Spain, weakened by invasions of French troops, no longer presented a threat to the rebellious former colonies – and continued until 1836, when Spain formally recognized the newly independent countries as a fait accompli, from Argentina and Chile to Mexico. Mexico saw brief but bizarre attempts to establish an empire, which were swiftly averted. First came Colonel Agustín d'Iturbide, who became Emperor Agustin I and lasted barely one year on the throne, in 1822-1823; later the Austrian Archduke Maximilian landed in Mexico in 1864 to become emperor, only to be shot three years later in 1867.

715. That phase of colonialism led to European settlements in Asia and America. In Asia, generally speaking, they proved short-lived, but on the American content as a whole they lasted longer. The civilizations that now exist across the continent derive from a process of intermingling – admittedly forced by the Europeans – that has given rise to new forms of civilization, with the merging of indigenous elements with those from different European nationalities, following different patterns depending on the region, and with the African element driven by the violence of slavery and human trafficking.

716. The colonial adventure was also founded on the institutionalized horror and violence of slavery and human trafficking, which supplied labour under the colonial system. The systematic recourse to such practices lasted from the early days of colonization to the second half of the nineteenth century, despite the slow dawning of awareness and the many campaigns to abolish slavery and end human trafficking. There can be no justification, but the explanation lies in the fact that the trade in human beings brought huge profits, not only for Spain and Portugal, but also England, France, and the United Provinces, i.e., the Netherlands, all of which grew wealthy on the proceeds of the brutal and inhuman trade in "black flesh".

717. A complex system of international and intercontinental trade – literally, between three continents – was devised and conducted to make money from the traffic in slaves. Ships would sail from various ports in Europe to Africa, with merchandise to be traded for slaves, who were bought and taken on board ship at the same markets where the goods were sold. The slaves were transported to America – to many

destinations but largely Brazil, Cuba and the United States, where they were sold, sometimes with international funding if the buyers did not have ready cash. The same ships, loaded with cases of sugar, tobacco, leather, gold and other tropical products, set sail back to Europe, where the merchandise from America was sold. Planks of wood from cases of sugar imported from Brazil were used for paintings by Rembrandt and other masters of the Dutch Golden Age. Fortunes were made in the Netherlands, France, England, Portugal and Spain by investors who provided the capital for the companies involved in the international "trade" of the time [697].

718. Globalization is not a recent phenomenon. We need not look far for its roots and origins. In the context of this historical evolution, the Seven Years' War of 1756 to 1763 can be seen as a world war *avant la lettre*, taking the expression of Polybius that from then on "world history began to be an organic whole" (he was referring to the ancient wars between Rome and Carthage) [698]. A minimum of historical study suffices to show that globalization is nothing new: we only have to follow its traces and see how it manifests itself.

719. The impact of the Seven Years' War, aside from the considerable number of European countries taking part in the conflict and the territorial reconfigurations within Europe that resulted, also made itself felt on other continents. Both on the American continent and in Asia, in Canada and India, France lost colonies that were conquered by England, the significant though geographically distant consequences of a European war [699].

---

697. As considered by, *i.a.*, S. Schama, *The Embarrassment of Riches*: An Interpretation of Dutch Culture in the Golden Age, Berkeley and Los Angeles, Univ. of California Press, 1988; P. Zumthor, *La vie quotidienne en Hollande au temps de Rembrandt*, 1959, Braz. ed., transl. M. L. Machado, São Paulo, Companhia das Letras, 1989.

698. Polybius, The Histories, Book One, translated by W. R. Paton, Loeb Classical Library, Cambridge, Mass., Harvard University Press, 2010; French ed. *Histoire*, "texte traduit, présenté et annoté" par D. Roussel, Paris, Gallimard – Pléiade, 1970, "préface", livre premier, pp. 1-5, quoted p. 3: "Les affaires d'Italie et d'Afrique se sont trouvées désormais liées aux affaires de Grèce et d'Asie et il y a eu convergence de toutes choses vers un aboutissement unique". The victory of Rome over Carthage is considered by Polybius as the beginning of the "universal era":

"Les Romains, l'ayant emporté dans leur guerre contre Carthage et estimant que, sur la voie qui les menait à la domination universelle, ils venaient de parcourir l'étape décisive, s'enhardirent alors pour la première fois, au point de porter la main sur le reste du monde et d'envoyer leurs troupes au-delà des mers, en Grèce et en Asie."

699. Classic International law, as a system, is to a considerable extent structured between the Peace of Westphalia (1648) and the Seven Year War (1756-1763), as examined in P. B. Casella, *Tratado de direito internacional – tomo 8 – Direito*

720. This so-called mercantilist phase of colonialism gradually ran its course: the succession of nations becoming independent liberated a large proportion of the American continent. The once-European international system became a Euro-American international system; the rest of the world was not part of this design.

721. A further colonialist phase began in the second half of the nineteenth century and lasted until the mid-twentieth, disguised as a crusade to bring "Christianity, civilization and commerce" to the other continents. The countries involved were Germany, Austro-Hungary, Belgium, Denmark, Spain, the United States, France, England, Italy, the Netherlands, Portugal, Russia, Sweden-Norway and the Ottoman Empire – they staked their claims at the Berlin Conference on West Africa in 1884-1885 [700], agreeing among themselves on the conquest and division of the entire African continent.

722. This absurd colonialist rhetoric, as the doctrine that underpinned the colonial enterprise, flourished and proved popular not only among hardline colonialists but even among missionaries, intellectuals and writers like V. Hugo. The author of *Les Misérables* made an infamous speech in 1879 in which he presented it as the duty of Europeans (and the French in particular) [701]. Almost twenty years later, from the British standpoint this time, R. Kipling described the task of bringing civilization to the people who walked in darkness as "The White Man's Burden" [702].

---

internacional além do paradigma vestfaliano, 2015, esp. title II – da construção de sistemas coesos, pp. 177-377.

700. "Protocoles de la Conférence de l'Afrique occidentale réunie à Berlin, du 15 novembre 1884 au 26 février 1885", in *Nouveau recueil général de traités et autres actes relatifs aux rapports de droit international. Continuation du grand recueil de G. Fr. de Martens*, J. Hopf (ed.), reprinted by K. Nendeln, 1967, série II, Vol. 10, p. 431; *General Act of the Berlin Conference concerning the Congo*, signed 26 February 1885, *American Journal of International Law*, 1909, Vol. 3, Sup. 7. See G. Fr. von Martens, *Nouveau recueil général de traités et autres actes relatifs aux rapports de droit international. Continuation du grand recueil de G. Fr. de Martens*, Gottingue, 1875, several volumes, continued by C. Samwer and J. Hopf, Gottingen, 1876-1908, 35 Vols.; 3rd series, cont. by H. Triepel, Leipzig, 1909-1915, 8 vol., reprint K. Nendeln, 1967.

701. V. Hugo (1802-1885), "*Allocution sur l'Afrique*, lors du banquet commemoratif de l'abolition de l'esclavage" on 18 May 1879, available on line http:/tebawalito.unblog.fr/2007/09/16:

"Refaire une Afrique nouvelle; rendre la vieille Afrique maniable à la civilisation tel est le problème, Europe le résoudra. Allez, peuples, emparez-vous de cette terre. Prenez-la! A qui? A personne! Prenez cette terre à Dieu. Dieu donne la terre aux hommes. Dieu offre l'Afrique à l'Europe. Prenez-la."

702. R. Kipling (1865-1937), "The White Man's Burden – The United States and the Philippine Islands", orig. publ. in the popular Magazine *Mc Clure's* on 12 February 1899. The poem was published in connection with the conquest of the Philippines and

723. Curiously, there has always been "good" colonialism – the sort practised by one's compatriots, as distinct from "bad" colonialism, which is what all the other countries were engaged in. A classic case of us against them.

724. Staying with the most obvious examples of large-scale European colonialism, those of France and Britain, there are historical differences in their respective approaches. British criticism of France was clear from the very manner in which they carried out their colonizations, while the French responded by criticizing the British colonial model. Behind the rhetoric were two distinct colonial initiatives that clashed at the heart of the African continent, the best-known example of this being the Fashoda Incident [703].

725. An English adventurer, C. Rhodes – whose shadow hung over the country named Rhodesia by the colonists until it later became Zimbabwe – contemplated the creation of a British colonial axis covering the length of Africa "from the Cape to Cairo", traversing the entire African continent with an unbroken expanse of territory under British control. But some gaps remained before this vertical axis could be

---

other former Spanish colonies by the United States of America. It soon became clear that the liberator was really a colonizer where 'liberation' from Spanish colonization simply led to a new colonization of the Philippines, by the United States.

It is worth noting that the poem by Kipling joined exhortations to empire with warnings concerning the costs of such enterprises, but the imperialists focused only on the first lines, concerning the "white man's burden" to send their best sons, as the colonialist programme of justification, for what was presented as a noble initiative.

703. There are curious differences in the way the origins and the consequences of the 'Fachoda incident' are presented, by French or English authors. For example, H. Grimal, *Histoire du Commonwealth britannique*, Paris, PUF, 1962, Chap. IV – *L'ère impérialiste (1872-1914)*, pp. 60-87, item III, letter "d" – *C. Rhodes et l'idée "du Cap au Caire"*, pp. 72-73, observes:

> "Pour réaliser le premier point de ce programme, Rhodes ne comptait pas sur London. Ce qu'il appelait l'*imperial factor*, c'est-à-dire les interventions de la bureaucratie, la sollicitude des missionnaires et philanthropes à l'égard des indigènes, était un obstacle à la coopération des Boers et des Anglais. Pour amener les Boers à l'accepter, il se fit le défenseur de l'autonomie sud-africaine."

Note that H. Grimal uses the expression in his *Histoire du Commonwealth britannique*, Paris. PUF, 1962, Chap. IV – *L'ère impérialiste (1872-1914)*, pp. 60-87, item III – *L'expansion impérialiste*, pp. 65-87.

In his turn, D. Thomson, *Europe since Napoleon*, orig. publ. 1957, London, Penguin, 1990, Chap. 20, quoted p. 511:

> "Frictions between Britain and France about Egypt and the Sudan, which caused the first dispute, reached their climax in 1898 in the famous incident of Fashoda. They dated back to the years 1850 and 1870, when French and British business interests and engineers built the Suez Canal and Egyptian railroads, and when Egyptian cotton assumed a new importance in world markets (especially in British markets) during the American Civil War."

joined up. At the same time, the French were planning another colonial axis, this one controlled by France, crossing the continent horizontally from west to east, from Dakar on the Atlantic coast to the Gulf of Aden on the Indian Ocean, and from the Congo Basin and French West Africa across the Upper Nile to Abyssinia and French Somaliland in the Horn of Africa, towards the Arabian Sea.

726. Inevitably, the two continental-scale colonial designs were on a collision course. For the British, the missing piece was at the midway mark, between the southern limit of Egypt's control of the Sudan and the northern limit of British control in Uganda. The flashpoint, Fashoda, was a remote spot in the middle of the continent with a fortress that was abandoned but still strategic, as it gave control of the Nile, on whose waters the whole of Egypt depended for its very existence.

727. Around 1896 France and Britain began their race to reach Fashoda. On the French side, the troops under the command of Captain J.-B. Marchand crossed huge tracts of the continent's interior, carrying on their backs for hundreds of kilometers the dismantled parts of the steamship *Faidherbe*, or rolling them on logs to be reassembled and relaunched when they reached the Nile. After more than a year, on 16 July 1898, the French troops arrived at the little fortification of Fashoda, where they settled and raised the French flag. Marchand met with the local tribal chief and signed a treaty with him.

728. Two weeks later, British messengers arrived, sent by their commander, Kitchener. They announced that British troops had crushed the Sudanese Dervishes at the battle of Omdurman, and that Kitchener himself was on his way. He arrived a matter of hours later, with two thousand men and arms that far outclassed Marchand's small force of Senegalese riflemen. "The French won the race in time, but Kitchener was there with superior strength, firmly based on the Nile and on British sea power in the Mediterranean." [704]

> "Fortunately the two men behaved at Fashoda with soldierly dignity and gallantry.
>
> 'I must hoist the Egyptian flag here', said Kitchener.
>
> 'Why, I myself will help you to hoist it – over the village', replied Marchand.
>
> 'Over the fort.'
>
> 'No, that I shall resist.'

---

704. Thomson, *op. cit.*, at p. 512.

'Do you know, Major, that this affair may set England and France at war?'

'I bowed', records Marchand, without replying.

They agreed that Kitchener should hoist the Egyptian flag over an outlying part of the fort, but the French flag remained flying over the fort itself. With this sensible compromise, and with no bloodshed, the soldiers passed the dilemma back to their governments." [705]

729. This incident between the two colonial powers brought France and Britain to the brink of war. Following confrontations, in March 1889 the French flag was removed from the fort of Fashoda, and control was given back to the British troops [706]. Fashoda is remembered in the French use of the expression "Perfidious Albion", denoting British bad faith. What happened was seen as inadmissible, an affront to France's colonial interests.

730. During this period of "imperial" colonial experiences [707] British pride came to the fore at the same time as French chauvinism and cultural arrogance, and both were in evidence in the Fashoda incident in 1898. Both countries were in the grip of colonialist frenzy.

731. The Nile and Congo Basins were chosen as the dividing line for the British and French spheres of influence. France found itself excluded from the Nile Basin but consolidated its positions in the western part

705. D. Thomson, ed. 1990, Chap. 20, at p. 513. He continues: "Fortunately, too, the Foreign Ministers of the two countries were more reasonable than opinion in Press and country".

706. Equally instructive are the "nuances" between a more recent English historian and two Sudanese historians, also about the "Fashoda incident". See T. Pakenham, *The Scramble for Africa 1876-1912*, London, Abacus, Little, Brown Book Group, 1992, Chapter 30 – The Mahdi's Tomb, pp. 539-556, quoted p. 554:

> "All over the world the Fashoda crisis and the French climb-down dominated the newspaper headlines. In Fashoda itself, where both sides were cut off from the telegraphs line, the tension intensified. Across the half-mile of rain-swept marsh, the men of each garrison exchanged presents – jam from the English, champagne from the French – but oiled their rifles and trained them on the oher's camp."

On their turn, H. A. Ibrahim and A. I. Ali in their chapter on the African Initiatives and resistance in Northeast Africa, in *Histoire générale de l'Afrique*, Vol. VII – L'Afrique sous domination coloniale 1880-1935, Paris, UNESCO, Edicef, Présence africaine, 1989, Chap. 4, pp. 75-93, quoted p. 81:

> "Possédant des colonies en Afrique du Nord, la France ne pouvait pas être convaincue par le discours de Kamil sur l'autodétermination de l'Egypte. Elle n'était pas non plus disposée à faire la guerre contre l'Angleterre, comme l'incident de Fachoda l'avait montré en 1898."

707. C. C. Eldridge, *The Imperial Experience – from Carlyle to Forster*, London, Macmillan, 1996, Introduction, pp. 1-19.

of this hydrographical feature, claiming the entire hinterland of French West Africa, while Britain undertook not to seek either territory or influence beyond it to the west.

732. The impact of colonialism on international law can be illustrated by two examples involving Brazil: the Trindade Island incident and the Colony of Descalvados.

1. The Trindade Island incident

733. While Africa saw the systematic occupation of a continent, elsewhere the United Kingdom set about taking, and keeping, possession of strategic points along the principal navigation routes. This was the case in the Mediterranean, with Cyprus and the island of Malta, and also Gibraltar, which was taken from Spain in the early eighteenth century and over three hundred years later has not been given back. The same occurred in other oceans, including the Atlantic, with the Island of Saint Helena (where Napoleon was imprisoned), the Falkland/Malvinas Islands, or the island of Trindade – which was occupied by the British in 1895, and recovered by Brazil in 1896 [708].

734. An earlier occupation of Trindade Island by the British, in 1782, had been vigorously opposed by the representative of the Portuguese Government in London, resulting in the restitution of the island in accordance with the note issued by the British Admiralty on 22 August 1782 [709]. When the British invaded Trindade Island and the Martin Vaz

---

708. P. B. Casella, *Tratado de direito internacional – tomo 2 – Direito internacional dos espaços*, São Paulo, Almedina, 2022, item 27.10; J. Mendes, *Direito internacional público: preleções*, São Paulo, Duprat & Cia., 1913, "These XVII. da aquisição e perda da soberania territorial", par. 127, n. 7, quoted p. 250, "o caso da ilha da Trindade":

> "Sustentando o governo brasileiro a doutrina exposta, conseguiu solução favorável ao Brasil na questão da ocupação desta ilha (que faz parte do território nacional) pelo governo inglês, em 1895, cujos trâmites vem relatados em Bevilaqua."

See also H. Lyra, *A soberania brasileira nas ilhas do Atlântico*, Boletim SBDI, Vol. 1, 1945, p. 37; E. Marques Peixoto, *Memória histórica sobre a Ilha da Trindade*, Rio de Janeiro, Publicações do Arquivo Nacional, Vol. XXVIII, 1932, 667 pages, republished all the messages exchanged and diplomatic documents related to the occupation of the Island of Trindade; V. C. Arraes, "A presença britânica na ilha da Trindade: a reação do Parlamento brasileiro", Brasília, *Rev. de Informação Legislativa*, a.38, n. 153, jan.-mar. 2002, pp. 241-253.

709. E. Marques Peixoto, *Memória histórica sobre a Ilha da Trindade*, *op. cit.*, 1932, p. 37-38 presents the text of the letter:

> "By the commissioner for executing the Office of Lord High Admiral of Great Britain and Ireland, etc. In pursuance of the King's pleasure, signified to us by Lord Grantham, one of His Majesty's Principal Secretaries of State, you are hereby required and directed to evacuate the island of Trindade and to embark, together with such of His Majesty's Subjects and Effects as many as be remaining

Islands in January 1895, the Brazilian Government recalled that they had done so a century before, only to be driven back by the Portuguese, asserting their rights as discoverers of the island [710].

735. Between the two British invasions there had been yet another attempt at occupation, also opposed by the Brazilian Government: an American, the self-styled Baron Harden Hickey, distributed prospectuses in North America "seeking volunteers to go to our rock and found a principality there" [711]. The government of the Federal Republic of Brazil lost no time in making clear that it would oppose any attempt to do so.

736. In 1895 Britain again occupied Trindade Island [712], thus triggering the incident. Brazil's Minister for Foreign Affairs at the time, Carlos de Carvalho, stated his well-founded position in a note to the effect that "occupation is a legitimate mode of acquiring domain only over things that belong to no one *(res nullius)*, such that they are not someone else's, either because they have never belonged to anyone, or because their former master has abandoned them" [713].

---

there, on board the vessel by with this will be conveyed to you, in order to yours their weering brought to Lisbon, or to England as shall be most convenient to the court of Portugal. Given under our lands the 22 August 1782, Keppel, Ch. Brett, J. J. Pratt."

710. E. Marques Peixoto, *Memória histórica sobre a Ilha da Trindade, op. cit.*, 1932, p. 91:

"Já uma vez, no século passado, a Inglaterra, então em guerra com a Hespanha, ocupou essa mesma ilha da Trindade, de onde a repeliram os nossos heroicos antepassados, os portugueses, porque aquela ilha pertencia aos domínios portugueses na América meridional, segundo os atos oficiais e os mapas daquela época. Estou certo, Sr. Presidente, de que o governo da Inglaterra não será surdo ao clamor da consciência nacional, nem será cedo à luz do nosso direito; mas, se o for, o Brasil de hoje será digno do Brasil de outrora, que soube repelir da terra sagrada da pátria o invasor holandês! ... S. R. – Sala das Sessões, 22 de julho de 1895 – Belisário De Souza – Brício Filho – Erico Coelho – Coelho Lisboa."

711. E. M. Peixoto, *op. cit.*, 1932, p. 286.

712. E. M. Peixoto, *op. cit.*, 1932, pp. 286-288:

"Como teve o Governo conhecimento do fato? Diz-se que a 18 de junho à noite, por uma transcrição que o *Rio News* fizera do *Financial News*, de Londres. Convém talvez registrar um episódio pouco conhecido: L. Agote, professor da Faculdade de Medicina de Buenos Aires, em 1895 sendo diretor da Saúde Pública, teve de examinar os papéis de um navio que chegara a essa cidade, tendo antes tocado em Montevidéu. Pesquisando sobre o porto de origem, verificou que viera da Trindade, com documentos passados por autoridades inglesas. Estranhando o fato, denunciou-o à Legação brasileira na Argentina, a qual, ato contínuo, telegrafou nesse sentido ao Governo da República: assegura o professor Agote ter sido esta a primeira notícia dada ao Brasil sobre a ocupação inglesa."

713. Secretaria de Estado das Relações Exteriores, 23 de julho de 1895, presented in E. M. Peixoto, *Memória histórica sobre a Ilha da Trindade, op. cit.*, 1932, pp. 97-101, *cit.* pp. 99-100:

737. Such reasoning could be contemplated at the time, though it is no longer acceptable [714] to argue a right of occupation under international law now, in the postmodern context. The International Court of Justice made that very clear in its 2004 Advisory Opinion on the *Legal Consequences of the Construction of a Wall in the Occupied Palestinian Territory* [715].

738. At first the British Government sought to argue that there had been an unchallenged British military presence for many years on both islands, Trindade and Martin Vaz. One year later, by exchange of notes, the British Government officially recognized Brazil's sovereignty over the islands [716].

739. Legal principles were brought to bear on the dispute, with evidence provided both by geography and history [717]. The subject was a controversial one at the time [718]: there were two conflicting schools

---

> "quando a cousa, cujo abandono se invoca, para legitimar a ocupação, é do domínio de uma nação, mais rigorosa se faz a necessidade de apoiá-la em manifestação positiva e expressa de vontade de não querer continuar a possuir, por isso que no domínio territorial não se prescreve o abandono; a presunção não é a de ser *res nullius*".

714. See V. Koutroulis, *Le début et la fin de l'application du droit de l'occupation*, Paris, Pedone, 2010.

715. ICJ, Legal Consequences of the construction of a Wall in the Occupied Palestinian Territory, Advisory opinion, *ICJ Reports 2004*, p. 136.

716. A. Bezerra, text quoted, 1932, pp. XIV-XV:

> "Ficou do incidente diplomático com a Inglaterra, felizmente, dignamente solucionado, sem a mais leve quebra das nossas boas relações com a rainha dos mares, uma lição de energia e de amor ao direito, para as novas gerações. Um povo que vibrou de entusiasmo para defender um rochedo deserto que lhe pertencia no meio do Atlântico Austral saberá sempre fazer valer os seus direitos de nação soberana na sociedade internacional, jamais deixando sejam espezinhados."

His Conclusion may be excessively optimistic:

"O episódio da restituição daquela ilha ao seu legítimo dono pela poderosa Inglaterra é desses que anunciam o reinado talvez próximo do direito nas relações entre as nações."

717. R. Octávio [de Langgard Menezes], *Minhas memórias dos outros: primeira série*, 1934, Rio de Janeiro, Civilização Brasileira – Brasília, INL, 1978, "o caso da Ilha da Trindade", pp. 101-106, considers the incident "talvez o mais brilhante triunfo de nossa diplomacia" and adds:

> "esta ilha é constituída por uns desabitados rochedos, de difícil acesso, perdidos no meio do oceano longe da costa. Com ela jamais o Brasil se havia preocupado seriamente e, sob fundamento de que era coisa sem dono, a Inglaterra se lembrou um dia de dela se apossar e, fincando ali o padrão de seu domínio, passou a considerá-la incorporada ao seu patrimônio".

718. E. Marques Peixoto, *Memória histórica sobre a Ilha da Trindade*, *op. cit.*, 1932, p. 92:

> "Que a ilha da Trindade nunca foi abandonada (publicou a Gazeta de 24 de julho [de 1895]) provam as viagens constantes dos navios aquela porção territorial."

of thought with regard to Trindade Island. One favoured arbitration, the other direct negotiation [719]. Submitting the case to arbitration would have been tantamount to recognizing the existence of doubt about Brazil's title to the islands, and that was deemed unacceptable.

740. Fortunately, the course chosen was that of direct negotiation through the good offices of King Carlos of Portugal, exactly as with the earlier negotiation of the Treaty of Lisbon in 1825, whereby the former colonial power had recognized Brazil's independence, with the good offices of the British. In 1825, the British had offered themselves as guarantors of that agreement between Brazil and Portugal; now, in 1895-1896, Britain could not seek to breach the 1825 Treaty by occupying part of the territory Britain had officially and nominally recognized as having been transferred by Portugal to Brazil upon its independence [720]. In August 1896, the crisis was resolved: the Government of Portugal informed the Brazilian Government that it had received a note from the British Government in which it recognized Brazil's sovereignty [721].

R. Octávio, *op. cit.*, 1934, ed., 1978, pp. 101-102:

> "Tudo isso ocorrera no segredo das coisas misteriosas, em janeiro de 1895. Em seu número de 16 de junho do ano seguinte, o *Rio News*, jornal inglês que então se publicava no Rio de Janeiro, transcreveu uma local, de três linhas, do *Financial News*, de Londres, de 4 do mesmo mês, noticiando a incorporação da ilha ao domínio do Império Britânico. A notícia caiu como uma bomba em nossos meios políticos e militares, e o titular da pasta das Relações Exteriores desenvolveu, desde logo, tal atividade e agiu de modo tão inteligente e acertado que, em nota de 5 de agosto seguinte, ou em pouco mais de um mês de negociações, era comunicado ao nosso Governo que o Governo inglês reconhecia a soberania brasileira sobre a ilha, cientificando-nos a Legião britânica nesta cidade, por nota de 21 do mesmo mês, que o navio de guerra *Barracouta* havia partido para a Trindade, a fim de retirar os marcos de ocupação que ali haviam sido colocados."

719. See P. B. Casella, *Tratado de direito internacional – tomo 2 – Direito internacional dos espaços*, 2022, item 24.1.2. "arquipélagos antárticos e as respectivas zonas marítimas", with reference to the *Falklands-Malvinas Affair.*

720. J. Calvet de Magalhães, *Relance histórico das relações diplomáticas lusobrasileiras*, Lisbon, Quetzal Eds., 1997, "Bons ofícios de Portugal na solução do diferendo entre o Brasil e a Grã-Bretanha em virtude da ocupação britânica da ilha da Trindade", p. 52.

On 1 May 1896, the Portuguese government addressed a Note to the British representative in Lisbon, proposing a friendly settlement to the Affair of occupation of the Island of Trindade. After consulting both governments, same declared their disposition to accept the "bons offices" of Portugal.

721. H. Vianna, *História diplomática do Brasil*, São Paulo, Melhoramentos, 1958, cap. XVII "política exterior da República", item 4. "ocupação inglesa da ilha da Trindade", p. 139; H. Vianna, *História do Brasil*, São Paulo, Melhoramentos – EDUSP, 12ª ed., rev. e atualizada por Américo J. Lacombe, 1975, pp. 582-583, mentions that in Portugal "também existiam documentos a respeito do descobrimento e posse da Trindade pelos portugueses".

741. Also in August 1896, the Chamber of Deputies passed a law whereby the island of Trindade and the archipelago of Fernando de Noronha would henceforth have their own separate status (they had previously fallen under the regime of the States of Espírito Santo and Pernambuco), because of "strategic, military, commercial and communications considerations" [722]. Their strategic importance increased considerably with the institution of the legal regime of the 1982 United Nations Convention on the Law of the Sea, with the establishment of what became the exclusive economic zone and the continental shelf based on these two points some distance away from Brazil's continental coastline.

742. With that incident, Brazil avoided a protracted dispute and found a peaceful, effective solution. The resolution of the dispute with the British over Trindade Island using the good offices of Portugal was a precedent that illustrates Brazil's use of international legal means to resolve all its controversies concerning territory.

743. It is hard to avoid drawing parallels between the Trindade Island affair and the case of the Falkland/Malvinas Islands [723], the subject of a long dispute – which moreover remains unresolved – between the United Kingdom and Argentina. However, that situation is distinct, and its implications substantially different [724].

744. Another incident of a "colonial" nature arose not long afterwards, this time involving Belgium, which was seeking to set up an economic colony at Descalvados, in western Brazil.

---

722. *Anaes da Câmara dos Deputados*, Vol. 3-4 (1896) 11 de agosto:

> "Artigo 1º. Pertencem à jurisdição privativa da União os territórios … de Fernando de Noronha e Trindade, bem como o das pequenas ilhas que as cercam, constituindo todas uma só circunscrição."

Em janeiro de 1897 colocou-se uma haste de bronze, com a marca "Brasil", com cerca de três metros de altura, tendo, na parte superior, a seguinte inscrição: "Este marco foi colocado pelo cruzador *Benjamin Constant*, sob o comando do capitão de fragata R. Torres, em viagem de instrução da turma G.G.M.M. de 1896-janeiro de 1897". See E. Marques Peixoto, 1932, pp. 215-216.

723. P. B. Casella, *Tratado de direito internacional – tomo 2 – Direito internacional dos espaços*, 2022, item 24.1.2. "arquipélagos antárticos e as respectivas zonas marítimas", concerning the situation applicable to Antarctic Islands, with specific reference to the *Falklands-Malvinas Affair*.

724. It might be considered that the use of force not only aggravated the tensions and the opposition between the respective positions, thereafter rendering more remote the possibility of any peaceful settlement procedure.

2. The Colony of Descalvados

745. The Belgians coveted western Brazil, formerly the subject of disputes between the Portuguese and the Spanish, because of its strategic location between the Amazon and Plata Basins. Once they consolidated their presence, it would provide a base from which to launch other conquests in the interior of the continent. Brazil's government seems to have taken some time to realise the scale of the threat this posed to Brazil's sovereignty and territorial integrity [725].

746. The Colony of Descalvados, in the municipality of Cáceres, State of Mato Grosso, in the area of Brazil's frontier with Bolivia, might have become a serious international territorial issue between our country and Belgium at the end of the nineteenth century and into the early years of the twentieth. However, that was averted.

747. In 1895, the *Compagnie des Produits Cibils*, headquartered in Antwerp, acquired a trading settlement set up by an Argentinian businessman in the Descalvados region to produce canned meat and other beef products. It developed from there with acquisitions of large tracts of land to the west, south and north: over one million hectares in Descalvados, a further 500,000 to the south, and in the north, concessions for the extraction of rubber in approximately two-thirds of what is now the State of Rondônia. In total, these acquisitions amounted to between 5 and 8 million hectares (the equivalent of 80,000 square kilometers).

748. Having aspects in common with the issue with Bolivia over territory that is now the State of Acre [726], the matter of the "Belgians at Brazil's western borders" [727] in the Colony of Descalvados can be

---

725. R. Pennafort, *Bélgica planejava colônia no Brasil* OESP, Domingo 10 maio 2009, p. A-12:

> "Mas um homem alertou para o perigo o Barão do Rio Branco, que assumiu o Ministério das Relações Exteriores em 1902. Figura central da diplomacia brasileira, conhecido como homem que consolidou as fronteiras do país, o Barão, sabe-se agora, com as revelações do livro *Os belgas na fronteira oeste do Brasil* foi mais importante do que se imaginava."

726. On the question of the frontiers with Bolivia and the creation of the state of Acre see the precedent chapter II, especially item C "territory and International law: the Brazilian case", letter *c)* Brazil's frontiers with Bolivia.

727. J. Moscardo, in his Foreword to the book by D. Sávio da Cunha Garcia, *Os belgas na fronteira oeste do Brasil*, Brasília, FUNAG, 2009, outlines the important action of the Minister of Foreign Affairs at the time, the Baron of Rio Branco:

> "Achava-se que seu maior feito tinha sido a resolução da questão do Acre, mas agora ficou provado que foi, na verdade, desmontar uma colônia belga no coração do país … o Barão teve a exata compreensão dos atores que estavam em jogo, sabia que os interesses eram fortes. Ao desatar a questão do Acre, por tabela desmontou a tática dos belgas."

considered as a major feat of Brazilian diplomacy of the time (1902-1912), under the direction of Foreign Minister Baron de Rio Branco, neutralizing a colonial adventure to Brazil's west [728].

749. By the time the issue over present-day Acre [729] was resolved in 1903, changes were taking place at the Belgian enterprise at Descalvados: the exploitation of rubber, the livestock rearing and the modern meat canning industry were all reduced in size, with production directed to exports to the European market. From 1904 the Belgians gradually began to leave western Brazil, despite the productivity of the canned meat business and the other commercial operations in the region.

750. Happily, there were no incidents in the relations between the two countries, and no need for diplomatic intervention. But the episode, which is rarely mentioned, deserves to feature on the list of European colonial initiatives, even in post-independence Brazil. The incident shows the skill it took to combine strategic vision and peaceful dispute resolution in order to protect national interests.

751. Aside from the potential international dispute between Belgium and Brazil over the Colony of Descalvados in the early twentieth century, which was averted, the differences with the British over Trindade Island as well as British Guiana, and with France about the frontier between French Guiana and the State of Amapá, resolved only in the twentieth century, show that differences over territory underpinned by colonial interests were not limited to the "colonial" period in Brazil, but continued into the imperial period from 1822 to 1889, and the early years of the Republic – and even after that, into the first years of the twentieth century.

752. When examining the concept and extent of territory in international territorial disputes, "the interest of the topic seems to lie in the stability of the solutions and the continuity of case law which, though evolving, does so according to a linear trajectory with no real surprises" [730].

---

728. R. Pennafort, *Bélgica planejava colônia no Brasil* OESP, Domingo 10 maio 2009, p. A-12:

> "Prova disto foi a despropositada solicitação, feita em 1897, de instalação de um Consulado da Bélgica em Descalvados (havia representações no Rio e em São Paulo) – uma forma de resguardar os seus interesses por lá. O pedido foi negado pelo Brasil, mas um vice-consulado acabou sendo aberto. Enquanto isso, toda a área era devidamente guardada por militares belgas que atuaram no Congo."

729. See Chapter II, item C, letter *c)* Brazil's frontiers with Bolivia.

730. M. Flory, "Le juge international et l'aménagement de l'espace: la spécificité du contentieux territorial – Conclusions", in P. Weckel (ed.), *Le juge international*

753. The International Court of Justice regards the conduct of the parties as a key factor, as can be seen from cases such as the *Temple of Preah Vihear* in 1962 [731], and the *Land, Island and Maritime Frontier Dispute* of 1992 [732]. The conduct of the parties, insofar as it can indicate implied acceptance, can be a central argument in decisions concerning territory.

C. The race for imperialist colonialism

754. In addition to the rhetoric of those like V. Hugo and R. Kipling, and actions to take control of strategic points on global navigation routes, there were other strands: missionaries, traders and politicians, whose collective efforts drove a fresh wave of what we might call imperialist colonialism. This impulse for new colonial adventures did not, at least at first, much appeal to public opinion in general, but it sought strength and legitimacy by championing the three Cs of colonialism – Christianity, civilization and commerce – as benefits that must be carried forth to other continents, especially Africa. However, we should not forget that behind those three drivers there lurked a fourth – conquest – never overtly stated, but implicitly understood. The trinity had a fourth dimension, which in fact was its true purpose. With hindsight, conquest reveals itself as the aim of colonization in the behaviour of the colonizers as they went about their various colonial conquests.

755. Another parallel can be drawn here. As in the case of colonization, behind every trinity there seems to be a hidden element. When Alexandre Dumas *père* wrote in 1844 about the adventures of

---

et l'aménagement de l'espace: la spécificité du contentieux territorial, "Actes de la Première journée méditerranéenne sur le contentieux international, réalisé à l'Université de Montpellier I, le 7 mai 1997", Paris, Pedone, 1998, "la justification du sujet paraît se trouver plutôt dans la stabilité des solutions, dans la continuité d'une jurisprudence que, si elle évolue, le fait sur une trajectoire linéaire sans véritable surprise". And at pp. 225-229:

> "Le territoire est au cœur du droit international; il est l'une des composantes majeures de la souveraineté étatique. La sensibilité de la matière explique les conflits multipliés par une conjoncture qui a vu naître tant de nouveaux états et qui connaît le dégel de toute l'Europe orientale, où se réveillent des querelles et des revendications datant d'une autre époque. Les conflits territoriaux sont toujours graves."

731. ICJ, Case concerning the *Temple of Preah Vihear* (*Cambodia* v. *Thailand*) Judgment 15 June 1962, *ICJ Report 1962*, p. 6. Request for Interpretation of the Judgment of 15 June 1962 in the case concerning the *Temple of Preah Vihear* (*Cambodia* v. *Thailand*), Judgment, *ICJ Reports 2013*, p. 281.

732. ICJ, Land, *Island and Maritime Frontier Dispute* (*El Salvador* v. *Honduras*; Nicaragua intervening), Judgment 11 September 1992, *ICJ Reports 1992*, p. 351.

The Three Musketeers, Athos, Porthos and Aramis, it was the fourth, D'Artagnan, who took centre stage. When Fyodor Dostoevsky wrote his novel *The Brothers Karamazov* (1879), officially there were three – Ivan, Alyosha and Dmitri – but there was also a fourth son, the bastard Smerdyakov, whom everyone was ashamed of and hid in the kitchens with the household servants.

756. Thus, in the colonial adventure, the trinity of Christianity, civilization and commerce had a fourth, hidden, branch: conquest. Under cover of spreading Christianity, developing civilization and expanding trade, the actual purpose was conquest, to exploit the human population and make the maximum profit from the natural resources, exhausting any supplies the colonizers could appropriate and take back to their countries to satisfy their aims. Despite the persuasive rhetoric and the sincere vocations of the missionaries who worked selflessly to convert the "pagans" to Christianity, colonization was, on the whole, so appallingly racist in its intentions and so rapacious in its practice as to invalidate any attempt to justify it, and the falsity of its stated intention to improve the lives of the peoples subjected to such exactions is patent.

757. This intermingling and superimposition of colonial initiatives created a tangled web in Africa, a colonial legacy that still weighs heavily on the continent. Depending on the military and economic strength of each colonial power, and on the arrangements that suited their convenience, "spheres of influence" were identified which later set the administrative dividing lines of their respective colonial empires, and these in turn became national frontiers at the time of decolonization. The colonial adventures left their indelible mark on the entire continent of Africa and its peoples.

758. Just as had happened one and a half centuries earlier in Latin America, when the time came for decolonization in Africa it was wisely decided not to reopen the frontiers inherited from the colonial era, given that to do so would have been impossible. Hence the same criteria were adopted as for the decolonization of the American continent throughout the nineteenth century.

759. Between 1950 and 1960, during the huge wave of decolonization on the African continent, the Organization of African Unity, founded in 1961 (which later became the African Union) adopted the general principle that the frontiers should be left alone. Once that decision was taken not to touch the frontiers inherited from the colonial period, they became stabilized where the colonial powers had put them. The legacy was one of severe disadvantages and numerous problems. Those

frontiers separated peoples who shared the same ethnic roots, such as the Somalis, into three different countries, one controlled by Britain, the second by France and the third by Italy; other peoples, who had difficulty living together, found themselves in one single territory. Nor should we overlook the fact that the foundations for the Rwandan genocide were laid by the Belgian colonizers. Their colonial logic – no different from the "divide and rule" strategy of the Ancient Romans, *divide ut regnes* – in the countries they occupied and militarily controlled was to foster opposition, discord and separation between the Tutsis and the Hutus. The colonial policy of stirring up internal dissension was an obvious way of enabling the colonial authorities to control millions of inhabitants in the colonized countries with a few hundred or maybe thousands of troops.

760. If they had not applied this pernicious logic of stirring up internal conflicts, opposition and dissension, the colonial phenomenon would otherwise be hard to explain. How could a handful of individuals control a population of hundreds of millions? Take the extreme example of the British Raj, from the late eighteenth century until independence in 1947, which included not only present-day India but also Pakistan and Bangladesh. How did a few hundred bureaucrats and a few thousand troops control the entire subcontinent?

761. Similarly, the Belgians in Rwanda were few in number. But they created and fostered a racial distinction that had not existed before, down to including it in personal identity documents, thus fuelling animosity between the Tutsis and Hutus, an enmity that gradually built up after independence and erupted into genocide in Rwanda. Out of a relatively small population, it is estimated that there were between 800,000 and one million direct victims, people killed in just a few weeks in 1994. It continues to be the source of deep dissension and immense suffering.

762. The Judgment of the African Court on Human and Peoples' Rights in the case of *Umuhoza* v. *Rwanda* (2017 and 2018) [733], gives

733. AFCHPR, *Ingabire Victoire UMUHOZA* v. *Republic of Rwanda*, application No. 03/2014, Judgment 24 November 2017, Judgment on reparations, 7 December 2018. As of 3 October 2014, the Claimant petitioned to the Court stating that as of 10 February 2010, she had been accused of and prosecuted under alleged practice of propagation of the ideology of genocide, of complicity in terrorism, sectarism, divisionism and acts against the internal security of the state, and the creation of an armed wing of a rebel movement, with practice of terrorism, use of armed force and of violence, in order to destabilize the constitutionally established powers. After a procedure before the High Court of Kigali, on 30 October 2012, the Claimant was found guilty and imprisonment for eight years was determined. On 13 December 2013,

a good example of the open rifts in Rwandan society. This member of parliament, whose family had been killed in the genocide in 1994, returned from exile after several years abroad and made a speech of conciliation in which she stressed the need to acknowledge the mistakes that had been made, in order to seek reconciliation. The government used the speech as a pretext for claiming that Ms Umuhoza was an apologist for genocide. She was tried and convicted on two criminal charges, by the High Court of Kigali in 2012, and by the Supreme Court of Rwanda in 2013, before taking her case to the African Court in 2014. The African Court gave its Judgment on the merits in 2017, and on reparations in 2018, ruling that the allegations against Ms Umuhoza were absurd and the State of Rwanda was liable to compensate the victim.

763. That case provides a macabre illustration of a situation that persists, long after the Belgian colonizers had left, in the framework they built: dissensions and hatred are still rife between the ethnic groups that make up Rwandan society, bearing in mind that no such animosity existed before the colonialists stoked it up in their own interests. A quarter of a century after the genocide, the crime continues to cast a shadow over the whole of Rwandan society. Such was its enormity that the traces cannot be washed away.

764. Not only France, the United Kingdom and Belgium, but other powers too – Western European powers like Germany, Spain, Italy, the Netherlands and Portugal, with Russia, the United States, Japan and the Ottoman Empire adding to the list – embarked on the adventure of colonization. Though less often spoken of, we should not forget that Russia, the United States, Japan and the Ottoman Empire all practised colonization on a massive scale, over long periods of time.

765. Dividing and conquering were logical consequences of the approach the Europeans took to Africa. The process began well before the conquests of the late nineteenth century. The European reasoning, at first essentially economic, underwent a radical change in the last quarter of the nineteenth century. This shift was brought about because of the transition from trading in slaves to "legitimate" forms of trade, to use the expression current at the time. However, those new, legitimate

the Claimant submitted an appeal to the Supreme Court, which, in turn condemned the Claimant to serve a fifteen-year prison term. Estimating her arrest, the procedure, and the prison terms violated her rights, the Claimant, on 3 October 2014, submitted her case to the Cour africaine des droits de l'homme et des peuples. The Judgment of the case was rendered by the Court on 24 November 2017. The Judgment on reparations was rendered on 7 December 2018.

trading methods were much less profitable. The reduction in exports and imports during that period ultimately caused a shift in the economic order: to be profitable, trade had to be conducted on a larger scale. As colonization flourished, this in turn gradually led to organized resistance in Africa to the rising tide of European invasion. These factors together hastened the military conquest:

> "The new geopolitical map of Africa that evolved after about a generation of systematic boundary-making and military occupation was quite different from what it had been in 1879. The European powers had partitioned the continent into some forty political units. . . . On balance, then, although the map of Africa in 1914 compared to what it was in 1879, may have looked very confusing, the delimitation had nevertheless been a remarkably efficient job, thanks to the new advances in cartography." [734]

766. Despite the considerable influence of European colonial powers such as France, Britain and Portugal in Africa prior to 1875, their commercial interests in the various African regions and what might be regarded as their direct political control were still fairly limited.

767. There had been a European colonial presence in Africa for centuries by then, examples being the Portuguese in Angola, Mozambique, São Tomé, Cape Verde and Guinea Bissau, and the French trading posts in Senegal, but it only became a systematic, organized presence from the second half of the nineteenth century. One illustration is the Berlin Conference on West Africa of 1884-1885, which divided up the continent among essentially European powers, without any involvement of African leaders.

768. Of the Europeans, the Germans and Italians, initially preoccupied with their respective processes of national consolidation and unification, arrived late on the colonial scene. By that time, vast tracts of the African continent, and some elsewhere, had already been occupied by other colonizers. The parts that remained were smaller and had put up greater resistance to colonial conquest.

769. The German military commanders faced with opposition from the local population and their forces gave orders to annihilate them –

734. G. N. Uzoigwe, *European Partition and Conquest of Africa: An Overview*, in A. Adu Boahen (ed.), *General History of Africa, Vol. VII – Africa under Colonial Domination 1880-1935*, California Heinemann, UNESCO, 1989, Chap. 2, pp. 40-60, quoted pp. 42-44; compare with H. Wesseling, *Les empires coloniaux européens 1815-1919*, orig. publ. *Europa's koloniale eeuw*: De koloniale rijken in de negentiende eeuw, 1815-1919, 2003, transl. P. Grilli, Paris, Gallimard – Folio – Histoire, 2009.

Vernichtungsbefehl. The meaning of the order was clear: the military directive was to wipe out the populations who put up resistance to the colonial conquest.

770. Soon it would be a machine gun, the Maxim, not religion or trade, that came to symbolize this time in Africa – though, in practice, the mechanism often jammed and rifles did the job better. Most of the battles were appallingly one-sided, though not for the British in their unequal war with the Boers [735], or for the Italians attempting to advance into Abyssinia. At Omdurman, the British officers counted ten thousand Sudanese either dead or dying on the sand. They made no effort to assist the fifteen thousand wounded.

> "Atrocities were commonplace during the first phase of occupation by the Powers. When German brutality in South West Africa provoked a revolt by the Hereros, the German general, Lothar von Trotha, issued a *Vernichtungsbefehl* ('extermination order') against the whole tribe, women and children included. About 20,000 of them were driven away from the wells to die in the Omaheke desert." [736]

771. In carrying out that instruction, whole villages were massacred: not only those who had taken up arms, but also those who could be described as the civilian population, who had taken no part in the fighting, including women, children and the old, were systematically eliminated. Elimination was the strategy to show that no organized resistance was possible. That has been unconscionable throughout most of history, and where civilian populations were concerned it was already outlawed by international law at the time, at least in relations between "civilized" nations.

772. Italy's colonization of Libya and Somalia brought its own share of horrors. Given how dispersed the populations were across vast areas, and how difficult it was for the colonial powers to control them with troops, ghettos were created, areas surrounded by barbed wire where

---

735. F. Pretorius, *The Anglo-Boer War 1899-1902*, Cape Town, Don Nelson, orig. publ. 1985, 2nd ed., 2013, quoted p. 1:

> "From 1899 to 1902, South Africa was convulsed by the conflict between one of the world's greatest powers – Britain – and the tenacious fighting force of two small Afrikaner republics, the ZAR (Transvaal) and the Orange Free State. Faced with the threat of losing their independence, the Boers rallied with a single-minded determination which gained them great sympathy in Europe and the USA."

736. T. Pakenham, *The Scramble for Africa 1876-1912*, London, Abacus, 1992, Introduction, p. 32.

those who resisted the advance of the Italian colonizers were locked away. Entire villages were confined in these spaces, in which people simply had no means of providing themselves with food or drinking water, no flocks or farmland and no proper food. Such actions were part of the strategy of the colonial powers to stamp out resistance – and in so doing, to wipe out a considerable proportion of these populations. The consequences of the colonial policies adopted by Italy in Libya are still felt in that country. Ghaddafi's long period of dictatorship only served to aggravate the legacy of Italian colonization.

773. While the early powers were extending their domination over Africa, Asia and the Pacific, another power was emerging and starting to dominate its own region: the United States of America, in the Caribbean, the Pacific and Latin America. Cuba, Puerto Rico and Hawaii fell under American colonial domination [737], even while the new colonialists argued that they were in fact fighting for the independence of the former colonies.

774. Where the Netherlands and the United States were concerned, there was the further contradiction that the countries now practising colonization had once themselves been colonized. The former colonies, once they were independent, became colonial powers in their turn [738].

775. The United States of America proceeded from a rhetoric of continental solidarity and defence against attempts at recolonization. This followed the drawing up of the Monroe doctrine, announced by the President of the United States to Congress in December 1823, at a time when colonization had only recently ended in most of Latin America. In the wake of the European Congresses of Vienna (1814-1815), Aix-la-Chapelle, Troppau and Laibach and the Carlsbad Decrees, the European powers had been discussing the possibility of military action to "recolonize" the American continent. The promulgation of the

737. J. Crusol, *Les îles à sucre – de la colonisation à la mondialisation*, Bécherel, Les Perséides, 2e éd., 2008, Chap. 7 – "La seconde vague de colonisation, la mondialisation impérialiste et l'épuisement du modèle de l'économie sucrière insulaire", pp. 239-288, esp. p. 239.

738. As observed by E. Moresco, in his course at The Hague, "Les rapports de droit public entre la métropole et les colonies, dominions et autres territoires d'outremer", *Collected Courses*, Vol. 55 (1936), po. 507-593, titre V. "l'empire des Etats-Unis d'Amérique", pp. 583-588, quoted pp. 583-584: "Il est donc exact de dire que les Etats-Unis sont envisagés par la Constitution comme la métropole d'un Empire."

He adds:

> "En d'autres termes, ce sont des parties de l'Empire, dont les Etats-Unis sont la métropole. Le terme de colonie n'est pas d'usage en Amérique, où l'on se sert de préférence de ceux de *dependency*, possession ou territoire insulaire."

Monroe doctrine gave a signal that the American continent must remain free from further European colonial influence.

776. What followed failed to live up to the good intentions of the President's statement. This is clear from the corollary to the Monroe doctrine, as explained at the start of the twentieth century by the adventurer T. Roosevelt, who was the twenty-sixth President of the United States from 1901 to 1909. At that time, casting off European influence meant ring-fencing the entire continent as the reserved domain of the United States so that it could expand its interests – which did not correspond to the statements of 1823. The policy of the "big stick" was to maintain order in the neighbouring countries by force whenever that proved "necessary".

777. J. O'Sullivan, writing in 1844, gave expression of one of the nation's most cherished and lasting myths: that there was no expansion or territorial gain to stain the annals of the United States. Already doubtful when it was made, O'Sullivan's claim soon proved to be completely false [739].

778. Taken as a whole, the so-called "imperialist" colonialism of the nineteenth to twentieth centuries was a negation of the West's fundamental values and humanist tradition – a rich tradition nourished by many different schools of thought from the earliest times.

779. A criticism often levelled at the humanism of Antiquity is that there was inconsistency between the humanist language of philosophy and the quest for wisdom and balance, on the one hand, and the brutal reality of slavery and inhuman exploitation by some men of others who were like them. Imperialist colonialism provided a particularly stark example: all the arguments about humanity and humanism were cast aside to satisfy the thirst for conquest, appropriation and exploitation. Slavery itself was a further contradiction, a negation of human dignity and the essential equality of human beings, though it remained one of the pillars of the colonial system. Slavery was abolished in the French colonies by the Revolution, only to be reinstated by Napoleon. It took the whole of the nineteenth century, until the Brussels Conference Act of 1890, to abolish it [740].

739. G. C. Herring, *From Colony to Superpower – US Foreign Relations since 1776*, Oxford, Oxford Univ. Press, 2008, Chap. 5 – *Slavery, Expansion and the Road to Disunion*, 1837-1861, pp. 176-223, quoted p. 194.

740. Not forgetting the contemporary forms of slavery, still practiced, as examined by E. Decaux, "Les formes contemporaines de l'esclavage", *Collected Courses*, Vol. 336 (2008); also published as Pocket book of The Hague Academy of International law, Leiden, Boston, M. Nijhoff, 2009, "Conclusions", pp. 237-241:

780. Coming after centuries of evolution, colonialism set the West back by centuries in terms of time and the history of ideas, setting its seal of approval on discrimination between peoples and human beings, and on the shameless espousal of double standards, as if the rights and guarantees under our national laws and constitutions could be disregarded in the colonies since the people being colonized overseas were deemed to be inferior.

781. In France in July 1885, two politicians engaged in a debate in the National Assembly about colonialism: J. Ferry and G. Clemenceau. In a sign of the times, they expressed "the contradiction in which modern humanism has long been mired, intending in principle to give all men the same rights but in practice utterly failing to do so" [741]. When Ferry justified colonization, maintaining that "the superior races have a right because they have a duty: that of civilizing the inferior races", Clemenceau replied:

> "We see the French government exercising its right over the inferior races by waging wars against them and forcibly converting them to the benefits of civilization. Superior races? Inferior races? It's easy to say. I for one absolutely recoil from that ever since I saw German intellectuals scientifically proving that France had to be beaten in the Franco-German War because the French are an inferior race to the Germans. Since then, I have to say I think twice before looking at a man or a civilization and calling them inferior."

782. "The West's historic lateness in recognizing that people in the colonies had equal dignity and equal rights is a source of guilt and

---

"Le tableau éclaté que nous avons esquissé montre bien, qu'au-delà d'une prise de conscience évidente, sans se payer des mots, il est nécessaire de pleinement mettre en œuvre les engagements assumés, à travers la triple obligation de respecter, de protéger et de réaliser les droits de l'homme."

741. A. Bidar, *Histoire de l'humanisme en Occident*, Paris, Armand Colin, 2014, esp. "Les droits des colonisés", pp. 234-235: "la contradiction dans laquelle est resté longtemps un humanisme moderne, qui en principe entendait donner à tous les hommes les mêmes droits, mais qui dans les faits est resté très loin du compte"; "il y a pour les races supérieures un droit, parce qu'il y a un devoir pour elles : elles ont le devoir de civiliser les races inférieures"; "l'on voit le gouvernement français exerçant son droit sur les races inférieures en allant guerroyer contre elles et les convertissant de force aux bienfaits de la civilisation. Races supérieures ? Races inférieures, c'est bientôt dit! Pour ma part, j'en rabats singulièrement depuis que j'ai vu des savants allemands démontrer scientifiquement que la France devait être vaincue dans la guerre franco-allemande parce que le Français est d'une race inférieure à l'Allemand. Depuis ce temps, je l'avoue, j'y regarde à deux fois, avant de me retourner vers un homme et vers une civilisation, et de prononcer: homme ou civilisation inférieurs".

contradiction that its humanism must own up to without seeking to absolve itself", wrote A. Bidar (2014):

> "We have just said that this unequal treatment took the whole of the nineteenth century to even out. But we should still remember that the 'native' status applied in the French colonies up to the mid-twentieth century only gave the indigenous people second-class citizenship; it was legal discrimination against them that restricted them to forced labour, requisitioned for work by the authorities, or ordered to use their land to grow certain crops for mainland France, and so on. Western humanism has its dark side, with grim periods of painful and shameful contradiction." [742]

783. To the injustice and violence towards colonized peoples must be added the exclusion of the "non-civilized" from the pages of history, which went as far as to label such peoples as "primitive" [743] or "peoples without history" [744]. This exclusion from history was only one aspect of a much broader process at work in Western historical tradition, in which

---

742. A. Bidar, *Histoire de l'humanisme en Occident*, 2014, "Les droits des colonisés": "On vient de dire que cette inégalité de traitement a mis tout le XIXe siècle à se résorber. Mais encore faut-il se souvenir que le statut de 'l'indigénat' appliqué dans les colonies françaises jusqu'au milieu du XXe siècle n'accordait qu'une citoyenneté de deuxième classe aux autochtones, et constituait à leur égard une discrimination légale, qui les contraignait par exemple au travail forcé (réquisition autoritaire d'une main-d'œuvre, ordre de consacrer les terres à telle culture au profit de la métropole, etc.). L'humanisme occidental a ses côtés obscurs, ses périodes sombres, ses contradictions douloureuses et honteuse".

And at pp. 234-235:

> "Cela ne doit pas conduire cependant à nier que le mouvement général de la civilisation occidentale est celui d'une reconnaissance de plus en plus large – en principe et en acte – de la dignité égale de toutes les personnes humaines." … "Le retard historique de l'Occident à reconnaître une dignité égale et des droits égaux aux hommes des colonies est une culpabilité et une contradiction que son humanisme doit assumer sans se chercher d'échappatoire."

743. A. Kuper, *The Invention of Primitive Society – Transformations of an Illusion*, London, Routledge, 1988; Braz. ed. *A reinvenção da sociedade primitiva –* Transformações de um mito, trad. S. M. Frangella, revised by A. Amaral, Recife, ed. univ. UFPE, 2008, in the "Foreword to the Brazilian edition", the author wrote that "Primitives societies – or, even better, primitive peoples – are the result of Western imagination". This does not mean that the notion of "primitive" is deprived of sense. As in the case of parallel worlds described in science fiction, the ideas about primitive society help us think about our own societies. The primitive, the barbarian, the savage are our "opposites". They define us; to the extent we define them.

744. E. R. Wolf (1923-1999), *Europe and the People without History*, orig. publ. 1982, Braz. ed., *A Europa e os povos sem história*, trad. C. E. Marcondes de Moura, São Paulo, ed. da USP, 2005, Prefácio, pp. 11-17, mentions that it is necessary to remember that the origin of the expression "peoples without history" goes back to the nineteenth century: first used by Marx and Engels, with ironic intention, it was subsequently resumed by other authors, unaware of their irony. The intention was to

"the Western masses themselves were affected by this exclusion", so that "Eurocentric history and the history of the elites fed off the same sources" [745].

784. At this turning point in nineteenth-century European history, ambiguities began to appear with regard to other continents, whose eligibility to be part of the international system of the day seemed to depend on how visible they were to the Europeans. America, Asia, Africa and Oceania were victims of a curious intellectual and political myopia. Civilization was measured by appearances, in the sense that in order to be considered civilized they needed to resemble Europeans, particularly Western Europeans, as closely as possible [746]. Those who showed the greatest similarity were deemed worthy of assimilation.

785. As late as 1936 E. Moresco delivered an entire course in The Hague on the public law relationships between the mainland and colonies, dominions and other overseas territories [747], evidently completely unembarrassed by this manner of presenting his subject or even by its content. Far from it: he maintained that the colonizers had to "deal with primitive peoples" and therefore "were only able to create

present a challenge to all those that considered that only the Europeans were able to make history.

This dichotomy was developed as of 1400, with the several initiatives of European expansion, in all situations it occurred. Not forgetting that there were other societies and human cultures, characterised by long and complex histories: these facts are not isolated from each other, but they are closely related and their interconnexion is thus maintained also in the world built by Europe. The history of European expansion is connected with the history of the peoples reached by such expansion, and their histories are in turn articulated with the history of Europe.

See also, J. Goody, *The Theft of History*, Cambridge, Univ. Press, 2006; Braz. ed. *O roubo da história*, trad. L. S. Duarte da Silva, São Paulo, Contexto, 2008, "Palavras finais", pp. 325-346, observes that "world domination or colonial domination", under all its forms, implies a considerable danger, as much as the possible advantages for intellectual work, not much for the sciences, but rather for the humanities, where the criterion of "truth" is much less clearly determined.

745. P. D. Curtin, "Tendências recentes das pesquisas históricas africanas e contribuição à história em geral", in J. Ki-Zerbo (ed.), *História geral da África: Vol I. Metodologia e pré-história da África*, orig. publ. *Histoire générale de l'Afrique : I. Méthodologie et pré-histoire africaine*, 1980, trad. B. Turchetti *et al.*, rev. técnica F. A. A. Mourão *et al.*, São Paulo, Atica, Paris, UNESCO, 1982, Chap. 3, pp. 73-89, quoted p. 77.

746. See the remarks on "history", "culture" and "civilization" in the first Chapter on "International law in time and its role in history": the terms used, having several senses, require further specifications concerning their scope and their contents. Not only "International law", as much as "history", and much more "culture", and also "civilization" – could require each long and complex discussions about how to determine what it understood, each time these terms are used.

747. E. Moresco, "Les rapports de droit public entre la métropole et les colonies, dominions et autres territoires d'outre-mer", *Collected Courses*, Vol. 55 (1936), pp. 507-593.

authoritarian institutions, reflecting the degree of development of the inhabitants" [748].

786. One effect of decolonization, according to the medieval historian G. Duby, was that it:

> "forced European historians to take fuller account of societies without writing – as medieval societies were, more or less – and to discover the role of orality in the transmission of collective memories, in building a history no less solid than the one we are fine-tuning, no less living and no less necessary for organizing social relations" [749].

787. The writings of C. H. Alexandrowicz (2017, 1968, 1960) are a very timely and necessary corrective to the institutional prejudices of colonialism [750]. This author's life and work led him to an understanding that human wisdom and knowledge were found in all civilizations; without overlooking the existence of cultural and historic differences,

---

748. E. Moresco, *op. cit.*, 1936, "traiter avec des peuples primitifs", and "avaient pu créer seulement des institutions autoritaires, correspondentes au degré de développement des habitants", pp. 507-593, titre premier – les régimes essentiellement autoritaires, pp. 513-514.

749. G. Duby, *Mémoires sans historien*, orig. publ. *Mâle Moyen Age*, 1988, republished in the volume of G. Duby, *Qu'est-ce que la société féodale?*, Paris, Flammarion, 2002, pp. 1519-1526, at pp. 1519-1520:

> "contraindre les historiens européens à prendre davantage en considération des sociétés sans écriture – comme l'étaient à peu près les sociétés médievales –, de leur faire découvrir le rôle de l'oralité dans la transmission des souvenirs collectifs, dans la construction d'une histoire non moins solide que que celle dont nous fignolons l'assemblage, non moins vivante, non moins nécessaire à l'organisation des rapports sociaux".

He completes his comment:

> "Cependant l'incertitude où nous sommes à l'égard des mécanismes de la mémoire dans la culture de notre Moyen Âge tient principalement à ce que les phénomènes se dérobent à l'observation. Celle-ci passe obligatoirement par des traces écrites, par des textes et nous ne saisissons jamais la mémoire qu'immobilisée par le travail de techniciens dont l'office était précisément de la capturer, de l'emprisonner dans un réseau de mots. Elle nous parvient toujours fixée, figée, morte, et nous ne percevons presque rien de la liberté de ses mouvements."

This, *contrario senso*, allows deducting that in the case of African societies it is still possible to have access to the sources of oral transmission; to the extent same remains present and alive, at least to a certain extent.

750. C. H. Alexandrowicz, *The Law of Nations in Global History*, D. Armitage and J. Pitts (eds.), Oxford, University Press, 2017, as well as his courses at The Hague Academy of International Law, namely C. H. Alexandrowicz, "The Afro-Asian World and the Law of Nations: Historical Aspects", *Collected Courses*, Vol. 123 (1968), pp. 117-214 and C. H. Alexandrowicz, "Treaty and Diplomatic relations between European and South Asian Powers in the Seventeenth and Eighteenth Centuries", *Collected Courses*, Vol. 100 (1960), pp. 203-322.

international law must be built around the search for universality for it to be validly applied to the whole of humanity. This is the essence of the postmodern approach to international law.

788. All colonialism neglected history, disregarding the fact that there are multiple civilizations, established for centuries if not millennia – other civilizations, that do not conform to the parameters of one single civilization imported from outside as being *the* only civilization – and denying all civilizational diversity.

789. Such reasoning was completely at odds with the view taken in Europe since the seventeenth century of the role of the ancient Ethiopian civilization, which was said to have influenced that of Ancient Egypt, among others. From Ethiopia and Egypt, those influences were thought to have spread to a number of other civilizations and continents, including Greece, and thence to the whole of Europe.

790. Among the historical works written by eminent pioneers on Ethiopia, we can cite the missionaries P. Paez (died 1622) and M. de Almeida (1569-1646) [751], as well as a complete history, *Historia Aethiopica*, by one of the first European Orientalists, H. Ludolf (1634-1704), originally published in Frankfurt in 1681. Even with such predecessors, the work of A. Hermann Ludwig Heeren (1760-1842), professor of history and politics at the University of Göttingen, on the history, culture and trade of the principal peoples of Antiquity, was a considerable innovation in that he highlighted the contribution of the Ancient Ethiopians.

791. Heeren argued for the African origins of Egyptian civilization, in his essay first published in 1825 and later translated into English [752].

---

751. The work of Paez is found in volumes 2 and 3 and that of Almeida in the volumes 5, 6 and 7, in C. Beccari (ed.), *Rerum Aethiopicarum Scriptores Occidentalis Inediti a saeculo XVI ad XIX*, Rome, excudebat C. de Luigi, 1905-1917, fifteen volumes: Vol. I – C. Beccari, *Notizia e saggi di opere e documenti inediti riguardanti la storia di Etiopia durante i secoli XVI, XVII and XVIII* ..., 1903; Vol. II and III, P. Paez, *Historia Aethiopiae*, 1905-1906; Vol. IV, M. Barradas, *Tractatus tres historico-geographici*, 1906; Vol. V, VI and VII, M. de Almeida, *Historia Aethiopiae*, 1907-1908; Vol. VIII and IX, A. Mendes, *Expeditiones Aethiopicae*, 1908-1909; Vol. X, XI, XII, XIII and XIV, *(Abyssinia) Relationes et Epistolae variorum*, 1910-1914; Vol. XV, *Index analyticus totius operis*, 1917, available on line: Openlibrary_editi OL20602461M; identifier rerumaethiopica00beccgoog; see also J. D. Fage, "A evolução da historiografia da África" , in *História geral da África: I. Metodologia e pré-história da África*, J. Ki-Zerbo (ed.), orig. publ. *Histoire générale de l'Afrique: I. Méthodologie et pré-histoire africaine*, 1980, trad. B. Turchetti *et al.*, São Paulo, Atica, Paris, UNESCO, 1982, Chap. 1, pp. 43-59, quoted p. 47 and note 9.

752. The work by A. H. L. Heeren, *Ideen über Politik, den Verkehr und den Handel der vornehmsten Völker der Alten Welt* (1825), was widely acclaimed and circulated after its English translation was published, under the title *Historical Researches into the Politics, Intercourse and Trade of the Principal Nations of Antiquity* (with D. A. Talboys

From earliest times, he wrote, the north-eastern coast of Africa had been inhabited by: "civilized and commercial nations who were natives of the soil, like the Egyptians, or had migrated from other countries like the Carthaginians and Cyreneans" [753].

792. European expansion from the fifteenth century onwards was a complex process [754]. It transformed the European economy into a global economy, and at the same time served to propagate that continent's own ideas, religions, convictions and ideologies along with the exercise of political and military power by European states over huge expanses of the world.

793. Europe hoped to justify colonization on the basis of its moral duty to "raise" the Africans from their primitive state. However, as V. B. Khapoya (2016) [755] points out, there is a wealth of evidence that none of the European powers gave much thought to the Africans, or to Africa's culture or history, when they set about their conquests.

794. During this phase, when colonialism was spreading across all of Africa (the only exceptions being Ethiopia and Liberia), it was at the same time extending over substantial parts of Asia and still present in some corners of the American continent and the Pacific.

(1790-1840) and G. Bancroft (1800-1891), London, H. G. Bohn, 1846, Vol. I: Asiatic Nations: Persians, Phoenicians, Babylonians; Vol. II: Asiatic Nations: Scythians, Indians. Appendixes; Vol. III: Historical Researches into the Politics, Intercourse and Trade of the Carthaginians, Ethiopians and Egyptians, 2nd ed., 1847, Vol. IV, Ancient Greece.

753. A. H. L. Heeren, *Historical Researches into the Politics, Intercourse and Trade of the Carthaginians, Ethiopians and Egyptians*, London, H. G. Bohn, 2nd ed., 1847, "General Introduction", *quoted* p. XXIII.

754. H. Wesseling, *Les empires coloniaux européens* 1815-1919, orig. publ. *Europa's koloniale eeuw – De koloniale rijken in de negentiende eeuw 1815-1919* (2003), transl. P. Grilli, Paris, Gallimard – Folio – Histoire, 2004, ed. 2009, Chap. I, "Evolutions à long terme, 1815-1919", pp. 45-140, quoted p. 45, mentions the demographic expansion in Europe as closely related to the movement of colonial expansion to other continents:

> "Au premier chef l'expansion européenne fut une expansion humaine, rendue possible par la croissance démographique constante de l'Europe au sens absolu aussi bien que relatif du terme. On ne saurait saisir le siècle colonial sans prendre en considération ce phénomène démographique."

755. V. B. Khapoya, *A experiência africana*, de l'original *The African experience*, 2010, trad. Noeli C. de MELO Sobrinho, Petrópolis, Vozes, 2ª. ed. rev., 2016, Chap. 4, *Colonialismo e a experiência africana*, pp. 151-203, quoted p. 161, observes that the writings of Europeans, visiting Africa before colonization was effectively started already displayed visions of individuals determined to see Africa from their own cultural perspectives, and to reach the conclusion that the Africans were delayed and uncivilized. The concern about the colour of the skin and other physical traits, as measures of "civilization", was strong and coherent. The Europeans have thus perceived that colonization was correct and that they had the mission of "civilizing" the Africans.

795. European colonization, in the modern sense of the term, began in the late fifteenth and early sixteenth centuries with the arrival of the Spanish and Portuguese in America. That marked the start of an interminable succession of military campaigns against the non-European populations. Those campaigns were one of the means used to build the empires, the whole set of possessions governed and controlled by the European powers and developed, or rather exploited, by entrepreneurs and colonials from the conquering powers [756]. According to G. N. Uzoigwe (1989):

> "In view of these economic, political and above all military and technological advantages enjoyed by European powers over African polities, the contest was a most uneven one and it is not at all surprising that the former could vanquish the latter with such relative ease. Indeed, for Europe, the timing of the conquest could not have been better; for Africa it could not have been worse." [757]

796. Ignoring the existence of the many established and developed civilizations on other continents, some countries – Germany, Austro-Hungary, Belgium, Denmark, Spain, the United States, France, Britain, Italy, the Netherlands, Portugal, Russia, Sweden-Norway and the Ottoman Empire – arrogated to themselves rights over an entire continent [758], without consulting the local governments or peoples, except for the local leaders who entered into so-called treaties transferring their rights and sovereignty over their peoples and lands.

797. Finally, after the excesses of the colonialist period, national liberation movements began to spring up simultaneously, leading to a crisis in the old system and the development of the right of self-determination. This opened up a new phase for the international system. Europe had imposed its will on Africa by force of arms, a lesson that was not lost fifty years later, when Africa achieved its independence.

---

756. J. Frémeaux, *De quoi fut fait l'empire – Les guerres coloniales au XIXe siècle*, Paris, CNRS éd., 2010, première partie – *Aux origines des conflits : la colonisation*, in the "Introduction", pp. 3-5.

757. G. N. Uzoigwe, *European partition and conquest of Africa: an overview*, in A. Adu Boahen (ed.), *General History of Africa, Vol. VII – Africa under Colonial Domination 1880-1935*, California Heinemann, UNESCO, 1989, Chap. 2, pp. 40-60, quoted p. 42.

758. "Protocoles de la Conférence de l'Afrique occidentale réunie à Berlin, du 15 novembre 1884 au 26 février 1885", in *Nouveau recueil général de traités et autres actes relatifs aux rapports de droit international. Continuation du grand recueil de G. Fr. de Martens*, org. J. Hopf, reimpr. K. Nendeln, 1967, série II, Vol. 10, p. 431; General Act of the Berlin Conference concerning the Congo, signed 26 February 1885, *American Journal of International Law*, 1909, Vol. 3, Supp. 7.

798. The crisis in colonialism that followed the second world war came just as the right of peoples to self-determination was becoming established. The International Court of Justice confirmed it in 2010, in its Advisory Opinion on Kosovo [759], as one of the main developments in international law in recent decades.

799. There is no doubt that after the excesses of colonialism, decolonization brought great shifts in the structure and workings of the international system. This might be termed the postcolonial phase, one of major upheaval during which international law distanced itself from practices previously considered acceptable.

800. As has been pointed out, "it is hard to dispute that the viability of new states at birth was often highly uncertain, and sometimes remained so as they lacked, or no longer had, the means to assert themselves against others as the older states had had to do" [760], and decolonization threw this into even sharper relief: "the right to exist probably never fully supplanted the fact of existing, but it remains the case that on countless occasions *effectivités* alone would never have been enough to assert a state's existence if the law had not come to its aid" [761].

801. It is also necessary to identify the "orders of inhumanity" applied as part of the colonial world order, and the risks attendant on the continued acceptance of certain ideas of world unity that sought to obliterate and abnegate the differences between people, and between human societies: "The very idea of 'one world' contains the necessary

759. ICJ, *Accordance with International law of the Unilateral Declaration of Independence in Respect of Kosovo, Advisory opinion*, 22 July 2010, *ICJ Reports 2010*, p. 403.

760. J. Verhoeven, "Considérations sur ce qui est commun – cours général de droit international public" (2002), *Collected Courses*, Vol. 334 (2008), pp. 9-434: "il est difficile de contester que la viabilité de nombreux états nouveaux est souvent très incertaine lors de leur naissance et l'est parfois demeurée par la suite, parce qu'ils n'ont pas ou plus les moyens de s''imposer' aux autres comme y furent contraints leurs aînés" and at pp. 45-46:

> "c'est le droit des peuples coloniaux à devenir indépendants qui explique seul que bon nombre des anciennes colonies soient devenues des états indépendants".

761. J. Verhoeven, 2008, *op. cit.*: "sans doute le droit d'exister n'a-t-il pas totalement supplanté le fait d'être existant, mais il demeure que, maintes fois, l'effectivité n'aurait jamais pu à elle seule 'imposer' l'état si le droit n'était pas venu à son aide". And at pp. 45-46:

> "Il se comprend que la qualité d'état soit en pareil cas devenue l'effet bien plus que la condition d'une admission à l'ONU, en dépit des termes de la Charte de San Francisco. Ce qui accroît démesurément la part du droit dans la naissance étatique... L'hypothèse est certes restée exceptionnelle. Elle n'en témoigne pas moins d'une évolution de fond qui pourrait justifier demain d'autres bouleversements."

impetus for the absorption, assimilation, if not destruction, of existing worlds and the genocide of existing societies. This violence of ordering within the historical epoch of colonialism is now plainly visible" [762].

802. The colonization of Africa by European countries was of monumental importance in Africa's development. For Africans, the impact of their colonization may well be the most significant element in understanding the present condition of the African continent and the African peoples. The phenomenon of colonialism must be closely examined, therefore, to assess the extent to which it has influenced not only Africa's economic and political development, but also the way in which all the peoples of the African continent view themselves [763].

803. Taking a historical perspective, we can see more clearly how the very essence of colonization was a relationship of inequality and dependence, based on political, military, economic and cultural inequality between the colonies and the mainland powers [764]. Even an author like Alexis de Tocqueville, writing in 1837 about French colonization, observed: "We must therefore take care in Algeria to preserve the substance of our political state, but not be too superstitious about its form, and respect the spirit rather than the letter" [765].

804. It was to be many years before a crisis occurred in the colonialist system, paving the way for the emergence of the right to self-determination as a fundamental principle of international law in the postmodern context [766]. At the end of this period of imperialist

762. J. Nayar, "Orders of Inhumanity", in R. Falk, L. E. J. Ruiz and R. B. J. Walker (eds.), *Reframing the international – law, culture, politics*, New York, Routledge, 2002, pp. 107-135, quoted p. 111.

763. V. B. Khapoya, A experiência africana, orig. publ. *The African experience*, 2010, trad. N. C. de Melo Sobrinho, Petrópolis, Vozes, 2ª ed. rev., 2016, Chap. 4, *Colonialismo e a experiência africana*, pp. 151-203, quoted p. 151.

764. R. Rémond, *O antigo regime e a revolução* (1750-1815), orig. publ. *L'ancien régime et la révolution*, 1974, trad. F. P. de Barros, São Paulo, Cultrix, 1976, quoted p. 92.

765. A. de Tocqueville, *Sur l'Algérie, op. cit.*, text of the second "Lettre sur l'Algérie", 1837, pp. 43-60, quoted p. 57, "Il faut donc retenir avec soin en Algérie la substance de notre état politique, mais ne pas tenir trop superstitieusement à sa forme; et montrer plus de respect pour l'esprit que pour la lettre". He added, in the same paragraph:

> "Ceux qui ont visité l'Algérie prétendent que le contraire s'y remarque: ils disent qu'on y observe avec un soin scrupuleux les moindres méthodes administratives de la mère patrie et qu'on y oublie souvent les grands principes qui servent de base à nos lois."

766. Onuma Yasuaki, *International Law in a Transcivilizational World*, Cambridge, Univ. Press, 2017, "Self-determination of peoples", pp. 202-206, quoted p. 203, mentions the idea, following the initiative of communist leader V. I. Lenin and the

colonialism, international law revealed its capacity for renewal and radical transformation.

805. Essentially, then, Africa turned the page on colonialism, and in so doing helped to bring about a new era for the whole of mankind [767]. We can now turn to consider decolonization and the development of the right to self-determination.

D. Decolonization and the development of the right to self-determination

806. Starting with worldwide decolonization, the right of peoples to self-determination, first referred to in the statement of principles known as the Atlantic Charter of 14 August 1941 and the 1945 Charter of the United Nations, gradually took shape in international law through treaties, universal declarations by the UN, and also the aggressive pursuit of its policies.

807. After the excesses of colonization and the systematic exploitation of entire continents, in particular almost all of Africa, the expansion reached its apogee, a crisis ensued, and the imperialist colonialist system collapsed. This happened in a matter of a few years following the second world war.

808. With the passing of time and the benefit of historical and cultural hindsight, both the extent of the colonial enterprise and the speed with which it was implemented over huge swathes of the planet and entire peoples, seem surprising. So does the speed with which it – mercifully – collapsed, after all the immeasurable excesses and untold damage.

---

president of the USA, W. Wilson, after the First World War, but the implementation of the princíple, at that time, was carried out in a selective manner:

> "The idea had a universal character, but was applied only to European nations in post World war I settlements. European colonial powers were bitterly against its application to non-European nations or peoples under their colonial rule."

767. A. F. D. Cesaire, *Le discours sur la négritude* – "prononcé le jeudi 26 février 1987 lors de la Conférence hémisphérique organisée par l'Université internationale de Floride à Miami", in A. Cesaire, *Discours sur le colonialisme* – suivi de *Discours sur la négritude*, Paris, Présence africaine, 2004, pp. 77-92, *cit.* p. 87, completes the passage:

> "Quant au phénomène américain, il n'est ni moins extraordinaire, ni moins significatif, même si ici c'est de colonialisme intérieur qu'il s'agit et de révolution silencieuse (la révolution silencieuse est la meilleure forme de révolution)."

809. Imperialist colonialism is commonly viewed as an essentially European phenomenon, but we should not forget its other manifestations [768] including extra-European colonial initiatives:

- It was practised by the Egyptian *khedives* in Sudan in East Africa.
- The Sultan of Oman transferred his capital to Zanzibar in 1840. At the same time, Arab and Indian traders were active in that part of East Africa.
- Russia was engaged in territorial expansion and the colonization of huge expanses of territory in the Caucasus and Central Asia, the occupation of all Siberia and the conquest of Tartar and Turkish regions. There were similarities as well as differences, including in the problems they had to overcome. In the nineteenth century Russian Empire, "having twice failed to impose his will on Central Europe, the Czar redirected his thirst for domination to the Caucasus and then the Far East" [769]. There was one notable feature: Russia was considered on the one hand as an active subject in imperialism, but according to Marxist theory it was also an object of capitalist imperialism as the recipient of foreign investment [770], especially of French capital [771].

768. As for Ancient Rome, see A. Baldini, *L'Impero romano e la sua fine*, Bologna, Il Mulino, 2008, p. 18:

> "L'esperienza dell'Antico ci dice che anche per quel lungo periodo si possono utilizzare le categorie definitorie di impero e imperialismo. *Impero* come entità statale sovranazionale i cui componenti vivono secondo i moduli culturali e politici della dominante (Roma, da cui impero romano) con a capo una persona dotata di autorità monarchica; l'*imperialismo* come volontà di conquista da parte di uno stato (Roma) di altri stati prima autonomi."

769. Territorial expansion and colonization are, in this case, almost synonyms, whereas the West distinguished them perfectly – and it is the maritime space that should make the difference between the first, as a national question and the second, as the colonial question. See M. Ferro, *Histoire des colonisations – des conquêtes aux indépendances XIIIe-XXe siècles*, Paris, Seuil, 1994, reprinted 1996, Chap. I – "Colonisation ou impérialisme", pp. 15-47: "faute d'avoir pu par deux fois imposer sa volonté à Central Europe, le Tsar reporte sa volonté de domination vers le Caucase puis l'Extrême-Orient". And at p. 27:

> "Après la guerre de Crimée, cette étape expansionniste fut marquée par la fin de la conquête et la 'pacification' du Caucase, la conquête de Tachkent (1865), Samarcande (1868), Khiva et Khokand (1876), puis des régions de l'Amour et de l'Oussouri."

770. H. Wesseling, *Les empires coloniaux européens 1815-1919*, trad. P. Grilli, Paris, Gallimard, 2009, Chap. III, "Impérialisme moderne, 1870-1914", pp. 235-279, quoted pp. 273-274.

771. French investments during the second half of the nineteenth century and the beginning of the twentieth century in the Russian empire were extremely important, to the point that before 1914 it was the Russian and not the German economy, which displayed the highest rates of growth in Europe. N. Ferguson, *O horror da guerra*, orig.

- Japan's colonialist action and territorial expansion into East Asia, between 1874 and 1945, involved violent military conquest and equivalent forms of colonization[772]. Other instances followed: first in Korea, then with the assertion of Japanese sovereignty over the neighbouring Bonin, Kuril and Ryukyu Islands. Japan built a modern fleet and army and in 1894 attacked China, using the pretext of rivalries in Korea, imposing the Treaty of Shimonoseki in April 1895. It occupied Taiwan. The Japanese colonial empire now included Formosa and the Pescadores Islands. In 1910 it annexed Korea. After the Treaty of Versailles, it seized from Germany a number of archipelagos in the Pacific, followed by Port Arthur and the Japanese colony of Manchukuo in north-east China, which accounted for sixty percent of Japanese investments in China, around 1930: "in all these territories, Japan practised a policy of pure and simple colonial exploitation, from the economic and legal standpoint"[773].
- The United States came late to colonization but their colonialist-imperialist actions were no less voracious or persistent, systematically using military force[774] first against the indigenous

publ. *The Pity of war, 1914-1918*, 1998, trad. J. Marcoantonio, São Paulo, Planeta do Brasil, 2018, Chap. 2, *Impérios, ententes e apaziguamento eduardiano*, pp. 95-126, quoted p. 110; see also N. Ferguson, *Civilization* – The West and the Rest, New York, Penguin Press, 2011.

772. See A. E. Hindmarsh, "Le Japon et la paix en Asie", *Collected Courses*, Vol. 57 (1936), pp. 97-200; E. O. Reischauer, *Histoire du Japon et des Japonais*, Vol. I – des origines à 1945, orig. publ. en 1946, trad. de l'américain et annoté par R. Dubreil, Paris, Seuil, 3e éd. rev., 2001, esp. Chap. 9, "Démocratisation et impérialisme", pp. 169-208 and Chap. 10, "Le militarisme et la guerre", pp. 209-251.

773. J. Chesneaux, *L'Asie orientale aux XIXe and XXe siècles*, Paris, Presses univ. de France, 1966; Braz. ed. *A Asia oriental nos séculos XIX and XX*, trad. A. R. Bandeira, São Paulo, Pioneira, 1976, esp. "O Japão rival do Ocidente (1905-1937)", pp. 49-53, mentions that Japan had been confronted by a certain Western opposition, mainly from 1896-1898 and 1921-1922, but managed to insert itself in China, after World War I, and the opposition of the Western powers against Soviet Russia, as of 1917; but Japan was forced to give up its projects of territorial conquest in Eastern Siberia, around 1918, due to the Allied intervention against the Soviet power. See also H. Nicolson, *Peacemaking 1919 – being Reminiscences of the Paris Peace Conference*, London, Houghton Mifflin Co., 1993, reprinted Safety Harbor, Fl., S. Publications, 2001; *Diplomacy*, orig. publ., 1939, London, Oxford Univ. Press, 2nd ed., 1950, reprinted 1960.

774. D. J. Boorstin, *The Americans: the colonial experience*, 1958, New York, Caravelle edition, Vintage Books, Random House, Book One, "The vision and the reality", quoted p. 1: "America began as a sobering experience. The colonies were a disproving ground for utopias."

The work of D. J. Boorstin on the history of the United States is composed of three volumes: *The Americans: The Colonial Experience*, 1958, New York, Caravelle edition, Vintage Books, Random House; *The Americans: the National Experience*, 1965, New York, Vintage Books – Random House, et *The Americans: The Democratic Experience*, 1973, New York, Vintage Books, Random House, 1974.

peoples [775] and then in 1846-1848 against Mexico, in order to acquire substantial tracts of territory described as the New Eldorado [776]; these became the States of Texas, Arizona, Nevada, New Mexico and California [777], thereby fulfilling Tocqueville's prophecy [778]. In 1898 they expelled the existing colonial power, Spain, and took possession of the Philippines and Cuba, all the while claiming to be fighting to defend their independence. The territories taken from Spain later underwent several changes in legal status. The Americans proved determined colonizers, and are still holding on to control of certain islands in the Pacific [779]. Semi-colonial situations persist too, such as that of Puerto Rico, whose inhabitants have a legal and political status that is not equivalent to full United States citizenship. Colonialism lives on, despite the use of the different terminology

775. E. Tourme-Jouannet, "Des origines coloniales du droit international: à propos du droit des gens moderne au XVIIIe siècle", in *The Roots of International Law – Les fondements du droit international – Liber amicorum P. Haggenmacher*, P.-M. Dupuy and V. Chetail (eds.), Leiden, Boston, M. Nijhoff, 2014, pp. 649-671; S. Pierré-Caps, N. Rouland et J. Poumarède (eds.), *Droits des minorités et des peuples autochtones*, Paris, PUF, 1996.

776. G. C. Herring, *From colony to superpower* – US Foreign relations since 1776, Oxford, Univ. Press, 2008, Chap. 5, "A Dose of Arsenic – Slavery, Expansion and the Road to Disunion, 1837-1861", pp. 176-223, quoted p. 201:

> "The Mexican-American war was the nation's first major military intervention abroad and its first experience with occupying a foreign country. Americans brought to this venture the *ethos* of the age, clearly defined notions of their own superiority and the conviction that they were 'pioneers of civilization'."

777. P. B. Casella, "The Latin American context around 1873", in *Au service du droit international/To the Benefit of International Law*, C. Kessedjian, O. Descamps and T. Fabrizi (eds.), Paris: Ed. Panthéon-Assas – Pedone, 2023, pp. 57-68; G. C. Herring, *From Colony to Superpower*, *op. cit.*, 2008, Chap. 5, quoted p. 194:

> "The Mexican-American conflict of 1846-48 was in large part a war of lust and aggrandizement. The United States had long coveted Texas. In the 1840's, California and New Mexico also became objects of its desire. With characteristic single-mindedness, Polk set his sights on all of them. He employed the same bullying approach used with Britain, this time without backing off, provoking a war that would have momentous consequences for both nations."

778. A. de Tocqueville, *Regards sur le bas Canada*, "choix de textes et présentation" C. Corbo, Montreal, Typo, 2003, Chap. 26 – *Rapports différents entre blancs et autochtones en Amérique du Nord*, pp. 243-246, quoted p. 245:

> "l'Etat du Texas fait partie, comme on sait, du Mexique et lui sert de frontière du côté des Etats-Unis. Depuis quelques années, les Anglo-Américains pénètrent individuellement dans cette province encore mal peuplée, achètent les terres, s'emparent de l'industrie, et se substituent rapidement à la population originaire. On peut prévoir que si le Mexique ne se hâte pas d'arrêter ce mouvement, le Texas ne tardera pas à lui échapper".

779. R. Le Mestre, "Des îles dans les plis de la bannière étoilée: les territoires et états associés de l'Océan Pacifique dépendant des Etats-Unis", *Journal du droit international*, 2018, July-September, Vol. 145, No. 3, pp. 801-822.

of dependency, possession or island territory [780]. Another case of occupation, followed by incorporation into the Union, was that of Hawaii [781]. Annexed in 1898 and incorporated as a territory in 1900, it retained that status until becoming the fiftieth State in the federation in 1959. The fate of Palmyra Atoll was different: an uninhabited nature reserve in Polynesia, it was originally a dependency of Hawaii, from which it was separated in 1959, since when its legal status has remained unchanged [782]. There are many ambiguities in the legal regimes applicable to Pacific islands such as Guam, American Samoa in Polynesia, the Northern Mariana Islands in Micronesia and the Virgin Islands in the Caribbean, more or less under direct United States domination [783]. The result is that war and diplomacy have now become defining elements in the national identity, invoked as arguments in defence of "manifest destiny" [784], which used notions of Anglo-Saxonism and the "white man's burden" to justify the imposition of US control over other populations – the idea that the fate of the United States of America was to become a bigger version of Britain, with a nobler destiny [785].

780. E. Moresco, "Les rapports de droit public entre la métropole et les colonies, dominions et autres territoires d'outre-mer", *Collected Courses*, Vol. 55 (1936), pp. 507-593, titre V – l'empire des Etats-Unis d'Amérique, pp. 583-588, quoted pp. 583-584: "Le terme de colonie n'est pas d'usage en Amérique, où l'on se sert de préférence de ceux de *dependency*, possession ou territoire insulaire."

781. G. C. Herring, *From colony to superpower – US Foreign relations since 1776*, ed. 2008, Chap. 8 – "The war of 1898, the new Empire and the dawn of the American century, 1893-1901", pp. 299-336, quoted pp. 305-306:

> "A second Grover Cleveland administration (1893-1897) killed the Republican effort to acquire Hawaii. Anti-expansionist and anti-annexation, Cleveland had a strong sense of right and wrong in such matters."

782. R. Le Mestre, "Des îles dans les plis de la bannière étoilée: les territoires et états associés de l'Océan Pacifique dépendant des Etats-Unis", JDI, 2018, Vol. 145, No. 3, quoted p. 805.

783. In the case of the empire of the United States of America, since the Constitution of 1787, is stipulated, according to article 4, section 3, the possibility for the Congress to adopt laws and regulations concernng "territories and other property belonging to the United States".

E. Moresco, 1936, quoted p. 583 states: "Il est donc exact de dire que les Etats-Unis sont envisagés par la Constitution comme la métropole d'un Empire".

784. S. Skowroneck, *Building a New American State: The Expansion of National Administrative Capacities 1877-1920*, Cambridge, Univ. Press, 1982.

785. G. C. Herring, *From Colony to Superpower – US Foreign relations since 1776*, ed. 2008, Chap. 8 – The war of 1898, the new Empire and the dawn of the American century, 1893-1901, pp. 299-336, quoted p. 305:

> "Even while the United States and England continued to tangle over various issues, Americans hailed the blood ties and common heritage of the English-speaking peoples. According to Anglo-Saxonist ideas, Americans and Britons stood together at the top of a hierarchy of races, superior in intellect, industry

810. In the case of the United States, colonialist action went hand in hand with, and was supported by, the "manifest destiny" rhetoric – an expression of the conviction, widespread at the time among inhabitants of the United States, that American colonizers should spread out across North America in the belief that they were the people chosen by God to civilize the continent. How could one argue rationally with a colonizer claiming to be guided in his colonizing by the hand of God?

811. Manifest destiny had three aspects: *(i)* the particular virtue of the American people and their institutions, *(ii)* the mission of the United States to remake the West in the American agrarian image, and *(iii)* their irresistible destiny to fulfil that essential duty with God's blessing [786]. Some devious and hypocritical reasoning was used in presenting "the pursuit of national self-interest as a manifestation of international altruism", to justify their advances towards territorial enlargement [787].

---

and morality. Some Americans took pride in the glory of the British Empire while predicting that in time they would supplant it."

786. A. K. Weinberg, *Manifest Destiny – A Study of Nationalist Expansionism in American History*, Baltimore, MD., J. Hopkins Press, 1935, *Foreword* by F. S. Dunn, p. IX-XII, mentions "the pervasive phenomenon called 'nationalism'":

> "We seek to 'explain' the course of international events in terms of this complex pattern of ideas, feelings, dogmas, emotional drives, moral attitudes and what not, yet our explanations are often mere verbal cloaks to cover up our lack of comprehension of the elements involved. Thus, to attribute the action of a nation or people in a specific situation to the 'spirit of nationalism' may temporarily satisfy our desire for a causal explanation, but in reality, it does little more than give a name to a complex set of variables that remain as far removed from our understanding as before. Much the same thing may be said in regard to our explanations of events in terms of 'imperialism', 'militarism', 'isolationism' and other characteristic ideologies that appear as determinants of national action."

787. F. S. Dunn, Foreword, to A. K. Weinberg, *Manifest Destiny – A Study of Nationalist Expansionism in American History*, Baltimore, MD, J. Hopkins Press, 1935, pp. IX-XII:

> "As the period of American expansion recedes in time and takes on perspective, it stands revealed as an amazing phase of our national development. The mere physical extent of the territory acquired is impressive enough, but the really astonishing thing is the range of ideas and moral doctrines that have been advanced in justification of this extension of the national domain at the expense of other – and usually weaker – peoples. Each phase of this movement has developed its own set of doctrines that have caused territorial aggrandizement to appear either as the inevitable working of Providence or as the dictate of the highest international morality. While the development of each of these doctrines makes a fascinating story in itself, the cumulative force of the whole is far more than the sum of its parts taken separately. One is struck with the constantly recurring tendency to see the pursuit of national self-interest as a manifestation of international altruism. One likewise finds many revealing parallels between the doctrines associated with past American expansion and those which we now condemn as morally indefensible when advanced by other nations in justification of their own steps toward territorial enlargement."

812. The doctrine of manifest destiny was put forward – somewhat hypocritically – as a vision of a new age for America, one with more nationalism and a more important role in the world [788]. This rhetoric found a ready audience, of businessmen seeking new markets to conquer and missionaries in search of souls to save – so much so that, by contrast with their view of the Europeans, Americans did not seem to see themselves as imperialists [789].

813. Alexis de Tocqueville had already detected and written about this American push towards colonization. While still very young (he was 29) he and a colleague, who was also a judge, set off on a long journey around North America, taking in the region known at the time as Lower Canada and passing through several towns in the United States. Though what he wrote could not be compared to his great essays on American democracy and the old regime and revolution [790], some of the thoughts he recorded in short texts or letters on the spirit of colonialism are worthy of attention. Tocqueville saw that if Mexico failed to take swift preventive action, it would soon lose control of Texas and other areas [791]. As it eventually happened.

814. Tocqueville wrote that in the 1830s. Not long afterwards, in 1849, the United States went to war with Mexico and occupied not only Texas but other territories as well, and those military conquests

788. Time had arrived, argued historians as F. Jackson Turner, for America to leave its shores and extend its influence to the islands nearby and to other nations. See M. Macmillan, *A primeira guerra mundial – que acabaria com as guerras*, orig. publ. *The war that ended peace*, 2013, trad. G. Vieira, São Paulo, Globo livros, 2014, reprint 2017, Chap. 1, "A Europa em 1900", pp. 3-27, quoted pp. 18-19.

789. M. Macmillan, *A primeira guerra mundial*, 2013, ed. 2017, Chap. 1 – "A Europa em 1900", pp. 3-27, quoted p. 19:

> "No Pacífico marcara a sua presença no Japão e na China e colocara sob sua asa um grupo de pequenas ilhas, cujos nomes – Guam, Midway, Wake – ficariam famosos na segunda guerra mundial. Em 1889, os Estados Unidos se envolveram em complicada disputa com a Alemanha e a Inglaterra sobre o compartilhamento das ilhas Samoa e, em 1898, anexaram as ilhas havaianas. Em consequência da guerra Hispano-americana do mesmo ano, os Estados Unidos viram-se com o controle das Filipinas, de Puerto Rico e de Cuba. A América central e o Caribe se transformaram em importante quintal quando os investimentos passaram a fluir na direção sul. Em 1910, os americanos dominavam território mexicano maior do que os próprios mexicanos. No norte, o Canadá continuou sendo uma tentação para os partidários das anexações."

790. A. C. H. Clérel de Tocqueville (1805-1859), left relevant analysis about his time in his books on *L'ancien régime et la révolution* (1856) and *De la démocratie en Amérique*, orig. publ. Vol. I in 1835 and Vol. II in 1840.

791. A. de Tocqueville, *Regards sur le bas Canada*, C. Corbo (ed.), Montreal, Typo, 2003, Chap. 26, "Rapports différents entre blancs et autochtones en Amérique du Nord", pp. 243-246, quoted p. 245. See also the "Presentation" by C. Corbo to the Volume, *Regards sur le bas Canada*, Montreal, Typo, 2003, pp. 7-46, quoted p. 8.

became new states in the United States federation – the present-day State of Texas, along with Arizona, Nevada, New Mexico and California. Through the use of military conquest and occupation against a sovereign, independent neighbour state, vast swathes of territory were taken, presented as the New Eldorado [792], fulfilling Tocqueville's prediction and demonstrating the lucidity of his analysis.

815. The conquest of Texas, New Mexico (whose name did nothing to conceal its origins), Arizona, Nevada and California and their subsequent incorporation into United States territory marked the nation's "first major military intervention abroad and its first experience with occupying a foreign country" [793]. With the conquest and occupation of a substantial part of the territory of Mexico, what had become of the "continental solidarity" the United States had proclaimed twenty years earlier?

816. Prior to the military interventions that deprived Mexico of a substantial part of its territory, the United States had purchased Louisiana from Napoleon, more than doubling the size of their own territory. Before the acquisition this had been more or less limited to the thirteen former colonies, which had become independent and formed the United States of America at the end of the eighteenth century. The expansion southwards and westwards was followed by a further push in the mid-nineteenth century, with the conquest and military occupation of Texas.

817. Tocqueville compared the situation in Louisiana – which had been sold by Napoleon in 1803 – where, as he put it, almost all the trade and industrial activity was concentrated in the hands of the "Anglo-Americans", to the situation in Texas:

---

792. G. C. Herring, *From Colony to Superpower*, *op. cit.*, 2008, Chap. 5, "Slavery, Expansion and the Road to Disunion, 1837-1861", pp. 176-223, as already quoted from p. 194:

> "The Mexican-American conflict of 1846-48 was in large part a war of lust and aggrandizement. The United States had long coveted Texas. In the 1840's, California and New Mexico also became objects of its desire. With characteristic single-mindedness, Polk set his sights on all of them. He employed the same bullying approach used with Britain, this time without backing off, provoking a war that would have momentous consequences for both nations."

793. G. C. Herring, *From Colony to Superpower – US Foreign Relations since 1776*, ed. 2008, quoted again from p. 201:

> "The Mexican-American war was the nation's first major military intervention abroad and its first experience with occupying a foreign country. Americans brought to this venture the *ethos* of the age, clearly defined notions of their own superiority and the conviction that they were 'pioneers of civilization'."

> "Something still more striking is happening in the province of Texas; the State of Texas is, as we know, part of Mexico, and serves as its boundary on the United States side. For some years now, Anglo-Americans have been making individual incursions into this still sparsely populated province, buying land, taking over the industry and rapidly taking the place of the native population. We can predict that, if Mexico fails to take swift preventive action, it will soon lose control over Texas." [794]

818. In the United States, "the embarrassment of the Supreme Court is expressed in its hesitancy over terminology" [795]. As late as 1955 there was a Judgment that ruled that the Indians did not have rights of ownership but a mere right of occupation, which the sovereign could end unilaterally [796].

819. Clearly, the observed conduct of Russia, Japan and the United States were comparable to European colonization in Africa and elsewhere, though they are not usually discussed in the same terms [797].

820. From 1845 to 1884, the pressures exerted by Europe on East Africa came from four interconnected sources: the abolition of the

794. A. de Tocqueville, *Regards sur le bas Canada*, *op. cit.*, 2003, Chap. 26, quoted p. 245: "Quelque chose de plus frappant encore se passe dans la province du Texas; l'état du Texas fait partie, comme on sait, du Mexique, et lui sert de frontière du côté des États-Unis. Depuis quelques années, les Anglo-Américains pénètrent individuellement dans cette province encore mal peuplée, achètent les terres, s'emparent de l'industrie, et se substituent rapidement à la population originaire. On peut prévoir que, si le Mexique ne se hâte pas d'arrêter ce mouvement, le Texas ne tardera pas à lui échapper."

795. F. Rigaux, "Aux origines du droit international: la conquête de l'Amérique", in P.-M. Dupuy and V. Chetail (eds.), *The Roots of International Law – Les fondements du droit international – Liber amicorum P. Haggenmacher*, Leiden, Boston, M. Nijhoff, 2014, pp. 641-648 : "l'embarras de la Cour suprême s'exprime dans les hésitations de terminologie" and at p. 646:

> "L'application du droit public européen aux nations indiennes interdisait de leur reconnaître une qualité équivalente à celle d'un état, sans qu'il fût possible de leur dénier toute forme d'indépendance avant la colonisation."

From such assumption might derive the terminology adopted by the Supreme Court of the United States towards autochthonous peoples: "a separate and distinct people . . . not a foreign but a domestic community", in Washington J conc in *Worcester* v. *Georgia* (1831) 30 US (5 Pet.) 1 at 17; "quasi-sovereign nations" in the case *Santa Clara Pueblo* v. *Martinez* (1978) 436 US 49 at 71; "quasi-sovereign tribal entities", in the case *Morton* v. *Mancari* (1974) 417 US 535 at 554; "once-sovereign political communities", in the case *United States* v. *Antelope* (1977) 430 US 641 at 647; "domestic dependent communities", according to Chief Justice Marshall, in *The Cherokee Nation* v. *Georgia* (1831) 30 US (5 Pet.) 1 at 17; *Brendale* v. *Confederated Yakima Indian Nation* (1989) 492 US 408 at 451.

796. *Tee-Hit-Ton Indians* v. *United States* (1955) 348 US 272, at 279.

797. *Tee-Hit-Ton Indians* v. *United States* (1955) 348 US 272, at 279.

slave trade, the propagation of Christianity, geographical exploration and the establishment of "legitimate commerce" in the region [798]:

> " 'Legitimate commerce' meant trade in commodities other than slaves. By 1845, ivory had become one of the most important items of international trade in East Africa. Although the ivory trade was controlled by Indian merchants who shipped it to Bombay, the commodity was later re-exported to Europe . . . Some American and German firms traded directly with East Africa, exchanging ivory for calico and hardware." [799]

821. The process of conquest and occupation of tropical Africa by the Europeans between 1880 and 1900 "was clearly irreversible. But it was also eminently resistible" [800]. Irreversible because the whites had, for the first time, a decisive advantage in terms of arms, and, for the first time, railways, telegraph and steamships provided them with a solution to the problems of communication in the African interior, as well as between Africa and Europe. But:

> "It was resistible because of the size of Africa; because of the strengths of its peoples; and because in the event Europe did not deploy very many men or very much technology . . . Books were written about what was called 'pacification'; the impression was given that most Africans had thankfully accepted the so-called *Pax Colonica*'; and the facts of African resistance were glossed over. But the victory of the Europeans does not mean that African resistance was unimportant at the time or undeserving of study now." [801]

---

798. I. M. Kimambo, "The East African coast and hinterland 1845-1880", in J. F. A. de Ajayi (ed.), *General History of Africa*, Vol. VI, *Africa in the Nineteenth Century until the* 1880s, Abridged edition, Oxford, James Currey Publishers and Paris, UNESCO Publishing, 1998, Chap. 10, pp. 88-99, at p. 98.

799. I. M. Kimambo, "The East African Coast and Hinterland 1845-1880", in J. F. Ade Ajayi (ed.), *General History of Africa*, Vol. VI, *Africa in the Nineteenth Century until the* 1880s, Abridged edition, Oxford, James Currey Publishers and Paris, UNESCO Publishing, 1998, Chap. 10, pp. 88-99, at p. 98.

800. T. O. Ranger, "African Initiatives and Resistance in the Face of Partition and Conquest", in A. Adu Boahen (ed.), *General History of Africa, Vol. VII – Africa under Colonial Domination 1880-1935*, California Heinemann, UNESCO, 1989, Chap. 3, pp. 45-62, at p. 45.

801. T. O. Ranger, "African Initiatives and Resistance in the Face of Partition and Conquest", in A. Adu Boahen (ed.), *General History of Africa, Vol. VII – Africa under Colonial Domination 1880-1935*, California Heinemann, UNESCO, 1989, at p. 45. "The Europeans were 'bound to win in the end', and after they had won, they tidied up the untidy process." *Ibid.*

822. The efforts to present some African societies as "naturally warlike" while others were "naturally peaceful" are beside the point: "it makes no sense to discriminate between so-called warlike, raiding states, and so-called peaceful, trading and cultivating ones, since . . . virtually all of them had some crucial interests or values which they were prepared to defend, if necessary by armed resistance". Moreover, the view that only the major African societies put up resistance, while the smaller ones could neither resist nor exploit colonial domination, has also been conclusively refuted [802].

823. Practically all types of African society resisted, and this resistance in fact manifested itself in every region where the Europeans were present: "We can now accept this as a fact that no longer needs elaboration" [803]. Studies of the African movements of resistance to the conquest and dividing up of Africa by Europeans are based on three assumptions, which remain valid though subject to correction in the light of more recent research and analysis:

- First, African resistance was important because it showed that Africans were not resigned to the partition and occupation of their continent by Europe. Pointing out the role of African resistance movements is important to dispel the view, dear to the Europeans, that their arrival was a "happy chance", freeing Africans from fratricidal wars, the tyranny of neighbouring tribes, epidemics and periods of famine.
- Next, far from being desperate and illogical, that resistance was often based on rational ideologies and took the form of organized, large-scale resistance movements. To them, the most important aspect was that the Europeans had taken away their sovereignty [804], and the most

802. T. O. Ranger, "African Initiatives and Resistance in the Face of Partition and Conquest", in A. Adu Boahen (ed.), *General History of Africa, Vol. VII – Africa under Colonial Domination 1880-1935*, California Heinemann, UNESCO, 1989, at p. 46. And at p. 47:

> "Shula Marks has shown in her study of Khoisan resistance in South Africa that non-centralized peoples are just as capable of putting up a determined fight against white advance as centralized ones. John Thornton has contrasted the resistance potential of states and stateless societies much to the advantage of the latter."

803. T. O. Ranger, "African Initiatives and Resistance in the Face of Partition and Conquest", in A. Adu Boahen (ed.), *General History of Africa, Vol. VII – Africa under Colonial Domination 1880-1935*, California Heinemann, UNESCO, 1989, at p. 47. The author continues: "What we need to do now is to move from cataloguing to interpretation; from merely demonstrating resistance to assessing and explaining its degrees of intensity".

804. T. O. Ranger, "African Initiatives and Resistance in the Face of Partition and Conquest", in A. Adu Boahen (ed.), *General History of Africa, Vol. VII – Africa under*

decisive feature of the short colonial period was that Africa had been dispossessed of its power: to be colonized was to be excluded from history [805].

– Lastly, these resistance movements were not in vain: they had major repercussions at the time, and continue to do so [806], as the "prophetic teaching which underlay some of the great resistances" [807]. "So far from being desperate nonsense, prophetic messages of this kind were

---

Colonial Domination 1880-1935, California Heinemann, UNESCO, 1989, at p. 49, mentions that the idea of sovereignty clearly served as an ideology for the resistance:

> "Nevertheless, important modifications must be made. Rulers were not always very clearly 'guardians of the sovereignty of the people'. In nineteenth-century Africa – in the west, east and south – new states had arisen . . . Such states often resisted the direct extension of European power but their resistance was undermined by the disaffection of many of their subjects."

In the case of long-established states, whose rulers were recognized as legitimate and capable of uniting the majority of the population in the resistance, "recent historians have been inclined to criticize the 'narrow sense of primordial loyalty' which did no more than focus on sovereignty as previously understood". At the same time, they stress the importance of resistance movements in which "the idea of sovereignty was redefined." (*ibid.*, p. 51).

805. T. O. Ranger, "African Initiatives and Resistance in the Face of Partition and Conquest", in A. Adu Boahen (ed.), *General History of Africa, Vol. VII – Africa under Colonial Domination 1880-1935*, California Heinemann, UNESCO, 1989, quotes J. Ajayi and W. Rodney, and observes that the phenomenon occurred in Southern Rhodesia, where the insurrections of 1896 were inspired by religious leaders. "Isaacman argues that the 1917 rising in the Zambezi valley was given moral fervour by the teachings of the spirit medium Mbuya, who did not call for the restoration of her own Barue state but preached instead the gospel of the brotherhood and oppression of all Africans" (*op. cit.*, p. 52).

806. T. O. Ranger, "African Initiatives and Resistance in the Face of Partition and Conquest", in A. Adu Boahen (ed.), *General History of Africa, Vol. VII – Africa under Colonial Domination 1880-1935*, California Heinemann, UNESCO, 1989, at p.46:

> "Historians have begun to classify revolts more rigorously, distinguishing 'social banditry' from 'peasant rebellion', and guerilla warfare from the clash of armies. In some cases, episodes trumpeted by the colonialists as rebellions have been shown to have been forced upon the people by ignorance and fear on the part of the whites."

807. T. O. Ranger, "African Initiatives and Resistance in the Face of Partition and Conquest", in A. Adu Boahen (ed.), *General History of Africa, Vol. VII – Africa under Colonial Domination 1880-1935*, California Heinemann, UNESCO, 1989, p. 52:

> "La manière dont G. Gwassa rend compte de l'évolution et du caractère de l'idéologie maji-maji de Kinjikitile est l'exemple classique d'un effort de réhabilitation. M. Mabona a procédé à une autre reconstitution frappante des enseignements du grand prophète militant xhosa Makana, démontrant qu'il ne s'agissait pas là d'un ramassis de principes religieux incompatibles ou incohérents, mais plutôt d'un assemblage d'éléments khoisan, xhosa et chrétiens habilement structurés, réunis avec une très grande imagination créatrice. A certains égards, l'enseignement de Makana était une version africaine de l'idéologie protestante de la souveraineté. Makana appela à l'unité panxhosa et à la confiance en l'univers moral des Xhosa. Dali'dephu leur grand ancêtre, allait balayer les blancs; les Xhosa défunts allaient revenir. Une ère nouvelle s'annonçait."

a systematic attempt to widen and redefine the idea of deity and its relation to the moral order, and involved wide-ranging changes in Xhosa internal assumptions and relationships, as well as providing the 'bedrock of ideology for resistance'." [808]

824. Like the first wave of colonization, the quest for territory that attacked the sovereignty of local political entities, the second wave, the quest for labour and economic exploitation, also met with armed resistance, desertion and strikes [809]. The widespread and organized nature of that resistance became even clearer when indirect forms of resistance were added to the repertoire of ongoing opposition to European economic aggression [810].

825. The eclipse of the colonial empires was due to three concurrent movements: demands by the colonized peoples themselves, questions asked on the mainland about the advantages and costs of such expansion, and lastly, external pressures on the former colonizers from competitors or new powers arriving to challenge them [811].

808. T. O. Ranger, "African Initiatives and Resistance in the Face of Partition and Conquest", in A. Adu Boahen (ed.), *General History of Africa, Vol. VII – Africa under Colonial Domination 1880-1935*, California Heinemann, UNESCO, 1989, at p. 53. The author continues:

> "Peter Rigby has argued strongly against the idea that African prophetism was 'merely the result of exogenous forces of disruption during the colonial period' or sprang from a breakdown of African religions . . . but upon the grounds of the viability and adaptability of African religions."

809. T. O. Ranger, "African Initiatives and Resistance in the Face of Partition and Conquest", in A. Adu Boahen (ed.), *General History of Africa, Vol. VII – Africa under Colonial Domination 1880-1935*, California Heinemann, UNESCO, 1989, at p. 61:

> "In the work of scholars like Charles van Onselen we have a new dimension for studies of resistance – no longer the dimension of 'Zambian resistance' or 'Bemban resistance' but the dimension of resistance along the whole early colonial inter-territorial network of labour migration."

810. T. O. Ranger, "African Initiatives and Resistance in the Face of Partition and Conquest", in A. Adu Boahen (ed.), *General History of Africa, Vol. VII – Africa under Colonial Domination 1880-1935*, California Heinemann, UNESCO, 1989, at p. 62:

> "Exploration of the ideological basis of resistance gains a new richness when we add the first manifestations of 'consciousness' on the part of workers or peasants to the idea of sovereignty and to the search for a new moral order."

811. M. Ferro, *Histoire des colonisations – des conquêtes aux indépendances, XIIIe-XXe siècle*, orig. publ. 1994, Paris, Seuil – Histoire, ed. 1996, Chap. X – Libération ou décolonisation, pp. 439-492, quoted p. 453, considers as a paradox that the centuries long rivalry between France and England stimulated their ascension and contributed to the development of their respective colonial empires, whereas the association between the two, for the irst time, in colonial matters, triggered the fall of both – on the occasion of the nationalization of the Suez canal, by the Nasser regime in Egypt, and the failure of the joint military attempt, by the combined Anglo-French-Israeli forces.

826. A major part of this huge cultural shift was the decline of colonialism and the relative weakening of the colonial powers after two world wars. This paved the way for a radical reordering of the international system, with large numbers of states becoming independent and the right of peoples to self-determination emerging as a basic principle of postmodern international law. This new phase showed the pendulum of history moving away from the excesses of the preceding period.

827. It was opportune and necessary at the time to follow that shift and reject the earlier colonialist movements. But we should not forget that there were also strategic interests at stake for both the United States and the former Soviet Union: showing solidarity with the cause of independence movements in the former European colonies offered a way to undermine the other two powers, France and the United Kingdom. Later, with the dawning of the Cold War decades (1949-1989), the USA and the USSR came into direct opposition, seeking to expand their respective spheres of influence in what at the time was known as the "Third World".

828. Recognition of the legitimacy of independence movements, and support for them, were largely the product of power struggles between the former European colonies rather than any other historic or civilizational considerations.

829. Once stripped of their former colonial empires, France and the United Kingdom were reduced to their strictly European dimensions as medium-ranked, second-line powers. All that remained of their empires were a few small and less strategically important colonial possessions. Despite that, France and the United Kingdom each still have a permanent seat on the United Nations Security Council, which makes less sense now than it might still have done in 1945.

830. The Leninist idea of self-determination, in the sense of a people separating from an existing nation state or imperial power to form an independent state, and also the Wilsonian notion of the right of a people to freely choose its own government, coincided to a considerable extent with the claims of the Pan-Africanist movement for the right to self-determination on the African continent, as A. Yusuf[812] and others

812. A. A. Yusuf, "Pan-Africanism and International Law", *Collected Courses*, Vol. 369 (2014), Chap. II – *Pan-Africanism and the "Jus publicum europaeum"*, pp. 53-93, quoted pp. 90-91:

> "These changes marked the beginning of a new phase in the in the struggle of the Pan-African movement for human rights and for the self-determination of the peoples of Africa."

have pointed out[813]. At the time this was still a political doctrine; it only became part of international law with the creation of the United Nations, whose practices strengthened it[814].

831. There was no mention of the right to self-determination in the Covenant of the League of Nations: at the time it was not considered as a general principle of international law, but rather a political doctrine. That remained the case throughout the twenty years of the League's existence.

832. That assessment was upheld by the Council of the League of Nations and their expert advisers in the *Aaland Islands* case[815] in 1920-21, though the right to autonomy of the population concerned in that case was specifically acknowledged[816]. The 1921 report of the International Committee of Jurists on the Aaland Islands suggested that self-determination might be applicable in situations where there was uncertainty about the existence or extent of territorial sovereignty[817].

---

813. F.-C. Mougel and S. Pacteau, *Histoire des relations internationales* de 1815 à nos jours, Paris, Presses Univ. de France, 13e ed., 2016, Chap. X – *La fin du monde colonial*, pp. 96-100, quoted p. 96:

> "la restauration du pouvoir colonial en 1944-1945, justifiée aux yeux des métropoles par un double souci de prestige et de puissance, paraît anachronique, même si elle s'assortit de promesses de réformes. D'autant que de nouveaux facteurs viennent s'y opposer. D'abord, la détermination anticoloniale de l'URSS, par tradition idéologique et intérêt stratégique. Ensuite la méfiance des Etats-Unis, à la fois par principe, par souci de contrer la contagion communiste et par le désir de réduire le rôle des puissances européennes. Enfin, l'engagement de nombreux pays d'Asie, d'Afrique et d'Amérique latine, décidés à se servir de l'ONU comme instrument de libération de tous les peuples colonisés. Même si ces positions ne convergent pas toutes, pendant près de trente ans la décolonisation va s'imposer au cœur de la vie internationale".

814. Beyond considerations in the present chapter, see also chapter IV – on the role of the international protection of fundamental rights as an element of renewal and transformation of International law, in connection with the right of peoples to self-determination, and the relevance of such development, in International law.

815. *Report of the International Committee of Jurists Entrusted by the Council of the League of Nations with the task of giving an Advisory Opinion upon the legal aspects of the Aland Isles*, especially the question No. 5.

816. Finnish and Swedish are the two official languages in Finland, according to the Constitution of Finland; but only Swedish is the official language in the Aaland Isles, as stipulated by the *Självstyrelselag* – the Acte on the autonomy of the Aaland Isles, 1991, Sec. 36. See also S. Harck, "Aland Islands", in R. Wolfrum (ed.), *Encyclopedia of Public International Law*, Oxford, Univ. Press, 2012, Vol. I, pp. 279-285, par. 27:

> "The peaceful solution of the dispute about the Aland Islands and the protection of the Swedish identity of the population of the islands is often pointed out as a model for the solution of minority conflicts."

817. D. Thürer and T. Burri, "Self-determination", in R. Wolfrum (ed.), *Encyclopedia of Public International Law*, Oxford, Univ. Press, 2012, Vol. IX, pp. 113-128, par. 16.

833. The importance of this change in the international system was considerable, especially for Africa, given the misuse of international law by the colonial powers on the continent. As B. Boutros-Ghali wrote:

> "Africa, which had known traditional international law only as a projection of colonialism with capitulation, protectorates, concessions and so on, a law conceived in part to legitimize European acquisitions and privileges, now saw its way clear to draw up the law that would resolve its future conflicts, govern its associations and groupings, and underpin its security and institutions." [818]

834. The evolution of the right of peoples to self-determination from a political doctrine to a principle of international law can be traced from the Atlantic Charter through to the United Nations, with the brief references in its 1945 Charter and the later resolutions of the General Assembly.

835. With the Atlantic Charter of 14 August 1941, United States President Roosevelt and United Kingdom Prime Minister Churchill drew up and signed a document containing a series of principles designed to maintain international peace and security. Among other things, they expressed the wish that there would be "no territorial changes that do not accord with the freely expressed wishes of the peoples concerned" (second principle of the Atlantic Charter), they committed to "respect the right of all peoples to choose the form of government under which they will live" (third principle), and expressed the wish "to see sovereign rights and self-government restored to those who have been forcibly deprived of them" (third principle) [819].

836. The principles laid down in the 1941 Atlantic Charter were repeated in the United Nations Declaration signed on 1 January 1942, the 1943 Moscow Declaration, and other major instruments of the

---

818. B. Boutros-Ghali, *L'Organisation de l'Unité africaine*, Paris, Armand Colin, 1968, pp. 5-6:

> "L'Afrique, qui n'a connu de droit international traditionnel que dans une projection coloniale (capitulations, protectorat, concessions, etc.), comme un droit conçu en partie pour légitimer les acquisitions et les privilèges européens, s'est vu d'emblée offrir un champ nouveau pour élaborer le droit qui réglera à l'avenir ses conflits, régira ses associations et ses regroupements, établira sa sécurité et ses institutions."

819. *Text of the Atlantic Charter*, 14 August 1941, in *The Yearbook of the United Nations*, 1946-1947, Part One – The United Nations/I. Origin and Evolution of the United Nations, B – The Atlantic Charter, p. 2.

time [820]. At the time of the foundation of the United Nations in 1945, 750 million people – one third of the world's population – were living in territories under a colonial regime or with no autonomous government.

837. The principles laid down in the Atlantic Charter were taken into consideration by the San Francisco Conference in 1945, and reflected in the text of the Charter of the United Nations with the inclusion of the concept of self-determination. Article 1 (2) stated that one of its purposes was: "To develop friendly relations among nations based on respect for the principle of equal rights and self-determination of peoples, and to take other appropriate measures to strengthen universal peace".

838. Chapter IX of the UN Charter, on International Economic and Social Cooperation, provides in article 55 for the creation of "conditions of stability and well-being which are necessary for peaceful and friendly relations based on respect for the principle of equal rights and self-determination of peoples". There is a further, implicit, reference to the principle in chapter XI, the Declaration Regarding Non-Self-Governing Territories, Article 73 of which states:

> "Members of the United Nations which have or assume responsibilities for the administration of territories whose peoples have not yet attained a full measure of self-government recognize the principle that the interests of the inhabitants of these territories are paramount, and accept as a sacred trust the obligation to promote to the utmost, within the system of international peace and security established by the present Charter, the well-being of the inhabitants of these territories" . . .

839. Article 76 *(b)*, in chapter XII on the International Trusteeship System, provides that, "in accordance with the Purposes of the United Nations", one of the "basic objectives of the trustee system" shall be:

> "to promote the political, economic, social, and educational advancement of the inhabitants of the trust territories, and their progressive development towards self-government or independence as may be appropriate to the particular circumstances of each territory and its peoples and the freely expressed wishes

820. *The Moscow Declaration on International Security*, in *The Yearbook of the United Nations*, 1946-1947, Part One – The United Nations/I. Origin and Evolution of the United Nations, C – The Moscow Declaration on International Security, 1943, p. 3.

of the peoples concerned, and as may be provided by the terms of each trusteeship agreement"...

840. Notwithstanding the importance of its inclusion in the United Nations Charter, the right to self-determination as a principle of international law cannot realistically be interpreted or applied as a rule of law in the absence of a specific definition of a "people", given the diversity of international situations, and is therefore, more than anything else, a moral and political force to guide the actions of United Nations organs in the exercise of their powers and functions [821]. That interpretation is confirmed by the fact that the "self-determination of peoples" [822] referred to in Article 1 (2) of the Charter is one of a number of measures for strengthening world peace and, as such, must be extremely flexible.

841. The practice of the UN has helped to consolidate the principle. In particular, General Assembly Resolution 1514 (XV) of 14 December 1960, the Declaration on the Granting of Independence to Colonial Countries and Peoples, was the first major contribution by the UN to the development of the concept. Its adoption, with no votes against, upheld the right of all peoples to self-determination. That declaration constituted not just the political but also the legal basis for the UN's policy of decolonization, and in the course of its implementation specific institutions and procedures were set up, with plebiscites and elections used as means of enabling peoples on the path to self-determination to express their will.

---

821. D. Thürer and T. Burri, "Self-determination", in *Encyclopedia*, 2012, Vol. IX, quoted par. 8:

> "In trying to assess the legal significance of these provisions it should not be assumed that the concept of self-determination became a legally binding principle of conventional international law by the mere fact of its incorporation into the UN Charter. Although the provisions concerning non-self-governing and trust territories entail binding international obligations, the general principles of self-determination and of equal rights of peoples, which in the formula used by the UN Charter appear to be two component elements of the same concept, seem to be too vague and also too complex to entail specific rights and obligations. In particular, the UN Charter neither supplies an answer to the question as to what constitutes a 'people' nor does it lay down the content of the principle."

822. *Le droit des peuples à disposer d'eux-mêmes: méthodes d'analyse du droit international: Mélanges offerts à C. Chaumont*, Paris, Pedone, 1984, focusing on postmodern International law, esp. the chapters by J. Charpentier, "Autodétermination et décolonisation", *op. cit.*, 1984, pp. 117-133, and A. N'Kolombua, "L'ambivalence des relations entre le droit des peuples à disposer d'eux-mêmes et l'intégrité territoriale des états en droit international contemporain", *op. cit.*, 1984, pp. 433-463.

842. Then, General Assembly Resolution 1541 (XV) of 15 December 1960 listed the "Principles which should guide Members in determining whether or not an obligation exists to transmit the information called for under Article 73, letter *'e'* of the Charter", with the aim of determining whether specific territories could be included in the category covered by chapter XI of the UN Charter.

843. A further major development in this area was the adoption of the International Covenant on Economic, Social and Cultural Rights, in 1966 [823]. Article 1 (1) provides: "All peoples have the right of self-determination. By virtue of that right they freely determine their political status and freely pursue their economic, social and cultural development". Article 1 (3) provides:

> "The States Parties to the present Covenant, including those having responsibility for the administration of Non-Self-Governing and Trust Territories, shall promote the realization of the right of self-determination, and shall respect that right, in conformity with the provisions of the Charter of the United Nations."

844. The wording of that paragraph is identical to that of the International Covenant on Civil and Political Rights of the same year [824]. It reaffirmed the right of peoples to self-determination as defined in Resolution 1514 (XV) of 14 December 1960.

845. Together with United Nations practice, the inclusion of the right to self-determination in the two international Covenants in 1966 gave it the status of a principle of international law, and specifically of international protection of fundamental rights [825]. A collective right, of both the people and the individuals who make up that people.

---

823. UNO, *International Covenant on Economic, Social and Cultural Rights*, adopted and opened for signature, ratification and accession by the General Assembly resolution 2200A (XXI) of 16 December 1966, entry into force 3 January 1976, in accordance with Article 27.

824. UNO, *International Covenant on Civil and Political Rights*, adopted and opened for signature, ratification and accession by General Assembly resolution 2200A (XXI) of 16 December 1966, entry into force 23 March 1976, in accordance with Article 49, with exception of its Article 41; and the *Optional Protocol to the International Covenant on Civil and Political Rights, adopted and opened for signature, ratification and accession by the General* Assembly resolution 2200A (XXI) of 16 December 1966, entry into force 23 March 1976, in accordance with Article 9.

825. D. Thürer and T. Burri, "Self-determination", in *Encyclopedia*, 2012, Vol. IX, pp. 113-128, par. 10:

> "By being included in Articles 1 ICCPR and ICESCR, the concept of self-determination as a whole was given the characteristic of of a fundamental human right or, more accurately, that of a source or essential prerequisite for the existence of individual human rights, since these rights could not genuinely be exercised

846. In Resolution 2625 (XXV) of 24 October 1970, which contains the Declaration on Principles of International Law concerning Friendly Relations and Co-operation among States in accordance with the Charter of the United Nations, the General Assembly gave the most general and complete formulation of the right to self-determination. According to that Declaration, "the principle of equal rights and self-determination of peoples" enshrined in the United Nations Charter includes "the right freely to determine, without external interference, their political status and to pursue their economic, social and cultural development"; and "every State has the duty to respect this right in accordance with the provisions of the Charter".

847. The same principle in the same Declaration also directly states: "The establishment of a sovereign and independent State, the free association or integration with an independent State or the emergence into any other political status freely determined by a people constitute modes of implementing the right of self-determination by that people". This is important in that it highlights the role of the processes and methods in achieving the result, rather than simply the result alone.

848. The right of peoples to self-determination drew reinforcement from state practice, as well as being listed as a principle of international law in Resolution 2625 (XXV) 1970, the Declaration on Principles of International Law concerning Friendly Relations and Co-operation among States in accordance with the Charter of the United Nations. It remained to be determined to what extent the principle operated as a "right" in the prevailing international legal context, and specifically, what legal consequences might flow from it.

849. It could be argued [826] that the right to self-determination in the colonial context had the nature and value of a mere recommendation. Throughout the process of its consolidation into a rule of customary international law, the right to self-determination is said to have acquired its binding force as a result of its implementation, including by the major colonial powers.

850. It is interesting to look at the content the principle is given in some of the decisions of the International Court of Justice:

without the realization of the – collective – right of self-determination. In their general formulation the ICCPR and ICESCR provide essential evidence of the meaning and content of the principle of self-determination even for states which are not part to them."

826. R. Le Mestre, "Des îles dans les plis de la bannière étoilée: les territoires et états associés de l'Océan Pacifique dépendant des Etats-Unis", *Journal du droit international*, 2018, Vol. 145, n° 3, pp. 801-822, quoted p. 806, note 40.

– As early as its Advisory Opinion on the *International Status of South West Africa* (1950), the Court recalled that when the mandate system was set up under the aegis of the League of Nations, "two principles were considered to be of paramount importance: the principle of non-annexation and the principle that the well-being and development of such peoples form 'a sacred trust of civilization'" [827].

851. The International Court of Justice has specifically examined the content and development of the right to self-determination in several cases, of which the following are good examples:

– In its 1971 Advisory Opinion on the *Legal Consequences for States of the Continued Presence of South Africa in Namibia (South West Africa) notwithstanding Security Council Resolution 276 (1970)*, the Court affirmed that the right of peoples to self-determination, as evidenced by the practice of the UN, pursuant to chapters XI to XIII of its Charter, had consolidated into the legal basis of the right to decolonization: "the subsequent development of international law in regard to non-self-governing territories, as enshrined in the Charter of the United Nations, made the principle of self-determination applicable to all of them. The concept of the sacred trust was confirmed and expanded to all 'territories whose peoples have not yet attained a full measure of self-government' (Art. 73)" [828]. Thus,

827. ICJ, International Status of South West Africa, Advisory opinion 11 July 1950, *ICJ Reports 1950*, p. 128, quoted pp. 131-132:

> "The Mandate was created, in the interest of the inhabitants of the territory, and of humanity in general, as an international institution with an international object – a sacred trust of civilization."

See also N. Bentwich, "Le système des mandats", *Collected Courses*, Vol. 29 (1929), pp. 115-186.

828. ICJ, *Legal Consequences for States of the Continued presence of South Africa in Namibia (South West Africa) notwithstanding Security Council Resolution 276 (1970)*, Advisory opinion of 21 June 1971, *ICJ Reports 1971*, at para. 53. The Court observes (par. 91):

> "One of the fundamental principles governing the international relationship thus established is that a party which disowns or does not fulfil its own obligations cannot be recognized as retaining the rights which it claims to derive from the relationship."

This remains valid and useful equally in other situations. And also (par. 131):

> "Under the Charter of the United Nations, the former Mandatory had pledged itself to observe and respect, in a territory having an international status, human rights and fundamental freedoms for all without distinction as to race. To establish instead, and to enforce, distinctions, exclusions, restrictions and limitations exclusively based on grounds of race, colour, descent or national or ethnic origin is a flagrant violation of the purposes and principles of the Charter."

"it clearly embraced territories under a colonial regime. Obviously, the sacred trust continued to apply to League of Nations mandated territories on which an international status had been conferred earlier. A further important stage in this development was the Declaration of the Granting of Independence to Colonial Countries and Peoples (General Assembly resolution 1514 (XV) of 14 December 1960), which embraces all peoples and territories which 'have not yet attained independence'" [829].

- In the 1975 *Western Sahara* case, when the General Assembly submitted its request to the Court for an Advisory Opinion it reaffirmed the right of the population of the Spanish Sahara to self-determination in accordance with resolution 1514 (XV), and considered "that the persistence of a colonial situation in Western Sahara jeopardizes stability and harmony in the north-west African region". The Court concluded "that the materials and information presented to it do not establish any tie of territorial sovereignty between the territory of Western Sahara and the Kingdom of Morocco or the Mauritanian entity. Thus, the Court has not found legal ties of such a nature as might affect the application of resolution 1514 (XV) in the decolonization of Western Sahara and, in particular, of the principle of self-determination through the free and genuine expression of the will of the peoples of the Territory" [830].
- In its 1986 Judgment in the case of the *Frontier Dispute (Burkina Faso/Republic of Mali)* [831], the Court reaffirmed the role of the *uti possidetis* doctrine [832] in guiding the process – "the principle of the intangibility of the frontiers inherited from colonization" – and having contributed to the achievement of self-determination by guaranteeing the frontiers between the former colonies once they achieved independence. The parties had argued at length over how the dispute was to be classified in terms of a distinction sometimes

829. *Ibid.*, at para. 53. See ICJ, International Status of South West Africa, Advisory opinion 11 July 1950, *ICJ Reports 1950*, p. 128; also ICJ, *South West Africa Cases (Ethiopia* v. *South Africa; Liberia* v. *South Africa) Preliminary Objections*, Judgment 21 December 1962, *ICJ Reports 1962*, p. 319, and *South West Africa Cases (Ethiopia* v. *South Africa; Liberia* v. *South Africa) Second Phase*, Judgment 18 July 1966, *ICJ Reports 1966*, p. 6.

830. ICJ, *Western Sahara*, Advisory opinion 16 October 1975, *ICJ Reports 1975*, p. 6, para. 162, see also paras. 54 to 59. The request for an Advisory Opinion was adopted by the General Assembly of the UN on 13 December 1974.

831. ICJ, *Frontier dispute (Burkina-Faso* v. *Mali), Judgment* 22 December 1986, *ICJ Reports 1986*, para. 19, p. 554.

832. On the contents and uses of the *uti possidetis* see the precedent Chapter II.

made by legal writers between "frontier disputes", "delimitation disputes" and "disputes as to attribution of territory" [833]. The Chamber of the Court felt "obliged to dispel a misunderstanding which might arise" from that distinction [834]. "It is to be supposed that the Parties drew inspiration from the principle expressly stated in the well-known resolution (AGH/Res. 16(I)), adopted at the first session of the Conference of African Heads of State and Government, meeting in Cairo in 1964, . . . that all member States of the Organization of African Unity *'solemnly . . . pledge themselves to respect the frontiers existing on their achievement of national independence'.*" [835] As to *uti possidetis*, the Chamber observed that since the Parties had "expressly requested the Chamber to resolve their dispute on the basis, in particular, of the 'principle of the intangibility of frontiers inherited from colonization'", it could not "disregard the principle of *uti possidetis juris*, the application of which gives rise to this respect for intangibility of frontiers. Although there is no need, for the purposes of the present case, to show that this is a firmly established principle of international law where decolonization is concerned, the Chamber nonetheless wishes to emphasize its general scope, in view of its exceptional importance for the African continent and for the two Parties". The Chamber continued: "It is a general principle, which is logically connected with the phenomenon of the obtaining of independence, wherever it occurs. Its obvious purpose is to prevent the independence and stability of new States being endangered by fratricidal struggles provoked by the challenging of frontiers following the withdrawal of the administering power" [836]. The fact that it was respected amounted to "the application in Africa

833. ICJ, *Frontier dispute (Burkina-Faso* v. *Mali), Judgment* 22 December 1986, *ICJ Reports 1986*, p. 563, para. 17.

834. ICJ, *Frontier dispute (Burkina-Faso* v. *Mali), Judgment* 22 December 1986, *ICJ Reports 1986*, p. 564, para. 18. The distinction entails among other effects the opposition among "legal titles" ("titres juridiques") and effective possession ("effectivités"), but the Court Chamber observed:

> "In this context, the term 'legal title' appears to denote documentary evidence alone. It is hardly necessary to recall that this is not the only accepted meaning of the word 'title'. Indeed, the Parties have used this word in different senses. In fact, the concept of title may also, and more generally, comprehend both any evidence which may establish the existence of a right, and the actual source of that right."

835. ICJ, *Frontier dispute (Burkina-Faso* v. *Mali)*, Judgment 22 December 1986, *ICJ Reports 1986*, p. 564, par. 19.

836. ICJ, *Frontier dispute (Burkina-Faso* v. *Mali)*, Judgment 22 December 1986, *ICJ Reports 1986*, p. 565, par. 20.

of a rule of general scope" [837]. Moreover, "the maintenance of the territorial status quo in Africa is often seen as the wisest course, to preserve what has been achieved by peoples who have struggled for their independence, and to avoid a disruption which would deprive the continent of the gains achieved by much sacrifice. The essential requirement of stability in order to survive, to develop and gradually to consolidate their independence in all fields, has induced African States judiciously to consent to the respecting of colonial frontiers, and to take account of it in the interpretation of the principle of self-determination of peoples" [838].

- The International Court of Justice also recognized, in the case of *East Timor* (*Portugal* v. *Australia*) in 1995, that the right of peoples to self-determination is a rule of international law opposable *erga omnes*, and thus opposable to all the actors in international society [839].
- In its Advisory Opinion of 2004 on the *Legal Consequences of the Construction of a Wall in the Occupied Palestinian Territory,* the Court [840] responded to the question put by the General Assembly in resolution ES-10/14 adopted on 8 December 2003: "What are the legal consequences arising from the construction of the wall being built by Israel, the occupying Power, in the Occupied Palestinian Territory, including in and around East Jerusalem, as described in the Report of the Secretary-General, considering the rules and principles of international law, including the Fourth Geneva Convention of 1949, and relevant Security Council and General Assembly resolutions?" The Court gave its Opinion on 9 July 2004, rejecting the argument that an opinion could not be given in that case on the ground that

837. ICJ, *Frontier dispute (Burkina-Faso* v. *Mali)*, Judgment 22 December 1986, *ICJ Reports 1986*, p. 565, par. 21 and hereinafter par. 22:

> "The elements of *uti possidetis* were latent in the many declarations made by African leaders in the dawn of independence. These declarations confirmed the maintenance of the territorial status quo at the time of independence, and stated the principle of respect both for the frontiers deriving from international agreements, and for those resulting from mere internal administrative divisions."

838. ICJ, *Frontier dispute (Burkina-Faso* v. *Mali)*, Judgment 22 December 1986, *ICJ Reports 1986*, p. 567, par. 25.

839. ICJ, *East Timor (Portugal* v. *Australia)*, Judgment, *ICJ Reports 1995*, p. 90, specifically p. 102, par. 29. See also A. A. Cançado Trindade, "O caso Timor Leste (1999): o direito de autodeterminação do povo timorense", in *O direito internacional em um mundo em transformação: ensaios 1976-2001*, prefácio Celso D. de A. Mello, Rio de Janeiro, Renovar, 2002, pp. 723-745.

840. ICJ, *Legal Consequences of the Construction of a Wall in the Occupied Palestinian Territory, Advisory opinion*, 9 July 2004, *ICJ Reports 2004*, p. 136.

the question posed was of an abstract or political nature [841]. As to the legality under international law of the construction of the wall by Israel, the Court began by determining the rules and principles of international law applicable to the question: Article 2, paragraph 4 of the United Nations Charter and resolution 2625 (XXV) of the General Assembly, pursuant to which "Every State has the duty to refrain from any forcible action which deprives peoples referred to [in that resolution] . . . of their right to self-determination" [842]; the customary law principles forbidding the threat and use of force and the unlawfulness of any acquisition of territory by such means – "the inadmissibility of the acquisition of territory by war" [843]; the

841. ICJ, *Legal Consequences of the Construction of a Wall in the Occupied Palestinian Territory, Advisory opinion*, 9 July 2004, *ICJ Reports 2004*, p. 136, par. 41:

> "The Court cannot accept the view, which has been advanced in the present proceedings that it has no jurisdiction because of the "political" character of the question posed."

And par. 47:

> "the Court found that a legal controversy did indeed exist, but one which had arisen during the proceedings of the General Assembly and in relation to matters with which the Assembly was dealing. It has not arisen independently in bilateral relations".

And par. 48:

> "As regards the request for an advisory opinion now before it, the Court acknowledges that Israel and Palestine had expressed radically opposed views on the legal consequences of Israel's construction of the wall, on which the Court has been asked to pronounce. However, as noted by the Court, "Differences of views . .. on legal issues have existed in practically every advisory proceeding" (*Legal Consequences for States of the Continued presence of South Africa in Namibia (South West Africa) notwithstanding Security Council Resolution 276 (1970)*, Advisory opinion of 21 June 1971, *ICJ Reports 1971*, p. 24, par. 34).

842. ICJ, *Legal Consequences of the Construction of a Wall in the Occupied Palestinian Territory, Advisory opinion*, 9 July 2004, *ICJ Reports 2004*, p. 136, par. 88:

> "The Court would recall that in 1971 it emphasized that current developments in 'international law with regard to non-self-governing territories, as enshrined in the Charter of the United Nations, made the principle of self-determination applicable to all [such territories].' The Court went on to state that 'These developments leave little doubt that the ultimate object of the sacred trust' referred to in Article 22, para. 1, of the Covenant of the League of Nations 'was the self-determination . . . of the peoples concerned' (*Legal Consequences for States of the Continued presence of South Africa in Namibia (South West Africa) notwithstanding Security Council Resolution 276 (1970)*, Advisory opinion, *ICJ Reports 1971*, p. 31, paras. 52-53). The Court has referred to this principle on a number of occasions in its jurisprudence (*ibid.*; see also Western Sahara, Advisory Opinion, *ICJ Reports 1975*, p. 68, para. 162)".

843. ICJ, *Legal Consequences of the Construction of a Wall in the Occupied Palestinian Territory, Advisory opinion*, 9 July 2004, *ICJ Reports 2004*, p. 136, par. 117, with paras. 74 and 87:

principle of the right of peoples to self-determination, enshrined in the Charter, reaffirmed by resolution 2625 (XXV) and applicable to the "Palestinian people" [844]; the Hague Regulations of 1907, which had acquired the character of custom, and the Fourth Geneva Convention of 1949, applicable in the Palestinian territories [845], which, prior to the armed conflict of 1967, had been east of the demarcation line of the 1949 armistice (or the "Green Line") and which had been occupied by Israel at the time of that conflict [846]; human rights instruments (the International Covenant on Civil and Political Rights [847], the

---

"The Court would recall that both the General Assembly and the Security Council have referred, with regard to Palestine, to the customary rule of 'the inadmissibility of the acquisition of territory by war' (see paras. 74 and 87 above)."

844. ICJ, *Legal Consequences of the Construction of a Wall in the Occupied Palestinian Territory, Advisory opinion*, 9 July 2004, *ICJ Reports 2004*, p. 136, par. 118:

"As regards the principle of the right of peoples to self-determination, the Court observes that the existence of a 'Palestinian people' is no longer in issue. Such existence has moreover been recognized by Israel in the exchange of letters of 9 September 1993 between Mr. Yasser Arafat, President of the Palestine Liberation Organization (PLO) and Mr. Yitzhak Rabin, Israeli Prime Minister."

The Court enumerated several other occasions in which the existence of the Palestinian people was recognized by Israel, in documents and exchanges of letters by Israeli government officers.

845. ICJ, *Legal Consequences of the Construction of a Wall in the Occupied Palestinian Territory, Advisory opinion*, 9 July 2004, *ICJ Reports 2004*, p. 136, par. 132:

"the construction of the wall has led to the destruction or requisition of properties under conditions which contravene the requirements of Articles 46 and 52 of the Hague Regulations of 1907 and of Article 53 of the Fourth Geneva Convention".

846. ICJ, *Legal Consequences of the Construction of a Wall in the Occupied Palestinian Territory, Advisory opinion*, 9 July 2004, *ICJ Reports 2004*, p. 136, par. 91:

"The Court would recall that the Fourth Geneva Convention was ratified by Israel on 6 July 1951 and that Israel is a party to that Convention. Jordan has also been a party thereto since 29 May 1951. Neither of the two States has made any reservation that would be pertinent to the present proceedings."

"Furthermore, Palestine gave a unilateral undertaking, by declaration of 7 June 1982, to apply the Fourth Geneva Convention."

And par. 93:

"Subsequently, the Israeli authorities have indicated on a number of occasions that in fact they generally apply the humanitarian provisions of the Fourth Geneva Convention within the occupied territories."

847. ICJ, *Legal Consequences of the Construction of a Wall in the Occupied Palestinian Territory, Advisory opinion*, 9 July 2004, *ICJ Reports 2004*, p. 136, par. 111:

"In conclusion, the Court considers that the International Covenant on Civil and Political Rights is applicable in respect of acts done by a State in the exercise of its jurisdiction outside its own territory."

International Covenant on Economic, Social and Cultural Rights [848] and the United Nations Convention on the Rights of the Child) [849], also applicable to the Occupied Palestinian Territory. The Court noted that the route of the wall included some eighty percent of the settlers living in the Occupied Palestinian Territory and that those settlements were in breach of international law [850]. The Court took the view that the construction of the wall and its associated regime created a *"fait*

See also par. 127: "The International Covenant on Civil and Political Rights also contains several relevant provisions." The Court specifies such provisions and concludes the paragraph: "The other articles of the Covenant therefore remain applicable not only in Israeli territory, but also on the Occupied Palestinian Territory." The enumeration of such applicable provisions is continued in paras. 128 and 129.

848. ICJ, *Legal Consequences of the Construction of a Wall in the Occupied Palestinian Territory, Advisory opinion*, 9 July 2004, *ICJ Reports 2004*, p. 136, par. 112:

> "the territories occupied by Israel have for over 37 years been subject to its territorial jurisdiction as the occupying Power. In the exercise of the powers available to it on this basis, Israel is bound by the provisions of the International Covenant on Economic, Social and Cultural Rights. Furthermore, it is under an obligation not to raise any obstacle to the exercise of such rights in those fields where competence has been transferred to Palestinian authorities".

See also par. 130:

> "As regards the International Covenant on Social, Economic and Cultural Rights, that instrument includes a number of relevant provisions, namely: the right to work (Arts. 6 and 7); protection and assistance accorded to the family and to children and young persons (Art. 10), the right to an adequate standard of living, including adequate food, clothing and housing, and the right to be 'free from hunger' (Art. 11), the right to health (Art. 12); the right to education (Arts. 13 and 14)."

849. ICJ, *Legal Consequences of the Construction of a Wall in the Occupied Palestinian Territory, Advisory opinion*, 9 July 2004, *ICJ Reports 2004*, p. 136, par. 113:

> "As regards the Convention on the Rights of the Child of 20 November 1989, that instrument contains an Article 2 according to which "States Parties shall respect and ensure the rights set forth in the . . . Convention to each child within their jurisdiction . . .". That Convention is therefore applicable within the Occupied Palestinian Territory."

See also, in par. 131, the mention by the ICJ that "the United Nations Convention on the Right of the Child of 20 November 1989 includes similar provisions in Articles 16, 24, 27 and 28".

850. ICJ, *Legal Consequences of the Construction of a Wall in the Occupied Palestinian Territory, Advisory opinion*, 9 July 2004, *ICJ Reports 2004*, p. 136, par. 119:

> "The Court notes that the route of the wall as fixed by the Israeli government includes within the 'Closed area' (see para. 85 above) some 80 percent of the settlers living in the Occupied Palestinian Territory. Moreover, it is apparent from an examination of the map mentioned in paragraph 80 above that the wall's sinuous route has been traced in such a way as to include within that area the great majority of the Israeli settlements in the Occupied Palestinian Territory (including East Jerusalem)."

accompli" on the ground that could well become permanent, which would be tantamount to *de facto* annexation, having found that the chosen route gave expression on the ground to the illegal measures taken by Israel [851] with regard to Jerusalem and the settlements, and risked further altering the demographic composition of the Occupied Palestinian Territory [852]. The Court concluded that the construction of the wall impeded the freedom of movement of the inhabitants of the Occupied Palestinian Territory [853] and, taken together with measures

851. ICJ, *Legal Consequences of the Construction of a Wall in the Occupied Palestinian Territory, Advisory opinion*, 9 July 2004, *ICJ Reports 2004*, p. 136, para. 122. See also para. 121:

> "Whilst the Court notes the assurance given by Israel that the construction of the wall does not amount to annexation and that the wall is of a temporary nature (see paragraph 116 above), it nevertheless cannot remain indifferent to certain fears expressed to it that the route of the wall will prejudge the future frontier between Israel and Palestine, and the fear that Israel may integrate the settlements and their means of access. The Court considers that the construction of the wall and its associated regime create a 'fait accompli' on the ground that could well become permanent, in which case and notwithstanding the formal characterization of the wall by Israel, it would be tantamount to *de facto annexation*."

852. ICJ, *Legal Consequences of the Construction of a Wall in the Occupied Palestinian Territory, Advisory opinion*, 9 July 2004, *ICJ Reports 2004*, p. 136, para 122. See also para. 120:

> "As regards these settlements, the Court notes that Article 49, paragraph 6, of the Fourth Geneva Convention provides: 'The Occupying Power shall not deport or transfer parts of its own civilian population into the territory it occupies'. That provision prohibits not only deportations or forced transfers of population such as those carried out during the Second World War, but also any measures taken by an occupying Power in order to organize or encourage transfers of parts of its own population into the occupied territory.
> In this respect, the information provided to the Court shows that, since 1977, Israel has conducted a policy and developed practices involving the establishment of settlements in the Occupied Palestinian Territory, contrary to the terms Article 49, paragraph 6, just cited."

853. ICJ, *Legal Consequences of the Construction of a Wall in the Occupied Palestinian Territory, Advisory opinion*, 9 July 2004, *ICJ Reports 2004*, p. 136, par. 134:

> "To sum up, the Court is of the opinion that the construction of the wall and its associated regime impede the liberty of movement of the inhabitants of the Occupied Palestinian Territory (with the exception of the Israeli citizens and those assimilated thereto) as guaranteed under Article 12, paragraph 1, of the International Covenant on Civil and Political Rights. They also impede the exercise by the persons concerned of the right to work, to health, to education and to an adequate standard of living as proclaimed in the International Covenant on Economic, Social and Cultural Rights and in the United Nations Convention on the Rights of the Child."

Not forgetting that the wall and its associated regime "contravene Article 49, paragraph 6, of the Fourth Geneva Convention and the Security Council Resolutions cited in paragraph 120 above".

taken previously, severely impeded the exercise by the Palestinian people of its right to self-determination and was therefore a breach of Israel's obligation to respect that right. Lastly, the Court took the view that Israel could not rely on its right to self-defence or a state of necessity as precluding the wrongfulness of the construction of the wall [854], concluding, therefore, that the construction of the wall and the associated regime were contrary to international law and "not in conformity with various international obligations incumbent upon Israel" [855]. "Consequently, the Court concludes that Article 51 of the Charter has no relevance in this case." [856]

854. ICJ, *Legal Consequences of the Construction of a Wall in the Occupied Palestinian Territory, Advisory opinion*, 9 July 2004, *ICJ Reports 2004*, p. 136, para. 142. See also para. 137:

> "To sum up, the Court, from the material available to it, is not convinced that the specific course Israel has chosen for the wall was necessary to attain its security objectives. The wall, along the route chosen, and its associated regime gravely infringe a number of rights of Palestinians residing in the territory occupied by Israel, and the infringements resulting from that route cannot be justified by military exigencies or by the requirements of national security or public order. The construction of such a wall accordingly constitutes breaches by Israel of various of its obligations under the applicable international humanitarian law and human rights instruments."

855. ICJ, *Legal Consequences of the Construction of a Wall in the Occupied Palestinian Territory, Advisory opinion*, 9 July 2004, *ICJ Reports 2004*, p. 136, para. 138:

> "Annex I to the report of the General Secretary states that, according to Israel: 'the construction of of the Barrier is consistent with Article 51 of the Charter of the United Nations, its inherent right to self-defence and Security Council Resolutions 1368 (2001) and 1373 (2001)'. More specifically, Israel's permanent representative to the United Nations asserted in the General Assembly on 20 October 2003 that 'the fence is a measure wholly consistent with the right of states to self-defence enshrined in Article 51 of the Charter'; the Security Council resolutions referred to, he continued, 'have clearly recognized the rights of States to use force in self-defence against terrorist attacks', and therefore surely recognize the right to use non-forcible measures to that end (A/ES-10/PV 21, p. 6)."

856. ICJ, *Legal Consequences of the Construction of a Wall in the Occupied Palestinian Territory, Advisory opinion*, 9 July 2004, *ICJ Reports 2004*, p. 136, par. 139:

> "Article 51 of the Charter thus recognizes the existence of an inherent right to self-defence in the case of armed attack by one State against another State. However, Israel does not claim that the attacks against it are imputable to a foreign State."

The inadequacy of the claim to self-defence is clearly stated, in the very same paragraph:

> "The Court also notes that Israel exercises control in the Occupied Palestinian Territory and that, as Israel itself states, the threat which it regards as justifying the construction of the wall originates within, and not outside, that territory. The situation is thus different from that contemplated by Security Council Resolutions 1368 (2001) and 1373 (2001), and therefore Israel could not in any event invoke those resolutions in support of its claim to be exercising a right of self-defence."

> "One aspect not to be overlooked is the substantial difference in the scope of this critical provision in the UN Charter, Article 51, the official French (and Spanish) versions of which use the expression *légitime défense* while the English (and Russian) versions use the expression 'self-defence', whose meanings are ontologically, militarily and legally distinct." [857]

852. The Court further pointed out that Israel could not rely on a "state of necessity" as understood in international law, to preclude the wrongfulness of the disputed measures or decisions: "the state of necessity is a ground recognized by customary international law" that "can only be accepted on an exceptional basis", and "can only be invoked under certain strictly defined conditions which must be cumulatively satisfied; and the State concerned is not the sole judge of whether those conditions have been met". And: "the Court is not convinced that the construction of the wall along the route chosen was the only means to safeguard the interests of Israel against the peril which it has invoked as justification for that construction" [858]. It continued:

> "The fact remains that Israel has to face numerous indiscriminate and deadly acts of violence against its civilian population. It has the right, and indeed the duty, to respond in order to protect the life of its citizens. The measures taken are bound nonetheless to remain in conformity with applicable international law."

In all, the Court took the view that Israel could not rely on the right of self-defence or a state of necessity to preclude the wrongfulness of the construction of the wall. "The Court accordingly found that the

857. As an error in translation is not possible to be considered, there is a substantial difference in the contents of the official and authentic versions of the UNO Charter, as comparing the Latin languages – French and Spanish – where there is mention to "légitime defense", whereas in English it is simply a matter of "self-defence", and in Russian "samooboronu": defend oneself, on its own, or to be in condition of exercising "légitime defense" are two substantially different thins! In the bilingual version of the *ICJ Report*, in the *Advisory opinion on the wall*, 2004, paragraph 139, the two versions of the text of Article 51 of the UN Charter are respectively presented and commented by the Court. No cross references are mentioned. See also Chap. V, para. 1113, note 1166.

858. ICJ, *Advisory opinion on the wall*, 2004, par. 140. The Court is quoting here from its Judgment in the *Gabcikovo-Nagymaros Project (Hungary/Slovakia), ICJ Report 1997*, p. 40, para. 51.

The Court also refers to the terms used by the International Law Commission, in a text that in its present form requires that the act being challenged be "the only way for the State to safeguard an essential interest against a grave and imminent peril" (Art. 25 of the Draft Articles on the International Responsibility of States).

construction of the wall, and its associated regime, are contrary to international law." [859] Consequently, "the responsibility of that state is engaged under international law" [860].

853. In considering the consequences of those breaches, the Court recalled Israel's obligation to respect the right of the Palestinian people to self-determination and the obligations by which it was bound under humanitarian and human rights law:

> "The obligations *erga omnes* violated by Israel are the obligation to respect the right of the Palestinian people to self-determination and certain of its obligations under international humanitarian law." [861]

854. The Court also took the view that Israel was obliged to end its violation of its international obligations, by ceasing forthwith the works of construction of the wall, giving appropriate assurances and guarantees of non-repetition [862], and dismantling those parts of the structure situated within the Occupied Palestinian Territory [863]. It was also bound to repeal, or render ineffective, all legislative and regulatory acts adopted with a view to its construction, and to the establishment of its associated regime, and to put an end to the impediments caused by the construction of the wall to the Palestinian people's exercise of its right to self-determination [864].

- In its 2010 Advisory Opinion on the *Accordance with International Law of the Unilateral Declaration of Independence in Respect of Kosovo* [865], the Court pointed out that there was no prohibition on declarations of independence: "In no case . . . does the practice of

---

859. ICJ, *Advisory opinion on the wall*, 2004, paras. 141 and 142 with reference to paras. 114 to 137.

860. ICJ, *Advisory opinion on the wall*, 2004, para. 147.

861. ICJ, *Advisory opinion on the wall*, 2004, para. 155.

862. ICJ, *Advisory opinion on the wall*, 2004, paras. 145 and 151.

863. ICJ, *Advisory opinion on the wall*, 2004, para. 151:

> "cessation of those violations entails the dismantling forthwith of those parts of that structure situated within the Occupied Palestinian Territory, including in and around East Jerusalem".

864. ICJ, *Legal Consequences of the Construction of a Wall in the Occupied Palestinian Territory, Advisory opinion*, 9 July 2004, *ICJ Reports 2004*, p. 136, para. 163, and thereby

> "all States are under an obligation not to recognize the illegal situation resulting from the construction of the wall and not to render aid or assistance in maintaining the situation created by such construction".

865. ICJ, *Accordance with International Law of the Unilateral Declaration of Independence in Respect of Kosovo, Advisory opinion*, 22 July 2010, *ICJ Reports 2010*, p. 403.

States as a whole suggest that the act of promulgating the declaration was regarded as contrary to international law". It continued: "During the second half of the twentieth century, the international law of self-determination developed in such a way as to create a right to independence for the peoples of non-self-governing territories and peoples subject to alien subjugation domination and exploitation" [866], despite the argument raised that "a prohibition of unilateral declarations of independence is implicit in the principle of territorial integrity" – the scope of which principle was, in the Court's view, "confined to the sphere of relations between States". To the Court, "no general prohibition against unilateral declarations of independence may be inferred from the practice of the Security Council" [867]. And that debates "regarding the extent of the right of self-determination and the existence of any right of 'remedial secession'" were "beyond the scope of the question posed by the General Assembly" [868].

---

866. ICJ, *Kosovo, Advisory opinion*, 22 July 2010, par. 79:

> "During the eighteenth, nineteenth and early twentieth centuries, there were numerous instances of declarations of independence, often strenuously opposed by the State, from which independence was being declared. Sometimes a declaration resulted in the creation of a new State, at others it did not."

The Court completes this paragraph with the following statement:

> "A great many new States have come into existence as a result of the exercise of this right. There were, however, also instances of declarations of independence outside this context. The practice of States in these latter cases does not point to the emergence in international law of a new rule prohibiting the making of a declaration of independence in such cases."

867. ICJ, *Kosovo, Advisory opinion*, 22 July 2010, paras. 79-84. See also P. B. Casella, *Secessão no direito internacional e o Parecer consultivo da Corte Internacional de Justiça sobre o Kosovo de 22 de julho de 2010*, Boletim da Sociedade Brasileira de Direito internacional, year XCVIII, August-December 2013, Nos. 119-124, pp. 111-126; R. Wilde, *Kosovo, Advisory Opinion*, in R. Wolfrum (ed.), *Encyclopedia of Public International Law*, Oxford, Univ. Press, 2012, Vol. VI, pp. 604-609, *cit.* para. 7:

> "As for the principle of territorial integrity, the Court held that there was no prohibition on declarations of independence in international law, and the legal obligation to respect territorial integrity is opposable only to states, not also nonstate actors (par. 79-84). Given the earlier finding that the Court was only required to determine whether there had been a violation of a negative prohibition, the Court concluded that, as far as general international law was concerned, there had been no violation, since there was no applicable prohibition to violate (para. 84)."

868. ICJ, *Kosovo, Advisory opinion*, 22 July 2010, para. 83. See also J. F. Escudero Espinosa, *Self-determination and Humanitarian Secession in International Law of a Globalized World*: *Kosovo* v. *Crimea*, Cham, Springer, 2017, esp. Chap. 2 – *The Recognition of the Right to Self-Determination in International Law*, pp. 9-33; R. Wilde, "*Kosovo, Advisory opinion*", in *Encyclopedia*, 2012, Vol. VI, pp. 604-609, para. 10:

> "Taken with the earlier finding of a non-violation of the principle of territorial integrity, the overall conclusion reached by the Court was that the declaration of

"The answer to that question turns on whether or not the applicable international law prohibited the declaration of independence. If the Court concludes that it did, then it must answer the question put by saying that the declaration of independence was not in accordance with international law. It follows that the task which the Court is called upon to perform is to determine whether or not the declaration of independence was adopted in violation of international law. The Court is not required by the question it has been asked to take a position on whether international law conferred a positive entitlement on Kosovo unilaterally to declare its independence or, *a fortiori*, on whether international law generally confers an entitlement on entities situated within a State unilaterally to break away from it." [869]

855. The right of peoples to self-determination – both before and after its "consolidation" as a principle of international law – has been the basis for negotiation, around which a number of specific situations have developed [870]. Examples are the various peace treaties in the wake of the first world war; the Kashmir question in 1948 (though even today the region is still a hotbed of controversy between India and Pakistan) [871]; the Saarland question in

independence was 'in accordance with' international law, because 'in accordance with' meant 'not in violation of', and no prohibitions of such a declaration in either general international law or the *lex specialis* of the Security Council were applicable in the first place."

869. ICJ, *Kosovo, Advisory opinion*, 22 July 2010, par. 56, ends the paragraph:

"Indeed, it is entirely possible for a particular act – such as a unilateral declaration of independence – not to be in violation of international law without necessarily constituting the exercise of a right conferred by it. The Court has been asked for an opinion on the first point, not the second."

870. See the following chapter IV; see also by H. Gros Espiell, *En torno al derecho de la libre determinación de los pueblos*, Annuaire de Droit International, 1976, Vol. 3, pp. 49-74; "Self-determination and jus cogens", in *UN Law Fundamental Rights – Two Topics in International Law*, A. Cassese (ed.), Alphen aan den Rijn, Sijthoff and Noordhoff, 1979, pp. 167-173; A. Cassese, "The Self-Determination of Peoples", in L. Henkin (ed.), The International Bill of Rights: The Covenant on Civil and Political Rights, New York, Columbia Univ. Press, 1981, pp. 95-113; "Political Self-Determination: Old Concepts and New Developments", in A. Cassese (ed.), *UN Law Fundamental Rights – Two Topics in International Law*, Alphen aan den Rijn, Sijthoff – Noordhoff, 1979, pp. 137-165.

871. T. J. Röder, "Kashmir", in R. Wolfrum (ed.), *Encyclopedia of Public International Law*, Oxford, Univ. Press, 2012, Vol. VI, pp. 563-571, *cit.* par. 39:

"Kashmir bitterly exemplifies the limitations of the UN in international conflict resolution. Both India's and Pakistan's disrespect of binding international law and the Kashmiri's right to self-determination have brought six decades of warfare, terror and devastation to the region. As bilateral talks between India and Pakistan

1955 [872]; the struggle of Algeria [873] for independence, from 1945 to 1962 [874]; the 1973 Agreement on Ending the War and Restoring Peace in Viet Nam, the parties to which expressly recognized the right of the

---

continue, the risk of another war between the two countries has decreased. Formerly disputed territories like Bolzano-Bozen, Northern Ireland and Andorra have been mentioned as international models for a lasting solution of the dispute. However, due to the right of the people of Kashmir to a plebiscite, a bilateral decision alone would not be valid under international law. In this light, the recent developments in East Timor and Kosovo provide more adequate examples."

872. After refusal of the acceptance of an International statute for Saarland, by 68 percent of the votes, at the plebiscite of 1955, on 27 October 1956 France and the Federal Republic of Germany signed a treaty stipulating the return of Saarland to Germany as of 1st January 1957. Saarland became a 'Land' in the Federal Republic of Germany, in accordance with the Law of 23 December 1956, *Gesetz über die Eingliederung des Saarlandes*. Since 5 July 1959, Saarland no longer has any particular international status. As observed by J. Schwietzke, "Saar Territory", in *Encyclopedia of Public International Law*, R. Wolfrum (ed.), Oxford, Univ. Press, 2012, Vol. VIII, pp. 1076-1082, *cit.* par. 26:

> "The treatment of the Saar Territory in the twentieth century shows the utility of the plebiscite in international relations. This was especially the case in the plebiscite of 1955, after which the international dimension of problems concerning the Saar Territory disappeared."

873. As mentioned, already A. de Tocqueville, at the time of the insurrection of 1845, in Algeria, demanded at the Chamber of Deputies, in 1846, that "the affairs of Algeria be subject to another political regime" – namely, "relèvent d'une autre tutelle politique". At the beginning of the French occupation and the colonization in Algeria, Tocqueville mentioned that it would be convenient to have Algeria no longer managed by the Ministry of War, but rather by a civil ministry – which occurred only during the French Second Empire, when the "Ministère de l'Algérie et des Colonies" was created, and thus ruled from 1858 to 1860, and thereafter by a "Sous-sécrétariat d'Etat aux Colonies", as of 1881, under the Third Republic.

See A. de Tocqueville, *Sur l'Algérie*, esp. the text of the Second "Lettre sur l'Algérie", 1837, pp. 43-60, *cit.* p. 57, concerning "les espérances sur l'avenir de notre nouvelle colonie" wrote:

> "Cet avenir me paraît être dans nos mains, et je vous dirai sincèrement qu'avec du temps, de la persévérance, de l'habileté et de la justice, je ne doute pas que nous ne puissions élever sur la côte d'Afrique un grand monument à la gloire de notre patrie."

874. The core issue is to understand the past – "Il s'agit de comprendre ce passé" – as stated by A. Bouchène, J.-P. Peyroulou, O. Siari Tengour and S. Thénaut, "Pour une histoire partagée et critique de l'Algérie à la période coloniale", in A. Bouchène, J.-P. Peyroulou, O. Siari Tengour and S. Thénaut (eds.), *Histoire de l'Algérie à la période coloniale 1830-1962*, Paris, La Découverte, 2014, Introduction, pp. 7-16:

> "si le temps de la colonisation et des guerres est terminé depuis 1962, ce passé imprègne le présent des deux sociétés comme les relations entre leurs états, et soulève toujours des passions contradictoires".

See, i.a., also Georges Fleury, La guerre en Algérie, orig. publ. in 1993, Paris, Payot-Rivages, 1996, quoted p. 619: "Les traces de sang ne s'effacent pas facilement".

people of South Vietnam to self-determination [875]; and also the case of the Principality of Andorra [876].

856. The right to self-determination is generally agreed to be a right belonging to "peoples", as the Supreme Court of Canada ruled in its Jjudgment on the *Secession of Quebec*, in 1998 [877]. The Court held: "The existence of the right of a people to self-determination is now so widely recognized in international conventions that the principle has acquired a status beyond 'convention' and is considered a general principle of international law" [878].

857. In practice, those who benefit from the right to self-determination are identified as a "people", comprising the entire population living in a territory subject to unlawful domination. The right has been so attributed in many resolutions of the United Nations General Assembly as well as in a number of judicial decisions.

858. This implies that the idea of a "people" is based on geographical considerations, and only the population as a whole, residing within the frontiers of an internationally recognized territory, can have the right to self-determination according to the *uti possidetis* principle [879]. That is

---

875. Nhu Dung Hop-Nguyen, "Vietnam", in R. Wolfrum (ed.), *Encyclopedia of Public International Law*, Oxford, Univ. Press, 2012, Vol. X, pp. 724-737, par. 33:

> "The 1973 Paris Agreement provided for an immediate cease fire and withdrawal of all combat troops. The South Vietnamese people were given the right of self-determination under international supervision. The reunification of the two Vietnams was planned to take place according to the Geneva Accords of 1954."

876. R. Viñas Farré, "Andorra", in R. Wolfrum (ed.), *Encyclopedia of Public International Law*, Oxford, Univ. Press, 2012, Vol. I, pp. 388-391, *cit.* paras. 6-7:

> "The Constitution of Andorra, adopted by the *Consell General* on 2 February 1993, and after approval by the Andorran people in the referendum held on 14 March 1993, with the ratification, sanction and and enactment of the Co-princes [namely the President of the French Republic and the Bishop of Urgell], came into effect upon its publication in the *Butlletí Oficial del Principat d'Andorra* on 4 May 1993. The Constitution of Andorra establishes that the Principality of Andorra is a full sovereign and independent State. Whereas supreme authority once rested with the two Co-princes, today the regime is to be qualified as a parliamentarian Co-principality."

877. Supreme Court of Canada, *Reference re Secession of Québec* (1998) 2SCR 217 (ILM, 1998, 37.6, pp. 1342-1377), par. 123.

878. Supreme Court of Canada, *Reference re Secession of Québec* (1998) 2SCR 217 (ILM, 1998, 37.6, pp. 1342-1377), at para. 114.

879. P. B. Casella, "Tratado de Madri (1750) e o *uti possidetis*", in *Tratado de direito internacional – tomo 10 – Direito internacional no tempo de C. van Bynkershoek e Christian Wolff*, São Paulo, Almedina, 2024; see also the considerations on the *uti possidetis* in the precedent chapter II, on *territoriality and extraterritoriality: space in postmodern international law*.

what the International Court of Justice said in its 1986 Judgment on the Frontier dispute (Burkina-Faso/Republic of Mali) [880].

859. Article 1 of the International Covenant on Civil and Political Rights [881] states that all peoples have the right to self-determination; to "freely dispose of their natural wealth and resources" is the fundamental right of all peoples [882]. The wording of this article highlights its universal nature, and that fact that it extends beyond peoples who were colonized in the past. This conclusion is strengthened by an analysis of the debates leading to the adoption of the International Covenant on Civil and Political Rights, in which states agreed on the universal nature of the principle and its application to all peoples, not only peoples previously colonized [883].

860. Deciding what is meant by the concept of a "people" has generated an extensive body of writing, and it remains one of the main areas of debate in the interpretation of the right to self-determination in the post-colonial era. From the standpoint of international law, its content is difficult to pin down:

> "Some States expressly took the line that the right belonged to sub-groups existing within the structure of an independent State. Others proposed that the definition should include 'large compact national groups', 'members of a group inhabiting a compact territory to which they belong, ethnically, culturally, historically or otherwise', 'racial units inhabiting well-defined territories', and also 'ethnic, religious and linguistic minorities'." [884]

880. ICJ, Frontier dispute (*Burkina-Faso* v. *Mali*), Judgment 22 December 1986, *ICJ Reports 1986*, p. 554.

881. The International Covenant on Civil and Political Rights (ICCPR), adopted in New York, on 16 December 1966, by the General Assembly of the United Nations Resolution 2200A (XXI), was completed by two Protocols: the First, dated 16 December 1966, and the Second forbidding the death penalty, dated 15 December 1989.

882. H. Gros Espiell, "En torno al derecho de la libre determinación de los pueblos", ADI, 1976, Vol. 3, pp. 49-74; "Self-determination and *jus cogens*", in A. Cassese (ed.), *UN Law Fundamental Rights – Two topics in international law*, Alphen aan den Rijn, Sijthoff – Noordhoff, 1979, pp. 167-173.

883. The so-called "peoples coloniaux". I.a., see A. Cassese, "The Self-Determination of Peoples", in L. Henkin (ed.), *The International Bill of Rights: The Covenant on Civil and Political Rights*, New York, Columbia Univ. Press, 1981, pp. 95-113; "Political Self-Determination: Old Concepts and New Developments", in *UN Law Fundamental Rights – Two Topics in International Law*, A. Cassese (ed.), Alphen aan den Rijn, Sijthoff & Noordhoff, 1979, pp. 137-165.

884. J. F. Escudero Espinosa, *Self-Determination and Humanitarian Secession in International Law of a Globalized World: Kosovo* v. *Crimea*, 2017, Chap. 2 – *The Recognition of the Right to Self-Determination in International Law*, pp. 9-33, *at.* p. 21:

861. International law was complicit in colonization. It is tainted by its colonialist past, and concerted European action reached the height of folly with the 1884-1885 Berlin Conference. At the same time, there were notable advances in various fields of international law, and major institutions came into being – but we cannot ignore what could be described as the dark side of the moon, to use the title of the famous song.

862. From the standpoint of international law, a radical reformulation has taken place, changing the very bases on which the former colonial system was structured. This includes the assessment of the positive and negative aspects [885] of the consequences of European colonization in Africa: no decolonized state can, in all logic, deny the right of peoples to self-determination [886].

863. The dark side of this phase of history – from the second half of the nineteenth to the first half of the twentieth centuries – cannot be denied. Was colonialism the cause or the reflection of the Eurocentrism of world history [887]? Colonialism and its consequences were part of what, at the time, Sigmund Freud had already labelled "civilization and its discontents" [888].

> "The result was that no agreement was reached on the definition of a people. The establishing of the characteristics defining a group that could invoke the right to self-determination turned out to be an unanswerable question, since there was no agreement on how a people should be defined. To conclude, the idea of a people should be taken in its broadest sense, because no precise, detailed definition could be found."

885. See B. Khapoya, A experiência africana, orig. publ. *The African Experience*, 2010, trad. N. C. de Melo Sobrinho, Petrópolis, Vozes, 2ª ed. rev., 2016, Chap. 4, *Colonialismo e a experiência africana*, pp. 151-203, esp. "o domínio colonial beneficiou os africanos?", pp. 199-203.

886. J. Charpentier, "Autodétermination et décolonisation", in *Le droit des peuples à disposer d'eux-mêmes – méthodes d'analyse du droit international – Mélanges offerts à C. Chaumont*, Paris, Pedone, 1984, pp. 117-133, *cit.* p. 130.

887. M. Mzamane, "Eurocentric and Afrocentric Perspectives on Ancient African History", in Malegapuru W. Makgoba (ed.), *African Renaissance – The New Struggle*, Cape Town, Mafube-Tafelberg, 1999, Chap. 11, pp. 173-183, *cit.* pp. 173-174:

> "History was written or rewritten to imply that Europeans were the only creators of what could be called 'civilization', which also became synonymous with European culture in the minds of many, including colonial subjects. In order to accomplish this, Europeans had to forget or pretend to forget, all they previously knew about Africa. In most instances, such self-induced amnesia became self-perpetuating."

888. S. Freud, Civilization and its Discontents, translated by James Strachey, New York, W.W. Norton Company 1961; orig. publ. *Das Unbehagen in der Kultur*, 1930; Braz (ed.), *O mal estar na civilização*, in Obras psicológicas completas de S. F., J. Salomão (ed.), trad. J. O. de A. Abreu, rev. técnica de W. I. da Silveira, Rio de Janeiro, Imago, © 1969, publ. 1974, Vol. XXI (1927-1931), pp. 73-171.

864. International law survived; it overcame that colonialist phase and righted itself, with the consolidation and development of the right to self-determination. It is important to acknowledge colonialist laws as deviations in order to prevent fresh aberrations.

865. We would do well to remember the warning of Thucydides, that people invent memories in accordance with their suffering [889]. That collective memory, as G. Duby remarked much later, became custom – a very strict code of imperatives, despite not being written down anywhere [890].

866. We "edit" our memories with the passing of time, partly out of the natural human instinct to make our role look more attractive or important, as M. Macmillan points out. But we also "polish" our memories, because times and attitudes change [891].

867. A subject like the impact of colonialism on international law will always be controversial. My own view is that a clear and honest condemnation, by the colonizers, of the excesses committed is still absolutely necessary. In part to lessen the resistance on the part of the former subjects of colonization to the idea that, in spite of all the

---

889. Thucydides (ca. 465-ca. 395 b.C.), History of the Peloponnesian War, M. Finley (ed.), translated by R. Warner, London, Penguin Classics, 1972 ; French (ed.), *Histoire de la guerre entre les Péloponésiens et les Athéniens*, "texte présenté, traduit et annnoté" par D. Roussel, in Hérodote – Thucydide, *Œuvres complètes*, introduction J. de Romilly, Paris, Gallimard, Pleiade, 1964, impr. 1982, pp. 655-1337 and 1531-1666, quoted II.54.

890. As wrote G. Duby, "un code très strict, impérieux, bien qu'il ne fût nulle part enregistré", in his *Mémoires sans historien*, orig. publ. *Mâle Moyen Age*, 1988, republished in the volume by G. Duby, *Qu'est-ce que la société féodale?*, Paris, Flammarion, 2002, pp. 1519-1526, quoted pp. 1520-1521:

> "Dans les sociétés dites féodales, l'accès à l'écriture était le monopole de quelques hommes qui tous appartenaient à l'Eglise. … Tous les autres hommes, grands et petits, se passaient fort bien de l'écrit. Entre eux, les relations se fondaient sur la mémoire. Mais ils usaient d'autres moyens pour la consolider. …
>
> S'interrogeait-on sur tel ou tel point de ce droit, il fallait procéder à l'élocution des souvenirs. L'enquête orale, l'interrogation périodique des membres de la communauté, et d'abord des plus âgés, dépositaires d'une réserve plus ancienne, jugée plus valable parce qu'elle s'enfonçait plus profondément dans le passé, constituait un des organes majeurs de la régulation de la société."

891. M. Macmillan, *The Uses and Abuses of History*, London, Profile Books, 2010, Chap. 3, quoted pp. 46-47, observes:

> "In the early years after World War I, the dead were commemorated in France and Britain as fallen heroes who had fought to defend their civilisation. It was only later as disillusionment about the war grew that the British and French publics came to remember them as victims of a futile struggle. We also edit out of our memories what no longer seems appropriate or right." . . . "We also polish our memories in the recounting."

excesses and exactions, there are some aspects that can be counted as favourable and some parts of the legacy as positive. This could be a good thing, for both sides.

868. That entire period of history in general, and of international law in particular, must be approached in terms of its historical time and cultural context. The topic reveals a huge contextual shift: colonialism was widely defended, or at least accepted, up to the mid-twentieth century.

869. It is fortunately rarer these days to find defenders of colonialism and the colonialists who will risk doing so openly [892]. Those practices are unacceptable now, but they were nonetheless accepted as normal over a period of time when certain political and legal ideas and

892. R. Gauthereau (1920-2000) described the courses he had to take to attain his degree as "breveté de l'Ecole nationale de la France d'outremer et licencié en droit" – and asked the question:

> "Pourquoi n'a-t-on pas inscrit, au programme des cours de l'Ecole, la mécanique automobile au lieu du droit international privé?", in his *Journal d'un colonialiste*, Paris, Seuil, 1986, quoted pp. 97-98. He started his professional life as "administrateur de la France coloniale", in the Ivory Coast and "chef de subdivision d'Oume, chef du Bureau des affaires politiques et commandant des cercles de Gagnoa et Bouafle", from 1945 to 1950. Posted at the "Direction des affaires économiques et du plan du ministère de la France d'outre-mer" from 1951 to 1953, he was appointed "chef de la région de Bouar en Oubangui-Chari", from 1954 to 1956. Sent by the "Ministère d'outre-mer", as "chargé de mission du Fonds d'investissement et du développement économique et social", from 1957 to 1959, he carried out missions of assistance and control in Mauritania, Sudan, Haute-Volta, Tchad, Oubangui-Chari and in Congo. He was subsequently "réclassé comme diplomate", and became "chef de la mission française d'aide économique et technique au Laos", from 1959 to 1961 and thereafter as "fonctionnaire international, détaché auprès de l'ONU", and in that capacity he worked in Israel, until 1964, then in Cambodja and Vietnam, from 1964 to 1967, in Colombia, from 1968 to 1970, and in missions of technical assistance of the UNO, in Rumania, Hungary and Spain, from 1971 to 1975, before becoming a full-time writer. At some other point in his *Journal d'un colonialiste*, Paris, Seuil, 1986, *cit.* p. 281, he noted his memories from Bamako, in March 1945, when the Second World War was about to finish and Africa about to enter decolonization – or, the era of nationalities, in his words, "l'ère des nationalités" –, and admits what had been the daily life, on the spot, for the colonial life ("la vie coloniale"): he seemed fully aware that this was an effort already rendered obsolete by the facts, but he kept playing the game. He does not theorize, he does not condemn, he does not acquit. He reports what he lived – "le plus cocasse, le plus scandaleux, le plus inimaginable; tout est vrai":
>
> "*Mon* bilan. Oh, très modeste, comme mon expérience – mais enfin, faire le point, savoir ce que j'ai appris et oublié. Voir clair. Comparer 'ce type', comme ils disent, qui est arrivé il y a presque un an ici 'pour faire commandant', avec cet autre que je suis là, ce soir, dans le même décor, entre les deux mêmes lampes à pétrole qui attirent et aveuglent à la fois des chauves-souris semblables. Alors?/ Alors, je crois que j'ai appris un certain nombre de choses très simples et très importantes. Et d'abord, les chemins de la modestie."

practices were current [893] in various European countries [894]. Hence the importance of examining this as part of the process of evolution of international law, especially from the point at which colonialism began to be less acceptable, with the consolidation of the principle of self-determination. We should not forget that the right to self-determination – like the right of peoples to their own natural resources – required a struggle in order to be fully recognized and included among the principles of international law.

870. Fortunately, the colonial past of international law is behind us. That said, the whole process of colonization and decolonization has left its mark, still visible on the side of the colonizers but more so among those who were colonized.

871. The development of international protection of fundamental rights is another area in which considerable effort was needed to bring about its acceptance as one of the principles of international law. That is what we will turn to next.

---

893. The Law Professor J. M. da Silva Cunha, was Minister of "Overseas Affairs", in Portugal, at the beginning of the 1970's, and published several books on the matter, such as *Questões ultramarinas e internacionais II, sociologia e política – Ensaio de análise das situações coloniais africanas*, Lisbon, Ática, 1961, following his *Questões ultramarinas e internacionais I. direito e política*, Lisbon, Atica, 1960, esp. "a noção de ordem pública colonial", pp. 227-242 and "universalismo e regionalismo em África", pp. 245-259, where he presents the notion of 'public policy' and its scope of application: the notion would always be the same, but its contents would be more or less extended, "according to the orientation of the State, concerning matters, that may generate conflicts". In this sense, a "colonial public order" would be, according to him, different from the "international public order", to the extent that the "colonial public order" would be a kind of "internal public order":

> "the variation of the public order is admitted in time, according to the evolution of the State and its scope and basic rules – em função da evolução do estado e dos seus fins e ideias-bases – but for a certain State, at a certain time, the variation of the public order would not be admitted, from colony to colony, except for cases where the colonial activity of the State is focused on different scopes, according to the territory, where such activity is carried out".

894. As in France, H. Solus, *Traité de la condition des indigènes en droit privé – colonies et pays de protectorat (non compris l'Afrique du Nord) et pays sous mandat*, Paris, Recueil Sirey, 1927; in Italy, for example, E. de Leone, *La colonizzazione dell'Africa del Nord, Algeria, Tunisia, Marocco, Libia*, Vol. I, Padova, 1937; Vol. II, Università di Cagliari, Publ. della Facoltà di Giurisprudenza, 1960; in Germany, the German nationalists and especially during the Third Reich, resumed and exaggerated the ancient concept of the "colonization of the East" *(Ostsiedlung)*, as it occurred from the 12th to the 15th centuries, by the advance of German peoples towards Eastern Europe, including Slovenia, going through Transylvania, as far as Estonia, following the territorial expansion of the Holy German Empire and the Teutonic Order, against Slav peoples, as arguments in support of their expansionist endeavours – under the aegis of the alleged vital space *(Lebensraum)* – as justification for all the abuses done as "colonizers". For a critical review of the phenomenon, with reference to Germany, see S. Haffner (pseudonym of Raimund Pretzel) (1907-1999), *Preussen ohne Legende*, Munich, Goldmann Stern Bücher, 1981.

CHAPTER IV

THE ROLE OF THE INTERNATIONAL PROTECTION OF FUNDAMENTAL RIGHTS AS A FACTOR IN THE RENEWAL AND TRANSFORMATION OF INTERNATIONAL LAW

872. The international protection of fundamental rights is a factor for renewal and transformation in international law. International protection is needed to set limits on the authoritarian excesses or internal changes to which national protection regimes are subject, and indeed in cases where no such protection exists. International protection of fundamental rights can bring greater stability and visibility than strictly internal systems, functioning in parallel with national protection regimes.

873. Building international protection in this area involves more than simply adding another field to international law. Throughout the twentieth century international law expanded to accommodate several new areas, one after the other: international aerospace law, the law of outer space, the international legal regime of telecommunications, the international law of the sea and the vast and constantly changing body of international environmental law. All of which testifies to the fact that international law is flourishing and advancing. Implementation of the law in some of these areas is still work in progress.

874. Unlike the previous examples given, the international protection of fundamental rights has been a factor for renewal and transformation, as it brings international law closer to what might be termed "international constitutionality". By now there is a hard core of international human rights law, which gives focus and direction to the international institutional normative system. As such, it could be said that international protection of fundamental rights has set in motion a twofold shift: on the one hand an impetus towards the constitutionalization of international law, and on the other, an equal shift towards the internationalization of constitutional law. International law now encompasses more issues that could be described as constitutional in nature – among them the principles, rules and procedures required for the protection of fundamental rights. Constitutional law, meanwhile, is no longer confined to individual national legal systems but has come to rely on a network of equivalent systems to provide an international

frame for the protection of those fundamental rights, for so long the concern of national laws and constitutions.

875. This international protection can take the form of a regime or framework designed to be universal, such as the United Nations system, with the Universal Declaration of Human Rights, the International Covenant on Civil and Political Rights, the International Covenant on Economic, Social and Political Rights, and the major UN conventions for the protection of fundamental rights, or regional, like the various regimes set up under the European Convention, the Interamerican Convention, the African Charter on Human and Peoples' Rights and the Arab Charter on Human Rights. International protection of fundamental rights can also be based on the initiatives of international civil society, beyond the direct control of states, or of groups of states in the form of intergovernmental organizations. Such protection, outside the scope of universal or regional systems, is not yet fully established but should not be ignored.

876. Each of these systems – universal, regional and non-state – deserves to be, and is, studied, including the analysis of their compatibility with the universal system, or the compatibility of regional systems with each other or with the various national protection regimes. A huge area, and not one I aim to cover in this course.

877. My own point of view is that the very existence of an international regime for the protection of fundamental rights is both a valuable tool for ensuring such rights are protected against the excesses of authority or internal changes that can arise in national contexts, and also an element in the renewal and transformation of international law itself –which is our central focus here. The international regime of protection of fundamental rights has brought about an evolution in the foundations of international law [895] – one that is especially visible in this field, as the Interamerican Court of Human Rights pointed out in 2010 [896].

895. This is the main line of analysis developed in P. B. Casella, *Fundamentos do direito internacional pós-moderno*, São Paulo, Quartier Latin, 2008, also for bibliographical references therein. See also A. A. Cançado Trindade, "International Law for Humankind: towards a new *Jus Gentium*: General course on Public International Law", *Collected Courses*, Vol. 316 and 317 (2005).

896. "La interacción entre el derecho internacional y el derecho constitucional resulta ineludible y sus vasos comunicantes se estrechan" declares E. Ferrer Mcgregor Poisot, in his vote at the Interamerican Court of Human Rights, in the *Affair C. Garcia and M. Flores* v. *Mexico*, Judgment 26 November 2010. Text available on http://www.corteidh.or.cr/CF/jurisprudencia2/ficha_tecnica.cfm ?nId_Ficha=343.

878. To some extent, the key question of protection of minorities can be viewed in the general framework of the development of international protection of fundamental rights. The regime in this particular area is part of, and illustrates, the two ongoing trends I have just mentioned, internationalization of constitutional law and constitutionalization of international law.

879. Classical international law was guided by the principle of sovereignty and non-interference in the internal affairs of states [897]. What was described as the "legendary neutrality" of international law towards political regimes [898] meant indifference to anything having to do with the constitutional or political organization of the state, whose human rights principles and rule of law were foreign to it [899]. Sovereignty implied that the state had discretionary power, an autonomous power not subject to any control outside the state itself. But the absolute nature of state sovereignty never really existed, even less so in the postmodern context [900].

880. The classical view of sovereignty "traditionally implied a supreme power in the sense that it could not be subject to any instance, internal or external, that could be considered superior to it" [901]. This had three consequences: *(a)* at the normative level, the principle of sovereignty gave rise to the principle of constitutional autonomy of states; *(b)* until recently, exceptions to that principle were rare; and *(c)* this explained the rejection of all doctrines refusing recognition to non-democratic states [902].

---

897. As considered in P. B. Casella, *Tratado de direito internacional – tomo 8 – Direito internacional além do paradigma vestfaliano*, São Paulo, Almedina, 2024.

898. L.-A. Sicilianos, *L'ONU et la démocratisation de l'Etat*, Paris, Pedone, 2000, quoted p. 12.

899. O. de Frouville, "Une conception démocratique du droit international", *Revue européenne des sciences sociales*, XXXIX, 120, 2001, available on http://ress.revues.org/659.

900. On the limits and historical discontinuities of the concept of sovereignty see chapter I, above. In the same sense J. Bartelson, *A Genealogy of Sovereignty*, orig. publ. 1995, Cambridge, Univ. Press, reprint 1996.

901. J. Salmon, "Quelle place pour l'Etat dans le droit international d'aujourd'hui ?", *Collected Courses*, Vol. 347 (2010), pp. 9-78, quoted p. 21: "implique traditionnellement un pouvoir suprême au sens où il ne saurait être soumis à aucune instance, interne ou externe, qui puisse être considérée comme supérieure à lui".

902. R. Ben Achour, "Changements anticonstitutionnels de gouvernement et droit international", *Collected Courses*, Vol. 379 (2015), pp. 397-548, quoted pp. 433-434:

> "Souveraineté et autonomie constitutionnelle sont l'alpha et l'oméga d'une conception unitaire de l'Etat en droit international classique. Ce dernier – c'est-à-dire l'Etat – étant un phénomène extra juridique, est généralement et unanimement défini par ses éléments constitutifs, à savoir, un territoire, une population et un gouvernement effectif et stable. A quoi il faut ajouter une caractéristique propre à cette entité: la souveraineté."

881. In the international order, the state could not be subjected to any other power of the same nature: "under customary international law, States, as a matter of principle, cannot be 'ordered' either by other States or by international bodies", in the words of the Appeals Chamber of the International Criminal Tribunal for the Former Yugoslavia [903]. Which was not substantially different from the decision of the Permanent Court of International Justice in the *SS Wimbledon* case in 1923: in law, by virtue of its sovereignty, the state had total discretion to exercise all the rights recognized by the international legal system [904].

882. In that sense, in political terms, the state's independence required not only respect for its territorial integrity, but also its freedom to organize itself as it chose, with complete constitutional autonomy. That was a "rule of public international law whereby each people is free to choose the fundamental rules of its political structure" [905].

883. The major turnaround was the inclusion of protection of fundamental rights as part of international law, the establishment of an "international regime" – or more than one, taking both the universal and regional regimes – for the protection of fundamental rights. This shift to an international protection regime was not exactly new, bearing in mind that the protection of minorities has already undergone centuries of evolution [906]. The protection of religious minorities came first, and then, about a century ago, the protection of ethnic and linguistic minorities. Only in the twenty-first century, with the Yogyakarta Principles of 2007 and their 2017 revised edition, "Yogyakarta + 10" were sexual orientation and gender identity given an international regime of recognition and protection.

884. Taken as a whole, the inclusion of protection of fundamental rights has transformed the structure and aims of international law. Hitherto strictly an inter-state affair, international law in the postmodern context now protects human dignity. Literally, the development of international

903. Appeal Chamber of the International Criminal Court for former Yugoslavia, IT-95-14-AR, 108 *bis*, par. 26.

904. PCIJ, S. S. "Wimbledon", Judgment 17 August 1923, Series A, No. 1 and Judgment 28 June 1923 (Question of Intervention by Poland) and Series C, No. 3. Quoted Series A, No. 1, p. 25.

905. M. Kamto, "Constitution et principe de l'autonomie constitutionnelle", dans Constitution et droit international, "org. par l'Académie internationale de droit constitutionnel", Tunis, *Recueil des Cours*, No. 8, CPU, 2000, pp. 127-128: "norme de droit international public qui énonce que chaque peuple a le libre choix des règles fondamentales de son organisation politique".

906. H. Accioly, G. E. do Nascimento e. Silva, P. B. Casella, *Manual de direito internacional público*, São Paulo, Saraiva, 26ª ed., 2023, 5.2.7 – evolução do sistema internacional de proteção dos direitos das minorias, pp. 473-480.

principles and mechanisms for the protection of fundamental rights has made postmodern international law more "human" and less exclusively centred on the state and its emanations, features previously omnipresent in traditional international law [907].

885. The dialogue between state and human being is often presented as a mismatch between two worlds, a confrontation between two substantially different viewpoints. Instead of focusing on the confrontation, their complementarity should be brought to the fore. This, after all, is a fundamental factor in postmodern international law where the implementation of protection of fundamental rights is concerned.

886. A state is born when its constituent parts come together: an established population in a defined territory, capable of governing itself and assuming rights and obligations internationally. Each of these elements can be defined in much greater detail [908], for instance the differences (both conceptual and essential) between "population" and "people" [909]. These give the state its human dimension.

---

907. For my view on the foundations of International law, in the postmodern context, see P. B. Casella, *Fundamentos do direito internacional pós-moderno*, Foreword H. Caminos, São Paulo, Quartier Latin, 2008, already quoted. On a similar line, roughly half a century earlier, see W. Friedmann, "General Course in Public International Law", *Collected Courses*, Vol. 127 (1969), pp. 39-246; C. W. Jenks, "Economic and Social Change and the Law of Nations", *Collected Courses*, Vol. 138 (1973), pp. 455-502; R. Jennings, "General Course on Principles of International Law", *Collected Courses*, Vol. 121 (1967), pp. 323-606; H. Kelsen, "Théorie du droit international public", *Collected Courses*, Vol. 84 (1953), pp. 1-204; R. Monaco, "Cours général de droit international public", *Collected Courses*, Vol. 125 (1968), pp. 93-336; H. Mosler, "The International Society as a Legal Community", *Collected Courses*, Vol. 140 (1974), pp. 1-320; R. Quadri, "Le fondement du caractère obligatoire du droit international public", *Collected Courses*, Vol. 80 (1952), pp. 579-634; R. Quadri, "Cours général de droit international public", *Collected Courses*, Vol. 113 (1964), pp. 237-484; P. Reuter, "Principes de droit international public", *Collected Courses*, Vol. 103 (1961), pp. 425-656; M. Sörensen, "Principes de droit international public", *Collected Courses*, Vol. 101 (1960), pp. 1-254; M. Virally, "Panorama du droit international contemporain – cours général de droit international public", *Collected Courses*, Vol. 183 (1983), pp. 9-382; C. de Visscher, "Cours général de principes du droit international public", *Collected Courses*, Vol. 86 (1954), pp. 445-556; P. de Visscher, "Cours général de droit international public", *Collected Courses*, Vol. 136 (1972), pp. 1-202.

908. Between F. Guizot (1787-1874) and A. de Tocqueville (1805-1859) there are contrasts concerning their interpretations of the philosophy of history (particularly on the concept of "civilization" in the works of Guizot; and of "democratic revolution", in the works of Tocqueville), concerning the evaluation of the French revolution (positively considered by Guizot; and negatively by Tocqueville) and the reception of the "principles of 1789" (especially the principle of the sovereignty of the people, refused by Guizot and reformulated by Tocqueville). See, thereon, F. Freller, "Guizot, Tocqueville e os princípios de 1789", *Revista de Estudos Políticos*, Rio de Janeiro, UFF, Vol. 7, No. 2, 2016, pp. 179-201.

909. This is a vast topic, that has been widely discussed, among which my graduate courses at the University of São Paulo Law School, in three semesters, on the "people

887. Acknowledging the importance of the human factor is crucial in determining the nature of the state, the role played by protection of fundamental rights in its political and institutional structure and its relations with other states, and the extent to which international law is present and functioning.

888. International law has an important role in establishing universal minimum standards of protection for fundamental rights [910]. At the same time, the study of international law reveals first and foremost an attitude marked by openness to the world's diversity, its differing sensitivities and modes of expression, as well as an interest in the different cultures and civilizations that were the crucible of those universal values, as M. Bennouna wrote [911]:

> "This ability to surpass ourselves can only come from adhering to humanist values, with the human person gradually becoming central to the concerns of the international legal order and international law. That person is the ultimate beneficiary and test of the relevance of the discipline." [912]

---

in international law and in public law", "territory in international law and in public law" and "International law and constitutional law" – focusing on "government" and "sovereignty" – their shared foundations and specific features in the two legal areas. These courses are lectured with colleagues from the State law department of the University of São Paulo Law School. The "people" is presented as a never-ending topic, going back to J. Michelet (1798-1874), *Le peuple*, orig. 1846; Braz. ed., *O povo*, trad. G. C. Cardoso de Souza, São Paulo, Martins Fontes, 1988; see also P. Rosanvallon, *Le peuple introuvable – Histoire de la représentation démocratique en France*, Paris, Gallimard, 1998.

910. Y. Onuma, *International Law in a Transcivilizational World*, Cambridge, University Press, 2017; "A Transcivilizational Perspective on International Law", *Recueil des Cours*, Vol. 342 (2009); Brazilian edition, *Direito internacional em perspectiva transcivilizacional – Questionamento da estrutura cognitiva predominante no emergente mundo multipolar e multicivilizacional do século XXI*, trad. Alan Carvalho *et al.*, M. Ninomiya and P. B. Casella (eds.), Belo Horizonte, Arraes, 2017.

911. M. Bennouna, "Le droit international entre la lettre et l'esprit", *Collected Courses*, Vol. 383 (2017), in his "Avant-propos – De la lettre à l'esprit", pp. 15-19, quoted pp. 18-19, par. 11:

> "Il en découle que le cercle de l'enseignement de cette discipline devrait nécessairement s'élargir pour inclure les différentes sensibilités nationales et culturelles en cause."

912. M. Bennouna, *op. cit.*, 2017, *loc. cit.* p. 19, par. 11: "Ce dépassement de soi ne peut procéder que de l'adhésion à des valeurs humanistes, la personne humaine étant progressivement au centre des préoccupations de l'ordre juridique international, du droit des gens. Elle est le destinataire final et le test ultime de la pertinence de cette discipline".

> "C'est pour cela que le droit international ne peut se limiter aux rapports entre états, aux rapports entre pouvoirs souverains; il doit aller au-delà pour se pencher sur les réalités sous-jacentes, quitte à repenser le concept même de souveraineté qui lui a donné naissance."

889. Sovereignty remains a basic property of the state, but must now be "exercised in the framework of what is internationally lawful", especially where serious breaches of international law such as mass crimes are concerned[913]. In my view this amounts to a major change in international law in the postmodern context.

890. Political transformations in the 1990s brought over twenty new states into the United Nations. Among the newest are Montenegro in 2006, Kosovo in 2008 and South Sudan in 2011, new subjects of international law taking their place in the international community, or rather international "society"[914], given the lack of cohesion among its members. With all these changes, what assurance is there that postmodern international law will take due account of the human dimension?

891. The mere accumulation of these elements – population, territory and government – is not enough, de facto, to form a state. There must be a nexus between those elements, which in themselves are necessary but not sufficient. There must be a defined territory and government, but above all, that intangible factor that makes a "people" out of any given number of persons – the population – depending on the degree of stability of their establishment in the territory[915]. That people must have a given government, one that fulfils the conditions for their coexistence[916], and it must secure its place on the international stage by assuming international rights and obligations.

892. The existence of a people, a nation as an ethnic, political, cultural or religious identity (or a combination of those elements in varying degrees), has a corollary: the creation, by a process of exclusion, of one or more minorities, and the question of their legal, economic, social, human and psychological condition. Here we are dealing with concrete situations, varied and diverse, in which definition itself is a

913. M. Bennouna, *op. cit.*, 2017, Chap. II – *La souveraineté*, pp. 41-61, "s'exerce dans le cadre de la légalité internationale", quoted pp. 48-49, par. 102-103:

> "L'exercice de la souveraineté, de nos jours, est indissociable de l'obligation secondaire qu'il est susceptible d'entraîner pour l'état et qui consiste à assumer sa responsabilité internationale pour actes illicites."

914. As considered by H. Mosler, "The International Society as a Legal Community", *Collected Courses*, Vol. 140 (1974), pp. 1-320.

915. On the evolution of the concept of territory, see chapter II on Territoriality and extraterritoriality: space in International law.

916. See the Advisory opinion of 16 October 1975 of the ICJ, on the *Western Sahara*, *ICJ Reports 1975*, p. 6.

matter of controversy [917]. Several types of minorities are recognized, claimed, or designated objectively or subjectively: political, social, or defined according to age, sexual orientation, religion or ethnic or cultural identity [918].

893. Given the breadth and complexity of the whole subject of international protection of fundamental rights, here we will consider the condition of minorities and how their treatment in the international system has evolved, and examine how such international protection became a factor in the transformation of international law in the period between the two world wars, and remains so in the postmodern context. The subject of minorities and their international protection is already a huge one.

894. This movement can be viewed against the background of the renewal of international law as a whole, with the inclusion of protection of fundamental rights in a legal and institutional regime that is by nature international. One might even ask whether we need international protection for minorities, or whether they are covered by the system of international protection of fundamental rights, applicable to humanity as a whole.

A. The legal framework for the protection of minorities

895. Protection of minorities is central to the evolution of international law as a whole, in the sense of making it progressively more human. It is increasingly necessary to take account of the human condition alongside that of the traditional subjects of international law, which are and will remain states, along with international organizations

---

917. As mentioned by F. Capotorti, *Study on the Rights of Persons belonging to Ethnic, Religious and Linguistic Minorities*, New York, United Nations, 2nd ed., 1991; N. Levrat (ed.), *Minorités et organisation de l'Etat*, Bruxelles, Bruylant, 1998; Y. Plassereaud, *Les minorités*, Paris, Montchrestien, 1998; N. Rouland, J. Poumarède and S. Pierré-Caps (eds.), *Droits des minorités et des peuples autochtones*, Paris, PUF, 1996; S. Pierré-Caps, "Minorités" , in *Dictionnaire de la culture juridique*, D. Alland and S. Rials (eds.), Paris, Lamy/PUF, Quadrige, 2003, pp. 1028-1031; M. O. Ferreira Silveira, *Não discriminação e a proteção de minorias no direito internacional pós-moderno*, Foreword P. B. Casella, Belo Horizonte, Dialética, 2021.

918. "La minorité procède d'une impossibilité de réaliser en tout lieu l'Etat-nation, c'est-à-dire faire de l'état le décalque de la nation", observes S. Pierré-Caps, "Minorités", *op. cit.*, 2003, *loc. cit.*:

> "La recherche d'une définition passe donc par une restriction de l'extension de la notion, prélude à toute typologie et seule à même de faire apparaître l'enjeu de la question: l'institution juridique d'une différence ou d'une altérité collective qui, en dernier ressort, subvertit le vouloir-vivre ensemble en société politique."

– they are the expression of the collective will of states, in the loose sense of being cumulative rather than the will of a coalition.

896. The strictly inter-state model of classical international law is now outdated, but international law has only just begun to present a more human face. The key element in this shift, the one that has made it visible, is the context of the international protection of minorities; it might seem an obvious example, but that is only true for those stages in its evolution that have been completed. For others it is less obvious, because they are still becoming established.

897. The international system for minority protection had its origins, at least in Europe, at the dawn of the "modern" age against the background of religious wars between Catholics and Protestants, with the Peace of Augsburg in 1555, followed in 1648 by the Peace of Westphalia and the Treaties of Münster and Osnabrück. Both were products of a purely inter-state system, whereby sovereigns granted each other reciprocal guarantees, aimed at protecting religious minorities within the Christian faiths: Catholic and various strands of Protestant. Given that it was impossible for one belligerent to eliminate its opponent and impose its will by force, it became necessary to set up the rudiments of an inter-state system of international relations.

898. The parties to this protection regime for religious minorities were sovereign entities, acting in their own interests and for their mutual protection. The idea was to avoid new wars between those sovereigns and their respective states. Human beings benefited from the regime, though they were neither the holders nor the object of the rights and assurances.

899. While its earliest outlines could be seen from the time of the Congress of Vienna in 1815, it was not until after the first world war [919]

919. P. B. Casella, *Tratado de Versalhes na história do direito internacional*, São Paulo, Quartier Latin, 2007; J.-J. Becker, "Le sentiment national dans l'éclatement de la guerre de 1914", in S. Dauchy and Milos Vec (eds.), *Les conflits entre peuples – De la résolution libre à la résolution imposée*, Baden-Baden, Nomos Verlag, 2011, pp. 123-127; J.-J. Becker, *Le traité de Versailles*, Paris, PUF, new ed., 2019; C. Bouchard, *Le citoyen et l'ordre mondial* (1914-1919) – *le rêve d'une paix durable au lendemain de la Grande guerre, en France, en Grande-Bretagne et aux Etats-Unis*, Paris, Pedone, 2008, *Introduction*, pp. 6-26, quoted pp. 6-7:

> "La remise en cause de l'ordre international a commencé même avant le début de la Première Guerre mondiale, devant la crainte que la course aux armements et les alliances ne mènent à une nouvelle crise que la diplomatie serait impuissante à juguler."

As the war started, the violence of the confrontation and the new weapons transformed the conflict in a total war, and human beings suffered the impact:

that an ordered international system came into being for the protection of ethnic and linguistic minorities, through treaties or specific treaty clauses, still between states, or declarations made by various states to the League of Nations at a time of new international order [920]. At that time, "the dogma of general will led to the theory of nationalities" [921].

900. Here, again, we see a strictly inter-state system designed to reflect political games of power play between the victors and the vanquished in the war, rather than to achieve the goal of protecting the human beings and communities who were to benefit from it. The human dimension was there, but it was hardly central to the international law of the time.

901. After that it was only in March 2007, with the adoption of the Yogyakarta Principles (and their revised edition in November 2017), that it was confirmed that international human rights law applied to minorities in terms of sexual orientation and gender identity. This time, it was human beings as such who were entitled to recognition of their human condition despite recent attacks on their fundamental rights [922], especially as to sexual orientation and gender identity.

902. The Yogyakarta Principles are important as a declaration of principle, even though strictly speaking they are not yet "rights" as it is only a declaration. We should not be discouraged by that formal circumstance in the declaration's genesis, but instead understand the role of such a document in the process of consolidating a core set of rights that will later crystallize into legal rules, as shown by the revision of those principles ten years later, into "Yogyakarta + 10". The human dimension is now secure.

903. One could hope for something equivalent to the process of consolidation of general norms of international law that has taken place with the Universal Declaration since 1948: once the declaration

---

"Dès lors, les populations impliquées dans le conflit ressentent cruellement l'urgence du changement. … C'est dans ce contexte unique qui s'inscrit l'effort de renouvellement des relations internationales: puisqu'il est inconcevable de revenir à la situation *ante bellum*, les vainqueurs devront proposer une nouvelle vision des relations entre les états. On leur demande, en somme, de faire table rase du passé."

920. A. Becker Lorca, *Mestizo International Law – A Global Intellectual History 1842-1933*, Cambridge, Univ. Press, 2016, "Introduction", pp. 1-8, quoted pp. 1-2.

921. R. Redslob, *Histoire des grands principes du droit des gens depuis l'Antiquité jusqu'à la veille de la grande guerre*, Paris, Rousseau, 1923, at p. 287: "le dogme de la volonté générale nous conduit à la théorie des nationalités".

922. See, e.g., the *Report of the Special Rapporteur on minority issues on her mission to Brazil*, UN Human Rights Council, 31st Session, 9 February 2016, R. Izsak visited Brazil officially, from 14 to 24 September 2015, H/HRC/31/56/Add. 1.

is adopted, its specific legal content can be recognized and, over time, gradually consolidate into general norms of international law.

904. While I do not intend to give the full history of how the international rules for the protection of human rights have developed, it is important to understand that the international regime of protection of minority rights is part of the same movement of "humanization" of international law and is a key aspect of it. Originally conceived in terms of religious minorities, and then ethnic and linguistic minorities – but still from the perspective of state interests, and the avoidance of wars between states – the focus has finally shifted to human beings, their lives, their rights, and the affirmation of the dignity of the human condition, with the Yogyakarta Principles (2007 and 2017) on protection of minorities in relation to sexual orientation and gender identity.

905. A broader look at the legal framework shows the increasing relevance of the human dimension in postmodern international law, making it a factor in its renewal and transformation. The system of international protection of minority rights has evolved from very limited beginnings into something much broader: from inter-state concerns to the acceptance of the human condition in all its rich diversity – diversities, even, as the term LGBTQIA+ indicates. That evolution is not yet complete, but the enormous institutional and conceptual shift is under way.

906. Could it be for precisely that reason that there are growing numbers of attacks on human rights involving sexual orientation and gender identity? That is unfortunately what is now happening in Brazil [923]. The same phenomenon occurred to some extent with regard to the international protection of other basic human rights, before they were naturally accepted.

907. The shift from internal systems to one international legal regime for the protection of fundamental rights is among the great structural and functional changes in international law since the start of the twentieth century. As part of this evolution, a new field was added with the adoption of the Yogyakarta Principles. The construction of this

923. Intolerance calling itself "religious" focuses on what constitutes "gender identity" as a "deviation" that, according to them would express a "gender ideology", and insist on the refusal to accept and provide assistance by the – national and international – legal system for protection of Human diversity. As considered in P. B. Casella, "Importância da proteção internacional dos direitos fundamentais – Reflexões pelos 70 anos da Declaração Universal", in *Revista da Defensoria Pública*, Brasília, Vol. 12, Jan.-Dez. 2019, pp. 21-26.

edifice of international protection of fundamental rights must continue, with improved implementation and controls to ensure its effectiveness.

908. Despite the limitations of the League of Nations system, which should not be overlooked, and the frequent criticisms levelled against it since its inception, "the practice of the League of Nations was already influential in the creation, development and acceptance of the concept of human rights":

- First, the minorities regime "while essentially affecting only a limited number of countries, was the first instance of restriction of states' sovereignty with regard to the nationals under their jurisdiction".
- Second, the mandate system "was not only the first international agreement – in the time of international organizations – to guarantee and protect freedom of religion, but it was also the first to recognize, through its practice, the right of individuals to petition an international organization if they thought their government had violated their rights" [924].

909. Likewise, "after 1919 a new trend gradually took shape", in which "states began to allow individuals under their jurisdiction to play a small role in the global community":

> "This trend came about when the founders of the ILO decided to confer on trade unions and employers' associations the right to claim respect by member states of the ILO Conventions. This was a major innovation at the time, which went hand in hand with a

---

924. T. Huaraka, "Les droits civils et politiques", in *Droit international: bilan et perspectives*, M. Bedjaoui (ed.), Paris, UNESCO, Pedone, 1991, Vol. II, Chap. XLVIII, pp. 1131-1152: "la pratique de la League of Nations a déjà exercé une influence créatrice sur l'évolution et l'acceptation du concept de droits de l'homme", "même s'il ne concernait pour l'essentiel qu'un nombre restreint de pays, a constitué le premier cas de limitation de la souveraineté des états à l'égard des ressortissants placés sous leur juridiction", "a été non seulement le premier accord international – de la période des international organisations – à garantir et protéger la liberté de religion, mais il a été aussi le premier à faire reconnaître, dans sa pratique, le droit des individus de soumettre une pétition à une organisation internationale s'ils estiment que leurs droits ont été violés par leur gouvernement", and p. 1141:

> "Ni le Pacte de la Société des Nations, en son article 22, ni les divers accords relatifs aux mandats, ne prévoyaient le droit pour les individus de soumettre des pétitions à la Société des Nations. Le régime des mandats faisait seulement obligation aux Etats administrant les territoires sous mandat d'accroître, par tous les moyens en leur pouvoir, 'le bien-être matériel et moral ainsi que le progrès social des habitants' des territoires concernés."

As stipulated, for instance, the "Mandate for German South West Africa (Namibia) – Mandat pour le Sud-Ouest africain allemand (Namibie)", Article 2, para. 2.

comparable development in the field of international protection of racial, religious and linguistic minorities: it was provided that the representatives of such minorities could apply to the competent organs of the League of Nations in cases where, in their view, states had failed to respect their international commitments with respect to them." [925]

910. For too long, in the past, minorities were often subjected to regimes of oppression [926], acculturation or even elimination, which

925. A. Cassese, "Les individus", in *Droit international: bilan et perspectives*, M. Bedjaoui (ed.), Paris, UNESCO, Pedone, 1991, Vol. I, Chap. IV, pp. 119-127, "après 1919, une nouvelle tendance s'est peu à peu matérialisée", et cela peut être signalé "lorsque les états ont commencé à permettre aux individus placés sous leur juridiction de jouer un petit rôle dans la communauté mondiale"; in such a way that

> "Cette tendance a vu le jour quand les fondateurs de l'OIT décidèrent de conférer aux *associations syndicales* de travailleurs et d'employeurs le droit de prétendre au respect des Conventions de l'OIT par les états membres. Il s'agissait d'une innovation capitale pour l'époque, qui allait de pair avec un développement comparable dans le domaine de la protection internationale des *minorités* (raciales, religieuses ou linguistiques): il a été prévu que les représentants de ces minorités pourraient saisir les organes compétents de la Société des Nations, au cas où, à leur avis, les états ne respecteraient pas leurs engagements internationaux à leur égard", quoted p. 121:
> "Pourtant, la pratique n'a pas suivi la théorie. Les associations de travailleurs et d'employeurs n'ont adressé que très peu de plaintes à l'OIT, et les minorités n'ont fait qu'un usage limité de leur 'droit' de 'pétition'. Les conditions historiques n'étaient manifestement pas encore propices à ce développement juridique, trop précoce à bien des égards."

926. "Traditional" sources of International law already referred thereto. See, for instance H. Accioly, *Tratado de direito internacional*, "terceira edição histórica", prefácio P. B. Casella, Brasília, FUNAG, São Paulo, Quartier Latin, 2009, Vol. 1, par. 119, p. 110:

> "Os tratados de paz de 1919-1920 consignaram medidas relativas à proteção das minorias. Anos posteriores ampliaram a missão a esse respeito confiada à Liga das Nações, estendendo tal proteção às minorias existentes em outros países."

See also F. Capotorti, *Study on the Rights of Persons belonging to Ethnic, Religious and Linguistic Minorities*, New York, United Nations, 2nd ed., 1991; Y. Dinstein (ed.), *The Protection of Minorities and Human Rights*, Leiden, Kluwer, 1992; F. Ermacora, "The Protection of Minorities before the United Nations", *Collected Courses*, Vol. 182 (1983), pp. 247-370; K. Henrard, "Minorities, International Protection", in R. Wolfrum (ed.), *Encyclopedia of Public International Law*, Oxford, Univ. Press, 2012, Vol. 7, pp. 253-273; K. Henrard, *Devising an Adequate System of Minority Protection: Individual Human Rights, Minority Rights and the Right to Self-Determination*, The Hague, M. Nijhoff, 2000; R. Hofmann, "Minorities, European Protection", in R. Wolfrum (ed.), *Encyclopedia*, 2012, Vol. 7, pp. 240-253; A. Meijknecht, "Minority Protection System between World War I and World War II", in *Encyclopedia*, R. Wolfrum (ed.), 2012, Vol. 7, pp. 270-277; Nguyen Quoc Dinh, P. Daillier and A. Pellet, *Droit international public*, Paris, LGDJ, 5e éd., 1994, par. 29, 131, 282, 342, 370-371, 438, 581, quoted p. 63:

> "l'affirmation des droits des minorités et des peuples autochtones, tout comme la notion de 'citoyenneté européenne' (distincte de la nationalité) prévue par le traité

could go as far as genocide, as occurred in the case of the Armenian genocide [927]. There have been a number of others since then. While on the one hand it seems the situation in general has greatly improved, it would be an illusion to believe that discrimination has gone away. There are, unfortunately, multiple instances of discrimination against minorities, especially in times of tension [928].

911. Paradoxically, the countries which, since the second world war, have been most vocal in defending human rights against other countries, demonstrate their own lack of regard for them when they deny fundamental rights such as the granting of nationality to children born in the national territory, or rights of residence to those who have lived there for many years. Added to this are prohibitions on immigration, or even simple entry, based on considerations of race or nationality. Such contradictions do not seem to prompt the defenders of human rights in those countries to object, or at least not as forcefully as they condemn the violations committed in others.

912. There must aways be consideration for human dignity, in the historic protections of religious and then ethnic minorities, consolidated earlier, and in the recent developments in the field of protection of minorities with the adoption of the Yogyakarta Principles (2007 and the

---

de Maastricht, portent la marque de tendances nouvelles qui pourraient limiter la toute-puissance et l'omniprésence de l'état dans la sphère internationale".

See also F. Rousso-Lenoir, *Minorités et droits de l'homme: l'Europe et son double*, Bruxelles, Bruylant, Paris, LGDJ, 1994.

927. The Armenian genocide is a notorious example not to be forgotten. The denial to acknowledge same aggravates the crime. See H. Bozarslan, V. Duclert and R. H. Kévorkian, *Comprendre le génocide des arméniens – 1915 à nos jours*, Paris, Tallandier, 2015; H. Dink, *Deux peuples proches – deux voisins lointains: Arménie-Turquie*, transl. from the Turkish by E. Ülker and D. Eddé, Foreword J. Kéhayan, "Ouverture" E. Mahçupyan, Arles, Actes Sud, 2009; P. B. Casella, "Genocídio Armênio", in *100 anos do Genocídio armênio – negacionismo, silêncio e direitos humanos*, M. L. Tucci Carneiro, C. A. Abreu Boucault and H. de A. C. Loureiro (eds.), São Paulo, Humanitas, 2019, p. 51-112; P. B. Casella, "O genocídio armênio", in A. J. Cicco Filho, A. F. P. Velloso and M. E. G. T. Rocha (eds.), *Direito internacional na Constituição – estudos em homenagem a F. Rezek*, São Paulo, Saraiva, 2014, pp. 565-606; P. B. Casella and F. N. P. Alamino, "Estudos sobre a proteção internacional de minorias – Grupo de estudos sobre a proteção internacional de minorias da Faculdade de Direito da Universidade de São Paulo – GEPIM – USP", *Revista da faculdade de direito da USP*, São Paulo, 2018, Vol. 113, pp. 563-736.

928. See P. B. Casella and C. Silva da Anunciação, "Os reflexos da pandemia sobre migrantes e refugiados – Covid 19 e direitos humanos", *Le monde diplomatique*, 20 de abril de 2020, online: Brasil https://diplomatique.org.br/os-reflexos-dapandemia-sobre-migrantes-e-refugiados. Mentioning just a few titles: T. Todorov, *Nous et les autres – La réflexion française sur la diversité humaine*, orig. 1989, Paris, Seuil, 2001; E. Todd, *Le destin des immigrés – Assimilation et ségrégation dans les démocraties occidentales*, orig. publ. 1994, Paris, Seuil, 1997; G. Noiriel, *Etat, nation, immigration – Vers une histoire du pouvoir*, orig. 2001, Paris, Gallimard – folio – histoire, 2005.

2017 revision, Yogyakarta + 10). These are still referred to as principles, but they are principles whose realization and implementation cannot be long delayed. It is not acceptable to argue that we are still in the process of consolidating those principles though clearly, in this area, we are not yet dealing with rules of law in proper form that can be immediately enforced. The same considerations of human dignity and the same need for uniformity of interpretation and implementation of human rights protections also apply to these sexual orientation and gender identity minorities – or rather to all LGBTQIA + minorities.

913. In terms of how the regime of international protection of minorities has evolved, we will look first at religious minorities.

B. The protection of religious minorities

914. Where protection of religious minorities is concerned, three distinct movements can be identified:

- Intra-European movements were directly inspired by religious wars, from the Peace of Augsburg in 1555 to the Treaties of Münster and Osnabrück, which made up the 1648 Peace of Westphalia. Their aim was not so much to set up a general legal system of protection for minorities as to ensure peaceful relations between the Catholic powers and the various Protestant denominations. In France, following the war between the Catholics and the Huguenots, the Edicts of Saint Germain, in 1562, Beaulieu in 1576, Poitiers in 1577 and, especially, Nantes in 1598, guaranteed the right of public worship (though not always equally), gave the Huguenots full civil rights and allowed them, with royal permission, to hold their religious synods and assemblies. The Treaty of Vienna, in 1607, gave the Protestant minorities in Transylvania the right to religious freedom.
- Even before that, from the fourteenth and fifteenth centuries, the Ottomans had routinely granted considerable numbers of capitulations [929] to merchants from Venice, Genoa, Florence, Naples,

929. The term "capitulations" was borrowed during the 16th century from Medieval Latin "capitulation", meaning a *convention* and formed from *capitulare*, "enumerate, make a report, stipulate in a convention, to agree". Employed in single form in the law of armed conflicts, the term designates the act by which an army or a site surrenders to the enemy. It can also be found as "capitulations" in plural designating conventions having as its scope the supply by a non-belligerent state of military personnel to another state.

There is a third meaning to the term, "capitulations" in plural that deserves to be considered: unilateral or conventional acts conferring to the subjects of a state some

Ragusa and elsewhere, such as the one granted by Mehmet II to the Genoese after the conquest of Constantinople [930]; far from being unevenly applied, limited in effect or strictly local, capitulations rapidly grew into a broad system of trade and diplomacy with a number of non-Muslim states [931]. Agreements concluded with the Ottoman Empire in the centuries from François I to Louis XV sometimes contained capitulations [932], and the Treaties of Carlowitz in 1699 provided for the protection of Catholics in Ottoman territory [933]. The Treaties of Kutchuk-Kainardji in 1774 and Andrinopoulos in 1829

---

privileges in the territory of another state, whereby those foreign subjects are partially exempted – without reciprocity – from the authorities of the territorial state. See D. Alland, "Capitulations" in D. Alland and S. Rials (eds.), *Dictionnaire de la culture juridique*, Paris, Lamy, PUF, Quadrige, 2003, pp. 167-168.

930. U. Özsu, "Ottoman Empire", in B. Fassbender and A. Peters (eds.), *The Oxford Handbook of the History of International Law*, Oxford, Univ. Press, 2012, Chap. 18, pp. 429-448, esp. sec. 2 – *A Short History of the Capitulations*, pp. 433-445, quoted p. 434:

> "Active in the city under Byzantine rule, the Genoese were invested with the privilege of conducting trade without a significant tax burden, and their ability to come and go, resolving their disputes in accordance with their own laws and customs, was recognized. The adjudicative features of these early grants are intriguing, shedding light on the jurisdictional complexities fostered by even the earliest capitulations. While disputes between subjects of Latin powers were settled by local consuls, those between Latin merchants on the one hand and subjects of the sultan on the other seem at times to have been distributed between Latin consuls and Ottoman courts on the basis of the defendant's nationality. A Latin subject bringing an action against an Ottoman subject could take the matter to the Ottoman authorities, whereas an Ottoman subject with a claim against a Latin subject might go to the Latin consul, joint decisions by Latin and Ottoman authorities also apparently being an option."

931. U. Özsu, *op. cit.*, 2012, p. 434:

> "Merchants affiliated with a State to which a capitulation had been granted were authorized to operate full-scale *fondachi*, factories and similar trading 'colonies' on Ottoman soil", in such a way that "this provided a significant foothold in Ottoman economy and society; and also spurred the growth of new mechanisms of diplomatic intercourse".

932. A. Dalachanis, "Confessions et minorités", in L. Dakhli (ed.), *Le Moyen-Orient – fin XIXe-XXe*, Paris, Seuil, 2016, pp. 73-98, quoted p. 73:

> "Au Moyen-Orient, pendant des siècles, des populations majoritaires ou minoritaires *de fait* ou *de droit* cohabitent pacifiquement, même si cette cohabitation est parfois interrompue par des périodes de conflit plus ou moins longues. Ces populations se sont forgées autour d'appartenances multiples – impériales, étatiques, ethniques, linguistiques, nationales, territoriales, confessionnelles, religieuses – qui se sont juxtaposées, superposées et/ou synchronisées."

933. Treaty of Carlowitz, dated 1699, Article VII:

> "les religieux catholiques romains, partout où ils ont leurs églises, pourront, sans empêchement, exercer leurs fonctions et vivre en toute sécurité, conformément aux ordres émanés de la Sublime Porte, et il sera permis à l'ambassadeur de Pologne près de la Sublime Porte d'exposer devant le trône impérial toutes les demandes qu'il aura ordre de faire au sujet de la religion".

guaranteed protection to Orthodox Christian minorities in Ottoman territory, and the prerogative of Russia to make representations on their behalf to the Sublime Porte.

– Throughout the nineteenth century, starting with the Congress of Vienna, the centuries-old protection of religious minorities was gradually replaced by protection of ethnic minorities with clauses aimed at preventing discrimination even where there were differences in religious faith. Specific examples were the Treaty of Vienna in 1815 [934], and the 1856 Treaty of Paris that ended the Crimean War [935]. The Congress of Berlin in 1878 and the Berlin Conference of 1884-1885 reaffirmed the principles of freedom of conscience and religious tolerance with international instruments. They all prepared the ground for further developments in this field.

915. Protection of religious minorities first arose in direct relation to the "wars of religion" in Europe: at the start of the modern age the continent was torn apart by rifts between Catholics and various strands of Protestantism until religious peace was restored through international legal instruments. That process was a long one. Even the 1763 Treaty of Paris, at the end of the Seven years' war [936], contained provisions on freedom of religion [937]: in line with the "conditional capitulation"

934. The treaty of Vienna, of 31 May 1815, signed between Austria, Great-Britain, Prussia, Russia and the Netherlands, on the union of Belgium to Holland, stated the necessity of

> "assurer à tous les cultes protection et faveur égales et de garantir l'admission de tous les citoyens aux emplois et offices publics, sans égard à leurs croyances religieuses".

935. The Peace Congres following the end of the Crimean War, was held in Paris, from 25 February until 18 April 1856, when the Peace treaty was signed, encompassing thirty-four article and three annexes. Among other questions, the treaty contained stipulations concerning the "Eastern question", not only Christian minorities in Ottoman territory, as well as the legal regime of the Holy places – the churches of Jerusalem, Bethlehem and Nazareth, under Turkish sovereignty but the use of the premises and the operation were entrusted, according to ancient conventions, partly to Roman Catholics and partly to Greek orthodox. The article 9 of the treaty of Paris of 1856 declared that "l'on ne doit pas avoir, dans un pays, une classe de sujets, inférieurs aux autres, en raison de leur culte religieux et de leur race".

936. For an assessment of the impact of the "Seven year war" (1756-1763) as a forerunner of the "world wars", due to its extended repercussions, see P. B. Casella, *Tratado de direito internacional – tomo 8 – Direito internacional além do paradigma vestfaliano*, São Paulo, Almedina, 2024, esp. "da construção de sistemas coesos: de Vestfália (1648) até a guerrra dos sete anos (1756-1763)".

937. Traité de paix définitif et d'alliance entre la Grande-Bretagne, la France et l'Espagne, signed in Paris, on 10 February 1763, promised in its First article:

> "il y aura une paix chrétienne, universelle & pérpetuelle, tant par mer que par terre, et une amitié sincère et constante sera rétablie entre leurs Majestés britannique,

of 1760, Great Britain guaranteed limited religious freedom to the Catholics of Canada.

916. Even before that, systems of capitulations had been used in international instruments as a way of managing relations with the Christian minorities in Muslim territories, notably in the Ottoman Empire, although the exact legal nature of such capitulations is open to question [938]. There were also clauses on religious minorities in treaties transferring territory between two or more states following successive wars between them.

917. In the context of Europe's religious wars, the Peace of Augsburg in 1555 marked the start of protection of religious minorities using international legal instruments. A century later, the Treaties of Münster and Osnabrück developed it at international level [939].

918. The 1555 Peace of Augsburg might seem fragile from the historical standpoint, but it allowed the empire half a century of peace: this is often forgotten when compared to the subsequent disaster of the Thirty Years' War. History assesses the 1555 undertaking as marking the abandonment by the parties concerned of their grand designs: it documented the end of religious unity within the empire. Germany, moreover, was not an entirely Protestant state, in spite of the moves to make it one. It also signalled the end of the Emperor's universal

---

> très Chrétienne, Catholique et très fidèle, entre leurs héritiers et successeurs, royaumes, états, provinces, pays, sujets et vassaux, de quelque qualité et condition qu'ils soient, sans exception de lieux, ni de personnes".

According to Article IV, France ceded to Great-Britain "Canada avec toutes ses dépendances", whereas

> "sa Majesté britannique convient d'accorder aux habitants du Canada la liberté de religion catholique; en conséquence elle donnera les ordres les plus précis et les plus effectifs, pour que ses nouveaux sujets catholiques romains puissent professer le culte de leur religion selon le Rit de l'église romaine, en tant que le permettent les lois de la Grande-Bretagne".

938. Observes D. Alland, "Capitulations", in D. Alland and S. Rials (eds.), *Dictionnaire de la culture juridique*, Paris, Lamy, PUF, Quadrige, 2003, pp. 167-169:

> "Une tradition bien ancré veut que les capitulations répondent avant tout au souci des puissances occidentales de ne pas voir leurs ressortissants entièrement soumis aux législations et aux juridictions jugées primitives des états où ils se trouvent."

939. P. B. Casella, "A proteção internacional dos direitos das minorias: o caso da minoria por orientação sexual e identidade de gênero", in L. L. Jubilut, A. G. Melo Franco Bahia and J. L. Q. de Magalhães (eds.), *Direito à diferença*, São Paulo, Saraiva, 2013, Vol. 1 – Aspectos teóricos e conceituais da proteção às minorias e aos grupos vulneráveis, pp. 179-188, esp. No 1, "proteção das minorias religiosas".

aspirations, and undermined the claim of Charles V to be the head and leader of western Christianity [940].

919. The 1555 Peace of Augsburg seems more consistent with modern notions of sovereignty than the Peace of Westphalia almost a century later [941]. Furthermore, it is doubtful whether it can be argued that the Peace of Westphalia led to lasting peace in Europe. The historical evidence points against this: after the two treaties of 1648, France and Spain remained at war for another eleven years before concluding the Treaty of the Pyrenees in 1659 [942], which brought only a brief respite in the Franco-Spanish war [943], while the war between Sweden under

940. B. Roeck (ed.), *Deutsche Geschichte in Quellen und Darstellung* Band 4: *Gegenreformation und Dreissigjähriger Krieg 1555-1648*, Stuttgart, Reclam, Univ. Bibl. Nr. 17004, 1996, impr. 2002, *Einleitung*, pp. 5-20, quoted p. 5:

> "Daraus bezog die Abdankung des Kaisers ihre Konsequenz: es war ein Vorgang,in dem sich Entwicklungen von grober Tragweite symbolisch verdichteten. Die Niederlegung der Kaiserkrone bedeutete einen Schritt hin zu einem konfessionell und politisch pluralistischen Europa souveräner Staaten – nicht weniger kennzeichnend ist, dass Karl V. der letzte Kaiser bleiben sollte, der das Zeichen seiner Würde vom Papst empfing."

941. R. Grotte, "Westphalian system", in R. Wolfrum (ed.), *The Max Planck Encyclopedia of Public International Law*, Oxford, Univ. Press, 2012, Vol. X, pp. 870-874, quoted No. 10, p. 872:

> "While the latter had imposed no limits on the principle *Cuius regio, eius religio*, the treaties of Westphalia fixed the confessional matters as they stood on 1 January 1624, and explicitly rejected the notion that rulers could change their religion, and consequently that of their subjects, arbitrarily."

942. See L. Bély, *La France au XVIIe siècle*, Paris, PUF, 2009, La paix des Pyrenées, pp. 325-332.

943. M. Pauly, *Histoire du Luxembourg*, orig. publ. *Geschichte Luxemburgs*, 2011, transl. P.-L. van Berg, Bruxelles, ed. de l'Université de Bruxelles, 2013, Chap. X – *Le duché de Luxembourg entre l'Empire des Habsbourg et la France*, pp. 61-67, *cit.* pp. 66-67:

> "l'Espagne dut renoncer au sud du duché de Luxembourg, avec les villes de Thionville et de Montmédy. Louis XIV ne laissa aucun répit à son adversaire espagnol, et en 1684, la place-forte de Luxembourg capitula après plusieurs mois de siège et de bombardements par le maréchal français F. de Créqui et l'expert en poliorcétique S. de Vauban. Deux tiers des maisons d'habitation furent à ce point endommagés que les soldats n'y purent plus prendre leurs quartiers. Vauban s'attela à l'expansion des fortifications et des casernes; il y associa aussi pour la première fois les hauteurs en face de la ville, pour qu'à l'avenir les batteries de canon ennemies ne puissent s'y installer pour bombarder le centre de la ville de Luxembourg".

Following the Peace of Rijswijk, Louis XIV had to relinquish Luxemburg, whereas he could definitively bring the Franche-Comté into France. The war of succession in Spain triggered a new military occupation of Luxemburg, but the peace treaties of Utrecht and Rastatt assigned thereafter the duchy to the Austrian sovereigns of the house of Habsburg. Only thereafter the duchy enjoyed a long period without acts of war in its territory.

Charles X and Poland under Jean Casimir ended only with the Treaty of Oliva in 1660 [944].

920. At the time of the Peace of Westphalia, the status of the nobles was more clearly defined than at the time of the Peace of Augsburg in 1555. There were violent shifts in power between the disputing factions in the wars of religion, so that what mattered was to establish an organized system that would allow Catholics and Protestants to live together [945]. From then on, that cohabitation between the powers in the empire was governed by international instruments [946].

921. The Treaties of Münster and Osnabrück, concluded at the end of the Thirty Years' War after a long and complex negotiating process, together make up the Peace of Westphalia of 1648 [947]. They contain clauses which, at first sight, laid down a framework of regulation of international relations [948] that respected the freedom of worship of religious minorities, whether they were Protestant or Catholic.

---

944. As observed by P. Thornberry, "Historical Background: International Law Moves from Protection of Particular Groups to Norms of a Universal Character", in *Global Minority Rights*, J. Castellino (ed.), first publ. 2011, New York, Routledge, The International Library of Essays on Rights, 2016, Chap. 1:

> "An early example is the Treaty of Oliva of 1660, by which Poland and the Great Elector ceded Pomerania and Livonia to Sweden, guaranteeing the inhabitants of the ceded territories the enjoyment of the existing religious liberties. Article 2 (3) of the treaty provides that the "cities of Royal Prussia, which as a consequence of this war, have become the property of . . . Sweden, will maintain all the rights, liberties and privileges which they have enjoyed . . . in the ecclesiastical or lay domain."

945. C. Seidler, "Westfälisches Vexierbild", in D. Pieper and J. Saltzwedel (eds.), *Der Dreissigjährige Krieg – Europa im Kampf um Glaube und Macht 1618-1648*, Munich, Deutsche Verlags-Anstalt, 2012, pp. 251-258, reevaluates the impact of the peace of Westphalia, as the initial formulation of a modern interstate system.

946. H. Dieter Kittsteiner (1942-2008), *Die Stabilisierungs-moderne – Deutschland und Europa 1618-1715*, Munich, Carl Heer, 2010, quoted p. 102:

> "Der Westfälische Friede beendete das europäische Chaos, das auch aus der lange Zeit friedensunfähigen und friedensunwilligen Überlagerung von Konfessionen und Politik hervorgegangen war."

947. The two treaties were signed on 24 October 1648, one in the city of Münster, following the negotiations in that city, whereas the other treaty was signed in the nearby city of Osnabrück. Therefore, they are usually quoted as the "treaties of Münster and Osnabrück", constituting together the "Peace of Westphalia". The texts of these treaties and other international acts from the period 1648 to 1919 are collected in *Consolidated treaty series 1648-1919*, C. Parry (ed.), Dobbs Ferry-New York, Oceana Publications, 1969-1981, in 231 volumes, cited as "CTS", with mention of the year, the volume and the first page. For the Peace of Westphalia, see (1648) 1 CTS 119.

948. P. B. Casella, *Tratado de direito internacional – tomo 8 – Direito internacional além do paradigma vestfaliano*, São Paulo, Almedina, 2024, "introdução"; B. Fassbender, "Westphalia, peace of (1648)", in R. Wolfrum (ed.), *The Max Planck Encyclopedia of Public International Law*, 2012, Vol. X, pp. 865-869; S. Verosta, "History of International Law, 1648 to 1815", in *The Max Planck Encyclopedia of*

922. As with the treaties that followed, the parties were concerned only with guaranteeing equality between the Christian denominations. F. Schiller (1759-1805), in his study of the Thirty years' war [949], described how reforms in France had triggered a civil war, which had ravaged the very foundations of that society and brought foreign arms into the heart of the kingdom [950], turning France into a wretched scene of destruction for half a century.

923. In the Netherlands, the social changes that came with reform made the yoke of Spanish rule intolerable and awakened in the Dutch the need and the courage to overthrow it. Their struggle would last eighty years [951].

924. In Germany, the separation between the churches brought about a political separation that lasted well over a century. According to Schiller, the reform marked a transformation in the international system, bringing northern powers like Denmark and Sweden into play in Europe as a whole. They were aligned with the Protestant tendency and had not previously become involved in wider European affairs:

Public International Law, 2012, Vol. IV, pp. 823-843; F. E. Schrader, *L'Allemagne avant l'Etat-nation: le "corps germanique" (1648-1806)*, Paris, PUF, 1998; R. Grotte, "Westphalian System", in *The Max Planck Encyclopedia of Public International Law*, Oxford, Univ. Press, 2012, Vol. X, pp. 870-874, "conclusion", No. 15, p. 873:

> "Recent reappraisals of the historical foundations of the concept have convincingly shown that it is less firmly grounded in the historical reality of the 17th century than had been originally presumed. In the light of these studies, the Westphalian system with its main pillars of State sovereignty, equality of States, nonintervention and State consent as the only valid source of international legal obligation appears as the product of a complex historical process which was neither pre-ordained nor inevitable and did not receive its fullest articulation until the late 18th and 19th centuries, an articulation which seems to owe more to nineteenth century nationalism and legal positivism than to the text of the Westphalian Treaties proper."

949. F. Schiller, *Geschichte des dreissigjährigen Kriegs*, written 1791-1793, Gütersloh, P. P. Kelen, no date stated, the final statement by H. Reinoss is dated 1964.

950. F. Schiller, *op. cit.*, éd. 1964, "Erstes Buch", p. 5.

951. P. B. Casella, *Tratado de direito internacional – tomo 7 – Direito internacional no tempo de Hugo Grócio*, São Paulo, Almedina, 2023, esp. 18.2 – *Grócio na evolução da identidade nacional*, pp. 357-382; P. Arblaster, *A History of the Low Countries*, orig. publ. 2006, New York, Palgrave-Macmillan, 2012; C. Denys and I. Paresys, *Les anciens Pays-Bas à l'époque moderne (1404-1815)*, Paris, Ellipses, 2007, Chap. 4 – les Pays-Bas, enjeu international (1609-1713), pp. 79-95, and also Chap. 7 – un siècle de malheurs aux Pays-Bas méridionaux (1609-1715), pp. 141-157. Following the period of catastrophes, the Netherlands experienced a bounty of material and intellectual riches, during the so-called "Golden age". On this time see e.g., S. Schama, *The Embarrassment of Riches: An Interpretation of Dutch Culture in the Golden Age*, Berkeley and Los Angeles, Univ. of California Press, 1988.

"States which hitherto scarcely concerned themselves with one another's existence, acquired through the Reformation an attractive centre of interest, and began to be united by new political sympathies. And as through its influence new relations sprang up between citizen and citizen, and between rulers and subjects, so also entire states were forced by it into new relative positions. Thus, by a strange course of events, religious disputes were the means of cementing a closer union among the nations of Europe." [952]

925. Schiller deplored the terrible effect of alliances between states, which was to lead them to war, the more so as that war lasted thirty years. Its ravages extended "from the interior of Bohemia to the mouth of the Scheldt, from the banks of the Po to the coasts of the Baltic, devastated whole countries, destroyed harvests and reduced towns and villages to ashes". A war in which thousands of combatants perished, and the advance of culture in Germany was extinguished for at least half a century, leaving age-old barbarism in its place. "Yet out of this fearful war Europe came forth free and independent. In it she first learned to recognize herself as a community of nations." It was this "intercommunion of states" *(allgemeine Staatensympathie)*, that brought the war to an end [953].

926. As to the extent of the killing between Christians, it is estimated that Germany lost 40 percent of its total population during the Thirty years' war [954]. The destruction did not occur on the same scale in all the German regions, but on one side of a diagonal line from the Baltic Sea to the south-western part of the Empire, from Pomerania and Mecklenburg through Thuringia and part of Saxony to the Palatinate and also a sizeable part of Württemberg.

952. F. Schiller, *op. cit.*, published in English as The History of the Thirty Years' War, translated by A. J. W. Morrison, Project Gutenberg E-Book, p. 12; the German edition of 1964, p. 6, presents expressively the phenomenon: "so müsste es durch einen seltsamen Gang der Dinge die Kirchentrennung sein, was die Staaten unter sich zu einer engern Vereinigung führte".

953. F. Schiller, *ibid.* page 13.

954. H. D. Kittsteiner, *Die Stabilisierungsmoderne*, *op. cit.*, 2010. A good historian knows the impact of an effective phrase, and Kittsteiner, *op. cit.*, 2010, pp. 88-89, does it quite well, when he wrote that life was lived between day to day and catastrophe: "Das Leben bewegte sich in diesen Zeiten zwischen Alltag und Katastrophe."

927. Other historians disputed the extent of the destruction. Some even spoke of the war as being mythologized [955]. With examples of critical reassessment [956].

928. After long and difficult negotiations for peace, the empire that emerged from these international instruments was a highly complex one, that outlasted both earlier and subsequent attempts at establishing an international order at the heart of Europe.

929. From the standpoint of protection of religious minorities, capitulations should also be considered as one dimension of this historical phenomenon. The regime of capitulations can be viewed in different ways: "at first perfectly consistent with the Islamo-Ottoman concept of society, they were radically altered by Western manipulation", so that with the passage of time capitulations became a "para-colonial law" [957], and as such, were widely contested up to the time of their abolition. This is one instance of the complexity of interpreting the changes this type of international agreement underwent during the centuries it was in use [958], with considerable variations liable to be accentuated

955. J. Burkhardt, *Der Dreissigjährige Krieg*, Frankfurt-Main, Suhrkamp, 1992, *Vorbemerkung*, pp. 7-8, shows the evolution of the conflict, encompassing the catastrophe of war, whose extension has been questioned and reevaluated, and also inserted in the context of cultural history, focused on the exam of daily life, bringing a more adequate statistical differentiation.

956. D. Pieper and J. Saltzwedel (eds.), *Der Dreissigjährige Krieg – Europa im Kampf um Glaube und Macht 1618-1648*, Munich, Deutsche Verlags-Anstalt, 2012, contains the contributions of over twenty historians, and these studies show that there was vast destruction, but same was not uniformly distributed in a continental scale. Certain regions not only were not affected but profited economically from the state of war, such as, for example, the city of Hamburg, where the combination of merchant spirit and diplomatic craft led the city to occupy a prominent place as economic axis in the north of Europe.

957. J. Lafon, *Itinéraires: de l'histoire du droit à la diplomatie culturelle et à l'histoire coloniale*, Paris, éds. de la Sorbonne, 2001; *Les capitulations ottomanes: un droit para-colonial?*, Paris, Droits, No. 28, 1998, p. 155,

> "d'abord parfaitement en accord avec la conception islamo-ottomane de la société, avant d'être profondément altéré par la manipulation occidentale qui en est faite".

The author mentions that the appearance of the capitulations occurred in a context different from the usual image given: in the Ottoman empire, for example, the capitulary law only reflected a condition of inferiority for the Ottomans as of 1740 onwards:

"ce n'est que vers 1740 que la Porte ottomane se voit mise dans une situation d'infériorité".

958. B. Fassbender and A. Peters, "Introduction: Towards a Global History of International Law", in B. Fassbender and A. Peters (eds.), *The Oxford Handbook of the History of International Law*, Oxford, University Press, 2012, pp. 1-24, quoted p. 18:

> "Capitulations had been issued unilaterally by Ottoman sultans, but many European and American jurists sought to endow them with greater legal force and therefore present them as treaties imposing legal binding obligations upon

depending on the viewpoint of the party concerned. "Aside from their fate in history, capitulations have this in common with other long outdated institutions" – the old prize law is a case in point – "that they reveal very elaborate legal mechanisms and issues" at the intersection of public and private international law, representing a world long past. They "explain how Western foreigners were partly exempt from the local laws – they benefitted from a regime of extraterritoriality":

> "This meant that foreigners (sometimes defined not just by nationality but by whether they were 'Christian', in a 1569 capitulation) avoided the jurisdiction of the territorial state and remained partly subject to that of their state of origin." [959]

930. The capitulations system existed in a number of countries [960], including China, which had two zones where the regime applied, either in its territory or in its concessions [961], Korea, Siam, Japan (and, during

both parties, not only on the non-Muslim power but also on the Ottoman sultans themselves. Such jurists cast the capitulation not as a temporary and unilateral concession, but as an enduring and bilateral treaty. In contrast, the Ottoman lawyers generally insisted that the capitulations were not to be confused with treaties in the European sense. It was exactly this 'interpretational fluidity' which characterized the capitulations."

959. "Raison pour laquelle on dit souvent que le régime des capitulations est une expression de la théorie de la personnalité des lois", remarks D. Alland, "Capitulations", in D. Alland and S. Rials (eds.), *Dictionnaire de la culture juridique*, Paris, Lamy, PUF – Quadrige, 2003, pp. 167-169, quoted p. 168:

> "Au-delà de leur destin historique, les capitulations ont ceci de commun avec certaines autres institutions désuettes" "qu'elles donnent à voir des mécanismes et des problématiques juridiques très élaborés"; "Ce sont ces représentations qui expliquent que les étrangers occidentaux échappaient en partie à l'ordre juridique local – ils bénéficiaient d'un régime d'extraterritorialité"; "Cela signifie que les étrangers (définis parfois au-delà de leur nationalité, par référence à leur qualité de 'chrétien', capitulation de 1569), échappaient à la compétence de l'état territorial et restaient en partie soumis à la compétence de leur état d'origine".

960. H. Accioly, G. E. do Nascimento e Silva and P. B. Casella, *Manual de direito internacional público*, São Paulo, Saraiva, 26ª ed., 2023, item 3.8.4, pp. 324-325, and note 960:

> "O sistema das capitulações já desapareceu ou, pelo menos, já se acha praticamente extinto. Vinha do Oriente, dos chamados países fora da Cristandade, e abrangia certas garantias ou facilidades comerciais reconhecidas a estrangeiros. Desde muito, entretanto, só se referia a imunidades judiciárias e privilégios fiscais que, muita vez, variavam de um estado para outro."

961. Brazil benefited from the regime of capitulations in China, according to the treaty of Tien-Tsin, of 3 October 1881. In 1929, Brazil declared itself ready to negotiate, at the same time as other countries concerned with similar issues, in view of an agreement for the elimination of the privilege of extraterritoriality. In August 1943, a treaty was celebrated with the government of China, for the end of this privilege. It may be interesting to compare the conduct of the affair with the developments concerning an equivalent "Treaty of friendship, trade and navigation", celebrated between Belgium

the Japanese invasion, Manchukuo), Egypt [962], Ethiopia, India, Iran, Madagascar, Morocco, Tripolitania, Tunisia and Turkey. There were also a number of Balkan states such as Bulgaria [963] where the system was introduced under Ottoman domination and gradually ended after 1878, simultaneously with Serbia's independence.

931. Protection of freedom of religion was included in the 1879 Treaty of Constantinople between Austria-Hungary and the Ottoman Empire [964], on the transfer of Bosnia-Herzegovina; it was also enshrined in the 1881 Convention of Constantinople, which established the frontier between Greece and the Ottoman Empire and transferred Thessaly and part of southern Epirus to Greece [965].

932. The capitulations regime provided for the grant or recognition of certain immunities, special jurisdictional prerogatives and sometimes

---

and China, in Beijing, on 2 November 1865. The treaty was denounced by China, in 1926, and was the object of an affair brought by Belgium to the Permanent Court of International Justice, and finished without Judgment, in 1929. See PCIJ, Denunciation of the Treaty of 2 November 1865 between China and Belgium, Order of 8 January 1927 (Measures of Protection), Order of 15 February 1927 and Order of 18 June 1927. Series A, No. 8.

962. In Egypt the regime of capitulations was terminated by the Montreux Convention of 8 May 1937. See H. Accioly, G. E. do Nascimento e Silva and P. B. Casella, *Manual de direito internacional público*, São Paulo, Saraiva, 26ª ed., 2023, p. 325:

> "Esse tipo de acordo desaparece da prática internacional, como excrescência de outras eras, suplantada pela evolução do direito internacional, no contexto pós-moderno."

963. R. J. Crampton, *A Concise History of Bulgaria*, 1997, Cambridge, Univ. Press, 4th ed. 2010, Chap. 4 – The national revival and liberation, pp. 45-84.

964. Article II stipulates:

> "The freedom and outward exercise of all existing religions shall be assured to persons residing or sojourning in Bosnia and the Herzegovina. Especially entire freedom is assured to Muslins in their relations with their spiritual chiefs."

The Convention of Constantinople provides that the minorities are under the sovereignty of Austria-Hungary: they are not apparently compelled, as minorities are in many modern states, to subscribe to a national (or international) ideology as a condition of their continued existence – observes P. Thornberry, "Historical Background: International Law moves from Protection of Particular Groups to Norms of a Universal Character", in J. Castellino (ed.), *Global Minority Rights*, 1re éd. 2011, New York, Routledge – The International Library of Essays on Rights, 2016, Chap. 1. See also J. Castellino, *International Law and Self-determination – The interplay of the politics of territorial possession with formulations of post-colonial national identity*, The Hague, M. Nijhoff, 2000.

965. Convention avec la Grèce relative à la rectification des frontières turco-grecques, celebrated in Constantinople, on 2 July 1881, stipulated the freedom of religion for Muslims in its article III:

> "La vie, les biens, l'honneur, la religion et les coutumes de ceux des habitants des localités cédées à la Grèce, qui resteront sous l'administration hellénique, seront scrupuleusement respectés, ils jouiront entièrement des mêmes droits civils et politiques que les sujets hellènes d'origine."

the attribution of police powers to the consuls of countries whose nationals had the benefit of the regime. The capitulation of the Ottoman Empire [966], between Suleiman and François I of France in 1535 [967], is often cited: it granted French subjects trading and legal privileges, though both the date and the exact scope and content [968] of that so-called Franco-Ottoman capitulation are subject to controversy [969]:

966. D. Gaurier, "Cosmopolis and Utopia", in *The Oxford Handbook of the History of International Law*, 2012, Chap. 10, pp. 250-271, quoted p. 251, mentions several projects, along six centuries, having as scope to create a perpetual peace among the European nations:

> "Nevertheless, the different plans supported by some Utopians did not pursue the same objectives, their political views being mainly based on religious considerations or great fears; for example, the Turkish empire, with which France concluded several treaties – so called 'capitulations' – since the beginning of the sixteenth century; or the Austrian empire which openly was in opposition to France."

967. In the same publication, A. von Ungern-Sternberg, "Religion and Religious Intervention", in *The Oxford Handbook of the History of International Law*, 2012, Chap. 12, pp. 294-316, quoted p. 300, states a different date for the first French-ottoman capitulation:

> "The conditions of those relations reflected the political strength of the parties involved. Notably the legal bonds between the Ottoman empire and European states, which started with the treaty of 1535 between Suleiman the Magnificent and Francis I of France and were followed by other 'capitulations', are mostly characterized by unilateral concessions of the Sublime Porte facilitating Western trade, that is, granting freedom of commerce and navigation, tax privileges as well as legal and religious autonomy."

In his turn D. Gaurier, "Cosmopolis and Utopia", also in *The Oxford Handbook of the History of International Law*, 2012, Chap. 10, pp. 250-271, *cit.* p. 251, mentions as the precise date of the first capitulation: 2 February 1536. Whereas D. Alland, "Capitulations", in *Dictionnaire de la culture juridique*, publ. 2003, p. 168) refers same treaty as dated 1st February 1535.

968. As observed by D. Alland, "Capitulations", in D. Alland and S. Rials (eds.), *Dictionnaire de la culture juridique*, Paris, Lamy, PUF, Quadrige, 2003, pp 167-168:

> "exemplaire est à cet égard le traité du 1er février 1535, conclu entre François Ier et Soliman le magnifique, qui fut renouvelé jusqu'à ce qu'en 1740 un traité avec la France instaurât les capitulations perpétuelles".

969. Contrary to considering the example as paradigmatic, see U. Özsu, "Ottoman Empire", in B. Fassbender and A. Peters (eds.), *The Oxford Handbook of the History of International Law*, Chap. 18, pp. 429-448, quoted pp. 434-435:

> "A capitulatory document involving France and conventionally dated to 1535 or 1536 was long regarded as the 'first' capitulation, and, as such, the *locus classicus* of the capitulatory regime. Such assessments are somewhat misleading. Quite apart from the fact that numerous capitulations had already been granted by the Ottomans to a variety of non-Muslim city-states, more recent scholarship has raised doubts as to whether the 1535-36 capitulation – the putative product of an anti-Habsburg alliance – was ever affirmed by the sultan. J. de la Forêt, representative of France, and Ibrahim Pasha, the Ottoman grand vizier, negotiated the document at some point in 1535 or the following year. But there is little evidence to suggest

whatever the exact status of this 1535-36 document, its legal meaning is doubtful, even for many European scholars including Alberico Gentili [970]. The capitulations granted to France in the two centuries that followed gave significant impetus to the regime of capitulations, and the 1740 capitulation was a milestone. Not only did it increase the immunities previously granted to France, but for the first time, the Sultan gave a personal commitment, in perpetuity. By contrast with previous capitulations, which were limited in time and had to be renewed, this time the Ottoman Porte granted concessions that were not conditional or subject to formal renewal. The 1740 capitulation granted France "most favoured nation" status, and declared Louis XV the sultan's "old and true friend" [971]. So-called capitulations, or similar treaties, were entered into with England in 1560, Holland in 1612, Spain in 1773, the United States in 1830 and Brazil in 1858, among others [972].

> that Suleyman I confirmed the capitulation for subjects of François I formally (and Ibrahim Pasha was executed shortly thereafter)."

For the text, see I de Testa, *Recueil des traités de la Porte ottomane avec les puissances étrangères depuis le premier traité conclu, en 1536, entre Suleyman et François Ier, jusqu'à nos jours*, Paris, Amyot, 1864, Vol. I, 15-21; for an evaluation of the importance of this instrument, see M. A. Desjardins, *De l'origine des capitulations dans l'Empire ottoman*, Paris, A. Picard, 1891, pp. 11-13.

970. See P. B. Casella, *Tratado de direito internacional – tomo 6 – Direito internacional no tempo de Suarez, Gentili e Zouch*, São Paulo, Almedina, 2023, Chap. 16 – *Alberico Gentili (1552-1608)*; N. Malcolm, "Alberico Gentili and the Ottomans", in B. Kingsbury and B. Straumann (eds.), *The Roman Foundations of the Law of Nations: Alberico Gentili and the Justice of Empire*, Oxford, Univ. Press, 2010, pp. 127-145.

971. U. Özsu, Chap. quoted, 2012, "sincère et ancien ami". At p. 435:

> "it was also notable for its exhaustiveness, comprising no less than fifty-five provisions, on issues ranging from cooperation against North Afric n pirates to free passage for pilgrims to Jerusalem. Scholars have emphasized different aspects of the 1740 capitulation. What is at least as revealing as the perpetuity of its privileges or the endowment of France with most-favored-nation status, though, is the fact that many later European and American juri ts, particularly of the late nineteenth century, argued that 1740 was the first step en route to the consolidation and crystallization of a mature capitulatory regime".

972. H. Accioly, G. E. do Nascimento e Silva and P. B. Casella, *Manual de direito internacional público*, São Paulo, Saraiva, 26th ed. 2023, p. 324:

> "Brasil gozou do privilégio das capitulações, em território turco, por efeito do tratado celebrado em Londres a 5 de fevereiro de 1858, e denunciado pelo governo otomano a 7 de fevereiro de 1911."

933. With capitulations [973], a whole system [974] of unequal relationships was gradually established. In the case of the Ottoman Empire, the capitulations system allowed Christians to preserve their freedom and assets and be governed by their own courts and laws, but it was also motivated by economic considerations, as shown by some of the guarantees negotiated in the agreements, such as freedom to trade and exemption from duties. The powers controlled the functioning of the courts of the forum in deciding cases involving foreigners. "The system was delicate and complex to operate, did not always work properly, and seemed unwieldy to the Turkish government who viewed it as an attack on its sovereignty with the massive increase in the numbers of foreigners." [975]

934. At the start of the twentieth century, the capitulations regime gave Christians – Europeans in particular – real extraterritorial status [976]

---

973. A. von Ungern-Sternberg, "Religion and Religious Intervention", in *The Oxford Handbook of the History of International Law*, 2012, Chap. 12, pp. 294-316, quoted p. 301:

> "The capitulation between Francis I and Suleiman the Magnificent in 1535, directed against Habsburg and the Holy Roman Empire, was considered treacherous by the rest of Europe, but effectively paved the way for other treaties with the Ottoman empire, for example by England and the Netherlands (fueled by trade interests) or by the emperor himself (aiming at preventing further Ottoman attacks by the payments of tribute). Furthermore, the letter of apology which Francis sent to the Pope in order to justify the capitulation developed the modern idea that all humans belonged to human society regardless of their religion. The arguments of necessity and equality also played an important role in the scholarly treatment of the matter."

974. T. Twiss, *The Law of Nations Considered as Independent Political Communities: on the Rights and Duties of Nations in Time of Peace*, Oxford, Clarendon Press, 2nd ed., 1884, at 389, 455, 458, observed that the document of 1740 was "the first which in terms bound [the sultan's] successors" and that "continue[d] to be operative in the present day". This seems quite amazing, when considering that along the 19th century the relations between the Western powers and the Ottoman empire considerably changed.

975. "Le système d'un maniement délicat et complexe, parfois peu satisfaisant, paraissait lourd aux yeux du gouvernement turc qui y voyait une atteinte à sa souveraineté, d'autant que le nombre des étrangers avait énormément augmenté" remarkes D. Alland, "Capitulations", in *Dictionnaire de la culture juridique*, ed. 2003, pp. 168-169:

> "La Turquie l'a dénoncé unilatéralement en 1914, mais pour le voir totalement disparaître, il faut attendre la renonciation de certaines puissances, puis finalement l'abrogation des capitulations par l'article 28 du traité de Lausanne du 24 juillet 1923. C'est d'ailleurs de la sorte (conventions, renonciations, abrogations et dénonciations) que se sont achevées la plupart sinon toutes, les capitulations."

976. D. Alland, "Capitulations", in *Dictionnaire de la culture juridique*, ed. 2003, p. 168:

> "Chacun de ces régimes comportait des spécifités, dont on ne saurait utilement rendre compte ici, mais ils présentaient une structure commune et leur destin est largement comparable: un accord interétatique d'où découlent pour les étrangers

in Muslim countries, including the Ottoman Empire: for centuries, capitulations provoked controversy among Ottoman and European (and later also American) diplomats, civil servants and lawyers, because of their vague and contested status [977]:

- For the Ottoman sultans – as for at least some of their Arab, Mameluke, Turkish and Byzantine predecessors – capitulations were, essentially, imperial decrees, promises unilaterally granted and unilaterally revocable, given to non-Muslim sovereigns with which they entered into alliances or trading agreements. As late as the nineteenth century, Ottoman official were referring to capitulations as *imtiyazat* (privileges), or *imtiyazat-i ecnebiye* (foreign privileges), and insisting that they should not be considered as treaties [978]. Not only should such privileges not be seen as long-term rights, but furthermore, to a Muslim ruler, entering into long-term commitments with a non-Muslim entity on an equal footing could be interpreted as a violation of the *Sharia*, given that traditional Islamic law prohibited the *de jure* recognition of non-Muslim states. To do so would subject Muslim rulers to an inter-state order for which little justification could be found even on a flexible interpretation of Islamic law.

> ressortissants des puissances occidentales un certain nombre de privilèges d'exemption de la loi et du juge du for, l'institution de juridictions spéciales et la garantie de certains droits, un fonctionnement assez complexe sous le contrôle des états d'origine et enfin l'hostilité croissante des états qui jugeaient le système incompatible avec leur souveraineté."

977. U. Özsu, "Ottoman empire", dans *The Oxford Handbook of the History of International Law*, 2012, Chap. 18, pp. 429-448, quoted pp. 430-431:

> "What is perhaps most disconcerting about this dearth of scholarship is that relations between the Ottoman empire and its non-Muslim allies and rivals were marked by remarkable ambiguities, being mediated by a class of instruments known generally to the early Ottomans as *ahdnameler* ('pledges', or more literally, 'letters of promise') and to non-Muslim sovereigns as 'capitulations' (from *capitula*, for the "chapters" into which they were typically divided)."

See also M. Khadduri, *War and Peace in the Law of Islam*, Baltimore, Johns Hopkins Press, 1955, and the translation of the treaty by Al Shaybani by M. Khadduri, *The Islamic Law of Nations: Shaybani's Siyar*, transl. by M. Khadduri, Baltimore, Johns Hopkins Press, 1996, or also the edition of Al-Shaybani, *The Shorter Book on Muslim International Law*, from the original *Kitab al-Siyar al-Saghir*, translated and annotated by M. A. Gazi, New Delhi, Adam Publ. and Distributors, 2007.

978. U. Ozsu, *op. cit.*, 2012, p. 432:

> "This interpretational fluidity proved to be of tremendous material significance, given that European-Ottoman trade was channeled and regulated by way of capitulations."

- At the same time, throughout the nineteenth century, many European [979] and American [980] lawyers were seeking ways to mark this historic evolution and characterize the content of the capitulations as legally binding, having the legal force of treaties that imposed obligations on the contracting parties, the sultan and the non-Muslim power alike. These lawyers viewed capitulations not as temporary, unilateral concessions but rather as lasting, bilateral treaties [981].
- In the case concerning *Rights of Nationals of the United States of America in Morocco* (*France* v. *United States of America*) in 1952, a dispute about a system of imports not involving an official allocation of currency, the International Court of Justice ruled that capitulation rights must be strictly interpreted, as they ran counter to reciprocity and equality between states. It also stated that as capitulations were strictly treaty-based they could not give rise to customary rules of international law [982].

935. While in the past capitulations played a considerable part in relations between Western powers and colonies or their equivalents in para-colonial conditions [983], the legal regime was one that no longer exists in postmodern international law. It does, however, form part of the history of international protection of religious minorities.

936. The fundamental rights laid down in treaties for the protection of religious minorities [984] have a variety of origins:

979. Favorable to such interpretation, the argument by H. Bonfils, *Manuel de droit international public (droit des gens)*, P. Fauchille (ed.), Paris, A. Rousseau, 5th ed., 1908, p. 526, was in the same sense, without taking into consideration the original meaning of the capitulations. During the nineteenth century same were featured as treaties, or were inserted, in good and due form, into treaties, *sensu stricto*.

980. As an exception to such interpretations, the lesson of H. Wheaton, *Elements of International Law*, W. B. Lawrence (ed.), Boston, Little, Brown & Co., 6th ed., 1855, pp. 508-509: noted that "on careful examination", an ancient capitulation with France did not present itself as a *reciprocal compact*, but rather as a *gratuitous concession*.

981. U. Ozsu, *Ottoman Empire*, *op. cit.*, 2012, p. 431:

> "As such, the capitulatory text was to be read not as a projection of Ottoman sovereignty so much as one in a set of instruments that bound Istanbul to an (unequal and stratified) international system, spearheaded by a progressively integrated *droit public de l'Europe*."

982. ICJ, *Case concerning Rigths of Nationals of the United States of America in Morocco (France v. United States of America)*, Judgment 27 August 1952, *ICJ Reports 1952*, p. 176.

983. See Chapter III of this course, on the impact of colonialism on International law.

984. Featured as a *treaty-based human rights safeguarding religious groups or religion in general*, is examined, *i.a.*, by P. Thornberry, *International Law and the Rights of Minorities*, Oxford, Clarendon Press, 1991; A. von Ungern-Sternberg, *Religionsfreiheit im Europa*, Tübingen, Mohr Siebeck, 2008, and also A. von Ungern-

- Some of them were obtained by a protecting power in favour of its nationals or other Christians living abroad, such as merchants, pilgrims or minorities in conquered territories. These included capitulations entered into between European powers and the Ottoman Empire, which granted religious freedom to Christians residing in Ottoman territory. France was the first to be recognized as the protector of Western Christian minorities, starting with the 1535 capitulation, and other powers followed suit, with England in 1583, the Netherlands in 1612, the Holy Roman Empire in 1615 and Poland in 1699. From 1774 with the Treaty of Kutchuk-Kainardji, Russia was granted similar prerogatives for Orthodox Christians.
- Other religious guarantees were put in place to ensure peace after the religious wars of the sixteenth and seventeenth centuries, some of them internal in character such as the 1555 Peace of Augsburg, between the Holy Roman Emperor and the Schmalkaldic League, which established the principle *cuius regio, eius religio* as between Catholicism and Lutheranism, and included a right to emigrate *(ius emigrandi)*. Another was the Edict of Nantes of 1598.
- The English Toleration Act of 1689 recognized certain religious rights of the Huguenots and Protestant dissidents – rights granted to Catholics in the United Kingdom only in the nineteenth century.
- The clauses on religion in the 1648 Peace of Westphalia set out international guarantees between the parties to those treaties and also the parties to other treaties that referred to them. It recognized a third reformed denomination aside from Catholics and Lutherans, with specific rights for the minorities of that denomination, including the right to domestic worship and to educate their children according to their religious beliefs. The regions concerned were defined using 1624 as the date of reference.
- Treaties transferring territory frequently contained clauses in favour of religious minorities: the Treaty of Oliva, in 1660, recognized the *status quo* for Lutherans established in Pomerania, which Prussia transferred to Sweden, and the right to domestic worship of Catholics in Latvia, which Poland transferred to Sweden.
- Other examples were the transfer of territory by France to Holland in 1678, the incorporation of Silesia into Prussia and its detachment

Sternberg, *op. cit.*, 2012, p. 312; J. Fouques Duparc, *La protection des minorités de race, de langue et de religion – Etude de droit des gens*, Paris, Dalloz, 1922.

from Austria, in 1742, and the acquisition by Great Britain of the former French possessions in Canada, in 1713 and 1763 [985].

937. This level of external interference under the aegis of protection developed out of the old system of capitulations. For the Muslim princes who had expelled the Christians from the Holy Land, these were unilateral concessions designed to regulate the legal position of the Christians, to whom, as non-Muslims, Islamic law in the form of the Koran, the *Sunnah* and later the *Shariah* [986] did not apply [987].

938. That regime was known as the *dhimmi*, offering protection based on a specific religious faith, which established a second class of non-Muslim citizens, liable for special taxes and prohibited from carrying on certain professions, bearing arms or wearing the sacred colour green, among other things.

939. Over time, as the Ottoman Empire gradually weakened and the European powers expanded, capitulations became something those powers imposed, creating a regime of extraterritorial jurisdiction for

---

985. A. von Ungern-Sternberg, *Religion and Religious Intervention*, *op. cit.*, 2012, Chap. 12, pp. 312-313:

> "The guarantees of these treaties were limited in several respects: they only entitled a particular religious minority (Catholics, specific protestant denominations, orthodox Christians), they were territorially confined, and they were restricted in scope. The rights of the religious minority in question regularly comprised freedom of conscience and of private worship, but did not include the free public exercise of religion and non-discrimination. Autonomy in civil and religious matters such as education, birth records, marriage and wills was, however, traditionally granted to the religious communities *(millet)* in the Ottoman empire."

986. M. H. Kamali, *Shari'ah Law – An Introduction*, 2008, Oxford, Oneworld, reprinted 2010, Chap. 6 – Goals and purposes (Maqasid) of Shari'ah: history and methodology, pp. 123-140, quoted p. 139:

> "At a time when some of the important doctrines of *usul-al-fiqh* such as general consensus *(ijma')*, analogical reasoning *(qiyas)* and even *ijtihad* seem to be burdened with difficult conditions and requirements, the *maqasid* can provide a more convenient access to *Shari'ah*. It is naturally meaningful to understand the broad outlines of the objectives of *Shari'ah* in the first place before one tries to move on to the specifics."

987. M. H. Kamali, *Shari'ah Law – An Introduction*, 2008, Oxford, Oneworld, reprinted 2010, Chap. 1 – *Introduction*, pp. 1-13, *cit.* pp. 2-3:

> "Since *Shari'ah* is a path to religion, it is primarily concerned with a set of values that are essential to Islam and the best manner of their protection. Islam stands on what is known as the five pillars *(al-arkan al-khamsah)*, namely belief in God, ritual prayers, fasting, the hajj and giving the poor due *(zakah)*. Faith in God, the manner of worshipping Him and observance of the five pillars of Islam thus constitutes the essential concerns of the *Shari'ah*. . . . Whereas *Shari'ah* is convened mainly through divine revelation *(wahy)* contained in the *Qur'an* and authentic *hadith*, *fiqh* refers mainly to the *corpus juris* that is developed by the legal schools *(madhhabs)*, individual jurists and judges by recourse to legal reasoning *(ijtihad)* and issuing of legal verdict *(fatwa)*."

Europeans in Ottoman territory. Starting in 1923, capitulations were abolished in their entirety by Turkey, the secular republic that succeeded the Ottoman Empire after wars following the ending of the first world war[988].

940. As the European states pursued their expansion, they developed two classes of relations with the outside world. With states like the Ottoman Empire, Persia, Thailand, China and Japan, they built relations around the regime of capitulations, which in legal terms was overtly unequal[989]. With others – which, to the European way of thinking,

988. S. McMeekin, *The Ottoman Endgame – War, Revolution and the making of the Modern Middle East*, London, Allen Lane, Penguin, Random House, 2015, "Epilogue – Lausanne and the Ottoman Legacy", pp. 483-495, quoted pp. 484-485 and 487:

> "Despite European encroachment into his empire in the form of the Capitulations and financial oversight, Abdul Hamid II was still recognized as sultan by millions of Ottoman subjects, Muslims, Christians and Jews alike, and millions more Muslims farther afield looked upon him as caliph of the Islamic world. True, the upheaval of 1908-1909 had toppled the Hamidian regime and shaken the sultanate to its foundations, but, judging from reports filed from as far away as the Raj in India, some kind of homage was still paid by global Muslims even to the Young Turks puppet sultan Mehmed V (Reshad) until 1918, and to Mehmed VI (Vahdettin) until he was deposed by Kemal on 1 November 1922 – to be replaced, as caliph if not sultan, by Abdul Mecid II, until Turkey abolished the caliphate itself in March 1924. Of all the enduring changes brought about by the wars of the Ottoman succession, this must rank as among the most important. . . . In exchange for his forbearance in victory, Kemal demanded the abolition of the hated Capitulations in perpetuity: and he got it."

Certainly should be clarified the reasons for the reference to "forbearance in victory" by the Kemalian regime. Rather critical is the approach by K. Kreiser and C. K. Neumann, *Kleine Geschichte der Türkei*, Stuttgart, Philipp Reclam jun. Universal Bibliothek, Vol. 18669, 2nd. ed., 2009, especially "Die neue Türkei (1920-2008)" von K. Kreiser, pp. 383-487, quoted pp. 404-405:

> "Der atmosphärische Gegensatsz zwischen Sèvres (1920) und Lausanne (1922/1923) hätte nicht grösser sein können. … Die Gespräche wurden in November 1922 aufgenommen. Im Frühjahr wurden sie fast zwei Monaten unterbrochen, weil die türkische Delegation die Unterzeichnung des Alliierten Vertragsentwurf verweigerte. Haupthindernisse waren die Forderung nach Fortschreibung der wirtschaftlichen Privilegien von Ausländer und die Mosul-Frage."

989. A. Cassese, "States: Rise and Decline of the Primary Subjects of the International Community", in *The Oxford Handbook of the History of International Law*, 2012, Chap. 2, pp. 49-70, quoted p. 53, mentions a "blatantly unequal legal regime":

> "Capitulations were agreements that tended to grant European countries nonreciprocal privileges (among other things, Europeans could not be expelled from a country without the consent of their consul; had the right to practice worship and build churches; enjoyed freedom of trade and commerce, and were exempted from certain import and export duties, could not be the object of reprisals, especially in case of insolvency; and were not subjected to the territorial courts in the event of disputes between Europeans, but to the jurisdiction of the consul of the defendant or the victim)."

lacked even the structure of states – foreign relations were based on conquest and occupation, and these would later become known as colonial territories [990].

941. Capitulations were not uniformly applied across the whole of the Ottoman Empire: for example, in Egypt, an autonomous province of the empire from 1867, and under British domination from 1882, privileges were accorded that far exceeded the object or the terms of the treaties themselves [991].

942. By contrast with the law of armed force, prize law had a firmly established treaty basis. Maritime trade required to be regulated by treaties between the European powers, and also by capitulations in Muslim-Christian relations to which that regime applied [992].

943. With some variations, capitulations served for the whole of the nineteenth century to leverage European interventionism in the Ottoman Empire, encouraging both the penetration of capitalism and the fragmentation of the populations into distinct types of citizenship: "the European consuls adopted the habit of granting their country's nationality to non-Muslim Ottomans, so that they could benefit from the regime". Superimposed on the *dhimmi*, which offered protection based on a specific religious faith, was a second type of protection, based on bilateral agreements that offered privileges to Europeans who were non-Muslims [993].

---

990. The impact of colonialism on International law is the scope of Chapter III, hereinabove.

991. H. Accioly, G. E. do Nascimento e Silva and P. B. Casella, *Manual de direito internacional público*, 26th ed., 2023, item 3.8.4, quoted pp. 324-325: the system of capitulations, as existed also in Egypt, disappears only with the Montreux Convention, dated 8 May 1937.

992. C. G. Roelofsen, "International Arbitration and Courts", in *The Oxford Handbook of the History of International Law*, 2012, Chap. 6, pp. 145-169, quoted p. 154:

> "Piracy, the status of neutral shipping, and neutral merchandise at sea during an armed conflict, and redress for injuries were matters that simply had to be dealt with. Clauses in maritime treaties soon acquired a standard character, slowly evolving as they were renewed time and again."

993. "Les consuls européens prennent ainsi l'habitude d'attribuer la nationalité de leurs pays respectifs aux ottomans non-musulmans, à fin qu'ils profitent de ce régime" observes A. Dalachanis, "Confessions et minorités", in *Le Moyen Orient* – fin XIXe-XXe siècle, Leyla Dakhli (ed.), Paris, Seuil, points, 2016, Chap. 2, pp. 73-98, *cit.* pp. 76-77:

> "En dehors de ces protections, certaines communautés chrétiennes entretiennent des relations nourries avec l'Europe occidentale, à travers différents réseaux, marchants et missionnaires, qui s'ajoutent à un maillage d'établissements scolaires, et participent à la consolidation d'appartenances plus ethniques que religieuses. Ces mêmes réseaux expliquent pour bonne part la diffusion des idées nationalistes, issues de la révolution française, au sein de certaines communautés

944. Differences began to widen between the main Syrio-Lebanese communities, especially the Maronites and Druze, as it was mostly the Christians who raised their living standards through trade and the production and export of silk, while the Muslim populations tended to hold the Christians and their European allies responsible for their own economic stagnation. This led to attacks on the Christian districts of Aleppo by Muslim protestors on various occasions, including 1850 [994].

945. Those nationalist ideas forged themselves into new identities and often plans for nation states in the territory of the empire, where the European powers had no hesitation in launching military interventions:

– Under cover of protecting the Christian populations, France, Great Britain and Russia took part alongside the Greeks in the naval battle of Navarino in October 1827, against the Turko-Egyptian fleet. Greece came into existence after the War of Independence and became the first free state to leave the empire, in 1830.
– Also in 1830, the Ottoman Porte recognized Serbia as an autonomous principality, though it achieved independence much later, in 1878 [995].
– At the instigation of the European powers, separate administrative regions *(millets)* were created, to give full autonomy to non-Muslim communities [996].

---

chrétiennes. Ces idées se traduisent fréquemment par des projets de nouveaux états-nations dans le territoire de l'empire où, par ailleurs, les puissances n'hésitent pas à intervenir militairement."

994. X. Baron, *Histoire du Liban* – des origines à nos jours, Paris, Tallandier, 2017, Chap. III – *Afrontements et réformes marquent la fin de l'empire ottoman*, pp. 71-107, *cit.* p. 74:

> "La question est désormais de savoir si la société de la Montagne, avec toutes ses diversités mais aussi ses inégalités, peut encore offrir à toute la population un cadre de vie paisible et dynamique."

995. As examined for example by E. Weibel, *Histoire et géopolitique des Balkans de 1800 à nos jours*, Paris, Ellipses, 2002; also Larry Wolff, *Inventing Eastern Europe* – The Map of Civilization on the Mind of the Enlightenment, Stanford, Univ. Press, 1994; P. Mazarakis-Ainian and Ana Stolic (eds.), *Imaging the Balkans – Identities and Memory in the Long 19th century*, "Travelling Exhibition", Ljubljana, National Museum of Slovenia, 2013; D. T. Batakovic, *Les sources françaises de la démocratie serbe*, foreword by G.-H. Soutou, Paris, ed. CNRS, 2013.

996. A. Dalachanis, "Confessions et minorités", in L. Dakhli (ed.), *Le Moyen Orient – fin XIXe-XXe siècle*, Paris, Seuil – points, 2016, Chap. 2, pp. 73- 98, quoted p. 77:

> "Pour faire face aux tendances centrifuges des communautés chrétiennes et à l'intensification de l'interventionnisme européen, l'état ottoman entreprend une série de réformes visant à établir l'égalité entre les musulmans et les non musulmans. ... Ainsi, la Constitution promulguée en 1876, consacrée assurer une véritable représentation de ces populations dans le Parlement nouvellement institué et promouvoir l'égalité sous une même citoyenneté ottomane, n'a-t-elle pas l'effet escompté."

– In 1845, Chekib Effendi, the ottoman minister for foreign relations, was given the task of addressing the situation in Lebanon [997].

946. Despite the administrative reforms and the adoption of the 1876 Constitution, in practice the Ottoman Empire continued to discriminate against its non-Muslim subjects. This would have happened even if the Ottoman Constitution had been applied, though in fact it never was. On the one hand, article 8 of that Constitution affirmed that "all subjects of the Empire, without distinction, shall be called ottomans, irrespective of their religion" [998]; on the other, article 4 designated the sultan as "Supreme Caliph" and protector of the Muslim religion and article 11 referred to a "Muslim state", which placed non-Muslims on an inferior footing, like political minorities [999].

947. The reaction took the form of a rise in community-based movements and the consolidation of minority identities: "After the *dhimma* regime was abolished, the Christians in Syria and Lebanon, the Armenians in Anatolia, the Assyrians in Kurdistan and the Persian borderlands were massacred or systematically deported" [1000]. The price for no longer being discriminated against as *dhimmis* was high.

---

997. X. Baron, *Histoire du Liban – des origines à nos jours*, éd. 2017, Chap. III – *Affrontements et réformes marquent la fin de l'Empire ottoman*, pp. 71-107, quoted pp. 73-74: "Ce qui revient à dire que compte tenu des prévisibles désaccords et blocages entre communautés, c'est le gouverneur ottoman qui décide."

Shortly thereafter X. Baron, *op. cit.*, 2017, p. 75 observes:

> "Sur le plan politique, les effets du 'règlement C. Effendi' se dissipent progressivement: les *mouqataakis* cherchent à reprendre leur place, les consuls européens retrouvent leur jeu politique au sein des communautés, les druzes se divisent sans cesse à propos du choix de leur caïmacan et sont de plus en plus influencés par les Anglais. Chez les Maronites la tension est permanente entre les féodaux et la population paysanne regroupée derrière son clergé, ce qui se traduit, chez eux aussi, par des désaccords à propos du choix du caïmacan."

998. "The Ottoman Constitution, promulgated the 7th Zilbridje 1293", *i.e.* 11/23 December 1876, *The American Journal of International Law*, Vol. 2, No. 4, 1908, pp. 367-387.

999. A. Dalachanis, "Confessions et minorités", in L. Dakhli (ed.), *Le Moyen Orient – fin XIXe-XXe siècle*, Paris, Seuil, Points, 2016, Chap. 2, pp. 73- 98, quoted pp. 77-78.

1000. B. Heyberger (ed.), *Chrétiens du monde arabe – un archipel en terre d'Islam*, Paris, autrement, 2003, p. 17; S. Mousset, *Kurdistan – Poussière et vent*, Bruxelles, Nevicata, coll. L'âme des peuples, 2017; "après l'abolition du régime de la *dhimma* que les chrétiens de Syrie and Liban, les arméniens d'Anatolie, les assyriens du Kurdistan et des confins perses connurent massacres ou déportations systématiques".

Not forgetting the existence of contingents of population ethnically Kurdish, beyond Turkey also in Syria and in Irak, to which has been so far denied the access to an independent state. As describes H. Saleem, *Le fusil de mon père*, Paris, Seuil, 2004, *incipit*:

> "Mon grand-père avait beaucoup d'humour. Il disait qu'il était né kurde, sur une terre libre. Puis les Ottomans sont arrivés et ils ont dit à mon grand-père: Tu es ottoman, et il est devenu ottoman. A la chute de l'Empire ottoman, il est

948. Connections can be drawn between the reasons for this degeneration into bloodshed and the reform process in the Ottoman Empire, which gathered pace with the *Tanzimat* of 1838-39, and the promulgation of the 1876 Constitution. As much the result of pressure from the European powers as of any desire on the part of the Ottoman Porte, which viewed it as the best way of saving the state, the Constitution aimed to establish equality between Muslims and non-Muslims and guarantee the latter real representation in the Parliament that had just been set up. But by defining the state as "Muslim" in its preamble, it legally created a political majority defined by Islam. In so doing, it marked out the non-Muslim communities as minorities [1001].

949. Paradoxically, the tension was aggravated by the second phase of the *Tanzimat*, with the adoption of a *Firman*, the *Hatt-i Humayun*, on 18 February 1856. It went beyond the reforms laid down in the Gulhané Charter, the declared aim of which was to bring all the peoples of the empire together in a freer and more equal society:

- Freedom of worship was guaranteed to all minorities, together with the right to organize freely and administer their religious property and institutions.
- Equality was declared between Muslims and non-Muslims, in taxation and before the courts and the administration: "This instrument, adopted under pressure from the European powers in the wake of the Crimean War, was naturally welcomed by the non-Muslim communities, but in Syria it created serious discontent among Muslims, whose leaders felt that, as in 1839, Muslim law had been breached" [1002].

---

devenu turque. Les turcs sont partis, il est redevenu kurde dans le royaume de C. Mahmoud, le roi des Kurdes. Puis les Anglais sont arrivés, alors mon grand-père est devenu sujet de Sa gracieuse majesté. Il a même appris quelques mots d'anglais. Les Anglais ont inventé l'Irak, mon grand-père est devenu irakien, mais il n'a jamais compris l'énigme de ce nouveau mot: Irak, et jusqu'à son dernier souffle, il n'a jamais été fier d'être irakien; son fils, mon père, S. S. Malay, non plus."

1001. H. Bozarslan, *Sociologie politique du Moyen-Orient*, Paris, La Découverte, 2011, Chap. V – Processus de communautarisation et de minorisation, pp. 83-94, quoted p. 87:

> "De même, en établissant des listes électorales séparées sur une base confessionnelle, elle fige les communautés dans une appartenance première qui est religieuse."

1002. "L'ingérence des puissances européennes dans les affaires intérieures de l'empire est une nouvelle fois dénoncée avec ce *Rescrit* proclamé quelques jours seulement avant l'ouverture de la conférence de Paris qui doit rétablir la paix après la guerre de Crimée", observes X. Baron, *Histoire du Liban – des origines à nos jours*,

– In the treaty of 30 March 1856, the European powers undertook to guarantee the independence and territorial integrity of the Ottoman Empire, which was partly admitted to the "European concert", and welcomed the adoption that February of the *Firman*, which was mentioned in the text of the treaty.

950. The sowing season was in progress as the backdrop to these optimistic declarations, but the harvest would be one of serious problems [1003]. Even if the 1876 Constitution had been applied in practice – the weight of autocratic tradition and the lack of political will to change meant that it never was – legal discriminations between the different Ottoman subjects would still have continued.

951. The limited provisions on minority protection in these old treaties were gradually abandoned, giving way to a universally recognized regime of individual and collective rights to religious freedom. Since the Enlightenment, an important conceptual shift had been emerging, towards viewing religious freedom as a basic right and not, as was previously the case, a prerogative exercised by one Christian denomination in favour of another, or between Christian faiths and non-Christian governments, as with the capitulation system in territories under Islamic law.

952. The awakening of nationalism in the course of the nineteenth century brought strength and awareness to many ethnic and national minorities, and this in its turn had other significant effects.

953. The Declaration of the Rights of Man and of the Citizen at the time of the French Revolution reflected political choices that served to improve the condition of minorities. But it was not until the nineteenth century, and especially in the twentieth, that the concept of minorities

---

Paris, Tallandier, 2017, Chap. III – Affrontements et réformes marquent la fin de l'Empire ottoman, pp. 71-107, quoted p. 75:

> "cet instrument, adopté sous la pression des puissances européennes, peu après la guerre de Crimée, est naturellement accueilli avec satisfaction par les communautés non-musulmanes, mais en Syrie créé profond mécontentement entre les musulmans, dont les dirigeants estiment que, tout comme en 1839, la loi musulmane avait été violée".

1003. D. Chevalier, *La société du Mont-Liban à l'époque de la révolution industrielle en Europe*, Paris, Geuthner, 1971, quoted p. 48:

> "Voilà un événement capital. Il créa une situation d'autant plus grave que cette rupture se produisit dans le déséquilibre du nombre entre les communautés, dans le déséquilibre de leur croissance démographique qui soulignait leur déséquilibre social, dans le déséquilibre de leur rapport avec l'extérieur. De quoi favoriser les occasions de heurts communautaires et les grossir."

and the awareness of the need to protect them became widespread, and freedom of conscience was fully recognized.

954. As early as 31 May 1815, the Final Act of the Congress of Vienna between Austria, Great Britain, Prussia, Russia and the Kingdom of the Netherlands – which followed the London Protocol of 21 June 1814 unifying the Netherlands, Belgium [1004] and Luxembourg [1005] – affirmed

---

1004. P. Arblaster, *A History of the Low Countries*, orig. publ. in 2006, New York, Palgrave-Macmillan, 2012, Chap. 8 – The rise of the liberal order, 1780-1878, pp. 153-172, esp. "The United Kingdom of the Netherlands, 1815-1830", p. 160; C. Denys and I. Paresys, *Les anciens Pays-Bas à l'époque moderne (1404-1815)*, Paris, Ellipses, 2007, Chap. 9 – Les Pays-Bas en révolutions, pp. 181-204, *cit.* p. 201, present the situation at the fall of the Napoleonian empire:

> "Si la restauration orangiste au Nord ne pose aucun problème, les grandes puissances s'interrogent sur le sort des Pays-Bas du Sud, abandonnés par les troupes françaises et que les Autrichiens ne semblent guère préoccupés de récupérer. … L'heure n'était pas encore à l'autodétermination des peuples dans une Europe en plein remaniement géopolitique, aussi les Belges ne sont guère consultés, malgré leurs inquiétudes sur la place réservée aux catholiques. Le grand royaume des Pays-Bas unis voit le jour à Londres, par un protocole de huit articles, signé le 21 juin 1814. Il ne reste plus rien des divisions de l'Ancien régime, Liège est intégrée dans le royaume, et le roi Guillaume devient également grand-duc de Luxembourg. Peu après, l'Angleterre rend les colonies néerlandaises au nouvel état, à l'exception de l'Afrique du Sud et de Ceylan."

And finally:

> "Le retour de Napoléon en France le 1er mars 1815 et son retour triomphal à Paris réveillent la menace sur toute l'Europe. Guillaume Ier qui s'est proclamé roi du Royaume uni des Pays-Bas le 16 mars 1815, anime la résistance et convainc les Belges d'y participer. L'union des combattants belges et néerlandais sous les drapeaux de Guillaume Ier lors de la bataille décisive de Waterloo le 18 juin 1815 fonde symboliquement le royaume, même si la constitution de 1815 n'est ratifiée que par une poignée de notables belges."

In the same sense of considering – at least during a certain period – the battle of Waterloo as a decisive event, triggering a Belgo-Dutch "amalgam", see H. J. Couvreur, *Waterloo* – Les Belges raccontent, Paris, PixL, eds. Jourdain, 2014, esp. 5e partie – Amalgame, pp. 157-181.

1005. "Les frontières de l'indépendance – le Luxembourg entre 1815 et 1839" – exhibition presented at the Dräi Eechelen Museum, Luxembourg, 11 June 2015 to 22 May 2016; E. Haag, *Une réussite originale – Le Luxembourg* au fil des siècles, Luxembourg, Guy Binsfeld (ed.), 2011, Chap. IV – *Le XIXe siècle, de 1815-1890: L'accès à l'indépendance politique sous les Orange-Nassau par la volonté des Grands*, pp. 225-278; M. Pauly, *Histoire du Luxembourg*, orig. publ. *Geschichte Luxemburgs*, 2011, transl. by P.-L. van Berg, Bruxelles, éd. de l'Université de Bruxelles, 2013, Chap. XIII – *La naissance du Grand-Duché de Luxembourg*, pp. 79-88, quoted p. 79:

> "Après la chute de Napoléon, le Congrès de Vienne opéra une réorganisation totale du nord-ouest de l'Europe. Les Habsbourg renoncèrent à leurs possessions néerlandaises en faveur de territoires italiens. La Prusse qui souhaitait étendre son territoire jusqu'à la Meuse, en fut empêchée par la Grande-Bretagne qui réclamait la création d'un état tampon constitué des Pays-Bas et des anciennes provinces belges des Habsbourg. Comme Guillaume d'Orange-Nassau perdait des territoires en Rhénanie et en Hesse au profit de la Prusse, le Congrès décida, en compensation, d'ériger une grande partie de l'ancien duché de Luxembourg en

the need to assure "to all cults an equal protection and favour" and guarantee "the admission of all citizens, whatever be their religious creed, to public offices and dignities" [1006].

955. Following the same tendency, similar guarantees of protection, access and non-discrimination appear in the Protocol of the London Conference of 3 February 1830, which established the Kingdom of Greece [1007].

956. Also important in this sense was the Treaty of Paris of 30 March 1856, which put an end to the Crimean War. Even at that time, freedom of worship was no longer the only right at stake. Article IX of

---

un nouvel état souverain. Guillaume Ier en tant qu'ancien gouverneur et nouveau roi des Provinces-Unies, se vit décerner à cette occasion le titre de grand-duc. Le grand-duc de Luxembourg devait adhérer à la Confédération germanique. Les territoires situés à l'est de la Moselle, de la Sûre et de l'Our furent attribués à la Rhénanie prussienne. Le duché de Bouillon, indépendant jusqu'en 1795, fut en revanche incorporé au Grand-Duché. En 1818, Guillaume Ier ajouta aussi au Grand-Duché des territoires des provinces de Namur et de Liège (pas seulement ceux qui avaient appartenu au duché jusqu'en 1795)."

1006. The equality of all cults, stipulated by the Treaty, would eventually be reflected in the Constitution of the Kingdom of the Netherlands. This was not achieved without protests, as evidenced by the *Représentations respectueuses adressées à S.M. le roi des Pays-Bas par les évêques de Gand, Narum et Tournai ainsi que par les vicaires généraux de Malines et de Liège* – relativement au projet de la nouvelle Constitution et Instruction pastorale de S. A. Mgr. l'évêque de Gand, relative au même projet ... printed in Gand, chez B. Poelman, imprimeur de l'évêché, 1817, available online – from a copy at the Bibliothèque publique de Lyon, quoted pp. 6-7:

> "Déjà la proclamation de Votre Majesté, qui annonce que la nouvelle Constitution doit proclamer la liberté de tous les cultes, et leur assurer une protection et une faveur égales, a jeté la consternation dans les esprits. On sait que ce dangereux système est un des points capitaux de la philosophie moderne, qui a été pour nous la source de tant de calamités; qu'il ne tend évidemment qu'à protéger l'indifférence pour toute espèce de religion, qu'à diminuer de jour en jour son influence et à l'anéantir enfin tout-à-fait."

1007. *Protocole de Londres sur l'indépendance de la Grèce*, dated 3 February 1830: Article IV …

> "les sujets des deux états seront traités réciproquement, sous le rapport des droits de commerce et de navigation, comme ceux des autres états en paix avec l'Empire ottoman et la Grèce";

Article V …

> "aucun Grec dans toute l'étendue de ses domaines [de la Porte ottomane] ne pourra être privé de ses propriétés, ni inquiété aucunement à raison de la part qu'il aura prise à l'insurrection de la Grèce. L'acte d'amnistie du Gouvernement Grec proclamera le même principe en faveur de tous les Musulmans ou Chrétiens qui avaient pris parti contre sa cause; il sera de plus entendu et publié que les Musulmans qui voudraient continuer à habiter les territoires et îles assignées à la Grèce y conserveront leurs propriétés et y jouiront invariablement avec leurs familles d'une sécurité parfaite".

the Treaty declared that no country should have a class of subjects, inferior to the others by virtue of their religion or race:

> "His Imperial Majesty the Sultan having, in his constant solicitude for the welfare of his subjects, issued a Firman, which, while ameliorating their condition without distinction of Religion or Race, records his generous intentions towards the Christian population of his Empire, and wishing to give a further proof of his sentiments in that respect, has resolved to communicate to the Contracting Parties the said Firman, emanating spontaneously from his Sovereign will.
>
> The Contracting Powers recognise the high value of this communication. It is clearly understood that it cannot, in any case, give to the said Powers the right to interfere, either collectively or separately, in the relations of His Majesty the Sultan with his subjects, nor in the Internal Administration of his Empire." [1008]

957. Among the other provisions, Articles XXII and XXIII of the Treaty of Paris of 30 March 1856 set forth the regime applicable to the principalities of Wallachia and Moldavia, which "shall continue to enjoy, under the Suzerainty of the Porte, and under the Guarantee of the Contracting Powers, the Privileges and Immunities of which they are in possession. No exclusive Protection shall be exercised over them by any of the guaranteeing Powers. There shall be no separate right of interference in their Internal Affairs". And, in particular: "The Sublime Porte engages to preserve to the said Principalities an Independent and National Administration, as well as full liberty of Worship, of Legislation, of Commerce, and of Navigation". Article XXVI provided for a "National Armed Force", while Article XXVII excluded unilateral armed intervention: "If the internal tranquility of the Principalities should be menaced or compromised, the Sublime Porte shall come to an understanding with the other Contracting Powers in regard to the measures to be taken for maintaining or re-establishing legal order. No armed Intervention can take place without previous agreement between those Powers." Similarly, Articles XXVIII and XXIX set out the regime applicable to the Principality of Servia, which "shall continue to hold of the Sublime Porte, in conformity with the Imperial Hats which

1008. Traité général de paix et d'amitié – Traité de paix de Paris du 30 mars 1856, reprinted in: De Clercq, *Recueil des traités de la France*, Paris, 1880, Vol. VII, p. 59, the complete text, available on line: mjp.univ-perp.fr.

fix and determine its Rights and Immunities, placed henceforward under the Collective Guarantee of the Contracting Powers". Again, armed intervention required "previous agreement between the High Contracting Powers".

958. Later international instruments, such as the ones resulting from the 1878 Congress of Berlin [1009] and, later, the Berlin Conference of 1884-1885, which marked the apogee of imperialist colonialism [1010], proclaim the principles of freedom of conscience and religious tolerance while at the same time accepting both slavery and the colonial division of Africa.

959. These were the core of religious freedoms guaranteed by treaty, at least up to the first world war. Once that war ended, international protection expanded to cover ethnic and linguistic minorities as well.

1009. The result of the Berlin Congress is the signature of the Berlin Treaty, dated 13 June 1878, between Austria-Hungary, France, Germany, Italy, the Ottoman Empire, Russia and the United Kingdom, to regulate the matters of the "Eastern Question". This may be considered as one of the main peace instruments, during the time of the European Concert – since the Congress of Vienna, in 1815, and before the treaties marking the end of World War I, with the two Versailles treaties of 1919, with Germany and with Poland; the treaties of Neuilly and of Saint-Germain, dated 1919; the treaty of Trianon, dated 1920; and the treaty of Lausanne, dated 1923. For an slightly different opinion see J.-G. Bluntschli, "Le Congrès de Berlin et sa portée au point de vue du droit international", RDILC, 1879, Vol. 11, pp. 1-37; W. Baumgart, *Vom europäischen Konzert zum Völkerbund – Friedenschlüsse und Friedenssicherung von Wien bis Versailles*, Darmstadt, Wissenschaftliche Buchgesellschaft, 1987; S. van den Bogaert, "Berlin Congress (1878)", in R. Wolfrum (ed.), *The Max Planck Encyclopedia of Public International Law*, Oxford, Univ. Press, 2012, Vol. I, pp. 900-906, quoted p. 905:

> "After the Berlin Congress, the old balance of power had been irrevocably altered, and was replaced by a series of fluctuating alliances. . . . It marked the beginning of the disintegration of the Ottoman Empire. The Congress, however, failed to solve the Balkan problem, and sowed the seeds for the Balkan wars of 1912 and 1913, and ultimately World War I."

1010. The Berlin West Africa Conference took place from November 1884 to February 1885, with the participation of Austria-Hungary, Belgium, Denmark, France, Germany, Italy, the Netherlands, the Ottoman Empire, Portugal, Russia, Spain, Sweden-Norway, the United Kingdom and the United States of America. In the context of the time, under the aegis of 'colonialism', no African state was present at the conference, that would have a lasting and relevant impact on the entire African continent and the evolution of the international system. For further references, see thereon, in general. P. B. Casella, *Tratado de direito internacional – tomos 14 a 17 – Direito internacional no tempo do colonialismo*, in preparation, especially Chap. 13 – *A Conferência de Berlim sobre a África Ocidental (1884-1885), and* also the precedent chapter III of this course. See also A. Anghie, "Berlin West Africa Conference (1884-1885)", in R. Wolfrum (ed.), *The Max Planck Encyclopedia of Public International Law*, Oxford, Univ. Press, 2012, Vol. I, pp. 906-908.

C. *Protection of ethnic minorities*

960. The treaties that ended the first world war established a new international system of protection of minorities, the main features of which were the following:

> "*a)* State protection must not be limited to religious minorities, but must also include racial and linguistic minorities.
> *b)* Such protection was given not only to individuals, taken in isolation, but also to each minority as a whole, taken collectively.
> *c)* The League of Nations was charged with guaranteeing international commitments in this field."

961. These new principles were enshrined in peace treaties as well as other international instruments of the same period, specially dedicated to the protection of minorities, and in declarations made to the Council of the League of Nations. The minority rights recognized in these treaties and instruments were placed under the guarantee of the League of Nations, with any disputes arising in connection with them submitted to the Permanent Court of International Justice.

962. This made for a twofold expansion of the protection of minority rights. The scope of the protection was broadened so that it was no longer only religious minorities that had the benefit of international protection, but also ethnic and linguistic minorities. At the same time, the system became international and institutional in nature.

963. Protection of ethnic minorities – the term used at the time was "race", though this has eventually become unacceptable – and linguistic minorities, placed under the aegis of the League of Nations after the first world war [1011], represented progress, even if no principles or general rules had been formulated to apply in all situations to minorities in a broad sense. Various instruments were signed aimed at protecting ethnic

---

1011. The principle of *self-determination* is one of the Fourteen points by W. Wilson, brought as guidelines for the Peace treaties to be negotiated, after World war first. The *protection of minorities* does not appear in the Covenant of the League of Nations, but was inserted in specific treaties, signed during the Paris Peace Conference of 1919, or also resulting from the provisions on minorities in several Peace treaties: from its inception, the system for protection of minorities, within the League of Nations showed its specific and limited character. The at the time so-called "colonial peoples", in other continents, remained outside the scope of application of the "self-determination" at that time: it was not considered that all these "colonial peoples" would be entitled to self-determination, or as the corresponding expression goes in French – the "droit de disposer d'eux-mêmes". The scope of the provisions adopted was to regulate the ethnic issues in certain regions of Europe, where political conditions had become too serious and urgent, to be ignored.

and linguistic minorities, covering not only individuals but the minority as a whole, deemed to be a "collective entity" or "community" [1012]: "it is a generally accepted principle of international law that in the relations between Powers who are contracting Parties to a treaty, the provisions of municipal law cannot prevail over those of the treaty" [1013].

964. By 1919, internationalizing the protection of ethnic and linguistic minorities was considered the best way of avoiding state interference in sensitive situations concerning minorities in other states' territories, to avoid the sort of tensions and conflict between states that had occurred in the past, because of oppression or discrimination against ethnic and linguistic minorities. Resolving this issue was made the responsibility of international law. In its Advisory Opinion on *Minority Schools in Albania*, in 1935, the Permanent Court of International Justice set out the two pillars of minority protection: protection against discrimination and special rights to protect the identity of the minority group [1014]:

1012. According to the PCIJ, *The Greco-Bulgarian "Communities"*, Advisory opinion 31 July 1930, Series B, No. 17, quoted p. 33, according to tradition

> "the existence of a group of persons living in a given country or locality, having a race, religion, language and traditions of their own, and united by the identity of such race, religion, language and traditions in a sentiment of solidarity, with a view to preserving their traditions, maintaining their form of worship, securing the instruction and upbringing of their children in accordance with the spirit and traditions of their race and mutually assisting one another".

The Court added that "the question whether, according to local law, a community is or is not recognized as a juridical person need not be considered; communities can, in fact, possess property", and that (p. 34): "communities, within the meaning of the Convention, are of a character exclusively minority and racial".

1013. PCIJ, *The Greco-Bulgarian "Communities"*, Advisory Opinion of 31 July 1930, Series B, No. 17, quoted p. 32. At p. 33: "In these circumstances, if a proper application of the Convention were in conflict with some local law, the latter would not prevail over the Convention".

1014. PCIJ, Minority Schools in Albania, Advisory opinion 6 April 1935, Series A/B, No. 64, p. 17. Reference is made to the Albanian Declaration made before the Council of the League of Nations, on 2 October 1921, Article 5 of which reads as follows:

> "Albanian nationals who belong to racial, religious or linguistic minorities will enjoy the same treatment and security in law and in fact as other Albanian nationals. In particular they shall have an equal right to maintain, manage and control at their own expense or to establish in the future, charitable, religious and social institutions, schools and other educational establishments, with the right to use their own language and to exercise their religion freely therein."

Thereafter, the existence of such schools became impossible, as according to articles 206 and 207 of the Albanian Constitution of 1928 – as modified by the Albanian National Assembly in 1933 – "the instruction and education of Albanian subjects are reserved to the State, and will be given in State schools". As added in the same provision, "private schools of all categories at present in operation shall be closed".

"The idea underlying treaties for the protection of minorities is to secure for certain elements incorporated in a State, the population of which differs from them in race, language or religion, the possibility of living peaceably alongside that population and co-operating amicably with it, while at the same time preserving the characteristics which distinguish them from the majority, and satisfying the ensuing special needs." [1015]

965. Later, international protection of ethnic and linguistic minorities – to move away from the term "race" – between the first and second world wars was enshrined in various treaties and declarations:

- Starting at the Paris Conference, in treaties designed to be identical, following *(i)* the treaty between the principal Allied and Associated Powers (referred to as the Allies) with Poland (signed at Versailles on 28 June 1919); *(ii)* the treaty between the Allies and the Serbo-Croat-Slovene kingdom (signed at Saint Germain-en-Laye on 10 September 1919); *(iii)* the treaty between the Allies and Czechoslovakia (signed at Saint Germain on 10 September 1919); *(iv)* the treaty between the Allies and Romania (signed in Paris on 9 December 1919); and *(v)* the treaty on Thrace, between the Allies and Greece (signed at Sèvres on 10 August 1920). Those treaties contained a clause whereby the state agreed to sign a treaty with the Allies, containing the provisions the Allies deemed necessary to "protect the interests of inhabitants . . . who differ from the majority of the population in race, language or

---

In its Advisory Opinion of 1935, the Permanent Court stressed (p. 16) that "the rights of the minorities had been long in existence in the Near East, where they were known by the name of community rights".

1015. PCIJ, Minority Schools in Albania, Advisory opinion 6 April 1935, Series A/B, No. 64, p. 17, specify the conditions:

> "the first is to ensure that nationals belonging to racial, religious or linguistic minorities shall be placed in every respect on a footing of perfect equality with the other nationals of the State" and "the second is to ensure for the minority elements suitable means for the preservation of their racial peculiarities, their traditions and their national characteristics".

The Court reached the conclusion that the Declaration of 1921 ensures for Albanian nationals, belonging to racial, religious or linguistic minorities the right to maintain, manage and control at their own expense such institutions and schools, and that the abolition of private schools in Albania was not in conformity with the letter and spirit of the Albanian Declaration of 1921 before the Council of the League of Nations.

The lesson to be remembered from this Advisory Opinion of the PCIJ is that a change in internal law, albeit at constitutional level, cannot be invoked by a State contrary to its internationally stipulated commitments.

religion" (according to Art. 93 of the Treaty of Versailles of 28 June 1919, between Germany and the Allies) [1016].

- As a chapter on minority protection in peace treaties: *(i)* the peace treaty between the Allies and Austria (signed at Saint Germain-en-Laye on 10 September 1919, Part III, Section V, Arts. 62-69); *(ii)* the peace treaty between the Allies and Bulgaria (signed at Neuilly-sur-Seine on 27 November 1919, Part III, Section IV, Arts. 49-57); *(iii)* the peace treaty between the Allies and Hungary (signed at Trianon on 4 June 1920, Part III, Section VI, Arts. 54-60); and *(iv)* the Peace Treaty with Turkey (signed in Lausanne on 24 July 1923, Part I, Section III, Arts. 37-45).
- As specific chapters in other treaties: *(i)* the Convention on Upper Silesia (signed in Geneva on 15 May 1922, Part III); *(ii)* the Convention concerning the Memel Territory (signed in Paris on 9 May 1924, Art. II and Arts. 26-27 of the annexed Statute).
- The League of Nations also set up minority protection regimes based on declarations made by states to the Council of the League and registered by it: *(i)* the declaration by Albania, of 2 October 1921; *(ii)* the declaration by Estonia, of 17 September 1923; *(iii)* the declaration by Finland concerning the Aaland Islands, of 27 June 1921; *(iv)* the declaration by Latvia of 7 June 1923; and *(v)* the declaration by Lithuania of 12 May 1922.

966. The meaning and scope of the word *minority* was extensively debated at the time the international system was being established, in the context of the competence of the League of Nations and its field of action.

967. In late 1925, Brazil's representative to the Council of the League of Nations, Afrânio de Melo Franco, in a written statement that has become well known, put forward the idea that the word "minority", as it appeared in current agreements and treaties on the subject, did not apply automatically to any group of people marked out by certain ethnic characteristics, embedded within a state the majority of whose people belonged to a different race. In his view, the essential feature of minorities derived from psychological, social and historical factors. In the treaties mentioned, the minority was the product of long-standing

1016. P. B. Casella, *Tratado de Versalhes na história do direito internacional*, São Paulo, Quartier Latin, 2007; H. Nicolson, *Peacemaking 1919 – being Reminiscences of the Paris Peace Conference*, London, Houghton Mifflin Co., 1993, reprint Safety Harbor, Fl., S. Publications, 2001; *Diplomacy*, first publ., 1939, London, Oxford Univ. Press, 2nd ed., 1950, reprinted 1960.

struggles between nationalities and the transfer of territories from one sovereignty to another in successive phases of history.

968. That point of view was accepted by some and resisted by others, even within the League of Nations. Nonetheless, it does seem worthy of consideration that under such a system the term "minority" would not apply to immigrants recently arrived in the host country. They would be foreigners up to the point of acquiring the nationality of their adoptive country, and would not be entitled to "minority" rights as they had freely chosen to settle in a country that allowed immigration [1017].

969. Charles de Visscher stressed the same idea when he wrote that

> "a minority, in the true sense of the word, is made up of a group historically established in a given territory, which traditionally and consciously differs in distinct and characteristic respects, from the mass of citizens of the state into which it is incorporated",

and that "sometimes it is race, sometimes religion and at other times language that confers the moral unity on the minority that sets it apart from the rest of the population" [1018].

970. What these treaties in fact contemplated was groups historically established in the countries in question, which, through the centuries, had managed to preserve, amidst the other traditions, the distinctive features of their respective nationalities of origin.

1017. In this sense the Representatives of the Brazilian government manifested themselves on several occasions, concerning the existence or not of "minorities", in a country (historically) of immigration, such as Brazil. Less easily acceptable seems to me the official position of subsequent Brazilian governments, contrary to the recognition of the concept – going as far to avoid the expression – of "autochthonous peoples" to designate the Brazilians that have inhabited these territories for millennia! Centuries before all the other co-nationals.

1018. C. de Visscher, "Unité d'Etat et revendications minoritaires", *Revue de droit international et de législation comparée*, 1930, pp. 326-360, quoted p. 338, "minorité, dans le sens propre du mot, est constituée par un groupe, historiquement établi sur un territoire déterminé et qui s'oppose, traditionnel et consciemment, par certains traits distincts, de la masse des citoyens de l'état auxquels ceux-ci sont incorporés"; "c'est tantôt la race, tantôt la religion, tantôt enfin la langue qui confère à la minorité l'unité morale qui l'oppose au reste de la population".

He mentioned the fear of States towards the 'risks' resulting from the recognition of minorities:

> "les revendications culturelles des minorités mettent en jeu des considérations qui touchent de très près à cette unité morale que constitue pour l'état l'intégrité de la nationalité. C'est qu'il est difficile de prévoir la force d'expansion ou de dissolution de certaines revendications culturelles, difficile de mesurer l'influence de leurs répercussions sur la constitution morale et sur les institutions publiques de l'Etat".

971. Highlighting the question of minorities during the first world war was a way of weakening the central Austro-Hungarian and Ottoman empires, which explains the importance accorded to it in the Covenant of the League of Nations. On the other hand, the Charter of the United Nations is silent on the subject, though the UN has steered the question of minorities in a distinct direction. The subject is now a matter of human rights covered by the protection of fundamental rights, or the political rights of a given ethnic minority in relation to the majority.

972. Article 1 of the UN Charter mentions protection of human rights, showing that the issue of minorities is no longer seen in terms of politics but of its broader, humanitarian dimension, without any territorial connotation. Moreover, the principle of non-discrimination, clearly formulated in Article 1.3 of the Charter and reaffirmed in the Universal Declaration in 1948, offered a positive solution to the question underlying all minority issues, namely the entitlement of all people to equal treatment, irrespective of ethnic group, religion or language.

973. With the founding of the United Nations, the understanding that minority protection would be part of the general system of protection of fundamental rights meant that there was no longer any need for a specific system like the one that had existed under the League of Nations. Recently though, the UN paradigm has shifted: given the inability of the system to address attacks on minorities, the UN has resumed the development of a specific system for the protection of minorities, and set up the International Criminal Court for the repression of crimes against groups of people [1019].

974. This subject was raised during the drafting of the Universal Declaration but the instrument takes no position, given the variety of aspects of concern to different countries. During the 1990s, the subject came back to the fore internationally:

- The fall of the Berlin Wall and the reunification of Germany involved guarantees that the Oder-Neisse line would be maintained as the frontier with Poland.
- The dismantling of the USSR revealed how many minorities, in reality entire peoples with their own ethnic, cultural and linguistic

1019. S. Nour, *A proteção internacional de minorias*, in R. Salatini (ed.), *Reflexões sobre a paz*, Marília, Oficina universitária, 2014, pp. 69-84: "as minorias são as primeiras vítimas de perseguição e, em casos extremos, de genocídio, principalmente quando há repressão religiosa, cultural ou política".

identities, existed who were prepared to fight for their countries to be reinstated.

– A similar phenomenon occurred in the former Czechoslovakia, with its peaceful division between the Czech majority (roughly two-thirds of the population) and the Slovak minority.
– The former Yugoslavia was an artificially created country whose unity had been maintained by the regime imposed by Marshal Tito. After his death in 1980, the ties weakened and finally disappeared, provoking a succession of civil wars between the religious and ethnic minorities.

975. In December 1938, on the initiative of the Brazilian delegation, the Eighth International Conference of American States in Lima adopted a Resolution that declared that the system of protection of minorities could not be applied in the Americas, "where the conditions which characterize the group known as minorities do not exist", thus "residents who, according to domestic laws, are considered aliens, cannot claim collectively the condition of minorities". Countries with high levels of immigration – all those on the American continent – wanted their specific situation to be known in the face of the rising tide of nationalism and totalitarianism in the 1930s [1020].

976. Similar declarations were adopted at the consultation meeting held in Rio de Janeiro in 1942 and the Inter-American Conference in Mexico City in 1945.

977. The protection of ethnic minorities in the Inter-American context can no longer rely on such an excessively simplistic approach, given the violations and discriminations that have occurred and continue to occur. Compared to the rights of American Indians and people of African descent today, the situation seems less clear with

1020. Resolution XXVII on Foreign Minorities. The most disquieting is to see the reprisal of equivalent movements, as occurred in the 1930s. The risks are known and the reflections on the subject may be useful as warnings to us, against the risks of falling back into such depths: M. Albright and B. Woodward, *Fascism – A Warning*, New York, Harper, 2018; Florent Bussy, Qu'est-ce que le totalitarisme?, Paris, Vrin, 2014; E. Levinas, *Quelques réflexions sur la philosophie de l'hitlérisme*, orig. publ. 1934, followed by an essay by M. Abensour, Paris, Payot, Rivages, 2018; R. O. Paxton, *The Anatomy of Fascism*, New York, Vintage Books, Random House, 2005; I. Berlin, "Joseph de Maistre and the origins of Fascism", in Isaiah Berlin, *The Crooked Timber of Humanity – Chapters in the History of Ideas*, H. Hardy (ed.), foreword by J. Banville, London, Pimlico, 2nd ed., 2013, pp. 95-185; and "European Unity and its Vicissitudes", also in *The Crooked Timber of Humanity*, 2013, pp. 186-218, quoted pp. 187-188, although sharing the view that nationalism "is most obvious in the case of Fascism", we should not forget that nationalism reinforces the risks, especially when such tendencies are exalted!

regard to attitudes on the continent to the waves of immigrants from Europe, the Middle East and Asia who settled throughout the Americas and especially in Brazil.

978. The question of how to define a minority is one often raised but not necessarily satisfactorily answered, either in the various international instruments or in scholarly writings.

979. The 1992 *Declaration on the rights of persons belonging to national or ethnic, religious and linguistic minorities* adopted by the UN General Assembly [1021] contains no definition of a minority. That is also true of the 1994 *Framework Convention for the protection of national minorities* of the Council of Europe [1022].

D. *The Yogyakarta Principles (2007 and 2017) and protection of minorities in relation to sexual orientation and gender identity*

980. Not until the twenty-first century were sexual orientation and gender identity given recognition and protection under an international regime, with the Yogyakarta Principles in 2007 and their 2017 revision, YP+10. The Preamble to the Principles observes "that international human rights law affirms that all persons, regardless of sexual orientation or gender identity, are entitled to the full enjoyment of all human rights, [and] that application of existing human rights entitlements should take account of the specific situations and experiences of people of diverse sexual orientations and gender identities" [1023].

Thus, it had taken almost ninety years since the introduction of international protection of ethnic minorities to begin to construct – and even then, only as a declaration, non-binding in international law – the parameters for protection of minorities in relation to sexual orientation and gender identity. The legal framework is all the more uncertain in that the subject is addressed in a set of principles, application of which

1021. UNO, *Declaration on the Rights of Persons Belonging to National or Ethnic, Religious and Linguistic Minorities*, adopted by the General Assembly of the UNO, Forty-seventh session, Resolution 47/135 of 18 December 1992; text reprinted in *Nations Unies – Droits de l'homme – Recueil d'instruments internationaux*, Vol. I/ 1re partie, Instruments Universités, New York/Génève, ONU, 1994, pp. 140-144.

1022. Council of Europe, *Framework Convention for the protection of national minorities*, adopted on 1 February 1995, "treaty no. 157", entry into force on 1 February 1998. Text reprinted in *Revue universelle des droits de l'homme*, 1995, pp. 171-174.

1023. *The Yogyakarta Principles* plus 10: "Additional Principles and State Obligations on the Application of International Human Rights Law in relation to sexual orientation, gender identity, gender expression and sex characteristics to complement the Yogyakarta Principles, as adopted on 10 November 2017, Geneva".

will inevitably raise questions of political policy, even if allegedly scientific, moral or religious debates can be avoided.

981. This, unfortunately, is currently being seen in Brazil. Advances like the recognition by the Constitutional Court of equal rights of heterosexual or homosexual couples to marry have come under threat, with proposals to put bills before Parliament that would promulgate a "family status" limited to the traditional family format.

982. The underlying idea is straightforward: there can be no exceptions where fundamental rights are concerned. They are applicable to all human beings by virtue of their very humanity, including in matters of sexual orientation and gender identity. It is as simple as that.

983. The protection of minorities with respect to sexual orientation and gender identity, still in its infancy in the international order, received a major boost with the adoption on 26 March 2007 of the Yogyakarta Principles, named after the town in Indonesia that from 6 to 9 November 2006 hosted the meeting of the International Panel of Experts in International Human Rights Law and on Sexual Orientation and Gender Identity. That group prepared and presented the text that was adopted by the United Nations Council on Human Rights, together with proposed rules for enhancing protection in matters of sexual orientation and gender identity [1024],

> "disturbed that violence, harassment, discrimination, exclusion, stigmatization and prejudice are directed against persons in all regions of the world because of their sexual orientation or gender identity".

984. The 2017 revision of the Principles pursued that approach [1025].

985. The 2007 Principles are a series of twenty-nine numbered principles, preceded by an introduction and preamble and followed

---

1024. *The Yogyakarta Principles* – Principles on the Application of International Human Rights Law in relation to sexual orientation and gender identity – *Preamble*, pars. 4 and 5: *"Sexual orientation"* to refer to each person's capacity for profound emotional, affectional and sexual attraction to, and intimate sexual relations with, individuals of a different gender or the same gender or more than one gender; whereas *'gender identity'* to refer to each person's deeply felt internal and individual experience of gender, which may or may not correspond with the sex assigned at birth, including the personal sense of the body (which may involve, if freely chosen, modification of bodily appearance or function by medical, surgical or other means) and other expressions of gender, including dress, speech and mannerisms.

1025. *The Yogyakarta Principles* plus 10: "Additional Principles and State Obligations on the Application of International Human Rights Law in relation to sexual orientation, gender identity, gender expression and sex characteristics to complement the Yogyakarta Principles, as adopted on 10 November 2017, Geneva".

by further recommendations aimed at improving protection of rights for everyone, and recalling that "all human beings are born free and equal in dignity and rights", and that "all human rights are universal, interdependent, indivisible and interrelated".

986. At the time of the 2017 revision [1026] it was noted that progress had been made towards enabling individuals of all sexual orientations and gender identities to live in the dignity and respect to which everyone is entitled. At the same time, many states had adopted laws or constitutions guaranteeing equality and non-discrimination, without distinction as to sex, sexual orientation or gender identity.

987. According to the Preamble, "everyone is entitled to the enjoyment of full human rights without distinction of any kind, such as race, colour, sex, language, religion, political or other opinion, national or social origin, property, birth, or other status". However, extrajudicial killings, torture and ill-treatment, sexual assault and rape, invasions of privacy, arbitrary detention, denial of employment and education opportunities, and serious discrimination in relation to the enjoyment of other human rights were seen to constitute "a global and entrenched pattern of serious concern". They were often compounded by other forms of violence, hatred, discrimination and exclusion, reinforcing stigmatization and prejudice against people in all parts of the world because of their sexual orientation or gender identity.

988. Those experiences were often combined with discrimination on grounds of gender, race, age, religion, disability, health or economic status. All of which "undermine the integrity and dignity of those subjected to these abuses, may weaken their sense of self-worth and belonging to their community, and lead many to conceal or suppress their identity and to live lives of fear and invisibility".

989. In their original 2007 version, the Principles recognized that there was "significant value in articulating in a systematic manner international human rights law as applicable to the lives and experiences of persons of diverse sexual orientations and gender identities", and that "this articulation must rely on the current state of international human rights law and will require revision, on a regular basis in order to take account of developments in that law and its application to the particular

1026. *The Yogyakarta Principles* plus 10: "Additional Principles and State Obligations on the Application of International Human Rights Law in relation to sexual orientation, gender identity, gender expression and sex characteristics to complement the Yogyakarta Principles, as adopted on 10 November 2017, Geneva".

lives and experiences of persons of diverse sexual orientations and gender identities over time and in diverse regions and countries".

990. The task now is to ensure that these principles are adopted and applied. The Principles (2007, revised in 2017) affirm the universal nature of human rights, which apply to everyone, irrespective of sexual orientation or gender identity, while recognizing that many states and societies "impose gender and sexual orientation norms on individuals through custom, law and violence and seek to control how they experience personal relationships and how they identify themselves".

991. The protection of the fundamental human rights of minorities in relation to sexual orientation and gender identity remains, to a considerable extent, limited to national protection that is often ineffective [1027]. This is due not only to the political fluctuations of domestic systems but also to whether laws guaranteeing such protection, where they exist, are effectively enforced in such a way as to protect these sizeable minorities, who are subjected to scandalous persecution and discrimination by fanatics and fundamentalists of various religions [1028]. These pernicious practices of discrimination, persecution and censuring are given the formal cloak of legitimacy as acts done in the name of God.

992. There is no possible justification for violating fundamental human rights by such discriminatory practices. The 2007 Principles note that "international human rights law imposes an absolute prohibition of discrimination in regard to the full enjoyment of all human rights, civil, cultural, economic, political and social". The rights relating to sexual orientation and gender identity are part of that body of law.

E. The human dimension in postmodern international law

993. Mancini, writing in the second half of the nineteenth century, thought that the key element in building social cohesion was nationality,

---

1027. A positive step in Brazil was the adoption of Resolution No. 845, dated 26 February 2018, concerning the "Entidades de fiscalização do exercício das profissões liberais – Conselho federal de serviço social", with direct reference to the *Yogyakarta Principles* (2007) and the obligations resulting from their adoption in Brazil, "referentes à aplicação internacional da legislação de direitos humanos, que compreende a identidade de gênero".

Once accepted as principles, it is necessary to ensure proper implementation!

1028. Among protection *standards this minority,* representing roughly 10 percent of world population, it is a matter of recognition of the effects of stable unions, *vis-à-vis* civil rights and taxation, as much as the capacity to adopt and to raise children. See V. S. Nadaud, *Homoparentalité: une nouvelle chance pour la famille?*, Paris, Fayard, 2002.

a thesis he defended in the interests of Italian unification. To Mancini, the laws governing "the legal life of these great beings in human society" derived from relations between nations taken collectively [1029]. He was reflecting the prevailing *Zeitgeist* of the nineteenth century, with its apparent belief in the human capacity to focus on the true essence of things, taking no notice of anything that was merely contingent. Mancini declared:

> "We sought to establish their primordial rights and obligations not on the shifting sands of agreements, customs or the will of states, freely chosen or determined to be in their own interest and of mutual benefit (what the authors call *comitas gentium*), but on foundations that are eternal, unalterable and indefeasible in the nature of things, in the necessary order of humanity and in the moral purpose of increasing its wellbeing and progressive enhancement, which is the very order desired by the Providence that created and preserves our species." [1030]

994. Mancini was proposing a rethink of the international law that had states as its subjects: "it is not *states*, but *nations*, and thus we are replacing an artificial and arbitrary subject with one that is that natural and necessary" [1031]. He saw no need to dwell on the difficulties inherent in ascertaining how a nation, as such, expressed its will – the basic building block of international law.

995. "Mancini wanted to find the basis for his system as an obligation in international law" in the view of H. Batiffol [1032] and E. Jayme [1033]. He thought that the application of foreign law could not be based on

---

1029. P. S. Mancini, *Direito internacional*, introduction by T. Ballarino, translated by C. Mioranza, orig. publ. *Diritto internazionale: prelezioni*, Naples, Presso Giuseppe Marghieri, 1873 at p. 70. col. clássicos do direito internacional, Ijuí, ed. Unijuí, 2003, II – "características do velho e do novo direito das gentes", p. 87 ff., quoted p. 91.

1030. P. S. Mancini, *op. cit.*, loc. *cit.*

1031. P. S. Mancini, *op. cit.*, pp. 72. 93 ss.

1032. "Mancini a voulu trouver le fondement de son système en tant qu'obligation de droit international", noted H. Batiffol, *Aspects philosophiques du droit international privé*, Paris, Dalloz, 1956, quoted p. 12:

"C'est sans doute l'écart excessif entre le système de Mancini et le donné historique et jurisprudentiel qui explique son déclin, aussi rapide et complet que son ascension avait été immédiate et brillante."

1033. E. Jayme, *Pasquale Stanislao Mancini: il diritto internazionale privato tra Risorgimento e attività forense*, orig. publ. *Pasquale Stanislao Mancini: Internationales Privatrecht zwischen Risorgimento und praktischer Jurisprudenz*, 1980, Ebersbach, Verlag Rolf Gremer, translated into Italian by A. Ruini, Padova, CEDAM, 1988, esp. Item I – "Savigny e Mancini", pp. 17-19, and Item II – "I tre principi del sistema di Mancini", pp. 20-22.

comitas gentium, accepted as its basis in the doctrine of the time – what Savigny called "freundliche Zulassung" [1034]. According to Mancini the basis of the application of foreign law lay in the obligation of each state, when faced with another, to respect the rights of foreigners [1035].

996. What basis that is "eternal, unalterable and indefeasible in the nature of things, in the necessary order of humanity" [1036] might we now take as a starting point in the postmodern context of international law? We may have gained in awareness, but with this comes acknowledgment of the fragility of the rules and procedures for implementing that legal order. Having gained nothing in terms of clarity, we find more perplexity and doubt. Are those doubts inherent in the human condition? What other alternative is there?

997. The same bewilderment confronts us in trying to base the international order on the human being, taking the role and condition of

---

1034. F. C. von Savigny, *Sistema do direito romano atual* Vol. viii, orig. publ. *System des heutigen römischen Rechts* translated by C. Mioranza, A. Dal Ri Jr., introduction by Erik Jayme, Ijuí, ed. Unijuí, 2004, par. 348, pp. 47-52, quoted p. 50:

> "darin eine eigenthümliche und forstschreitende Rechtsentwicklung", or in Portuguese: "Não se deve somente ver nessa concessão o efeito de uma simples benevolência, o ato revogável de uma vontade arbitrária, mas muito mais um desenvolvimento próprio do direito, seguindo em seu curso a mesma marcha que seguem as normas sobre a colisão entre os direitos particulares de um mesmo Estado".

1035. E. Jayme, *op. cit.*, 1980, 1988, Item IV – "Mancini e la codificazione italiana del 1865", pp. 27-28, quoted p. 28:

> "Mancini riuscí a dimostrare che i nuovi aspetti della disciplina della materia erano conformi alle esigenze del tempo moderno e contemporaneamente che talle disciplina, d'altro canto, non si allontanava dalle precedenti proposte, ma solamente ne colmava le lacune. … Nella codificazione italiana del 1865, la disciplina del diritto internazionale privato, a differenza della soluzione precedentemente adottata in Francia, è contenuta in una legge separata dal Codice civile, e precisamente nella legge che contiene le norme sulla applicazione del diritto. In questo modo è stata, al tempo stesso, assunta una chiara posizione sul problema della distinzione sul piano scientifico tra norme di conflitto e norme materiali, distinzione che ai giorni nostri è di nuovo oggetto di contestazione."

1036. H. Batiffol, *op. cit.*, 1956, par. 3, pp. 12-14, quoted p. 12:

> "L'orientation qui l'a supplantée n'avait jamais cessé de vivre. En 1849, deux ans avant la leçon inaugurale de Mancini à l'Université de Turin, paraissait le Vol. VIII du *System des heutigen römischen Rechts* de Savigny. Dans la richesse de cette œuvre on a surtout vu l'idée centrale que le problème des conflits de lois consiste à localiser les rapports de droit d'après leur nature. Cette vue, qui s'opposait par le point de départ cherché par Mancini dans les droits et devoirs réciproques des états quant au domaine de leurs lois respectives, posait certes le problème sur son véritable terrain, celui de l'étude objective des relations privées internationales: elle orientait les esprits vers l'utilisation de l'expérience judiciaire, présentant dans le concret les solutions justes et utiles. Mais il faut reconnaître qu'elle a, jusqu'au début du XXe siècle, autorisé, elle aussi, une tendance peu propice à la réflexion philosophique."

the human being as the primary subject and ultimate end of any legal system, domestic or international. Would not the problem be the same, with only the parameters of measurement changing?

998. There were those in times past who sought to base the world order on the divine will and the expression of divine action on the mortal world. Even if such views still exist, there can be no question of exploring them here. But arguments based on the transcendent must still be dealt with where they seek to deny the construction of a human world order.

999. The problem was and always will be human interference, which manifests itself as the voice and path for the expression of God's will. Translating communications between the Almighty and the human involves a degree of stage management and conjecture. From earliest history to the present time, a sense of outrage has driven people to arrogate to themselves the dubious right to speak in God's name in condemning their opponents.

1000. Where states are concerned [1037], the factors that have contributed to the creation of new states since the first world war have been complex. Calculation on the part of foreign powers hoping to profit from the aspirations of discontented national elements, efforts by national minorities to free themselves from a foreign yoke, social and political revolutionary movements, the collapse of large but disparate powers, and so on. The need, in sum, of national elements to seize the opportunities presented [1038].

1001. Aside from national factors others have been identified, such as the existence in the new state of economic elements enabling it to survive. For some writers before the second world war, the existence of a population and territory of reasonable proportions seemed acceptable as requirements for recognizing the right of a state to come into being. Those elements, however, are no longer required in the context of the United Nations, where autonomy of will is now the rule, even if it means launching new members into the international community that may not be economically viable.

1002. The human element is vital for the formation of a state, though states are later prone to neglect both their origins and their destination –

1037. R. W. Erich, "La naissance et la reconnaissance des Etats", *Collected Courses*, Vol. 13 (1926), pp. 427-508; to a certain extent also R. Erich, "La question des zones démilitarisées", *Collected Courses*, Vol. 26 (1929), pp. 587-668.

1038. In the perspective of international relations, D. Colard, *Les relations internationales de 1945 à nos jours*, Paris, A. Colin, 8e éd., 1999, esp. "la protection des minorités", p. 406.

contrary to Jenks's warning: "The state is created for man and not man for the state" [1039]. In his discussion of the organization and techniques of international conferences, Sibert enumerated the constituent elements of the state. First came "the lasting association of sufficient numbers of people with their own means to subsist" [1040], with enough territory to allow permanent occupation by its society.

1003. Among the modes of formation of states the first to be cited was the permanent occupation of a defined territory by a given population. This was meant to apply to "unoccupied" territories *(terra nullius)*, of which there are none left today, but it was still cited in relation to the formation of the Republic of the Transvaal and also in the case of Liberia [1041].

1004. In the case law of the International Court of Justice [1042], the Advisory Opinion on Legal Consequences for States of the Continued presence of South Africa in Namibia (South West Africa) notwithstanding Security Council Resolution 276 (1970), of 21 June 1971 [1043], shows the Court taking a much more direct approach compared to its previous pronouncements on the subject [1044]. The ICJ took a further step forward in its Advisory Opinion on the *Western Sahara* of 16 October 1975 [1045], moving from the allegation of *terra*

1039. C. W. Jenks, "Economic and Social Change and the Law of Nations", *Collected Courses*, Vol. 138 (1973), pp. 455-502, quoted p. 495.

1040. M. Sibert, "Quelques aspects de l'organisation et de la technique des conférences internationales", *Collected Courses*, Vol. 48 (1934), pp. 397-458: "l'association permanente et (sufisamment) nombreuse d'hommes capables de subsister avec leurs propres moyens".

1041. The Republic of Transvaal was formed by the Dutch, leaving the Cape Colony, in 1836, going towards the South African *Hinterland*, and establishing themselves beyond the river Vaal. Internationally recognized, same existed until 1902, date of the war with the United Kingdom. See F. R. Van Hartesveldt, *The Boer War*, Johannesburg, Jonathan Ball Publ., 2000.

Another case is Liberia, created according to covenants, in 1821, between local leaders and American entities, having obtained territorial concessions on the Guinean coast, to establish former slaves, liberated and "brought back" to Africa.

1042. As examined in preceding chapter III – The impact of colonialism on International law – especially "decolonization and the development of the right to self-determination".

1043. ICJ, Legal Consequences for States of the Continued presence of South Africa in Namibia (South West Africa) notwithstanding Security Council Resolution 276 (1970), Advisory opinion of 21 June 1971, *ICJ Reports 1971*, p. 16.

1044. ICJ, International Status of South West Africa, Advisory opinion 11 July 1950, *ICJ Reports 1950*, p. 128; ICJ, *South West Africa Cases (Ethiopia* v. *South Africa; Liberia* v. *South Africa) – Preliminary Objections*, Judgment 21 December 1962, *ICJ Reports 1962*, p. 319. and *South West Africa Cases (Ethiopia* v. *South Africa; Liberia* v. *South Africa) Second Phase*, Judgment 18 July 1966, *ICJ Reports 1966*, p. 6.

1045. ICJ, *Western Sahara, Advisory Opinion, ICJ Reports 1975*, p. 6.

nullius to recognition of the Sahrawi people's title to the territory [1046] "through the free and genuine expression of the will of the peoples of the Territory" [1047]. The role of the human factor in this decision of the Court should be noted.

1005. The "mishandled decolonization" [1048] in the Western Sahara – compared to the case of Palestine – is today characterized as an international conflict between Morocco and the Polisario Front, as the recognized representative of the Sahrawi people. It was not always so: "the roots of the conflict, for which the United Nations is trying in vain to find solutions, lie in a mishandled process of decolonization" [1049].

1006. State formation [1050] in postmodern international law is in line with this general evolutionary trend rather than in contradiction with it. The classic example was the formation of Italy, when in 1860 the Duchies of Modena, Parma and Tuscany and the Kingdom of Naples became incorporated into the Kingdom of Sardinia and Piedmont to form the new country [1051] after centuries of internal

1046. P. B. Casella, *Special Rules for Areas not Under National Jurisdiction and the Achille Lauro Affair*, colloque à l'Académie de droit international de La Haye, août-septembre 1988, a shorter version was published in *The Legal Aspects of International Terrorism – Les aspects juridiques du terrorisme international*, Jochen A. Frowein and J. A. Carrillo Salcedo (eds.), The Hague, Kluwer – Monographs of the Centre for Studies and Research in International Law and International Relations – Monographies du Centre d'étude et de recherche de droit international et de relations internationales, 1988.

1047. *CIJ Recueil 1975*, p. 68.

1048. A. Koulaimah-Gabriel, *Raison d'état ou droit des peuples? – le dilemme de l'Union européenne dans ses rapports avec le Maroc et Israël*, Bruxelles, Presses Interuniversitaires Européennes, 1995, Chap. I – Le poids du passé, Item "c" – Le Sahara occidental: histoire d'une décolonisation mal menée, pp. 33-39.

1049. A. Koulaimah-Gabriel, *op. cit.* p. 33: "les racines de ce conflit, dans lequel les United Nations essaient en vain de trouver des solutions, découlent d'un processus mal mené de décolonisation".

> "Son auteur était l'Espagne, son objet le peuple sahraoui, ses principales parties intervenantes furent le Maroc et la Mauritanie d'une part, l'Algérie d'autre part. D'autres acteurs s'en mêlèrent parfois: ce fut notamment le cas de la Libye et dans une moindre mesure de la France. A travers cet enchevêtrement de responsabilités et de jeux d'influence, il importe de dégager le rôle joué par les différentes puissances européennes, directement ou indirectement liées au conflit."

1050. H. Accioly, G. E. do Nascimento e Silva and P. B. Casella, *Manual de direito internacional público*, São Paulo, Saraiva, 26ª ed., 2023, esp. 3.3 – "nascimento e reconhecimento do estado", pp. 236-253, esp. p. 238:

> "em nossos dias, pode ocorrer de três maneiras: 1) separação de parte da população e do território de estado já existente, subsistindo a personalidade internacional da mãe-pátria; 2) dissolução total de estado, não subsistindo a personalidade do antigo estado; 3) fusão de dois ou mais estados, em um estado novo".

1051. Contrary to the Italian example – where a sense of unity or identity was achieved, regional differences notwithstanding –, in other cases, the fusion of different

division [1052]. Long before then, in 1824, Giacomo Leopardi with his poetic intuition had seen it coming [1053]. The controversy in recent decades over the regionalization of Italian politics shows the opposite phenomenon at work [1054]. This period has seen a crisis in the Italian state, the regionalization of its actions and the increasing role of the European Union in almost all important areas of political and economic life across all its twenty-seven member states, including Italy.

1007. Specific developments took place in the recognition of states, brought about by the movement in favour of self-determination after the second world war [1055]. Often there were no conceptual models for this [1056], and no planning.

1008. The concept of self-determination was traditionally bound up with the idea of self-government, the basis of which was the right of peoples to decide their own political status [1057]. This represented a shift

---

ethnic groups into a single state did never generate any cohesion and thus, when the central power weakened, the fusion melts down, as shown by the disappearance of the former USSR, the SFR of Yugoslavia and of Czechoslovakia.

1052. G. Greco and M. Rosa (eds.), *Storia degli antichi stati italiani*, Rome, Bari, Laterza, 1996; I. Montanelli, *L'Italia giacobina e carbonara* 1789-1831, orig. publ. 1969, Storia d'Italia, Vol. 7 Milan, BU Rizzoli, 2014.

1053. G. Leopardi, *Discorso sopra lo stato presente dei costumi degli italiani* (text of 1824 only published in 1906), intr. S. Veca, Maurizio Moncagatta (ed.), Milan, Feltrinelli, 1991.

1054. P. S. Labini, *La crisi italiana*, Rome, Bari, Laterza, 1995; S. Romano, *Finis Italiae: declino e morte dell'ideologia risorgimentale*, Milan, All'insegna del Pesce d'Oro di Vanni Scheiviller, 1994; M. Sabella and N. Urbinati (eds.), *Quale federalismo? Interviste sull'Italia del futuro*, Florence, Vallecchi, 1994; R. Fubini, *Italia quattrocentesca – politica e diplomazia nell'età di Lorenzo il Magnifico*, Milan, F. Angeli, 1994; G. Galasso, *Dalla "iberà d'Italia" alle "preponderanze straniere"*, Naples, Editoriale Scientifica, 1997, Chap. 1 – *Libertà d'Italia e preponderanze straniere*, pp. 3-14, quoted p. 3:

> "lo Stato moderno non nacque … all'insegna di una ascettica 'razionalizzazione', come in passato si usava schematizzare, bensì all'insegna del conflitto e di una crisi di tradizione".

1055. On 14 August 1941, the president of the United States, F. Roosevelt, and the British Prime minister, W. Churchill, proposed and thereafter signed the Atlantic Charter, a document listing several principles aimed at the maintenance of international peace and security. Article three mentioned the right to self-government:

> "Third, they expect the right of all peoples to choose the form of government under which they will live; and they wish to see sovereign rights and self-government restored to those who have been forcibly deprived of them."

1056. Although generally admitted that the starting point of current use of the notion of self-determination of peoples, as a principle of International law, after World War I, the idea can be traced back to eighteenth century Illuminism. The historical inspiration, originating in revolutionary France, brought the concepts of popular sovereignty and the repudiation of wars of conquest, combined with the triple philosophical imperative of liberalism, nationalism and independence.

1057. The programme presented to United States Congress by the president W. Wilson, on 8 January 1918, had as point XIV:

from the notion at the start of the modern age, when it was more bound up with the concepts of national or popular sovereignty that developed out of the ideas of the Enlightenment and the French Revolution [1058], in opposition to the notion of absolute power of a monarch.

1009. The international system changed irreversibly from 1960, with the shift away from national self-determination to that of peoples [1059]. Even if the process was subtle [1060], the "right of peoples to self-determination" became the legal heading under which indigenous political movements in the former colonies sought to legitimize breaking away from the former colonial powers [1061].

1010. The international community often had more than one face, to the point that the very notion of "community" meant nothing unless it was invested with specific content but was more of a figure

---

> "Il faut qu'une société des nations soit constituée en vertu de conventions formelles ayant pour objet d'offrir des garanties mutuelles d'indépendance politique et d'intégrité territoriale aux petits comme aux grands Etats."

1058. P. B. Casella, *Tratado de direito internacional – tomo 11 – Direito internacional no tempo do Iluminismo*, São Paulo, Almedina, 2024, in preparation.

1059. R. Higgins, *The Development of International Law through the Political Organs of the United Nations*, Oxford, New York, Oxford Univ. Press, 1963, pp. 101-102; J. F. Escudero Espinosa, *Self-Determination and Humanitarian Secession in International Law of a Globalized World: Kosovo v. Crimea*, Cham, Springer, 2017, Chap. 2 – *The Recognition of the Right to Self-Determination in International Law*, pp. 9-33, esp. pp. 11-12:

> "overall, the idea of self-determination should be broadly defined – including both internal and external aspects – as the right of peoples to decide about their own internal affairs and about their relations with other states, and to determine their equality of status with other states in the international community".

1060. E. McWhinney, "Self-Determination of Peoples and Plural-Ethnic States (Secession and State Succession and the Alternative Federal Option)", *Collected Courses*, Vol. 294 (2002), pp. 167-264, chapter I – Self-determination of peoples as United Nations Charter principle. historical roots and contemporary international law – municipal (constitutional) law antinomies", pp. 177-190, quoted pp. 179-180:

> "Self-determination was not recognized, as a general principle, in the Covenant of the League of Nations created (without the participation of the United States) as part of the Versailles settlements. It was, however, clearly influential in the post-Versailles series of treaties on protection of minorities, concluded under the auspices of the League of Nations, and in a number of plebiscites conducted in areas of conflicting national claims so as to determine final disposition of territorial claims and to arrange, where necessary, for peaceful transfer or exchange and resettlement of populations. It was a system that was able to work, well enough, in the 1920s, before the onset of the world crisis in the 1930s and the challenge by the extreme nationalist forces in the defeated enemy countries of World War I to the fundamentals of the Versailles peace settlements. It does, however, demonstrate what might have been, if a genuine will to apply the self-determination principle, in the full spirit of Wilson's Fourteen points, had already been there at Versailles."

1061. See the preceding Chapter III.

of speech, reflecting a set of requirements rather than realities [1062]. Of those requirements, the imperatives of international humanitarian law as applied during armed conflict seemed to be beyond dispute [1063]. It might seem, to some, that recognition of guerrilla warfare from a standpoint distinct from the one adopted by the Hague Rules in 1907 would represent a step back from the major concepts of international humanitarian law, and thus a diminution of the value and scope of the notion of "international community". However, things need to be seen as they really are: for those engaged in resistance, and revolutionaries, fighting for their survival and the freedom of their country and people, these are matters of life and death [1064].

1011. The human dimension may be expressed at the international level before the state is formed and starts to act. This can be seen when states undergo a process of structural transformation, and can occur, for instance, in cases of recognition of belligerents.

1012. Belligerency can be recognized when part of a population rises up to form a new state, or to change the existing form of government, and other states decide to treat both parties as belligerents in the conflict and apply the relevant rules of international law. In the event of a revolution, where the aim is simply to bring about violent change in the existing form of government, there is logically an act that precedes recognition, but the rules applicable are identical in both cases.

1013. The main effect of recognition of belligerent status is to give those committing the insurrection the *de facto* rights and duties of a state, where the war is concerned. If they are recognized as belligerents, the existing lawful government can no longer treat them as rebels, at least until the ending of hostilities, but at the same time the lawful government is absolved of all responsibility for acts committed or damage caused by the belligerents to foreign powers or their nationals, as the state is

---

1062. Observed C. Chaumont, "La recherche d'un critère pour l'intégration de la guérilla au droit international humanitaire contemporain", in *La communauté internationale: Mélanges C. Rousseau*, Paris, Pedone, 1974, pp. 43-61.

1063. Ch. Chaumont, Chap. quoted, 1974, p. 43; see also Ch. Chaumont, "Cours général de droit international public", *Collected Courses*, Vol. 129 (1970), pp. 333-528; Ch. Chaumont, "Nations Unies et neutralité", *Collected Courses*, Vol. 89 (1956), pp. 1-60.

1064. Ch. Chaumont, Chap. quoted, 1974, pp. 60-61:

> "la guérilla est l'ultime recours, ou parfois même le seul vrai recours contre l'injustice et l'oppression. Celles-ci ont pris tant de formes nouvelles et subtiles dans les relations internationales et les sociétés contemporaines, qu'il est très difficile de compter, pour y mettre fin, sur les expressions pacifiques, orales ou écrites, de la volonté".

no longer in a position to fulfil its international obligations in that part of its territory that is beyond its authority. In general, recognition of belligerent status takes the form of a declaration of neutrality.

1014. State succession in international law[1065] arises from a combination of elements, the disappearance of which can have the logical consequence of depriving the state of that quality of statehood, either *per se* or *vis-à-vis* other states. The disappearance of an entire population, such as would occur if there were a total exodus, or the disappearance of the territory itself, are infrequent examples, but could become more common with the greenhouse gas effect and the ongoing process of climate change. Rising sea levels would result in the disappearance of certain micro-states in the Pacific and the Caribbean, along with considerable stretches of coastline. Climate change is a subject that demands our attention and commitment if irreversible damage is to be avoided[1066].

1015. The category of environmental refugees is as yet not clearly defined but could reach catastrophic proportions in the years to come. It

---

1065. M. Bedjaoui, "Problèmes récents de succession d'Etats", *Collected Courses*, Vol. 130 (1970), pp. 455-586; P. B. Casella, "Sucessão de estado no direito internacional pós-moderno", São Paulo, Revista da Faculdade de Direito da USP, 2007, Vol. 102, pp. 1155-1170; E. Castren, "Aspects récents de la succession d'Etats", *Collected Courses*, Vol. 78 (1951), pp. 379-506; J. Crawford, *The Creation of States in International Law*, Oxford, Univ. Press, 2nd ed., 2006, reprint 2011; A. R. Gonçalves Pereira, *Succession d'Etats en matière de traités*, Paris, Pedone, 1969; H. Grotius, *De jure belli ac pacis*, book 2, Chap. 9, par. 12; K. Marek, *Identity and Continuity of State in Public International Law*, Geneva, Libr. E. Droz – Graduate Institute of International Studies, 1954; C. D. A. Mello, *Curso de direito internacional público*, Rio de Janeiro, Renovar, 2004, 15ª ed., Vol. I, Chap. XVIII – *Sucessão e extinção de estados*, pp. 425-439; G. E. do Nascimento e Silva, "Succession of State debts" (in *El derecho internacional en un mundo en transformación – Liber amicorum E. Jimenez de Aréchaga*, Montevideo, Fundación de cultura universitária, 1994, Vol. 2, pp. 948-62; E. Nathan, "The Vienna Convention on Succession of States in Respect of State Property, Archives and Debts", in Y. Dinstein (ed.), *International Law at a Time of Perplexity – Essays in honour of S. Rosenne*, Dordrecht, M. Nijhoff, 1989, p. 489; D. P. O'Connell, "Recent Problems of State Succession", *Collected Courses*, Vol. 130 (1970), pp. 198-199; R. Streinz, "Succession of States in assets and liabilities", GYIL, 1993, Vol. 28, p. 234; S. Torres Bernardez, "Succession d'états", in *Droit international: bilan et perspectives*, 1991, Vol. I, pp. 405-424; M. Udina, "La succession des Etats quant aux obligations internationales autres que les dettes publiques", *Collected Courses*, Vol. 44 (1933), pp. 665-773.

1066. G. Thunberg, *No One is too Small to make a Difference*, Londres, Penguin, 2019, especially "Can you hear me?", Houses of Parliament, London, 23 April 2019, pp. 57-68, quoted p. 65:

> "The climate crisis is both the easiest and the hardest issue we have ever faced. The easiest because we know what we must do. We must stop the emissions of greenhouse gases. The hardest because our current economics are still totally dependent on burning fossil fuels, and thereby destroying ecosystems in order to create everlasting economic growth."

may become necessary to define precise legal categories to encompass everyone subjected to such duress.

1016. The human dimension must be integrated more fully into postmodern international law than as a mere record of diplomatic practice and specific instances of international and that includes state succession. According to O'Connell (1970) [1067], modern studies tend to use state practice selectively, to support positions taken for reasons that are political if not emotional – or at any rate, human [1068].

1017. This is an area that changes as new facts arise, as can be seen from recent developments.

1018. On the subject of state succession after decolonization, customary international law is not a static body of rules, noted K. Zemanek [1069]. Thirty-two years later, in his 1997 General Course on the legal foundations of the international system [1070], he returned to the topic of state succession [1071].

1019. The disappearance of some of the requirements for recognition of a state as a subject of international law does not necessarily mean the disappearance of statehood. In the case of Tunisia and Morocco, it was argued that the personality of those states had survived, despite their status as French protectorates; they now had semi-sovereign status but had not ceased to exist as subjects of international law. The Permanent Court of International Justice, in its Advisory Opinion on *Nationality Decrees issued in Tunis and Morocco* (1923) [1072], found that the question was essentially relative, depending on developments in international relations. The answer to the question would vary from one case to the next depending on whether there were treaties that covered it.

1020. Under the Vienna Conventions of 1978 and 1983, state succession means substituting the successor state for the predecessor

---

1067. D. P. O'Connell, "Recent Problems of State Succession in Relation to New States", *Collected Courses*, Vol. 130 (1970), pp. 95-206, Chap. III – The Methodology of State Succession, pp. 116-121, ends the chapter with the remark: "A philosophy of state succession must therefore centre upon the question of the continuity of law".

1068. Without the philosophical foundation of the doctrines concerning the state, on which the doctrine on state succession was built in the nineteenth century, the contemporary arguments tend to loose their internal consistency. D. P. O'Connell, *op. cit.*, 1970, p. 117.

1069. K. Zemanek, "State Succession after Decolonization", *Collected Courses*, Vol. 116 (1965), pp. 181-300.

1070. K. Zemanek, "The Legal Foundations of the International System: General Course on Public International Law", *Collected Courses*, Vol. 266 (1997), pp. 9-336.

1071. K. Zemanek, *op. cit.*, 1997, Chap. III, item "C" – state succession, pp. 84-87.

1072. PCIJ, *Nationality Decrees issued in Tunis and Morocco*, Advisory opinion 7 February 1923, Series B, No. 4 and Series C, No 2.

state in responsibility for the international relations of a given territory. The problem is not new: Grotius was already grappling with it in 1625, and put forward rules based on Roman or, more accurately, civil law. Given his influence on everything written subsequently, his teachings have come down to the twenty-first century and served as the basis for judicial decisions as well as contemporary practice.

1021. Aside from the means traditionally adopted for acquiring or changing nationality, there is one that will logically and necessarily follow the annexation of territory, either by peaceful transfer or imposed after a war. This is the collective naturalization of the inhabitants of the annexed territory, obviously excluding the nationals of foreign countries domiciled or resident there [1073].

1022. Where no prior agreement exists on that matter, it might be considered acceptable for persons habitually resident in the new state's territory to be able to acquire the nationality of that state, losing their previous nationality, but that is subject to the new state's legislation on the specific issue of who can be considered as a national.

1023. The Advisory Opinion of the Permanent Court of International Justice on *Acquisition of Polish Nationality*, in 1923, found: "The independence of the new State of Poland was finally recognized by the Treaty of Peace". Article 93 of that treaty provided that Poland would enter into a treaty with the Principal Allied and Associated Powers "to protect the interests of inhabitants of Poland who differ from the majority of the population in race, language or religion" [1074] and the Minorities Treaty with Poland was signed on 28 June 1919.

1024. In the Preamble to the Minorities Treaty, Poland declared its desire "to conform her institutions to the principles of liberty and justice, and to give a sure guarantee to the inhabitants of the territory

1073. After the end of World war I, and the fall of the Austro-Hungarian and Ottoman Empires, the Treaties of Versailles, Saint-Germain, Neuilly, Trianon, in 1919 and in 1920 created a series of new States in Europe and also modified several frontiers. Among the post war treaties, only the treaty of Sèvres did not come into force, as same was refused by Turkey and was eventually replaced by the treaty of Lausanne, in 1923 – in substantially more favorable terms to Turkey. At least theoretically, such modifications resulted from *self-determination* as same was stated by W. Wilson, president of the USA, in his *Fourteen points*, albeit in practice, quite often, the will of the winners was crudely imposed. Such excesses considerably contributed to the trigger the subsequent Second World War. On its turn, World War II not only had deep consequences not only on the European context, but also in Africa and in the Pacific, where the principle of self-*determination* as stated by the United Nations *Charter*, and further developed from 1960 onwards, will be invoked in view of the independence of almost all territories, such as former colonies and mandated territories.

1074. PCIJ, Acquisition of Polish Nationality, Advisory opinion 15 September 1923, Series B, No. 7, p. 14.

over which she has assumed sovereignty". The PCIJ interpreted those two provisions as follows: "The expression 'population' seems thus to include all inhabitants of Polish origin in the territory incorporated in Poland. Again, the term 'minority' seems to include inhabitants who differ from the population in race, language or religion, that is to say, amongst others, inhabitants of this territory of non-Polish origin". That conclusion was confirmed, the Court found, by Article 2 of the Minorities Treaty, whereby the Polish government undertook to ensure full and complete protection of life and liberty to all inhabitants, without distinction of birth, nationality, language, race or religion, and declared that all inhabitants of Poland would enjoy certain rights enumerated in that treaty [1075]. Taking that as its starting point, the Court continued:

> "Moreover, the Minorities Treaties in general, and the Polish Treaty in particular, have been concluded with new States, or with States which, as a result of the war, have had their territories considerably enlarged, and whose population was not therefore clearly defined from the standpoint of political allegiance. One of the first problems which presented itself in connection with the protection of the minorities was that of preventing these States from refusing their nationality, on racial, religious or linguistic grounds, to certain categories of persons, in spite of the link which effectively attached them to the territory allocated to one or other of these States." [1076]

1025. As for the nationals of a state that has been annexed, or part of which has been transferred to another state, a number of systems have been suggested and applied to require a change of nationality. Either the change applies only to residents of the transferred territory, or it applies to origin: the nationals of the territory, whether or not domiciled there, would be caught by the new nationality. A third system requires both

1075. PCIJ, Acquisition of Polish Nationality, Advisory opinion 15 September 1923, Series B, No. 7, pp. 14-15.

1076. PCIJ, Acquisition of Polish Nationality, Advisory opinion 15 September 1923, Series B, No. 7, p. 15 added:

> "It is clearly not a purely fortuitous circumstance that the treaties for the protection of minorities contain provisions relating to the acquisition of nationality. Again, the fact that in some cases these provisions merely repeat, either in their entirety or in part, principles laid down in the Peace treaties, would appear to be explained by the intention to extend to these principles the guarantee of the League of Nations, no matter what points of difference or resemblance there may between these treaties."

origin and domicile. Under a fourth, any of those circumstances would be enough for a change of nationality.

1026. The first system seems to have achieved wider acceptance: it was the one adopted in the 1919 Treaty of Versailles for the nationals of territories transferred under the treaty, the "Czecho-Slovak State" [1077], Poland [1078] and others.

1027. Given that no person can have a nationality imposed on them against their will, which would contravene the primordial right of each individual to choose his or her nationality, the inhabitants of territory that is transferred are in general recognized as having the right to choose.

1028. In practice, this right can be applied in various ways. The choice can be manifested simply by the emigration from the transferred territory of those individuals not wishing to acquire the new nationality. Another option is to make a formal declaration of intent to keep the nationality of origin, without emigrating, or there could be a formal declaration accompanied by emigration (which could be imposed as a consequence of the declaration). There is a fourth method, at least in theory, already contemplated by the Convention on Nationality, signed in Montevideo in December 1933, whereby the inhabitants of a transferred territory can keep their old nationality and only acquire the new one if they make an express declaration to that effect.

1077. Treaty of Versailles, signed on 28 June 1919, Article 84:

> "German nationals habitually resident in any of the territories recognized as forming part of the Czecho-Slovak State will obtain Czecho-Slovak nationality ipso facto and lose their German nationality."

And article 85:

> "Within a period of two years from the coming into force of the present Treaty, German nationals over eighteen years of age habitually resident in any of the territories recognized as forming part of the Czecho-Slovak State will be entitled to opt for German nationality. Czecho-Slovaks who are German nationals and are habitually resident in Germany will have a similar right to opt for Czecho-Slovak nationality."

1078. Treaty of Versailles, signed on 28 June 1919, Article 91:

> "German nationals habitually resident in territories recognised as forming part of Poland will acquire Polish nationality *ipso facto* and will lose their German nationality. German nationals, however, or their descendants who became resident in these territories after 1 January 1908, will not acquire Polish nationality without a special authorization of the Polish State.

Within a period of two years after the coming into force of the present Treaty, German nationals over 18 years of age habitually resident in any of the territories recognised as forming part of Poland will be entitled to opt for German nationality.

Poles who are German nationals over 18 years of age and habitually resident in Germany will have a similar right to opt for Polish nationality."

1029. Any intervention for the international protection of human rights must come from an international organization, specifically the United Nations, as almost all states are members and would accept the measure in question. The same reasoning would be equally valid for regional systems for the international protection of human rights [1079].

1030. At its Santiago de Compostela session in 1989, the Institute of International Law accepted the thesis of intervention to protect human rights, but the resolution it adopted was hedged with a number of safeguards. According to that resolution, states, whether acting individually or collectively against another state in breach of its obligations, have the right to take diplomatic, economic or other measures allowed by international law, except for the use of armed force in breach of the United Nations Charter.

1031. The decision by NATO to bomb strategic targets in Serbia, aimed at forcing the Serbian government to allow it to station troops in the Province of Kosovo to prevent the commission of acts of violence against Albanian ethnic origin minorities, is a recent example of intervention for the protection of human rights [1080].

1032. The end of the Cold War revived the issue of protection of minorities, be they national, ethnic, linguistic, religious, or those covered by the Yogyakarta Principles, minorities in terms of sexual orientation or gender identity. These latter are currently the ones most often targeted by restrictive measures imposed by regimes from across the political spectrum.

1033. It is precisely at the time the events are unfolding that minorities have neither the means nor the right to make themselves heard. The Armenian genocide has served as a tragic precedent for over a century.

1079. A. A. Cançado Trindade, "Co-Existence and Co-Ordination of Mechanisms of International Protection of Human Rights (At Global and Regional Levels)", *Collected Courses*, Vol. 202 (1987), pp. 9-435, quoted p. 25:

> "It was clear, from the beginnings and early developments of the process of generalization of human rights protection, that the conceptual unity of human rights, which all inhere in the human person, transcended the distinct formulations of recognized rights in different instruments as well as the variations in the respective multiple mechanisms or procedures of implementation devised over the last four decades [in 1987] and which nowadays co-exist at both global and regional levels."

1080. Such operation can only be justified to the extent same is applied as a solidarist conception of International law, succeeding the traditional conception, of positivist character, according to which an intervention would constitute a violation of the sovereignty and territorial integrity of another State.

1034. There will always be the question whether minorities should receive specific treatment, or even be granted a status enabling them to be recognized and protected. The UN adopted a modest Declaration on the subject in 1992, and the Council of Europe its Framework Convention for the Protection of National Minorities in 1994 [1081].

1035. The legitimacy, or lack of it, of the acts carried out by NATO in the former Yugoslavia depends on the concept understood as the basis of international law. To V.-D. Degan (1999) [1082], the NATO air strikes in 1999 against the Federal Republic of Yugoslavia were, on the voluntarist view of international law, an act of armed aggression against a sovereign state, given that they had not been authorized by the UN Security Council under chapter VII of the Charter. But the large-scale "ethnic cleansing" operations conducted by the regime of S. Milosevic against the Albanian population of Kosovo would, on a solidarist view of international law, provide objective justification for the humanitarian intervention, which was legitimate as its aim was to punish international crimes [1083].

1036. Technically, the fact that NATO was an international organization did not change the situation, in the sense that it was acting as a military alliance, without needing to consider the principles of the United Nations Charter condemning war or equivalent acts. In that sense, drawing a comparison between the cases of Kosovo and Crimea could raise the question of double standards. Escudero Espinosa, writing in 2017, noted:

> "The views of some prominent internationalists are such as to allow arguments that double standards have been applied by the international community. In the case of Crimea, most western countries complained that the Russian Federation had violated international law. These same countries, as pointed out by Vladimir Putin, had justified intervention and supported

1081. D. Colard, *Les relations internationales de 1945 à nos jours*, Paris, A. Colin, 8ᵉ éd., 1999, esp. "la protection des minorités", p. 406:

> "La question est délicate, car il n'y a pas d'accord sur le concept de minorité et la protection peut être accordée soit sous l'angle des droits de l'homme, soit sous l'angle collectif ou du groupe minoritaire."

1082. V.-D. Degan, "Création et disparition de l'Etat (à la lumière du démembrement de trois fédérations multiethniques en Europe)", *Collected Courses*, Vol. 279 (1999), pp. 195-376.

1083. V.-D. Degan, *op. cit.*, 1999, "Introduction: Etat souverain dans la communauté internationale", pp. 205-211, quoted pp. 205-206, and p. 248, observed: "les réalités de la pratique internationale sont bien plus complexes."

independence in Kosovo, as well as backing the secession of South Sudan. This stance has been criticized from several angles as lacking coherence. If the declaration of independence by Kosovo was not contrary to international law, as declared by the ICJ in its Advisory Opinion, it would not seem consistent to argue now that the declaration of independence by the Parliament of the Autonomous Republic of Crimea constituted a violation of international law." [1084]

1037. One of the aspects to be taken into account is the Advisory Opinion of the International Court of Justice on Kosovo's declaration of independence [1085], and the Court's conclusion that international law does not prohibit unilateral declarations of independence.

1038. In weighing up the different treatment of the two situations, the question becomes: were the cases of Kosovo and Crimea, in effect, equivalent situations, such that the Kosovo case could be taken as a valid precedent? Or, on the contrary, are the cases distinct, justifying the different responses to them?

– The first factor to consider is the regime derived from the principle of self-determination, laid down in the UN Charter and Resolution 2625 (XXV), the Declaration on Principles of International Law Concerning Friendly Relations and Co-operation among States in Accordance with the Charter of the United Nations [1086]. Both aspects, internal and external, must be considered in any examination of whether to recognize a right to secession in international law, outside the decolonization context. The question is closely bound up with the issue of how to reconcile self-determination with the principle of the territorial integrity of states, as recognized in the UN Charter, when applied to secession by sub-state entities in accordance with international law.

1084. J. F. Escudero Espinosa, *Self-Determination and Humanitarian Secession in International Law of a Globalized World: Kosovo vs Crimea*, Cham, Springer, 2017, *Introduction*, pp. 1-6, quoted pp. 3-4: "An answer to this question requires in-depth study in the light of international law and the most recent international practice."

1085. ICJ, *Accordance with International Law of the Unilateral declaration of independence in Respect of Kosovo, Advisory opinion, ICJ Reports 2010*, p. 403. See also the considerations on this Advisory Opinion in chapter III, hereinabove.

1086. Resolution 2625 (XXV) adopted 24 October 1970 (A/8082; with reference to the Report of the Special Committee – Supplement no 18, A/8018, in Geneva from 31 March to 1st May 1970), approves the Declaration on principles of international law concerning friendly relations and cooperation among States in accordance with the Charter of the United Nations, "the text of which is annexed to the Resolution".

- Second is the impact of the threat or use of force in international relations, which amounts to violation of a *jus cogens* rule of international law, and its incidence in situations of secession. As Escudero Espinosa observes: "Whilst international law remains neutral relative to the occurrence of secession, intervention by NATO in Kosovo and the Russian Federation in Crimea have highlighted the fact that not all secession processes are in conformity with international law".
- Third, parameters exist for referenda and the meaning of their results as a possible basis for secession: "So-called 'sovereignty referenda' affect essential notions like the concept of statehood, territorial changes, or mergers of territories and states. Because of their scope, they are of particular interest to the international community. Their crucial nature in an international context has led to the setting of basic rules for holding them, in the light of which it is necessary to examine the procedures followed in the case of Crimea".
- Lastly, there are criteria for recognizing entities that make proclamations of independence, as well as their possible consequences, and also the effectiveness of non-recognition [1087].

1039. To conclude, when we speak of the human dimension in postmodern international law, the cases of Kosovo and Crimea raise the question whether the inhabitants of a given territory can decide to secede from the state in which their territory is located, to create another state. The answer to that question is in direct relation to the degree to which those entities consolidate on an effective basis, as opposed to committing a breach of international law, which would overturn the long-settled principle of *ex iniuria ius non oritur*:

> "The differences between the two cases are relevant, but in the final analysis the recognition of Kosovo by a large majority of States for Kosovo raises the question of whether there is any right that certain groups might enjoy to lay claim to secession in certain

1087. J. F. Escudero Espinosa, *Self-Determination and Humanitarian Secession in International Law of A Globalized World: Kosovo vs Crimea*, 2017, p. 5:

> "there must be an examination of the options for reaction by the international community when faced with a secession, especially if there has been an infringement of international law. Both the premature declarations of recognition made in the case of Kosovo and those of non-recognition of the situation in Crimea have reopened debates on the part these measures play with regard to secession and the consolidation of statehood".

circumstances [1088]. . . . the case of Kosovan secession might be seen as a 'precedent' for future situations in which serious, systematic violations of fundamental human rights take place.

The secession of the Crimean peninsula is seen as a move unacceptable not just for the Ukrainian authorities but also for a large majority of the international community. Matters relating to control of this territory and of Sebastopol, together with the Black Sea Fleet have always been seen by the Ukrainian authorities as a test of respect for the sovereignty and independence of the Ukraine. The declaration of independence and later annexation to the Russian Federation imply a considerable challenge both to Ukrainian domestic law and to international law, but it is hard to see what action the international community might take when it appears impossible to return to the *status quo ante*." [1089]

1040. In 1999 the International Criminal Tribunal for the Former Yugoslavia ordered the arrest of the Yugoslav president S. Milosevic and four of his associates, on indictment by the Canadian Prosecutor, for the commission of crimes against humanity during the conflict in Kosovo. This contrasted with what had happened in the case of A. Pinochet, who was recognized as having immunity with respect to acts committed by him as President of the Republic of Chile, without too many questions being asked. In the case of Milosevic, the Prosecutor considered that the Tribunal was competent to judge a president in office, opening up a somewhat sensitive procedure. The main question, still, is whether other similar situations would be dealt with in the same way.

1041. The Institute of International Law reverted to the question of interventions for the protection of human rights and humanitarian assistance at its Bruges Session in 2003. After mentioning the resolutions previously adopted, the position taken by the Institute was that humanitarian aid must not be considered unlawful, or deemed to be an intervention, unless there are concrete indications that there was such an intention on the part of the country giving the assistance.

1088. J. F. Escudero Espinosa, *Self-Determination and Humanitarian Secession in International Law of a Globalized World: Kosovo* v. *Crimea*, 2017, p. 5:

> "As a number of academics have seen it, this recognition was the culmination of a process the foundation for which was laid by Resolution 1244 (1999) of the Security Council, establishing UNMIK. At this point it is inevitable that the validity of the controversial theory of 'remedial secession' will be raised."

1089. J. F. Escudero Espinosa, *op. cit.*, 2017, *loc. cit.*

1042. Would not the reverse also be true – making it unlawful for a state to refuse, for no reason, to receive humanitarian aid, leaving its population to die needlessly? If there is no reason for refusing humanitarian aid, could such a refusal be recognized as a breach of human rights, which in its turn justifies a humanitarian intervention, in accordance with international law, provided this was agreed by the UN [1090]?

1043. International law cannot be viewed simply as a set of rules and procedures, but rather as a set of principles. As such, the consolidation of a body of international human rights law becomes an evolution in the institutional sense.

1044. Of all the fields of human rights, the international system of minority protection can be pointed to as the one that has undergone the most significant changes. It has evolved from a restricted system of protection of religious minorities, set up following the Peace of Augsburg in 1555 and the Peace of Westphalia in 1648, to a system that also encompassed ethnic minorities, after the first world war, and the expansion of that dimension after the second world war with the recognition of the right to self-determination. Many years then passed before, in the present century, the reach of international law was extended to encompass the personal status of human beings in terms of their sexual orientation and gender identity.

1045. This latest stage in the evolutionary process has so far taken the form only of principles, and thus has not yet been formulated in terms that are binding, but the very fact of the adoption of the Yogyakarta Principles in 2007 and their 2017 revision, Yogyakarta+10, count as steps in the right direction, towards the recognition that all human beings, irrespective of their sexual orientation or gender identity, deserve to be treated as humans. This might seem elementary, but one only has to look at the time it has taken to arrive at this formulation within the UN framework, and at the considerable number of countries in the world that still consider homosexual behaviour as criminal.

1046. We can now turn to the challenges and developments in international law in the postmodern context. The subject is evolving

1090. Logically, everything will depend on the circumstances of each situation – and of the respective evaluation, by the international community. For example, it is not possible to accept intervention in case of refusal by a certain State to borrow funds from the International Monetary Fund, whereas, if during the war in Biafra (1968-70) a State refuses to receive international aid, as food and medical supplies, a humanitarian intervention could arguably be justified.

in a number of directions and expanding, at the same time, into several dimensions: the number of players in the international system is increasing, as are the areas in which regulation is, by definition, international.

CHAPTER V

CHALLENGES AND DEVELOPMENTS IN INTERNATIONAL LAW IN THE POSTMODERN CONTEXT

1047. Two distinct movements of expansion have taken place in international law in the period leading up to the postmodern context. On the one hand, the number of states and other subjects has increased, in particular with individuals or collectively, peoples – the whole of humanity, in other words – being recognized as subjects of international law. On the other, the scope and number of topics considered as materially "international" has expanded, especially with the growing awareness of the need to protect the planet's living resources – which include each of us and humanity in general. These topics are international in the sense that states must operate beyond the territorial and functional bounds of the national entity in order to address them together, faced with technical and scientific developments to which no one state can respond alone.

1048. After all the changes it has undergone, international law can be seen renewing itself and at the same time preserving its essential character. It has succeeded in surviving attacks from those who denigrate it, and in the challenge of having to incorporate new areas of competence and action that are in the material sense "international". In some respects, this process has been at work since ancient times: treaties have been made since historical records began, and are still necessary now. The right to asylum, already practised by the ancient Greek city states, remains a feature of contemporary international legal theory and practice. Envoys and diplomatic representatives are still sent and received, returning safely home though bearing bad news, even declarations of war. This is still considered necessary, though sometimes abuses and violations occur, varying from the amusing (eccentric items carried in diplomatic bags) to the depraved, as with the case of the Saudi journalist who was killed and "disappeared" inside the Saudi Arabian Consulate on Turkish territory.

1049. Issues whose solutions exceed the capacity of states are materially or necessarily international, or, put another way, they give rise to situations that only international rules can address. Given the increasing interdependence between states, the list of what is materially international can only grow, though history bears out the sad fact that perceived interdependence does not automatically lead to greater cooperation.

1050. This allows us to identify two axes along which the international system is expanding: the first arising from the increasing number of subjects international law, which could be described as the horizontal axis, and the second from the growth in subject-matter deemed to be intrinsically international, the vertical axis.

1051. As an indication of the horizontal axis of expansion, without delving too far back in time, in the twenty years of existence and operation of the League of Nations (1919-1939) – give or take various exits and entrances – there were only around fifty independent states. At that time, huge numbers of people – around one third of mankind – were still living in areas described as colonies, protectorates, equivalent regimes such as dependencies or other non-independent territories [1091]. Later, at the time of creation of the United Nations, the "international community" that gathered in San Francisco to sign its Charter still comprised roughly mere fifty states. As founders, they were present at the San Francisco conference and signed the United Nations Charter in 1945, as its first member states.

1052. There was already concern at the time to preserve a sort of balance between the two so-called blocs that were taking shape: one western and the other Soviet, in a rift that was to mark the Cold War (1949-1989) for the next four decades. In the interests of balance Ukraine and Belarus also signed the UN Charter alongside the Soviet Union, stretching the definition somewhat as at the time they were surely not independent states.

1053. Since the end of the second world war, the international system has progressed from those fifty states to the 193 states currently members of the UN, or slightly more in the case of other organizations: there are 206 delegations on the books of the International Olympic Committee, 121 for rugby (105 members and 16 associate members) and 209 national football leagues in FIFA. Apparently, footballers are the most inclined to accept these large numbers.

1054. In the middle of the last century, the international community defined itself in terms that excluded a number of peoples, countries left out of account because they were still under some kind of colonial

1091. On the topic, see the preceding Chap. III – the impact of colonialism on international law.

regime, as protectorates or dependencies or even semi-independent – which is, literally, a *contradictio in terminis*. All those that were not independent played no part in the establishment of the United Nations, nor did they sign its Charter; newly independent states could join the organization as members only upon "decolonization" and independence.

1055. There has been a huge increase in the number of states, which has multiplied almost fourfold since the foundation of the United Nations, from fifty to almost two hundred UN member states and a few more besides. To this must be added the significant expansion in the number of international organizations, whether global or regional, providing space for "parliamentary diplomacy" and pathways for resolving international issues. Though international organizations have existed since the nineteenth century, their numbers rose considerably throughout the twentieth, and could increase still further in response to specific needs and developments in technology and cooperation.

1056. Alongside the states that are the traditional subjects of international law, international organizations have a growing role in the existence and functioning of the international institutional and normative system. This is nothing new, having begun over two hundred years ago: articles 108 to 117 of the Final Act of the Congress of Vienna of 9 June 1815 established the freedom of navigation of international rivers [1092], creating the need for bodies to manage implementation of those international agreements, such as the Commissions for Navigation of the Rhine [1093] and the Danube [1094], and other regimes such as the

1092. Final Act of the Congress of Vienna – General Treaty, 9 June 1815, Article 109:

> "The navigation of the rivers, along their whole course, referred to in the preceding Article, from the point where each of them becomes navigable, to its mouth, shall be entirely free, and shall not, in respect of commerce, be prohibited to anyone."

1093. Final Act of the Congress of Vienna – General Treaty, 9 June 1815, Article 117:

> "The particular regulations relative to the navigation of the Rhine, the Necker, the Maine, the Moselle, the Meuse and the Scheldt, such as they are annexed to the present Act, shall have the same force and validity as if they were textually inserted herein."

1094. "The history of the world's second international organization" is examined by C. Ardeleanu, *The European Commission of the Danube 1856-1948 – An Experiment in International Administration*, Leiden, Brill, 2020, *Introduction*, pp. 1-28, quoted p. 7:

> "The Commission was a handy example for such internationalist and institutionalist optimum at a time when experiments in international administration were in great demand among the theorists of the new world order. As a long-lasting embodiment of Europe's Concert of Powers, the Commission was used to showcase that cooperation in pursuit of limited goals was possible and beneficial."

London Straits Convention (1841) [1095]. The early organizations, which were technical in nature, showed how the European Powers, during and after the Crimean war, had decided to handle international cooperation in specific areas like navigation of major rivers such as the Danube [1096].

1057. International organizations became necessary, later, to manage legal and technical developments that required an international regime, such as regulating the activities of international postal and telegraphic communications services. This was henceforth entrusted to international organizations such as the Universal Postal Union and the International Telegraph Union, the organization at the heart of the vast, complex network of international instruments and technical mechanisms that is now the International Telecommunications Union (ITU) [1097].

1095. F.-C. Mougel and S. Pacteau, *Histoire des relations internationales* de 1815 à nos jours, Paris, PUF – Que sais-je?, 13e éd., 2016, Chap. II – *Les affaires méditerrannéenes (1815-1856)*, pp. 12-16, esp. sec. III – *L'affaire égyptienne*, *cit.* pp. 15-16:

> "Palmerston obtient alors l'internationalisation du conflit et fait placer l'empire sous le protectorat collectif des Européens, et non plus seulement des Russes. Ce succès anglais tient aussi aux erreurs d'appréciation de Thiers qui cherche à nouer une négociation directe entre le sultan et le pacha lorsque par les Accords de Londres (1840) l'Angleterre, la Russie, la Prusse et l'Autriche obligent Méhémet Ali à restituer ses conquêtes. Celui-ci en appelle à la France où Thiers se dit disposé à "tenir tête à l'Europe". Louis-Philippe, plus réaliste, le remplace par Soult et accepte la Convention des Détroits (1841) qui attribue héréditairement l'Egypte au pacha, au prix de la perte de la Syrie et d'une limitation de son armée, et ferme les détroits aux navires de guerre. Cette manoeuvre britannique prive le tsar de l'accès à la Méditerranée et préserve du même coup la Sublime Porte de l'influence russe; la France se voit reconnaître la possession de l'Algérie, mais dénier toute influence au-delà; le Royaume-Uni a donc retrouvé ses positions en Méditerranée après une alerte assez sévère pour que d'autres accès à l'Inde aient été recherchés (installation à Aden en 1839)."

1096. C. Ardeleanu, *The European Commission of the Danube 1856-1948 – An Experiment in International Administration*, Leiden, Brill, 2020, quoted p. 27:

> "The internationalization and institutionalization of the Danube navigation created exceptional juridical instruments that added to previous interpretations of the 1815 Vienna Treaty. Such instruments contributed to broadening the institutional legacy of the Commission, taken as an example for further cooperation along international waterways."

1097. The International Telecommunications Union (ITU) – Union internationale des télécommunications (UIT), in Geneva, according to its Official site, goes back to 17 May 1865, the date was signed the first *Convention télégraphique* with the scope of managing the first international telegraphic connections, is at the centre of all technological advances related to communications, since the telegraph to the satellites, not forgetting the internet and the mobile phones.

In order to better encompass all its responsibilities, the former International Telegraphic Union in 1932 became the International Telecommunications Union. In 1947, the ITO was connected to the United Nations, as a specialized agency, at the Atlantic City Conference. Nowadays some 193 Member States and about 700 private sector organisations participate in the ITU. See www.itu.int/fr/.

1058. Organizations whose purpose was political coordination already existed, a good example being the Holy Roman Empire of the German Nation, which lasted several centuries and was described by Samuel Pufendorf as an irregular and somewhat monstrous body – *irregulare aliquid corpus, et monstro simile* – a description that should be understood as meaning that the Empire was not comparable to a state [1098] but, especially after the Peace of Westphalia, more of a system of international alliances.

1059. The method Pufendorf used in writing the history of a state was to understand its essential competences – what could be called its *raison d'état* – but that, in his view, depended on the state's structure, its *forma imperii*. He sought in vain to define that of the Holy Roman Empire, which was neither monarchy, aristocracy nor democracy, ending up with the formulation that has since become famous. His words have been used since "to denigrate the institutions of the Empire, but that famous phrase ultimately reflects the inadequacy of the legal categories of the time in encompassing the political organization of the Empire" [1099].

1060. Calling the Holy Roman Empire a "monster" had begun long before the seventeenth century [1100] with Pufendorf. By the eighteenth

1098. See P. B. Casella, *Tratado de direito internacional – tomo 9 – Direito internacional no tempo de Samuel Pufendorf*, São Paulo, Almedina, 2024, Chap. 20. The critical approach of S. Pufendorf (1632-1694) about the Holy Roman Empire was expressed in the work *On the condition of the German Empire* (1667), published by Pufendorf under the pseudonym of S. de Monzambano, Veronensis, *De statu Imperii germanici ad Laelium fratrem Dominum Trezolani, Liber unus*, orig. publ., 1677, "editio novissima, additionibus necessariis aucta atque emendate", MDCLXXXIV. Thereafer, Pufendorf wrote an answer to the work – published under the name of his *alter ego* – with the publication of S. Pufendorf, *Disquisitio de republica irregulari ad Severini Monzambano* – in the 1671 edition, the text of *De statu Imperii germanici* is followed by the *Disquisitio de republica irregulari* by Pufendorf, "Ad exemplar Londinense", MDCLXXI). Pufendorf establised a 'dialogue' with his *alter ego*.

1099. B. Nicollier, *Le Saint Empire romain germanique 1495-1648*, Paris, Ellipses, 2012, *Conclusion : Jugements historiographiques sur l'Ancien Empire*, pp. 175-179, quoted p. 176: "on a beaucoup utilisé ce mot pour dénigrer les institutions de l'Empire, mais cette formule célèbre reflète finalement surtout l'inadéquation des catégories juridique de l'époque pour saisir l'organisation politique de l'Empire".

> "Pufendorf fit une analyse très soignée et exacte de l'histoire de l'Allemagne de son époque. Il constata que toutes les procédures et tous les règlements constitutionnels étaient fixés de telle sorte que les libertés des *Stände*, les libertés germaniques, prévalussent de plus en plus sur les droits de l'empereur."

1100. "The Empire, can not you see the monster it is?" – resuming the phrase of Roman emperor Tiberius, would have answered Charles IV to the request submitted to him by F. Petrarca, asking to restore the Empire on the Ancient model. As noted: "Un monstre, certes, mais qu'il ne fallait pas laisser dans l'Etat où l'avait mis son histoire tourmentée" is the comment by F. Rapp, *Le Saint Empire romain germanique* – d'Otton

century, according to Voltaire: "This agglomeration which was called and which still calls itself the Holy Roman Empire was neither holy, nor Roman, nor an empire" [1101]. Which made it purely Germanic [1102].

1061. Until the Holy Roman Empire of the German Nation ceased to exist on 6 August 1806, when Emperor Francis II abdicated and dissolved it [1103] (it was replaced by the Confederation of the Rhine, created on 12 July 1806 under pressure from Napoleon), it had played its part as one element in structuring an international system [1104] that lasted

le Grand à Charles Quint, orig. publ. 2000, Paris, Tallandier, histoire, 2003, quoted pp. 256-257.

1101. Voltaire, *Essai sur les mœurs et l'esprit des nations*, in *Œuvres complètes de Voltaire*, Vol. XI, Paris, Garnier frères, 1878, Chap. LXX, p. 562, Brazilian ed., *A filosofia da história*, orig. publ. *Histoire* et *Historiographe*, in the *Encyclopédie*, as well as in the *Essai sur les mœurs et l'esprit des nations - Introduction*, *La défense de mon oncle*, translated by E. Brandão, São Paulo, Martins Fontes, 2007.

1102. P. H. Wilson observes:

> "Most Germans remained welded to the conservative interpretations deriving from Ranke and later nineteenth-century scholarship. They continued to believe a medieval empire had existed until 1250 or possibly the reign of Charles V, and thought this had been a stabilizing Christian order, whereas the early modern Empire was condemned as weak and responsible for delaying national greatness. These now traditional views survived Germany's total defeat in 1945, because they were shared by the victorious Allied powers. British, American and French scholarship drew on the same detailed studies by nineteenth-century German historians for their interpretative framework." P. H. Wilson, *The Holy Roman Empire – A Thousand Years of Europe's History*, 2016, London, Penguin, 2017, Chap. 13 – *Afterlife*, pp. 655-686, quoted p. 678. In his view, F. E. Schrader, *L'Allemagne avant l'État-nation: le corps germanique 1648-1806*, Paris, PUF, 1998, quoted p. 77, mentions how useful can be to "construire des moyens d'adaptation aux besoins de la modernité avec des éléments anciens".

1103. After the battle of Austerlitz, on 2 December 1805, according to the Treaty of Pressburg, Salzburg was transferred to Austria, which in turn lost both the Tyrol and the Voralberg (granted to Bavaria) and Schwaben (granted to Wurtemberg). S. Beller, *Histoire de l'Autriche*, orig. publ. *A Concise History of Austria*, 2006, transl. by S. Kleinman-Lafon, Paris, Perrin – histoire, 2011, Chap. 3 – Contrer les réformes 1740-1866, pp. 89-155, quoted p. 117:

> "En juillet, Napoléon transforma l'Allemagne en Confédération du Rhin: il n'y avait plus de Saint Empire romain. François II/Ier réagit en abdiquant officiellement, le 6 août, de son titre de saint empereur romain, et en proclamant la dissolution de l'empire. En 1806, la France écrasa la Prusse à Iéna et Auerstedt. Cet événement n'arrangea pas les affaires de l'Autriche, qui tentait de trouver ses marques dans la nouvelle Europe napoléonienne, sans l'appui de la plupart des institutions impériales traditionnelles qui avaient été au cœur de l'autorité autrichienne."

1104. On the negative evaluation of the Empire during the nineteenth century, see B. Nicollier, *Le Saint Empire romain germanique 1495-1648*, Paris, Ellipses, 2012, *Conclusion: Jugements historiographiques sur l'Ancien Empire*, pp. 175-179, observes:

> "d'une manière générale, à partir de ce moment [de la dissolution de l'Empire sous les coups des armées napoléoniennes, en 1806], l'image de l'Ancien Empire s'est troublée et que les jugements à son égard sont devenus de plus en plus sévères:

almost a millennium, from the *renovatio imperii* with the coronation of Otto I as Emperor on 2 February 962 to the significant expansion of western Europe with the sharing of sovereignty between the Empire and its constituent parts.

1062. While each period of history has its own specific features, all history is helpful in that it offers points of reference and approximate parallels, and enables us to deduce constant themes. In this sense the Holy Alliance was a "test of European organization" [1105], as was the Concert of Europe. Despite the criticisms that can be levelled against both those initiatives, when the Concert of Europe first took shape in 1815 [1106] it marked another step forward in the institutionalization of international life [1107].

1063. At the same time, it has to be acknowledged that its gradual weakening showed the circumstantial nature of the efforts to achieve balance in the concert of nations: Europe throughout the nineteenth century was a legal and political community with a considerable degree of ambivalence and multiple tensions as well as shared interests. "This statement sounds trivial but it illustrates how hard it is to combine internationalism, imperialism and law in the period of the so-called first globalization." [1108]

1064. International law as a system of principles and rules, and the authors who contributed to the doctrine, did much to shape this process of bringing together internationalism, imperialism and law during that

---

faiblesse, incapacité à s'intégrer dans le concert des nations, tel est le bilan que faisaient alors les Allemands de leur ancienne institution récemment disparue, tandis que perdurait l'Empire autrichien".

1105. M. Bourquin, "La Sainte-Alliance: un essai d'organisation européenne", *Collected Courses*, Vol. 83 (1953), pp. 377-464, "Introduction", pp. 381-382.

1106. See A. D'Arjuzon *et al.*, *Le Congrès de Vienne – ou l'invention d'une nouvelle Europe*, with texts by A. D'Arjuzon, F. Baleine du Laurens, J.-O. Boudon, P. Branda, P. de Carbonnières, P. Dupuy, G. Eldin, P. Even, B. Fourquaux, R. Frank, F. Janin, F. Lacaille, T. Lentz, L. Mascilli Migliorini, I. Nathan, R. Ouvrard, J.-P. Pirat, I. Richefort, T. Sarmant, J.-A. De Sédouy, G.-H. Soutou, L. Vandenhende, C.-Eloi Vial and E. De Waresquiel, an exhibition, under the same name at the Musée Carnavalet – Histoire de Paris, was held from 8 April to 31 August 2015; Paris, Archives du ministère des Affaires étrangères et du développement international, Ed. Artlys, 2015; see also T. Lentz, *Le Congrès de Vienne – une refondation de l'Europe 1814-1815*, Paris, Perrin – tempus, 2013, reprint 2015; J.-A. de Sédouy, *Le concert européen: aux origines de l'Europe (1814-1914)*, Paris, Fayard, 2009.

1107. See the book by H. Kissinger, *A World Restored – Metternich, Castlereagh and the Problems of Peace*, 1812-1822, Boston, Houghton Miflin – Cambridge, The Riverside Press, 1957.

1108. M. Vec, "From the Congress of Vienna to the Paris Peace Treaties of 1919", in B. Fassbender and A. Peters (eds.), *The Oxford Handbook of the History of International Law*, Oxford, Univ. Press, 2012, pp. 654-678, quoted p. 676.

first period of globalization. On the one hand, law was expanding into what could be termed the "juridification" of international relations [1109], though this remained relative, while at the same time certain doctrines and practices discriminated structurally and systematically against some of the players [1110]. A notorious example of this was the European Commission of the Danube, which exercised its competences principally in the territories of the Principalities of Moldavia and Wallachia despite excluding both of them [1111].

1065. How could alliances and relationships of international cooperation be made to last in the face of the well-known long-standing differences between France and the United Kingdom, for instance, or the deeper institutional differences between post-revolutionary France and the Austrian Empire? According to Beller, Austria was fundamentally a dynastic enterprise, governing various territories peopled by diverse ethnic groups. A modern nation-state like revolutionary France, founded on the sovereignty of the people, was not only one more powerful rival for Austria but an ideological enemy [1112].

1109. "The history of international law at the beginning of the nineteenth century is not so much the history of principles of law as an account of the law applied in practice at the time" – comments H.-Ulrich Scupin, *History of International Law, 1815 to World War I*, in R. Wolfrum (ed.), *The Max Planck Encyclopedia of Public International Law*, Oxford, Univ. Press, 2012, Vol. IV, p. 843-869, quoted par. 1, p. 843, and adds:

> "This does not mean that writers were silent, but that in view of the new political situation prevailing after the Napoleonic Wars and the Vienna Congress (1815) they dealt only with the rules set out in treaties or to be found as customary international law in diplomatic practice. On the other hand, the attempt at codification of considerable parts of international law shows that for statesmen the rules governing relations between States, their sovereigns, republics and also the Holy See bore the character of law to a higher degree than previously. For this reason, comity as the practice of international courtesy was now distinguished from law."

1110. P. B. Casella, *Tratado de direito internacional – tomo 13 – Direito internacional no tempo do concerto europeu*, São Paulo, Almedina, 2025, in preparation.

1111. The administration of the navigation of the Danube divided the river in two sectors: the Upper Danube (fluvial) and the Lower Danube (maritime). Following the provisions of Article 16 of the Treaty of Paris, dated 30 March 1856, which established the legal regime of the Danube, was created the European Commission of the Danube (ECD) – for the Lower Danube – having delegates from the seven States, signatories of the treaty: Austrian Empire, France, Kingdom of Prussia, Kingdom of Sardinia, the United-Kingdom, Russia and the Ottoman Empire. The treaty of Berlin, in 1878, extended the competence of the ECD from Isatcha to Galati. The present Danube Commission was founded on 18 August 1948 in Belgrade.

1112. S. Beller, A Concise History of Austria, Cambridge University Press, 2007, chapter 3, Countering Reform 1740-1866, pp. 89-155, esp. "L'Empire légitime, 1792-1848", quoted p. 112:

> "Dans ses *Réflexions sur la Révolution de France*, l'Irlandais Edmund Burke démontre comment le rationalisme cartésien qui anime la pensée révolutionnaire, le rejet du passé et l'importance accordée à l'unité nationale centralisatrice se

1066. While not suggesting that there are exact parallels between the Europe of the Holy Alliance and later efforts to organize an international system, as witness the recent vicissitudes of the major enterprise of cooperation or even integration (but above all, of intra-European peace) that is the European Union when faced with persistent upsurges in nationalism, such parallels clearly show that history can be useful to us by offering points of reference, suggesting broad similarities and helping identify constant features.

1067. The most disturbing feature is the reappearance of movements very like those of the 1930s. The risks are known, and careful consideration of the issues could arm us against allowing them to be repeated [1113]. A proposition which is in line with the general thread of this course, on the role of international law in civilization.

1068. Even at the time of the Holy Alliance there was a clear understanding that a degree of international cooperation [1114] was needed to manage matters of common interest. For international law, the entire nineteenth century was one of expansion, in all directions [1115].

1069. At the same time that the world was undergoing a transformation thanks to technological, industrial, social, economic and scien-

---

démarquaient radicalement de la conception britannique de la liberté, fondée sur l'empirisme, l'évolution et le passé. Or, la France révolutionnaire représentait une menace encore plus forte pour la monarchie des Habsbourg."

1113. M. Albright and B. Woodward, *Fascism – A Warning*, New York, Harper, 2018; Florent Bussy, Qu'est-ce que le totalitarisme?, Paris, Vrin, 2014; E. Levinas, *Quelques réflexions sur la philosophie de l'hitlérisme*, orig. publ. 1934, followed by an Essay by M. Abensour, Paris, Payot, Rivages, 2018; R. O. Paxton, *The Anatomy of Fascism*, New York, Vintage Books – Random House, 2005; I. Berlin, *"J. de Maistre and the Origins of Fascism"*, in H. Hardy (ed.), I. Berlin, *The Crooked Timber of Humanity – Chapters in the History of Ideas*, foreword by J. Banville, London, Pimlico, 2nd ed., 2013, pp. 95-185; "European Unity and its vicissitudes", in *The Crooked Timber of Humanity*, 2013, pp. 186-218, quoted pp. 187-188. Although, "this is most obvious in the case of Fascism", the risks of nationalism are not to be neglected:

> "If Fascism is the extreme expression of this attitude, all nationalism is infected by it to some degree. Nationalism is not consciousness of the reality of national character, nor pride in it. It is a belief in the unique character of a nation, as being intrinsically superior to the goals or attributes of whatever is outside it; so that if there is a conflict between my nation and other men, I am obliged to fight for my nation no matter at what cost to other men; and if the others resist, that is no more than one would expect from beings brought up in an inferior culture, educated by, or born of, inferior persons, who cannot *ex hypothesi*, understand the ideals that animate my nation and me."

1114. M. Bourquin, "La Sainte-Alliance: un essai d'organisation européenne", *Collected Courses*, Vol. 83 (1953), pp. 377-464, quoted pp. 381-382.

1115. P. B. Casella, *Tratado de direito internacional – tomo 13 – Direito internacional no tempo do concerto europeu*, esp. Chap. 29 "Ascensão e queda do concerto europeu – ensaio de balanço do direito internacional no século XIX".

tific developments, international law was experiencing global institutional, conceptual and operational changes, affecting all its dimensions.

1070. The so-called era of the Concert of Europe was also remarkable as a period of consolidation of international law into an autonomous branch of the law, with all that meant for its subsequent development into what we know and practise now. Many of the major areas of international legal regulation are the legacy of that phase and, subject to expansion and modifications, are still present in the postmodern context [1116].

1071. Starting with the Congress of Vienna (1814-1815), a series of congresses and conferences were held [1117] with the aim of maintaining and fine-tuning this tentative international system, made possible at the time by the political need to seek a degree of institutional order, a reflection of the prevailing concern with the balance of power [1118]. The quest for that "balance of power between the Powers" was the central theme, the *Leitmotiv* of the time, and remained so until 1914 when the system collapsed.

1072. After the Congress of Vienna (1814-15) [1119], there followed a succession of Congresses: Aix-la-Chapelle (1818) [1120], Troppau (1820) [1121],

1116. This is well illustrated by the present International Telecommunications Union, following the first Telegraphic Convention of 1865.

1117. Not forgetting the distinction, still valid at the time, between "congresses" and "conferences", as distinguished in H. Accioly, G. E. do Nascimento e Silva and P. B. Casella, *Manual de direito internacional público*, São Paulo, Saraiva, 26[6h] ed.., 2023, esp. item 8.1.1.2 – *congressos e conferências*, p. 795: "houve um tempo em que a denominação de *congresso* foi reservada às reuniões de soberanos ou chefes de estados, ou, pelo menos, às de maior importância", whereas "as demais, não enquadradas na categoria anterior, teriam o nome de *conferências*".

Such distinction seems no longer to be so strictly observed.

1118. P. B. Casella, *Tratado de direito internacional – tomo 13 – Direito internacional no tempo do concerto europeu*, Chap. 27 "premissas do sistema internacional de Viena até Versalhes", esp. 27.1 – *do Congresso de Viena à "primavera dos povos" (1815-1848)*.

1119. See T. Lentz, *Le congrès de Vienne – une refondation de l'Europe 1814-1815*, Paris, Perrin – tempus, 2013.

1120. H. Kissinger, *A World Restored – Metternich, Castlereagh and the Problems of Peace, 1812-1822*, Boston, Houghton Miflin – Cambridge, The Riverside Press, 1957, Chap. XII – The Congress of Aix-la-Chapelle and the Organization of Peace, pp. 214-231.

1121. Assembled to deliberate on the measures to be adopted by the European Powers after a revolution was started in Naples, the congress of Troppau, as observed by H. Kissinger, *A World Restored*, op. cit., 1957, Chap. XIV – The Congress of Troppau and the Organization of Europe, pp. 247-269, quoted. p. 263: "Troppau thus marked not only the beginning of the end for the revolution in Naples, but, more importantly, for the revolutionary policy of Russia."

Kissinger adds, *op. cit.*, 1957, pp. 266-268:

> "The Congress of Troppau marks the high point of Metternich's diplomatic skill. . . . In this manner, the maxims of the Holy Alliance, which had hopefully

Laibach (1821)[1122], Verona (1822)[1123], London (1830-1833), London (1850-1852), London (1871)[1124], Paris (1856)[1125] and Berlin

envisaged a new order of society, became a means to restore Metternich's conception of the social equilibrium. Almost imperceptibly the Tsar's moral fervor was transformed from a revolutionary into a conservative, if not reactionary, force."

And further (*op. cit.*, 1957, p. 269):

> "Metternich's policy, although essentially defensive in nature, had taken the only form by which a state, aware of its weakness, can preserve the status quo without exhausting its resources the creation of a moral consensus. . . . On the continent of Europe, the domestic legitimization of Austria had become the organizing principle of the international order."

1122. Presently Ljubljana, capital of Slovenia. On the Congress of Laibach, just after the Congress of Troppau, also H. Kissinger, *A world restored*, 1957, Chap. XV – The Congress of Laibach and the Government of Europe, pp. 270-285, quoted 271: "The Congress of Laibach was thus primarily an expression of the European government which Metternich had created at Troppau."

Just as also observed by Kissinger, *op. cit.*, 1957, p. 269:

> "The Congress of Laibach, to which the King of Naples and the Allied monarchs were now hastening, symbolized the new nature of international relations. For Laibach was not, as previous congresses, a meeting of plenipotentiaries, but a stage on which the Austrian minister proposed to teach a moral lesson to the rest of Europe."

1123. J.-G. Bluntschli (1808-1881), *Le droit international codifié*, trad. de l'allemand par C. Lardy, précédé d'une biographie de l'auteur par Alph. Rivier, Paris, Guillaumin, 5e éd. revue et augmentée, 1895, par. 474, r 3 and r 4, p. 272, noted:

> "Le principe de l'*intervention* en faveur des principes légitimes devint, par contre, en 1815, la base de la nouvelle organisation de l'Europe et fut proclamée aux congrès de Laybach, en 1821, et de Vérone, en 1822 … Lorsque les monarchies absolues de l'Europe voulurent étendre ce principe à l'Amérique et maintenir les colonies espagnoles de l'Amérique du Sud sous la domination de leurs souverains européens, l'Angleterre s'opposa énergiquement aux tendances légitimistes et se fit le champion de la politique de non-intervention. Elle reconnut les républiques de l'Amérique du Sud en même temps que les Etats-Unis proclamaient la doctrine de Monroe. … Les puissances de l'Europe orientale comprirent bientôt que le principe de l'intervention en faveur des princes légitimes était impraticable même en Europe."

Short lasting in its application, in 1830, after the fall of Charles X, in France, the independence of Greece and of Belgium, considered Bluntschli, *op. cit.*, ed. 1895, par. 474, r 4, p. 272: "à partir de ce moment, le principe de l'intervention cessa d'être un principe européen".

1124. The London Conference of 1871, may be considered "a pivotal episode in the 19th century's ongoing melodrama of the Eastern Question" according to the evaluation of D. J. Bederman, "The 1871 London Declaration – 'Rebus Sic Stantibus' and a Primitivist View of the Law of Nations", AJIL, 1988, Vol. 82, pp. 1-40.

1125. The Peace Congress was held in Paris, from 25 February to 18 April 1856. Among the results: the Treaty of peace and entente générale on the Eastern Questions, signed in Paris, on 30 March, composed of thirty-four articles and three annexes, whereby Russia was deprived of its condition as main power in the Black Sea, and presumptive heir to Turkey. At the same time, according to a *Hatti-Houmayon* issued by the Sultan, Turkey recognized the equality of civil rights for its Christian subjects. As noted by L. Theis, "Entre le besoin de repos et le désir de gloire (1815-1870)", in J.-C. Allain, P. Guillén, G.-H. Soutou, L. Theis and M. Vaïsse (eds.), *Histoire de la diplomatie française II. De 1815 à nos jours*, Paris, Perrin, tempus, 2007, pp. 7-137, quoted p. 102: "C'est une paix qui, comme lord Clarendon l'avait dit au Parlement, est honorable pour tous et qui n'est humiliante pour personne." In his turn, according to J. Droz, *Histoire diplomatique de 1648 à 1919*, Paris, Dalloz, 3e éd., 1972, on "Le

(1878) [1126], with another Conference in Berlin on West Africa (1884-1885) [1127], the Hague Peace Conference (1899) [1128], and the second Hague Peace Conference (1907) [1129].

Congrès de Paris", quoted pp. 373-376: "on jeta les bases du droit maritime international et l'on formula une motion en faveur du règlement par arbitrage des conflits entre puissances". The evaluation by O. von Bismarck, in his *Prachtbericht* (1856):

> "Der Pariser Friede von März 1856, der den 1853 ausgebrochenen Krim-Krieg beendete, hatte die internationale Konstellation wesentlich verändert" – Aus einem Privatschreiben an den Minister von Manteufel vom 26. April 1856 (Denkschrift) in *Deutsche Geschichte in Quellen und Darstellung*, Band 7, in W. Hardtwig and H. Hinze (ed.), Vom Deutschen Bund zum Kaiserreich 1815-1871, Stuttgart, Ph. Reclam, 2007, pp. 384-387.

1126. Assembled from 13 June to 13 July 1878, the Congress, from which resulted the Treaty of Berlin, of 13 July 1878, between Austria-Hungary, France, Germany, Italy, Russia the United Kingdom and the Ottoman Empire, is considered one ot the three most relevant instruments of peace, during the entire century of the European Concert. The other two events would be the Peace Treaty of Paris, of 1856, marking the end of the Crimean War (1853-1856), and the Peace Conference of Paris, in 1919-1920, from which resulted several Peace Treaties: two of Versailles (1919), of Neuilly (1919), of Saint Germain (1920), of Trianon (1920) and of Sèvres (1920) – the latter eventually replaced by the Treaty of Lausanne (1923).

On the Berlin Congress of 1878, see J.-G. Bluntschli, "Le Congrès de Berlin et sa portée au point de vue du droit international", RDILC, 1879, Vol. I, pp. 1-37; S. Van Den Bogaert, "Berlin Congress (1878)", in R. Wolfrum (ed.), *The Max Planck Encyclopedia of Public International Law*, Oxford, Univ. Press, 2012, Vol. I, pp. 900-906, quoted par. 2, p. 900: "The reasons for the convocation of the Berlin Congress date back to the Paris Peace Treaty which ended the Crimean War (1853-1856)."

1127. On colonialism and the Berlin Conference on Western Africa of 1884-85, see also the preceding chapter III.

1128. The first Peace Conference at The Hague in 1899 was due to the initiative of Czar Nicolas II of Russia, in order to "rechercher les moyens les plus efficaces d'assurer à tous les peuples les bienfaits d'une paix réelle et durable et de mettre avant tout un terme au développement progressif des armements actuels", according to the Russian *Note* dated 30 December 1898 – 11 January 1899. Twenty-six governments were present at the opening session of the Conference, at The Hague, on 18 May 1899. A series of sessions was held from 18 to 29 July 1899. Notwithstanding the fact that the Conference did not reach consensus on its main purpose – the limitation or the reduction of arms –, three conventions and other Acts are mentioned in the *Acte final de la Conférence internationale de la Paix*, signed at The Hague, on 29 July 1899: the Convention for the pacific settlement of international disputes; the Convention with respect to the laws and customs of war on land; the Convention for the adaptation to maritime warfare of the principles of the Geneva Convention of 22 August 1864; as well as the three Declarations concerning: the prohibition of discharge of projectiles and explosives from balloons or by other new analogous methods; the prohibition of the use of projectiles with the sole object to spread asphyxiating poisonous gases; the prohibition of the use of bullets which can easily expand or change their form inside the human body such as bullets with a hard covering which does not completely cover the core, or containing indentations. In accordance with the same inspiration, the Conference unanimously adopted the following Resolution: "la Conférence estime que la limitation des charges militaires qui pèsent actuellement sur le monde est grandement désirable pour l'accroissement du bien-être matériel et moral de l'humanité". Steps were taken to convene a second Conference. Same was postponed due to the war between Japan and Russia in 1905. Eventually the Second Conférence took place in 1907, at the Hague.

1129. At the Second Conference at The Hague, in 1907, the representative of Brazil, Ruy Barbosa, strove for the recognition of the legal equality of States. On his

1073. During the 1890s, the preoccupation with war prompted the holding of the Universal Peace Congress – the 21st was planned for September 1914, in Vienna – the inauguration of the Nobel Peace Prize (1897) and numerous international meetings of representatives, the majority of them sceptical of their governments, at which they declared their firm commitment, in theory at least, to the ideal of peace. During the 1900s war was clearly looming and by the 1910s it was acknowledged to be imminent [1130], despite the profusion of international meetings. The series of major congresses and conferences was halted by the catastrophic outbreak of the first world war in 1914.

1074. In the second half of the nineteenth century, a new phase began: between 1864 and 1914 more than a hundred international congresses and conferences were held, and over 250 international instruments drawn up. As Yuen-Li Liang pointed out in 1948, in his course on the development and codification of international law: "a notable proportion of these concerned the prevention and regulation of war and the relief of the harm caused by it" [1131]. In particular, the Geneva Conventions of 1864, 1868, 1906 – and later those of 1949 and their Protocols – regulated the treatment of the wounded, the sick and prisoners in wartime, not forgetting the admittedly less important Saint Petersburg Declaration of 1868 on the use of explosive projectiles.

1075. Leaving aside the pioneering Central American Court of Justice [1132], further international institutionalization occurred only

---

contribution, see P. B. Casella, "Brasil entre igualdade jurídica dos estados e reforma da ONU – legado de Ruy Barbosa na II Conferência de Paz da Haia", *Boletim da Sociedade Brasileira de Direito internacional*, ano CIII, Jul.-Dez. 2017, Nos. 125-130, pp. 815-851.

1130. E. Hobsbawm, *A era dos impérios (1875-1914)*, orig. publ. *The Age of Empire*, 1988, trad. S. M. Campos and Y. Steidel de Toledo, São Paulo, Paz e terra, 13ª ed. revista, 2ª reimpr., 2011, Chap. 13 – Da paz à guerra, pp. 463-500, quoted. pp. 465-466.

1131. Liang, Yuen-Li, "Le développement et la codification du droit international", *Collected Courses*, Vol. 73 (1948), pp. 407-532, Chap. II – Aperçu historique du développement du droit international par voie de conférences et des efforts en vue de la codification, pp. 421-458, quoted pp. 422-423: "une proportion notable de ces derniers concernant la prévention, la règlementation et le soulagement des maux causés par la guerre".

1132. The Centro-American Court of Justice – Corte Centroamericana de Justicia, http://portal.ccj.org.ni/ccj/ is the permanent judicial organ of the Centro-American integration system, set up and operating since 1994. But the precedent institution should not be forgotten: according to the Pact of Corinto, in 1902, was established a Centro-American arbitral tribunal, "que no llegó a conocer caso alguno y fue disuelto prematuramente", but especially is the Corte de Justicia Centroamericana, whose creation was decided in 1907, during the negotiation of the Centro-American treaties, accordinf to a proposal made by Costa Rica. The five continental States of Central America participated in the Court – Costa Rica, Guatemala, Honduras, Nicaragua and El Salvador. The Court, initially had its seat in Cartago, Costa Rica, and started its activities in 1908, before being transferred to San José: "la Corte de Cartago fue el

with the creation of the League of Nations and the Permanent Court of International Justice, and the setting up of the International Labour Organization, after the first world war [1133]. Only after the second world war was this pursued further, with the United Nations and the International Court of Justice, and the other global international organizations that make up what is known as the UN system or even "family".

1076. The considerable broadening of the scope of application of international law and the increased numbers of its subjects demand the concomitant development of its implementation mechanisms. Outdated structures must be renewed to ensure continuity in their operation. This is known and understood, but still requires constant attention.

1077. Classical international law is clearly seen to be ageing, but that perception must lead to a quest for "new approaches" to international law: we might seek these in "critical readings of international law" [1134], or in what C. Kessedjian calls "international law in times of humility", or "collaborative law" [1135].

primer tribunal internacional permanente y también el primer tribunal internacional de derechos humanos, de la historia mundial". In 1917, Nicaragua withdrew from the Court, and in 1918 the Convention expired and was not renewed by the member States. This resulted in the interruption of the activities of the Court, until it was resumed in the 1990s.

1133. P. B. Casella, *Tratado de Versalhes na história do direito internacional*, São Paulo, Quartier Latin, 2007; J.-J. Becker, "Le sentiment national dans l'éclatement de la guerre de 1914", in S. Dauchy and M. Vec (eds.), *Les conflits entre peuples – De la résolution libre à la résolution imposée*, Baden-Baden, Nomos Verlag, 2011, pp. 123-127; J.-J. Becker, *Le traité de Versailles*, Paris, PUF, "Que sais-je ?", nouvelle éd., 2019; C. Bouchard, *Le citoyen et l'ordre mondial (1914-1919) – le rêve d'une paix durable au lendemain de la Grande guerre, en France, en Grande-Bretagne et aux Etats-Unis*, Paris, Pedone, 2008.

1134. M. Ratton Sanchez Badin, F. Costa Morosini and A. R. Capella Giannattasio (ed.), *Direito internacional: leituras críticas*, São Paulo, Almedina, 2019, "Introduction", pp. 23-32, quoted p. 25, noted:

> "As possibilidades são muitas, até mesmo hoje, na linha do discurso crítico sobre o direito internacional. Há uma euforia pela crítica, sobre o direito internacional, o que sinaliza uma disputa nova sobre o campo, inclusive sobre o campo crítico, que tende a ter seus próprios cânones (referencial o qual o campo sempre questionou). Por isso, mais do que se perder em minúcias estéreis sobre 'qual o texto mais adequado?', 'qual o eixo mais crítico?', ou ainda 'qual a denominação mais adequada para cada eixo crítico?', o fundamental é perceber que cada um deles entreabre uma possibilidade nova de leituras alternativas sobre o direito internacional."

1135. See C. Kessedjian, "Codification du droit commercial international et droit international privé: de la gouvernance normative pour les relations économiques transnationales", *Collected Courses*, Vol. 300 (2002), pp. 79-308; and also C. Kessedjian, *Le droit international collaboratif*, Paris, Pedone, coll. "Doctrine(s)", 2016, quoted from the "Introduction" by F. Latty, pp. 3-7:

1078. My own suggestion would be "international law in the postmodern context" [1136], while M. Bennouna speaks of "international law between the letter and the spirit" and explains how the object and purpose, the ultimate goal, the *raison d'être*, the shared universal values and shared heritage, all help us to understand and justify this and give it meaning: "its spirit incites us, faced with the letter that is old and sometimes out of context, to bring it back to a human scale, temporal and fleeting" [1137].

1079. The main transformation that has occurred in international law is the placing of the human being at the centre of the international institutional and normative system [1138], without overlooking the rights of the planet and the protection of all forms of life on earth.

1080. Aside from the growth in the number of states and international organizations, recognition of the human being as a subject of international law amounts to a Copernican revolution in the international institutional and normative system, in precisely that sense of shifting its central focus: accepting the human being as a subject with international rights and obligations is an irreversible change in the nature and content of international law [1139].

1081. That recognition has gone hand in hand with the recognition of humans collectively as peoples, and even of mankind as a whole, as agents or subjects of international law, which has meant restructuring classical international law, conceived on strictly inter-state lines, to encompass these new subjects. This enormous conceptual and structural shift, which we could call the humanization of international law, is still ongoing, and the process is far from complete. Accepting human beings, individually and collectively as peoples, and mankind as a whole, and enabling them to function as subjects of international law are complex challenges but also sources of renewal and transformation

---

"Goûtant assez peu à la sophistication byzantine des raisonnements qu'elle juge largement dépassés dans le contexte de la mondialisation, elle propose une approche rénovée du cadre juridique des relations internationales entre personnes privées, à travers la notion de 'droit collaboratif'."

1136. See P. B. Casella, *Fundamentos do direito internacional pós-moderno*, Foreword H. Caminos, São Paulo, Quartier Latin, 2008.

1137. M. Bennouna, "Le droit international entre la lettre et l'esprit", *Collected Courses*, Vol. 383 (2017), "Avant-propos – De la lettre à l'esprit", pp. 15-19, quoted par. 1, pocketbook edition: "l'esprit nous incite, en présence de la lettre, ancienne, parfois hors contexte, à la ramener à l'échelle de l'homme, temporel, passager".

1138. This was considered in Chapter IV, on the role of the international protection of fundamental rights.

1139. As examined in preceding Chapter IV.

for international law in the postmodern context. This is the horizontal axis of expansion of international law.

1082. Turning to what we could describe as its vertical axis of expansion, we must highlight all those areas previously considered as "national" or subject to strictly internal regimes, that now require international regimes to regulate them efficiently. The list is long and its treatment in international law complex. Among the key themes for international law are peace and the limits set on war and the use of force – the main issue for mankind in general. This is far from new, but still occupies the centre of the world stage, as does the dilemma that exists between interdependence and cooperation, as will be examined later in this chapter.

1083. The proposition that international law is both renewing itself and at the same time preserving its essence has several aspects. One is the expansion of international law in more than one dimension, on two vertical and horizontal axes. Another aspect is the conjunction of interdependence and cooperation: both express the present and future state of international society and are reflected in international law.

1084. The acknowledgement of interdependence is not new, any more than cooperation is a novelty in international law – it has existed for centuries, in many fields. At the same time, however, the growth in interdependence must be accompanied by a proportionate increase and strengthening in cooperation. This is already happening in a variety of different fields, and others must follow.

1085. Aside from the increase in the numbers of states and of institutions established as part of an international system, because of the expanding field of action of international organizations (international institutions in the strict sense of the term), the great mutation in the meaning and content of international law has come about through recognition of human beings as the subject of international rights and obligations. There is growing recognition of the importance of the international legal personality of the human being [1140].

1086. Though the nature and extent of the action an individual can take as a subject of international law remain controversial, as the holder of rights in the international institutional and legal order – what those rights are and how to enforce them are a huge topic on their own – it is clear that humans are also the holders of internationally determined obligations. Under many conventions they may have international

1140. In this sense, see the preceding Chapter IV.

(including criminal) liability for crimes such as genocide, crimes against humanity or war crimes.

1087. Anyone with rights and obligations in a given field of law, which is the case with the individual at the international level, is clearly a subject of international law. How else can we position the human being in the present state of development of international law, when faced with the notion of postmodernity?

A. International law and the notion of postmodernity

1088. The construction of international law in the postmodern context is situated in the present time and cultural context: both diversity and complexity are part of it. A mere understanding of the need to bring international law up to date, and of the fact that its field of application has substantially broadened does not provide the answers as to how that should be done, or how to develop the conceptual and normative tools to deal meaningfully and effectively with present-day international realities.

1089. This postmodern international law is at the same time embracing present-day international realities and progressively developing. Each day there are advances and retreats, sometimes building on and sometimes destroying the bases put in place by both classical and modern international law. Movement in both directions – forwards and backwards – is a constant.

1090. The extent to which we should be rebuilding on the foundations and concepts inherited from the international law of earlier times will depend on the extent to which we can develop postmodern international law starting with the present day. As a system, international law uses legal regulation as the basis for enabling international cooperation in various fields, just as the institutional construct enables peaceful coexistence and the peaceful settlement of disputes between subjects of international law. That has been so throughout the centuries leading up to the recent establishment of institutions and multilateralization [1141].

1141. Resolution adopted by the Institute of International Law, during the Berlin session, on 24 August 1999, on the Judicial and arbitral settlement of international disputes involving more than two States, the 11th Commission, had as Rapporteur R. Bernhardt. The English text is authoritative. The Resolution reaffirmed that the judicial and arbitral settlement is one important means to settle disputes between States, in accordance with the Charter of the United Nations. And the Institute also noted that international judicial and arbitral dispute settlement is, in general, bilaterally conceived, and that the increasing multilateral character of international relations requires an adaptation of the traditional dispute settlement rules.

For centuries, states have affirmed the need to cooperate and set up international institutions, while often refusing to provide those international institutions with the means needed to achieve their ends.

1091. Far from being novel, this topic had already been examined in the works of Christian Wolff (1679-1754). He proposed institutions as a way of establishing peace in the international system, which should be organized as a *civitas maxima*. Wolff took the view that "societies, peoples and nations are naturally independent legal entities, but nonetheless have a duty to act towards each other with humanity and charity" [1142]. It was important to point out that those "naturally independent entities" remained independent: this was not a proposal for federalization, but for organized coexistence between states. Otherwise, it would not be international law.

1092. Wolff seems to have been the first to have understood the concept of the state as a legal entity. This is in line with the notion of a specifically international law in the sense of a natural law between states. That, as Louis Le Fur put it, was a very precise concept [1143].

1093. Another extremely important and modern element in Wolff's thinking was that, according to his system, the law of nations was based on a certain idea of natural law, itself drawn from a philosophical

---

1142. Christian L. B. de Wolff, *Institutiones juris naturae et gentium – in quibus ex ipsa hominis natura continuo nexo omnes obligationes et jura omnia deducuntur, Hallae Magdeburgicae, prostat in officina Rengeriana, MDCCLXIII*, mentions in his Foreword the date of 4 September 1749. The Institutions are a shorter version of the *opus magnum*, published by Wolff, in eight volumes, having International law as the scope of the last volume: Chr. Wolff, *Ius gentium, methodo scientifica pertractatum, in quo ius gentium naturale ab eo, quod voluntarii, pactitii et consuetudinarii est, accurate distinguitur*, Halle, 1749. The *Institutiones* were translated into French, *Principes du droit de la nature et de gens* – "extrait du grand ouvrage latin de M. de Wolff, traduit en français par M. J.-H. Samuel Formey", Amsterdam, chez M. M. Rey, 1758, 3 Vols., facsimile edition, Caen, Centre de philosophie politique et juridique, 1990.

> "Sociétés, peuples et nations sont des personnes morales, qui entrent en état d'indépendance naturelle, mais elles sont, quand même, obligées à accomplir, les unes par rapport aux autres, avec les devoir d'humanité et de la charité."

This book was also translated into German, of which two editions were published shortly afterwards: C. Wolff, *Grundsätze des Natur- und Völkerrechts*, Halle, 1754 and another in 1769. Along the eighteenth century, there is at least another French translation to be mentioned: C. Wolff, *Institutions du droit de la nature et des gens* – "traduites du latin de M. de Wolff, avec des notes par E. Luzac, Vols. VI", Leide, 1772.

1143. L. E. Le Fur, "La théorie du droit naturel depuis le XVIIe siècle et la doctrine moderne", *Collected Courses*, Vol. 18 (1927), pp. 259-442, quoted p. 320:

> "Wolff semble être le premier à avoir réalisé la conception de l'état personne morale, ce qui entraîne la notion d'un droit international spécifique, le droit naturel entre états. C'est là une conception très exacte."

concept of law in general. The idea central to Wolff's system was that the source of all law resides in human nature. Thus its starting point had to be an analysis of human nature [1144]. This was extremely important, and it remains perfectly valid in the postmodern context.

1094. Following the same line of reasoning of Wolff was his disciple Emer de Vattel, though in Vattel's case there was a shift in direction: one international system, but two differing conceptions.

1095. Vattel's work did away with the reference to the concept of the *civitas maxima* – the council or institutional grouping of powers, a sort of axis or fulcrum for the international system on Wolff's view. The change was significant: there was a conceptual shift in the orientation of the international system between what Wolff had proposed and what Vattel saw as the purpose of the law of nations [1145]. Instead of a system revolving on a central axis – though this remained an ideal – Vattel favoured a system of coexistence between states which were more or less equal [1146]. Vattel brought about progress [1147] in some aspects of international law [1148], but was open

1144. See L. Olive, "Wolff", in *Les fondateurs du droit international*: leurs œuvres, leurs doctrines, introduction de A. Pillet, Paris, V. Giard and E. Brière, 1904, pp. 447-479.

1145. P. B. Casella, *Tratado de direito internacional – tomo 12 – Direito internacional no tempo de Vattel e von Martens*, São Paulo, Almedina, 2024, in preparation, esp. Chap. 24 – Emer de Vattel (1714-1767), with considerations on Vattel's *conception on the laws of war, and the reception of his work, his "fortune critique"*, item 24.2.

1146. P. B. Casella, *Tratado de direito internacional – tomo 10 – Direito internacional no tempo de C. van Bynkershoek e Christian Wolff*, São Paulo, Almedina, Chap. 22 – *Christian Wolff (1679-1754) and – tomo 12 – Direito internacional no tempo de Vattel e von Martens, Chap.* 24 – Emer de Vattel (1714-1767). Substantial diferences are to be noted from Wolff to Vattel. This is not only expressed by the use of French, instead of Latin, for the publication of his work, but also to the extent Vattel states his scope of shortening and simplifying the reading of Wolff; albeit he does it at the cost of scarifying the precision and distorts the conceptual foundations of the work of his master. Wolff had carefully built his reasoning based on philosophical arguments.

1147. Original title: *Le droit des gens, ou principes de la loi naturelle appliqués à la conduite et aux affaires des Nations et des Souverains* par M. de Vattel, II Vols., Neuchâtel, Journal Helvétique, 1758; during the same year other editions were published in London, in Leiden (1758). Thereafter, the Neuchatel edition of 1773, stated as "nouvelle édition augmentée", in two volumes, contains a report on the life and additional notes from the author. Later on, the Amsterdam "nouvelle edition augmentée, revue et corrigée, avec quelques remarques de l'éditeur", appeared in Amsterdam, II Vols., 1775; an additional one in Neuchatel, in 1777, "nouvelle édition", in three volumes – the latter reprints the report on the life of the author, but eliminated the remarks and additional notes.

1148. A. Mallarmé, "Emer de Vattel (1714-1767)", in *Les fondateurs du droit international public: leurs œuvres, leurs doctrines, introduction de* A. Pillet, Paris, V. Giard and E. Brière, 1904, pp. 481-601, quoted pp. 482-483:

to objection in others [1149]. We should not forget that the institutional developments of the twentieth century have brought us back to the idea of an institutional axis, as can be seen from the creation, in turn, of the League of Nations and the United Nations, though the circumstances are somewhat different.

1096. International law is an institutional system, according to principles, rules and "practice": among other subjects of international law, its participants include states. Their manner of practising international law may be open to criticism, but is a major factor in understanding how international law and international relations actually function. The great change now taking place in the international system is not to be found here, but rather concerns all the other subjects of international law apart from states.

1097. Henceforth, the subjects of international law also include international organizations and other agents acting at the international level, and individuals too have a growing role [1150], with their own international rights and obligations. Peoples are to some extent also recognized as subjects of international law in the postmodern context: they have the right to self-determination, though they are not always easy to define. The same applies to minorities.

1098. Law presents itself as a tool for regulating the life of a society, for excluding or at least restricting the use of force: in national criminal law the development of institutions has resulted in the prohibition of its

---

> "Vattel reste cependant illustre et son œuvre mérite d'être étudiée, car, s'il n'a pas su se dégager suffisamment de la doctrine de son maître, du moins a-t-il eu le grand mérite de l'avoir exposé en une forme limpide et sur un plan commode qui ont contribué à répandre dans les sphères officielles et dans le public les principes du droit international."

1149. E. Jouannet, *Emer de Vattel et l'émergence doctrinale du droit international classique*, Paris, Pedone, 1998, quoted p. 421:

> "Vattel avait pleine conscience du caractère novateur et progressif des travaux de C. Wolff mais sans mesurer lui-même la portée du changement qu'impliquait réellement le *Jus Gentium* de Wolff et plus encore son propre ouvrage de 1758. Ne replace-t-il pas Grotius1 parmi ceux qui les premiers ont eu l'intuition d'un droit strictement applicable aux Etats? Lui-même a donc involontairement suscité cette interprétation erronée sans réaliser que si ses prédécesseurs avaient légué le matériau théorique permettant cette apparition du droit des gens classique, ils ne l'avaient pas pour autant accompli. Aussi bien, ceux que l'on a longtemps considéré comme les pères du droit international, que ce soient Grotius ou Pufendorf, Barbeyrac ou Burlamaqui, Rachel ou Textor, ne le sont que de manière indirecte et secondaire alors même que cette paternité longtemps controversée revient sans hésitation, selon nous, à Wolff puis Vattel."

1150. The point of convergence for the study on the international condition of the human being resides in the implementation of Human rights and refers to the systematization of such application. See chapter IV.

arbitrary exercise. However, such primitive tendencies are still present and active, both in national systems and to some degree also in the international context. Law, too, has to respect the rules – to be "state of the art" [1151]. In that sense, international law is also a normative system, and the international normative system is the whole set of international principle and rules.

1099. According to Marteen Bos, the international system as a whole is still at an earlier stage of development than most internal systems [1152]. As such, international law could be described as a system still in the process of formation – certainly in the process of development.

1100. It is no accident that questions of methodology [1153] and conceptual issues [1154] play such a major role in international law. All the more so as the diversity of languages and cultures only accentuates the need for uniform concepts and principles [1155].

1151. To borrow the expression from P. Bourdieu, *Les règles de l'art*, Paris, Seuil, 1992, "Avant-propos", quoted p. 15:

> "Chercher dans la logique du champ littéraire ou du champ artistique, mondes paradoxaux qui sont capables d'inspirer ou d'imposer les 'intérêts' les plus désintéressés, le principe de l'existence de l'œuvre d'art, dans ce qu'elle a d'historique, mais aussi de transhistorique, c'est traiter cette œuvre comme un signe intentionnel hanté et réglé par quelque chose d'autre, dont elle est aussi symptôme. C'est supposer qu'il s'y énonce une pulsion expressive que la mise en forme imposée par la nécessité sociale du champ tend à rendre méconnaissable."

1152. M. Bos, *A Methodology of International Law*, Amsterdam, North Holland, 1984. This is a book that would deserve a reprint: its lessons remain useful!

1153. O. Corten, *Méthodologie du droit international public*, Bruxelles, éd. Université Libre de Bruxelles, 2009; R. Kolb, *Réflexions sur les politiques juridiques extérieures*, Paris, Pedone, 2015, mentions two legal foreign policies: on the one side, "la politique juridique extérieure des intérêts de puissance"; and on the other side, "la politique juridique extérieure au service du droit international".

1154. P. Reuter, "Quelques remarques sur la situation juridique des particuliers en droit international public", 1950, reprinted in *Le développment de l'ordre juridique international: écrits de droit international*, Paris, Economica, 1995, pp. 51-64, quoted pp. 51-52:

> "Sans grand arbitraire, on peut dire que le sort et le rôle assignés aux particuliers, leurs droits et leur personnalité par rapport à l'état soulèvent des problèmes décisifs, sur lesquels se partagent les systèmes et les esprits. … Les constructions systématiques du droit international de ces dernières années qui ont visé à la plus grande rigueur, qui ont voulu ordonner l'ensemble des règles de droit en un tout parfaitement cohérent pour constituer ce que nos anciens auteurs appelaient justement 'un corps de droit' sont nécessairement celles qui sont appelées à prendre les positions les plus radicales sur la situation des particuliers en droit international public."

1155. P. Reuter, "*Quelques réflexions sur le vocabulaire du droit international*", orig. publ. in 1970, reprinted in *Le développement de l'ordre juridique international*, Paris, Economica, 1995, pp. 3-22; H. Thirlway, "*Concepts, Principles, Rules and Analogies:* International and Municipal Legal Reasoning", *Collected Courses*, Vol. 294 (2002), pp. 265-405, quoted p. 287:

1101. Should we speak of an international community or rather, society? The classical distinction between community and society is that of Ferdinand Tönnies (1855-1936), from his *Gemeinschaft und Gesellschaft* (1887) [1156] and that distinction is a common one in sociology [1157].

1102. Despite its importance, there is no unequivocal consensus about the meaning of society, even among the specialists in social sciences, least of all sociologists, some of whom have named their discipline "the science of society". In any discipline, such conceptual differences around key terms is often an indication that people are focusing on different aspects of the same phenomenon.

1103. In international law, many authors have devoted attention to this distinction. The name given to the social environment in which relations are conducted under international law is not uniform throughout the doctrine. Some, like Sereni, Balladore Pallieri, Mosler, Lachs and Virally, speak of the international "community" [1158], while others like Bluntschli, Aguilar Navarro, Truyol y Serra and Mello prefer the term "society" [1159].

"The question of language in international law is a substantive question, that the speakers of different languages also *think* differently about law. . . . legal concepts are purely the product of human thought, and do vary considerably, at least in their incidents, as between different legal systems, employing different languages."

1156. F. Tönnies (1855-1936), *Gemeinschaft und Gesellschaft*, "Abhandlung des Communismus und des Socialismus als empirischer Culturformen", Leipzig, Fues Verlag, 1887; whereas as other credit the origin of such distinction to F. Schleiermacher, in 1879. See J. Mariña (ed.), *The Cambridge Companion to Friedrich Schleiermacher*, Cambridge, Univ. Press, 2005.

1157. E. Chinoy, *Society – An Introduction to Sociology*, New York, Random House, orig. publ. 1961, reprinted 1967.

1158. For International law, see the analysis by A. Sereni, "International Economic Institutions and the Municipal Law of States", *Collected Courses*, Vol. 96 (1959), pp. 129-240; G. Balladore Pallieri, "*La formation des traités dans la pratique internationale contemporaine*", *Collected Courses*, Vol. 74 (1949), pp. 465-546; as well as "Le droit interne des organisations internationales", *Collected Courses*, Vol. 127 (1969), pp. 1-38; H. Mosler, "The International Society as a Legal Community", *Collected Courses*, Vol. 140 (1974), pp. 1-320; M. Lachs, "Quelques réflexions sur la communauté internationale", in *Le droit international au service de la paix, de la justice et du développement – Mélanges M. Virally*, Paris, Pedone, 1991, pp. 349-357; M. Virally, "Panorama du droit international contemporain – cours général de droit international public", *Collected Courses*, Vol. 183 (1983), pp. 9-382.

1159. J.-G. Bluntschli, *Das moderne Völkerrecht der civilisierten Staaten als Rechtsbuch dargestellt*, publ.1878, or the French edition of Bluntschli, *Le droit international codifié*, transl. from the German by C. Lardy, précédé d'une biographie de l'auteur par A. Rivier, Paris, Guillaumin, 5e éd. revue et augmentée, 1895; M. Aguilar Navarro, *Derecho internacional público*, esp. Vol. II, *Constitución de la sociedad internacional*, Vol. I – *Estructura de la sociedad internacional*, Madrid, Escuela de Estudios Hispano-Americanos, 1954; A. Truyol Y Serra, "L'expansion de la société internationale au XIXe et XXe siècles", *Collected Courses*, Vol. 116 (1965), pp. 89-179;

1104. The distinction between society and community, made in sociology since F. Tönnies, is said to arise from "the intensity of the psychological bond" between social groups, which will enable them to be classified as a society or a community. The community has certain characteristic features: its natural formation, its organic will (in the sense that the organism has its own energy, expressed by pleasure, habit and memory), in which individuals take a fuller part in its common life. A community is a creature of natural cooperation, "which precedes the conscious choice of its members".

1105. A society has different features: voluntary formation, considered will (the product of reflection, dominated by the idea of a purpose and with the ultimate goal of happiness), in which individuals participate less fully in its common life. C. D. de A. Mello pointed out: "a community is said to be governed by natural law, while a society's bonds are said to be contractual in nature": a community could be said to be "extra-historical", in the sense that it is naturally lasting, whereas a society is historical, formed out of heterogenous groups with tensions of domination between them [1160].

1106. Michel Virally looked at the notion of international society in parallel with that of international community, and had reservations about the frequent use of the latter. To him it seemed to embody a "future" notion, though he did not go so far as to deny its relevance:

> "The expression is used in practice because it is so evocative, probably much more than for scientific reasons. Even so, it denotes an ideological evolution in international society, which is changing the nature of international law." [1161]

---

and also "Génèse et structure de la société internationale", *Collected Courses*, Vol. 96 (1959), pp. 553-642; C. D. de A. Mello, *Curso de direito internacional público*, Rio de Janeiro, Renovar, 15a. ed., 2004, 2 Vols.

1160. F. Tönnies, *Gemeinschaft und Gesellschaft* – "Abhandlung des Communismus und des Socialismus als empirischer Culturformen", Leipzig, Fues, 1887; http://www.deutschestextarchiv.de/toennies_gemeinschaft_1887; C. D. de A. Mello, *Curso de direito internacional público*, ed. 2004, Vol. I, Chap. I – A sociedade internacional, pp. 51-76, esp. par. 4, quoted p. 55:

> "Para H. Laski, sociedade seria 'um grupo de seres humanos vivendo juntos, trabalhando juntos para a satisfação de seus interesses mútuos'. Os interesses fundamentais em uma sociedade são de aspecto econômico."

1161. M. Virally, "Panorama du droit international contemporain", *Collected Courses*, Vol. 183 (1983), pp. 9-382, quoted pp. 27-29: "L'expression est utilisée dans la pratique en raison de sa force évocatrice, beaucoup plus probablement que pour des raisons scientifiques. Elle n'en dénote pas moins une évolution idéologique de la société internationale, qui est en train de changer la nature du droit international."

1107. "Michel Virally thus admitted that a sort of mutation in international society was starting to take place in our time", was the assessment of Manfred Lachs, "and he was trying to predict the direction that transformation might take":

> "In the nineteenth century, some said that what had become known as 'international society' was universal in character and encompassed all states, but the prevailing opinion accepted a 'community' or 'concert' limited to Europe, above all western and central Europe." [1162]

1108. In conclusion, Manfred Lachs was more inclined to admit that "it is difficult to deny that there is in our time an 'international legal community', albeit imperfect and incomplete": "it must be stressed that once the phenomenon of an 'international community' is recognized, the activities by which it manifests and strengthens itself are in no sense limited to those carried on by international organizations" [1163].

1109. Paul Reuter observed that as between international community and international society, "the study of international practice shows that some solutions decided on at a given moment by a set of states sufficiently representative of the interest in play, or later recognized by such a set of states, are valid for the international community" [1164].

1162. M. Lachs, "Quelques réflexions sur la communauté internationale", in *Le droit international au service de la paix, de la justice et du développement – Mélanges M. Virally*, Paris, Pedone, 1991, pp. 349-357, "Michel Virally admettait donc le commencement à notre époque d'une sorte de mutation de la société internationale et il essayait de prévoir l'orientation que pourrait bientôt prendre cette transformation" quoted pp. 349-350: "Au XIXe siècle, certains disaient que ce qu'il était convenu d'appeler "société internationale" possédait un caractère universel et englobait tous les états ; mais l'opinion prédominante admettait une 'communauté' – ou un 'concert' – qui se limitait à l'Europe, surtout occidentale et centrale". And therefore,

"C'est donc dans la ligne de la pensée du dédicataire de cet ouvrage que s'inscrivent ces réflexions."

1163. M. Lachs, Chap. quoted, 1991, quoted pp. 355-356: "il est difficile de nier l'existence à notre époque d'une 'communauté internationale juridique', toute imparfaite ou lacunaire qu'elle soit" : "le phénomène de 'communauté internationale' une fois reconnu, il faut souligner que les activités par lesquelles il se manifeste et tend à se renforcer ne sont d'aucune façon limitées à celles poursuivies au sein des organisations internationales".

> "Ce fait se trouve d'ailleurs reflété dans certains instruments internationaux, et la Cour internationale de Justice en a donné plusieurs fois acte dans ses décisions."

1164. P. Reuter, *Droit international public*, orig. publ., 1958, Paris, Presses univ. de France, 4e éd., revue et mise à jour, 1973, quoted p. 5: "l'étude de la pratique internationale montre que certaines solutions arrêtées à un moment par un ensemble d'états suffisamment représentatifs des intérêts en cause ou reconnues par la suite par un tel ensemble valent pour la communauté internationale".

1110. The framework described by A. Sereni, of a legal system structured as a community of equals – *comunità a carattere paritario* – making up an entity distinct from, and superior to its members – *un ente distinto e superiore ai propri consociati* – is certainly desirable [1165], even if its effectiveness in practice is open to question.

1111. Examining these distinctions leads to the conclusion that there is, in effect, an international society, but not really an international community in international relations, given the constant struggles and tensions between states for domination in the international system. Strictly speaking, though references to the "international community" are commonplace, the expression "international society" would evidently be more accurate. These elements can be useful in understanding the somewhat fluid uses of the two terms – an oscillation reflecting the two distinct concepts and the complexity of the debates on the subject. We want to be part of an international community, but are forced to admit that we are trapped instead in an international society.

1112. Other authors have gone even further, denying the existence of an international society. In my view, their critiques do not reflect the current state of the international system, with the whole set of principles, rules, international institutions and implementation processes that govern its functioning.

1113. It is relevant to point out that there is a substantial difference in the scope of a critical concept in one of the key provisions of the United Nations Charter, Article 51. This cannot possibly be ascribed to a translation error, as there is a substantive difference in the content of the authentic official versions of the Charter. As mentioned, in the Latin languages (French and Spanish), the term used is "légitime défense", while the English simply speaks of "self-defence", and the Russian "samooboronu". Defending oneself and being in the position of exercising "*légitime défense*" are two substantially distinct things [1166].

1165. A. Sereni, "Le crisi internazionali", *Rivista di diritto internazionale*, 1962, Vol. XLV, F.A.C. 3, p. 357: "una comunità a carattere paritario, nell'ambito del proprio ordinamento giuridico ; un ente distinto e superiore ai propri consociati".

1166. In the bilingual version of the *ICJ Reports*, on the *Advisory Opinion on the wall*, 2004, par.139, the two versions of the text of Article 51 of the UN Charter are respectively presented and commented by the Court. The official versions in French – and also in Spanish – use the expression "légitime defense", whereas the versions in English – and in Russian – use the expression "self-defence". *It is not* necessary to make a great interpretation effort to acknowledge that "légitime defense" and "self defence" designate contents ontologically, militarily and legally quite distincts from each other! See also the preceding Chap. III, para. 851 in fine, note 857.

Little attention seems to have been paid to this fact, which is serious in nature and fundamental to the whole international order.

1114. Even without going into this divergence between the different versions of "defence" in article 51 of the UN Charter, it pays to remember the warning of Paul Reuter (1970, 1995) [1167]: like other branches of the law, international law borrows its vocabulary from language having nothing to do with law, and then changes the meaning of those terms, more or less radically. One factor specific to international law, the lack of a truly international language, accelerates the formation of a particular vocabulary. Lastly, the deep contradictions that dominate the structures of current international society have led, especially in the most recent vocabulary, to a degree of ambiguity and uncertainty that is no accident.

1115. In some fundamental areas, a clear choice has to be made, either to emphasize confrontation or power politics *(Machtpolitik, raison d'état)* – where there is a threat or use of armed force to end an international dispute [1168] – or to highlight the possibility of building and operating internationally valid and effective structures, to ensure that what is commonly known as the international institutional and normative system can exist and function. Thinking along those lines, Woodrow Wilson wanted the League of Nations to replace power

1167. P. Reuter, "Quelques réflexions sur le vocabulaire du droit international", orig. publ. 1970, reprinted in *Le développement de l'ordre juridique international: Ecrits de droit international*, Paris, Economica, 1995, pp. 3-22; see also P. Reuter, "Principes de droit international public", *Collected Courses*, Vol. 103 (1961), pp. 425-656.

1168. R. A. Friedländer, "Power Politics and the Rule of Law: Professor Schwarzenberger reconsidered", De Paul Law Review, Vol. 24, No. 4, summer 1975, pp. 836-852, available: http://via.library.depaul.edu. law-review/vol24/iss4/3, ends his article:

> "If contemporary international law continues to operate as mere quasi-order, and if power politics and armed conflict are still the hallmarks of organized international society, then what hope is there for a rational and relatively stable world order? In Professor Schwarzenberger's pessimistic and fundamentally harsh analysis the answer is obvious. Unless there is an assimilation or integration of existing sovereign political entities into a world federation, and unless vested and parochial interests are discarded in favour of mutual interdependence and international collaborative enterprise, the rule of might makes right will replace the rule of law. The failure to develop a federal framework or world society and world law has already resulted in growing concentrations of power that menace the very survival of the international state system."

The denial of International law is not in the acceptance of the common force, inherent to the international system, and as a measure of power; but in the proposed "remedy": to the extent that a "federal" political system is established, it will no longer be "International law" to regulate the relations among federated participants, but will be internal "administrative" or "constitutional" law!

politics with international cooperation: the collapse of the balance-of-power model between the major powers made it imperative to seek a different foundation for the international system. Wilson's model was not altogether followed, either in the construction or the operation of the League of Nations during its twenty years of activity before it was paralysed by the outbreak of the second world war.

1116. Once that war had ended, Article 1 (1) of the 1945 Charter of the United Nations gave as its purpose: "To maintain international peace and security, and to that end: to take effective collective measures for the prevention and removal of threats to the peace, and for the suppression of acts of aggression or other breaches of the peace" – which is fine up to that point, but then it becomes somewhat more nuanced – "and to bring about by peaceful means, and in conformity with the principles of justice and international law, adjustment or settlement of international disputes or situations which might lead to a breach of the peace".

1117. The purposes of the United Nations also include, according to the next three paragraphs of Article 1: "To develop friendly relations among nations based on respect for the principle of equal rights and self-determination of peoples, and to take other appropriate measures to strengthen universal peace"; "To achieve international cooperation in solving international problems of an economic, social, cultural or humanitarian character" – already a broad remit – "and in promoting and encouraging respect for human rights and for fundamental freedoms for all without distinction as to race, sex, language or religion"; and also: "To be a center for harmonizing the actions of nations in the attainment of these common ends".

1118. All of which was somewhat broad and vague as a programme, but the overriding need was to contribute to bringing the organization's goals to fruition – all states had an interest in doing so, even those whose leaders claimed not to see the need for the UN or grasp the importance of its existence. The truth of this is evident from a backward glance at what the international system looked like before the UN.

1119. This international context has, for centuries, been almost exclusively structured and operated by states – in fact by a restricted number of them. However, other subjects are also present alongside them [1169] and other agents are active. Admittedly, those new agents have not yet been allocated specific functions, or assigned predetermined

1169. In the preceding Chapter IV was considered the role of the international protection of fundamental rights as an element of renewal and transformation of International law.

paths of action, all of which merely adds to the perceived fragmentation and lack of connection between the parts of this international system [1170], understood as a requirement for the achievement of an ordered, shared life. Hence what could be described as the postmodern context – in the sense of a framework undergoing a transformation – which in turn yields other aspects requiring explanation [1171].

1120. International law is created, to a considerable extent, for states and by states. Without their acts or omissions there would be no international system, however rudimentary. Georges Scelle described this as a "duplication of function" *(dédoublement fonctionnel)* [1172], and Joe Verhoeven as "that which is common" [1173].

1121. International law cannot be understood as an abstract system, or taken in an absolute sense: it is made up of international relations with others. It is not something abstract that can be studied in an intellectual vacuum, which might be the theoretical ideal. Nor is it absolute, but must be tested by practical implementation. Nonetheless, it cannot be reduced to its empirical dimensions, nor can these be allowed to determine how the system works.

1170. To the extent it cannot be avoided, it will be required to state in which sense the term is used. According to M. Heidegger, each question, in a certain way, implicitly brings an intuition on what is being demanded.

1171. In this sense, P. B. Casella, *Fundamentos do direito internacional pós-moderno*, Foreword H. Caminos, São Paulo, Quartier Latin, 2008. The determination of the contents and of the role to be played by International law in the post modern context may thus oscillate, in accordance with the direct dependence and the direct connection with the conception same is structured and the understanding of the role to be played by this field of law, within an institutional and normative system. And this not only for the application of such system, and not only at international level, but also, for evident reasons, in relation to several different national levels, for the application of International law vis-à-vis the respective national systems.

1172. G. Scelle, "Le phénomène juridique du dédoublement fonctionnel", in *Rechtsfragen der internationalen Organisation: Festschrift für H. Wehberg*, Frankfurt a.M., V. Klostermann, 1956, pp. 324-342; also his *Manuel de droit international public*, Paris, Sirey, 1948; and his course on "Théorie et pratique de la fonction executive en droit international", *Collected Courses*, Vol. 55 (1936), pp. 87-202; "Essai sur les sources formelles du droit international", in *Recueil d'études sur les sources du droit en l'honneur de F. Gény*, Paris, Sirey, 1934, Vol. III, pp. 410 ss.; *Précis de droit des gens: principes et systématique*, Paris, Sirey, 1934; "Règles générales du droit de la paix", *Collected Courses*, Vol. 46 (1933), pp. 327-704.

1173. J. Verhoeven, "Considérations sur ce qui est commun – cours général de droit international public" (2002), *Collected Courses*, Vol. 334 (2008), pp. 9-434, "Introduction", pp. 25-34, quoted p. 28:

> "Pourquoi ces considérations sur ce qui est "commun"? Le qualificatif peut paraître étrange. Il n'y a pas lieu d'y découvrir des desseins obscurs. Le mot est pris dans le (double) sens qui est habituellement le sien: 'banal' et 'partagé'. Autrement dit, il ne faut pas s'attendre à de grandes découvertes."

1122. This is the direction taken by the search for the bases of postmodern international law. Postmodern international law is conceived primarily as a system, and then as the implementation of that system. It is not hard to design an "international order" but it is extremely difficult to build one, given its precarious nature and the considerable divergences in its interpretation and application: hence the references to the "foundations of postmodern international law" [1174] or even the "creativity of international law" [1175]. Other institutions exist – or sometimes do not yet exist – to practise international law, alongside the principles and rules that express its content.

1123. Its application is international, or more accurately, takes place at various international levels: bilateral or multilateral, universal or regional, through political, technical or scientific international organizations, in international relations between developed (North-North) or developing (South-South) countries, or a mix of both (North-South), and in different extra-regional contexts such as the cooperation between Brazil, Russia, India, China and South Africa, the BRICS [1176], in spite of recent events less favourable to that [1177].

1124. Internal legal categories can be useful and can be replicated, provided the vision and mission of international law are kept in view, as a whole and in its role as a system for ordering relations between

---

1174. P. B. Casella, *Fundamentos do direito internacional pós-moderno*, Foreword H. Caminos, São Paulo, Quartier Latin, 2008.

1175. S. Sur, "La créativité du droit international – cours général de droit international public", *Collected Courses*, Vol. 363 (2012), pp. 9-331; as well as *L'interprétation en droit international public*, Paris, LGDJ, 1974; *La coutume internationale*, Paris, Litec, 1990; "Système juridique international et utopie, Le droit international", Archives de philosophie du droit, Vol. 32, Paris, Sirey, 1987, pp. 35-45; "Vérification en matière de désarmement", *Collected Courses*, Vol. 273 (1998), pp. 9-102 ; *Relations internationales*, Paris, Montchrestien, 1re éd., 1995, 3e éd., 2004.

1176. See, *i.a.*: *International Legal Aspects of Brics*, P. B. Casella, E. de P. Bueno, E. M. de Carvalho and W. S. Künzli (eds.), Belo Horizonte, D'Placido, 2019; P. B. Casella, *BRIC – à l'heure d'un nouvel ordre juridique international*, Paris, Pedone, 2011; *BRIC* – Brasil, Rússia, Índia, China e África do Sul – uma perspectiva de cooperação internacional, São Paulo, Atlas, 2011; "Brics – the present picture and perspectives", in *XLII Curso de derecho internacional*, Interamerican Legal Committee of the Organization of American States, Washington, OEA – Secretaria general, 2015, Vol. XLII, pp. 13-94; "Brics – perspettiva post-moderna di cooperazione internazionale", in R. Cardilli and S. Porcelli (eds.), *Aspetti giuridici del Brics – Legal Aspects of Brics* – Seminar at the University of Rome – Tor Vergata, 6-8 May 2013, Padova, CEDAM, Kluwer, Università Tor Vergata, 2015.

1177. P. B. Casella, "Brics – Brazil, Russia, India, China and South Africa – As Element of a New World Order?", in P. B. Casella *et al.* (eds.), *International Legal Aspects of Brics*, Belo Horizonte, D'Placido, 2019, pp. 19-37.

state subjects of international law (as well as other non-state subjects or agents) [1178], at the international level.

1125. Relations between states can be conducted according to law or by using force and constraint – states sometimes seek to present this in a favourable light, as power politics, *Realpolitik* or *raison d'état*, which are merely variations on the same theme. Force can be a driver of international relations, or relations between states can be somewhere on a sliding scale between components of law and force – the old, unsolvable dilemma between the "law of force" and the "force of law". There is a wealth of literature, both in international law and international relations, around this interplay between law and force, and many schools of thought or approaches justifying or advocating one or the other in international law and international relations. I will stay within the bounds of international law, within the confines of culture and civilization [1179].

1126. International law as a whole, and also what we call international relations, have both a political dimension and legal consequences, and these can vary considerably. The identity of the subject or agent is not without implications when evaluating its actions and their consequences.

1127. Faced with a classical international law that is ageing, the construction of postmodern international law is under way. To give just a glimpse of the breadth and speed of the development and transformation of international law, you can compare two volumes giving concise presentations, almost fifty years apart, of international law as seen by R.-J. Dupuy (1966) and E. Tourme-Jouannet (2013), in the same collection [1180].

1178. In 1932, at the Hague, M. Siotto Pintor, "Les sujets de droit international autres que les Etats", *Collected Courses*, Vol. 41 (1932), pp. 245-362. The matter was barely sketched at the time and remains controversial: as it can be seen, it is not exactly a new topic. See also L. Boisson de Chazournes and R. Mehdi (eds.), *Une société internationale en mutation: quels acteurs pour une nouvelle gouvernance?*, Bruxelles, Bruylant, 2005. Among the authors in the volume, already the "Introduction" by R. Mehdi signals the "mutations de la société internationale et adaptations insitutionnelles: le grand défi" (*op. cit.*, pp. 7-18), and the number II presents the "participation des acteurs non étatiques et bonne gouvernance"; in their turn, as focus for H. Gherari and S. Szurek (edS.), *L'émergence de la société civile internationale: vers la privatisation du droit international?*, Actes du colloque des 2-3 mars 2001, org. sous les auspices de M. H. Vedrine, ministre des Affaires étrangères, Paris X, Pedone, CEDIN Paris X, Cahiers internationaux, No. 18, 2003.

1179. See the guidelines concerning the concepts of "culture" and "civilization", in the first chapter.

1180. R.-J. Dupuy (1918-1997), *Le droit international*, Paris, PUF – "Que sais-je?", 1966; E. Tourme-Jouannet, *Le droit international*, Paris, PUF – "Que sais-je?", 2013.

1128. This is no accident but a matter of categorical imperative in the Kantian sense of the term, determined by the historical time and the cultural context of the international subjects (and other agents) in the postmodern world. The process of revising and reassessing international law inherited from other times is in full swing, the question being how much remains valid and can survive the ongoing upgrading or renovation, and how much needs to be revisited and structurally reassessed from its foundations, in order to meet the conditions for conceptual and operational validity in the present postmodern context. The main lesson is that these concepts and institutions remain valid and all the more necessary because our world is so diverse and complex.

1129. It will also be necessary to examine whether certain of those institutions are no longer able to make a worthwhile contribution, but should be acknowledged and studied as features from the past that were once useful and necessary but are no longer effective as international instruments.

1130. After all, the Statute of the International Court of Justice retained the language of its predecessor, the Permanent Court of International Justice, including the designation of "the general principles of law recognized by civilized nations". Which those "civilized" nations are seems less clear these days, now that the good – maybe too good – conscience and so-called civilizing mission of the early twentieth century no longer stand up [1181]. And there has still to be any careful examination of which ones might fall outside such characterization [1182]. The question thus becomes how to interpret those "general principles of law recognized by civilized nations", as laid down in Article 38 (1) *(c)* of the Statute of the International Court of Justice.

1131. Analogies might be drawn with national systems of private, not public, law, according to H. Lauterpacht [1183], who set out to show

1181. As examined in chapter III, The impact of colonialism on International law.

1182. In September 2005 the ICJ revised its Statute and determined a change to Article 43, concerning the procedure before the Court. Conceptual questions of such order should also be confronted. To the extent that in practice (almost) all States in the planet are now members of the United Nations Organization – and an additional fifteen States are members of FIFA –, does it still make sense to maintain the wording adopted just after World War I? And how should such a provision be interpreted, in a world structurally and culturally divided as ours?

1183. Hersch Lauterpacht, *Private Law Sources and Analogies of International Law – with special reference to International Arbitration [contributions to International Law and Diplomacy]*, London, Longman, 1927, reprinted by the University of Michigan, Archon Books, 1927, quoted p. 274, note 5 and p. 275:

"The Statute refers here to such general principles of law as *neither international law proper* nor considerations *ex aequo et bono*. For him therefore argument from analogy that international law practitioners could look to national legal systems for arguments [1184] or analogies, and that such arguments were perfectly suited for use by international advocates and courts. Is the question one of delimiting the respective domains of public and private law [1185]? Almost a century on, can this approach still be said to be valid?

1132. In its 1957 Judgment in the case concerning *Certain Norwegian Loans* [1186], the Court, in Lauterpacht's view [1187], exactly expressed the interpretation to be given to Article 38: the text contemplated that general principles of law should be used as they appeared in different national legal systems, as such, and could be adopted by international law in general. And, I would add, by postmodern international law in particular [1188].

with private law was the process intended by Article 38 (1) *(c)*; and was, furthermore, already established as a means of decision of international legal disputes. Subsequently, as a judge of the International Court, he was able in his separate and dissenting opinions to demonstrate the virtues of this approach."

1184. See also K. Strupp, "*Le droit du juge international de statuer selon l'équité*", *Collected Courses*, Vol. 33 (1930), pp. 351-482; M. Habicht, "Le pouvoir du juge international de statuer ex aequo et bono", *Collected Courses*, Vol. 49 (1934), pp. 277-372; G. Arangio-Ruiz, "Le domaine réservé: l'organisation internationale et le rapport entre droit international et droit interne ", *Collected Courses*, Vol. 225 (1990), pp. 9-484. For H. L. A. Hart this is a matter of analogies both of form and of content, in his *The Concept of Law*, orig. publ., 1961, Oxford, Clarendon Press, 2nd ed., 1994, Chap. X – International law, pp. 213-237, No. 5, esp. "analogies of form and content", pp. 232-237.

1185. E. Hambro, "The Relations between International Law and Conflict Law", *Collected Courses*, Vol. 105 (1962), pp. 1-68; W. Riphagen, "The Relationship between Public and Private Law and the Rules of Conflict of Laws", *Collected Courses*, Vol. 102 (1961), pp. 215-334. Again, Riphagen, some years later, "National and International Regulation of International Movement and the Legal Position of the Private Individual", *Collected Courses*, Vol. 132 (1970), pp. 489-620; and "Techniques of international law", *Collected Courses*, Vol. 246 (1994), pp. 235-386.

1186. From 1885 until 1909, Norway had issued in France bonds for Loans, whose amounts were stated in gold or in currencies convertible in gold, as well in several national currencies, whereas interests were always paid in Norwegian currency.

The French government brought the case to the ICJ, in view of obtaining payment of interests based on the gold value of the coupons (at the date of payment) and of the amount of the obligations paid (at the date of reimbursement). The Norwegian government raised preliminary exceptions of incompetence; and same were accepted by the Court, in the Judgment rendered on 6 July 1957.

1187. H. Lauterpacht, at the time judge at the ICJ, had the opportunity of presenting his line of interpretation: for example, in the case concerning *Certain Norwegian loans*, where mention was made to the *conditions potestatives* as stated by French law, as examples of "general principle of law", applicable to the exceptions contained in the Declarations concerning the "clause facultative de jurisdiction obligatoire" as "self-judging reservations to optional clause declarations". *See* ICJ, Certain Norwegian Loans (France v. Norway), Judgment 6 July 1957, *ICJ Reports 1957*, pp. 49-50.

1188. The system of International law, in the post-modern context is a work in progress, but at the same time its building is under way its application cannot be stopped. The post-modern is based on the temporary, on the passing features, and considerably less by what is consolidated by history, and thus is centered on the contemporary.

1133. For G. Ripert [1189], too, the potential and scope for transposing the principles and concepts of civil law should be examined for guidance on the content of the "general principles of law" mentioned in the Statute of the International Court of Justice, as well as in the original version at the time of the Permanent Court.

1134. So-called civilized nations – the criteria for such an attribution remain to be clarified [1190] – must show themselves equal to the operational requirements of international law in the postmodern context [1191], responding through their laws and legal systems to the values and structure of postmodern thinking.

1135. The complexity and scope of the task are enormous. The results so far are variable, with regional nuances appearing though the aim is to achieve one overall, universal system of postmodern international law.

1136. The extent to which this postmodern international law can be structured remains to be determined. That structure must be able to validly address the political realities of the use of force, pressures that can be at once economic, commercial and environmental, the need to preserve natural resources [1192] as well as the viability of intelligent life on the planet, and considerations of military, economic and political strategy – all variables that are are tied in with access to natural resources and markets – to arrive at effective legal regulation on a global scale.

1189. G. Ripert, "Les règles du droit civil applicables aux rapports internationaux (contribution à l'étude des principes généraux du droit visés au Statut de la Cour permanente de justice internationale)", *Collected Courses*, Vol. 44 (1933), pp. 565-664.

1190. H. Thirlway, "Concepts, Principles, Rules and Analogies: International and Municipal Legal reasoning", *Collected Courses*, Vol. 294 (2002), pp. 265-406, quoted p. 274:

> "Article 38 includes among the recognized sources of law the 'general principles of law' recognized in the legal systems of 'civilized nations'. As you will be aware, there are differing views as to the meaning of the reference in the Statute to those principles; but for most scholars, the correct interpretation would at least include the principles which can be found to be shared by all, or at least most, national legal systems. The reference to general principles of law was included in the Statute of the Permanent Court essentially to ensure that the Court should not, for lack of a customary or conventional rule, be obliged to declare a *non-liquet*, that is, decline to give a decision. Is the effect of Article 38 that such principles form part of international law, or are they something existing outside it which can, when necessary, be transposed to the plane of international relations?"

1191. The impact of colonialism on International law, as it was practiced by the self-proclaimed 'civilized' nations, is of paramount relevance and should not be forgotten, as considered in chapter III hereinabove.

1192. G. Elian, "Le principe de la souveraineté sur les ressources nationales et ses incidences juridiques sur le commerce international", *Recueil des Cours*, Vol. 149 (1976), pp. 1-85.

1137. The conclusion is clear: the task is work in progress, and it is premature to gauge what the outcomes will be. At the same time, given that international law is being applied all the time, evaluation is appropriate even while admitting that not everything is yet in place.

1138. The needs exist and they are not only perceptible, but clearly perceived. While the work is in progress a clear overview of the whole as an ordered system is not possible: from the outside, the various activities appear chaotic, but in the end, they lead to a coherent result. Even for those on the inside, working to construct the edifice of postmodern international law, this might not be obvious. But there can be no question of waiting for the entire system to be complete; that could take too long, with the risk that it becomes obsolete before it is even finished.

1139. Wittgenstein [1193] said in a lesson that a thinker can admit to objections of form due to his or her own limitations, but still remain convinced by the subject. The manuscript dates from Vienna in 1918, and was first published there in 1921. The courses he gave at Cambridge in the 1930s, especially during the academic years 1933-34 and 1934-35, have come down to us in the form of notes taken by his students [1194], instead of the expected definitive version written up by the author.

1140. The fact that international law in the postmodern context is being applied while it is still work in progress certainly does not make

---

1193. L. Wittgenstein, *Tractatus logico-philosophicus*, orig. publ. in 1918, the edition *Logisch-philosophische Abhandlung*, 1921, was "korrigierte, zweisprächige Ausgabe", with an Introduction by Bertrand RUSSELL, London, Kegan Paul, Trench, Tubner & Co., 1922, in the series "International Library of Psychology, Philosophy and Scientific Method" – Edinburgh, Edinburgh Press; Braz. ed. *Tractatus logico philosophicus*, transl. J. A. Giannotti, São Paulo, éd. Nacional – EDUSP, 1968, from the "Preface", pp. 23-24:

> "If this work has a value it consists in two things. First that in it thoughts are expressed, and this value will be greater the better the thoughts are expressed. The more the nail has been hit on the head. – Here I am conscious that I have fallen far short of the possible. Simply because my powers are insufficient to cope with the task. – May others come and do it better.

On the other hand, the truth of the thoughts communicated here seems to me unassailable and definitive. I am, therefore, of the opinion that the problems have in essentials been finally solved. And if I am not mistaken in this, then the value of this work secondly consists in the fact that it shows how little has been done when these problems have been solved."

1194. L. Wittgenstein, *Los cuadernos azul y marron*, orig. publ. *The Blue and Brown Books*, transl. from the second English ed. by F. Gracia Guillén, Foreword R. Rhees, Madrid, Tecnos, 1ª ed., 1968, 2ª reimpr., 1984. Mention is made to a letter from L. Wittgenstein to B. Russell, where he mentioned to "have dictated some remarks to my students, in order to allow them to bring something home, if not in their brains, at least in their hands.

for manageability. A further aspect to consider is that virtually everyone has a view to express on international law: what it is, what it is not, and what it should or should not be. None of which simplifies matters.

1141. To quote another of Wittgenstein's teachings: "The difficulty with philosophy is to say no more than we know" [1195]. It is a lesson that remains valid, one that can and should be recognized and applied in postmodern international law: *Wovon man nicht sprechen kann, darüber muss man schweigen* [1196].

1142. We should thus work carefully and with humility in striving to make a worthwhile contribution to building postmodern international law and setting its boundaries. No small task, given its crucial role in establishing balance in the modern world, ensuring that international relations are conducted in accordance with principles rather than determined by constraint and power, and that regulation is geared to human needs and dignity and the preservation of the earth's resources.

1143. Between the models of force and law, a clear choice of direction must be made. The key lesson of postmodern international law will be that it is possible for international relations to be governed by legal rules, provided there is a minimum level of consistency in how the principles are applied, the rules interpreted and the procedures implemented. Law cannot dispense with procedures for its implementation – but nor can it be merely a set of procedures.

1144. As with any system of laws and institutions, that choice must emerge clearly among all the factors that can be invoked as the foundations of postmodern international law [1197]. In power politics and international relations, there is considerable emphasis on confrontation,

---

1195. L. Wittgenstein, The Blue Book, page 45. *Cuaderno azul*, ed. *cit.*, p. 77.

1196. L. Wittgenstein, *Tractatus*, *op. cit.*, Final section.

1197. M. N. Shaw, *International Law*, Cambrige, University Press, 5th ed., 2003, ch. 1 – the nature and development of international law, especially "the function of politics", quoted p. 12:

> "Politics is much closer to the heart of the system than is perceived within national legal orders and power much more in evidence. The interplay of law and politics in world affairs is much more complex and difficult to unravel, and signals . . . to the . . . discussions as to why states comply with international rules. Power politics stresses competition, conflict and supremacy and adopts as its core the struggle for survival and influence. International law aims for harmony and the regulation of disputes. It attempts to create a framework, no matter how rudimentary, which can act as a kind of shock-absorber clarifying and moderating claims and endeavoring to balance interests. In addition, it sets out a series of principles declaring how states should behave. Just as any domestic community must have a background of ideas and hopes to aim at, even if few can be or are ever attained, so the international community, too, must bear in mind its ultimate values."

conflict and the quest for supremacy: every partner in the system sees it as its priority to fight for survival and wield influence. International law, however, is characterized by the quest for international harmony – or eunomy [1198] – and the peaceful settlement of disputes. It is no accident that there exists in international law a wealth of literature on the procedures and mechanisms for peaceful settlement of disputes and the reasons for having recourse to them [1199]. It is about creating a system of legal norms and procedures that might attract criticism for their elementary appearance but still have a significant role as a shock absorber, and setting up mechanisms to bring about the resolution of disputes and the maintenance of balance between the subjects and other agents of postmodern international law.

1145. Postmodern international law lays down a set of principles for the conduct of states. These embody the conviction that postmodern international law is necessary law, a mechanism for regulating the workings of the international system, whether between states, as was the case with classical international law, or between all the subjects of postmodern international law. States interact with other international subjects and agents – international organizations, non-governmental organizations, individuals and other groups of people not organized as states, which, whatever the difficulties of applying the law to them, are beginning to configure themselves into the international equivalent of civil society, taking the first steps towards what could be described as international civil society [1200].

1198. The concept of *eunomy*: the conviction that is to be avoided the disorder generated by all violation of law in the social order. In opposition to *eunomy*, the Greek classic vision presented *anomy*, the absence of law: Eunomy is, like Dike, a divinity – Hesiodus designates both as sisters, in his *Theogony*. And both also perform as immanent action. It is not by the gifts or the heavenly exterior benedictions, the fertility of the fields and the material abundance, that same is manifested, as in Hesiodus, but by peace and harmony of the social cosmos. See P. B. Casella, *Fundamentos do direito internacional pós-moderno*, São Paulo, Quartier Latin, 2008, esp. Chap. VII – eunomia internacional, pp. 615-661; see also W. Jaeger, *Paideia – die Formung des griechischen Menschen*, orig. publ. 1936; Braz. ed., *Paideia – a formação do homem grego*, trad. A. M. Parreira, São Paulo, Martins Fontes, 1979, esp. "Sólon: começo da formação política de Atenas", pp. 161-175, quoted p. 167.

1199. As in H. Accioly, G. E. do Nascimento e Silva, P. B. Casella, *Manual de direito internacional público*, São Paulo, Saraiva, 26ª ed., 2023, esp. 8 – *solução de controvérsias no direito internacional*, pp. 789-839 and 9 – uso da força e guerra no direito internacional, pp. 841-924; V. M. Rangel, "Solução pacífica de controvérsias", XI *Curso de derecho internacional*, Rio de Janeiro, *Comitê jurídico interamericano*, Washington, OEA, 1985, pp. 29-48.

1200. E. Roucounas, "Facteurs privés et droit international public", *Collected Courses*, Vol. 299 (2002), pp. 9-420, part I, Chap. v – Les acteurs qui se réclament de la société civile internationale, pp. 97-103, quoted pp. 97-98:

1146. That might appear novel, but Kant had already given it expression as early as the end of the eighteenth century, when he spoke of a "universal civil society"[1201]. The philosopher's concern was not merely theoretical, when he asked: "how will our descendants go about conceiving the burden of history that we would like to leave them with after a number of centuries"?

> "Without doubt they will hold in esteem the history of the most ancient time, the documents of which will likely have long since disappeared, only from the point of view of what interests them, namely what peoples or governments have achieved or harmed, from a cosmopolitan perspective. To take this into account, and at the same time to take into account the desire that heads of state and their servants have for honor, so that they can be directed to the only means that will ensure that they be regarded as praiseworthy into the latest of ages: this too can provide a *small* motivation for attempts at such a philosophical history." [1202]

1147. The form such a civil society might actually take, whether international as we describe it today, or universal, as Kant put it, is still unclear. First, we must decide what we mean by civil society, and how it might be made to work. The fragmentation of views about what international law should be, and the increasing numbers of its subjects

> "la présence de forces sociales non-étatiques est assurée par la montée spectaculaire de la 'société civile', avec la remarque supplémentaire que nous assistons depuis quelque temps à la formation d'une 'société civile internationale' (ou plutôt *transnationale*) qui, depuis les événements politiques en Europe de 1989, porte même la qualification de globale. Mais il faut répéter, ici, que la société civile n'est pas le *substitut* des facteurs privés au sein des sociétés, internes et internationale. Bien que le concept n'ait pas acquis un sens précis le phénomène de la société civile connaît des spectaculaires adhésions dans plusieurs parties du monde. Pour les uns il s'agit de l'idée de *construction d'une sphère publique à partir de la communauté de base,* qui s'exprime en parallèle avec, ou en opposition aux institutions établies de la société. Pour les autres c'est une *organisation intermédiaire de de représentation d'intérêts* qui se situe entre la société et l'état, dans un sens post-tocquevillien".

Its existence is justified by the separation that tends to be operated (especially in the industrial society) between politics and the market and its mobilization is made in view of several crises of society.

1201. I. Kant, *Idee zu einer allgemeinen Geschichte in weltbürgerlicher Absicht* (1784); translated in French, "Idée d'une histoire universelle au point de vue cosmopolitique", in the volume Kant, *Opuscules sur l'histoire*, transl. S. Piobetta, introduction, notes, bibliographie et chronologie par P. Raynaud, Paris, Flammarion, 1990, pp. 69-89.

1202. I. Kant, Idea for a Universal History from a Cosmpolitan Perspective, 8:31, translated from the Akademie edition by David L. Colclasure. *Idée d'une histoire universelle au point de vue cosmopolitique*, ed. *cit.*, 1990, p. 89.

and agents, are characteristic both of the time and the postmodern cultural context.

1148. To examine the foundations of law [1203] in general, and more specifically of international law in the postmodern context, is to confront the current state of the world, in which the use of force and the weight of power politics conspire to relegate postmodern international law to a secondary role of rationalizing and ratifying their outcomes *ex post facto*. Once a situation is imposed by force, postmodern international law would thus be limited to a kind of notarial function of recording something already decided elsewhere [1204].

1149. Far from existing merely as a means of recording what has been obtained by politics or force, however, international law is central to the international institutional and normative system, as can be seen from the major issues facing it: peace, the limits on war and the use of force, and the balance between interdependence and cooperation. Observing the interplay of these two components of the international system does not make its rules any easier to apply.

B. Limitations on war and the use of force

1150. From the very first examples of historic records in written form, dating back five thousand years, peace – or rather, the quest for it – has played a central role, along with the agreements made to preserve it from the wars that have punctuated mankind's history. The search for peace has been a constantly recurring feature ever since written records began, and the phenomenon of war is another. The same question has arisen countless times: is it possible to set limits on war and the use of force? It has been answered countless times, in a variety of different ways. Among these diverse responses, what is the role of international law?

> "All forms of the state are based on the idea of a constitution which is compatible with the natural rights of man, so that those

---

1203. A.-J. Arnaud, *O direito entre modernidade e globalização: lições de filosofia do direito e do estado*, trad. P. C. Wuillaume, Rio de Janeiro, Renovar, 1999, esp. Lição 6 – *da globalização ao pós-modernismo em direito*, pp. 195-234, quoted p. 195:

> "Se tentarmos prolongar a reflexão sobre a globalização em termos de pensamento jurídico, nos depararemos com a problemática do pós-modernismo em direito."

1204. There is nothing against the study of the matter from the point of view of International law, as presented by G. A. L. Droz, "L'activité notariale internationale", *Collected Courses*, Vol. 280 (1999), pp. 9-134.

who obey the law should also act as a unified body of legislators. And if we think of the commonwealth in terms of pure reason, it may be called a Platonic *ideal* . . ., which not an empty figment of the imagination but the eternal norm of all civil constitutions whatsoever, and a means of ending all wars." [1205]

1151. Reflecting on peace and the institutional structures to ensure its continuity is a classic theme in international law as well as in philosophical and political thinking: Habermas wrote his essay on the subject of "perpetual peace" to mark the bicentenary of the "Kantian idea" [1206], though the subject had been written about centuries before Kant:

> "Of course, Kant developed this idea within the conceptual framework of social contract theory . . . and against the background of the specific historical experiences of his time. Both now separate us from Kant. With the undeserved hindsight of later generations, we can now see that his proposals are beset with conceptual difficulties and that they are no longer consonant with our historical experiences." [1207]

1152. Many authors have written about "perpetual peace", either to stress the predominance of its structural aspects or to point up those aspects that might reduce political tensions between states,

---

1205. I. Kant, *The Contest of Faculties, in Kant's Political Writings*, Cambridge, 1970, p. 187. *E. Kant, Conflit des facultés*, transl. A. Renaut, in I. Kant, *Oeuvres philosophiques*, Paris, Gallimard – Pleiade, 1986, Vol. III, p. 902.

1206. J. Habermas, *Kants Idee des Ewigen Friedens – aus dem historischen Abstand von 200 Jahren*, Frankfurt am Main, Suhrkamp, 1996; English edition, Kant's Idea of Perpetual Peace: At Two Hundred Years' Historical Remove, in Bohmann and Lutz-Bachmann (eds), Perpetual Peace: Essays on Kant's Cosmopolitan Ideal, MIT Press 1997. Habermas writes:

> "The conclusion – 'ending all wars' – is surprising. It points to the fact that the norms of international law that regulate war and peace are only provisionally valid, that is, they are valid only until the process of legal pacification for which Kant prepares the ground with his work 'Perpetual Peace' has brought about a cosmopolitan order and thereby abolished war", at p. 165.

1207. J. Habermas, *op. cit.*, 1997, at p. 166, refers to the premises that constitute Kant's starting point:

> "They affect all three steps of his argument: the definition of the goal, perpetual peace; the description of the actual project, the appropriate legal form of a federation of nations; and, finally, the solution in the philosophy of history to the problem posed by this project, the gradual realisation of a cosmopolitan order." He proceeds to "examine how Kant's idea stands up in light of the historical experience of the last two hundred years, and how it must be reformulated in light of the contemporary global situation".

such as attempts at economic integration [1208] – but their conclusions are somewhat unsatisfactory. "Perspectives are not necessarily bleak; they are totally uncertain. The shadow line remains present; higher standards may be looked for; they remain to be first achieved and then implemented – if ever . . ." [1209]

1153. Benjamin Franklin, a contemporary of Kant, noted in his *Autobiography* [1210]: "I know that the events of war are subject to great uncertainty". Over two thousand years earlier, Thucydides, in his *History of the Peloponnesian War,* was already warning that in war, events were unpredictable [1211].

1154. In a manuscript dating from 1827, kept in the British Museum, Jeremy Bentham proposed that the nations, acting on a footing of perfect equality, should adopt a summary code in order to preserve not only peace (understood as the absence of war) but also mutual good will and good offices among the members of the Confederation [1212].

1208. P. B. Casella, *Comunidade européia* e seu ordenamento jurídico, São Paulo, LTr, 1994; *União européia – instituições e ordenamento jurídico*, São Paulo, LTr, 2002, esp. 1.2 – *Projetos e experiências de União européia : antecedentes históricos*, pp. 54-71:

> "Pode-se fazer remontar ao Cristianismo medieval, ou até a Antiguidade, a noção de unidade espiritual e cultural, concomitante ou não às tentativas de união política, dos povos que habitavam esse espaço do planeta, ao mesmo tempo em que se sucedem os conflitos opondo esses mesmos povos ao longo dos séculos."

1209. P. B. Casella, "Pax Perpetua – A Review of the Concept from the Perspective of Economic Integration", in *Dimensão internacional do direito – estudos em homenagem a G. E. do Nascimento e Silva and P. B. Casella (eds.)*, São Paulo, LTr, 2000, pp. 69-88, quoted paras. 32 and 33 *in fine*:

> "Kant's dilemma is not just a learned question from the past; we are still fighting with the same issues. No substantial innovations were achieved over the last two hundred years, although some concepts have been crystalizing as to outcast war, as a valid means for seeking peaceful settlement of disputes. Suspension of war can be reached, only to fail again thereafter; this is not yet peace, just the suspension of hostilities. Building peace and making it to last, however, remains utterly utopia."

1210. B. Franklin (1706-1790), *Autobiography*, edited with an introduction and a supplement on the life of Franklin by W. Macdonald, London, New York, J. M. Dent and Sons, E. P. Dutton and Co. 1re publ., 1908, reprinted 1960, quoted p. 129.

1211. Thucydides, History of the Peloponnesian War, *op. cit.*, ed. 1982, at II.11.

1212. Liang Yuen-Li, "Le développement et la codification du droit international", *Collected Courses*, Vol. 73 (1948), pp. 407-532, Chap. II – Aperçu historique du développement du droit international par voie de conférences et des efforts en vue de la codification, pp. 421-458, quoted p. 452:

> "Bentham n'a fait que peu d'efforts pour asseoir ses plans de code international sur le droit des gens existant; il a cherché, au contraire, à créer un code qui ne serait qu'une application de son principe d'utilité générale: autrement dit, il a cherché à remplacer l'ancien droit naturel des philosophes, qu'il rejetait, par un droit naturel nouveau."

1155. Collective security in international law is constructed as a system whose goal is to maintain peace and protect the subjects of international law from war and the use of force in general in international relations: its building blocks are the renunciation of the use of force through treaties, international organizations, sanctions for violations of international law, and disarmament. In the aftermath of the first world war, this concept developed as a reaction against the failure of the idea of the balance of power [1213].

1156. An analysis of the subject from a historical perspective shows the complexity – and sometimes even opportunism – of the discussions around whether a given war could be considered "just" or "unjust". Throughout the twentieth century, despite wars having occurred that brought destruction on an unprecedented scale, including the two "world" wars, there has been a growing movement against war and the use of force in general.

1157. The Covenant of the League of Nations did not as yet exclude war. It obliged states involved in an international dispute to seek a peaceful solution before embarking on conflict. Article 8.1 provided: "The Members of the League recognize that the maintenance of peace requires the reduction of national armaments to the lowest point consistent with national safety and the enforcement by common action of international obligations". Article 11.1: "Any war or threat of war, whether immediately affecting any of the Members of the League or not, is hereby declared a matter of concern to the whole League, and the League shall take any action that may be deemed wise and effectual to safeguard the peace of nations". Under Article 12.1, Members agreed that "any dispute likely to lead to a rupture" must be submitted either

1213. C. D. A. Mello, *Curso de direito internacional público*, Rio de Janeiro, Renovar, 2004, 15ª ed., Vol. II, Chap. LIX – *Segurança coletiva*, pp. 1475-1493; the question of disarmament, notably for nuclear weapons, remains desirable, but less probable – especially in view of recent events, as I pointed out already in my Foreword to the book by W. Ejzenberg, *Desarmamento nuclear*, Belo Horizonte, Arraes ed., 2017, *Prefácio*, pp. X-XIII:

> "O tema do desarmamento nuclear não somente permanece perigosamente atual como ganha em relevância e urgência, diante das declarações recentes de dois dirigentes – o presidente da Federação da Rússia, V. Putin, e o presidente dos Estados Unidos, D. Trump – no sentido de ambos pretenderem fortalecer os respectivos arsenais nacionais de armas nucleares."

The context is aggravated and due to the denunciation, in May 2020, of treaties by the United States, under D. Trump, as lately the "Open Skies" Agreements, due to alleged violations committed by Russia: the answer from the Russian government was that if there were problems, same could have been discussed, instead of just quitting these international engagements.

to arbitration or to inquiry by the Council, and that they would "in no case . . . resort to war until three months after the award by the arbitrators or the report by the Council". This was a moratorium on war, not a prohibition. Article 15 dealt with the case of a "dispute likely to lead to a rupture, which is not submitted to arbitration" and set out the process for submitting it to the Council.

1158. Article 16 of the Covenant of the League of Nations stipulated that a Member of the League resorting to war in breach of Articles 12, 13 or 15 would "*ipso facto* be deemed to have committed an act of war against all other Members of the League", and set out the obligations on those other states in response. Those might include exclusion from the League under Article 16.4. Article 17 provided for the possibility of a dispute between states only one of which was a Member, or "between States not Members of the League".

1159. Though regularly criticized, it must be acknowledged that the Covenant of the League of Nations constituted progress in that it outlawed certain wars and deemed territorial integrity to be inviolable, even during a war that was not prohibited.

1160. The 1924 Geneva *Protocol for the Pacific Settlement of International Disputes* stipulated that its signatories must in no event make war. "Recognising the solidarity of the members of the international community", it asserted that "a war of aggression constitutes a violation of this solidarity and an international crime" [1214]. But with only nineteen countries adhering, the League of Nations could never put the Protocol into effect.

1161. Only with the Kellogg-Briand Pact did renunciation of war become a reality. Signed in Paris in 1928 by fifteen states, by the eve of the second world war they numbered 63. The preamble stated that its signatories were

> "persuaded that the time has come when a frank renunciation of war as an instrument of national policy should be made, to the end that the peaceful and friendly relations now existing between their peoples may be perpetuated".

1214. League of Nations, *Protocol for the Pacific Settlement of International Disputes –Protocole pour le règlement pacifique des différends internationaux*, adopted by the Fifth Assembly of the League of Nations, on 2 October 1924, Preamble and Article one:

> "The signatory States undertake to make every effort in their power to secure the introduction into the Covenant of amendments on the lines of the provisions contained in the following articles."

Article I stated:

> "The high contracting parties solemnly declare in the names of their respective peoples that they condemn recourse to war for the solution of international controversies and renounce it as an instrument of national policy in their relations with one another."

In article II the parties agreed

> "that the settlement or solution of all disputes or conflicts of whatever nature or of whatever origin they may be, which may arise among them, shall never be sought except by pacific means".

1162. Despite its importance in the evolution of international law, it should be remembered that the 1928 Paris Pact did not lay down sanctions in case of breach, nor did it forbid the use of force in situations other than war.

1163. I know how difficult it is to explain to thinking people such as students of law and international relations the importance of the 1928 Paris Pact as an attempt to outlaw war, given that in 1939, scarcely ten years after that international initiative, the second world war broke out.

1164. The key point was that the law had changed, making war unlawful as a tool of national or international policy. Enforcement was an altogether different matter.

1165. In the inter-American context, there were a number of initiatives at that time aimed at maintaining peace. On 10 October 1933, the Saavedra Lamas Pact was signed in Rio de Janeiro. That instrument condemned "wars of aggression and territorial acquisitions obtained through conquest by armed force, making them impossible and sanctioning their illegality by the positive provisions of this treaty" (preamble and Art. I), and declared that "territorial issues must not be resolved by violence" and that the parties would not "recognize any territorial settlement unless it was achieved by peaceful means" (Art. II). In the event of breach, the contracting parties undertook to use all efforts to maintain peace (Art. III) and use the conciliation procedure (Art. IV) laid down in the treaty, with that obligation not being subject to reservations (Art. V) [1215].

1166. After that, prior to the second world war there was another series of major declarations of non-recognition of territorial acquisitions

---

1215. Tratado antibélico de no-agresión y de conciliacion (Pacto Saavedra Lamas), adopted in Rio de Janeiro, 10 October 1933. Text: (in Spanish only) OAS treaty series, N. 16 www.oas.org.

by armed force, including the Declaration of the Nineteen American Republics of 3 August 1932 in the Chaco conflict, the Resolution of the Council of the League of Nations of 18 March 1933 in the Leticia dispute, the 1933 Montevideo Convention on the Rights and Duties of States (signed at the Seventh International Conference of American States), the Declaration of Principles of Inter-American Solidarity and Cooperation and the Convention to Coordinate, Extend and Assure the Fulfillment of the Existing Treaties Between the American States, signed at the Inter-American Conference for the Maintenance of Peace in Buenos Aires in 1936, and the 1938 Declaration of American Principles (signed at the Eighth International Conference of American States in Lima) which among other things resolved that the use of force as an instrument of national policy was proscribed.

1167. Those inter-American initiatives represented worthwhile efforts [1216], as did the Inter-American Treaty of Reciprocal Assistance signed in 1947, the parties to which formally condemned war, undertook not to resort to the threat or use of force, and reaffirmed the continent's solidarity in matters of defence.

1168. The situation is very different now, with the resort to force prohibited not only by specific treaties but by general international law: the prohibition on the use of force is accepted as a fundamental principle of the international community [1217].

1169. Force alone cannot extinguish a right, including rights over territory: occupation, long considered a valid method of territorial acquisition – hence what was once called the law of occupation [1218] – is

---

1216. H. Wehberg, "L'interdiction du recours à la force: le principe et les problèmes qui se posent", *Collected Courses*, Vol. 78 (1951), pp. 1-122, quoted p. 98:

> "La plupart de ces textes ont été le fait des Républiques américaines, à qui revient le mérite d'avoir soutenu avec persévérance l'idée du rejet de la conquête, et le principe de la non-reconnaissance."

It is interesting to compare the contents of this course given in 1951, with a previous course by H. Wehberg, "Le problème de la mise de la guerre hors la loi", *Collected Courses*, Vol. 24 (1928), pp. 147-306.

1217. H. Wehberg, *op. cit.*, 1951, quoted pp. 99-100: "Ne pas partager cette opinion équivaudrait à admettre que la force prime le droit." And thereafter, *op. cit.*, 1951, pp. 105-106:

> "Le respect du droit n'exige pas seulement que l'on flétrisse publiquement l'agresseur, mais aussi qu'on lui inflige des sanctions. La mise au pilori du criminel devant l'opinion publique mondiale ne saurait suffire; il faut le dépouiller de son butin. Ceci n'est pas possible sans une conduite uniforme commune des membres de la communauté des Etats, qui doivent faire usage de leur droit de légitime défense collective."

1218. V. Koutroulis, *Le début et la fin de l'application du droit de l'occupation*, Paris, Pedone, 2010. As already mentioned in the *Introduction of his book*, certain practices may well illustrate the changes in time and in context.

not only an outmoded practice but now condemned by international law. Unauthorized use of force cannot destroy an existing right, as the International Court of Justice affirmed in its 2004 Advisory Opinion on the Wall [1219].

1170. "The principle of prohibition of the use of force still raises a number of other problems", Wehberg concluded: "it is very important to examine whether war, now it has been prohibited, constitutes a crime and who is committing this crime against peace"; also whether "in the case of a prohibited use of force, the laws of war and neutrality also apply in full to an aggressor". It must be viewed in the context of earlier, classical international law, for which "the theory of *bellum justum* had scarcely more than a moral influence" and "the right to make war was recognized unreservedly, in classical law, as an attribute of sovereignty" [1220].

1171. The United Nations Charter of 1945 is in line with that tradition, with Article 2.4 providing:

> "All Members shall refrain in their international relations from the threat or use of force against the territorial integrity or political independence of any state, or in any other manner inconsistent with the Purposes of the United Nations."

Chapter VII, on threats to the peace, breaches of the peace and acts of aggression, refers in Article 51 to the "inherent right of individual and collective self-defence".

1219. As pointed out by the International Court of Justice in the Advisory Opinion on the Wall: ICJ, Legal Consequences of the construction of a Wall in the Occupied Palestinian Territory, Advisory opinion, 9 July 2004, *ICJ Reports 2004*, p. 136. See also the comments on the main aspects of this relevant ICJ Advisory Opinion in Chapter III, in connection with the self-determination of peoples.

1220. "L'interdiction du recours à la force, qui domine tout le droit actuel, ne laisse pas d'avoir des effets décisifs sur de nombreuses théories du droit classique", remarked H. Wehberg, *op. cit.*, 1951, "Conclusions", pp. 113-115:

> "Le principe de l'interdiction du recours à la force soulève encore divers autres problèmes"; "il est très important d'examiner si la guerre, depuis qu'elle est interdite, continue un crime et qui commettre ce crime contre la paix" et si "le droit de la guerre et de la neutralité, en cas d'emploi interdit de la force, est aussi applicable intégralement à un agresseur"; "la théorie du *bellum justum* n'a guère eu qu'une influence d'ordre moral" et "le droit de guerre était en effet reconnu sans réserve, en droit classique, comme un attribut de la souveraineté".

The ancient "right of conquest" gave place to "la conviction que les modifications territoriales, obtenues grâce à un emploi non-autorisé de la force ne sont aujourd'hui plus licites".

1172. The Cold War left its mark on the regulation of peaceful relations between peoples [1221], as illustrated by UNGA Resolution 2625 (XXV) of 24 October 1970, the *Declaration on Principles of International Law concerning Friendly Relations and Co-operation among States in accordance with the Charter of the United Nations* [1222], which rationalized the rules of the game while the Cold War lasted. Its impact could also be seen in the field of economics [1223], so the need for such a system was only too visible [1224].

1173. Whenever conflicts or differences arise between two states that can be resolved by peaceful means, wrote J.-G. Bluntschli (1808-1881), it was important from the outset to avoid all acts of violence and

1221. G. Arangio-Ruiz, "The normative role of the General Assembly of the United Nations and the Declaration of Principles of Friendly Relations, with an Appendix on the Concept of International Law and the Theory of International Organization", *Collected Courses*, Vol. 137 (1972), pp. 419-742; O. V. Bogdanov, "Outlawry of War, and Disarmament", *Collected Courses*, Vol. 133 (1971), pp. 15-42; L. de Brouckère, "La prévention de la guerre", *Collected Courses*, Vol. 50 (1934), pp. 3-83; L. de Brouckère, "Les travaux de la Société des Nations en matière de désarmement", *Collected Courses*, Vol. 25 (1928), pp. 365-450; E.-E.-F. Descamps, "Le droit international nouveau: influence de la condamnation de la guerre sur l'évolution juridique internationale", *Collected Courses*, Vol. 31 (1930), pp. 393-560; A. S. Fischer, "Outlawry of War, and Disarmament", *Collected Courses*, Vol. 133 (1971), pp. 389-412; E. Giraud, "La théorie de la légitime défense", *Collected Courses*, Vol. 49 (1934), pp. 687-865; P. C. Jessup, "To Form a more Perfect United Nations", *Collected Courses*, Vol. 129 (1970), pp. 1-24; S. M. Schwebel, "Aggression, Intervention and Self-Defence in Modern International Law", *Collected Courses*, Vol. 136 (1972), pp. 411-498; K. Strupp, "Les règles générales du droit de la paix", *Collected Courses*, Vol. 47 (1934), pp. 257-595; G. I. Tunkin, "Coexistence and International Law", *Collected Courses*, Vol. 95 (1958), pp. 1-82; C. H. M. Waldock, "The Regulation of the Use of Force by Individual States in International Law", *Collected Courses*, Vol. 81 (1952), pp. 451-515.

1222. UNGA, Resolution 2625 (XXV), *Declaration on principles of international law concerning friendly relations and co-operation among states in accordance with the Charter of the United Nations* (A/8082).

1223. L. N. Orlov, "Soviet Joint Enterprises with Capitalist Firms and Other Joint Ventures between East and West", *Collected Courses*, Vol. 221 (1990), pp. 371-414 and R. H. Carpenter Jr., "Soviet Joint Enterprises with Capitalist Firms and Other Joint Ventures between East and West: The Western Point of View", *Collected Courses*, Vol. 222 (1990), pp. 365-421, "Conclusion", p. 421:

> "From the standpoint of many would-be Western participants, what is most important is the conviction that the course of change to a market system is irreversible. In July of 1990, it is somewhat easier to form that conviction as to some of the Eastern European countries, like Hungary and Poland, than it is for the Soviet Union, where the equivocations, the uncertainty of the leadership about how to proceed and the resistance to change in important elements of the society as a whole are more conspicuous."

1224. J. Soubeyrol, *Las iniciativas coercitivas de la ONU y la legalidad interna de la organización*, translated from the French by A. Herrero de la Fuente, Valladolid, Cuadernos de la cátedra J. B. Scott, Universidad de Valladolid, 1970, "Conclusion", pp. 95-98, quoted p. 95.

seek a negotiated solution. He laid down this condition: "there can be no resort to arms except in case of absolute necessity, because violence is itself a reprehensible act and constitutes a danger to public order" [1225]. Though he added straight afterwards:

> "Current international law, while not yet making it an obligation for the different states, has an expectation that powers between whom serious conflict arises should not resort to arms until they have called on the good offices of a friendly power." [1226]

1174. Here, not resorting to arms before having called on the good offices of a friendly power is expressed as an "expectation", something desirable and to be recommended, but with no binding force. Since then, however, there have been notable advances in the international legal regime of war, as can be seen from the limits laid down in Article 51 of the UN Charter – but only if those limits can be enforced in state practice, particularly when one of the five permanent members of the UN Security Council is involved, or an ally close enough for them to block the taking of a decision by the Council.

1175. War seems to have been an ever-present feature of human relations, whether personal or societal, and this tendency is something we must unfortunately come to terms with.

1176. Attempts to order and regulate war by legal means – going back centuries and repeated many times – seem inexorably doomed to fail; once the primitive, elementary and destructive forces in human nature are unleashed, it is always hard to set any limits on them or argue that they must be kept within civilized bounds.

1177. Any effort to humanize or curtail the essentially destructive and inhuman pursuit of war looks merely palliative. Postmodern international law seems to be aware of such limitations [1227].

1225. J.-G. Bluntschli, *Le droit international codifié*, translated from the German by C. Lardy, with a biography of the Author by A. Rivier, Paris, Guillaumin, 5e éd. revue et augmentée, 1895, par. 481 and r 1, p. 275: "on ne peut recourir aux armes qu'en cas de nécessité absolue, parce que la violence est en elle-même un acte coupable et constitue un danger pour l'ordre public".

1226. J.-G. Bluntschli, *Le droit international codifié*, 1895, par. 484 and r 1, p. 276: "Le droit international actuel, sans en faire encore une obligation pour les divers états, émet le voeu que les puissances entre lesquelles s'élèverait un conflit sérieux, n'en appellent aux armes qu'après avoir recouru aux bons offices d'une puissance amie". "Cette idée, émise sous forme de vœu, a été formulée, le 14 avril 1856, par les grandes puissances de l'Europe, réunies au Congrès de Paris."

1227. In this sense, see e. g., B. Boutros-Ghali, "Le droit international à la recherche de ses valeurs: paix, développement, démocratisation", *Collected Courses*, Vol. 286 (2000), pp. 9-38; P. Daillier, "Les opérations multinationales consécutives à des conflits

1178. Is peace an art, or a utopian ideal? Are not war and the temptation to impose one's will by force inherent in human nature?

1179. War in the various civilizations of the ancient world – as far as we can judge from surviving historical records – was not only lawful but was considered praiseworthy and celebrated. References to its use are frequent.

1180. Plato, in the *Republic* [1228], was already considering how Greek soldiers should behave towards their enemies: was it a matter "of making slaves of the defeated . . . [and for Greeks] to reduce Greek cities to slavery, or rather . . . that they should not suffer any other city to do so, but should accustom Greeks to spare Greeks, foreseeing the danger of enslavement by the barbarians"? Plato took the view that in general, "they would be more likely to turn against the barbarians and keep their hands from one another" [1229].

1181. The possibilities for "just war" were explored in more detail by Aristotle: "For justice exists only between men whose mutual

armés en vue du rétablissement de la paix", *Collected Courses*, Vol. 314 (2005), pp. 233-431; L. Caflisch, "Cent ans de règlement pacifique des différends interétatiques", *Collected Courses*, Vol. 288 (2001), pp. 245-467; O. Corten, *Le droit contre la guerre : L'interdiction du recours à la force en droit international contemporain*, Paris, Pedone, 2008; C. Gray, *International Law and the Use of Force*, Oxford, Univ. Press, 1st publ., 2000, 3rd ed., 2008; L. C. Green, *The Contemporary Law of Armed Conflict*, Manchester, Univ. Press, 1st publ. 1993, 3rd ed. 2008; F. Kalshoven, *Reflections on the Laws of War*: Collected Essays, Leiden, M. Nijhoff, 2007; M. G. Kohen (ed.), *Promoting Justice, Human Rights and Conflict Resolution through International Law/La promotion de la justice, des droits de l'homme et du règlement des conflits par le droit international: Liber amicorum Lucius Caflisch*, Leiden, M. Nijhoff, 2007; A.-M. Le Gloannec and A. Smolar (eds.), *Entre Kant et Kosovo: études offertes à P. Hassner*, Paris, Presses de Sciences Po, 2003; M. Lequan, *La paix*, Paris, Flammarion, 1998; K. Okimoto, *The Distinction and Relationship between Jus ad Bellum and Jus in Bello*, Oxford and Portland, Oregon, Hart Publ., 2011, Vol. 33 in the Series Studies in International Law; A. Roberts and R. Guelff (eds.), *Documents on the Laws of War*, 1982, Oxford, Univ. Press, 3rd ed., 2000, reprinted 2010; G. D. Solis, *The Law of Armed Conflict – International Humanitarian Law in War*, Cambridge, Univ. Press, 1st publ., 2010, reprint 2010; H. Strachan and S. Scheipers (eds.), *The Changing Character of War*, Oxford, Univ. Press, 2011; U. Villani, "Les rapports entre l'ONU et les organisations régionales dans le domaine du maintien de la paix", *Collected Courses*, Vol. 290 (2001), pp. 225-436; *Le droit international au service de la paix, de la justice et du développement: Mélanges M. Virally*, Paris, Pedone, 1991; M. Walzer, *Guerres justes et injustes – Argumentation morale avec examples historiques*, orig. publ. *Just and unjust wars*, 1977, translated into French by S. Chambon and A. Wicke, Paris, Gallimard-folio, 2006.

1228. Plato, *The Republic*, with an English translation by P. Shorey, Cambridge, Ma., Harvard Univ. Press – London, W. Heinemann, Loeb Classical Library, LCL 237, Republic, Books I-V, orig. publ. 1930, reprint 1978; LCL 276, Republic, Books VI-X, orig. publ. 1935, reprint 1987, Rep. V; Laws.

1229. Plato, *The Republic*, ed. 1978, quoted V. 469 B and C.

relations are governed by law; and law exists for men between whom there is injustice" [1230].

1182. Aristotle subscribed to the principles of Plato and rejected the idea that "barbarians" could count on the law. They were slaves by nature, thus natural law allowed them to be hunted and reduced to slavery, like any other kind of prey [1231]. On the other hand, according to Aristotle, war between Greek cities must be conducted according to strict rules, with the restoration of peace as its ultimate goal:

> "In these matters the same principle of preference that applies to the parts of the soul must apply also to the activities of those parts: war must be for the sake of peace, business for the sake of leisure, things necessary and useful for the purpose of things noble." [1232]

1183. There must be good reasons for making war, according to Aristotle: first, to avoid becoming enslaved to others, then, to seek hegemony in the interests of the subjects and not in order to reign as master of all, and thirdly, to master and dominate those who deserved to be enslaved [1233].

1184. Thucydides, already mentioned above, warned in his *History of the Peloponnesian War* that in a war, "the character of . . . events . . . cannot be made out with certainty" [1234].

1185. A few centuries later this sombre vision of history received a boost from the Roman poet Lucan (39-65 A.D.), whose epic poem

1230. Aristotle, Nichomachean Ethics, translated by H. Rackham, Cambridge Ma., Harvard Univ. Press, London, W. Heinemann, LCL Aristotle in 23 volumes, Vol. 19, 1934, 1134a, 26ff. In French translation, *Ethique à Nicomaque*, texte trad. et annoté par J. Tricot, Paris, Vrin, 1990, *cit.* V,VI, 4, and thereafter VI, 8: the text refers to children and to slaves, assimilated to personal assets.

1231. Aristotle, *Politics*, with an English translation by H. Rackam, Cambridge, Ma. London, Loeb Classical Library, Vol. XXI, LCL 264, reprinted 2005. In French translation, *Politique*, texte établi et trad. par J. Aubonnet, Paris, Les belles lettres – col. "Budé", 1960, quoted I.VIII, 12:

> "Il suit de là que l'art de la guerre est, en un sens, un mode naturel d'acquisition (l'art de la chasse en est une partie) et doit se pratiquer à la fois contre les bêtes sauvages et contre les hommes qui, nés pour obéir, s'y refusent, car cette guerre-là est par nature conforme au droit."

1232. Aristotle, Politique, Book 7, 1333a. He adds: "L'entraînement à la guerre, il ne faut pas le pratiquer en vue de réduire en esclavage des gens qui ne le méritent pas."

1233. Aristote, *Politique*, ed. 1960, quoted VII.XIV, 19-22.

1234. Thucydides, History of the Peloponnesian War, Volume 1. Translated by Benjamin Jowett, Oxford, Clarendon Press. 1881, 1.1.

Pharsalia described the civil war between Caesar and Pompey [1235]. That war was to have repercussions for the evolution of the ancient Roman model, as described by G. Ferrero (1907) [1236].

1186. In ancient Rome priests were responsible for declaring war, having first consulted the gods: how could they be sure that the gods were in agreement [1237]?

1187. War had to be justified as a response to offences committed against the Romans by other peoples. As Livy put it in his *History of Rome* [1238]: "Some years later the kinsmen of King Tatius maltreated the envoys of the Laurentians, and when their fellow-citizens sought redress under the law of nations, Tatius yielded to his partiality for his relations and to their entreaties", after which "in order that he might atone for the insults to the envoys and the murder of the king", Romulus "caused the covenant between Rome and Lavinium to be renewed" [1239].

1188. The concept of the just war (*bellum iustum*) was contrasted with that of the unjust war that might be waged against the Roman people – *bellum iniustum atque impium populo Romano facere velle*, according to Aulus Gellius (123-170 AD) in *Attic Nights* [1240]. He recalled the situation of Rhodes, which tried to remain neutral despite its

1235. M. A. Lucanus, *De bello civili* often quoted as *Pharsalia*, referring to the battle near Pharsalus, in Thessalia, in the year 48 b. C., where the troops led by Julius Cesar defeated the troops of the Roman Senate, under the commandment of Pompeus. See Lucan, *Civil War*, S. Braund (ed.), Oxford, Univ. Press, 1992; Braz. ed., *Farsália*, cantos I a V, intr., trad. e notas de B. V. G. Vieira, Campinas, Lumina – Unicamp, 2011.

1236. In his vast panorama of the History of Rome, G. Ferrero, *Grandeur et décadence de Rome – Vol. II – Jules César*, transl. from the Italian by U. Mengin, Paris, Plon, 12e éd., 1907, *cit.* p. II, in this volume presents the conquest of Gaul and the Civil war, that lead to the dictatorship and the killing of César:

> "La conquête de la Gaule devient une 'guerre coloniale', commencée et menée par le chef d'un parti, dans le but de s'en servir comme instrument d'action sur la politique de l'Italie."

1237. P. B. Casella, *Tratado de direito internacional* – tomo 3 B – *Gregos, romanos, chineses, indianos*, São Paulo, Almedina, 2023, cap. 6 – na formação e no desenvolvimento de Roma; L. Dal Ri, *Ius fetiale – as origens do direito internacional no universalismo romano*, Ijuí, ed. Unijuí, 2011; P. Catalano, *Linee del sistema sovranazionale romano*, Turin, G. Giappichelli, Univ. di Torino, Memorie dell'Istituto giuridico, serie II Mem. CXIX, 1965.

1238. Livy, History of Rome, Books I and II with an English Translation, Cambridge, Mass., Harvard University Press; London, William Heinemann Ltd. 1919, Book 1, chapter 14. Braz. ed., T. Lívio, *História de Roma*, orig. publ. *Ab Urbe condita Libri*, intr., trad. e notas P. Matos Peixoto, São Paulo, Paumape, 1989, 6 Vols.

1239. Livy, *op. cit.*, ed. *cit.*, Book I, 14.

1240. The *Attic Nights* of Aulus Gellius, with an English Translation by John C. Rolfe. Cambridge, Mass., Harvard University Press; London, William Heinemann, Ltd. 1927, reprinted 2006.

preference for the Macedonians, when the Romans defeated the king of Macedonia and annexed his territory.

1189. Actions are evaluated not in the light of natural law or the law of nations – *non iure naturae aut iure gentium prohibentur* – but in terms of the rules of law and the dictates of urgency – *sed iure legum rei alicuius medendae aut temporis causa iussarum* [1241]. The author presents the situation in its context [1242].

1190. His opinion on the property and interests of the Romans was guided by the need to protect the freedom of other peoples. There were certain limits that must always be observed.

1191. The lesson of Aulus Gellius is very relevant today, in that he condemns what would now be called "pre-emptive self-defence", given the disproportion between the alleged potential risk and the reaction unleashed [1243]:

> "Certainly we shall anticipate them, for if we do not, we shall be caught unawares and must fall into the snares against which we failed to guard in advance. . . . the reason for taking precautions is not the same in all cases – *non esse in omnibus rebus cavendis eandem causam* – and . . . the occupations and actions of human life, and the obligations of anticipation or postponement or even of taking vengeance or precautions, are not like a combat of gladiators." [1244]

1192. The distinction must be made by reference to a specific situation. But committing a crime in order to avoid being the victim of

---

1241. A. Gellius, *op. cit.*, VI.III.45:

> "Ac primum ea non incallide conquisivit, quae non iure naturae aut iure gentium prohibetur, sed iure kegum rei alicius medendae aut temporis causa iussarum."

1242. A. Gellius, *op. cit.*, VI.III.16:

> "Sed non Rodienses modo id noluere, sed multos populos atque multas nationes idem noluisse arbitror, atque haut scio an partim eorum fuerint, qui non nostrae contumeliae causa id noluerint evenire ; sed enim id metuere, ne si nemo esset homo quem vereremur, quidquid luberet faceremus. Ne sub solo imperio nostro in servitute nostra essent, libertatis suae causa in ea sententia fuit arbitror."

1243. A. Gellius, *op. cit.*, VI.III.28, quotes from a fragment of Euripides (ca. 480-406 b.C.), *Fragment* 451, where the king Poliphontes declares to have killed his brother, because same intended to kill him, and Merope, the widow of his brother, contests the king, with the remark: "If, as you say, my husband planned to kill you, then should you not simply also make plans, until the time came?"

1244. A. Gellius, *op. cit.*, VI.III.27 and VI.III.30:

> "Occupabimus certe; nam si non occupaverimus, opprimemur incidendumque erit in insidias a quibus antes non caverimus. … non esse in omnibus rebus cavendis eandem causam, neque humanae vitae negotia et actiones et officia vel occupandi vel differendi vel etiam ulciscendi vel cavendi similia esse pugnae gladiatoriae."

another is to be condemned – *prior iniuriam facere debeas, quam nisi feceris pati possis* – and that view still pertains and seems acceptable, even to the so-called "realist" schools of international relations:

> "For to a gladiator ready to fight the fortune of battle offers the alternative, either to kill, if he should conquer, or to die, if he should yield. But the life of men in general is not restricted by such unfair or inevitable necessities that one must be first to commit an injury in order to avoid suffering injury – *prior iniuriam facere debeas, quam nisi feceris pati possis*." [1245]

1193. Just as promised services must be provided before they are paid for, the fairness must also be acknowledged of taking precautions against imminent attack – *iniurias autem imminentis praecavisse iustum est quam expectavisse* – because it would be utterly foolish not to be armed against those who mean us harm, but wait until they strike [1246].

1194. The formulation used by Aulus Gellius in the second century is not substantially different from the language of Article 51 of the United Nations Charter, in setting material and temporal limits on the exercise of self-defence in current international law.

1195. The concept of the just war [1247] lasted well beyond the Romans and evolved considerably in the West in the centuries that followed [1248].

1245. A. Gellius, *op. cit.*, VI.III.31-32:

> "Nam gladiatori composito ad pugnandum pugnae haec proposita sors est, aut occidere, si occupaverit, aut occumberi si cessavit. Hominum aut vitae non tam iniquis neque tam indomitis necessitatibus conscripta est, ut idcirco prior iniuriam facere debeas, quam nisi feceris pati possis."

1246. A. Gellius, *op. cit.*, VI.III.41-42:

> "Nam beneficia, inquit, promissa opperire opportet neque remunerari ante quam facta sint, iniurias autem imminentis praecavisse iustum est quam expectavisse. Summa enim professio stultitiae, inquit, est non ire obviam sceleribus cogitatis, sed manere opperirique ut, cum admissa et perpetrata fuerint, tum denique, ubi quae facta sunt, infecta fieri non possunt, poeniantur."

1247. A. Nussbaum, *Historia del derecho internacional con adiciones sobre Historia de la doctrina hispánica de derecho internacional*, orig. publ., A Concise History of the Law of Nations, translated by L. Garcia Arias and F. J. Osset, Madrid, Edtrl. *Revista de derecho privado*, 1949, quoted pP. 13-14:

> "la formulación de la doctrina de la guerra justa constituye la más destacada contribución de Roma a la historia del derecho internacional. … No fueran menos destacables las repercusiones indirectas del sentido jurídico de Roma sobre la ciencia del derecho de gentes".

See also C. Nadeau and J. Saada, *Guerre juste, guerre injuste – Histoire, théories et critiques*, Paris, PUF, 2009, esp. "La juste cause dans l'histoire du droit de la guerre", pp. 41-73.

1248. In this sense the contribution by saint Augustine (354-430 A. D.) to the "just" and "unjust" war. See also P. B. Casella, *Direito internacional no tempo medieval e*

1196. The *Res gestae divi Augusti* (13-14 AD), which Emperor Augustus had written in Latin and Greek as an official record of his long reign, affirms that he had consolidated and extended the frontiers of the empire "without waging on any tribe an unjust war" [1249]. Augustus stressed that he had observed principles and good faith and also enforced them at the international level [1250]:

> "And a large number of other nations experienced the good faith of the Roman people during my principate who never before had had any interchange of embassies or of friendship with the Roman people." [1251]

1197. Efforts to regulate war through the law have had only limited success. Set against the many major developments in international law, its institutional advances and the creation of new international courts and tribunals, this crucial area of limits on the use of force in international relations is a weak point: the colossus has feet of clay [1252].

---

moderno até Vitória, Chap. XII – *jus gentium, jus comune, jus europaeum – entre a teoria e a prática*, pp. 381-480; S. Laghmani, *Histoire du droit des gens: du* jus gentium *imperial au* jus publicum europaeum, Paris, Pedone, 2003.

1249. *Res gestae divi Augusti*, with an English translation by F. W. Shipley, Cambridge Ma. Harvard University Press; London, William Heinemann Limited, first published 1924, 'bibliographical addendum' 1992, quoted para. 26.

1250. The *deditio* existed, but was practiced just as one, among several other kinds of treaties entered by the Romans, and exclusively in cases of submission of a 'conquered' people. This was the only case where, so to say, the conquered people lost its identity, first by the weapons and thereafter legally annexed. For this reason, I cannot agree with A. Nussbaum, *Historia, op. cit.*, 1947, ed. *cit.*, p. 13, when he states:

> "Los tratados de Roma – poco frecuentes relativamente – fueron celebrados en su mayoria durante la República; el Imperio romano, de amplitud mundial, no necesitaba mucho de pactos internacionales. Y los tratados que conocemos no son ejemplos recomendables de derecho internacional. En su mayor parte reflejan en tersa fraseologia técnica los métodos romanos de expansión política. Además de las formas corrientes de los tratados de vasallaje, desarrollaron los romanos un tipo muy característico de tratado de sumisión *(deditio)*. En ellos, según el modelo de la *stipulatio* – sistema formal desarrollado en el derecho privado romano sobre los contratos –, el representante de Roma planteaba, en las concisas y tradicionales fórmulas, ciertas cuestiones preliminares (sobre el poder del delegado y la libertad de disposición) a los representantes de la nación vencida, y al recibir una respuesta satisfactoria les preguntaba si su nación estaba dispuesta a someter a los romanos las personas y propiedades, sagrada y profana, de sus nacionales. En caso de respuesta afirmativa, el representante de Roma declaraba su aceptación de la *deditio*, en nombre del pueblo romano. Con ello conseguía la parte que se sometía una franca oportunidad de trato indulgente, aunque sin derecho a exigirlo."

1251. *Res gestae divi Augusti*, dated 13-14 A.D., ed. *cit.*, quoted par. 32: "Plurimaeque aliae gentes expertae sunt p. R. fidem me principe, quibus antea cum populo Romano nullum extiterat legationum et amicitiae commercium."

1252. B. Simma, in his Foreword to the book by O. Corten, *Le droit contre la guerre: l'interdiction du recours à la force en droit international contemporain*, Paris, Pedone, 2008, "Préface", pp. V-VII, quoted p. VI:

1198. The truth is that attempts to regulate armed conflict by law have, in many cases, had only nominal impact [1253]. That said, the subject is crucial for the very survival of humankind, so it cannot be ignored [1254].

1199. There is a distinction to be made [1255] between *ius ad bellum* and *ius in bello*:

"A nouveau la guerre apparaît comme une possibilité, voire comme une option concrète. … Il est vrai que quelques-uns ont manifesté une certaine réticence à l'égard de cette tendance belliciste au regard du *fiasco* irakien. Mais le constat n'est, en soi, guère rassurant: la licéité ou l'illicéité du recours à la force ne saurait dépendre de l'efficacité ou non de la force des armes."

1253. N. Angell, *A grande ilusão*, orig. publ. *The great illusion*, 1910, rev. ed., 1933, transl. S. Bath, Brasília, ed. UnB – IPRI, São Paulo, IOE, 2002; R. Aron, *Paix et guerre entre les nations*, Paris, Calmann-Levy, 1962, Braz. ed. *Paz e guerra entre as nações*, transl. S. Bath, Brasília, ed. UnB, Col. Pensamento Político, 1979; F. Attar, *Droit international: entre ordre et chaos*, Paris, Hachette, 1994; D. Batistella, *Retour de l'état de guerre*, Paris, A. Colin, 2006; N. Bobbio, *Il problema della guerra e le vie della pace*, Bologna, Il Mulino, 1979; G. Chaliand, *Les guerres irrégulières XXe-XXIe siècle: guérillas et terrorisme*, Paris, Gallimard, 2008; G. Challiand, *Le nouvel art de la guerre*, Paris, L'Archipel, 2008 ; K. von Clausewitz, *Da guerra*, orig. *Vom Kriege*, transl. T. B. Pinto Barroso, Prefácio de A. Rapoport, São Paulo, Martins, 1979; T. Cushman (ed.), *A Matter of Principle – Humanitarian Arguments for War in Iraq*, Berkeley, Univ. of California Press, 2005; M. Dousse, *Dieu en guerre: la violence au coeur des trois monothéismes*, Paris, Albin Michel, 2002; A. Gardot, "Le droit de la guerre dans l'œuvre des capitaines français du XVIe siècle", *Collected Courses*, Vol. 72 (1948), pp. 393-540; Y. Garlan, *La guerre dans l'antiquité*, Paris, Nathan, 1972, reprint 1990; V. D. Hanson, *Le modèle occidental de la guerre*, orig. publ. *The Western Way of War: Infantry Battle in Classical Greece*, 1989, transl. A. Billault, Foreword J. Keegan, Paris, Tallandier-Texto, 2007; H. von Hentig, *Der Friedenschluss: Geist und Technik einer verlorenen Kunst*, Munich, DTV, 1965; J. Keegan, *Uma história da guerra*, orig. publ. *A History of Warfare*, 1993, transl. P. M. Soares, São Paulo, Companhia das Letras, 2006; B.-H. Lévy, *De la guerre en philosophie*, Paris, Grasset, 2010; D. Magnoli (ed.), *História da paz*, São Paulo, Contexto, 2008; C. Nadeau and J. Sada, *Guerre juste, guerre injuste: histoire, théories et critiques*, Paris, PUF, 2009; N. Offenstadt, *Faire la paix au Moyen Age: discours et gestes de paix pendant la guerre de Cent ans*, Paris, Odile Jacob, 2007; D. Rodin, *War and Self-Defence*, Oxford, Univ. Press, 2002; C. Saint-Etienne, *Guerre et paix au XXIe siècle: comprendre le monde de demain*, Paris, F. Bourrin, 2010; J.-P. Vernant (ed.), *Problèmes de la guerre en Grèce ancienne*, orig. publ. 1968, Paris, Editions de l'Ecole des Hautes Etudes en Sciences Sociales, 1999; M. Walzer, *Arguing about Wars*, New Haven/London, Yale Univ. Press, 2004.

1254. A. Gillespie, *A History of the Laws of War*, Vol. I. The Customs and Laws of War with regards to Combatants and Captives, Oxford/Portland, Oregon, Hart Publ., 2011; Vol. II. The Customs and Laws of War with regards to Civilians in Times of Conflict, Oxford/Portland, Oregon, Hart Publ., 2011; Vol. III. The Customs and Laws of War with regards to Arms Control, Oxford/Portland, Oregon, Hart Publ., 2011; H. Strachan and S. Scheipers (eds.), *The Changing Character of War*, Oxford, Univ. Press, 2011; K. Okimoto, *The Distinction and Relationship between* Jus ad bellum *and* Jus in bello, Oxford – Portland, Oregon, Hart Publ., 2011; C. Tomuschat, "International Law: Ensuring the Survival of Mankind on the Eve of a New Century – General Course on Public International Law", *Collected Courses*, Vol. 281 (1999), pp. 9-438; H. Lauterpacht, *The Function of Law in the International Community*, orig. publ. 1933, Introduction Martti Koskenniemi, Oxford, Univ. Press, 2011.

1255. C. Gray, *International Law and the Use of Force*, Oxford, Univ. Press, 1st publ., 2000, 3rd ed., 2008; L. C. Green, *The Contemporary Law of Armed Conflict*,

- *ius ad bellum* is the international law governing the use of armed force and the "right to make war" – it comes into play before war is declared and lays down a series of tests to determine when a state may or may not use force, and when it can be justifiable under international law – the primary source being the Charter of the United Nations, in particular Article 2.4, which prohibits the use of force by states in their international relations, with two exceptions: self-defence as provided by Article 51, and the implementation of decisions made by the Security Council pursuant to chapter VII of the Charter;
- *ius in bello* is international humanitarian law, or the law that applies in armed conflict. It lays down rules of conduct during armed conflict, especially for the protection of persons who are not, or no longer, combatants (the wounded, sick or shipwrecked, combatants who are detained and civilians), sets limits on the means and methods of warfare that may be used, and lays down the rights and obligations of neutral states.

1200. These two branches of international law are specifically devoted to regulating the use of force by states or other agents, either to prevent war or to limit the damage once war has broken out. Both these branches of international law have long been codified, in a substantial body of customary rules as well as in treaties adopted at the global Peace Conferences held in The Hague in 1899 and 1907, the four Geneva Conventions of 1949 with Additional Protocols I and II of 1977 and III of 2005, and numerous other treaties, among them:

- the 1948 Convention on the Prevention and Punishment of the Crime of Genocide
- the 1954 Hague Convention for the Protection of Cultural Property in the Event of Armed Conflict and its 1954 and 1999 Protocols
- the 1951 Convention relative to the Status of Refugees
- the 1972 Biological Weapons Convention

Manchester, Univ. Press, 1st publ. 1993, 3rd ed. 2008; F. Kalshoven, *Reflections on the Laws of War*: Collected Essays, Leiden, M. Nijhoff, 2007, esp. Chap. 43 – From International Humanitarian Law to International Criminal Law, pp. 947-957; R. Kolb, Ius contra bellum*: le droit international relatif au maintien de la paix*, Bâle, Helbing & Lichtenhahn, 2003; and R. Kolb, Ius in bello*: le droit international des conflits armés*, Bâle, Helbing et Lichtenhahn, 2003; K. Okimoto, *The distinction and relationship between Jus ad Bellum and Jus in Bello*, Oxford et Portland, Oregon, Hart Publ., 2011, Vol. 33 in the series Studies in International Law.

- the 1980 Convention on Certain Conventional Weapons and its five Protocols
- the 1993 Chemical Weapons Convention
- the 1997 Ottawa Convention on Anti-Personnel Mines
- the 1998 Treaty of Rome on the International Criminal Court and the 2010 Amendments to the Statute of the International Criminal Court
- the 2000 Optional Protocol to the Convention on the Rights of the Child on the involvement of children in armed conflict
- the 2007 International Convention for the Protection of All Persons from Enforced Disappearance
- the 2008 Convention on Cluster Munitions
- the 2013 Arms Trade Treaty
- the 2017 Treaty on the prohibition of nuclear weapons.

1201. The concept of the "just war" is not the pure creation of Christianity, as its foundations were already laid in Greek philosophy centuries earlier. Many Latin authors had also written about the subject: "Faced with such a rich and complex history, it is hard to see the tradition of the just war as one that is specifically Christian" [1256].

1202. In medieval Europe too [1257], studies and treatises were produced on the subject of war [1258]. Within Christian teaching, the early

1256. As a Protestant theologian, F. Bourgeois made an effort to show mistakes, arguably committed by Catholic authors, and he criticizes such authors for their presentation of the doctrine of just war as a contribution essentially derived from Christian philosophy. See F. Bourgeois, "La théorie de la guerre juste: un héritage chrétien", in *Etudes théologiques et religieuses*, 2006, No. 4, Vol. 81, pp. 449-474: "devant une histoire aussi riche et complexe, il nous semble difficile de faire de la tradition de la guerre juste une tradition spécifiquement chrétienne".

> "Cette théorie est parfois présentée comme le fruit de l'unique réflexion des théologiens chrétiens et, plus particulièrement, de saint Augustin. … Ces affirmations présentent l'inconvénient, à nos yeux, de sous-estimer les sources romaines et de surévaluer le rôle de saint Augustin. A bien y regarder, si les théologiens de toutes les époques l'ont utilisée, la théorie de la guerre juste ne s'est cristallisée formellement dans le droit canon qu'autour de la Querelle des Investitures."

1257. P. B. Casella, *Tratado de direito internacional* – tomo 4 – *Direito internacional no tempo medieval*, São Paulo, Almedina, 2023; P. Contamine, *La guerre au Moyen Age*, Paris, PUF – nouvelle Clio, 1re éd., 1980, 6e éd., 2003, esp. "Guerres justes et injustes", pp. 449-452; J. F. Verbruggen, *The Art of Warfare in Western Europe during the Middle Ages – From the Eighth Century to 1340*, orig. publ. *De Krijgskunst in West-Europa in de Middeleeuwen – IX. tot begin XIV* eeuw, 1954, transl. C. S. Willard and R. W. Southern, Suffolk, Boydell Press, 2nd ed., 1997, reprint 2002; D. J. Kagay and L. J. A. Villalon (eds.), *The Circle of War in the Middle Ages – Essays on Medieval Military and Naval History*, Suffolk, Boydell Press, 1999.

1258. On the contribution of B. Ayala and P. Belli, the authors of treaties on the war, see Casella, *Tratado de direito internacional – tomo 4 – Direito internacional no*

founding fathers of the Church made many references to it. One might have expected them to speak with one voice on the subjects of war and military service, at least up to 313 AD, but that was not the case. Before the First Council of Nicaea, some of them – including Apostolic Fathers [1259] – expressed opposition to the idea of joining an army and taking part in battle. One of them, Tertullian, admitted that a man who converted while serving under the flag could remain a soldier as long as he did not receive any order that went against his conscience [1260]. Saint Clement of Alexandria [1261] and Lactantius [1262] wrote much the same thing.

1203. Objections were raised by Celsus, who accused the Christians of living as parasites in Roman society, given that Christians had the benefit of the *pax romana*, but refused the burden as they did not want

---

tempo medieval, São Paulo, Almedina, 2023, esp. Chap. 11 – Tratadistas da guerra: B. Ayala et P. Belli.

1259. D. Ruiz Bueno, *Los padres apostólicos*, ed. bilingue, Madrid, Biblioteca de Autores Cristianos, 5ª ed., 1985, "Introdución", pp. 3-25, quoted pp. 4-5:

> "Si no podemos hoy afirmar que todos esos Padres que agrupa la denominación de Apostólicos conocieran y trataran en vida a los Apóstoles, vale, sin embargo, la pena conservar esa denominación, hoy corrriente, y no cabe duda que el conjunto de escritores que agrupa nos transmite un eco vivo de la predicación y doctrina de los Apóstoles, y, más exactamente, como dice el título primitivo de la *Didaché*, de la doctrina del Señor, dada a las naciones por medio de los Apóstoles. Muy exacta es la observación de L. Lebreton sobre la sensación de distancia que sentimos separa de los Apóstoles a estos inmediatos sucesores suyos, como la sentimos, y más viva, al pasar del Evangelio, de la palabra inmediata del Señor, a los mismos Apóstoles."

1260. Tertullian, *De Idolatria* (17.3). In the same sense, his contemporary, Hippolytus of Rome, *Trad. Ap.* (canon 16).

1261. Saint Clement of Alexandria, *Ad Gentes*, X,100. In the edition by C. Alessandrino, *Il Protrettico – Il Pedagogo*, M. G. Bianco (ed.), Torino, Unione Tipografico Editrice Torinese, 1971, *Introduzione*, pp. 7-54, quoted p. 21, about "Cristianesimo e valori culturali del mondo pagano", the warning may be useful:

> "Nell'ambiente alessandrino il Cristianesimo non può ignorare la cultura e la filosofia pagana, se non a rischio de estraniarsi dalla vita, di rendere inattivo incapace di espansione il germe vitale che è la Buona Novella. Inoltre, verso la metà del II secolo, molti ancora, e Clemente tra questi, giungono alla fede in Cristo da adulti, dopo aver conosciuto, anzi, dopo aver costruito dalla fanciullezza la propria vita sul contenuto morale filosofico religioso del mondo ellenistico."

1262. Lactantius (c. 250-c. 325 A.D.), *Inst. Div.*, VI, 20, 16. It is convenient to follow the remarks by H. von Campenhausen, *Lateinische Kirchenväter*, Stuttgart, Kohlhammer, 4th ed., 1978, Chap. 3 – Lactantius, pp. 57-76, quoted p. 57:

> "Die neue Lage der Christenheit bietet gerade einem Apologeten und Rhetor neue Möglichkeiten. Laktanz ist u. W. der erste Theologe, der sie wahrgenommen hat. Durch Konstantin erhält er eine ausgezeichnete, unabhängige Stellung und einen neuen Wirkingskreis. Unter Verfolgungen Christ geworden, geniebt er im Alter als kaiserlicher Günstling zuerst die Vorteile des beginnenden Bundes von Staat und Kirche, Christentum und herrschender Kultur."

to do military service. To counter this, Origen, while not denying the point, reasoned that the Christians were the true spiritual warriors in the service of the Empire [1263]. He did not object to the legitimacy of war, but adopted the doctrine of the just war and associated the Christians with it. Origen understood the need to defend the Empire, under threat from barbarians [1264].

1204. To justify military service, Saint Basil the Great wrote that the Fathers did not count killings in the course of war as murder [1265]. The numbers of Christians by now in the Roman armies and the standing Christianity had achieved in the Empire made it impossible to condemn the faithful who took part in war [1266].

1263. Origenes, *Contra Celsum*, VIII,73. It is worth mentioning that Celsus "had written a comprehensive work in opposition to Christian claims, no longer extant as such, though much of it is included, with the Christian answers, in this work of Origen's", as observed by H. Bettenson, ed. by and transl., *The Early Christian Fathers* – a selection from the writings of the Fathers from St. Clement of Rome to St. Athanasius, Oxford, University Press, 1969, quoted p. 303.

1264. C. N. Cochrane, *Christianity and Classical Culture – A Study of Thought and Action from Augustus to Augustine*, Oxford, University Press, 1940, reprinted 1968, esp. Chap. XII – Divine necessity and Human History, pp. 456-516, quoted p. 516:

> "the Christian militiaman is impelled by the conviction that, as Christian truth alone is salutary, its immediate acceptance is of the highest possible moment to the welfare of the race. For him, therefore, history is prophecy; *i.e.* its true significance lies not in the past, nor in the present, but in the future, the life of 'the world to come'".

1265. Saint Basil (330-379 A.D.), *Epist.*, 188, 13, added:

> "Ils [nos pères] pardonnaient donc, autant qu'il me semble, à ceux qui se battaient pour le bien et pour la religion. Toutefois, je conseillerais de priver de trois ans de communion ceux qui n'ont pas les mains pures de sang."

See Basilius, *Epist. Tot En Agiois Patros Hemoun Basileiou Epistolai – the collected letters of saint Basilius*, with an English translation by R. J. Deferrari, M. R. P. McGuire, Cambrigde, Ma. London, Loeb Classical Library, LCL 270. On the interpretation by saint Basil and its impact, observed H. von Campenhausen, *Griechische Kirchenväter*, Stuttgart, Kohlhammer, 5th ed., 1977, Chap. 7 – e Basilius der Grosse, pp. 86-100, quoted p. 92: "Basilios ist der erste grosse Vertreter des mönchischen Priester – und Bischofsideals geworden, auf den die Folgezeit immer wieder zurückweist."

1266. Edwin Hatch, *The Influence of Greek Ideas on Christianity*, F. C. Grant (ed.), New York, Harper Torchbooks/the Cloister Library, 1957, esp. *Lecture XII – The Transformation of the Basis of Christian Union: Doctrine in the Place of Conduct*, pp. 334-353, quoted p. 334 and pp. 338-339, considers "the enormous change in the Christian communities by which an assent to that body of doctrine became the basis of union", which triggered a considerable change in perspective:

> "The nations of the world were to be brought one by one into the vast communion. There grew up the magnificent conception of a universal assembly. There would be a universal religion and a universal society, and not until then would the end come: it would be a transformed and holy world. The first point which I will ask you to note is, that this very transformation of the idea of a particular religion into that of a universal religion – this conception of an all-embracing human society, naturally, if unconsciously, carried with it a relaxation of the bonds of discipline."

1205. Saint Augustine made an important contribution [1267] to the evolving Christian view of the just war: "After the state or city comes the world, the third circle of human society – the first being the house, and the second the city" [1268]. On this worldview,

> ". . . the wise man will wage just wars. . . . for if they were not just, he would not wage them, and would therefore be delivered from all wars. For it is the wrong-doing of the opposing party which compels the wise man to wage just wars" [1269].

1206. Saint Augustine put forward his interpretation in various works, including different passages in his monumental *The City of God*: Christian teaching is not opposed to the just war. But he also acknowledged that all wars, even those considered just, were bringers of pain and grief – *de miseria bellorum, etiam quae iusta dicintur* [1270].

1207. It remained to determine which wars were just – according to him, they were defensive wars. "Why must a kingdom be distracted in order to be great?" [1271] Looking at the territorial expansion of the

---

1267. On the contribution of Saint Augustin and of Saint Isidore of Sevilla, see Casella, *Tratado de direito internacional – tomo 4 – Direito internacional no tempo medieval*, item 8.1 and 8.2; G. Minois, *L'église et la guerre – de la Bible à l'ère atomique*, Paris, Fayard, 1994. Not forgetting that

> "Augustin ist der einzige Kirchenvater, der bis auf diesen Tag eine geistige Macht geblieben ist" – according to H. von Campenhausen, *Lateinische Kirchenväter*, Stuttgart, Kohlhammer, 4th. ed., 1978, Chap. 6, Augustin, pp. 151-222, quoted p. 151.

1268. Saint Augustin (354-430 A.D.), *De Civitate Deo*, book XIX, Chap. 7, English translation by Rev. Marcus Dods, T&T Clark, Edinburgh, 1871, available on logoslibrary.org/augustine/city/1907.html. – De diversitate linguarum, qua societas hominum dirimitur, et de miseria bellorum, etiam quae iusta dicintur, in Obras completas de San Agustin, Vols. XVI and XVII, *La ciudad de Dios*, bilingual edition, with a Spanish transl. by S. Santamarta del Rio and M. Fuertes Lanero, Madrid, Biblioteca de autores cristianos, 3ª ed., 1977 and 1978, quoted pp. 572-574:

> "Post civitatem vel urbem sequitur orbis terrae, in quo tertium gradum ponunt societatis humanae, incipientes a domo, alique inde ad urbem, deinde ad orbem progrediendo venientes."

1269. *Ibid.*, Saint Augustin, *De Civ. Deo*, XIX, 7, ed. *cit.*, 1978, *loc. cit.*:

> "Sed sapiens, inquiunt, iusta bella gesturus est. Quasi non, si se hominem meminit, multo magis dolebit iustorum necessitatem exstititisse bellorum; quia nisi justa essent, ei gerenda non essent, ac per hoc sapienti nulla bella essent. Iniquitas enim partis adversae iusta bella ingerit gerenda sapienti: quae iniquitas utique homini est dolenda, quia hominum est, etsi nulla ex ea bellandi necessitas nasceretur."

1270. Saint Augustin, *De Civ. Deo*, XIX, 7 – De diversitate linguarum, qua societas hominum dirimitur ; et de miseria bellorum, etiam quae iusta dicintur, ed. *cit.*, 1978, quoted pp. 572-574.

1271. St. Augustin, *De Civ. Deo*, III, 10 – Idonea vero causa: ut magnum esset imperium, cur esset deberet inquietum?, pp. 161-163:

Roman Empire, he wrote: "The iniquity of those with whom just wars are carried on favours the growth of a kingdom" [1272]. He went on to observe:

> "If, therefore, by carrying on wars that were just, not impious or unrighteous, the Romans could have acquired so great an empire, ought they not to worship as a goddess even the injustice of foreigners?" [1273]

It is passages like these that make Saint Augustine such worthwhile reading.

1208. These extracts from his writings suggest that Augustine might have agreed with the "self-defence" language in Article 51 of the Charter of the United Nations, as justification for the use of force.

1209. He made the very clear statement that: "Soldiers, too, are commanded by law to kill the enemy, and if a soldier refrains from doing this, he is punished by the commander. . . . In the slaying of any enemy, the soldier is an agent of the law . . ." [1274].

1210. Saint Isidore [1275], two centuries later, wrote that natural law was "common to all nations, and because it exists everywhere by the

---

> "An optandum fuerit quod tanta bellorum rabie Romanorum augeretur imperium, cum eo studio, quo sub Numa auctum est, et quietum esse potuisset et tutum."

1272. Saint Augustin, *De Civ. Deo*, IV, 15, ed. *cit*., 1977, pp. 250-252: "Iniquitas enim eorum, cum quibus justa bella gesta sunt, regnum adiuvit ut cresceret."

1273. Saint Augustin, *De Civ. Deo*, IV, 15, ed. *cit*., 1977, *loc. cit*.:

> "Si ergo justa gerendo bella, non impia, non iniqua, Romani imperium tam magnum acquirere potuerunt, numquid tanquam aliqua dea colenda est eis etiam iniquitas aliena?"

1274. Saint Augustine, *De libero arbitrio*. I.V, 11 and 12. English translation, The Free Choice of the Will by Robert P. Russell, The Catholic University of America Press, Washington, 2004. The just war is the accomplishment, without passions, of the law; the idea is resumed and further developed in *De Civ. Dei*, book I, Chapters 21 and 26 – *De his quae fieri non licent, cum a sanctis facta noscuntur, qua ratione facta credenda sint*, pp. 59-61:

> "Nam et miles cum obediens potestati, sub qua legitime constitutus est, hominem occidit, nulla civitatis suae lege reus est homicidii; immo nisi fecerit reus est imperii deserti atque contempti."

1275. M. Menéndez y Pelayo (1856-1912), in his study on *San Isidoro*, 1881, in the Vol. *San Isidoro, Cervantes y otros estudios*, selección y nota preliminar de J. M. de Cossio, Madrid, Espasa-Calpe – col. Austral, Vol. 251, 4ª ed., 1959, pp. 11-27, quoted pp. 16-18, stresses the importance of "considerar a san Isidoro en sus obras y como promotor de la general cultura", and to situate

> "San Isidoro, heredero del saber y de las tradiciones de la antigua y gloriosísima España romana, algo menoscabadas por injuria de los tiempos, pero no extinguidas del todo; heredero de los recuerdos de aquella Iglesia española que produzco en Osio al gran catequista de Constantino y valladar insuperable contra los arrianos, en

instinct of nature, is not kept by any regulation" [1276]. In Book XVIII of the *Etymologies*, entitled *de bello et ludis* (war and games), Isidore claims that there are four kinds of war: "*iustum, iniustem,* civile et plus quam civile".

1211. Of those categories, the just war is waged with prior agreement, after a series of repeated acts or to expel an invader: *"iustum bellum est quod ex praedicto geritur de rebus repetitis aut propulsandorum hostium causa"*, while an unjust war is one that is waged out of hatred and not for legitimate reasons: *"iniustum bellum est quod de furore, non de legitima ratione initur"* [1277]. On the subject of unjust wars he cites Cicero: wars are unjust when they are waged without just cause. Unless they intend to avenge an insult or expel an invader, wars cannot be just [1278].

> Prudencio al más grande de los poetas cristianos anteriores a Dante, y en P. Orosio a uno de los padres de la escuela providencialista (juntamente con san Agustín y con Salviano) ; san Isidoro, digo, artífice incansable en la obra de fusión de godos y españoles, a la vez que atiende con exquisito cuidado a la general educación de unos y otros, así del clero como del pueblo, fundando escuelas episcopales y monásticas ..., escribe compendios, breviarios y resúmenes de cuantas materias pueden ejercitar el entendimiento humano, desde las más sublimes hasta las más técnicas y manuales, desde el abstruso océano de la teología hasta los instrumentos de las artes mecánicas y suntuarias, desde el cedro del Líbano hasta el hisopo que crece en la pared. La serie de sus obras, si metódicamente se leen, viene a constituir una inmensa enciclopedia, en que está derramado y como transfundido cuanto se sabía y podía saberse en el siglo VII, cuanto había de saberse por tres o cuatro siglos después, y, además, otras infinitas cosas, cuya memoria se perdió más adelante. *Sapientia aedificavit sibi domum.*"

In his turn F. Bourgeois, "La théorie de la guerre juste: Un héritage chrétien?", in Etudes théologiques et religieuses, 2006, No. 4, Vol. 81, pp. 449-474, observes that

> "c'est sans doute parce qu'il donne à la culture antique une forme médiévale qu'Isidore aura un tel rayonnement dans la civilisation hispano-arabe. Son œuvre connaîtra une diffusion extraordinaire aux siècles suivants dans l'Europe entière: auteur favori de R. Maur, il est l'écrivain latin le plus souvent recopié et lu au Moyen Age".

1276. Isidoro de Sevilla (560-636), *Etymologiarum – Etimologias*, bilingual edition, Latin text ed. by W. M. Lindsay in *Scriptorum Classicorum Biblioteca Oxoniensis, in 1911*, bilingual edition with a Spanish translation and notes by J. Oroz Reta and M.-A. M. Casquero, general introduction by M. C. Diaz y Diaz, Madri, Biblioteca de Autores Cristianos, Vol. 647, 1st ed., 2004, reprint 2009, Book V, No. 4 – Quis sit ius naturale, pp. 500-503:

> "Ius autem naturale [est] aut civilem aut gentium. Ius naturale [est] commune omnium nationum, et quod ubique instinctu naturae, non constitutione aliqua habetur." Translated into English as The Etymologies of Isidore of Seville, by Stephen A. Barney *et al.*, Cambridge University Press, 2006 Book V, Chap? IV, p. 117.

1277. Isidoro, *Etymologiarum – Etimologias*, ed. *cit.*, 2009, Book XVIII – *De bello et ludis*, Chap. I – De bellis, p. 1214.

1278. Cicero, *De Re publica – On the Republic*, with an English translation by C. W. Keyes, Cambridge, Ma. London, Harvard Univ. Press, LCL 213, Cicero

1212. According to Isidore's classification into four categories, "civil war" is sedition or insurrection that takes place among citizens of the same nation: *"civile bellum est inter cives orta seditio et concitati tumultus"* and *"bellum civile invicem in una gente gesserunt"*; while the "more than civil" war, on his definition, is a kind of generalized confrontation, not just between fellow citizens but family members, setting brother against brother, father against son: *"plus quam civile bellum est ubi non solum cives certant, sed et cognati"* [1279].

1213. In the so-called Conflict of Investitures [1280], church and state disputed the right to install bishops and other clergy. The canon lawyers marshalled the texts of the Fathers into their own bodies of argument, which the authors of these collections then presented as original works: the method was first expounded by Abelard, in the preface to his *Sic et non* [1281], and then by Hincmar [1282], who assembled the texts cited according to his own system. But it was above all Gratian, one of

Vol. XVI, 1926, reprint 2006, pp. 1-285, the text from III.xxxv in this edition does not correspond to the quotation from Cicero, *De Re publica*, 3.35, as mentioned by Isidoro, in *Etymolog.*, XVIII.I, 2, as follows: "Illa iniusta bella sunt quae sunt sine causa suscepta. Nam extra ulsciendi aut propulsandorum hostium causa bellum geri iustum nullum potest."

And Isidoro adds, XVIII.I, 3: "Et hoc idem Tullius parvis interiectis subdidit: 'Nullum bellum iustum habetur nisi denuntiatum, nisi dictum, nisi de repetitis rebus'."

1279. Isidoro, *Etymologiarum – Etimologias*, ed. cit., 2009, XVIII,I, No. 4, pp. 1214-1215 adds:

> "quale actum est inter Caesarem et Pompeium, quando gener et socer invicem dimicaverunt. Siquidem in hac pugna frater cum fratre dimicavit, et pater adversus filium arma portavit".

Isidoro quotes Lucanus (2,151): "In fratrum ceciderunt praemia fratres."

1280. M. Bloch, *La société féodale: la formation des liens de dépendance – les classes et le gouvernement des hommes*, orig. publ. 1939, 1940, 1966, 1967, 1968 and 1989, Paris, Albin Michel, 1994, Foreword R. Fossier, quoted pp. 483-485:

> "Ce ne fut point l'époque féodale qui inventa de remettre aux pouvoirs temporels le soin de choisir les pasteurs des âmes. Pour les curés de villages, dont les seigneurs disposaient à peu près librement, l'habitude remontait aux origines mêmes du système paroissial. S'agissait-il d'évêques ou d'abbés? Le seul procédé conforme à la règle canonique était incontestablement l'élection: par le clergé et le peuple de la cité, pour les premiers ; par les moines, pour les seconds. Mais, dès les derniers temps de la domination romaine, les empereurs n'avaient pas craint d'imposer leur volonté aux électeurs, dans les cités, parfois même de nommer directement des évêques. Les souverains des monarchies barbares imitèrent ces deux exemples … Cependant, là comme ailleurs, les institutions et les usages légués par le passé devaient subir l'action d'une atmosphère sociale nouvelle."

1281. P. Abailard (1079-1142), *Sic et non*, orig. publ. 1122, B. Boyer and R. Mckeon (eds.), Chicago, the Univ. of Chicago Press, 1976. See also E. Gilson, *Héloïse et Abélard*, Paris, Vrin, 3e éd. revue, second tirage, 1978.

1282. Hincmar de Reims, "De regis persona et regio ministerio", in Migne, *Patrologie latine*, 125, Coll. 833-856.

the pioneers of the new scholarship, who collected and compared the canons of the Fathers and sought to harmonize them by the application of reason. The *Decretum* of Gratian, published around 1140, reproduced 71 episcopal documents, letters or ecclesiastical statutes and over 150 citations from pontifical letters (not counting the extracts of the Penitentials), dating from 741 to 891. The changing context and the alterations made to the texts meant that the original meanings eluded later compilers:

> "believing they were reading Saint Augustine or Saint Isidore, the later glossators were actually reading Gratian, and themselves went on to add their stone to the conceptual edifice that led to the synthesis by Saint Thomas" [1283].

1214. Gratian passed on his own definitions of the just war, and at first sight they resemble the *Etymologies* of Saint Isidore: "A war is just if it is declared by an official act and waged to recover property or repel men" [1284]. On closer examination, Gratian made significant changes [1285]. The opposite definition no longer appears, the main result of that being the disappearance of Cicero's *legitima ratione*. All this amounts to a shift away from the Roman spirit, so that the Roman *bellum* mutates into a medieval war, the predominant cause for which is material.

1215. Proceeding from Saint Augustine's definition but with these changes, Gratian moulded it to suit his general thesis. Taken in its new context, the definition of the just war provided the scholars with a basis on which to formalize their thinking on the subject of war. A century later, this reached its most sophisticated expression in the formulation

---

1283. J. Imbert, *Les temps carolingiens (741-891), l'Eglise: la vie des fidèles*, Vol. 5, Vol. 2, p. 258 : "croyant lire du Saint Augustine ou du Saint Isidore, les glossateurs ultérieurs liront en réalité du Gratian, et eux-mêmes appporteront leur pierre à l'édifice conceptuel, qui conduira à la synthèse de Saint Thomas"; in the *Histoire du droit et des institutions de l'Eglise en Occident*, G. Lebras and J. Gaudemet (eds.), Paris, Cujas, 1996, 17 Vols.; F. Bourgeois, "La théorie de la guerre juste: un héritage chrétien?", in Etudes théologiques et religieuses, 2006, No. 4, Vol. 81, quoted note 69: "la grande réforme grégorienne du XIe siècle n'atteindra pas ces chiffres".

1284. Gratien, *Decretum* (canon 23, II.ii):

> "Iusta autem bella sollent diffiniri, que ulciscuntur iniurias, sic gens et civitas, pretenda est, que uel uindicare neglexerit quod a suis inprobe factum est, uel reddere quod per iniurias ablatum est."

1285. As much as "ex praedicto" was replaced by "ex edicto", the "de rebus repetitis" turned into "de rebus repentendis" and "hostium" was replaced by "hominem", according to F. Bourgeois, text *cit.*, 2006, esp. notes 83 and 84.

of Saint Thomas Aquinas [1286], who added that natural law was common to us and to all other forms of life [1287].

1216. These questions also attracted the attention of those with a more practical concern: the actual conduct of warfare [1288]. The whole set of issues was broadly addressed, with some innovative aspects, in the teaching of international law in the centuries that followed, including by the theologians F. de Vitoria (1480-1546) and F. Suárez (1548-1617), who based their teachings on canon law and scholarship. Whereas H. Grotius (1583-1645) also drew largely on the same predecessors [1289].

1217. Once the laws of armed conflict took shape, first through custom and then treaties, the vocabulary of the just war no longer had any place in international law: ethical arguments and codification of the law, inseparable until the time of Grotius, were no longer in synch. That said,

> "This dual approach is necessary for any attempt to elucidate the normative sources of thinking about the conditions for justice both of and in war, in other words to be equipped to take a critical approach and weigh up the actions of those involved in war." [1290]

1218. Bert Röling considered that peace was a matter of global structure, or rather the lack of global structures [1291]. Taking the same

---

1286. St. Thomas Aquinas (1225-1274), *Summa theologiae – Somme théologique, La charité*, Paris, Cerf, 1984, Vol. III, 2e-2e, pp. 34-46.

1287. St. Thomas Aquinas, *Summa theologiae*, Paris, Cerf, 1984, II, p. 57, A 3.

1288. A. Gardot, "Le droit de la guerre dans l'oeuvre des capitaines français du XVIe siècle", *Collected Courses*, Vol. 72 (1948), pp. 393-540; A. Vanderpol, *La doctrine scolastique du droit de guerre*, Paris, Pedone, 1919; and also A. Vanderpol, *Le droit de guerre d'après les théologiens et les canonistes du Moyen Age*, Paris – Brussels, Tralin, 1911; see also Casella, *Tratado de direito internacional – tomo 4 – Direito internacional no tempo medieval*, esp. chaps. 10 – Tomás de Aquino e Dante Alighieri and 11 – tratadistas da guerra: B. Ayala e P. Belli.

1289. P. B. Casella, *Tratado de direito internacional* – tomo 5 – *Direito internacional no tempo de Francisco de Vitória*, esp. cap. 14; tomo 6 – *Direito internacional no tempo de Suarez, Gentili e Zouch*, esp. cap. 15; P. Hagenmacher, *Grotius et la doctrine de la guerre juste*, Paris, PUF/Geneva, Publications de l'Institut des hautes études internationales, 1983, p. 156.

1290. "Cette double approche est requise dès lors qu'on projette d'éclairer les sources normatives d'une réflexion sur les conditions de la justice de et dans la guerre, c'est-à-dire de se donner les moyens d'une approche critique et la possibilité de juger les actions des agents dans la guerre" observe C. Nadeau and J. Saada, *Guerre juste, guerre injuste – Histoire, théories et critiques*, Paris, PUF, 2009, "Conclusion", pp. 149-151:

> "Les théoriciens contemporains de la guerre juste formulent des doctrines morales ou s'appuient sur de telles doctrines pour construire les catégories inhérentes aux théories qu'ils élaborent, en ne recourant que très rarement au droit international, même si nombre d'éléments peuvent coïncider avec ce dernier."

1291. B. V. A. Röling, "La paix, un problème de structure mondiale", in *Le nationalisme – facteur belligène: Etudes de sociologie de la guerre*, Bruxelles, Bruylant/

line in his assessment of "the status of law in international society", Richard Falk focused attention on the political environment that served as the backdrop for international law, and the need to create intellectual perspectives to strengthen the world order: it could not remain concentrated on the sovereign state [1292].

1219. Wherever there are two or more subjects of international law, none of which can impose its will on the others by force, the way is open for negotiation and the making of treaties. As we have seen [1293], this has been true for five thousand years and still is today, as shown by the creation of the United Nations in 1945 and its functioning ever since, with the numerous satellite intergovernmental organizations known as the "UN family".

1220. It might be said that "the dream of peace is eternal and universal" but that, at the same time, "war is universal" and wars continue to break out [1294]: in three thousand years of Chinese history,

---

Institut de Sociologie, Centre de sociologie de la guerre, 1972, pp. 91-108, quoted p. 108:

> "Ma conclusion finale est donc qu'à notre époque la recherche des moyens permettant l'évolution des mentalités vers un système garantissant la paix est le chapitre le plus important de la polémologie. La 'théorie des relations internationales' ne s'occupant pas de cela, il est donc indispensable de créer une chaire de polémologie, indépendante, dans chaque université. Je suis intimement convaincu que la garantie de la paix et donc de la survie de l'humanité dépendent de l'intensité et de la masse des recherches et des actions entreprises pour la paix."

1292. R. Falk, *The Status of Law in International Society*, Princeton, Princeton Univ. Press, 1970, p. 599: "The main locus of human loyalty continues to coincide with the main locus of military capability – namely the sovereign state."

1293. In the first Chapter.

1294. J.-P. Bois, *La paix – histoire politique et militaire 1435-1878*, Paris, Perrin – pour l'histoire, 2012, '*Introduction*', "le rêve de la paix est éternel et universel" ... "la guerre est universelle", pp. 11-17:

> "La paix n'est pas la guerre. Elle est la paix. Sont-elles compagnes ou sœurs, l'une est-elle la fille ou la mère de l'autre, chacune est-elle la moitié fidèle d'un couple, guerre et paix, dont assez curieusement les historiens marient très généralement les deux termes non quand ils veulent parler de la première, mais de la seconde?"

In her turn, S. Goyard-Fabre, *La construction de la paix* – ou le travail de Sisyphe, Paris, Vrin, 1994, "Introduction – la paix, horizon d'espérance", pp. 7-29, states at the very beginning:

> "Platon remarquait que l'homme, qui pense généralement par couples, oppose guerre et paix. Cette dichotomie a une valeur éternitaire et nous n'en finirions pas d'énumérer les ouvrages, plus ou moins célèbres, dont elle a fourni le thème ou le titre. Les historiens de tous les temps – celles de Thucydide ou de Tacite, de Commines, de Gibbon, de Toynbee ... – nous apprennent que, depuis L'aurore du monde, le caractère agonistique de la vie des hommes est allé de pair, contradictoirement, avec leur désir de paix."

Once more, H. von Hentig, *Der Friedensschluss – Geist und Technik einer verlorenen Kunst*, Munich, DTV, 1965; see also J. Holslag, *A Political History of the World – Three*

there was war for at least 1,100 of them. The Roman Empire was at war for at least 50 percent of its entire existence, and since 1776, the United States of America has spent more than a century engaged in armed conflict [1295].

1221. Every hegemonic power seeks to present a benevolent face, but history is full of evidence to the contrary: all great powers down the ages have proved brutal. History also shows, however, that powers usually claim to be acting out of high moral principle, a frequent excuse for starting wars.

1222. Another common historic pretext for war is the aggressor's claim to be bringing the benefits of civilization to peoples for whom it has not yet dawned: this rhetoric is closely linked to colonialism [1296], but also practised in other contexts. Empires have often viewed themselves as the centre of the world [1297], and those living beyond their borders as

---

Thousand Years of War and Peace, London, Penguin, Pelican Books, 2018, reprint 2019, "Conclusion: Horror as a Friend", pp. 535-556, esp. 538-539:

> "Even those eras of peace that have been celebrated as golden ages were not so harmonious after all. They have often coincided with vicious social conflicts arising from slavery and other extreme inequalities between the destitute masses and decadent elites. The peace enjoyed by empires – such as the *Pax Romana* – was primarily experienced by a small circle of privileged people, a gilded and gated community of magnates and political leaders; then, to a lesser degree, by the wealthy middle classes of the capital and its rural environs; then by the mass of poorer citizens and, in some situations, by more fortunate slaves; and finally, all the subjugated peoples eking out an insecure existence on the empire's fringes. This meant that force had to be deployed on the periphery to guarantee the supply of slaves, gold, food, horse, or other resources. In other words, imperial peace, for most meant exploitation. Exploitation inevitably created hatred, resistance and conflict. The peace enjoyed by inhabitants at the heart of empires, therefore, was often only possible because of the wars waged on the frontiers, to conquer new lands, repel invaders, or control migration. … War always loomed as an ominous cloud on the horizon."

See also M. Lequan, *La paix*, Paris, GF Flammarion, 1998; D. Magnoli (ed.), *História da paz*, São Paulo, Contexto, 2008; R. Salatini (ed.), *Reflexões sobre a paz*, Marília, Oficina universitária, 2014; for a combined visual and conceptual presentation of the matter, see *L'art de la paix – Secrets et trésors de la diplomatie*, Paris, Petit Palais – catalogue publié à l'occasion de l'exposition présentée au Musée des Beaux-Arts de la Ville de Paris, du 19 octobre 2016-15 janvier 2017.

1295. See G. C. Herring, *From Colony to Superpower – US Foreign Relations since 1776*, Oxford, Oxford Univ. Press, 2008.

1296. This was one of the arguments for the action of "colonization" and for the programme of "colonialism", as examined in Chapter III – the impact of colonialism on International law.

1297. Albeit not fully sharing all the conclusions, the analysis is often interesting, from the point of view of the philosophy of history, as for example: T. Holland, *Dominion – The Making of the Western Mind*, London, Little, Brown, 2019; N. Ferguson, *Império*, orig. publ. *Empire*, 2003, transl. by M. M. Cavallari, São Paulo, Planeta, 2010, examines the role of Great Britain shaping the modern world; J. Burbank and F. Cooper, *Empire in World History*, Princeton, Univ. Press, 2010, Braz. ed., *Impérios*

mere barbarians [1298] to be brought under domination [1299], or oppressed peoples to be liberated. This attitude can still be seen at work in present-day humanitarian interventions.

1223. Likewise, the struggle against the infidel has also served as the excuse for war [1300], with God presented as an ally. Led by Alexander the Great, Greeks and Macedonians in the fourth century BC claimed to be waging a holy war against the Persians. Obviously, the Persians themselves took a different view [1301].

– *uma nova visão da história mundial*, trad. B. C. Mattos, São Paulo, Planeta, 2019; also H. Wesseling, *Les empires coloniaux européens 1815-1919*, orig. publ. *Europa's koloniale eeuw: De koloniale rijken in de negentiende eeuw, 1815-1919*, 2003, trad. P. Grilli, Paris, Gallimard – Folio – Histoire, 2009.

1298. Senofonte, *Anabasi*, V. Manfredi (ed.), Milan, Rusconi, 1980; Quinte-Curce, *Histoire d'Alexandre*, préface de C. Mossé, trad. nouvelle d'A. Flobert, Paris, Gallimard – Folio classique 4499, 2007; Flavius Arrianus, *Anabasis of Alexander* followed by *Indica*, with an English translation by P. A. Brunt, Cambridge, Ma./London, Harvard UP, LCL 269, 1933, reprinted 2000.

The contribution of Pausanias – with specific reference to his *Description of Greece*, I.xiv.5, ed. *cit.*, Vol. I, pp. 74-77 – is useful as evidence of the importance of wars for the consolidation of the identity and of freedoms in Ancient Greece. See Pausanias, *Hellados periegesis – Description of Greece*, with an English translation by W. H. S. Jones, Cambridge Ma. London, Harvard UP, LCL, Vol. I, Books I-II, 1st publ. 1918, reprint 1992; Vol. II, Books III-IV, by W. H. S. Jones and H. A. Ormerod, 1st. publ. 1926, reprint 1993; Vol. III, Books VI-VIII (1-21), 1st publ., 1933, reprint 1988; Vol. IV., Books VIII (22)-X, 1st publ. 1935, reprint 1995; Vol. V, "illustrations and index", R. E. Wycherley (ed.), 1st. publ. 1935, reprint with revisions, 1995.

See also Albin Lesky, *Geschichte der griechischen Literatur*, Bern and Munich, Francke, 1957-58, 3rd. rev. and enlarged ed., 1971, esp. V – *Die Hohe Zeit der griechischen Polis*, pp. 279-716.

1299. N. Ferguson, *The War of the World – History's Age of Hatred*, 1st publ. 2006, London, Penguin, 2007; A. Pagden, *Mundos em guerra – 2500 anos de conflito entre o Ocidente e o Oriente*, orig. *Worlds at War – The Long Struggle between East and West*, 2008, transl. M. Mata, Lisbon, 2009; M. Mazover, *Dark Continent – Europe's Twentieth Century*, orig. publ. 1998, New York, Vintage Books, 2000.

1300. D. Kennedy, "Images of Religion in International Legal Theory", in M. W. Janis and C. Evans (eds.), *Religion and International Law*, orig. publ. 1999, Leiden, M. Nijhoff, 2004, Chap. 8, pp. 145-153, quoted p. 151: "we would find in the origins of international law not a moment of tolerant generality, of liberality, but a well-articulated practice of social intolerance".

1301. D. Asheri, *O estado persa – ideologia e instituições no Império aquemênida*, orig. publ. *The Persian State* – course given in July 1991, at the *Scuola Superiore di Studi Storici* of the University of the Republic of San Marino, transl. P. B. de Lima, São Paulo, Perspectiva, 2006; A. M. Badi, *Les grecs et les barbares I. Une erreur de l'Histoire*, 1963, Paris, Geuthner, 3e éd., 1990; *Les grecs et les barbares II. Deux mondes complémentaires*, 1966, Paris, Geuthner, 2e éd., 1990; *Les grecs et les barbares III. Suse contre Athènes*, 1968, Paris, Geuthner, 2e éd., 1990; *Les grecs et les barbares IV. Salamine et Platées*, Lausanne: Payot, 1975; *Les Grecs et les barbares V: La paix du Roi*, Paris, P. Geuthner, 1984; *Les Grecs et les barbares VI: D'Alexandre à Mithridate*, Paris, P. Geuthner, 1990; P. Briant, *Histoire de l'empire perse: de Cyrus à Alexandre*, Paris, Fayard, 1996; P. Briant and F. Joannès (eds.), *La transition entre l'empire achéménide et les royanumes héllenistiques*, "Actes du colloque organisé par le Collège de France par la "Chaire d'histoire et civilisation du monde achéménide et de l'Empire d'Alexandre" et le "Réseau international d'études et de recherches achéménides", 22-

1224. In the ancient Indian context, the process has been one of long evolution since ancient times, from the lessons of the *Arthashastra* of Kautilya, in the second century AD [1302] to the present day. As analysed by K. R. R. Sastry, the law of war has been divided [1303] between written law and customary law [1304].

1225. The life of a society occupies the intersection between the *dharma* – in other words the body of rules of ethical conduct – and the *artha* – meaning what is perceived to be appropriate or most socially effective – and a balance must be sought between the two, in peacetime at least.

1226. The Chinese emperors strove to fulfil the celestial mandate, which manifested itself both internally and in the empire's external relations. Some authors [1305] had difficulties with the word "international" when applied to relations between the principalities of ancient China in the first millennium B.C., because an imperial authority existed that was the central axis of that international system, however weak it might have been. Others [1306] spoke of a Chinese "international system"

---

23 Novembre 2004", Paris, Éd. de Boccard, 2006; J. G. Droysen, *Geschichte Alexanders des Grossen von Macedonien*, Berlin, G. Fincke, 1833; J. G. Droysen, *Geschichte des Hellenismus I. Theil: Geschichte der Nachfolger Alexanders*, Hamburg, F. A. Perthes, 1836; J. G. Droysen, *Geschichte des Hellenismus II. Theil: Geschichte der Bildung des hellenistischen Staatensystemes*, Hamburg, F. A. Perthes, 1843, French edition *Histoire de l'héllenisme*, "version intégrale", transl. A. Bouché-Leclercq (ed.), Préface, note sur la traduction et bibliographie P. Payen, Grenoble, ed. J. Millon, 2005, 2 Vols.; R. N. Frye, *A herança persa*, orig. publ. *The heritage of Persia*, transl. Anabela and C. A. Nunes, Lisboa, Arcádia, 1972; R. N. Frye, *The History of Ancient Iran*, Munich, Beck, 1984; Y. Porter, *Les Iraniens – Histoire d'un peuple*, orig. 2006, Paris, A. Colin, 2007; F. Widemann, *Les successeurs d'Alexandre en Asie centrale et leur héritage culturel: essai*, Paris, Riveneuve éd., 2nd ed. 2009, reprint 2010.

1302. Kautilya, *The Arthashastra*, ed. and transl. L. N. Rangajaran, New Delhi, Penguin Books India, 1992.

1303. K. R. R. Sastry, "Hinduism and International Law", *Collected Courses*, Vol. 117 (1966), pp. 503-616.

1304. K. R. R. Sastry, *op. cit.*, 1966, Chapter IV – On the Laws of War, pp. 566-585.

1305. A. Nussbaum, *Historia del derecho internacional*, orig. publ. *A concise History of the Law of Nations*, 1947, transl. F. J. Osset, "adiciones sobre História de la doctrina hispanica de derecho internacional", por L. Garcia Arias, Madrid, Revista de derecho privado, Prologue by L.G. A. dated 1949, Chap. I – La Antigüedad, pp. 1-18, quoted p. 5:

> "Entre las costumbres cuasi-internacionales de la China antigua se destaca esta: los pueblos de cada uno de los señores en guerra no se consideraban como enemigos entre sí, y no se hacía discriminación alguna contra los súbditos de un príncipe enemigo. En tiempo de paz, el intercambio entre los príncipes y sus enviados estaba regulado en unos ceremoniales cuidadosamente graduados según el rango de las personas a que se referían. La Grande Unión de estados chinos, planeada por Confucio ha sido comparada a la idea de la Sociedad de Naciones."

1306. In his course at The Hague, Y. Onuma presented what he designated as the "Sinocentric tribute system in East Asia", developed "a sphere of civilization with China or even a "Chinese world order", based on China's relations with non-Chinese states, from ancient times to the era of the Ch'ing dynasty (1644-1912) [1307], and regarded it as "a system that handled the interstate relations of a large part of mankind throughout most of recorded history" [1308].

1227. Such a philosopher as Lie-Tse, who lived from around 450 BC to after 390 BC, had already remarked that no one had favoured status in the world of the living [1309].

---

at its centre", including political entities that varied greatly from each other in size, culture and structure, ranging from the Qing dynasty, "whose territory was larger than the whole of Europe" to encompass Mongolia, the Korean peninsula, Japan, Taiwan and Vietnam. See Y. Onuma, "A Transcivilizational Perspective on International Law", *Collected Courses*, Vol. 342 (2009); Braz. ed., *Direito internacional em perspectiva transcivilizacional – Questionamento da estrutura cognitiva predominante no emergente mundo multipolar e multicivilizacional do século XXI*, transl. Alan Carvalho *et al.*, M. Ninomiya and P. B. Casella (ed.), Belo Horizonte, Arraes, 2017, esp. IV.II.3 – o sistema sinocêntrico ramificado na Ásia oriental, pp. 193-199.

In a similar sense J. K. Fairbank (ed.), *The Chinese World Order: Traditional China's Foreign Relations*, Cambridge, Ma., Harvard Univ. Press, 1968, 2nd ed., 1970.

1307. J. K. Fairbank, "A Preliminary Framework", in J. K. Fairbank (ed.), *The Chinese world order: traditional China's foreign relations*, Cambridge, Ma., Harvard Univ. Press, 1968, 2nd ed., 1970, pp. 1-19, quoted p. 1, insists upon the need to "look at the Chinese empire and its world partly through its own eyes and partly as seen by half a dozen outside peoples", to avoid what he denominates "the hoary stereotypes of the Chinese tribute system are scrutinized both in theory and in practice, from without as well as from within".

1308. Fairbank, *op. cit.* 1970, p. 1.

1309. As is also the case for other Chinese classics, the texts were probably written by disciples, more or less closely remembering the lessons from the master, after the death of master Lie – and this is several times mentioned, in the text. Only in 742 AD, the emperor Huang Song, of the T'ang dynasty ordered the collection to be named as it thenceforth became known: *Tch'oung-hu-tchenn king*. According to translators, there are differences in the text, as can be seen from these two French translations of the same passage. See Lie-Tseu, *Sur le destin* et autres textes, trad. du chinois et annoté par B. Grynpas, "textes extraits du recueil *Le vrai classique du vide parfait*", 1961

UNESCO, Paris, Gallimard-Folio, 2009, livre VIII, Chap. 28 – pas de privilégiés dans le monde des vivants, pp. 92-93: "il n'y a pas de privilegiés dans le monde des vivants".

> "Tous les êtres, dans le monde, possèdent une vie de même qualité que la nôtre. Il n'y en a pas de nobles et des vils, mais les uns surpassent les autres par la taille, la ruse et la force et non pas parce que les uns seraient nés pour les autres. Ce que l'homme trouve comestible il le mange. Mais il n'a pas été créé à l'origine par le ciel pour les hommes."

Whereas in the edition *Le vrai classique du vide parfait*, in *Les fleurs de la pensée chinoise*, introduction et notes complémentaires par G. Rochet, Paris, Presses du Châtelet, 2007, in 3 vol., Vol. II, pp. 87-192, quoted VIII.Y, p. 190:

> "Même le ciel et la terre sont des êtres comme tous les êtres. Il n'y a pas d'êtres supérieurs, il n'y en a pas d'inférieurs. C'est un fait que les plus ingénieux et les plus forts mangent les plus sots et les plus faibles, mais il ne faut dire pour cela que ceux-ci aient été faits ou soient nés pour l'usage de ceux-là. L'homme mange les êtres qu'il peut manger, mais le ciel n'a pas fait naître ces êtres pour que l'homme

1228. Two great Chinese historians, Liu Zhiji (661-721) in his *Treatise of the Perfect Historian* [1310], and, centuries earlier, Sima Qian (140-90 BC), in his *Shi-ji* (Historical Records) [1311], taught that everything changes, and that the only certainty for human beings was the perception of change. Hence the need to adapt our perception of change to enable us to understand the world: just as the world changes, so must our perception.

1229. A strong dimension of commonality, a set of common values that transcends individuality, is a constant feature of Chinese civilization [1312].

1230. Islamic caliphs fought to spread the true faith [1313] among the infidels [1314] in the *Dar-el-Harb*, just as the popes and princes of medieval

---

> les mangeât. Autrement, il faudrait dire que le ciel a fait naître les hommes, pour que les moustiques et les cousins les sucent, pour que les tigres et les loups le dévorent."

1310. Liu Zhiji, *Traité de l'historien parfait* – "chapitres intérieurs", texte présenté, trad. et annoté par D. Chaussende, Paris, Les belles lettres, 2014.

A professionnal in his field, employed by the imperial state, during the T'ang dynasty, Liu wanted to grant posterity his reflections on how history should be written, and thus offers us a view into the official historiography of Ancient China.

1311. Sima Qian, *Vie des chinois illustres*, "chapitres I à XXXII, XLV, LXVI, LXVIII des biographies, partie V des mémoires historiques, et annexes", trad., intr. et notes de J. Pimpaneau, Paris, eds. You Feng, 2009; Sima Qian, *Shi Ji*, "initiation à la langue classique chinoise à partir d'extraits des Mémoires historiques de Sima Qian" par J. Pimpaneau, Paris, Libr. You Feng, 1988, 2 Vols.

1312. M. Granet, *La civilisation chinoise: la vie publique et la vie privée*, orig. publ. 1929, Paris, Albin Michel, 1968.

1313. M. Al-Hasan Al-Shaybani (749/50-805), *The Shorter Book on Muslim International Law*, orig. publ. *Kitab al-Siyar al-Saghir*, transl. and annotated by M. A. Gazi, New Delhi, Adam Publ. and Distributors, 2007 and also the translation of the treaty by Al Shaybani by M. Khadduri, *The Islamic Law of Nations: Shaybani's Siyar*, transl. M. Khadduri, Baltimore, Johns Hopkins Press, 1996. Al Shaybani presented in a systematic way the rules of conduct during war and in times of peace, to be observed by the muslim territory *(Dar al-Islam)* in its relations with the non-muslim world, *Dar al-Harb*, literally the "territory of war". Between the two, there is still the "territory of disbelief" *(Dar al-Kufr)*. Al-Shaybani considered also the possibility of permanent relations, in accordance with treaties, between muslim and non-muslim political entities, or present day states: the word *Siyar* was chosen to designate the so called Islamic Law of Nations or Islamic International Law. As observed by M. A. Gazi, ed. cit., 2007, note 146, pp. 104-105:

> "The term 'Territory of Disbelief' or 'Dar al-Kufr' has been used by the jurists in a general sense and includes all territories outside the frontiers of *Dar al-Islam*". This term shows that Muslim jurists do contemplate a *Dar* dominated by non-Muslims which may not be considered as *Dar-al Harb* or *Territory of War*. See also L. Fawcett, *International relations of the Middle East*, Oxford, Univ. Press, orig. 2005, 2nd ed., 2009, esp. Chap. 8 – Islam and International Relations in the Middle East: From Umma to Nation State, pp. 170-187, quoted p. 173:

> "A survey of the historical record reveals that the theory and practice of territorial sovereignty has had a rich tradition in the Muslim world. This latter point also brings into question the dichotomous world view that some observers ascribe to

Europe were going on crusades proclaimed as being in the service of Christ. Between the pacifism of Christ's commandments: "To one who strikes you on the cheek, offer the other also", and: "If anyone forces you to go one mile, go with him two miles", and the words of the Apostle Paul to the Romans: "Beloved, do not defend yourselves, but leave it to the wrath of God" – and the preaching of Pope Urban II and Peter the Hermit in 1095 in favour of crusade, the gap is wider still [1315].

1231. Even the Mongolian conquests of Genghis Khan and his successors were made in the course of a holy war, to unite the world by invoking the heavens [1316].

> Islam. It is often said that according to Islam the world is divided into two realms, *dar al-Islam* (the domain of Islam) and *dar al-Harb* (the domain of war). The former is taken to refer to those lands under the control of a Muslim ruler (and in which, in theory, Islamic law prevails) and the latter to all lands outside Muslim rule and with which Muslim are potentially in conflict. Such a selective and de-contextualized reading leaves one with the impression that Islam considers itself to be at war with any non-Muslim country, and ignores the existence of a wide range of additional categories – such as *dar al-ahd* or *dar al-sulh* (the domain of treaty) – that Muslim political theorists have used at various times to characterize the relationship between Muslim and non-Muslim sovereign lands."

A similar approach to that of M. A. Gazi – as mentioned above in his introduction to the edition of Al-Shaybani, 2007 –, is adopted by Mashood A. Baderin, "Muhammad Al-Shaybani", in B. Fassbender and A. Peters (eds.), *The Oxford Handbook of the History of International Law, op. cit.*, 2012, pp. 1081-1085:

> "Islamic legal scholarship identifies M. Al-Shaybani as having preceded H. Grotius by some eigth centuries with the compilation and systematization of the rules of Islamic international law, under a specialized subject area of Islamic law termed *al-Siyar*, which covers the laws of war and peace according to the *Shari'ah.*"

1314. A. von Ungern-Sternberg, "Religion and religious intervention", in *The Oxford Handbook of the History of International Law*, 2012, Chap. 12, pp. 294-316, quoted p. 300:

> "As the practice in the Christian and in the Muslim world shows, strict doctrine was modified by the need for pragmatic forms of cooperation. The Islamic conception of international law, as developed from the early 7th century onwards, proceeded from the assumption of a constant war *(jihad)* between the Muslim world (*dar al-islam* – "house of Islam") and the infidel world (*dar al-harb* – "house of war"), which runs counter the idea of treaties or diplomatic relations with nations of the latter. Nevertheless, the necessity to cooperate with non-Muslims led to modifications of this idea."

1315. P. B. Casella, *Tratado de direito internacional – tomo 4 – Direito internacional no tempo medieval*, São Paulo, Almedina, 2023, esp. Chap. 11 – Tratadistas da guerra: B. Ayala e P. Belli; J. Flori, *Guerre sainte, jihad, croisade – violence et religion dans le christianisme et l'islam*, Paris, Seuil, 2002, *Introduction*, quoted p. 7:

> "L'attitude de l'église chrétienne face à la guerre a, au cours de ces onze siècles, connu une évolution si profonde, un changement si radical, qu'il vaudrait mieux parler à son propos de révolution doctrinale."

1316. G. Chaliand, *Les Empires Nomades – de la Mongolie au Danube (Ve siècle av. J.-C.-XVIe siècle)*, orig. publ. 1995, Paris, Perrin – tempus, 2006; R. Grousset, *L'empire*

1232. Wars to impose the true faith have also been waged between the followers of different branches of the same religion. Orthodoxy is replete with examples, such as Russia's interventions in the Balkans and Central Europe during the nineteenth century, and conflicts between Orthodox Christians and Catholics, including the taking and occupation of Constantinople by the crusaders between 1204 and 1261 [1317]. Protestants have fought Catholics and vice versa, with the religious wars that ravaged modern Europe, from the time of Luther in 1517 until the Peace of Augsburg in 1555, and the Peace of Westphalia in 1648 [1318]. It still goes on today between Christian denominations, offering the lamentable sight of priests of the different churches fighting like hooligans around the Church of the Holy Sepulchre [1319]. Wars are

---

des steppes, Attila, Gengis-Khan, Tamerlan, orig. publ. 1965, Paris, Payot, 2009, esp. Chap. II – *Les mongols gengiskhanides*, pp. 243-546.

1317. There is no possible justification for the attack of the Crusaders against Constantinople, except to seize the riches of the city. See I. Djuric, *Le crépuscule de Byzance*, Paris, Maisonneuve and Larose, 1996; A. Ducellier, *Les Byzantins: histoire et culture*, Paris, Seuil, 1988, impr. 2002; *Le drame de Byzance: idéal et échec d'une société chrétienne*, Paris, Hachette, littératures, 1997; A. Ducellier and M. Balard (eds.), *Constantinople 1054-1261*, Paris, Autrement, 1996; B. Flusin, *La civilisation byzantine*, Paris, PUF, Que sais-je ?, 2006; sir Galahad, *Byzance*, transl. J. Chifelle-Astier, Paris, Payot, 1937; J. Heers, *Chute et mort de Constantinople* (1204-1453), Paris, Perrin, 2005, impr. 2008; M. Kaplan, *Pourquoi Byzance? Un empire de onze siècles*, Paris, Gallimard, 2016; D. Nicol, *Les derniers siècles de Byzance 1261-1453*, orig. publ. *The Last Centuries of Byzantium, 1261-1453*, 1972, transl. H. Defrance, Paris, Tallandier, coll. Texto, 2008; J. J. Norwich, *Histoire de Byzance 330-1453*, orig. publ. *A Short History of Byzantium*, 1988, trad. D. Peters, Paris, Perrin, 2009; H. Pirenne, *Mahomet et Charlemagne*, 1936, followed by B. Lyon, *Le débat historique sur la fin du monde antique et le début du Moyen Age*; A. Guillou, *Byzance et la genèse de l'Europe occidentale*; F. Gabrieli, *Effets et influences de l'Islam sur l'europe occidentale*; H. Steuer, *De Théodoric le grand à Charlemagne*, transl. by H. Seyrès, Milan, Jaca Book, 1986, 1re éd. française 1987; S. Runciman, *História das Cruzadas*, Vol. I. *A primeira cruzada e a fundação do reino de Jerusalém*; Vol. II. *Cruzadas do século XII*; Vol. III. *O reino de Acre e as últimas cruzadas*, orig. publ. *A History of the Crusades*, 1951, transl. by C. de A. Serra, Rio de Janeiro, Imago, 2002, 3 vol.; S. Runciman, *A teocracia bizantina*, orig. publ. *The Byzantine Theocracy*, 1977, transl. by H. T. Gomes, Rio de Janeiro, Zahar, 1978; M. de Taube, "L'apport de Byzance au développement du droit international occidental", *Collected Courses*, Vol. 67 (1939), pp. 233-340; S. Yerasimos, *Constantinople – de Byzance à Istanbul*, 2000, Paris, éd. Place des Victoires, 2010.

1318. The matter was examined in chapter IV, on the role of the international protection of fundamental rights, in this course. See also P. B. Casella, *Tratado de direito internacional* – tomo 8 – *Direito internacional além do paradigma vestfaliano*.

1319. Since the renovation of the Church of the Holy Sepulcher – Ecclesia Sancti Sepulchri, in 1555 –, the control of the church was entrusted alternatively to the Franciscan friars and to the Orthodox priests. According to the Firman of 1767, tired of conflicts, the Ottoman Porte divided the church among the claimants. Another Firman, of 1852, established permanent provisions, for the territorial division of the church between the communities, with preeminence of the Orthodox patriarch. The first guardians are the Greek Orthodox church, the Roman Catholic church and the Armenian Apostolic church, whereas other less important responsibilities are entrusted

waged between Muslims, too: Sunnites fight Shiites and vice versa, and both main strands fight the Muslim minorities. Nor should we forget the many wars between different branches of Hinduism and Buddhism [1320], the persecution, almost amounting to wars of extermination, of the Yazidi minority, or the genocide of the Rohingya minority.

1233. The war against terror – a complex subject, requiring a line to be drawn between terrorism and movements of emancipation and insurgency [1321] – is often invoked to justify incursions, or even systematic attacks, against opponents or undesirables.

1234. The same is true of principles of law and justice. Throughout history, political entities – or states, since Machiavelli – have signed international agreements to limit the use of force. The results have been inconclusive.

1235. This was evident after the fall of the Zhu dynasty at the end of the third century B.C., when rival states held a number of diplomatic conferences but did not succeed in eliminating conflict, given that they saw themselves either as serving the interests of the most powerful, or in the case of the less powerful, keeping the dominant state in check.

1236. It was seen in Europe too, when King Louis XIV made war against Habsburg Spain in the seventeenth century, alleging that Spain had breached the 1648 Peace of Westphalia. In the nineteenth century, Russia justified its interventions in the Balkans and Central Europe by the need to maintain the balance of power established by the Congress of Vienna. Using the same twisted logic, the United Kingdom and France waged the Crimean War against Russia, their ally in the European Concert, to defend the Ottoman Empire.

1237. The Crimean War can be seen as a crucial nineteenth century conflict, and one of the most violent in a long succession of armed conflicts in the history of Russia, which found itself confronting an alliance of British, French and Ottoman forces. That war killed at least

---

to the Orthodox Copts, to the Orthodox Ethiopians and to the Orthodox Syriacs. The division of the space – with separate and common areas within the church – also includes a division of times for prayer and processions. The rights of property and use are protected by the *statu quo* over the Holy places, guaranteed by the stipulation of protection of the Holy places, in article LXII of the Berlin treaty, of 1878, but as all details have not been taken into account, gaps remained and render the shared use of the space often riotous.

1320. J. Holslag, ed. 2019, quoted pp. 541-542: "If most religions and their holy books called for peace, they equally provided the arguments for war."

1321. See P. B. Casella, *Direito internacional, terrorismo e aviação civil*, São Paulo, Quartier Latin, 2006.

800,000 men and has the appearance of a "last crusade" [1322] – out of time, out of context and with no valid justification.

1238. The Crimean War, moreover, not only substantially reconfigured the balance of European power in the Middle East, but was also the first war to see the routine use of photography, telegraphy and newspapers, with war correspondents who reported on what they saw and published images of the conflict. It was the original version of total warfare, far beyond anything that had gone before. In that war as in many other conflicts, it does not do to look too hard for the real reasons [1323].

1239. The Crimean War could also be considered as the breaking point of what had hitherto functioned as the "European Concert", when France and Great Britain turned against their ally, Russia, to fight alongside the Ottoman Empire. Whatever logic had underpinned the functioning of the European Concert in the decades since 1815, and especially since 1818, when France became part of it, clearly no longer prevailed [1324] by the time of this turning point in nineteenth-century European history.

1322. The British historian, specialized in Russia, O. Figes so designates this war, not by chance, *Crimea – The Last Crusade*, orig. publ. in 2010, London, Penguin, 2011.

1323. O. Figes, *Crimea*, ed. 2011, quoted p. 192:

> "With the Russians forced to retreat from the Danube, the British and the French could have gone home, claiming victory against Russia. It would have been feasible to end the war at this stage. The Austrians and the Turks could have occupied the principalities as a peace keeping force (by mid-August they had drawn up separate zones of occupation and agreed to share control of Bucharest), while the Western powers could have used the threat of intervention to make the Russians promise not to invade Turkish soil again. So why did the Allies not pursue a peace once the Russians had left the principalities? Why did they decide to invade Russia when the war against Russia had been won? Why was there a Crimean war at all?"

1324. M. Vec, "From the Congress of Vienna to the Paris Peace Treaties of 1919", in B. Fassbender and A. Peters (eds.), *The Oxford Handbook of the History of International Law*, *op. cit.*, 2012, pp. 654-678, quoted p. 659; E. Weitz, "*From the Vienna to the Paris System: International Politics and the Entangled Histories of Human Rights, Forced Deportations and Civilizing Missions*", American Historical Review, 2008, No. 113, pp. 1313-1343, quoted p. 1314: "Vienna centered on dynastic legitimacy and state sovereignty with clearly defined borders."

Selon M. Schulz, *Normen und Praxis: das Europäische Konzert der Grossmächte als Sicherheitsrat 1815-1860*, Munich, Oldenbourg – Studien zur Internationalen Geschichte, Vol. 21, 2009, the European concert could be considered as the equivalent to the role played by the Security Council, since the creation of the UNO, in 1945. In my view, certain similarities can be signalled, not neglecting the specific features of the different historical contexts, between these two moments of European and world history.

1240. When it comes to characterizing the international system of the time, its underpinnings were never discussed. Jurists frequently mentioned the common history of the continent and the Christian religion, the basis that existed in treaties and in the common understanding of legal conscience and mutual recognition, as the common foundation shared by those countries that made up international society.

1241. Two problems arise from this attempt to define belonging: first, who, technically, belonged to this "international legal community"? The legal status of both the Russian Empire and the Ottoman Empire presented specific challenges throughout the nineteenth century, notably in terms of Europe's frontiers. Following the admission of the Ottoman Empire into international society with the 1856 Treaty of Paris, there was a shift in the criteria applied: the talk was no longer of being European, but of being "civilized" [1325]. This change in terminology would also have significant consequences for Europe's entire colonial deployment on other continents, in the second half of the nineteenth century and the first half of the twentieth [1326].

1242. Also, exclusion from that community did not determine how those other players should be treated. The prevailing doctrine offered a number of propositions and gradations to assess the degree of exclusion and discrimination to be meted out to those viewed as "other", or merely as existing on the periphery. Some of these discriminatory concepts were followed in practice, with "non-civilized" people or "barbarians" not treated with reciprocity or even equality, as seen in the imposition of unequal treaties by the family of so-called civilized nations.

1243. There were other cases, where Europeans maintained treaty relations but the groups in question were clearly not regarded as belonging to international society [1327]. The ambiguities were patent compared to other continents, whose possible membership of the

---

1325. A possible affiliation and the restrictions against such hypothesis have been repeated, for decades, concerning the possibility, formerly considered and growingly remote looking, of adhesion of Turkey to the European Union. Better than all other legal, political and economic analysis, as far as I got acquainted with, I would suggest the reading of the Turkish novelist Orhan Pamuk (1952-), winner of the Nobel prize for literature, in 2006, to understand why can hardly be imagined Turkey integrated into the EU, since *The House of Silence* (1983), *Black Book* (1995), *My Name is Red* (2001), *Istanbul* (2003) among others.

1326. As examined in Chapter III of this course, on *the 'impact of colonialism on International law*.

1327. M. Vec, "From the Congress of Vienna to the Paris Peace Treaties of 1919", in B. Fassbender and A. Peters (eds.), *The Oxford Handbook of the History of International Law, op. cit.*, 2012, pp. 654-678, quoted pp. 658-659, completes the panorama with some generalizations:

international system seemed to turn on their conformity or visibility to European eyes: America, Asia, Africa and Oceania were subject to a curious intellectual and political myopia, whereby their similarity to Europeans made them seem more civilized and thus more likely to be assimilated.

1244. We cannot leave unexamined the idea that diversity of conceptions does not mean absence of civilization. This has been demonstrated by the research of eminent anthropologists working in the field of human knowledge, like B. Malinowski, M. Mauss and C. Lévi-Strauss, to name but three.

1245. Taking the view that the life of peoples forms a system, B. Malinowski [1328] and the "functionalist" school of anthropology that followed him [1329] presented the practice of *Kula*, by the indigenous

---

> "Africa and Asia entered the scope of international law, but only few Asian states such as China, Japan, Siam and Persia were seen as legitimate members of the growing international society. Latin American states seemed to have fewer difficulties in entering. Other actors like Indian tribes or nomad peoples were unanimously seen as being outside this community."

1328. B. Malinowski (1884-1942), *Argonautas do Pacífico Ocidental – um relato do empreendimento e da aventura dos nativos nos arquipélagos da Nova Guiné melanésia*, orig. publ. *Argonauts of the Western Pacific*, London, Routledge, 1922, preface to the 1st ed by *Sir* J. G. Frazer, at page 510. transl. A. P. Carr and L. Cardieri, coord. trad. E. R. Durham, pref. M. Peirano, São Paulo, Ubu Ed., 2018, "Prefácio", pp. 11-16, quoted p. 14:

> "Malinowski, em resposta às críticas que o acusavam de ser excessivamente empírico e diziam que sua abordagem etnográfica era 'científica', passou a defender, em 1926, o que batizou de 'funcionalismo'. O funcionalismo pressupõe, diferente da prática anterior dos investigadores europeus de listar 'maneiras e costumes' dos nativos, que a vida das pessoas forma um sistema. Por um lado, o funcionalismo representa um tributo ao aspecto não selvagem dos tobriandenses; por outro, sustenta a ideia de que diferentes instituições desempenham 'funções' interdependentes dentro de um determinado modo de vida."

1329. E. R. Durham, "Apresentação", in B. Malinowski, *Argonautas do Pacífico Ocidental*, *op. cit.*, ed. 2018, pp. 17-35, quoted p. 20, presents the "foundations of the functionalist school":

> "O desenvolvimento do trabalho de campo sistemático produziu uma enorme quantidade de novos conhecimentos e colocou em xeque o modo tradicional de manipular os dados empíricos. A nova geração de antropólogos britânicos, cujos expoentes são justamente Radcliffe-Brown et Malinowski, promoveu a crítica radical dos postulados evolucionistas e difusionistas, que dominavam a antropologia clássica, estabelecendo um novo método de investigação e interpretação, que ficou conhecido como 'escola funcionalista'. O funcionalismo, na antropologia, desenvolve-se em três linhas um pouco distintas : a dos discípulos de [F.] Boas, nos Estados Unidos; a de Malinowski et A de Radcliffe-Brown, na Inglaterra. Em qualquer uma de suas formas, o funcionalismo está estreitamente vinculado ao trabalho de campo. Isso não quer dizer, entretanto, que o funcionalismo se reduza a uma técnica de pesquisa. M. em Malinowski, que é etnógrafo por excelência, a crítica à antropologia clássica e a formulação de novos problemas teóricos precedem seu trabalho de campo."

people of the Trobriand Islands, in New Guinea, as "a novel type of ethnological fact". Its novelty resided in how very widespread it was, sociologically and geographically:

> "A big, inter-tribal relationship, uniting with definite social bonds a vast area and great numbers of people, binding them with definite ties of reciprocal obligations, making them follow minute rules and observations in a concerted manner – the Kula is a sociological mechanism of surpassing size and complexity, considering the level of culture on which we find it. Nor can this wide network of social co-relations and cultural influences be considered for a moment as ephemeral, new or precarious. For its highly developed mythology and its magic ritual show how deeply it has taken root in the tradition of these natives and of what ancient growth it must be." [1330]

1246. The description of the *kula*, the sophisticated system of exchanges between the islands of New Guinea, became a reference for future studies of reciprocity and the basis of society in the human sciences, and had a strong influence on other authors such as M. Mauss, C. Lévi-Strauss and those that came after them.

1247. M. Mauss [1331] set out his programme for promoting ethnographic sociology that looked at social behaviours in the round, to offer an understanding of the underlying motivation for giving in traditional societies: a gift was characterized by reciprocity, which went beyond a mere exchange of presents to create social bonds between people and groups. His work showed how that motivation had survived in modern societies.

1248. Mauss's analyses have a postmodern relevance, helping us to find answers to issues in contemporary societies. How can it be said that such societies are not "civilized", merely because they differ from our western models?

1330. B. Malinowski, *Argonauts of the Western Pacific*, Chapter XXII, The Meaning of the Kula, p. 510. *Argonautas do Pacífico Ocidental*, ed. 2018, cap. XXII – O significado do Kula, pp. 645-655, quoted p. 646.

1331. M. Mauss (1872-1950), "Essai sur le don – Forme et raison de l'échange dans les sociétés archaïques", orig. publ. *Année sociologique*, 2e série, Vol. 1 (1923-1924) 1925, reprinted in the volume M. Mauss, *Sociologie et anthropologie*, intr. C. Lévi-Strauss, Paris, PUF, 1950, coll. Quadrige, grands textes, 2007; Braz. ed. *Sociologia e antropologia*, trad. P. Neves, São Paulo, Cosac Naify, 2003, pp. 183-314. Published in English as The Gift, translated by Ian Cunnison with an introduction by E. Evans-Pritchard, Cohen & West, London, 1966.

1249. In conclusion Mauss, in his essay *The Gift*, shows how it is possible in some cases to study human behaviour as a whole, taking social life in its entirety, with the material and demographic elements that go to make up society – and relations between societies – in constituting man's common life.

1250. Mauss's study of the *potlach* and the *kula* is among the best known and most widely discussed aspects of his work. The *potlach* is presented as a contest for prestige, in which gifts are exchanged in a spirit of competitive generosity the aim of which is to establish a hierarchy among the groups and their representatives: the honour of the representatives is at stake, and the strongest is the one who offers the greatest riches.

By contrast the *kula* is a peaceful, regulated system of ceremonial exchanges, involving less rivalry. Malinowski was the first to study this form of gift, in the Trobriand Islands, characterized by a double circle of ritual transactions, whereby predetermined relationships are set up that are very stable. The main idea is to be bound in a lasting manner to prestigious partners by exchanging precious goods (shells or bracelets) with them.

1251. Alongside this system there is the *gimwali*, a form of market without money, which does not exclude bargaining and profit-making. But while the ritual and merchant exchanges might be conducted in the course of the same voyage, the two circuits remain mutually impermeable.

1252. Has not international law, from the outset, itself envisaged social relations based on reciprocity and peaceful social interaction?

The time has come to acknowledge that international relations can occur within other forms of social organization, outside the modern western European tradition, and that those different traditions also deserve to be included when assessing the universality of international law, and its role in building peaceful relations between different societies.

1253. This approach is consistent with that of Malinowski, who insisted that the task of science was to analyse and classify the facts so as to order them coherently and integrate them into one of the systems used for the different aspects of reality. Based on his presentation of the institution of the *kula*, I suggest using the same process with international law as an indicator of its universality, even when it appears in different forms.

1254. C. Lévi-Strauss [1332], whose anthropology was "essentially and not accidentally Americanist" [1333], stressed that his experience as an ethnographer as late as the 1930s, "when it involved meeting the witnesses of belief systems and social structures, institutions created in complete isolation from our own, at that time constituted irreplaceable contributions to the heritage of mankind," whereas now we live in a time of mutual influences, "on course for a civilization on a global scale where there will probably be differences – at least we must hope so. But those differences will no longer be of the same nature; they will not be external any more but internal" [1334].

1255. Human societies, even the ones we tend to describe as primitive, are built as much on their internal relations as their external relations. This regime of relations between different societies can be seen as laying some of the foundations of international law.

1256. Hence my insistence on drawing a parallel with the anthropologists. As Lévi-Strauss put it, what makes a society complex is not so much its degree of primitive isolation as the integration of relatively stable isolated units, compared to groups that are bigger but characterized by other economic, political or intellectual social bonds [1335].

1257. The context prevailing in Africa [1336] led to some tortuous thinking: "By this time the mainstream of European scholarship was

---

1332. C. Lévi-Strauss (1908-2009), *Tristes tropiques*, Paris, Plon, 1955; *La pensée sauvage*, Paris, Plon, 1962; *Le cru et le cuit*, Paris, Plon, 1964; *Du miel aux cendres*, Paris, Plon, 1967; *L'origine des manières de table*, Paris, Plon, 1968; *L'homme nu*, Paris, Plon, 1971; *Loin du Brésil* – entretien avec V. Moraigne, Paris, Chandeigne, 2005. Having lectured at the University of São Paulo from 1935 to 1939 – as much as F. Braudel and P. Verger – C. Lévi-Strauss has been widely translated and read in Brazil: the four volumes of *Mitológicas*, were translated by B. Perrone-Moisés, São Paulo, Cosac Naify, Vol. I, 2010; Vol. II, 2004; Vol. III, 2006; Vol. IV, 2011.

1333. E. Viveiros de Castro, "Desencontros marcados", in *Loin du Brésil* – entretien avec V. Moraigne, Paris, Chandeigne, 2005, *Préface*, pp. 7-27, quoted p. 14: "l'anthropologie est essentiellement et non accidentellement américaniste". In the same volume, C. Lévi-Strauss declared, *op. cit.*, 2005, p. 34:

"Le Brésil représente l'expérience la plus importante de ma vie, en même temps par l'éloignement et le contraste, mais aussi parce qu'il a déterminé ma carrière."

1334. C. Lévi-Strauss, *Loin du Brésil* – entretien avec V. Moraigne, Paris, Chandeigne, 2005, quoted pp. 46-47.

1335. C. Lévi-Strauss, *Social Structure*, New York, Wenner-Green Foundation – International Symposium on Anthropology, 1952; also printed in A. L. Kroeber, *Anthropology today*, Univ. of Chicago Press, 1953; Braz. ed., *A noção de estrutura em etnologia*, transl. by C. S. Katz and E. Pires, ethnological revision by J. C. Melatti, in C. Lévi-Strauss, *Seleção de textos*, São Paulo, Abril cult., 1976, col. os pensadores, Vol. 50, pp. 7-49, quoted p. 27.

1336. J. D. Fage, "The development of African historiography", in General History of Africa, Vol. I, Methodology and African Prehistory, Heinemann, California,

beginning to take an increasingly unfavourable view of non-European societies, and to assert that they had no history worth studying". On such foundations was built what I would describe as a "superiority complex":

> "Essentially this attitude resulted from a conjunction of streams of thought deriving from the Renaissance, the Enlightenment, and the growing scientific revolution. The result was that, building upon what was regarded as a unique Graeco-Roman heritage, European intellectuals persuaded themselves that the purpose, knowledge, power and wealth of their society were so strong that it must prevail over all others; therefore, its history was the key to understanding, and the history of all other societies was irrelevant. This attitude was perhaps especially applicable to Africa." [1337]

1258. The adoption of the myth of the superiority of light-skinned over black-skinned peoples was only one of the prejudices current in Europe in the late nineteenth and early twentieth centuries, and during that time "Europeans thought that their claim to superiority over black Africans had been confirmed by their own colonial conquest" [1338].

1259. That attitude was reflected in education and, for a very considerable time, influenced the study of disciplines such as anthropology. It was both the symptom and the result of the un-historical method of seeking to evaluate the cultures and societies of so-called "primitive" peoples as not having any history worthy of study, as being inferior to Europeans and marked out as different by the colour of their skin [1339].

UNESCO, 1980, page 24, at p. 30; "A evolução da historiografia da Africa", in *História geral da África, Vol. I. Metodologia e pré-história da África*, ed. 1982, Chap. 1, pp. 43-59, quoted p. 48.

1337. Observe that at that time the Europeans only knew Africa and the Africans in the perspective of the slave trade, exactly when the human traffic was responsible for growing social chaos, in different regions of the African continent. See J. D. Fage, loc cit. "A evolução da historiografia da Africa", in *História geral da Africa*, Vol. I, ed. 1982, Chap. 1, pp. 43-59, quoted p. 48.

1338. J. D. Fage, op. cit., page 36. "A evolução da historiografia da Africa", in *História geral da Africa, Vol. I,* ed. 1982, Chap. 1, pp. 43-59, quoted p. 54. As a consequence, in many parts of Africa, especially in the Sudanese belt and the region of the Great Lakes, they were convinced that they only gave continuity to a process of civilization, that other invaders of fair skin, generally referred to as "Camits", had started before them.

1339. J. D. Fage, *op. cit.*, page. 32:

> "Matters were made worse for the study of African history by the emergence at about this time, and particularly in Germany, of a concept of the historian's craft in which it became less a branch of literature or philosophy than a science based

1260. It would take considerable time and effort before those myths and prejudices could be dispelled. They were followed in the training of professional anthropologists, under the influence of B. Malinowski and the so-called functionalist school including A. R. Radcliffe-Brown [1340], and of the structural-functionalist theorists, who differed in some respects [1341] in their approach to the work but were both "very strongly opposed to any kind of conjectural history" [1342].

1261. Anthropologists created serious problems by "using a static, traditional base or point of departure".

> "They recognized that the African societies they were investigating had changed a great deal since the beginning of colonial rule, but they took that fact as an unfortunate aberration in the data. As they saw it, the picture had to be adjusted by focusing on a single temporal plane set somewhere in the not-very-distant past before the European conquest. They assumed that the nature of this traditional society could be discovered by taking present, observed data and subtracting everything that seemed to be an external influence. The result was what they called the anthropological present." [1343]

1262. This functionalist approach owed much to B. Malinowski, who dominated British anthropology during the 1920s and 1930s, and

---

on the rigorous examination and analysis of the original sources. For European history, of course, these were predominantly written sources, and in these Africa seemed remarkably weak and deficient."

1340. A. R. Radcliffe-Brown (1881-1955), British anthropologist and ethnographer, as part of the A. Durkheim tradition, developed a Structure-functionalist social theory, in opposition to the functionalism of B. Malinowski, at the first stages of Social Anthropology in Britain. Among other works, can be mentioned by A. R. Radcliffe-Brown and C. D. Forde (eds.), *African Political Systems*, orig. publ. in 1950; also in Portuguese, *Sistemas políticos africanos de parentesco e casamento*, Lisboa, Fundação C. Gulbenkian, 1974.

1341. E. R. Durham, "Apresentação", in B. Malinowski, *Argonautas do Pacífico Ocidental*, ed. 2018, pp. 17-35, quoted p. 21, stresses that the main criticism by Malinowski and other functionalist anthropologists towards classic anthropology concerns the random use of categories.

1342. J. D. Fage, op. cit., page 37. He continues: "In fact the strict functionalist approach to African societies followed by British anthropologists in the 1930s and 1940s tended to discourage any historical interest, even when, though their fieldwork. They were in uniquely good positions to acquire historical data. However, on the continent of Europe (and also in North America, not that many American anthropologists worked in Africa before the 1950s), an older tradition of ethnography continued, in which, inter alia, as much attention was paid to material culture as to social structure."

1343. P. D. Curtin, "Recent trends in African historiography and their contribution to history in general", in General History of Africa, Volume I, Methodology and African Prehistory, Heinemann, California, UNESCO, 1980, p. 54, at p. 61. *História geral da África, Vol. I*, ed. 1982, Chap. 3, pp. 73-89, quoted p. 80.

made a significant contribution to the developing understanding of how primitive societies worked. One of the important advances was in the functionalists' method: they did not simply question informants, but worked mainly on the basis of participant observation and the careful and prolonged examination of the society in question.

> "But it also had some unfortunate corollaries. It led anthropologists to seek out simple societies and isolated cultures. This very selectivity distorted western knowledge of African culture by leaving great gaps in the accounts of large or complex African societies, thus adding to the myth of a primitive Africa. The effort to abstract the anthropological present from the real present also furthered the assumption that change in Africa must come from an outside influence, since their assumptions made African societies appear changeless till the Europeans arrived." [1344]

1263. Functionalism would have run its course, with no impact on the discipline of history. But it was influenced by the acculturation studies of the 1940s and 1950s, though C. Lévi-Strauss and his followers took a different direction in the decades that followed. In political anthropology and some aspects of social anthropology, the work of historians from the colonial period cast light on the dynamics of change and helped turn anthropology in a new direction. Where African religions and religious organizations were concerned, the study changed under the influence of recent historical research: "The earlier students of African religion tended either to be anthropologists in search of a static body of belief and practice, or else missionaries who also accepted the concept of an anthropological present in studying religions they hoped to supplant. They recognized that Islam was dynamic enough, since it had spread even more rapidly than Christianity had during the colonial period." [1345]

1344. P. D. Curtin, *op. cit.*, at p. 61. "Tendências recentes das pesquisas históricas africanas e contribuição à história em geral", in *História geral da África*, Vol. I, ed. 1982, Chap. 3, pp. 73-89, quoted p. 80.

1345. P. D. Curtin, *op. cit.*, at p. 62. "Tendências recentes das pesquisas históricas africanas e contribuição à história em geral", in *História geral da África*, Vol. I, ed. 1982, Chap. 3, pp. 73-89, quoted p. 81: He goes on: "The result has been an increased awareness that non-Christian, non-Muslim religions were also changing, though social scientists in varying disciplines are only now beginning to study these patterns of change as systematically as they deserve".

> "Disso resultou uma tomada de consciência mais aguda da evolução das religiões não-cristãs e não-muculmanas, embora os especialistas das diversas ciências sociais tenham apenas começado a estudar as particularidades dessa evolução tão sistematicamente como elas o merecem."

1264. The tendency with regard to African history – common in the study of the colonial period – was to emphasize the activities of Europeans and ignore those of the Africans: "Colonial history allowed Africans only secondary roles on the historical stage" [1346]. Much work remained to be done to decolonize the African history of the colonial era, a process that drew on both the revolt against Eurocentrism and the movement against the elites [1347].

1265. It is time to move on to consider the delicate balance between interdependence and cooperation in postmodern international law.

C. Interdependence and cooperation

1266. One of the main challenges for international law is by no means among the newest: the need for cooperation. This has been the case for centuries. Cooperation could be said to be part of the ADN of international law, making it an indispensable part of any international system in any era. It takes place institutionally, through international organizations, but it needs to develop further. The more interdependent the world becomes, the greater the need for cooperation.

1267. Cooperation has become the only possible course of action in all those areas that exceed the territorially limited powers and capabilities of states. For states of every kind, it is an imperative.

1346. P. D. Curtin, *op. cit.*, at p. 59. He continues: "A handful of Europeans were still depicted as the main force making African history what it was. (Europeans sometimes did play crucial roles in the history of the colonial period, but every later revision based on new research at a local level shows the European role to have been much less important than it appeared in the colonial history published before 1960 or so.)" "E sempre a um punhado de europeus que a África e sua história devem o que são", observed "Tendências recentes das pesquisas históricas africanas e contribuição à história em geral", in *História geral da África*, Vol. I, ed. 1982, Chap. 3, pp. 73-89, quoted p. 78:

> "Sem dúvida, os europeus desempenharam às vezes os principais papéis durante o período colonial, mas todas as revisões, fundadas em novas pesquisas, em nível local, permitem minimizar a influência europeia, tal como foi vista na 'história colonial', publicada antes de 1960."

1347. P. D. Curtin, *op. cit.*, at p. 60: "One important step in this direction is the gradual development of analytical history that is also field history, that is, a product of oral interviews and on-the-spot investigation, not just immersion in archives." "Tendências recentes das pesquisas históricas africanas e contribuição à história em geral", in *História geral da África*, Vol. I, ed. 1982, Chap. 3, pp. 73-89, quoted pp. 78-79:

> "Os progressos da história analítica – que é também a 'história de campo', baseada em investigações e questões colocadas nos próprios locais de pesquisa, e não somente a consulta aos arquivos – constituem um importante passo nessa direção."

1268. The list of subject matter that is inexorably international grows ever longer. In more areas than ever, inter-state cooperation mechanisms are essential. That very fact points up, on the one hand, that states remain the basic operational unit of the international institutional and normative system – states are necessary, both internally and internationally – but also, on the other, that they lack the capacity unilaterally to drive the mechanisms that keep the world of international relations turning, in its present form. There can be no international system, or any international organizations, without states. The existence of a certain number of states is a necessary, but not sufficient, condition for sustaining an international institutional and normative system. Which is nothing new, given that the capacity of a state to act is limited, and much of the action required in the postmodern context exceeds that capacity.

1269. The conclusion is simple: more international law and inter-state cooperation, governed by international law, will be needed for states in the international system to face the challenges known at the present time, as well as the ones that lie ahead. As those challenges develop, new kinds of inter-state cooperation, international institutions and institutional mechanisms will be required to peacefully resolve the differences that arise. The evolving situation demands more, not less, cooperation, contrary to the views of some.

1270. This dichotomy has long been a feature in some areas. Collective security is a field in which the choice has been made to work together: the system either works for everyone, at least to some extent, or it does not work at all. But merely understanding the essential need for cooperation does not automatically bring results.

1271. Protecting the environment is another area that demands cooperation. Either this works for everyone or it does not work at all: environmental damage is no respecter of political frontiers between states. The 1986 Chernobyl disaster stands as a notorious example [1348]: it was no use trying to hide the scale of the horror. Despite the lack of transparency of the former Soviet Union in its last years, the rise in levels of radioactivity worldwide was rapidly detected in neighbouring

1348. Decades after the catastrophe, its effects are always felt due to the large number of malformations and diseases the population of the region remains subject to. Victims and witnesses were interviewed and are presented by S. Aleksievitch, the winner of the Nobel Prize for literature, in 2015, in her book "the prayer of Tchernobyl", usually rendered as *voices from Tchernobyl*, orig. publ. *Chernobilskaya Molitva: Chronica buduxevo*, Moscou, Ostoje, 1997; Braz. ed., *Vozes de Tchernóbil – a história oral do desastre nuclear*, trad. S. Branco, São Paulo, Companhia das Letras, 2016.

western European and Scandinavian countries and reached Japan, Australia and elsewhere within less than a week.

1272. Recently we have seen what looks like the opposite of cooperation: the sense that it is for others to take action before we do anything ourselves. Such flawed logic goes against one of the core tenets of international environmental law – that its principles are those of solidarity and must be implemented as such, as the subject is the common concern of humankind. Discussions still occur about whether this is a principle or a concept, but its importance, as the criterion guiding the implementation of the whole body of international environmental law, is undeniable.

1273. Environmental awareness is now a fact of civilization, one that can no longer be ignored. Once that obvious fact is accepted, the task is to ensure that international environmental law is developed and applied in the common interest of humanity. That is a fundamental parameter, and it sets the direction and scale of implementation.

1274. Once the broad outlines of international environmental law were established, the whole international community – or society [1349] – became responsible for its effective implementation. Considerable progress has been made, notably during the "heroic" period in the development of international environmental law that started with the United Nations Conference on the Environment in Stockholm in 1972 [1350], progressed with the United Nations Conference on Environment and

---

1349. To refer again to the distinction – as mentioned above, para. 1101, notes 1156 and 1157 – between "community" and "society", established by F. Tönnies (1855-1936), *Gemeinschaft und Gesellschaft* – Abhandlung des Communismus und des Socialismus als empirischer Culturformen, Leipzig, Fues Verlag, 1887, and for international law, the analysis made by H. Mosler, "The International Society as a Legal Community", *Collected Courses*, Vol. 140 (1974), pp. 1-320.

1350. The United Nations Conference on the Human Environment, 5-16 June 1972, Stockholm, was the first world conference to make the environment a major issue. The participants adopted a series of principles for sound management of the environment, including the Stockholm Declaration and Action Plan for the human environment and several resolutions. The *Stockholm Declaration*, containing twenty-six principles, placed environmental issues at the forefront of international concerns and marked the start of a dialogue between industrialized and developing countries, on the link between economic growth, the pollution of the air, water, and oceans and the well-being of people around the world. The *Action Plan* contained three main categories: *(a)* Global Environmental Assessment Programme (watch plan); *(b)* Environmental management activities; *(c)* International measures to support assessment and management activities carried out at the national and international levels. As presented, these categories were broken down in 109 recommendations. One of the major results of the Stockholm Conference was the creation of the United Nations Environment Programme. See digitallibrary.un.org https://digitallibrary.un.org, record Report of the United Nations Conference on the Human Environment, Stockholm, 5-16 June 1972 (1973).

Development in Rio de Janeiro in 1992 [1351], which brought together state representatives and non-governmental organizations from 179 countries [1352], and the Johannesburg Conference in 2002 (commonly referred to as Rio+10) [1353]. There, a commitment was made to "building a humane, equitable and caring global society, cognizant of the need for human dignity for all". Reaffirming that "multilateralism is the future", the need was identified for "more effective, democratic and accountable international and multilateral institutions" [1354].

1275. Later, the United Nations Conference on Sustainable Development, held in 2012 in Rio de Janeiro, followed the broad pattern of the previous summits but cannot be said to have produced the same results: the slogan "The future we want" was also used as the title of the outcome document, which contained a list of good intentions that paled in comparison to the progress of the previous decades [1355].

1351. United Nations Conference on Environment and Development, 3-14 June 1992, in Rio de Janeiro, also known as the "Planet Earth Summit", was held at the twentieth anniversary of the Stockholm Conference of 1972, brought together political leaders, diplomats, scientists, representatives of the media and non-governmental organizations from 179 countries for a massive effort to focus on the impact of human socio-economic activities on the environment. One of the major results of the UNCED Conference was *Agenda 21*, a daring program of action calling for new strategies to invest in the future to achieve overall sustainable development in the twenty-first century. Also adopted were the *Rio Declaration* and its 27 universal principles; the UN Framework Convention on Climate Change (UNFCCC), the Convention on Biological Diversity (UNCBD), and the Declaration on Principles of Forest Management. The Rio Conference 1992 also led to the creation of the Commission on sustainable development, the holding of the first world conference on the sustainable development of small island developing states, in 1994, and negotiations for the establishment of the Agreement on the straddling stocks and highly migratory fish stocks. See https://digitallibrary.un.org, A/RES/44/228; A/CONF.151/26/Rev.1 (Vol. I) + Corr. 1; Rio Declaration; Agenda 21; Convention on Biological Diversity; UN Framework Convention on Climate Change.

1352. A "Global Forum" of NGOs was also held in Rio de Janeiro at the same time, bringing together an unprecedented number of NGO representatives, who presented their own vision of the world's future in relation to the environment and socio-economic development. The Rio Conference highlighted how different social, economic and environmental factors are interdependent and evolve together, and how success in one sector requires action in other sectors to be sustainable over time.

1353. The World Summit on Sustainable Development, 26 August-4 September 2002, in Johannesburg, adopted a Political Declaration and Implementation Plan, which included provisions covering a set of activities and measures to be taken in order to achieve development that takes into account respect for the environment. See https://digitallibrary.un.org, Report of the World Summit on Sustainable Development, Documents: 2002: A/CONF.199/20; 2003: Resolution A/RES/57/253.

1354. Johannesburg Declaration on Sustainable Development, adopted at the Planet Earth Summit +10, 4 September 2002 (paras. 31 and 32): "We reaffirm our commitment to the principles and purposes of the Charter of the United Nations and international law, as well as to the strengthening of multilateralism."

1355. The lack of enthusiasm for the achievements of the Planet Earth Summit + 20, in Rio de Janeiro, 20-22 June 2012 is reflected in the Resolutions and Decisions adopted: *The Future we Want: Outcome of the Conference on Sustainable*

1276. Between those global events other major conferences have been held, including the International Conference on Population and Development in Cairo in 1994, the World Summit for Social Development in Copenhagen in 1995, the Fourth World Conference on Women in Beijing in 1995 and the Habitat II Conference in Istanbul in 1996, which have in UN-speak re-energized the commitment to sustainable development and adopted action plans in specific areas based on Agenda 21 (which dated from Rio). At the Millennium Summit in 2000, 147 world leaders agreed on a series of development goals together with a timeline, needed in order to meet the objectives of Agenda 21.

1277. There have also been substantial achievements with the conventions opened for signature at the 1992 Rio Summit, like the

---

Development (2012); see also https://digitallibrary.un.org, *The Future we Want: Resolution Adopted by the General Assembly*, A/RES/66/288, 2012-07-27/resolutions and decisions:

> "Renew our commitment to sustainable development and to ensuring the promotion of an economically, socially and environmentally sustainable future for our planet and for present and future generations" (par. 1);
>
> "We recognize that the twenty years since the UN Conference on Environment and Development in 1992 have seen uneven progress, including the sustainable development and poverty eradication. We emphasize the need to make progress in implementing previous commitments" (para. 19);
>
> "We acknowledge that, since 1992, there have been areas of insufficient progress and setbacks in the integration of the three dimensions of sustainable development, aggravated by multiple financial, economic, food and energy crises, which have threatened the ability of all countries, in particular developing countries, to achieve sustainable development. In this regard, it is critical that we do not backtrack from our commitment to the outcome of the UN Conference on Environment and Development" (para. 20);
>
> "We acknowledge the vital importance of an inclusive, transparent, reformed, strengthened and effective multilateral system in order to better address the urgent global challenges of sustainable development today, recognizing the universality and central role of the United Nations and reaffirming our commitment to promote and strengthen the effectiveness and efficiency of the United Nations system" (para. 77).
>
> "As well as other institutions, specialized agencies, programs and funds in the system of the United Nations (paras. 91-92) also recognizing the importance of achievements of the *Global Environmental Facility* over the past twenty years in funding environmental projects and welcome important reform processes that the Facility has carried during recent years" . . . (para. 265) including the registration of the commitments (para. 283);
>
> "We welcome the commitments voluntarily entered into at the United Nations Conference on Sustainable Development and throughout 2012 by all stakeholders and their networks to implement concrete policies, plans, programmes, projects and actions to promote sustainable development and poverty eradication."

United Nations Framework Convention on Climate Change[1356], the Convention on Biological Diversity[1357], the United Nations Convention to Combat Desertification[1358] and the UN Statement on Forest Principles[1359], along with their subsequently adopted protocols and

1356. Opened for signatures at Planet Earth Summit – the United Nations Conference on Environment and Development held in Rio de Janeiro, from 3 to 14 June 1992, the Convention entered into force on 21 March 1994. According to the Berlin *Mandate*, of 1995, in December 1997, in Kyoto, the governments adopted a Protocol to such convention stipulating that the industrialized countries would accept, as a legally binding objective, the reduction of emissions of six kinds of gas having greenhouse effect, "of an average 5 % below the levels of 1990". The Kyoto Protocol entered into force in 2005.

1357. The United Nations Convention on biological diversity was opened for signature during the Planet Earth Summit in 1992, and entered into force on 29 December 1993. The Convention binds States to protect biodiversity as a common concern of humankind, focusing on the conservation of biodiversity and the sustainable use of its components.

The Cartagena Protocol on Biosafety, according to its Article 1,

> "In accordance with the precautionary approach contained in Principle 15 of the Rio Declaration on Environment and Development, the objective of this Protocol is to contribute to ensuring an adequate level of protection in the field of the safe transfer, handling and use of living modified organisms, resulting from modern biotechnology that may have adverse effects on the conservation and sustainable use of biological diversity, taking into account risks to human health, and specifically focusing on transboundary movements."

1358. The Planet Earth Summit, in Chapter 12 of the Agenda 21 called on the UN General Assembly to set up an intergovernmental committee to prepare for a legally binding instrument that addresses the problem of desertification, which was confirmed by the 47th session of the General Assembly in December 1992 in New York through Resolution 47/188.

Desertification, along with climate change and the loss of biodiversity, were identified as the greatest challenges to sustainable development during the 1992 Rio Earth Summit. Established in 1994, the United Nations Convention to Combat Desertification (UNCCD) is the sole binding legal international agreement linking environment and development to sustainable land management.

The Convention entered into force in December 1996. The Convention addresses specifically the arid, semi-arid and dry sub-humid areas, known as the drylands, where some of the most vulnerable ecosystems and peoples can be found. Notwithstanding the considerable number of ratifications of this Convention, "financial resources for its implementation have remained limited".

The new UNCCD 2018-2030 Strategic Framework is the most comprehensive global commitment to achieve Land Degradation Neutrality (LDN) in order to restore the productivity of vast expanses of degraded land, improve the livelihoods of more than 1.3 billion people and reduce the impacts of drought on vulnerable populations to build.

1359. Based on the Principles for forests, adopted in Rio de Janeiro, in 1992, an intergovernmental group on forests convened during two years, under the auspices of the Sustainable Development Commission of the United Nations Unies, and adopted more than one hundred action proposals in March 1997. The group became the Intergovernmental Forum on Forests at the Earth Planet Summit + 5 in June 1997. Since its first session in 2001, the Forum on Forests has worked to establish proposals to limit deforestation, to generate larger benefits in the forest sector and to develop the conception of an international legal framework for forests.

The United Nations Strategic Plan for Forests 2017-2030 was forged at a special session on the UN Forum on Forests held in January 2017 and provides an ambitious

implementing documents, among the topics of major importance for the future of humanity as a whole.

1278. Admittedly, the returns have diminished since Johannesburg in 2002, not because the subject matter has been exhausted – far from it, it is there in abundance – but because the pendulum has swung away from making decisive commitments to a common future. The past ten years have yielded fewer comparable initiatives in the direction of global protection of the environment, faced with competing considerations of social and economic development, as can be seen from the vicissitudes of the Kyoto Protocol since its entry into force in 2005 and the Paris Climate Agreement since it was signed by 195 states in 2015 [1360]. Those issues are nonetheless critical for the future, indeed the very survival, of mankind and life on the planet.

1279. The same is true of protection of fundamental rights. The interplay of protections provided by domestic systems with those of international law, whether universal under the aegis of the UN, or regional, under the European, inter-American, African or Arab systems, or other potential spheres of cooperation between states to develop and monitor the protection of fundamental rights, is both necessary and welcome. But this is another field in which there is a tendency to see limitations rather than results [1361].

1280. Cooperation is also necessary in the fight against organized crime. Criminality manifests itself internationally as well as internally, and requires institutions and rules. International cooperation has developed both in the areas of prevention and repression. Here again, it is essential for states wishing to retain a degree of sovereign independence to understand that international law provides the basis for addressing issues that exceed their individual capacities.

1281. Health, sanitary measures and disease classification are another field in which the need for cooperation is demonstrable. The

---

vision for forests in 2030. The Plan was adopted by the UN Economic and Social Council on 20 April 2017, and was subsequently adopted by the UN General Assembly on 27 April 2017.

1360. According to the United Nations Framework Convention on Climate Change, adopted in 1992, and the Kyoto Protocol, in force since 2005 – to which have adhered 195 countries, with the exception of the United States – the Conference of the Parties (COP) is held every year, with the scope of negociating and build agreement on the means and the measures to be adopted to reach the objectives of the Convention and the Protocol. The latest in date, the COP 25, which was held in December 2019, in Madrid, did not succeed in reinforcing and and adopting concrete steps in view of the Paris Agreement. As stated by the official site *United Nations Climate Change* "due to the coronavirus pandemic, there will be no COP 26 in 2020, same was cancelled".

1361. As briefly examined in chapter IV, hereinabove.

World Health Organization (WHO) works in prevention as well as in setting rules and procedures, and in tackling epidemics and pandemics. By definition, these are problems that transcend political state frontiers and occur on a global scale, with damaging consequences not only in terms of the numbers of victims but also the impact on the world economy. A century on from the Spanish 'flu of 1918-1920, and having experienced various lesser epidemics in recent years, mankind finds itself helpless in the face of Covid-19, for which at this point there is no known effective treatment or vaccination.

1282. Amid the most serious public health crisis since the WHO was set up in 1948, on 19 May 2020 the member states at the 73rd World Health Assembly [1362] passed a resolution calling for "timely and equitable access to and fair distribution of all quality, safe, efficacious and affordable essential health technologies and products" in response to the pandemic. In the words of WHO Director-General Tedros Adhanom: "We have seen what is possible with cooperation, and what we risk without it".

1283. Despite those wise words and the heightened urgency of the warning, the Assembly still revealed the fault lines caused by politicization of the pandemic, nationally and internationally. At that same Assembly in May 2020, the Secretary-General of the UN, Antonio Guterres, deplored the "sometimes contradictory" strategies adopted in the face of Covid-19.

1284. The current situation demands more cooperation between states, under the aegis of the World Health Organization, not cuts to state contributions to the funding of that international organization, attacks on it or demands for investigation. The more so since such unworthy and dishonest moves were designed only to camouflage the

---

1362. The World Health Assembly is the decision-making organ of the World Health Organization (WHO) with participation of delegations from all State members of the Organization and examines a specific agenda dedicated to healthe and established by the Executive Council. Its main functions are to determine the policies of the Organization, to appoint the General Director, to control the financial policy and to examine and approve the draft financial programme.

The World Health Assembly is normally held every year in Geneva, Switzerland. As stated by the WHO, the Seventy-third Assembly – #WHA73: "In the context of the restrictions imposed in response to the pandemic of coronavirus disease (COVID-19), and through a written silence procedure, the Executive Board has approved the arrangements for a virtual World Health Assembly to be held using video conferencing technology. This de minimis session will only consider an abridged version of the Provisional agenda". See WHO, Seventy-Third World Health Assembly, Geneva, Switzerland, 18-19 May 2020, A73/1 Add. 1, 29 April 2020.

inadequacy of measures taken nationally to combat the pandemic and prevent its spread [1363].

1285. J.-M. Thouvenin, Secretary-General of the Hague Academy of International Law, pointed out that since the Academy was set up and its first session held in 1923, the only interruption had been caused by the second world war. In one hundred years, the worldwide pandemic in 2020 prompted the Academy to cancel its summer courses only for the second time, or shift same to online presentation.

1286. Equally worrying is the recent rising tide of nationalist protectionism, another evil that manifests itself in different fields. Its effects can be seen, for example, in the current situation at the World Trade Organization (WTO). As successor organization to the 1948 General Agreement on Tariffs and Trade (GATT) under which successive rounds of trade negotiations took place, the present WTO was created as part of the Uruguay Round, which ended in 1994, and it began operation on 1 January 1995.

1287. Founded on the conviction that free trade and the removal of trade barriers was, at least in principle, a valid strategy for all, especially those states, including the United States and the whole of western Europe, which at the time were the most competitive, the WTO has acted decisively to reduce tariff and non-tariff barriers alike in world trade. The underlying theory was that, in the long term, free competition would open the way for new trading partners. It was seen as key to the development of products and services with higher quality and lower costs. Conversely, both tariff and non-tariff barriers give rise

1363. In contradiction with the entire international scientific and medical common opinion, worldwide and also in their respective countries, the United States at the time with D. Trump and Brazil at the time under J. Bolsonaro, to the extent these two governments, after hesitations and 'faux pas', concerning the implementation of coordinated strategies for prevention and social distancing, caused extremely high levels of contagion and casualties, adopting a discourse contrary to the WHO and against China, and favouring the use of chloroquine and hydroxychloroquine, contrary to all studies on the subject, not showing any effect of such medications for the treatment of Covid-19, but on the contrary with serious collateral effects on the heart, the liver, the kidneys and medulla.

At the same time, in May 2020, the Brazilian Society of infectiology and pneumology, together with the Intensive Medical Care Association presented a common note against the use of these medications as treatment against Covid-19. On 20 May 2020, the WHO presented a note of warning against the collateral effects of the drug. In Brazil, four Ministers of Health, in four years, have quit their position, one after the other, because they refused to support the recommendation to use such drugs, contrary to the wish of the president of the Republic. The outcome is evident: Brazil with much less than that proportion of world's population, had 10 percent of the victims – ca. 700,000 recorded casualties due to COVID, out of ca. 7,000,000 recorded worldwide! Clearly the management of the pandemics in Brazil was, at least, inadequate.

to systems that are flexible but inefficient. Brazil, which still has a very closed economy, is a notorious example in a number of respects.

1288. Since the adoption of the GATT in 1948 and particularly since the WTO began operations in 1995, other countries have gained in competitive power against the USA and the EU. They include Japan, China, Taiwan, South Korea, India and Mexico in various industrial sectors, and Brazil and Australia in agribusiness – farming on a commercial scale, using industrial production methods. This has led to loss of competitivity and market share in the USA and the EU countries, and meanwhile delocalization – the transfer of activities and even entire industries to newly-industrialized countries with lower operating costs – has brought about the deindustrialization of the older economies and the loss of considerable numbers of jobs.

1289. China's entry into the WTO in 2002, with the support of the USA, was seen as a way of confining this growing economic giant within the framework of rules and procedures of the global free trade system. In fact, China's technological development has enabled it to use those rules and procedures to its advantage.

1290. The present situation shows the WTO coming adrift: the former champions of globalization have become protectionist, and there is talk of a protectionist threat [1364]. The United States under the presidency of Donald Trump has proved a ferocious opponent of globalization, unleashing unbridled, illogical rhetoric not only against its allies but also its economic competitors, especially China.

1291. Corrections and adjustments will be necessary along the way, but we should not destroy an institutional and normative institution the world still badly needs; even those countries that see it primarily as a source of problems have an interest in keeping it alive and functioning. Faced with the rising threat of protectionism in a number of areas, the risks of not having an international free trade system are too great, not simply for trade in the general sense, but because increased tensions and conflicts between states have been known to end in war – and not merely wars about trade.

1292. The challenges of needing to cooperate are by no means new. Cooperation has long been one of the institutional aspects of international law. At the same time, it can only develop when states are conscious of the limitations on their own national powers and decide to

1364. L. Sant'anna, *Ameaça protecionista*, "O Estado de São Paulo", 17 May 2020, p. A 10: "Mudança na OMC é resultado do enfraquecimento da ordem comercial internacional."

act together, internationally. Intensified interdependency between states inevitably increases the need to cooperate, and the dilemma presents itself more frequently in international law in the postmodern context.

1293. Cooperation is certainly not new in international law. This has been a feature present for long time. As growing interdependence requires higher levels of cooperation among states, the dilemma is more frequent and more present in international law in today's postmodern context. With the ensuing need to develop cooperation as a consequence of the growing interdependence among states.

1294. States still have to learn to accept this state of affairs: acknowledgment of their interdependence does not necessarily make them accept the need for cooperation, or deploy the means to bring it about.

1295. History is replete with examples. The Sassanids and the Eastern Roman (Byzantine) Empires could have cooperated to counter the advance of Islam in the seventh century, but they did not. Their differences remained intact. And, one by one, they were crushed by the advance of Islam.

1296. There are more recent examples in the same vein: the comedy of errors surrounding Britain's departure from the European Union – the famous Brexit – is full of such contradictions. What it shows, clearly, is that given the growing interdependence of states –especially within the European Union – the more economically and politically strategic approach would have been to leverage those increased levels of cooperation and not attempt in vain to cut the ties.

1297. In 2003, the United States and its allies sought to offer a rational explanation for their aggression against Iraq, presenting it as a measure to prevent the proliferation of weapons of mass destruction; it hardly mattered whether the Iraqis had any chemical weapons or weapons of mass destruction. Later interventions in Libya, Syria and elsewhere also proved militarily ineffectual and have had disastrous consequences.

1298. When considering the challenges and developments of international law in the postmodern context, we would do well to heed the words of Milarepa, an eleventh-century Tibetan sage, who urged us to reflect on the laws of the world but without succumbing to despair. "Misery, misery. When I think of those who give themselves up to the laws of the world, I am filled with sadness" [1365]. And we could take his idea still further, by being in the world, but not of the world.

1299. International law does not exist in an ideal world, however, governed by principles independent of states and their interests. There can be no international law "disembodied" from reality: it has to be rooted in the world order. And that world order is governed by states, and influenced by some of them more than others.

1300. Despite its institutional progress and conceptual advances, international law remains a product of history and cultural conditioning. But we can choose whether to dwell on its lacunae and inconsistencies, or focus instead on its progress and advances. Of these, the most important is the acceptance of the human being as the subject of rights and obligations in international law.

1365. Milarepa, The Hundred Thousand Songs, transl. by J. Bacot, eaux-fortes by G. Braque, Paris, Maeght éd., 1950; Milarepa, *Les cent mille chants*, orig. 1986, traduit du tibétain et annoté par M.-J. Lamothe, Paris, Fayard, coll. L'espace intérieur, 2003, *cit.* p. 35, "un enseignement sur la loi du *karma*":

> "En tourmentant les autres vous ne torturez que vous.
> La véracité du karma ne se démentit jamais,
> Nul n'échappe au pouvoir des actes venus à maturité.
> Vous établissez vous-même votre propre supplice.
> Ah ! Pitié pour les folies des ombres affamées !
> Quelle tristesse que leur capacité au mal !
> La mélancolie se lève à de telles pensées.
> Vous avez accumulé tant de méchantes actions,
> Et vous désirez pourtant en collecter encore."

CONCLUSION

1301. To conclude: international law, both in terms of its conceptual content and its practice, can only be understood in its historical, temporal setting and cultural context. It cannot be viewed in the abstract, without losing the sense of its meaning and purpose. As an applied social science, law in general, and international law in particular, cannot be detached from the chronological and civilizational framework in which it was constructed, and within which it must operate, both as an institutional system and as a body of principles and rules.

1302. That is true for international law as for all products of human endeavour, which can only be understood if they are situated in time and space. That very understanding of time and space prompts many questions, and the positioning of international law (or any other discipline) within those dimensions is fertile ground for further research.

1303. The sequence of subjects addressed in the preceding five chapters is designed to present some of the main elements of this historical and cultural contextualization and capture both their content and scope. "International law in time and its role in history" considers the questions surrounding the concept and identity of international law, history and culture, all expressions whose meaning and content generate rich and complex debate. So does the word "civilization", the abuse of which during the so-called imperialist period of colonization to denote an attribute of the colonizers, one moreover that the colonized were supposed to accept, makes it harder to situate accurately. Those elements, both in terms of their content and their part in the construction of an urban culture, must now be understood within the frame of what makes a civilization.

1304. Two illustrations can aid our understanding of this historico-temporal contextualization: avatars like the Leviathan (as an image both of the force of nature and of the modern state), and the phenomenon of the witch-hunt, both of which are typical of the modern era. The Leviathan illustrates the technological development that enabled people to hunt huge mammals in what is called the whaling industry; it also transitioned to become an image personifying politics and the modern state. At around the same time the Leviathan, as a work of nature, was being stripped of its mythical dimension to become the object of exploitation by the whaling industry, the man-made Leviathan was solidifying into the expression of the modern state as a concentration of strength and power, in every independent political entity – and also, through the international relations that developed between those modern states, an element in structuring what was to become an international institutional and normative system.

1305. The very era that saw advances in human knowledge at the start of the modern age also witnessed the barbarity of the witch-hunt, most of whose targets were women though a minority were men, all suspected of being in league with the devil and the forces of evil. Its victims were invariably subjected to appalling torture and suffering to induce them to admit their so-called crimes, before being executed often by burning at the stake.

1306. Before we rush to claim that all this now seems outmoded and unacceptable, we should examine the form these phenomena take today, and what has taken the place of witch-hunting. Two aspects deserve our attention: first, we should not forget that the phenomenon was not medieval but dates from the start of the modern era. Second, equivalents can be found in our postmodern context, when reputations can be destroyed by "fake news" and smear campaigns on social networks. This is a dematerialized version of the witch-hunt, but its potential for destroying lives and reputations is undiminished – exacerbated, even, by the use of social networks.

1307. A similar phenomenon applies to space, and the avatars of that concept, for example the shifts between territoriality and extraterritoriality: international law has embraced different legal spatial regimes throughout its evolution. This is another phenomenon of the modern age. Up to the start of the sixteenth century "territoriality" was expressed in a more limited way; it involved only part of the earth's surface and normally took the form of the territorial regime of modern state sovereignty. What is extremely interesting is that territoriality in the unbridled sense characteristic of the early modern era has come under increasing challenge from multiple forms of extraterritoriality, some of which are accepted as valid, and others deemed abusive and unacceptable. In general, though states cling, sometimes fiercely, to their respective territorialities, we are witnessing many manifestations of what could be called deterritorialization, under legal regimes that remain to be fully defined.

1308. At the start of this course, I proposed to trace a path that began with the introduction, on international law in time and its role in history, through its application to space, in relation to different regimes of territoriality and extraterritoriality. That allowed us to establish that space as an international legal category is a dynamic concept, which has evolved considerably with conceptual advances such as those of the common heritage of mankind and the common interest of humanity.

1309. While territoriality is still an important marker of the physical extent and scope of competences of every state on the planet within the framework of their respective territorial sovereignty, its role as such is becoming eroded by changes that go beyond the territorial state, with the many diverse movements that now operate beyond state control. This is also true of diseases and epidemics, as we have recently seen, atmospheric pollution, the global circulation of information and the movement of funds, all of which occur without states, in spite of the controls they put in place or beyond their control altogether. That is the case with organized crime on an international scale, and so-called international terrorism.

1310. Territoriality and extraterritoriality change over time; space is not something fixed, but mutates with technological progress and international legal categories. These are constructs, a good example being the international regime of the 1982 United Nations Convention on the Law of the Sea, which came into force in 1994. That Convention is important not only because it established the concept of the common heritage of mankind, but also for the regimes of territorial sea, contiguous zone, exclusive economic zone and continental shelf – resolving an age-old controversy dating from the seventeenth century, when Hugo Grotius advocated the *mare liberum* and John Selden and Joaquim de Freitas defended the opposing thesis of the *mare clausum*.

1311. The "vertical" sovereignty of states over the airspace above their territories was likewise constructed, from the turn of the nineteenth and twentieth centuries. Discussions on the international legal regime of airspace culminated in the Paris Convention in 1919, which provided that the territorial state had sovereignty over the space above its land and maritime territory, according to the width of its territorial sea. A state's sovereignty over the airspace above its territory was consolidated with the international civil aviation regime under the Chicago Convention of 1944. The 1982 United Nations Convention on the Law of the Sea determined how far a state's territory could extend over the sea adjacent to it; those zones were included for the purpose of defining its airspace.

1312. Airspace does not only mean aeronautical space, but also the space in which information is transmitted, under the aegis of the International Telecommunications Union, and it is a common asset of humanity. That space is of enormous importance for all the human activities that take place within it: satellites, communications and transmissions via all known means, as well as those still in development, such as space tourism.

1313. Another, newer, international legal regime is being constructed to keep pace with technological developments on an even larger, extra-planetary scale, for outer space, where there is no state sovereignty but a joint regime for the common good of humanity.

1314. International law enshrines the principles of the common heritage of mankind and the common interest of humanity (the latter arising from the major environment law conventions); it has changed to accommodate these new dimensions. Now, international law establishes the international legal regime for zones outside the territorial competence of state sovereignty. This law embraces the planet as an object of consideration and international legal regulation, and reflects the need to comprehend and assimilate "humanity" as a subject of international law, even where that still gives rise to questions and objections based on the difficulties of implementation.

1315. Though there is still a long way to go in developing these international legal regimes, establishing them fully and ensuring their implementation, it is important to emphasize how much progress has been made in the overall structure and development of international law. These reflections are intended to drive home the message that it is not enough to consider international law in its technical sense; to understand it, we must see it as the product of history and within a culture. As such, it undergoes and reflects the major transformations in civilization, and at the same time it can contribute to the development of civilization and peace, in the lives of human beings and human communities.

1316. The very essence and the ultimate purpose of international law lie in the dimension of protection of human dignity, a fact all too often overlooked. As is the imperative need to ensure the protection of the planet and its resources, of which we are part and on which we depend, for the continued survival of intelligent life on earth.

1317. The historical and cultural changes international law has undergone are vividly illustrated by the experience of colonization and colonialism as a *modus operandi*. International law provided the legal framework for this adventure, and the entire legal system suffered the consequences. The paradox of colonialism was that the most highly developed nations at the time forfeited their legitimacy by assuming the role of "bringers of civilization" and bearing the "white man's burden", embarking on their barbaric enterprise against the tide of human unity and in contradiction with the provisions already enshrined in their own national legal regimes to guarantee human rights. The paradox lay in accepting that what applied internally no longer applied in their relations with their colonies, and that their own nationals had – officially – greater rights and safeguards than the peoples they had colonized. This absurd disconnect between the treatment of two classes of citizens was accepted under the banner of the colonial enterprise and its obvious contradiction overlooked: that legal protection of fundamental rights cannot be dispensed differentially depending on geography, so that what applied on the mainland did not apply in the colonies. International protection of fundamental rights should extend to all mankind, the world over, though there is still work to be done to achieve that.

1318. Colonial powers made use of international law to serve their interests during the colonial scramble, above all to limit the confrontations between them – in effect by setting up an international legal regime to manage their colonial enterprise, an example of an international legal regime being used for unconscionable ends.

1319. The "modern" colonial adventure had begun to take shape as early as the late fifteenth century, with Papal Bulls such as, i. a., the *Inter coetera* of Pope Alexander VI, a member of the Borgia family, in 1493, attributing the regions to be colonized and brought within the Christian faith. It continued with the Treaty of Tordesilhas between Spain and Portugal in 1494, which divided up their respective zones of colonial activity. The idea existed already. Colonialism may not be new, but it was only with those initiatives at the start of the modern age that its practice became systematic, with the support of centralized, modern states, technology (both in communications and firearms) and even medicine (advances in knowledge of tropical diseases and new treatments to control them). All these helped make the colonial enterprise more efficient.

1320. So did the expansion of the European states, and to some degree, too, the participation of the United States, Russia and Japan. Colonial states devised two classes of relations with the outside world. With states such as the Ottoman Empire, Persia, Thailand and China, they constructed relations based on overtly unequal legal regimes; with others – those that the colonizers did not consider even as having the structure of states – relations were based on conquest and occupation, turning them into colonial territories.

1321. After centuries of mercantilist colonization, the wholesale use of international law for colonial purposes became systematic in the so-called "imperialist" phase of colonialism, between the second half of the nineteenth century and the first half of the twentieth. It reached its peak with the Berlin Conference on West Africa, in 1884-1885: a great multilateral conference convened so that the colonizers could determine how to manage and divide up practically the entire African continent between them, without a single African leader being involved or even present.

1322. International law still bears the marks of its colonial period, having weathered the crises that led to the ending of the colonial system. Of the key transformations in the decades that followed, the recognition of the right of peoples to self-determination stands out as one of the major developments in international law, as acknowledged by the International Court of Justice in its advisory opinion on Kosovo [1366].

1323. Colonialism turned its back on western humanism, reinstated discrimination among groups of human beings, and institutionalized violence and force in the conduct of public affairs. The iniquity of those regimes and that institutionalized use of force would not be forgotten once the process of decolonization began. The legacy of that shift from colonization to decolonization still weighs heavily, and its consequences still pervade the whole of international law. This must be studied, not only as a legacy of the past but above all in an effort to ensure that such ideas, which seemed acceptable and ordinary in times of colonization, do not persist and are no longer permitted. Despite the acceptance of the right of peoples to self-determination as a fundamental principle of international law in the postmodern context, echoes of that past phase of international law linger on in certain attitudes and concepts that seek to make distinctions between peoples – that treat some categories of states as acceptable partners while others are dismissed as "rogue states". Such reworked colonial attitudes should not be accepted, either by the former colonizers or the colonized.

1324. Briefly put, the international system must be better structured to transcend the sovereign state and accommodate human beings. This huge shift is already under way. International law has been undergoing

1366. ICJ, Accordance with International Law of the Unilateral declaration of independence in Respect of Kosovo, Advisory opinion, *ICJ Reports 2010*, p. 403.

a structural renewal that began with the inclusion of international protection of fundamental rights, and is very different from what it was before. The presence of the human being as an object or even a full subject of international law has endowed it with a new dimension, breaking the bounds of its previous strictly inter-state configuration.

1325. The construction of an international legal regime for protection of fundamental rights, both at the global level under the aegis of the UN and through regional systems or even non-state mechanisms, is a major shift, enormously important for the human species, and secures a major role for international law in the postmodern context.

1326. Given the scope and complexity of the different regimes of international protection of fundamental rights, this course has opted to focus on the international protection of minorities. That in itself is a huge area, but it can be viewed as one chapter in the evolution of international protection of fundamental rights that provides a good illustration of the variations due to history and cultural context. Those are evident from the outset, with the first steps towards international protection of religious minorities, in the wars of religion between Catholics and the different strands of Protestantism in Europe in the sixteenth and seventeenth centuries, then in the relations between the western powers and the Ottoman Empire and other states governed by Islamic law, where the capitulations regime offered legal protections to non-Muslim minorities in Islamic countries.

1327. In the nineteenth century, from the Congress of Vienna in 1815, via the Treaty of Paris that ended the Crimean War in 1856, the Congress of Berlin in 1878, and again at the Berlin Conference of 1884-1885, the principles of freedom of conscience and religious tolerance were reaffirmed in international instruments. The reaction against this framing took the form of movements for "communitization" and consolidation of minority identities, leading to the progressive development of the international protection of ethnic and linguistic minorities. This was initially promoted as being in the interests of states, to contain a source of tension in international relations: wherever there were groups of nationals in the territory and under the authority of another state, protection of the rights of minorities was extended. Such protection grew further as international protection expanded to cover ethnic and linguistic minorities. At the same time, institutional protection was being established internationally, for ethnic minorities – the term used at the time was "racial", which became discredited by its abuse in the second world war – and for linguistic minorities, under the League of Nations in the aftermath of the first world war.

1328. While no general principles or rules were formulated to apply in all situations where minorities in the general sense were present, instruments were signed for the protection of ethnic and linguistic minorities, encompassing not only individuals, but also minorities as collective entities or communities.

1329. In 1919, internationalizing the protection of ethnic and linguistic minorities was considered the best way of avoiding interference by states in sensitive situations concerning minorities in other states' territories, to avoid the kinds of tensions and conflicts that had arisen between states in the past over oppression of ethnic and linguistic minorities or discrimination against them. States looked to international law to provide the solution.

1330. Finally, it was not until the twenty-first century that minorities with respect to sexual orientation or gender identity were given an international protection regime – in the form of principles, at least – with the adoption, within the UN framework, of the Yogyakarta Principles (2007 and their 2017 revision). The premise is very simple: whatever a person's sexual orientation or gender identity, every human being deserves to be, and must be, recognized as human.

1331. International protection of these minorities is set out in a series of 29 principles, preceded by an introduction and a preamble and followed by additional recommendations, aimed at enhancing the protection of the rights of all, and recalling that "all human beings are born free and equal in dignity and rights", and that "all human rights are universal, interdependent, indivisible and interrelated".

1332. Looking back on changes in international law throughout its history and in its cultural context, the advent of international protection of fundamental rights has transformed the structure and aims of international law. With this branch of the law, hitherto strictly a matter between states, human dignity has been brought under the protection of international law in the postmodern context. As I have sought to show, the development of international principles and mechanisms for the protection of fundamental rights has, literally, "humanized" postmodern international law. It is, fortunately, becoming a little more human and a little less focused on the state or its emanations, which were the omnipresent features of classical international law.

1333. The changes produced by the evolution of attitudes and the passage of time are evident both in the impact of colonialism on international law, with the move to decolonization and the affirmation of self-determination first as a principle, then as a right, and – in a remarkable manner – in the development of the international protection of fundamental rights. Both have marked great turning points in international law, refocusing it on the essential: the human being and human dignity.

1334. Lastly, we have examined some of the challenges and developments in international law in the postmodern context. Among those challenges is how to situate international law in terms of the notion of postmodernity. Some favour this as a useful concept in marking out the changes that have taken place and the need to re-evaluate certain aspects inherited from the past, while others are inclined to avoid it as vague and imprecise.

1335. Without making it the focus of a long and complex debate, the notion of postmodernity is used here as a way to approach the structural changes taking place in international law –desirable or not – and the need to respond to them.

1336. One critical challenge for international law – and for human life on the planet – remains that of establishing limits on war and the use of force. Some noteworthy advances have been achieved, such as the condemnation of war in the 1928 Paris Pact and the limits on the use of force in Article 51 of the Charter of the United Nations, though there is still a long way to go to achieve effectiveness and uniformity of interpretation and application.

1337. A further aspect to consider in terms of the challenges facing international law is the growing interdependence between states, and the resulting need for more cooperation between them. That said, mere acceptance of the need for cooperation does not mean that there will be more of it. History offers some examples of progress in this area, where results have been achieved by working together, but more often than not, the reverse is true.

1338. Organizing and developing the tools to enable cooperation, in a variety of fields, is a key task for international law. Cooperation could be said to be part of the DNA of international law, but still more is needed, as is obvious from the issues surrounding protection of the environment and the planet's natural resources, or the fight against disease. That much is only too clear at the height of the pandemic in 2020, which finds us defenceless against this scourge as, at the time of writing, we do not yet have medicines or vaccines against it.

1339. Summing up, it is a matter of evaluating the way, along this week, to present the question, to what extent did it lead you to think about the role of international law in our world, and about the possible participation of each of us?

1340. These elements are enough to demonstrate my central thesis in this course: the conviction that the only meaningful perspective on international law is one that situates it in its temporal (historic) and cultural context, as a phenomenon that exists in time and space as well as being rooted in culture. Those have been my chosen points of reference for the examination of our subject throughout this course.

1341. That choice seemed an apt one to show how some of the principal shifts in international law have come about. Those transformations are enormous. Some of them are still being put into effect.

1342. What is most remarkable is the capacity international law has shown for renewal and transformation, throughout its long historical and cultural path: international law has been enriched by the new subjects it has embraced, and expanded by the new areas gathered into its scope of application. But we should beware of exceeding the capacity of international law for growth and structural change; like every system, it has its limits.

1343. Any given task can be viewed in different ways. When you see two men carving a block of stone and ask each of them in turn: "What are you doing?", one might reply: "I'm chipping at a block of stone", while the other could say: "I'm building a cathedral". Both would be right, but their points of view are different. The same task can be described or assessed in different ways: you might see only the block of stone you are carving, or you might see that same block of stone as forming part of a much bigger and more important whole.

1344. When it comes to building cathedrals, given the time it takes and the complexity of the endeavour, it is easy to lose sight of the whole and focus instead on the individual task. With many cathedrals, we do not know the names of those who planned or built them – but we see the results of the work they did together.

1345. The same is true of international law: this immense endeavour belongs to humanity and is aimed at humanity. Its construction began at the dawn of history and is still ongoing – taking longer to build than Cologne cathedral – and each of us with a part in it could well describe that mission as chipping at a block of stone or as building a cathedral, it is a matter of choice. Certainly, though, even with no hope of ever seeing the finished work, you will be more motivated to continue if you imagine that your block of stone will one day be part of a cathedral.

1346. The conclusion, announced at the start of this course, is that international law can only be understood in in its temporal and cultural context. The topics presented here have been chosen to facilitate that contextualization – so necessary when identifying the fundamentals of international law, seeing where it has gone astray, and understanding what is needed to arrive at a teleologically human way of ordering the world.

From São Paulo to The Hague, June 2020.

BIBLIOGRAPHY

Abélard, P. [P. Abailard], *Sic et Non*, 1122 – A Critical, B. Boyer and R. McKeon (eds.), Chicago, the Univ. of Chicago Press, 1976.

Abi-Saab, G., "L'*uti possidetis*. Son rôle et ses limites dans le contentieux territorial international", in *La promotion de la justice, des droits de l'homme et du règlement des conflits par le droit international* – Liber amicorum Lucius Caflisch, M. Kohen (ed.), Leyde, Nijhoff, 2007, pp. 657-671.

Accioly, H., Nascimento e Silva, G. E. do and Casella, P. B., *Manual de direito internacional público*, São Paulo, Saraiva, 26e ed., 2023.

–, *Tratado de direito internacional*, prefácio P. B. Casella, Brasília, FUNAG/São Paulo, Quartier Latin, 3e edição histórica, 2009, 3 Vols.

–, *Limites do Brasil – A fronteira com o Paraguay*, São Paulo, Companhia ed. Nacional – Col. Brasiliana, Vol. 131, 1938.

Acosta, J. de, *Historia natural y moral de las Indias*, orig. publ. *De natura nobi orbis libri duo* et *De promulgatione evangelii apud barbaros sive de procuranda indorum salute, libri sex*, Salamanca, Guillermo Foquel, 1589 e 1590, México, Fondo de cultura económica, 1985.

Ade Ajayi, J. F. (ed.), *Histoire générale de l'Afrique*, Vol. VI, *L'Afrique au XIXe siècle – jusque vers les années 1880*, Paris, UNESCO, Edicef, Présence africaine, 1997.

Adu Boahen, A. (ed.), *Histoire générale de l'Afrique*, Vol. VII – *L'Afrique sous domination coloniale 1880-1935*, Paris, Présence Africaine, Edicef, Unesco, 1989.

AFCHPR, *Affaire Ingabire Victoire Umuhoza c. République du Rwanda*, requête n° 03/2014, Arrêt sur les réparations, rendu le 7 décembre 2018, arrêt sur le fond, rendu le 24 novembre 2017. L'arrêt sur les réparations a été rendu le 7 décembre 2018.

African Union/Unité Africaine, *OAU Border Disputes among African States*, The Organization of African Union, Cairo Resolution of 1964 – AHG/ Res. 16 [I], 17-21 July 1964.

Ago, R., H. Schiedermair, W. Riphagen, Y. Truyol and A. Serra, "Commémoration du quatrième centenaire de la naissance de Grotius/Commemoration of the fourth centenary of the birth of Grotius", *Collected Courses*, Vol. 182 (1983), pp. 371-469.

Aguilar Navarro, M., *Derecho internacional público*, Vol. I, Madrid, Escuela de Estudios Hispano-Americanos, 1952.

–, tomo II – *Constitución de la sociedad internacional*, Vol. I – *Estructura de la sociedad internacional*, Madrid, Escuela de Estudios Hispano-Americanos, 1954.

Albright, M. with B. Woodward, *Fascism – A Warning*, New York, Harper, 2018.

Alexandrowicz, C. H., *The Law of Nations in Global History*, D. Armitage and J. Pitts (eds.), Oxford, University Press, 2017.

–, "Afro-Asian World and the Law of Nations: Historical Aspects", *Collected Courses*, Vol. 123 (1968), pp. 117-214.

–, "Treaty and Diplomatic Relations between European and South Asian Powers in the Seventeenth and Eighteenth Centuries", *Collected Courses*, Vol. 100 (1960), pp. 203-322.

Alexeievich, S., *Vozes de Tchernóbil* – a história oral do desastre nuclear, orig. publ. *Chernobilskaya Molitva – Chronica buduxevo*, Moscou, Ostoje, 1997, trad. Sônia Branco, São Paulo, Companhia das Letras, 2016.

Alexidze, L., "Legal Nature of Jus Cogens in Contemporary International Law", *Collected Courses*, Vol. 172 (1981), pp. 219-270.

Ali, Abbas I., and H. A. Ibrahim, *Initiatives et résistances africaines en Afrique du Nord-Est*, in *Histoire générale de l'Afrique*, Vol. VII – L'Afrique sous domination coloniale 1880-1935, A. Adu Boahen (ed.), Paris, UNESCO/Edicef /Présence africaine, 1989, Chap. 4, pp. 75-93.

Allain, J.-C., P. Guillén, G.-H. Soutou, L. Theis and M. Vaïsse (eds.), *Histoire de la diplomatie française*, Vol. II, *De 1815 à nos jours*, Paris, Perrin – tempus, 2007.

Alland, D., and S. Rials (eds.), *Dictionnaire de la culture juridique*, Paris, Lamy/ PUF – Quadrige, 2003.

–, *Les représentations de l'espace en droit international public*, in *Le droit international*, Paris, Archives de philosophie du droit, 1987, Vol. 32, pp. 163-178.

Alleau, R. (ed.), *Guide de la Provence mystérieuse*, Paris, Claude Tchou ed./Les Guides noirs, 1965.

Almeida, Cândido Mendes de (ed.), *Atlas do Império do Brasil* – compreendendo as respectivas divisões administrativas, eclesiásticas, eleitorais e judiciárias, Rio de Janeiro, Litographia do Instituto Philomatico, 1868 – online http:// bibliotecadigital.tse.jus.br/xmlui/handle/bdtse/4933.

Al-Shaybani, M. Al-H., *The Shorter Book on Muslim International Law*, orig. publ. *Kitab al-Siyar al-Saghir*, M. A. Gazi (ed., transl and annotated), New Delhi, Adam Publ. and Distributors, 2007.

–, *The Islamic Law of Nations: Shaybani's Siyar*, transl. by M. Khadduri, Baltimore: Johns Hopkins Press, 1996.

Amaral, J. R. do, *Fundação de Belém do Pará: jornada de F. C. de Castelo Branco em 1616*, orig. publ. 1915, Brasília, Senado Federal, 2004.

Anand, R. P., *Studies in International Law and History – An Asian perspective*, Leiden, Brill, 2004.

–, "Sovereign Equality of States in International Law", *Collected Courses*, Vol. 197 (1986), pp. 9-228.

Ancel, J., "Les frontières, étude de géographie politique", *Collected Courses*, Vol. 55 (1936), pp. 203-298.

Andrassy, J., "Les relations internationales de voisinage", *Collected Courses*, Vol. 79 (1951), p. 73-182.

Andrieux, J.-Y., F. Chevalier and A. Kervanto Nevanlinna (eds.), *Idée nationale et architecture en Europe 1860-1919 – Finlande, Hongrie, Roumanie, Catalogne/ Architecture and national identities in Europe 1860-1919 – Finland, Hungary, Romania, Catalonia, Rennes*, Presses universitaires de Rennes, 2006.

Angell, N., *A grande ilusão*, orig. publ *The Great Illusion*, 1910, ed. rev. 1933, trad. S. Bath, Brasília, ed. UnB/IPRI; São Paulo, Imprensa Oficial do Estado, 2002.

Anghie, A., *Berlin West Africa Conference (1884-1885)*, in *The Max Planck Encyclopedia of Public International Law*, R. Wolfrum (ed.), Oxford: Univ. Press, 2012, Vol. I, pp. 906-908.

Anzilotti, D., *Cours de droit international*, orig. publ. 1929 translation into French by G. Gidel, avant propos de P.-M. Dupuy et C. Leben, Paris, LGDJ diffuseur/éd. Panthéon-Assas, 1999.

Arangio-Ruiz, G., "Le domaine réservé: l'organisation internationale et le rapport entre droit international et droit interne", *Collected Courses*, Vol. 225 (1990), pp. 9-484.

–, "The Normative Role of the General Assembly of the United Nations and the Declaration of Principles of Friendly Relations, with an Appendix on the Concept of International Law and the Theory of International Organization", *Collected Courses*, Vol. 137 (1972), pp. 419-742.

Araujo Jorge, A. G. de, *Introdução às obras do Barão do Rio Branco*, Rio de Janeiro, ed. MRE, 1945.

Arblaster, P., *A History of the Low Countries*, orig. publ. 2006, New York, Palgrave-Macmillan, 2012.

Ardeleanu, C., *The European Commission of the Danube 1856-1948 – An Experiment in International Administration*, Leiden, Brill, 2020.
Area, F., and E. Nieschulz de Stockhausen, *El golfo de Venezuela*: documentación y cronología, Caracas, Instituto de Estudios Políticos/Facultad de Ciencias Jurídicas y Políticas/Universidad Central de Venezuela, 1984.
Aristote, *Politics*, with an English translation by H. Rackam, Cambridge, Ma./ London: Loeb Classical Library, Aristotle Vol. XXI, LCL 264, orig. publ. 1932, reprinted 2005.
–, *Politique*, texte établi et trad. par J. Aubonnet, Vol. I: Intr. – Livres I and II; Vol. II: livres III and IV; Vol. III: livres V and VI; Vol. IV: livre VII; Vol. V: livre VIII and index, Paris, Les belles lettres – coll. Budé, 1960 and reimpr.
–, Ethique à Nicomaque, texte trad. et annoté par J. Tricot, Paris, Vrin, 1990.
Arnaud, A.-J., *O direito entre modernidade e globalização: lições de filosofia do direito e do estado*, trad. P. C. Wuillaume, Rio de Janeiro, Renovar, 1999.
Arnold, M., *The Poems of M. A. 1840-1867*, Intr. by Sir A. T. Quiller-Couch, London, Humphrey Milford – Oxford Univ. Press, orig. publ. 1909, reprint 1940.
–, *Culture and Anarchy* (1869), available at *The Project Gutenberg E-text of Culture and Anarchy*, by M. Arnold. [E-text #4212-8.txt or 4212-8.zip].
Aron, R., *Paz e guerra entre as nações*, orig. publ. *Paix et guerre entre les nations*, 1962, Paris, Calmann-Lévy, trad. S. Bath, Brasília, ed. UnB – Col. pensamento político, Vol. 7, 1979.
Arraes, Virgílio Caixeta, *A presença britânica na ilha da Trindade: a reação do Parlamento brasileiro*, Brasília, Rev. de Informação Legislativa, ano 38, n. 153, january-march 2002, pp. 241-253.
Arrianus, Flavius, *Anabasis of Alexander – Indica*, with an English translation by P. A. Brunt, Cambridge, Ma./London, Harvard UP, LCL 269, 1933, reprinted 2000.
Asheri, D., *O estado persa* – ideologia e instituições no Império Aquemênida, orig. publ. *The Persian State* – course given July 1991 at the *Scuola Superiore di Studi Storici* of the University of the Republic of San Marino, trad. P. Butti de Lima, São Paulo, Perspectiva, 2006.
Attar, F., *Droit international: entre ordre et chaos*, Paris, Hachette, 1994.
Augustin, *De Civitate Dei/La ciudad de Dios*, edición bilingüe, trad. de S. Santamarta del Rio y M. Fuertes Lanero, introd. y notas de V. Capanaga, in *Obras* de San Agustin, Madrid, Biblioteca de autores cristianos, Vol. XVI, 3ª ed., 1977; Vol. XVII, 3ª ed., 1978.
Aulus Gellius, *Noctes Atticae*, with an English translation by J. C. Rolfe, Cambridge, Ma./Londres, Harvard U. P., LCL 200, Aulus G. Vol. II, first publ. 1927, reprinted 2006.
Auzas, P.-M., C. de Maupeou, C. de Mérindol, F. Muel and A. Ruais, *L'Apocalypse d'Angers* – Chef d'œuvre de la tapisserie médiévale, Paris, Vilo/Fribourg, Office du livre, 1985.
Avellar Brotero, J. Maria, *Princípios de direito natural*, Rio de Janeiro, Typographia Imperial Nacional, 1829.
Azevedo, F. de, *A cultura brasileira* – Introdução ao estudo da cultura no Brasil, orig. publ. 1943, Brasília, Ed. Univ. de Brasília, 4ª ed., 1963.
Azevedo, P. C. de, L. M. Schwarcz and A. M. da Costa, *A longa viagem da biblioteca dos reis*: do terremoto de Lisboa à independência do Brasil, São Paulo, Companhia das Letras, 2002.
Baderin, M. A., *Muhammad Al-Shaybani*, in *The Oxford Handbook of the History of International Law* ed. by B. Fassbender e A. Peters, *op. cit.*, 2012, pP. 1081-1085.
Badi, A. M., *Les grecs et les barbares I. Une erreur de l'Histoire*, orig. publ. 1963, Paris, Geuthner, 3ᵉ éd., 1990.
–, *Les grecs et les barbares II. Deux mondes complémentaires*, orig. publ. 1966, Paris, Geuthner, 2ᵉ éd., 1990.

–, *Les grecs et les barbares III. Suse contre Athènes*, orig. publ. 1968, Paris, Geuthner, 2e éd., 1990.
–, *Les grecs et les barbares IV. Salamine et Platées*, Lausanne, Payot, 1975.
–, *Les Grecs et les barbares V : La paix du Roi*, Paris, Geuthner, 1984.
–, *Les Grecs et les barbares VI : D'Alexandre à Mithridate*, Paris, Geuthner, 1990.
Bagby, Ph., *Culture and History* – Prolegomena to the comparative study of civilizations, Berkeley, Univ. of California Press, 1959.
Baigent, M., and R. Leigh, *A Inquisição*, orig. publ. *The Inquisition*, 1999, trad. M. Santarrita, Rio de Janeiro, Imago, 2001.
Baldini, A., *L'Impero romano e la sua fine*, Bologna, Il Mulino, 2008.
Balladore Pallieri, G., "La formation des traités dans la pratique internationale contemporaine", *Collected Courses*, Vol. 74 (1949), pp. 465-546.
–, "Le droit interne des organisations internationales", *Collected Courses*, Vol. 127 (1969), pp. 1-38.
Barberis, J. A., *La concepción brasileña del uti possidetis*, in *Dimensão internacional do direito: estudos em homenagem a G. E. do Nascimento e Silva*, P. B. Casella (ed.), São Paulo, LTr, 2000, pp. 33-48.
–, *La conception brésilienne de l'uti possidetis*, in *Liber amicorum Judge M. Bedjaoui*, E. Yakpo and T. Boumedra (eds.), The Hague, Kluwer Law Intl, 1999, pp. 49-62.
–, "Les règles spécifiques du droit international en Amérique latine", *Collected Courses*, Vol. 235 (1992), pp. 81-230.
–, *Los recursos naturales compartidos entre estados y el derecho internacional*, Madrid., Tecnos, 1979.
Bardonnet, D., "Les frontières terrestres et la relativité de leur tracé : problèmes juridiques choisis", *Collected Courses*, Vol. 153 (1976), pp. 9-166.
Baridon, M., *Naissance et renaissance du paysage*, Arles, Actes Sud, 2006.
Baron, X., *Histoire du Liban* – des origines à nos jours, Paris, Tallandier, 2017.
Barreau, J.-C., *Un capitalisme à visage humain* – Le modele vénitien, Paris, Fayard, 2011.
Bartelson, J., *A genealogy of sovereignty*, orig. publ. 1995, Cambridge, Univ. Press, reprinted 1996.
Baschet, J., *La civilisation féodale: de l'an mil à la colonisation de l'Amérique*, Paris, Aubier, 2004.
Basdevant, J., "Règles générales du droit de la paix", *Collected Courses*, Vol. 58 (1936), pp. 471-692.
–, *H. Grotius*, in *Les fondateurs du droit international public: leurs œuvres, leurs doctrines*, introduction de A. Pillet, Paris, V. Giard and E. Brière, 1904, pp. 125-267.
Basile, *Epistulae* – Collected letters of saint Basil, with an English translation by R. J. Deferrari and M. R. P. Mcguire, Cambridge, Ma., Harvard Univ. Press/ London, Loeb Classical Library, LCL 270.
Bastid, S., "Les problèmes territoriaux dans la jurisprudence de la Cour Internationale de Justice", *Collected Courses*, Vol. 107 (1962), pp. 361-496.
Batakovic, Dusan T., *Les sources françaises de la démocratie serbe*, préf. G.-H. Soutou, Paris, ed. CNRS, 2013.
Batiffol, H., *Aspects philosophiques du droit international privé*, Paris, Dalloz, 1956.
Batistella D., *Retour de l'état de guerre*, Paris, A. Colin, 2006.
Bauman, Z., *Liquid Life*, Cambridge, Polity Press, 2005.
–, *Post-modern Ethics*, Oxford, Blackwell, 1993.
–, *Culture as Praxis*, orig. publ. 1975, London: Sage Publications, 2nd ed., 1999.
–, *Ensaios sobre o conceito de cultura*, trad. C. A. Medeiros, Rio de Janeiro, Zahar, 2012.
Baumgart, W., *Vom europäischen Konzert zum Völkerbund* – Friedenschlüsse

und Friedenssicherung von Wien bis Versailles, Darmstadt, Wissenschaftliche Buchgesellschaft, 1987.
Bec, C., *Histoire de Venise*, orig. publ. 1993, Paris, PUF, 3ª ed., 2005.
Beccari, C. (ed.), *Rerum Aethiopicarum Scriptores Occidentalis Inediti a saeculo XVI ad XIX*, Roma, excudebat C. de Luigi, 1905-1917, 15 Vols.: Vol. I – C. Beccari, *Notizia e saggi di opere e documenti inediti riguardanti la storia di Etiopia durante i secoli XVI, XVII and XVIII* ..., 1903; Vol. II and III – Pero Paez, *Historia Aethiopiae*, 1905-1906; Vol. IV – M. Barradas, *Tractatus tres historico-geographici*, 1906; Vol. V, VI and VII – M. de Almeida, *Historia Aethiopiae*, 1907-1908; Vol. VIII and IX – A. Mendes, *Expeditiones Aethiopicae*, 1908-1909; Vol. X, XI, XII, XIII and XIV – *(Abyssinia) Relationes et Epistolae variorum*, 1910-1914; Vol. XV – *Index analyticus totius operis*, 1917 – online: Openlibrary_editi OL20602461M – identifier rerumaethiopica00beccgoog.
Becker, J.-J., *Le traité de Versailles*, Paris, PUF, nouvelle éd., 2019.
–, *Le sentiment national dans l'éclatement de la guerre de 1914*, in *Les conflits entre peuples* – De la résolution libre à la résolution imposée, dir. de S. Dauchy and M. Vec, Baden-Baden, Nomos Verlag, 2011, pp. 123-127.
Becker Lorca, Arnulf, *Mestizo International Law* – a Global intellectual history 1842-1933, Cambridge, Univ. Press, 2016.
Bederman, D. J., *International Law in Antiquity*, Cambridge, Univ. Press, 2001, reprinted 2006.
–, *The 1871 London Declaration – "Rebus sic stantibus"* and a Primitivist view of the Law of Nations, AJIL, 1988, Vol. 82, pp. 1-40.
Bedjaoui, M. (prés. du comité scientifique), *L'Afrique et le droit international: variations sur l'organisation internationale/Africa and International Law: Reflections on the international organization* – Liber amicorum R. Ranjeva, Paris, Pedone, 2013.
– (ed.), *Droit international: bilan et perspectives*, Paris, Pedone/UNESCO, 1991.
–, "Problèmes récents de succession d'Etats", *Colected Courses*, 1970, Vol. 130, pp. 533.
Bedjaoui, M., and H. T., «Avenir du droit international», in *Droit international*: bilan et perspectives, M. Bedjaoui (ed.), Paris, Pedone/ UNESCO, 1991, Chap. LVI, pp. 1305-1317.
Beller, Stephen, *Histoire de l'Autriche*, orig. publ. *A Concise History of Austria*, 2006, trad. S. Kleinman-Lafon, Paris, Perrin – pour l'histoire, 2011.
Bello, A. S., *Principios de derecho de gentes*, orig. publ. 1832, reimpresos, Sucre, Imprenta de Beeche y Compañía, 1844.
–, *Principios de derecho internacional y escritos complementarios*, prólogo de E. Plaza A., Caracas, Ed. del Ministerio de Educación, 1954, Obras completas de A. Bello, Vol. X, 2 tomos.
Bély, L., *La France au XVII*ᵉ *siècle*, Paris, PUF, 2009.
Ben Achour, R., "Changements anticonstitutionnels de gouvernement et droit international", *Collected Courses*, Vol. 379 (2015), pp. 397-548.
Ben Achour, R., and S. Laghmani (eds.), *Acteurs non-étatiques et droit international*, Rencontres internationales de la Faculté des sciences juridiques, politiques et sociales de Tunis, Colloque des 6, 7 et 8 avril 2006, Paris, Pedone, 2007.
Bennouna, M., "Le droit international entre la lettre et l'esprit", *Collected Courses*, Vol. 383 (2017), pocketbooks of the Hague Academy of International Law, 2017.
Bentwich, N., "Le système des mandats", *Collected Courses*, Vol. 29 (1929), pp. 115-186.
Berlin, Isaiah, *The Crooked Timber of Humanity* – chapters in the History of ideas ed. by Henry Hardy, foreword by J. Banville, London, Pimlico, 2nd ed., 2013.
Bettenson, H. (ed. and transl.), *The Early Christian Fathers* – a selection from the writings of the Fathers from St. Clement of Rome to St. Athanasius, Oxford, University Press, 1969.

Biblia sacra iuxta Vulgatam Clementinam, nova editio, logicis partionibus aliisque subsidiis ornata a A. Colunga and L. Turrado, Madrid, Biblioteca de autores cristianos, 1977.

Bidar, A., *Histoire de l'humanisme en Occident*, Paris, A. Colin – temps des idées, 2014.

Bierce, Ambrose, *Dizionario del diavolo*, orig. publ. *The devil's dictionary*, scelta e introduzione di G. Almansi, trad. D. Fink, Milano, Longanesi, 1985.

Biersteker, T. J., and C. Weber (eds.), *State Sovereignty as a Social Construct*, Cambridge, Univ. Press, 1996.

Blach, C. A., and R. A. Falk (eds.), *The Future of the International Legal Order*, Princeton, Univ. Press, 1969.

Bloch, E., *Vorlesungen zur Philosophie der Renaissance*, Frankfurt, Suhrkamp, 1972.

–, *La philosophie de la Renaissance*, trad. Pierre Kamnitzer, Paris, Payot et Rivages, 2007.

Bloch, M., *Mélanges historiques*, préface de Y. Potin, Paris, ed. CNRS, 2011.

–, *L'étrange défaite* – Témoignage écrit en 1940, préf. de S. Hoffmann, Paris, Gallimard – Folio – Histoire, 1990, impr. 2007.

–, *La société féodale*: la formation des liens de dépendance/les classes et le gouvernement des hommes, orig. publ. 1939, préface de R. Fossier, Paris: Albin Michel, 1994.

–, *Esquisse d'une histoire monétaire de l'Europe*, "Deux mots d'explication", par L. Febvre, postface F. Braudel, Paris, Colin, 1954.

Bloom, H., *The Western Canon* – The Books and School of the Ages, New York, Harcourt Brace, 1994.

–, *O cânone ocidental* – os livros e a escola do tempo, trad. M. Santarrita, Rio de Janeiro, Objetiva, 2001.

Bluntschli, J.-G., *Le droit international codifié*, orig. publ. *Das moderne Völkerrecht der civilisierten Staaten als Rechtsbuch dargestellt*, 1878, trad. C. Lardy, précédé d'une biographie de l'auteur par A. Rivier, Paris, Guillaumin, 5e éd. revue et augmentée, 1895.

–, *Le Congrès de Berlin et sa portée au point de vue du droit international*, RDILC, 1879, Vol. I, pp. 1-37.

Boardman, J., J. Griffin, O. Murray, *Greece and the Hellenistic World*, orig. publ. 1986, Oxford, Univ. Press, reprinted 1990.

Bobbio, N., *Il problema della guerra e le vie della pace*, Bologna, Il Mulino, 1979.

Bodin, J., *Les six livres de la République*, orig. publ. Paris, J. Du Puys, 1576, suivant la 10e ed., publiée à Lyon: G. Cartier, 1593, Corpus des œuvres de philosophie en langue française, Paris, Fayard, 1986, 6 Vols.

–, *The Six Books of the Commonwealth*, abridged and translated by M. J. Tooley, Oxford, Basil Blackwell, 1955.

–, *Methodus ad facilem historiarum cognitionem*, orig. publ. 1566, Parisiis, apud Matinum Iuuenem, MDLXVI, réimpression à l'identique, Paris: BnF – Gallica bibliothèque numérique/Hachette Livre, http://gallica.bnf..fr/ark:/12148/bpt6k111605f.

Boff, L., *Ethos mundial*: um consenso mínimo entre os humanos, Rio de Janeiro, Sextante, 2003.

–, *Civilização planetária*: desafios à sociedade e ao Cristianismo, Rio de Janeiro, Sextante, 2003.

Bogaert, Sina van den, "Berlin Congress (1878)", in *The Max Planck Encyclopedia of Public International Law*, R. Wolfrum (ed.), Oxford, Univ. Press, 2012, Vol. I, pp. 900-906.

Bogdan, H., *La guerre de trente ans* 1618-1648, orig. publ. 1997, Paris, Perrin-tempus, ed. 2006, impr. 2010.

Bogdanov, O. V., "Outlawry of war, and disarmament", *Collected Courses*, Vol. 133 (1971), pp. 15-42.

Bois, J.-P., *La paix* – histoire politique et militaire 1435-1878, Paris, Perrin – pour l'histoire, 2012.

Boisson de Chazournes, L., and R. Mehdi (eds.), *Une société internationale en mutation: quels acteurs pour une nouvelle gouvernance?*, Bruxelles, Bruylant, 2005.

Bonfils, H., *Manuel de droit international public (droit des gens)*, P. Fauchille (ed.), Paris, A. Rousseau, 5e éd., 1908.

Bongiovanni, G., and G., Gustavo (eds.), *Popoli e civiltà* – Per una storia e filosofia del diritto internazionale, Bologna, Il Mulino, 2006.

Boorstin, D. J., *The Americans: The Colonial Experience*, New York, Caravelle Edition – Vintage Books – Random House, 1958.

–, *The Americans: The National Experience*, New York, Vintage Books – Random House, 1965.

–, *The Americans: The Democratic Experience*, New York, Vintage Books – Random House, 1974.

Bos, M., *A Methodology of International Law*, Amsterdam, North Holland, 1984.

Boswell, J., *Boswell's Life of Johnson*, London, New York, Toronto, 1953.

Botelho, A., and L. M. Schwarcz, *Um enigma chamado Brasil – 29 intérpretes e um país*, São Paulo, Companhia das Letras, 2009.

Bouchard, C., *Le citoyen et l'ordre mondial* (1914-1919) – le rêve d'une paix durable au lendemain de la Grande guerre, en France, en Grande-Bretagne et aux États-Unis, Paris, Pedone, 2008.

Bouchène, A., J.-P. Peyroulou, O. Siari Tengour and S. Thénaut (eds.), *Histoire de l'Algérie à la période coloniale 1830-1962*, Paris, La Découverte, 2014.

Boucheron, P. (ed), *Histoire du monde au XVe siècle*, orig. publ. 2009, Paris, A. Fayard, 2012, 2 Vols.

Bourdieu, P., *Langage et pouvoir symbolique*, orig. publ. *Language and symbolic power*, 1991, préf. J. B. Thompson, Paris, Seuil – points, 2001.

–, *Les règles de l'art*, orig. publ. 1992, Paris, Seuil – points, 1998.

–, *Esquisse d'une théorie de la pratique*, Paris, Seuil – points, 2002.

–, *Sur l'état*, Cours au Collège de France, 1989-1992, P. Champagne, R. Lenoir, F. Poupeau and M.-C. Rivière (eds.), Paris, Seuil – raisons d'agir, 2012.

Bourquin, M., "La Sainte-Alliance: un essai d'organisation européenne", *Collected Courses*, Vol. 83 (1953), pp. 377-464.

–, "Règles générales du droit de la paix", *Collected Courses*, Vol. 35 (1931), pp. 1-232.

Boutros-Ghali, B., "Le droit international à la recherche de ses valeurs: paix, développement, démocratisation", *Collected Courses*, Vol. 286 (2000), pp. 9-38.

–, *L'Organisation de l'Unité Africaine*, Paris, A. Colin, 1968.

Boxer, C. Ralph, *Salvador de Sá e a luta pelo Brasil e Angola, 1602-1686*, orig. publ. *Salvador de Sá and the struggle for Brazil and Angola, 1602-1686*, 1952, trad. O. M. de O. Pinto, São Paulo, ed. Nacional/EDUSP, 1973.

Bozarslan, H., V. Duclert and R. H. Kévorkian, *Comprendre le génocide des arméniens* – 1915 à nos jours, Paris, Tallandier, 2015.

Bozarslan, H., *Sociologie politique du Moyen-Orient*, Paris, La Découverte, 2011.

Bozeman, A., *Politics & Culture in International History* – from the Ancient East to the opening of the Modern Age, 1960, New Brunswick, NJ, Transaction Publishers, 2nd ed., 4th printing, 2010.

Braig, J., *Whaling*, in *The Max Planck Encyclopedia of Public International Law*, ed. R. Wolfrum, Oxford: Univ. Press, 2012, Vol. X, pp. 881-887.

Brandão, A., *Les Brésiliens à Paris* – au fil des siècles & des arrondissements, préface de G. Lapouge, Paris, Chandeigne, 2019.

Brasil – Tribunal Regional Federal da Terceira Região, AI n. 589.913, 0018957-68.2016.4.03.0000, Quarta Turma. Rel. Juiz convocado Ferreira da Rocha, julgado em 7 mar. 2018, e-DJF3 Judicial 1 de 19 de abril 2018.

Brasil – Resolução n. 845, 26 de fevereiro de 2018, 'Entidades de fiscalização do exercício das profissões liberais/Conselho federal de serviço social', ref.

Princípios de Yogyakarta (2007) e "à aplicação internacional da legislação de direitos humanos, que compreende a identidade de gênero".
Braudel, F., *Les ambitions de l'Histoire*, préface de M. Aymard, R. de Ayala and P. Braudel (eds.), Paris. ed. de Fallois, 1997.
–, *Civilization and capitalism (15th-18th century) I: The structures of everyday Life: the Limits of the Possible* (orig. publ. *Les structures du quotidien: le possible et l'impossible*, 1979, translation 1981, revised by S. Reynolds, New York, Harper & Row, 1981.
–, – *II: The Wheels of Commerce*, orig. publ. *Les jeux de l'échange*, 1979, translation by S. Reynolds, New York, Harper & Row, 1982.
–, – *III: The Perspective of the World*, orig. publ. *Le temps du monde*, 1979, translation by S. Reynolds, New York, Harper & Row, 1984.
–, *O modelo italiano*, orig. publ. *Le modèle italien*, 1989, trad. F. de Mattos, São Paulo, Companhia das Letras, 2007.
–, *La méditerranée et le monde méditerranéen à l'époque de Philippe II*, orig. publ.1949, Paris: A. Colin, 1966, 8e ed., 1987, 2 Vols.
–, Ecrits sur l'histoire, Paris, Flammarion/Champs, 1969, impr. 1984.
–, "Histoire et sciences sociales. La longue durée", orig. publ. 1958, in *Ecrits sur l'histoire*, Paris, Flammarion/Champs, 1989, pp. 15-38.
–, "História e ciências sociais: a longa duração", orig. publ. 1958, trad. F. Nascimento, in *Nova história em perspectiva*, org. e intr. F. A. Novais and R. F. da Silva, São Paulo, Cosac & Naify, 2011, pp. 86-121.
– (eds.), *La méditerranée* : espace et histoire, Paris, Flammarion/Champs, 1a ed., 1977, impr. 1985.
Braudel, F., and G. Duby (eds.), *La méditerranée: les hommes et l'héritage*, Paris, Flammarion/Champs, 1a ed., 1977, impr. 2009.
Braun, C., *Cinq livres sur les ambassades* à destination de ceux qui sont totalement appliqués à la chose publique, ou très utiles à ceux qui remplissent une quelconque magistrature, et agréables à la lecture, orig. publ. *De Legationibus libri V*, Mainz, Fr. Behem, 1548, trad., annotations et notes par D. Gaurier, Limoges, Presses univ. de Limoges, 2008.
Bréhier, E., Études de philosophie moderne, Paris, Presses univ. de France/Publications de la Faculté des Lettres et Sciences humaines de Paris – série "Etudes et méthodes", Vol. 12, 1965.
Briant, P., *Histoire de l'empire perse: de Cyrus à Alexandre*, Paris, Fayard, 1996.
Briant, P., and F. Joannès (eds.), *La transition entre l'empire achéménide et les royanumes héllenistiques*, Actes du colloque organisé par le Collège de France par la "Chaire d'histoire et civilisation du monde achéménide et de l'empire d'Alexandre" et le "Réseau international d'études et de recherches achéménides", 22-23 novembre 2004, Paris, ed. de Boccard, 2006.
Brienen, R. P., and A. Eckhout – Visões do Paraíso Selvagem – Obra completa, orig. publ. *Visions of savage paradise*: A. Eckhout, Court painter in Colonial Dutch Brazil, trad. J. Bandeira, Rio de Janeiro, Capivara, 2010.
Brierly, J. L., "Règles générales du droit de la paix", *Collected Courses*, Vol. 58 (1936), pp. 1-242.
Brillat-Savarin, J.-A., *Physiologie du goût* ou méditations de gastronomie transcendante, orig. publ. 1825, présentation de J.-F. Revel, Paris, Flammarion – champs, 1967.
Brito, J. G. de L., *Pontos de partida para a história econômica do Brasil*, orig. publ. 1923, São Paulo, Nacional/Brasília: INL – Col Brasiliana, Vol. 155, 3a ed., 1980.
Brouckère, L. de, "La prévention de la guerre", *Collected Courses*, Vol. 50 (1934), pp. 3-83.
–, "Les travaux de la Société des Nations en matière de désarmement", *Collected Courses*, Vol. 25 (1928), pp. 365-450.
Burbank, J., and F. Cooper, *Empire in World History*, Princeton, Univ. Press, 2010.

–, *Impérios – uma nova visão da história mundial*, trad. B. C. Mattos, São Paulo, Planeta, 2019.
Burckhardt, J., *Weltgeschichtliche Betracthtungen*, orig. publ. Berlin: Sperman, 1905, mit einem Nachwort von J. Osterhammel, Munique, Beck, 2018.
–, *Die Kultur der Renaissance in Italien. Ein Versuch*, orig. publ. 1860, Stuttgart, A. Kröner, 2009.
–, *The Civilization of the Renaissance in Italy*, translated by S. C. G Middlemore, London, Albert and Charles Boni, 1878.
–, *Kulturgeschichtliche Vorträge*, mit einem Nachwort herausgegeben von R. Marx, Stuttgart, A. Kröner, 1959.
–, *Das Zeitalter Friedrichs des Grossen*, Aus den Nachlass unter Mitwirkung von B. Klesman und Ph. Müller, hrsg. E. Ziegler, mit einem Essay von H. Plechinski, Munique, Beck, 2012.
–, *Der Staat als Kunstwerk*, in *Die Kultur der Renaissance in Italien. Ein Versuch*, Stuttgart: A. Kröner, 2009.
–, *O estado como forma de arte*, trad. S. Tellaroli, São Paulo: Penguin Classics/ Companhia das Letras, 2012.
Burke, P., *What is Cultural History?*, orig. publ. 2004, Oxford, Polity Press, 2019.
–, *O que é história cultural?*, trad. S. Góes de Paula, Rio de Janeiro, Zahar, 2005.
–, *Variedades de história cultural*, trad. A. Porto, Rio de Janeiro, Civilização brasileira, 2006.
–, *Varieties of Cultural History*, Oxford, Blackwell – Polity Press, 1997.
– (ed.), *New perspectives on Historical writing*, orig. publ. 1991, London, Polity Press/Penn State Univ. Press, 2nd ed., 2001.
–, *Popular culture in Early modern Europe*, New York, NY Univ. Press, 1978.
Burkhardt, J., *Der Dreissigjährige Krieg*, Frankfurt-Main, Suhrkamp, 1992.
Burri, T., and D. Thürer, "Self-determination", in *Encyclopedia of Public International Law*, R. Wolfrum (ed.), Oxford: Univ. Press, 2012, Vol. IX, pp. 113-128.
Buruma, I., and A. Margalit, *Ocidentalismo* – o Ocidente aos olhos de seus inimigos, trad. S. Lopes, Rio de Janeiro, Jorge Zahar, 2006.
Bury, J. B., and R. Meiggs, *A History of Greece* – to the death of Alexander the Great, orig. publ. 1900, London, Macmillan, 4th ed., 1975.
Bussy, Florent, *Qu'est-ce que le totalitarisme?*, Paris, Vrin, 2014.
Bynkershoek C. van, *Quaestionum juris publici libri duo*, orig. publ. in Leyden, 1737, Vol. I. A Photographic Reproduction of the Edition of 1737, Vol. II. A Translation of the Text, by T. Frank, Introduction by J. de Louter, Oxford: Carnegie, coll. Classics of International Law, No. 14 of the series, 1930.
Caflisch, L., "Des frontières européennes pour l'Afrique?", in *L'Afrique et le droit international: variations sur l'organisation internationale/Africa and International Law: Reflections on the International Organization* – Liber amicorum R. Ranjeva, Paris, Pedone, 2013, pp. 59-72.
–, "Cent ans de règlement pacifique des différends interétatiques", *Collected Courses*, Vol. 288 (2001), pp. 245-467.
Cahill, R. E., *The Horrors of Salem's Witch Dungeon* – and other New England Crimes & Punishments, Peabody, MA., Chandler-Smith Publ. House, 1986.
Camões, Luís de, *Os Lusíadas*, orig. publ. 1572, ilustrações de L. de Freitas, prefácio e notas de H. Cidade, "edição comemorativa do quarto centenário da publicação", Lisboa, Círculo de Leitores, 1972.
Campenhausen, H. von, *Lateinische Kirchenväter*, Stuttgart, Kohlhammer, 4. unv. Auflage, 1978.
–, *Griechische Kirchenväter*, Stuttgart, Kohlhammer, 5. unv. Auflage, 1977.
Capella Giannattasio, A. R., M. R. Sanchez Badin and F. C. Morosini (eds.), *Direito internacional: leituras críticas*, São Paulo, Almedina, 2019.
Capistrano de Abreu, J., *Capítulos de história colonial (1500-1800) & Os caminhos antigos e o povoamento do Brasil*, Brasília, ed UnB, 5ª ed., 1963.

Capotorti, F., *Study on the Rights of Persons belonging to Ethnic, Religious and Linguistic Minorities*, New York, United Nations, 2nd ed., 1991.
Cardim, C. H., and J. B. Cruz (eds.), *CPLP: oportunidades e perspectivas*, Brasília, IPRI/FUNAG, 2002.
Carneiro, M. L. Tucci, and M. Silva Rossi (eds.), Indios no Brasil – vida, cultura e morte, São Paulo, IHF/LEER-USP/Intermeios, 2018.
Carpenter Jr., Russell H., "Soviet Joint Enterprises with Capitalist Firms and Other Joint Ventures between East and West: The Western Point of View", *Collected Courses*, Vol. 222 (1990), pp. 365-421.
Carrasco D., S., *Historia de las relaciones chileno-bolivianas*, Santiago: Edtrl. Universitária/Universidad de Concepción, 1991.
Carrier, J. (ed.), *Occidentalism: Images of the West*, Oxford, J. G. Carrier, 1995.
Casella, P. B., H. Accioly and E Silva, G. E. do Nascimento, *Manual de direito internacional público*, São Paulo, Saraiva, 26ª ed., 2023.
Casella, P. B., "The Latin American context around 1873", in *Au service du droit international/To the Benefit of International Law*, C. Kessedjian, O. Descamps and T. Fabrizi (eds.), Paris, ed. Panthéon-Assas – Pedone, 2023, pp. 57-68.
–, *Tratado de direito internacional* – tomos 14 a 17 – *Direito internacional no tempo do colonialismo*, in preparation.
–, tomo 13 – *Direito internacional no tempo do concerto europeu*, São Paulo, Almedina, in preparation.
–, tomo 11 – *Direito internacional no tempo do Iluminismo*, São Paulo, Almedina, 2024.
–, tomo 9 – *Direito internacional no tempo de Samuel Pufendorf*, São Paulo, Almedina, 2024.
–, tomo 8 – *Direito internacional além do paradigma vestfaliano*, São Paulo, Almedina, 2024.
–, tomo 7 – *Direito internacional no tempo de Hugo Grócio*, São Paulo, Almedina, 2023.
–, tomo 6 – *Direito internacional no tempo de Suarez, Gentili e Zouch*, São Paulo, Almedina, 2023.
–, tomo 5 – *Direito internacional no tempo de Francisco de Vitória*, São Paulo, Almedina, 2023.
–, tomo 3 B – *Gregos, romanos, chineses, indianos*, São Paulo, Almedina, 2023.
–, tomo 3 A – *Direito internacional no tempo antigo*, São Paulo, Almedina, 2022.
–, tomo 2 – *Direito internacional dos espaços* – Domínio aéreo, navios e aeronaves, espaços internacionais e recorrências da espacialidade, São Paulo, Almedina, 2ª ed., revista, ampliada e atualizada, 2022.
–, tomo 1 – *Direito internacional dos espaços* – Conceitos basilares, domínio terrestre, fluvial e marítimo, São Paulo, Almedina, 2ª ed., revista, ampliada e atualizada, 2022.
Casella, P. B., E. de P. Bueno and W. S. Künzli (eds.), *Challenges and development prospects within Brics countries*, São Paulo and Belo Horizonte, De Placido, 2021.
Casella, P. B., E. de P. Bueno, E. M. de Carvalho and W. S. Künzli (eds.), *International legal aspects of Brics*, Belo Horizonte, De Placido, 2019.
–, "Brics – Brazil, Russia, India, China and South Africa – as element of a new world order?", in *International Legal Aspects of Brics*, P. B. Casella *et al.* (eds.), 2019, pp. 19-37.
–, "Genocídio Armênio", in *100 anos do Genocídio armênio – negacionismo, silêncio e direitos humanos*, M. L. Tucci Carneiro, C. A. A. Boucault and H. de A. C. Loureiro (eds.), São Paulo, Humanitas, 2019, pp. 51-112.
– and F. N. P. Alamino, "Estudos sobre a proteção internacional de minorias – Grupo de estudos sobre a proteção internacional de minorias da Faculdade de Direito da Universidade de São Paulo – GEPIM – USP", *Revista da Faculdade de Direito da USP*, São Paulo, 2018, Vol. 113, pp. 563-736.

–, "The Amerindians and International law – a Brazilian perspective", *Revista da Faculdade de Direito da USP*, São Paulo, 2017, Vol. 112, pp. 285-301.
–, "Brasil entre igualdade jurídica dos estados e reforma da ONU – legado de R. Barbosa na II Conferência de Paz da Haia", *Boletim da Sociedade Brasileira de Direito internacional*, ano CIII, jul.-dez. 2017, Nos. 125-130, pp. 815-851.
–, "Brics – the present picture and perspectives", course given Rio de Janeiro, Aug. 2015, in *XLII Curso de derecho internacional*, Interamerican Legal Committee of the Organization of American States, Washington, OEA – Secretaria general, 2015, Vol. XLII, pp. 13-94.
–, "Brics – perspettiva post-moderna di cooperazione internazionale", in *Aspetti giuridici del Brics/Legal Aspects of Brics* – Seminar at the University of Rome – Tor Vergata, 6-8 May 2013, R. Cardilli and S. Porcelli (eds.), Padova: CEDAM/W. Kluwer/Università Tor Vergata, 2015.
–, "O genocídio armênio", in *Direito internacional na Constituição* – estudos em homenagem a F. Rezek, A. J. Cicco Filho, A. F. P. Velloso and M. E. G. T. Rocha (eds.), São Paulo, Saraiva, 2014, pp. 565-606.
–, "Papel do direito internacional na formação e consolidação do território brasileiro", in *Zemlia kak objekt prava b Rossii i Brazilii/A terra como objeto de direito na Rússia e no Brasil – Materiali mejdunarodnovo naucznovo seminara – Seminário científico internacional*, organized by the National Research University, held in Saint Petersburg, 11-12 April 2014, St. Petersburg: National Research University, 2014, pp. 156-168, 209-210 and 221.
–, "A proteção internacional dos direitos das minorias: o caso da minoria por orientação sexual e identidade de gênero", in *Direito à diferença*, L. L. Jubilut, A. G. M. F. Bahia and J. L. Q. de Magalhães (eds.), São Paulo, Saraiva, 2013, vol 1 – Aspectos teóricos e conceituais da proteção às minorias e aos grupos vulneráveis, pp. 179-188.
–, "Secessão no direito internacional e o Parecer consultivo da Corte Internacional de Justiça sobre o Kosovo de 22 de julho de 2010", Boletim da Sociedade Brasileira de Direito internacional, ano XCVIII, ago.-dez. 2013, Nos. 119-124, pp. 111-126.
–, G. E. do Nascimento e Silva, and O. Bittencourt Neto, *Direito internacional diplomático* – Convenção de Viena sobre relações diplomáticas na teoria e na prática, São Paulo, Saraiva, 4ª ed., 2012.
–, "30 anos da Convenção das Nações Unidas sobre o direito do mar" (Rio de Janeiro, *Revista da Escola de guerra naval*, Vol. 18, No. 2, dezembro de 2012, pp. 91-102.
–, *BRIC – à l'heure d'un nouvel ordre juridique international*, Paris, Pedone, 2011.
–, *BRIC – Brasil, Rússia, India, China e Africa do Sul – uma perspectiva de cooperação internacional*, São Paulo, Atlas, 2011.
–, "Evolução institucional do direito internacional: à luz do cinquentenário do conceito de direito de Hart (1961)", in *Edição especial pelos 70 anos* Celso Lafer, T. S. Ferraz Jr. and L. O. Baptista (eds.), Revista Brasileira de Filosofia, ano 60, Vol. 236, January-June 2011, pp. 313-329.
–, "Reforma da ONU pós KELSEN", in *Reforma da ONU*, J. Moscardo and C. H. Cardim (eds.), Brasília, FUNAG, 2010, pp. 143-210.
–, "International Law: the post-modern approach to the classics and the new challenges", in *XXXVI Curso de derecho internacional*, ed. by the Interamerican Legal Committee of the Organization of American States, Washington, OEA – Secretaria general, 2010, Vol. XXXVI, pp. 3-46.
–, *Direito internacional dos espaços*, São Paulo: Atlas, 2009.
–, "Direito internacional nas Arcadas", Aula inaugural de 16 de fevereiro de 2009, São Paulo, *Revista da Faculdade de Direito da USP*, 2009, Vol. 104, pp. 931-966.
–, *Fundamentos do direito internacional pós-moderno*, pref. H. Caminos, São Paulo, Quartier Latin, 2008.

– and O. Bittencourt Neto, "Desafios do direito espacial", in *Direito internacional, Humanismo e Globalidade* – Guido F. S. Soares Amicorum Discipulorum Líber, São Paulo, Atlas, 2008, pp. 118-135.
– *et al.* (ed.), *Direito internacional, Humanismo e Globalidade* – Guido F. S. Soares Amicorum Discipulorum Líber, São Paulo, Atlas, 2008.
–, "Proteção das minorias no direito internacional pós-moderno", in *Direito no século XXI: em homenagem ao prof. W. Faria*, coord. E. Accioly, Curitiba: Juruá, 2008, pp. 541-595.
–, "Direito internacional e direito interno na CR (1988)", in *20 anos da Constituição* cidadã de 1988: efetivação ou impasse institucional?, org. J. Ribas Vieira, Rio de Janeiro, Forense/Bilac Pinto ed., 2008, pp. 483-508.
–, *Tratado de Versalhes na história do direito internacional*, São Paulo, Quartier Latin, 2007.
–, "Sucessão de estado no direito internacional pós-moderno", São Paulo, *Revista da Faculdade de Direito da USP*, 2007, Vol. 102, pp. 1155-1170.
–, "Ampliação da União Européia: a Europa central se integra", in *O novo direito internacional: estudos em homenagem a E. Jayme*, C. L. Marques and N. de Araujo (eds.), Rio de Janeiro, Renovar, 2005, pp. 723-743.
–, *União européia* – instituições e ordenamento jurídico, São Paulo, LTr, 2002.
–, *Dimensão internacional do direito* – estudos em homenagem a Geraldo Eulálio do Nascimento e Silva, P. B. Casella (ed.), São Paulo: LTr, 2000.
–, "Pax perpetua – a review of the concept from the perspective of economic integration", in *Dimensão internacional do direito* – estudos em homenagem a G. E. do Nascimento e Silva, P. B. Casella (ed.), São Paulo: LTr, 2000, pp. 69-88.
–, *Mercosul – exigências e perspectivas*: integração e consolidação de espaço econômico, São Paulo, LTr, 1996.
–, *Comunidade europeia* e seu ordenamento jurídico, São Paulo, LTr, 1994.
–, "Special rules for areas not under national jurisdiction and the Achille Lauro affair", paper presented at *The legal aspects of international terrorism/Les aspects juridiques du terrorisme international*, J. A. Frowein and J. A. Carrillo Salcedo (eds.), The Hague, Academy of International Law – Centre for Studies and Research in International Law and International Relations, 1988.
Cassese, A., and M. Delmas-Marty (eds.), *Crimes internationaux et juridictions internationales*, Paris, PUF, 2002.
–, *Crímenes internacionales y jurisdicciones internacionales*, trad. H. Pons, Bogotá, Norma, 2004.
Cassese, A., "States: Rise and Decline of the Primary Subjects of the International Community", in *The Oxford Handbook of the History of International Law*, Oxford, Univ. Press, 2012, Chap. 2, pp. 49-70.
–, "Les individus", in *Droit international: bilan et perspectives*, M. Bedjaoui (ed.), Paris, UNESCO/Pedone, 1991, Vol. I, Chap. IV, pp. 119-127.
–, *Il caso Achille Lauro: terrorismo, politica e diritto nella comunità internazionale*, RomE, Editori Riuniti, 1987.
–, "The Self-Determination of Peoples", in *The International Bill of Rights: The Covenant on Civil and Political Rights*, L. Henkin (ed.), New York, Columbia Univ. Press, 1981, pp. 95-113.
–, "Political Self-Determination: Old Concepts and New Developments", in *UN Law Fundamental Rights – Two Topics in International Law*, Alphen aan den Rijn: Sijthoff & Noordhoff, 1979, pp. 137-165.
– (ed.), *UN Law Fundamental Rights – Two Topics in International Law*, Alphen aan den Rijn, Sijthoff and Noordhoff, 1979.
Castellino, J. (ed.), *Global Minority Rights*, orig. publ. 2011, New York: Routledge – The International Library of Essays on Rights, 2016.
–, *International Law and Self-determination* – The Interplay of the Politics of Territorial Possession with Formulations of Post-Colonial National Identity, The Hague, M. Nijhoff, 2000.

Castoriadis, C., *L'institution imaginaire de la societé*, Paris, Seuil, 1975. Braz. ed. *A instituição imaginária da sociedade*, trad. G. Renaud, rev. técnica L. R. S. Fortes, Rio de Janeiro, Paz e Terra, 1982.
–, *The Imaginary Institution of Society*, translated by K. Blamey, Cambridge, Polity Press, 1987.
Castren, E., "Aspects récents de la succession d'états", *Collected Courses*, Vol. 78 (1951), pp. 379-506.
Castro, G. de, *O estado independente do Acre e J. Plácido de Castro*, orig. publ. 1930, Brasília, Senado Federal, 2005.
Castro, L. de, *A questão do Amazonas nos tratados de Paris e de Madri (1797 e 1801)*, Porto, Portucalense ed., 1945.
Catalano, P. (ed.), *Quinto Impero – Attualità del pensiero di A. Vieira S. J.*, Sassari/Roma, ASSLA – Associazione di Studi Sociali Latino-Americani, 2000.
–, *Linee del sistema sovranazionale romano*, Torino, G. Giappichelli/Univ. di Torino – Memorie dell'Istituto giuridico, serie II Mem. CXIX, 1965.
Cavaglieri, A., "Règles générales du droit de la paix", *Collected Courses*, Vol. 26 (1929), pp. 311-586.
Cesaire, A. F. D., *Discours sur le colonialisme* – suivi de *Discours sur la négritude*, "prononcé le jeudi 26 février 1987 lors de la Conférence Hémisphérique organisée par l'Université internationale de Floride à Miami", Paris, Présence africaine, 2004.
Chaliand, G., *Les guerres irrégulières* XX-XXIe siècle: guérillas et terrorisme, Paris, Gallimard, 2008.
–, *Le nouvel art de la guerre*, Paris, L'Archipel, 2008.
–, *Les empires nomades* – de la Mongolie au Danube, Ve siècle av. J.-C. – XVIe siècle, orig. publ. 1995, Paris, Perrin – tempus, 2006.
Charpentier, J., "Autodétermination et décolonisation", in *Le droit des peuples à disposer d'eux-mêmes* – Mélanges offerts à C. Chaumont, Paris, Pedone, 1984, pp. 117-133.
Charvin, R., "Le droit international tel qu'il a été enseigné: notes critiques de lecture des traités et des manuels (1850-1950)", in *Le droit des peuples à disposer d'eux-mêmes: méthodes d'analyse du droit international* – Mélanges offerts à C. Chaumont, Paris, Pedone, 1984, pp. 135-159.
Chaumet, A., and J. de Wenger, *La Guyane: plaidoyer pour Cendrillon*, Moussy-le-Neuf, J. B. impressions, 2001.
Chaumont, C., *Le droit des peuples à disposer d'eux-mêmes:* méthodes d'analyse du droit international – Mélanges offerts à C. Chaumont, Paris: Pedone, 1984.
–, *La recherche d'un critère pour l'intégration de la guérilla au droit international humanitaire contemporain* (in *La communauté internationale* – Mélanges C. Rousseau, Paris, Pedone, 1974, pp. 43-61.
–, "Cours général de droit international public", *Collected Courses*, Vol. 129 (1970), pp. 333-528.
–, "Nations Unies et neutralité", *Collected Courses*, Vol. 89 (1956), pp. 1-60.
Cheng, B., *Studies in International Space Law*, Oxford, Clarendon Press, 1998.
Cheng, F., *Cinq méditations sur la beauté*, Paris, Albin Michel, 2006.
Chesneaux, J., *L'Asie orientale aux XIXe and XXe siècles*, Paris, Presses univ. de France, 1966; Braz. ed. *A Ásia oriental nos séculos XIX e XX*, trad. A. R. Bandeira, São Paulo, Pioneira, 1976.
Chetail, V., and P.-M. Dupuy (eds.), *The Roots of International Law/Les fondements du droit international – Liber amicorum P. Haggenmacher*, Leiden/Boston, M. Nijhoff, 2014.
Chevalier, D., *La société du Mont-Liban à l'époque de la révolution industrielle en Europe*, Paris, Geuthner, 1971.
Chevalier, F., J.-Y. Andrieux and A. Kervanto Nevanlinna (eds.), *Idée nationale et architecture en Europe 1860-1919* – Finlande, Hongrie, Roumanie, Catalogne/ *Architecture and National Identities in Europe 1860-1919* – Finland, Hungary, Romania, Catalonia, Rennes, Presses universitaires de Rennes, 2006.

Childe, V. G., *The Birth of Civilization in the Near East*, London, Williams & Norgate, 1951.
Chinoy, E., *Society – An Introduction to Sociology*, orig. publ. 1961, New York, Random House, 1967.
Christakis, Th., *L'ONU, le chapitre VII et la crise yougoslave*, avant-propos d'Y. Daudet, préf. de M. Bedjaoui, Paris, Montchrestien/CEDIN – Paris I, 1996.
Cicero, *De Legibus*, with an English translation by C. W. Keyes, Cambridge, Ma./London, Harvard Univ. Press, LCL 213, Cicero Vol. XVI, 1926, reprinted 2006, pp. 287-519.
Clark, K., *Civilization: A Personal View*, New York & Evanston, Harper & Row, 1969.
Clausewitz, K. von, *Da guerra*, orig. publ. *Vom Kriege*, trad. integral de T. B. P. Barroso, prefácio de A. Rapoport, São Paulo, Martins, 1979.
Clavier, P., *Le concept de monde*, Paris, PUF, 2000.
Clemente A., *Il Protrettico/Il Pedagogo*, a cura di M. G. Bianco, Torino, Unione Tipografico Editrice Torinese, 1971.
Cochrane, C. Norris, *Christianity and Classical Culture – a Study of Thought and Action from Augustus to Augustine*, orig. publ. 1940, Oxford, University Press, 1968.
Colard, D., *Les relations internationales de 1945 à nos jours*, Paris, A. Colin, 8e éd., 1999.
Coleridge, S. Taylor, *The Complete Works of S. T. Coleridge: Poetry, Plays, Literary Essays, Lectures. Autobiographt and Letters*: Classic Illustrated Edition e-artnow, Kindle Ed. – ereader, 5378 pages, 2015, ASIN: B00X85JWU8.
Colin, J.-P., and J. Lang, "La culture entre les peuples et les *états:* vers un nouveau droit international", in *Le droit des peuples à disposer d'eux-mêmes: méthodes d'analyse du droit international* – Mélanges offerts à C. *Chaumont*, Paris : Pedone, 1984, pp. 179-206.
Colliard, C.-A., "Le droit de l'espace ou le ciel et la terre", in *La communauté internationale* – Mélanges offerts à C. Rousseau, Paris, Pedone, 1974, pp. 63-74.
–, "Egalité ou spécificité des états dans le droit international public actuel", in *Mélanges offerts à Mr. le Doyen L. Trotabas*, Paris, L.G.D.J., 1970, pp. 529-558.
Conrad, Margaret, *A Concise History of Canada*, Cambridge, Univ. Press, 2012.
Conseil fédéral hélvetique, *sentence arbitrale rendue le 24 mars 1922, entre la Colombie et le Vénézuéla, Recueil de sentences arbitrales*, Vol. I, p. 227.
Contamine, P., *La guerre au Moyen Age*, Paris, PUF – nouvelle Clio, 1e éd., 1980, 6e éd., 2003.
Cooper, F., and J. Burbank, *Empire in World History*, Princeton, Univ. Press, 2010; Braz. ed. *Impérios – uma nova visão da história mundial*, trad. B. C. Mattos, São Paulo, Planeta, 2019.
Copernic, Nicolas, *De revolutionibus orbium coelestium*, orig. publ. Nurnberg, Johannes Petrejus, 1543, and Basel, Henricus Petrus, 1566; Port. ed., *As revoluções dos orbes celestes*, transl. A. Dias Gomes and G. Domingues, intr. and notes L. Albuquerque, Lisbon, Fund. C. Gulbenkian/Serviço de educação, 2nd ed., 1996.
Corpus iuris civilis, Vol. primum, *Digesta,* recognovit T. Mommsen retractavit P. Krueger, Dublin/Zürich, Weidmann, 22a. ed., 1973.
Corten, O., *Méthodologie du droit international public*, Bruxelles, Ed. Univ. Libre de Bruxelles, 2009.
–, *Le droit contre la guerre*: L'interdiction du recours à la force en droit international contemporain, Paris: Pedone, 2008.
Cortesão, J., *O Tratado de Madri*, edição fac-similar, presentation A. da C. Franco, Brasília, Senado Federal, 2001, 2 Vols.
–, *Do tratado de Madri à conquista dos sete povos (1750-1802)*, introdução, notas e sumário de J. Cortesão, Manuscritos da Coleção de Angelis, Vol.

VII, Rio de Janeiro, Biblioteca nacional/Divisão de publicações e divulgação, 1969.
Costa, A. M. da, L. M. Schwarcz and P. C. de Azevedo, *A longa viagem da biblioteca dos reis*: do terremoto de Lisboa à independência do Brasil, São Paulo, Companhia das Letras, 2002.
Costa, J. C., *A conquista do deserto ocidental: subsídios para a história do território do Acre*, prefácio de A. C. F. Reis, São Paulo, ed. Nacional, Brasília, INL, 2ª ed., 1973.
Costa, P. e J. Sarney, *Amapá: a terra onde o Brasil começa*, Brasil, Senado Federal, 2ª ed., 1999.
Cour Interaméricaine des Droits de l'Homme, affaire *Cabrera Garcia e Montiel Flores c. Mexique*, arrêt 26 november 2010, http://www.corteidh.or.cr/CF/jurisprudencia2/ficha_tecnica.cfm?nId_Ficha=343.
Couto, J., *Construção do Brasil*, Lisboa, Cosmos, 1998.
Couvreur, H. J., *Waterloo* – Les Belges raccontent, Paris, PixL – éds. Jourdain, 2014.
Crampton, R. J., *A Concise History of Bulgaria*, orig. publ. 1997, Cambridge, Univ. Press, 4th printing 2010.
Craven, M., M. Fitzmaurice and M. Vogiatzi (ed.), *Time, History and International Law*, Leiden/Boston, M. Nijhoff, 2011.
Crawford, J., *The Creation of States in International Law*, Oxford, Univ. Press, 2nd ed., 2006, reprinted 2011.
Cristoforo A., *Peregrinaggio di tre giovani figliuoli del re di Seredippo*, "dalla persiana nell'italiana lingua trapportato", orig. publ. "Venetia, per Michele Tramezzino", 1557, a cura di R. Bragantini, Roma, Salerno ed., 2000.
Crouzet-Pavan, E., *Renaissances italiennes 1380-1500*, Paris, Albin Michel, 2007.
Crusol, J., *Les îles à sucre* – de la colonisation à la mondialisation, Bécherel, Les Perséides, 2e éd., 2008.
Cruz, J. B., and C. H. Cardim (eds.), *CPLP: oportunidades e perspectivas*, Brasília, IPRI/FUNAG, 2002.
Cunha, Euclydes da, *Peru vs. Bolívia*, orig. publ. 1907, Rio de Janeiro, Record, 3e éd., "com dois mapas e um estudo de Oliveira Lima", s/d.
Curtin, P. D., "Tendências recentes das pesquisas históricas africanas e contribuição à história em geral", in *História geral da África: I. Metodologia e pré-história da África*, J. Ki-Zerbo (ed.), 1980; Braz. ed., São Paulo, Ática; Paris, UNESCO, 1982, cap. 3, pp. 73-89.
Cushman, T. (ed.), *A matter of principle* – Humanitarian Arguments for War in Iraq, Berkeley, Univ. of California Press, 2005.
Cussen, A., *Bello y Bolivar*, orig. publ. *Bello and Bolivar: poetry and politics in the Spanish American revolution*, 1992, Caracas, La casa de Bello, 1995; 2ª ed., México, FCE, 1998.
Daillier, P., "Les opérations multinationales consécutives à des conflits armés en vue du rétablissement de la paix" *Collected Courses*, Vol. 314 (2005), pp. 233-431.
Daillier, P., Q. D. Nguyen and A. Pellet, *Droit international public*, Paris, LGDJ, 5e éd., 1994.
Dakhli, L. (ed.), *Le Moyen Orient* – fin XIXe-XXe siècle, Paris, Seuil – points, 2016.
Dalachanis, A., "Confessions et minorités", in *Le Moyen Orient*, L. Dakhli (ed.), Paris, Seuil – points, 2016, Chap. 2, pp. 73- 98.
Dallari, P. B. de Abreu (ed.), *Relações internacionais: múltiplas dimensões*, São Paulo, Aduaneiras, 2004.
–, "Aspectos jurídicos da formação e da gestão do território nacional : o caso brasileiro", in *Relações internacionais: múltiplas dimensões*, P. B. Dallari (ed.), São Paulo, Aduaneiras, 2004, pp. 12-18.
Dal Ri, Lucienne, *Ius fetiale – as origens do direito internacional no universalismo romano*, Ijuí, Ed. Unijuí, 2011.

D'Arjuzon, A. *et al.*, *Le Congrès de Vienne* – ou l'invention d'une nouvelle Europe, avec textes d'A. D'Arjuzon, F. Baleine du Laurens, J.-O. Boudon, P. Branda, P. de Carbonnières, P. Dupuy, G. Eldin, P. Even, B. Fourquaux, R. Frank, F. Janin, F. Lacaille, T. Lentz, L. M. Migliorini, I. Nathan, R. Ouvrard, J.-P. Pirat, I. Richefort, T. Sarmant, J.-A. de Sédouy, G.-H. Soutou, L. Vandenhende, C.-Éloi Vial and E. de Waresquiel, exposition au Musée Carnavalet-Histoire de Paris, du 8 avril au 31 août 2015, Paris, Archives du Ministère des affaires étrangères et du développement international, ed. Artlys, 2015.

Darwin, C., *A origem das espécies*, trad. E. N. Fonseca, São Paulo, Folha de São Paulo, 2010.

Dauchy, S., and M. Vec (eds.), *Les conflits entre peuples – De la résolution libre à la résolution imposée*, Baden-Baden, Nomos Verlag, 2011.

Dawson, C., *The Dynamics of World History*, London, Sheed and Ward, 1957.

Debray, R., *Le moment fraternité*, Paris, Gallimard, 2009.

Decaux, E., "Les formes contemporaines de l'esclavage", *Collected Courses*, Vol. 336 (2008), publ. as Pocketbook of the Hague Academy of International Law, Leiden/Boston, M. Nijhoff, 2009.

Degan, V.-D., "Création et disparition de l'Etat (à la lumière du démembrement de trois fédérations multiethniques en Europe)", *Collected Courses*, Vol. 279 (1999), pp. 195-376.

Delannoi, G. and P.-A. Taguieff (eds.), *Nationalismes en perspective*, Paris, Berg, 2001.

Delmas-Marty, M., and A. Cassese, *Crimes internationaux et juridictions internationales*, Paris, PUF, 2002; also in Spanish, *Crímenes internacionales y jurisdicciones internacionales*, trad. H. Pons, Bogotá, Grupo Edtrl. Norma, 2004.

Del Vecchio, G., "La Société des nations au point de vue de la philosophie du droit international", *Collected Courses*, Vol. 38 (1931), pp. 541-650.

Denis, F., *Résumé de l'histoire du Brésil* suivi de *Résumé de l'histoire de la Guyane,* Paris, Lecointe et Durey, 2e éd., 1825; reprinted Forgotten Books, 2017.

– and H. Taunay, *Le Brésil ou Histoire, moeurs, usages et coutumes des habitants de ce royaume*, orig. publ. en Paris, Nepveu, 1822, 6 Vols., online USP – Biblioteca Brasiliana G. e J. Mindlin.

–, *Brésil*, in *L'Univers – Histoire et description de tous les peuples*, Paris, Firmin Didot, 1837; volume contains: F. Denis, Le Brésil; C. Famin, Colombie et Guyanes.

–, *Résumé de l'histoire littéraire du Portugal* suivi du *Résumé de l'histoire littéraire du Brésil*, Paris, Lecointe et Durey, 1826; online http:// bibdig.biblioteca.unesp.br/handle/10/2/5963.

Denys, C., and I. Paresys, *Les anciens Pays-Bas à l'époque moderne (1404-1815)*, Paris, Ellipses, 2007.

Descamps, E. E. F., "Le droit international nouveau: influence de la condamnation de la guerre sur l'évolution juridique internationale", *Collected Courses*, Vol. 31 (1930), pp. 393-560.

Descartes, R., *Discours de la méthode* (1637); *Meditationes de prima philosophia* – in qua Dei existentia et animae immortalitas demonstratur (Parisiis: apud Michaelem soly, MDCXLI); *Principia philosophiae* (1644), édition de référence des *Œuvres* de Descartes, par Ch. Adam et P. Tannery, Paris, CNRS/ Vrin, reéd. 1964-1974, 11 Vols.

Desjardins, M. A., *De l'origine des capitulations dans l'empire ottoman*, Paris, A. Picard, 1891.

De Staël, G., *De l'Allemagne*, orig. publ. 1810, chronologie et introduction par S. Balayé, Paris, Garnier-Flammarion, éd. 1968, impression 2012, 2 Vols.

Detienne, M., *L'invention de la mythologie*, orig. publ. 1981, Paris, Gallimard – NRF, 1987.

Devoto, F. J., and B. Fausto, *Brasil e Argentina: um ensaio de história comparada*

(1850-2002), trad. dos textos em castelhano S. Molina, São Paulo, ed. 34, 2004.

Diederiks-Verschoor, I. H. Ph., "Similarities with and Differences between Air and Space Law primarily in the Field of Private International Law", *Collected Courses*, Vol. 172 (1981), pp. 317-423.

Dines, A., *Vínculos do fogo* – A. J. da Silva, o Judeu, e outras histórias da Inquisição em Portugal e no Brasil, São Paulo, Companhia das Letras, 1992.

Dink, H., *Deux peuples proches – deux voisins lointains: Arménie – Turquie*, trad. du turc par E. Ülker and D. Eddé, préf. de J. Kéhayan, ouverture d'Etyen Mahçupyan, Arles, Actes Sud, 2009.

Dinstein, Y. (ed.), *The Protection of Minorities and Human Rights*, Leiden, Kluwer, 1992.

Distefano, G., *L'ordre international entre légalité et effectivité: le titre juridique dans le contentieux territorial*, préface de G. Abi-Saab, Paris, Pedone, Genève, Institut universitaire des hautes études internationales, 2002.

Djuric, I., *Le crépuscule de Byzance*, Paris, Maisonneuve et Larose, 1996.

Doering-Manteuffel, S., *Das Okkulte* – eine Erfolgsgeschichte im Schatten der Aufklärung – von Gutenberg bis zum World Wide Web, München, Siedler, 2008.

Doratioto, F. F. M., *Maldita guerra* – Nova história da guerra do Paraguai, São Paulo, Companhia das Letras, 2002.

D'Orbigny, A. D., *Voyage dans l'Amérique méridionale* – Pampas – Patagonie, La Rochelle, Découvrance ed., 2007, 2 Vols.

Dousse, M., *Dieu en guerre*: la violence au cœur des trois monothéismes, Paris, Albin Michel, 2002.

Douzon, M. C., and M. B. Etchart, *Documentos de historia argentina (selección)* incluye la documentación sobre nuestra soberania territorial, Buenos Aires, Cesarini Hnos. Editores, 10ª ed., 1983.

Droysen, J. G., *Histoire de l'héllenisme*, version intégrale, trad. de l'allemand sous la dir. de A. Bouché-Leclercq, préface, note sur la traduction et bibliographie P. Payen, Grenoble, Ed. Jerôme Millon, 2005, 2 Vols.

–, *Geschichte Alexanders des Grossen von Macedonien*, Berlin, G. Fincke, 1833.

–, *Geschichte des Hellenismus I. Theil: Geschichte der Nachfolger Alexanders*, Hamburgo, F. A. Perthes, 1836.

–, *Geschichte des Hellenismus II. Theil: Geschichte der Bildung des hellenistischen Staatensystemes*, Hamburgo, F. A. Perthes, 1843.

Droz, B., *Histoire de la décolonisation* – au XXe siècle, Paris, Seuil – points – histoire, 2009.

Droz, G. A. L., "L'activité notariale internationale", *Collected Courses*, Vol. 280 (1999), pp. 9-134.

Droz, J., *Histoire diplomatique de 1648 à 1919*, Paris, Dalloz, 3e éd., 1972.

Dubois, C., and J.-L. Miège (eds.), *L'Europe retrouvée – les migrations de la décolonisation*, Paris, L'Harmattan, 1994.

Duby, G., *Qu'est-ce que la société féodale?*, Paris, Flammarion, 2002.

–, *An 1000 an 2000* – sur les traces de nos peurs, Paris, Textuel, 1995.

–, *L'Europe au Moyen Âge*, Paris, Flammarion – champs, 1984.

Duby G., and F. Braudel (eds.), *La méditerranée: les hommes et l'héritage*, orig. publ. 1977, Paris, Flammarion/Champs, 1986.

Ducellier, A., *Les Byzantins: histoire et culture*, orig. publ. 1988, Paris, Seuil, 2002.

Ducellier, A., *Le drame de Byzance: idéal et échec d'une société chrétienne*, Paris, Hachette – littératures, 1997.

Ducellier, A., and M. Balard (eds.), *Constantinople 1054-1261*, Paris, Autrement, 1996.

Dugard, J., "The Secession of States and their Recognition in the Wake of Kosovo", *Collected Courses*, Vol. 357 (2013), also published as Pocketbook of the Hague Academy of International Law, 2013.

Dumas, J., "La sauvegarde internationale des droits de l'homme", *Collected Courses*, Vol. 59 (1937), pp. 1-98.

Dumezil, G., *Mythe et épopée*, Vol. I, orig. publ. 1968, Paris, Gallimard – NRF, 5e éd., 1986, reprinted 1989.

–, *Mythe et épopée II*, Vol. II, orig. publ. 1971, Paris, Gallimard – NRF, 4e éd., 1986, reprinted 1988.

–, *Mythe et épopée*, Vol. III, orig. publ. 1973, Paris, Gallimard – NRF, 3e éd. corrigée, 1981, reprinted 1986.

–, *L'oubli de l'homme et l'honneur des dieux: esquisses de mythologie*, Paris, Gallimard – NRF, 1985.

–, *Les dieux souverains des indo-européens*, orig. publ. 1977, Paris, Gallimard – NRF, 3e éd. "revue et corrigée", 1986, reprinted 1988.

–, *Mythes et dieux des indo-européens*, textes réunis et présentés par H. Coutou-Bégarie, Paris, Flammarion – Champs, 1992, reprinted 1994.

Dunn F. S., *Foreword*, in A. K. Weinberg, *Manifest Destiny* – a Study of Nationalist Expansionism in American History, Baltimore, MD., J. Hopkins Press, 1935, pp. IX-XII.

Dupuis, C., "Règles générales du droit de la paix", *Collected Courses*, Vol. 32 (1930), pp. 1-290.

Dupuy, P.-M., and V. Chetail (eds.), *The Roots of International Law/Les fondements du droit international – Liber amicorum P. Haggenmacher*, Leiden/Boston, M. Nijhoff, 2014.

Dupuy, P.-M., "L'unité de l'ordre juridique international", *Collected Courses*, 2002, Vol. 297 (2002), pp. 9-489.

Dupuy, R.-J., *Le mythe dans la vie internationale*, "le texte est la transcription littérale de l'enregistrement de la conférence faite par Mr. le Prof. R.-J. Dupuy, le 14 décembre 1987, à Nice", préface de C. Nigoul e M. Torrelli, Cycle de conférences portant sur "La diplomatie nouvelle", Nice, Institut du droit de la paix et du développement/Institut européen des hautes études internationales, 1988.

–, *Le droit international*, Paris, PUF – "Que sais-je?", 1966.

Dworkin, A., R. Gutman and D. Rieff (eds.), *Crimes of War*, orig. publ. 1999, Norton, New York, 2nd rev. ed., 2007.

Ejzenberg, W., *Desarmamento nuclear*, Prefácio P. B. Casella, Belo Horizonte, Arraes Editores, 2017.

Eldridge, C. C., *The Imperial Experience* – from Carlyle to Forster, London, Macmillan, 1996.

Eliade, M., *Histoire des croyances et des idées religieuses*, Paris, Payot, 1976.

–, *History of Religious Ideas and Beliefs* Vol. I. *From the stone age to the Eleusinian mysteries*, translated by W. R. Trask, Chicago, University Press, 1978.

–, *History of Religious Ideas and Beliefs* Vol. II. *From Gautama Buddha to the Triumph of Christianity*, orig. publ. Paris, Payot, 1978, translated by W. R. Trask, Chicago, University Press, 1st publ., 1982, reprint 1984.

–, *History of Religious Ideas and Beliefs III. From Muhammad to the Age of Reforms*, orig. publ. Paris, Payot, 1983, translated by A. Hiltebeitel and D. Apostolos-Cappadona, Chicago, University Press, publ. 1985.

–, *Aspects du mythe*, orig. publ. 1963, Paris, Gallimard – Folio, reprinted 1989.

–, *La nostalgie des origines* – méthodologie et histoire des religions, orig. publ. *The Quest*, Chicago, University Press, 1969; French ed., Paris, Gallimard – Folio – Essais, 1971, reimpr. 1991.

Elian, G., "Le principe de la souveraineté sur les ressources nationales et ses incidences juridiques sur le commerce international", *Collected Courses*, Vol. 149 (1976), pp. 1-85.

Elias, N., *La civilization des mœurs* (orig. publ. Über *den Prozess der Zivilisation*, 1939, 2e éd., 1969, trad. de l'allemand par P. Kamnitzer, Paris, Calmann-Lévy, 1999.

–, *La dynamique de l'Occident*, second volume of the original *Über den Prozess der Zivilisation*, 1939, 2e éd., 1969, trad. de l'allemand par P. Kamnitzer, Paris, Calmann-Lévy, 2007.
–, *La société des individus*, orig. publ. *Die Gesellschaft der Individuen*, 1987, trad. par J. Étoré, avant-propos de R. Chartier, Paris, Fayard, 2009.
Erasme de Rotterdam, *Les adages*, J.-C. Saladin (ed.), Paris, Les Belles Lettres/ Le miroir des Humanistes, 2011, 5 Vols.
–, *Antibarbari*, orig. publ. 1520, transl. and annotated by M. M. Phillips; and *Parabolae*, orig. publ. 1514, transl. and annotated by R. A. B. Minors, in *Collected Works* of Erasmus, ed. by Craig R. Thompson, Toronto, Univ. of Toronto Press, Literary and Educational Writings I, Vol. 23, 1978.
–, *De copia*, orig. publ. 1512, transl. and annotated by B. I. Knott; and *De ratione studii*, orig. publ. 1512, transl. and annotated by B. McGregor in *Collected Works* of Erasmus, Craig R. Thompson (ed.), Toronto, Univ. of Toronto Press, Literary and Educational Writings II, Vol. 24, 1978.
Erich, R., "La question des zones démilitarisées", *Collected Courses*, Vol. 26 (1929), pp. 587-668.
–, "La naissance et la reconnaissance des Etats", *Collected Courses*, Vol. 13 (1926), pp. 427-508.
Ermacora, F., "The Protection of Minorities before the United Nations", *Collected Courses*, Vol. 182 (1983), pp. 247-370.
Escudero Espinosa, J. F., *Self-Determination and Humanitarian Secession in International Law of a Globalized World, Kosovo vs Crimea*, Cham, CH, Springer, 2017.
Etchart, M. B., and M. C. Douzon, *Documentos de historia argentina (selección)* incluye la documentación sobre nuestra soberanía territorial, Buenos Aires, Cesarini Hnos. Editores, 10ª ed., 1983.
Evans, C., and M. W. Janis (eds.), *Religion and International Law*, orig. publ. 1999, Leiden, M. Nijhoff, 2004.
Evans, J. A. S., *Father of History or Father of lies? The Reputation of Herodotus*, Classical Journal, 1968, Vol. 64, pp. 11-17.
Fage, J. D., "A evolução da historiografia da África", in *História geral da África*, Vol. I, *Metodologia e pré-história da África*, coord. do Vol. J. Ki-Zerbo, 1980, trad. B. Turchetti *et al.*, São Paulo, Ática; Paris, UNESCO, 1982, Chap. 1, pp. 43-59.
Faidutti, B., *Copernic, Kepler & Galilée face aux pouvoirs* – Les scientifiques et la politique, Paris, Harmattan, 2010, reimpr. 2012.
Fairbank, J. K., *A Preliminary Framework*, in J. K. Fairbank (ed.), *The Chinese world order*: traditional China's foreign relations, orig. publ. 1968, Cambridge, Ma.: Harvard Univ. Press, 2nd printing, 1970.
Falas do Trono, "desde o ano de 1823 até o ano de 1889", coligidas na Secretaria da Câmara dos Deputados, prefácio de P. Calmon, São Paulo, Melhoramentos, 1977.
Falk, R., R. B. J. Walker and L. E. J. Ruiz (eds.), *Reframing the International: Law, Culture, Politics*, New York, Routledge, 2002.
–, *The Status of Law in International Society*, Princeton, Princeton Univ. Press, 1970.
Falk, R., and C. A. Blach (eds.), *The Future of the International Legal Order*, Princeton, Univ. Press, 1969.
Fassbender, B., and A. Peters (eds.), *The Oxford Handbook of the History of International Law*, Oxford, University Press, 2012.
–, "Westphalia, Peace of (1648)", in *The Max Planck Encyclopedia of Public International Law*, ed. by R. Wolfrum, 2012, Vol. X, pp. 865-869.
Fausto, B., and F. J. Devoto, *Brasil e Argentina: um ensaio de história comparada (1850-2002)*, trad. dos textos em castelhano S. Molina, São Paulo, ed. 34, 2004.
Fawcett, L., *International Relations of the Middle East*, orig. publ. 2005, Oxford, Univ. Press, 2nd éd., 2009.

Febvre, L., *Amour sacré, amour profane* – Autour de l'Heptaméron, orig. publ. 1944, Paris, Gallimard – Folio – Histoire, 1996.
–, *P. II et la Franche-Comté* – étude d'histoire politique, religieuse et sociale, orig. publ. 1912, préf. F. Braudel, Paris, Flammarion – champs, 1970.
Ferguson, N., *The War of the World* – History's age of hatred, 1st publ. 2006, London, Penguin, 2007.
–, *Civilization – the West and the Rest*, New York, The Penguin Press, 2011.
–, *Império*, orig. publ. *Empire*, 2003, trad. M. M. Cavallari, São Paulo, Planeta, 2010.
–, *O horror da guerra*, orig. publ. *The pity of war*, 1998, trad. J. Marcantonio, São Paulo, Planeta, 2ª ed., 2018.
Ferreira, A. R., *Viagem ao Brasil*: "a expedição philosophica pelas capitanias do Pará, Rio Negro, Mato Grosso e Cuyabá", documentos do Museu Bocage de Lisboa, intr. C. Almaça, notícia sobre A. R. Ferreira e sua obra por J. Pereira da Silva, transcr. e comentários D. M. Teixeira e N. Papavero, São Paulo, Kapa Edtrl./Fund. VITAE, 2002, 2 Vols.
Ferrero, G., *Grandeur et décadence de Rome*, trad. de l'italien par U. Mengin, Paris: Plon, 12e ed., 1907, 6 Vols.
Ferro, M., *Histoire des colonisations – des conquêtes aux indépendances XIIIe-XXe siècle*, "édition completée et mise à jour", 1994, Paris : Seuil, impr. 1996.
Figes, O., *Crimea – the last crusade*, orig. publ. 2010, London, Penguin, 2011.
Fiore, P., *Trattato di diritto internazionale pubblico*, Torino, Unione Tipografica Editrice, seconda ed. interamente rifatta e considerabilment ampliata, 1879, 3 Vols.
Fischer, A. S., "Outlawry of War, and Disarmament", *Collected Courses*, Vol. 133 (1971), pp. 389-412.
Fitschen, T., "Vienna Congress (1815)", in the *Max Planck Encyclopedia of Public International Law*, R. Wolfrum (ed.), Oxford, Univ. Press, 2012, Vol. X, pp. 678-683.
Fitzmaurice, M., M. Craven and M. Vogiatzi (eds.), *Time, History and International Law*, Leiden/Boston, M. Nijhoff, 2011.
Flannery, K., and J. Marcus, *The Creation of Inequality*, Cambridge, Ma./London, Harvard Univ. Press, 2012.
Flasch, K., *Das philosophischer Denken im Mittelalter*, orig. publ. 1986, Reclam, Stuttgart, 3. Auflage, 2013.
–, *Einfuhrung in die Philosophie des Mittelalters*, Darmstadt, Wissenschaftliche Buchgesellschaft, 1987; French ed, *Introduction à la philosophie médiévale*, trad. J. de Bourgknecht, Fribourg, Éd. universitaires/Paris, ed. du Cerf, 1992.
Fleury, G., *La guerre en Algérie*, orig. publ. 1993, Paris, Payot-Rivages, 1996.
Florenzano, M., *Sobre as origens e o desenvolvimento do estado moderno no Ocidente*, Rev. Lua Nova, São Paulo, 2007, Vol. 71, pp. 11-39.
Flori, J., *Guerre sainte, jihad, croisade* – violence et religion dans le christianisme et l'islam, Paris, Seuil, 2002.
Flory, M., "Le juge international et l'aménagement de l'espace: la spécificité du contentieux territorial – Conclusions", in *Le juge international et l'aménagement de l'espace: la spécificité du contentieux territorial*, P. Weckel (ed.), Paris, Pedone, 1998, pp. 225-229.
Flusin, B., *La civilisation byzantine*, Paris, PUF – Que sais-je?, 2006.
Forde, C. D., and A. R. Radcliffe-Brown (eds.), *African Political Systems*, orig. publ. 1950; Port. ed. *Sistemas políticos africanos de parentesco e casamento*, Lisboa, Fundação C. Gulbenkian, 1974.
Foronda, F. (ed.), *Avant le contrat social – le contrat politique dans l'Occident médiéval XIIIe-XVe siècle*, Paris, Publications de la Sorbonne, 2011.
Fouques Duparc, J., *La protection des minorités de race, de langue et de religion* – Étude de droit des gens, Paris, Dalloz, 1922.
François, J. P. A., "Règles générales du droit de la paix", *Collected Courses*, Vol. 66 (1938), pp. 1-294.

Franck, A., *Philosophie du droit ecclésiastique – des rapports de la religion et de l'état*, Paris/Londres/New York, Germer Baillière Libr.-ed., 1864.

Franck, T. M., *The empowered self: law and society in the age of individualism*, Oxford, UP, 1999.

–, "Fairness in the International Legal and Institutional System: General Course on Public International Law", *Collected Courses*, Vol. 240 (1993), pp. 9-498.

Franklin, B., *Autobiography*, edited with an Introduction and Supplementary Account of Franklin's later life by W. Macdonald, London/New York, J. M. Dent & Sons/E. P. Dutton & Co., 1st publ., 1908, reprinted 1960.

Frazer, J. G., *The Golden Bough – A Study in Magic and Religion*, London, Macmillan, 1st ed., 1913, reprinted 1990, thirteen volumes.

Freller, F., *Guizot,* "Tocqueville e os princípios de 1789", Revista de Estudos Políticos, Rio de Janeiro, UFF, Vol. 7, No. 2, 2016, pp. 179-201.

Frémeaux, J., *De quoi fut fait l'empire* – Les guerres coloniales au XIXe siècle, Paris, CNRS ed., 2010.

Freud, S., *O mal estar na civilização*, orig. publ. *Das Unbehagen in der Kultur*, 1930, ed. brasileira das obras psicológicas completas de S. F. – comentários e notas de J. Strachey, com Anna Freud *et al.*, trad. do alemão e do inglês, direção geral de J. Salomão, trad. J. O. de A. Abreu, rev. técnica de W. I. da Silveira, Rio de Janeiro: Imago, 1969, 1a ed., 1974, Vol. XXI (1927-1931), pp. 73-171.

Friedell, E., *Kulturgeschichte der Neuzeit* – Die Krisis der Europäischen Seele von der Schwarzen Pest bis zum Ersten Weltkrieg, orig. publ. 1927-1931, Munich, C. H. Beck, 2007.

Friedländer, R. A., "Power Politics and the Rule of Law: Professor Schwarzenberger Reconsidered", De Paul Law Review, Vol. 24, issue 4, Summer 1975, pp. 836-852, available at http://via.library.depaul.edu./law-review/vol24/iss4/3.

Friedmann, W., "General Course in Public International Law", *Collected Courses*, Vol. 127 (1969), pp. 39-246.

Frouville, O. de, "Une conception démocratique du droit international", Revue européenne des sciences sociales, XXXIX – 120, 2001 – http://ress.revues.org/659.

Frye, R. N., *A herança persa*, orig. publ. *The heritage of Persia*, trad. A. e C. A. Nunes, Lisboa, Arcádia, 1972.

–, *The History of Ancient Iran*, in *Handbuch der Altertumswissenschaft*, Dritter Abteilung. Siebenter Teil, Munique, Beck, 1984.

Fubini, R., *Italia quattrocentesca* – politica e diplomazia nell'età di Lorenzo il Magnifico, Milano, F. Angeli, 1994.

Fustel de Coulanges, N. D., *La cité antique* – Étude sur le culte, le droit, les institutions de la Grèce et de Rome, orig. publ. 1864; Braz. ed. *A cidade antiga*, trad. Frederico O. P. de Barros, São Paulo, Edameris, 1961.

Gaja, G., "*Jus Cogens* Beyond the Vienna Convention", *Collected Courses*, 1981, Vol. 172, pp. 271-316.

Galahad, Sir, *Byzance*, trad. J. Chifelle-Astier, Paris, Payot, 1937.

Galasso, G., *Dalla "libertà d'Italia" alle "preponderanze straniere"*, Napoli, Editoriale Scientifica, 1997.

Galileo G., *Il Saggiatore*, orig. publ. 1623, trad. française de C. Chauviré, *L'Essayeur de Galilée*, Paris, Les Belles Lettres, 1980.

–, *The Assayer*, translated by Stillman Drake, New York, Doubleday, 1957.

–, *O ensaiador* onde com perfeito e justo equilíbrio raciocina-se sobre as coisas contidas na 'Balança astronômica e filosófica' de L. S. Sigensano, escrita em forma de carta ao ilustríssimo reverendíssimo monsenhor D. Virginio Cesarini, acadêmico linceu, mestre de sala de N. S. pelo senhor Galileu Galilei, acadêmico linceu, nobre florentino, filósofo e matemático principal do Sereníssimo Grão-Duque da Toscana, trad. e notas de H. Barraco, São Paulo, Abril cult. – Os pensadores, 1973, Vol. XII, pp. 99-238.

–, *Dialogo sopra i due massimi sistemi del mondo tolemaico e copernicano*,

orig. publ. 1632; Braz. ed. *Diálogo sobre os dois máximos sistemas do mundo ptolemaico e copernicano*, trad., intr. and notes P. R. Mariconda, São Paulo, Associação filosófica Scientiae Studia/Ed. 34, 3e éd., 2011.
Garcia, D. Sávio da Cunha, *Os belgas na fronteira oeste do Brasil*, préf. J. Moscardo, Brasília, FUNAG, 2009.
Gardot, A., "Le droit de la guerre dans l'œuvre des capitaines français du XVIe siècle", *Collected Courses*, Vol. 72 (1948), pp. 393-540.
–, "J. Bodin: sa place parmi les fondateurs du droit international", *Collected Courses*, Vol. 50 (1934), pp. 545-748.
Garlan, Y., *La guerre dans l'antiquité*, orig. publ. 1972, Paris, Nathan, reimpr. 1990.
Gaurier, D., *Histoire du droit international*, orig. publ. 2005, Rennes, Presses Universitaires de Rennes, 2e ed. 2014.
–, "Cosmopolis and Utopia", in *The Oxford Handbook of the History of International Law*, 2012, Chap. 10, pp. 250-271.
Gauthereau, R., *Journal d'un colonialiste*, Paris, Seuil, 1986.
Gay, P., *The Enlightenment: an Iinterpretation* – The Science of Freedom, orig. publ. 1969, New York, W. W. Norton, 1977.
–, *The Enlightenment: an Interpretation* – The Rise of Modern Paganism, orig. publ. 1966, New York, W. W. Norton, 1977.
–, *Style in History*, orig. publ. 1974; Braz. ed. *O estilo na história*, trad. D. Bottmann, São Paulo, Companhia das Letras, 1990.
Gazaneo, J. O. (ed.), *Las misiones jesuíticas del Guayrá*, fotografías C. Mordo, textos de S. Cabral, A. G. Amat, L. Rojas, G. Cambas, M. M. Morales S. J., J. O. Gazaneo, A. De Paula, B. D. Sustersic and R. di Stefano, Buenos Aires, Manrique Zago/Unesco/Icomos, 2a ed., 1995.
Geist, R. (ed.), *Hexen, Teufel und Dämonen*, Zürich, Haffmans Verlag, 1990.
G. de la Pradelle, P. de, "Notions de territoire et d'espace dans l'aménagement des rapports internationaux contemporains", *Collected Courses*, Vol. 157 (1977), pp. 415-484.
–, « Progrès ou déclin du droit international? », in *La communauté internationale: mélanges offerts à C. Rousseau*, Paris, Pedone, 1974, pp. 139-152.
Gert, B., *Hobbes*, Cambridge UK, Polity, 2010.
Ghazali, E., *Contribution à l'étude des accords culturels: vers un droit international de la culture*, Grenoble, éd. de l'Université des sciences sociales de Grenoble, 1979.
Gherari, H., and S. Szurek (ed.), *L'émergence de la société civile internationale: vers la privatisation du droit international?*, Actes du colloque des 2-3 mars 2001, org. sous les auspices de M. H. Vedrine, Ministre des affaires étrangères, Paris, Pedone; Paris X-CEDIN-Cahiers internationaux, No. 18, 2003.
Giacottino, J.-C., *Les Guyanes – Guyana, Surinam, Guyane française*, orig. publ. 1984, Paris, PUF, 2e ed. "corrigée" 1995.
Gillespie, A., *A History of the Laws of War*, Vol. I. *The Customs and Laws of War with regards to Combatants and Captives*, Oxford/Portland, Oregon: Hart Publ., 2011.
–, Vol. II. *The Customs and Laws of War with regards to Civilians in Times of Conflict*, Oxford/Portland, Oregon: Hart Publ., 2011.
–, Vol. III. *The Customs and Laws of War with regards to Arms Control*, Oxford/Portland, Oregon: Hart Publ., 2011.
Gilson, E., *Héloïse and Abélard*, Paris, Vrin, 3e éd. revue, second tirage, 1978.
Giorgio, G., *Il pensiero de Gianni Vattimo* – l'emancipazione dalla metafisica tra dialettica ed ermeneutica, Milano, Franco Angeli, 2006.
Girard, R., *Les origines de la culture*, "Entretiens avec P. Antonello and J. C. de Castro Rocha", texte établi avec la collaboration de V. Morlot-Duboux and C. Chaplain, Paris, A. Fayard – Pluriel, 2010, impr. 2015.
Girard, S., *Le parfum du démon* – un écrivain nommé B. D'Aurevilly, Paris, Hermé, 1986.

Giraud, E., "La théorie de la légitime défense", *Collected Courses*, Vol. 49 (1934), pp. 687-865.

Gisberti, T., J. de Mesa and C. D. Mesa Gisberti, *História de Bolívia*, La Paz, Edtrl. Gisberti y Cia., 3ª ed. atualizada, 1999.

Goedhuis, D., "Conflicts of Law and Divergencies in the Legal Regimes of Air Space and Outer Space", *Collected Courses*, Vol. 109 (1963), pp. 257-346.

Goethe, J. Wolfgang von, *Werke*, "Hamburger Ausgabe", in 14 Bänden, Textkritisch durchgesehen von E. Trunz, kommentiert von H. von Einem, München, Deutscher Taschenbuch Verlag, 1982.

Gomez Robledo, A., "Le *jus cogens* international: sa génèse, sa nature, ses fonctions", *Collected Courses*, Vol. 172 (1981), pp. 9-217.

Gonçalves Pereira, A. R. D., *Succession d'États en matière de traités*, Paris, Pedone, 1969.

Gonzaga, J. B., *A Inquisição em seu mundo*, São Paulo, Saraiva, 2ª ed., 1993.

González Torres, D., *Origen y História de los pueblos del Paraguay*, orig. publ. 1994, Asunción, Servilibro, 3ª ed., 2010.

Goodman, B., and D. S. G. Goodman (eds.), *Twentieth-century Colonialism and China*, London and New York, Routledge, 2012.

Goody, J., *The theft of History*, Cambridge, Univ. Press, 2006; Braz. ed. *O roubo da história*, trad. L. S. Duarte da Silva, São Paulo, Contexto, 2008.

Goyard-Fabre, S., *Les embarras philosophiques du droit naturel*, Paris, Vrin, 2002.

–, *La construction de la paix* – ou le travail de Sisyphe, Paris, Vrin, 1994.

Gozzi, G., and G. Bongiovanni (eds.), *Popoli e civiltà* – Per una storia e filosofia del diritto internazionale, Bologna, Il Mulino, 2006.

Granet, M., *La civilisation chinoise – la vie publique et la vie privée*, orig. publ. 1929, Paris, Albin Michel, 1968.

Gray, C., *International Law and the Use of Force*, Oxford, Univ. Press, 1st publ., 2000, 3rd ed., 2008.

Greco, G., and M. Rosa (eds.), *Storia degli antichi stati italiani*, Roma-Bari, Laterza, 1996.

Green, L. C., *The Contemporary Law of Armed Conflict*, orig. publ. 1993, Manchester, Univ. Press, 3rd ed. 2008.

Greenblatt, S., *The Swerve – How the World Became Modern*, Armonk NY, Baror International, 2011.

Grewe, W. G., *Epochen der Völkerrechtsgeschichte*, Baden-Baden, Nomos, 1984, 2e éd., 1988; ed. in English, *The Epochs of International Law*, transl. M. Byers, Berlin, De Gruyter, 2000.

–, *Vom europäischen zum universellen Völkerrecht*, ZäoRV, 1982, Vol. 42, pp. 449 ff.

Griffin, J., J. Boardman and O. Murray, *Greece and the Hellenistic World*, orig. publ. 1986, Oxford, Univ. Press, 1990.

Grimal, H., *Histoire du Commonwealth britannique*, Paris, PUF, 1962.

Grimberg, C., *La Grèce et les origines de la puissance romaine*, orig. publ. 1963, adaptation française G. H. Dumont (ed.), trad. par G. Colson, Verviers, Marabout, 1974.

Gros Espiell, H., *En torno al derecho de la libre determinación de los pueblos*, ADI, 1976, Vol. 3, pp. 49-74.

–, "Self-determination and *Jus Cogens*", in *UN Law Fundamental Rights – Two topics in international law*, A. Cassese (ed.), Alphen aan den Rijn, Sijthoff & Noordhoff, 1979, pp. 167-173.

Grotius, H. *Le droit de la guerre et de la paix*, orig. publ. 1625, nouvelle traduction par J. Barbeyrac, "avec les notes de l'auteur même, qui n'avoient point paru en françois et des nouvelles notes du traducteur", Amsterdam, chez Pierre de Coup, 1724.

–, *Mare liberum*, Original Latin Text "facsimile of the first edition, 1609" and

modern English translation, edited and annotated by R. Feenstra, introduction by J. Vervliet, Leiden/Boston, Brill, 2009.
–, *Traité du pouvoir du magistrat politique sur les choses sacrées*, orig. publ. in latin *De imperio summarum potestatum circa sacra*, facsimil ed. publ. anonimously in Paris, 1751, trad. C. A. L'Escalopier de Nourar, présentation de V. Guillaume, Caen, Publications de l'Univ. de Caen, 1991.
Grotte, R., "Westphalian system", in *The Max Planck Encyclopedia of Public International Law*, R. Wolfrum (ed.), Oxford, Univ. Press, 2012, Vol. X, pp. 870-874.
Grousset, R., *L'empire des steppes* – Attila – Gengis-Khan – Tamerlan, orig. publ. 1965, Paris, Payot, 2009.
Gruzinski, S., *Les quatre parties du monde*, Paris, La Martinière, 2004; in Spanish *Las cuatro partes del mundo* – Historia de una mundialización, México, Fondo de cultura económica, 2010.
Guelff, R., and A. Roberts (eds.), *Documents on the Laws of War*, orig. publ. 1982, Oxford, Univ. Press, third ed., 2000, reprinted 2010.
Guerreiro, R. S., *O Itamaraty e o congresso nacional*, Brasília, Senado/MRE – Secretaria especial de relações com o Congresso, 1985.
Guggenheim, P., "Contribution à l'histoire des sources du droit des gens", *Collected Courses*, Vol. 94 (1958), pp. 1-84.
–, "Les principes de droit international public", *Collected Courses*, Vol. 80 (1952), pp. 1-190.
–, "La validité et la nullité des actes juridiques internationaux", *Collected Courses*, Vol. 74 (1949), pp. 191-268.
–, "Les mesures conservatoires dans la procédure arbitrale et judiciaire", *Collected Courses*, Vol. 40 (1932), pp. 645-764.
Gui, B., *Manuel de l'Inquisiteur*, ed. and transl. G. Mollat, Paris, Les belles lettres, 1964.
Gutman, R., D. Rieff and A. Dworkin (eds.), *Crimes of War*, orig. publ. 1999, Norton, New York, 2nd rev. ed., 2007.
Haag, E., *Une réussite originale – Le Luxembourg* au fil des siècles, Luxembourg, eds. Guy Binsfeld, 2011.
Habermas, J., *Kants Idee des Ewigen Friedens – aus dem historischen Abstand von 200 Jahren*, Frankfurt am Main, Suhrkamp, 1996; French ed. *La paix perpétuelle* – le bicentennaire d'une idée kantienne, trad. R. Rochlitz, Paris, Les éditions du Cerf, 1996.
–, *Strukturwandel der Öffentlichkeit* – Untersuchungen zu einer Kategorie der bürgerlichen Gesellschaft, orig. publ. 1962, Berlin, Neuwied, 5. Auflage, 1971.
Habicht, M., "Le pouvoir du juge international de statuer ex aequo et bono", *Collected Courses*, Vol. 49 (1934), pp. 277-372.
Haffner, S. [pseudonyme de Raimund Pretzel], *Preussen ohne Legende*, München, Goldmann Stern Bücher, 1981.
Hagenmacher, Peter, *Grotius et la doctrine de la guerre juste*, Paris, PUF; Genève, Publications de l'Institut des hautes études internationales, 1983.
Hambro, E., "The relations between international law and conflict law", *Collected Courses*, Vol. 105 (1962), pp. 1-68.
Hammet, B. R., *A Concise History of Mexico*, orig. publ., 1999, Cambridge, Univ. Press, 2nd ed., 2006, reprinted 2007.
Hanson, V. Davis, *Le modèle occidental de la guerre*, orig. publ. *The Western Way of War*: infantry battle in classical Greece, orig. publ. 1989, trad. de l'anglais par A. Billault, préf. J. Keegan, Paris, Tallandier-Texto, 2007.
Harck, Sten, "Aland Islands", in *Encyclopedia of Public International Law*, ed. by R. Wolfrum, Oxford, Univ. Press, 2012, Vol. I, pp. 279-285.
Hardtwig, W., and H. Hinze (eds.), *Deutsche Geschichte in Quellen und Darstellung*, Band 7 – Vom Deutschen Bund zum Kaiserreich 1815-1871, Stuttgart, Ph. Reclam – Universal Bibliothek Nr. 17007, orig. publ. 1997, éd. 2007.
Harris, W. V., *Rethinking the Mediterranean*, "Papers from a Conference

organized by the Columbia Univ. Center for the Ancient Mediterranean, 21-22 September 2001", Oxford, Univ. Press, 2005.
Hart, H. L. A., *The Concept of Law*, orig. publ. 1961, Oxford, Clarendon Press, 2nd ed., 1994.
Hartesveldt, F. R. van, *The Boer War*, Johannesburg, Jonathan Ball Publ., 2000.
Harvey, D., *The Conditions of Post-Modernity – An Enquiry into the Origins of Cultural Change*, Oxford, Blackwell, 1989.
Hatch, E., *The Influence of Greek Ideas on Christianity*, foreword with new notes and a bibliography by F. C. Grant, New York, Harper Torchbooks/The Cloister Library, 1957.
Heeren, A. H. L., with D. A. Talboys and G. Bancroft, *Historical Researches into the Politics, Intercourse and Trade of the Principal Nations of Antiquity*, orig. publ. *Ideen über Politik, den Verkehr und den Handel der vornehmsten Völker der Alten Welt,* 1825, London, H. G. Bohn, 1846, 2nd ed., 1847; Vol. I: Asiatic Nations: Persians, Phoenicians, Babylonians; Vol. II: Asiatic Nations: Scythians, Indians. Appendixes; Vol. III: Historical Researches into the politics, intercourse and trade of the Carthaginians, Ethiopians and Egyptians; Vol. IV: Ancient Greece.
Heers, J., *Chute et mort de Constantinople* (1204-1453), orig. publ. 2005, Paris, Perrin, 2007, reimpr. 2008.
Heidegger, M., *Sein und Zeit*, "Fünfzehnte, an Hand der Gesamtausgabe durchgesehene Auflage mit den Randbemerkungen aus dem Handexemplar des Autors im Anhang", Tübingen, Max Niemeyer, 1984.
Heller, H., *Sovereignty* – A Contribution to the Theory of Public and International Law, orig. publ. 1927, ed. and introduced by D. Dyzenhaus, transl. by B. Cooper, Oxford, Univ. Press, 2019.
Henrard, Kristin, "Minorities, International Protection of", in *Encyclopedia of Public International Law*, R. Wolfrum (ed.), Oxford, Univ. Press, 2012, Vol. 7, pp. 253-273.
–, *Devising an Adequate System of Minority Protection: Individual Human Rights, Minority Rights and the Right to Self-determination*, The Hague, M. Nijhoff, 2000.
Hentig, H. von, *Der Friedensschluss* – Geist und Technik einer verlorenen Kunst, München, DTV, 1965.
Hérodote, *L'Enquête*, in Hérodote – Thucydide, *Oeuvres complètes*, intr. J. de Romilly, texte présenté, traduit et annoté par A. Barguet, Paris, Gallimard – Pleiade, 1964, impr. 1982, pp. 1-654 and 1341-1530.
Heródoto, *História*, trad. do grego, intr. e notas de M. da G. Kury, Brasília, ed UnB, 1985, 2ª. ed., 1988.
Herring, G. C., *From colony to superpower* – US Foreign relations since 1776, Oxford, Univ. Press, 2008.
Heyberger, B. (ed.), *Chrétiens du monde arabe – un archipel en terre d'Islam*, Paris, autrement, 2003.
Higgins, R., *The Development of International Law through the Political Organs of the United Nations*, Oxford – New York, Oxford Univ. Press, 1963.
Higman, B. W., *A Concise History of the Caribbean*, Cambridge, Univ. Press, 2011.
Hill, C., *O mundo de ponta-cabeça* – Ideias radicais durante a revolução inglesa de 1640, orig. publ. *The World Turned Upside Down – Radical ideas during the English Revolution*, orig. publ. 1972, transl., presentation and notes R. Janine Ribeiro, São Paulo, Companhia das Letras, 1987, reprinted 1991.
Hincmar de Reims, *De regis persona et regio ministerio*, in Migne, *Patrologie latine*, 125, col. 833-856.
Hindmarsh, A. E., "Le Japon et la paix en Asie", *Collected Courses*, Vol. 57 (1936), pp. 97-200.
Hinze, H., and W. Hardtwig (eds.), *Deutsche Geschichte in Quellen und*

Darstellung, Band 7 – Vom Deutschen Bund zum Kaiserreich 1815-1871, orig. publ. 1997, Stuttgart, Ph. Reclam – Universal Bibliothek Nr. 17007, 2007.
Hobbes, T., *Elements of Law Natural and Politic*, orig. publ. 1650; French ed. Eléments du droit naturel et politique, introduction, notes, bibliographie, index et traduction par D. Thivet, Paris, Vrin, 2010.
–, *Leviathan*, orig. publ. 1651, R. Tuck (ed.), Cambridge, Univ. Press – col. Cambridge Texts in the History of Political Thought, 1991; Braz. ed. *Leviatã*, trad. de J. P. Monteiro e M. B. Nizza da Silva, São Paulo, Abril cult. – os pensadores, 1974.
–, *Behemoth, or the Long Parliament*, F. Tönnies (ed.), rev. by M. M. Goldsmith, London, Franck Cass, 1969.
–, *Béhémoth ou le long Parlement*, introduction, traduction, notes, glossaire et index par L. Borot, Paris, Vrin, 1990.
–, *Do cidadão*, orig. publ. *De Cive*, trad., apres. e notas R. Janine Ribeiro, São Paulo, Martins Fontes, 1ª ed., 1992, 3ª ed., 2002.
–, *De Corpore – Elementa philosophiae I*, éd., introduction et notes K. Schumann, Paris, Vrin, 2000.
–, *Diálogo entre um filósofo e um jurista*, orig. publ. *A Dialogue between a philosopher and a student of common laws of England*, 1666, trad. M. C. Guimarães Cupertino, São Paulo, Landy, 2001,.
Hobsbawm, E., *Nations and Nationalism since 1780* – Programme, myth, reality, orig. publ. 1992, Cambridge, Univ. Press; "online publication", 2012.
–, *A era dos impérios (1875-1914)*, orig. publ. *The age of empire*, 1988, trad. S. M. Campos and Y. Steidel de Toledo, São Paulo: Paz e terra, 13ª ed. revista, 2ª reimpressão, 2011.
Hobsbawm, E., and T. Ranger (eds.), *The Invention of Tradition*, Cambridge, Univ. Press, 1983.
Hofbauer, J. A., *Sovereignty in the Exercise of the Right to Self-Determination*, Leiden/Boston, Brill/Nijhoff, "Queen Mary Studies in International Law", Vol. 27, 2016.
Hofmann, Rainer, "Minorities, European Protection of", in *Encyclopedia of Public International Law*, ed. R. Wolfrum, 2012, Vol. 7, pp. 240-253.
Holland, T., *Dominion* – The making of the Western Mind, London, Little, Brown, 2019.
Holme, T., *The Devil and the Dolce Vita*, orig. publ. 1982, London & Sydney, Futura – Macdonald & Co, 1988.
Holslag, J., *A Political History of the World* – Three thousand years of war and peace, London: Penguin – Pelican Books, 2018, reprinted 2019.
Holtzendorff, F. de, and A. Rivier, *Principes du droit des gens*, Paris, Fischbacher, 1889.
Hop-Nguyen, N. D., "Vietnam", in *Encyclopedia of Public International Law*, R. Wolfrum (ed.), Oxford, Univ. Press, 2012, Vol. X, pp. 724-737.
Houaiss, A., *Dicionário da língua portuguesa*, Rio de Janeiro, Instituto A. Houaiss/ed. Objetiva, 1ª ed., 2001.
Huaraka, T., "Les droits civils et politiques", in *Droit international: bilan et perspectives*, M. Bedjaoui (ed.), Paris, UNESCO/Pedone, 1991, Vol. II, Chap. XLVIII, pp. 1131-1152.
Hueck, I. J., "Völkerrechtsgeschichte: Hauptrichtungen, Tendenzen, Perspektiven", in *Internationale Geschichte*: Themen, Ergebnisse, Aussichten, W. Loth, J. Osterhammel (eds.), Berlin, W. de Gruyter, 2014, pp. 267-285.
Hugo, V., "Allocution sur l'Afrique, lors du banquet commémoratif de l'abolition de l'esclavage", le 18 mai 1879, in http:/tebawalito.unblog.fr/2007/09/16.
Huisman, B., and F. Ribes, *Les philosophes et le droit*, Paris, Bordas, 1988.
Huizinga, J., *Erasmus and the Age of Reformation*, 1924, New York, Dover Publications, 2011.
–, *Herfstij der middeleeuwen*, orig. publ. 1919; French ed. *L'automne du Moyen âge*, préface de G. Hanotaux, Paris, Payot, 1948.

–, *In de schaduwen van morgen* – een diagnose van het geestlijk lijden van onzen tijd door, orig. publ. 1935; Braz. ed. *Nas sombras do amanhã* – um diagnóstico da enfermidade espiritual de nosso tempo, trad. M. Vieira, São Paulo, Saraiva, 1946; nova ed., trad. e notas S. Marinho, Goiânia, Caminhos, 2017.
–, *Homo Ludens* – Proeve eener bepaling van het spel-element der cultuur, orig. publ. 1938; Braz. ed. *Homo ludens* – o jogo como elemento da cultura, trad. J. P. Monteiro, São Paulo, Perspectiva, 2008.
–, *Nederland's beschaving in de zeventiende eeuw* – een schets en H. de Groot en zijn eeuw, orig. publ. 1941; in English *Dutch civilization in the seventeenth century*, transl. by A. Pomerans, P. Geyl and F. W. N. Hugenholtz (eds.), New York, Frederick Ungar Publ., 1968.
–, *El concepto de la história* – y otros ensayos, trad. Wenceslao Roces, México, Fondo de cultura económica, 1946, 5ª reimpr., 2005.
Ibrahim, H. A., and A. I. Ali, *Initiatives et résistances africaines en Afrique du Nord-Est*, in *Histoire générale de l'Afrique*, Vol. VII – L'Afrique sous domination coloniale 1880-1935, A. Adu Boahen (ed.), Paris, UNESCO/Edicef/Présence africaine, 1989, Chap. 4, pp. 75-93.
ICJ, *obligations relatives à des négociations concernant la cessation de la course aux armes nucléaires et le désarmement nucléaire, Iles Marshall c. Royaume-Uni, exceptions préliminaires*, arrêt, *CIJ Recueil 2016*, p. 833.
–, *Conformité au droit international de la déclaration unilatérale d'indépendance relative au Kosovo*, avis consultatif du 22 juillet 2010, *CIJ Recueil 2010*, p. 403.
–, *Différend frontalier (Bénin/Niger)*, arrêt *CIJ Recueil 2005*, p. 90.
–, *Conséquences juridiques de l'édification d'un mur dans le territoire palestinien occupé*, avis consultatif du 9 juillet 2004, *CIJ Recueil 2004*, p. 136.
–, *Arrest warrant 11 April 2000 (République démocratique du Congo c. Royaume de Belgique)* ; soumis le 17 octobre 2000; jugement rendu le 14 février 2002.
–, *Affaire du Timor Oriental (Portugal c. Australie)*, arrêt du 30 juin 1995, *CIJ Recueil 1995*, p. 90.
–, *Différend frontalier terrestre, insulaire et maritime*, El Salvador et Honduras; Nicaragua intervenant; arrêt du 11 septembre 199).
–, *Différend frontalier (Burkina-Faso c. Mali),* arrêt du 22 décembre 1986, *CIJ Recueil 1986*, p. 554.
–, *Personnel diplomatique et consulaire des Etats-Unis à Téhéran (Etats-Unis c. Iran) arrêt du 24 mai 1980*, *CIJ Recueil 1980*, p. 3.
–, *Sahara occidental* (avis consultatif du 16 octobre 1975, *CIJ Recueil 1975*, p. 6.
–, *Essais nucléaires français*, *Australie et Nouvelle-Zélande c. France*, ordonnance en mesures conservatoires, requête Fidji, pour intervention, et fond, 22 juin 1973 and 20 décembre 1974.
–, *Conséquences juridiques pour les états de la présence continuée de l'Afrique du Sud en Namibie (Sud-Ouest Africain) nonobstant la résolution 276 (1970) du Conseil de sécurité*, avis consultatif du 21 juin 1971, *CIJ Recueil 1971*, p. 16.
–, *Affaire de la Barcelona Traction, Light and Power Company Limited (nouvelle requête: 1962) (Belgique c. Espagne), deuxième phase, arrêt du 5 février 1970*, *CIJ Recueil 1970*, p. 3; *Exceptions préliminaires, arrêt du 24 juillet 1964, CIJ Recueil 1964*, p. 6.
–, *Affaire du temple de Préah Vihéar (Cambodje c. Thaïlande)*, fond, arrêt du 15 juin 1962, *CIJ Reccueil 1962*, p. 6.
–, *Affaire relative à certains emprunts norvégiens (France c. Norvège)*, arrêt du 6 juillet 1957.
–, *Affaire relative aux droits des ressortissants des Etats-Unis d'Amérique au Maroc*, arrêt du 27 août 1952, *CIJ Recueil 1952*, p. 176.
–, *Statut international du Sud-Ouest africain* (avis consultatif du 11 juillet 1950,

CIJ Recueil 1950, p. 128; *Statut international du Sud-Ouest africain* (exceptions préliminaires – arrêt du 21 décembre 1962, arrêt du 18 juillet 1966).

ICTY/Tribunal pénal international pour l'ex-Yougoslavie, Chambre d'appel, IT-95-14-AR, 108 *bis*.

IDI, *La compétence universelle en matière pénale à l'égard du crime de génocide, des crimes contre l'humanité et des crimes de guerre*, rapporteur C. Tomuschat, Annuaire de l'Institut de Droit International, Vol. 71, No. II, session de Cracovie – Deuxième Partie, Paris: Pedone, 2006, pp. 199 s.

–, *Le règlement judiciaire et arbitral des controverses internationales concernant plus de deux états*, Résolution adoptée lors de la session de Berlin, le 24 août 1999, par la 11e Commission, Rapporteur R. Bernhardt, *texte original en anglais*.

Iglesias, F., *Trajetória política do Brasil 1500-1964*, São Paulo, Companhia das Letras, 1993, 4a reimpr. 2001.

Imbert, J., *Les temps carolingiens (741-891), l'Eglise: la vie des fidèles*, Vol. 5, No. 2, in *Histoire du droit et des institutions de l'Église en Occident*, G. Lebras and J. Gaudemet (eds.), s.l., Cujas, 1996, 17 Vols.

Institut de Sociologie – Centre de sociologie de la guerre, *Le nationalisme – facteur belligène*: Études de sociologie de la guerre, Bruxelles, Bruylant, 1972.

Irwin, R., *For Lust of Knowing* – The Orientalists and their Enemies, orig. publ. 2006, London, Penguin, 2007.

Isidoro De Sevilla, *Etimologías*, edición bilingue, "texto latino preparado por W. M. Lindsay publicado dentro de la *Scriptorum Classicorum Bibliotheca Oxoniensis*, en el año 1911", versión española y notas J. Oroz Reta y M.-A. M. Casquero, intr. general por M. C. Diaz y Diaz, Madrid, Biblioteca de Autores Cristianos, Vol. 647, 1a. ed., 2004, reimpresión, 2009.

Iwasaki, L. (choix des textes littéraires), *Le diable* – "autobiographie autorisée et illustrée", orig. publ. *The devil's mischief*, Seattle, Marquand Books – Abbeville Press, 1996, trad. C. Chateau, Abbeville France, 2e éd., 1997.

Jackson, P. T., "How to think about civilizations", in *Civilizations in world politics – Plural and pluralistic perspectives*, P. J. Katzenstein (ed.), London and New York, Routledge, 2010, Chap. 8, p. 176-200.

Jaeger, W., *Paideia: die Formung des griechischen Menschen*, Berlin, De Gruyter, 1936; Braz. ed. *Paideia – a formação do homem grego*, trad. A. M. Parreira, São Paulo, Martins Fontes, 1979.

Jaksic, Ivan, *A vida de Andrés Bello – erudição e construção de nação na América Latina do século XIX*, orig. publ. *Andrés Bello* – Scholarship and Nation-building in Nineteenth-century Latin America, 2001, trad, Vera Caputo, Rio de Janeiro, Edições de Janeiro, 2018.

Janis, M. W., and C. Evans (eds.), *Religion and International Law*, orig. publ. 1999, Leiden, M. Nijhoff, 2004.

Jayme, E., "Considérations historiques et actuelles sur la codification du droit international privé", *Collected Courses*, Vol. 177 (1982), pp. 9-102.

–, "Identité culturelle et intégration: le droit international privé post-moderne. Cours général de droit international privé", *Collected Courses*, Vol. 251 (1995), pp. 9-268.

–, "Le droit international privé du nouveau millénaire: la protection de la personne humaine face à la globalisation" – "conférence prononcée le 24 juillet 2000", *Collected Courses*, Vol. 282 (2000), pp. 9-40.

–, *Pasquale Stanislao Mancini: il diritto internazionale privato tra Risorgimento e attività forense*, orig. publ. *Pasquale Stanislao Mancini: Internationales Privatrecht zwischen Risorgimento und praktischer Jurisprudenz*, Ebersbach, Verlag Rolf Gremer, 1980, trad. A. Ruini, Padova, CEDAM, 1988.

Jenks, C. W., "Economic and Social Change and the Law of Nations", *Collected Courses*, Vol. 138 (1973), pp. 455-502.

Jennings, R., "General Course on Principles of International Law", *Collected Courses*, Vol. 121 (1967), pp. 323-606.

Jessup, P. C., *Transnational law*, New Haven, Yale University Press, 1956.
–, "L'exploitation des richesses de la mer", *Collected Courses*, Vol. 29 (1929), pp. 401-514.
–, "Parliamentary Diplomacy – An Examination of the Legal Quality of the Rules of Procedure of Organs of the United Nations", *Collected Courses*, Vol. 89 (1956), pp. 181-320.
–, "A Half Century of Efforts to Substitute Law for War", *Collected Courses*, Vol. 99 (1960), pp. 1-20.
–, "To Form a More Perfect United Nations", *Collected Courses*, Vol. 129 (1970), pp. 1-24.
Judt, T., *Pós-guerra: uma história da Europa desde 1945*, orig. publ. *Postwar: a History of Europe since 1945*, 2007, trad. J. R. O'Shea, Rio de Janeiro, Objetiva, 2008.
Jung, C. G., and K. Kerényi, *Essays on a science of mythology*, translated by R. F. C. Hull, New York, Bollingen Foundation/Princeton, University Press, 1949, 3rd. printing, 1973.
Kagay, D. J., and L. J. A. Villalon (eds.), *The Circle of War in the Middle Ages* – Essays on Medieval Military and Naval History, Suffolk U.K., Boydell Press, 1999.
Kalshoven, F., *Reflections on the laws of war*: collected essays, Leiden, M. Nijhoff, 2007.
Kalil, L. G. Assis, *"Salvajes y cazadores": a representação dos primeiros habitantes do Novo mundo na História natural y moral de las Indias* de J. de Acosta, São Paulo: USP – FFLCH – Anais Eletrônicos do X Encontro Internacional da ANPHLAC, São Paulo, 2012.
Kamali, M. H., *Shari'ah Law* – An Introduction, 2008, Oxford, Oneworld, reprinted 2010.
Kamto, M., "Constitution et principe de l'autonomie constitutionnelle", in *Constitution et droit international*, org. par l'Académie internationale de droit constitutionnel, Tunis, *Recueil des Cours*, No. 8, CPU, 2000, pp. 127-128
Kan, J. van, "Règles générales du droit de la paix", *Collected Courses*, Vol. 66 (1938), pp. 295-602.
Kant, E., *Logique*, trad. de L. Guillermit, Paris, Vrin, 1ère éd., 1966, 2e éd., revue et augmentée, 1971, cinquième tirage, 1997.
–, *Metaphysik der Sitten*, orig. publ. 1795, hrsg, und erläutert von J. H. von Kirchmann, Berlin, Heimann, 1870.
–, *Métaphysique des mœurs*, partie I. *Doctrine du droit*, préf. M. Villey, trad. A. Philonenko, Paris, J. Vrin – bibliothèque des textes philosophiques, 2011.
–, partie II. *Doctrine de la vertu*, trad. A. Philonenko, Paris : J. Vrin – bibliothèque des textes philosophiques, 1996.
–, *Le conflit des facultés*, trad. A. Renaut, in Kant, *Oeuvres philosophiques*, Paris, Gallimard – Pleiade, 1986, Vol. III, pp. 902.
–, *Zum ewigen Frieden* – ein philosophischer Entwurf, orig. publ. 1795, mit Einleitung und Anmerkungen, Bibliographie und Registern kritisch herausgegeben von H. F. Klemme, Hamburg, Felix Meiner, 1992.
–, *Perpetual Peace: A Philosophical Essay*, translated by M. Campbell Smith, London, George Allen & Unwin, 3rd ed. 1917.
–, *Projet de paix perpétuelle*, trad., présentation et commentaires de J.-J. Barrère and C. Roche, Paris, Nathan – Les intégrales de philo, 1991.
–, *Idee zu einer allgemeinen Geschichte in weltbürgerlicher Absicht*, orig. publ. 1784; French ed. *Idée d'une histoire universelle au point de vue cosmopolitique*, in Kant, *Opuscules sur l'histoire*, trad. S. Piobetta, introduction, notes, bibliographie et chronologie par P. Raynaud, Paris, Flammarion, 1990, pp. 69-89.
Kaplan, M., *Pourquoi Byzance?* – Un empire de onze siècles, Paris, Gallimard, 2016.
Kaplan, R. D., *The Revenge of geography*, New York, Random House, 2012.

Katzenstein, P. J. (ed.), *Civilizations in world politics – Plural and Pluralistic Perspectives*, London/New York, Routledge, 2010.

Kaufmann, E., "Règles générales du droit de la paix", *Collected Courses*, Vol. 54 (1935), pp. 309-620.

Kautilya, *The Arthashastra*, edited, rearranged and translated by L. N. Rangajaran, New Delhi, Penguin Books India, 1992.

Keegan, J., *Uma história da guerra*, orig. publ. *A history of warfare*, 1993, trad. P. M. Soares, São Paulo, Companhia das Letras, 2006.

Kelsen, H., "Théorie du droit international public", *Collected Courses*, Vol. 84 (1953), pp. 1-204.

Kennedy, D., "Images of Religion in International Legal Theory", in *Religion and International Law*, M. W. Janis and C. Evans (eds.), orig. publ. 1999, Leiden, M. Nijhoff, 2004, Chap. 8, pp. 145-153.

Kepler, J., *Was die Welt im Innersten zusammenhält* – Antworten aus Schriften von J. Kepler – *Mysterium cosmographicum* (Tübingen, 1597; 2e éd., 1621), *Tertius interveniens* (1610) and *Harmonices Mundi* (1619), "in deutscher Übersetzung mit einer Einleitung und Glossar, herausgegeben" von F. Kraft, Wiesbaden, Marixverlag, 2005.

Kerényi, K., *Die Mythologie der Griechen*, Vol. I. *Die Götter- und Menschheitsgeschichten*, orig. publ. 1966, München, DTV, 6. Auflage, 1983.

–, *Die Mythologie der Griechen*, Vol. II. *Die Heroengeschichten*, orig. publ. 1966, München, DTV, 6. Auflage, 1983

–, C. G. Jung, *Essays on a Science of Mythology*, translated by R. F. C. Hull, New York, Bollingen Foundation/Princeton, University Press, orig. publ. 1949, 1st paperback ed., 1969, 3rd printing, 1973.

Kerrest, A. (ed.), *L'adaptation du droit de l'espace à ses nouveaux défis* – Mélanges en l'honneur de Simone Courteix, Paris, Pedone, 2007.

Kervanto Nevanlinna, A., J.-Y. Andrieux and F. Chevalier (eds.), *Idée nationale et architecture en Europe 1860-1919* – Finlande, Hongrie, Roumanie, Catalogne/ *Architecture and National Identities in Europe 1860-1919* – Finland, Hungary, Romania, Catalonia, Rennes, Presses universitaires de Rennes, 2006.

Kessedjian, C., *Le droit international collaboratif*, Introduction F. Latty, Paris, Pedone – coll. "Doctrine(s)", 2016.

–, "Culture et droit", in *Culture and International Law*, P. Meerts (ed.), 2008, pp. 23-41.

–, "Codification du droit commercial international et droit international privé: de la gouvernance normative pour les relations économiques transnationales", *Collected Courses*, Vol. 300 (2002), pp. 79-308.

Khadduri, M., *War and Peace in the Law of Islam*, Baltimore, Johns Hopkins Press, 1955.

Khaldun, I., *Discours sur l'histoire universelle*, orig. *Al Muqqadima*, traduction nouvelle, préf. et. notes V. Monteil, Paris, Sindbad, 3 Vols., 1978.

Khapoya, V. B., *A experiência africana*, orig. publ. *The African experience*, 2010, trad. N. C. de Melo Sobrinho, Petrópolis, Vozes, 2a ed. rev., 2016.

Kimambo, I. M., "La côte et l'hinterland de l'Afrique orientale de 1845 à 1880", in *Histoire générale de l'Afrique*, Vol. VI – *L'Afrique au XIXe siècle* – jusque vers les années 1880, dir. de J. F. Ade Ajayi, Paris, UNESCO – Edicef – Présence africaine, 1997, Chap. 10, pp. 130-144.

King, M., *The Penguin History of New Zealand*, orig. publ. 2003, Auckland, Penguin, 2012.

Kingsbury, B., and B. Straumann (eds.), *The Roman Foundations of the Law of Nations: Alberico Gentili and the justice of Empire*, Oxford, Univ. Press, 2010.

Kipling, R., *The White Man's Burden – The United States and the Philippine Islands*, orig. publ. Revue populaire *Mc Clure's,* 12 February 1899.

Kissinger, H., *A World Restored* – Metternich, Castlereagh and the problems of peace, 1812-1822, Boston, Houghton Miflin/Cambridge, The Riverside Press, 1957.

Kittsteiner, H. D., *Die Stabilisierungsmoderne* – Deutschland und Europa 1618-1715, Munich, C. H., 2010.
Ki-Zerbo, J. (ed.), *História geral da África: I. Metodologia e pré-história da África* (orig. publ. *Histoire générale de l'Afrique: I. Méthodologie et préhistoire africaine*, 1980, trad. B. Turchetti *et al.*, rev. técnica F. A. A. Mourão, São Paulo, Ática/Paris, UNESCO, 1982.
Kleinschmitt, Harald, *Geschichte des Völkerrechts in Krieg und Frieden*, Tübingen, Francke, 2013.
Kohen M. G. (ed.), *Promoting Justice, Human Rights and Conflict Resolution through International Law/La promotion de la justice, des droits de l'homme et du règlement des conflits par le droit international*: Liber amicorum L. Caflisch, Leiden, M. Nijhoff, 2007.
Kolb, R., *Réflexions sur les politiques juridiques extérieures*, Paris, Pedone, 2015.
–, "Considérations sur le droit international public des anciennes cultures extra-européennes", in *The Roots of International Law/Les fondements du droit international – Liber amicorum P. Haggenmacher*, P.-M. Dupuy and V. Chetail (eds.), Leiden/Boston, M. Nijhoff, 2014, pp. 673-709.
–, *Théorie du* jus cogens *international* – essai de relecture du concept, Paris, PUF, 2001.
–, *La bonne foi en droit international public* – contribution à l'étude des principes généraux de droit, préf. G. Abi-Saab, Paris, PUF/publ. de l'IUHEI, 2000.
Komarnicki, T., "The Place of Neutrality in the Modern System of International Law", *Collected Courses*, Vol. 80 (1952), pp. 395-510.
Koskenniemi, M., *La politique du droit international*, préface de B. Stern, "présentation critique" d'E. Jouannet, Paris, Pedone – coll. "doctrine(s)", 2007.
–, *The Politics of International law*, Oxford and Portland, Oregon, Hart Publ, 2011.
–, *Fragmentation of International Law: Difficulties arising from the Diversification and Expansion of International Law*, Report of the Study Group de *l'International Law Commission*, Fifty-eight session, Geneva, 1 May – 9 June and 3 July – 11 August 2006, UNGA, A/CN.4/L.682 "finalized by Martti Koskenniemi".
–, *The Gentle Civilizer of Nations* – the rise and fall of international law (1870-1960), Cambridge, University Press, 1st publ., 2001, reprinted 2005.
–, *History of International Law, since World War II*, in *Encyclopedia*, ed. 2012, Vol. IV, pp. 902-925.
–, *History of International Law, World War I to World War II*, in *Encyclopedia*, ed. 2012, Vol. IV, pp. 925-934.
Koutroulis, V., *Le début et la fin de l'application du droit de l'occupation*, Paris, Pedone, 2010.
Koyré, A., *Do mundo fechado ao universo infinito*, orig. publ. *From the closed world to the infinite universe*, 1957, trad. de D. M. Garschagen, Rio de Janeiro, Forense Univ./São Paulo, Edusp, 1979.
–, Etudes d'histoire de la pensée scientifique, Paris, Gallimard, 1973.
Krabbe, H., "L'idée moderne d'Etat", *Collected Courses*, Vol. 13 (1926), pp. 509-584.
–, *Die Lehre der Rechtssouveränität*, Groningen, J. B. Wolters, 1906.
Krader, L., *Formation of the State*, Englewood Cliffs NJ, Prentice Hall, 1968.
Kramer, H.; Sprenger, J., *Malleus maleficarum* in tres partes divisus, orig. publ. Strasburg, 1486 or 1487, several editions; Braz. ed. *O martelo das feiticeiras*, Rio de Janeiro, ed. Rosa dos tempos, 1993.
Kreiser, K., and C. K. Neumann, *Kleine Geschichte der Türkei*, Stuttgart, Philipp Reclam/Universal Bibliothek, Vol. 18669, 2nd ed., 2009.
Kroeber, A. L., *The Nature of Culture*, orig. publ. 1952, Chicago, Univ. of Chicago Press, 1987.
Kuper, A., *The Invention of Primitive Society* – Transformations of an illusion, London, Routledge, 1988; Braz. ed. *A reinvenção da sociedade primitiva* –

Transformações de um mito, trad. S. M. Frangella, rev. A. Amaral, Recife, ed. univ. UFPE, 2008.
Labini, P. Sylos, *La crisi italiana*, Roma – Bari, Laterza, 1995.
Lachs, M., "Quelques réflexions sur la communauté internationale", in *Le droit international au service de la paix, de la justice et du développement* – Mélanges M. Virally, Paris, Pedone, 1991, pp. 349-357.
–, "Teachings and Teaching of International Law", *Collected Courses*, Vol. 151 (1976), pp. 161-252.
–, "The International Law of Outer Space", *Collected Courses*, Vol. 113 (1964), pp. 1-116.
Lafer, C., *A internacionalização dos direitos humanos: constituição, racismo e relações internacionais*, Barueri, Manole, 2005.
–, "Os direitos humanos no plano internacional – reflexões em torno da 52ª sessão (1996) da CDH da ONU", in *O direito internacional no terceiro milênio* – estudos em homenagem ao prof. V. Marotta Rangel, L. O. Baptista and J. R. Franco da Fonseca (eds.), São Paulo, LTr, 1998, pp. 635-642.
Laferranderie, G., "Basic Principles governing the Use of Outer Space in Future Perspective", in *Space Law, Current Problems and Perspectives for Future Regulation*, M. Benkö and E. Jolley (eds.), Utrecht, Eleven, 2005, pp. 5-28.
Lafon, J., *Itinéraires: de l'histoire du droit à la diplomatie culturelle et à l'histoire coloniale*, Paris, Éds. de la Sorbonne, 2001.
–, *Les capitulations ottomanes: un droit para-colonial?*, Paris, Droits, No. 28, 1998, pp. 155.
La Fontaine, J. de, *Fables* (1668 à 1694), illustrations de G. Doré, Genève, Edito-Service, s/d.
Laforrest, R. de, *L'art et la science de la chance*, Paris, R. Laffont, 1968; in Spanish *Suerte y superstición*, trad. M. Orta Manzano, Barcelona, Martinez Roca, 1974.
Laghmani, S., and R. Ben Achour (eds.), *Acteurs non-étatiques et droit international*, "Rencontres internationales de la Faculté des sciences juridiques, politiques et sociales de Tunis, Colloque des 6, 7 et 8 avril 2006" , Paris, Pedone, 2007.
Laghmani, S., *Histoire du droit des gens*: du *jus gentium* imperial au *jus publicum europaeum*, Paris, Pedone, 2003.
Lago, B. Correa do, *Frans Post e o Brasil holandês na coleção do Instituto Ricardo Brennand*, Recife, Instituto Ricardo Brennand, 2003.
– and P. Correa do Lago, *Frans Post* – Obra completa, Rio de Janeiro, Capivara, 2006.
Lalonde, S., "Bering Sea", in *Encyclopedia of Public International Law*, R. Wolfrum (ed.), 2012, Vol. I, pp. 888-894.
Landi, A. J., *Amazônia felsínea*: itinerário artístico e científico de um arquiteto bolonhês na Amazônia do século XVIII, Lisboa, Comissão nacional para as comemorações dos descobrimentos portugueses, 1999.
Lang, J., and J.-P. Colin, "La culture entre les peuples et les états: vers un nouveau droit international", in *Le droit des peuples à disposer d'eux-mêmes: méthodes d'analyse du droit international: mélanges offerts à C. Chaumont*, Paris, Pedone, 1984, pp. 179-206.
La Rocca, E. (ed.), *L'esperimento della perfezione: arte e società nell'Atene di Pericle*, Milano, Electa, 1988.
L'art de la paix – Secrets et trésors de la diplomatie, Paris, Petit Palais – catalogue publié à l'occasion de l'exposition présentée au Musée des Beaux-Arts de la Ville de Paris, du 19 octobre 2016 – 15 janvier 2017.
Las Casas, B. de, *Historia de las Indias*, ed. de A. Millares C. y estudio preliminar de L. Hanke, México, Fondo de Cultura Económica, 1ª ed., 1951, 2ª ed., 1965, 4ª reimpr., 1995, 3 Vols.
Lauterpacht, H., "Règles générales du droit de la paix", *Collected Courses*, Vol. 62 (1937), pp. 95-422.

–, "Les travaux préparatoires et l'interprétation des traités", *Collected Courses*, Vol. 48 (1934), pp. 709-818.
–, *The Function of Law in the International Community*, orig. publ., 1933, introduction M. Koskenniemi, Oxford, Univ. Press, 2011.
–, *Private Law Sources and Analogies of International Law* – with special reference to International Arbitration [contributions to International Law and Diplomacy], London, Longman, 1927, reprinted University of Michigan, Archon Books, 1927.
League of Nations/Société des Nations, Report of the International Committee of Jurists Entrusted by the Council of the League of Nations with the task of giving an Advisory Opinion upon the legal aspects of the Äland Isles
Le Clézio, J. M. G., *Voyage à Rodrigues: journal du chercheur d'or*, Paris, Gallimard – NRF, 1986.
Le Fur, Louis, "Règles générales du droit de la paix", *Collected Courses*, Vol. 54 (1935), pp. 1-308.
–, "Le développement historique du droit international: de l'anarchie internationale à une communauté internationale organisée", *Collected Courses*, Vol. 41 (1932), Vol. 41, pp. 501-602.
–, "La théorie du droit naturel depuis le XVIIe siècle et la doctrine moderne", *Collected Courses*, Vol. 18 (1927), pp. 259-442.
Le Gloannec, A.-M., and A. Smolar (eds.), *Entre Kant et Kosovo*: études offertes à P. Hassner, Paris, Presses de Sciences Po, 2003.
Leibniz, G. W., *Codex juris gentium diplomaticus*, Recueil de traités orig. publié à Hanovre, à partir de 1693 – avec les "Considérations préalables", *Elementa juris naturalis*, in *Le droit de la raison*, textes réunis et présentés par R. Sève, Paris, Vrin, 1994.
–, *Codex juris gentium diplomaticus* – in quo tabulae authenticae actorum publicorum, tractatum aliarumque rerum maiores momenti per Europa gestarum, pleraque inedita vel selecta, ipso verborum tenore expressae ac temporum serie digestae continentur; a fine seculi undecimi ad nostra usque tempora aliquot tomis comprehensus; quem ex manuscriptis praesertim Bibliothecae Augustae Guelfebytanae Codicibus, ex monumentis regiorum aliorumque archivorum, ac propriis denique Collectaneis edidit G. G. L. (Hannoverae: literis & impensis Samuelis Ammonii, MDCXCIII *et seq.*
Leigh, R., and M. Baigent, *A Inquisição*, orig. publ. *The Inquisition*, 1999, trad. M. Santarrita, Rio de Janeiro, Imago, 2001.
Lentz, T., *Le congrès de Vienne – une refondation de l'Europe 1814-1815*, Paris, Perrin – tempus, 2013.
Leone, E. de, *La colonizzazione dell'Africa del Nord (Algeria, Tunisia, Marocco, Libia)*, Vol. I, Padova, 1937; Vol. II, Università di Cagliari, Publ. della Facoltà di Giurisprudenza, 1960.
Leopardi, G., *Discorso sopra lo stato presente dei costumi degli italiani*, text dated 1824, orig. publ. in 1906, intr. S. Veca, a cura di M. Moncagatta, Milano, Feltrinelli, 1991.
Lequan, Mai, *La paix*, Paris, GF Flammarion, 1998.
Lesage, A.-R., *Il diavolo zoppo*, trad. D. Guglielmino, Sesto San Giovanni – Milano, A. Peruzzo Ed., 1986.
Lesky, A., *Geschichte der griechischen Literatur*, orig. publ. 1957-1958, Bern – München, Francke, 3rd. ed. rev., 1971.
Levinas, E., *Quelques réflexions sur la philosophie de l'hitlérisme*, orig. publ. 1934, suivi d'un essai de M. Abensour, Paris, Payot – Rivages, 2018.
Lévi-Strauss C., *Social Structure*, New York, Wenner-Green Foundation – International Symposium on Anthropology, 1952; also publ. in A. L. Kroeber, *Anthropology today*, Univ. of Chicago Press, 1953; Braz. ed. *A noção de estrutura em etnologia*, trad. C. S. Katz and E. Pires, rev. by J. C. Melatti, in C. L.-S., *Seleção de textos*, São Paulo, Abril cult. – os Pensadores", Vol. 50, 1976, pp. 7-49.

–, *Tristes tropiques*, Paris, Plon, 1955.
–, *La pensée sauvage*, Paris, Plon, 1962.
–, *Le cru et le cuit*, Paris, Plon, 1964.
–, *Du miel aux cendres*, Paris, Plon, 1967.
–, *L'origine des manières de table*, Paris, Plon, 1968.
–, *L'homme nu*, Paris, Plon, 1971.
–, *Loin du Brésil*, "entretien avec V. Moraigne", Paris, Chandeigne, 2005; Braz. ed. *Longe do Brasil*, trad. J. Neves, São Paulo, ed. Unesp, 2011.
–, *Mitológicas*, trad. B. Perrone Moisés, São Paulo, Cosac Naify, Vol. I, 2010; Vol. II, 2004; Vol. III, 2006; Vol. IV, 2011.
Levrat, N. (ed.), *Minorités et organisation de l'état*, Bruxelles, Bruylant, 1998.
Lévy, B.-H., *De la guerre en philosophie*, Paris, Grasset, 2010.
Lewandowski, E. R., *Globalização, regionalização e soberania*, São Paulo, J. de Oliveira, 2004.
–, *Proteção dos direitos humanos na ordem interna e internacional*, Rio de Janeiro, Forense, 1984.
Liang Y.-L., "Le développement et la codification du droit international", *Collected Courses*, Vol. 73 (1948), pp. 407-532.
Lie-Tseu, *Sur le destin* et autres textes, trad. du chinois et annoté par B. Grynpas, "textes extraits du recueil *Le vrai classique du vide parfait*, 1961, Paris, UNESCO, Gallimard-Folio, 2009.
–, «Le vrai classique du vide parfait», in *Les fleurs de la pensée chinoise*, introduction et notes complémentaires par G. Rochet, Paris, Presses du Châtelet, 2007, 3 Vols.
Liu Zhiji, *Traité de l'historien parfait*, "chapitres intérieurs", texte présenté, trad. et annoté par D. Chaussende, Paris, Les belles lettres, 2014.
Livy [Tito Lívio], *História de Roma*, original *Ab Urbe condita Libri*, introdução, tradução e notas de P. Matos Peixoto, São Paulo, Paumape, 1989, 6 Vols.
Lucan, M. A., *Civil war*, S. Braund (ed.), Oxford, Univ. Press, 1992.
–, *Farsália*, cantos I a V, intr., trad. e notas de Brunno V. G. Vieira, Campinas, Lumina – Ed. da Unicamp, 2011.
Luna, F., *Breve história de los argentinos*, orig. publ. 1993, Buenos Aires, Planeta, sexta edición, 2000.
Lynch, K., *The image of the city*, orig. publ. Harvard, Massachusetts Institute of Technology, 1960; Braz. ed. *A imagem da cidade*, trad. J. L. Camargo, São Paulo, Martins Fontes, 1997.
Lyra, H., *A soberania brasileira nas ilhas do Atlântico*, Boletim SBDI, Vol. 1, 1945, pp. 37.
Machiavelli, N., *Tutte le opere*, a cura di M. Martelli, Firenze, Sansoni, 1971.
Macintyre, S., *A concise History of Australia*, orig. publ. 1999, Cambridge, Univ. Press, 3rd ed., 2009.
MacKenzie, J. M., *Orientalism: History, Theory and the Arts*, Manchester & New York, Manchester Univ. Press, 1995.
Macmillan, M., *The Uses and Abuses of History*, London, Profile Books, 2010.
–, *A primeira guerra mundial* – que acabaria com as guerras, orig. publ. *The war that ended peace*, 2013, trad. G. Vieira, São Paulo, Globo livros, 2014, 3ª reimpr., 2017.
Magalhães, B. de, *Expansão geográfica do Brasil colonial*, orig. publ. 1915, São Paulo, Nacional; Brasília, INL, 4ª. ed., 1978.
Magalhães, J. C. de, *Relance histórico das relações diplomáticas luso-brasileiras*, Lisboa, Quetzal Eds., 1997.
Magnard, P., "Montaigne et l'invention de l'homme", Cités, 2010/4, No. 44, pp. 123-136.
Magnoli, D. (ed.), *História da paz*, São Paulo, Contexto, 2008.
Makarczyk, J. (ed.), *Essays in International Law in Honour of Judge M. Lachs/ Études de droit international en l'honneur du juge M. Lachs*, The Hague,

M. Nijhoff/Institute of State and Law of the Polish Academy of Sciences-Institut de l'Etat et de droit de l'Académie polonaise des sciences, 1984.

Makgoba M. W. (ed.), *African Renaissance – The new struggle*, Cape Town, Mafube-Tafelberg, 1999.

Malanima, P., "L'economia", in *Storia degli antichi stati italiani*, G. Greco e M. Rosa (ed.), Roma-Bari, Laterza, 1996, cap. VI, pp. 249-295.

Malcolm, N., "Alberico Gentili and the Ottomans", in *The Roman Foundations of the Law of Nations: Alberico Gentili and the justice of Empire*, B. Kingsbury and B. Straumann (eds.), Oxford, Univ. Press, 2010, pp. 127-145.

Malinowski, B., *Argonautas do Pacífico Ocidental – um relato do empreendimento e da aventura dos nativos nos arquipélagos da Nova Guiné melanésia*, orig. publ. *Argonauts of the Western Pacific*, foreword to the 1st ed. by *sir* J. G. Frazer, trad. A. P. Carr e L. Cardieri, coord. da trad. e apres. E. R. Durham, pref. M. Peirano, São Paulo, Ubu Ed., 2018.

Mallarmé, A., "Emer de Vattel (1714-1767)", in *Les fondateurs du droit international public*: leurs oeuvres, leurs doctrines, introduction de A. Pillet, Paris, V. Giard and E. Brière, 1904, pp. 481-601.

Mancini, P. S., *Direito internacional*, orig. publ. *Diritto internazionale: prelezioni*, 1873, trad. C. Mioranza, intr. T. Ballarino, Ijuí, Ed. Unijuí – Col. clássicos do direito internacional, 2003.

Mandelstam, A. N., "La protection internationale des droits de l'homme", *Collected Courses*, Vol. 38 (1931), pp. 125-232.

–, "La protection des minorités", *Collected Courses*, Vol. 1 (1923), pp. 363-520.

Manent, P., *Les métamorphoses de la cité* – Essai sur la dynamique de l'Occident, Paris, Flammarion, 2010.

Marañon, G., *Olivares – der Niedergang Spaniens als Weltmacht*, orig. publ. *El Conde-Duque de Olivares* – La pasión de mandar, übersetzt und eingeleitet von L. Pfandl, München: Hermann Rinn, s/d, *Published under Military Government Information Control License Nr. US-E-161*.

Marco, M. A. S. de, *La guerra del Paraguay*, Buenos Aires, Planeta, 1995.

Marcus, J., and K. Flannery, *The Creation of Inequality*, Cambridge Ma./London, Harvard Univ. Press, 2012.

Marek, K., *Identity and Continuity of State in Public International Law*, Geneva, Libr. E. Droz/Graduate Institute of International Studies, 1954.

Margalit, A.; Buruma, I., *Ocidentalismo* – o Ocidente aos olhos de seus inimigos, trad. S. Lopes, Rio de Janeiro, J. Zahar, 2006.

Mariña, J. (ed.), *The Cambridge Companion to Friedrich Schleiermacher*, Cambridge, Univ. Press, 2005.

Marques, C. L., and N. Araújo (eds.), *O novo direito internacional – estudos em homenagem a Erik Jayme*, Rio de Janeiro, Renovar, 2005.

Marrou, H.-I., *Qu'est-ce que l'histoire?*, in *L'Histoire et ses méthodes*, direction de C. Samaran, Paris, Gallimard-Pleiade, 1961, pp. 1-33.

Marshall, T., *Prisoners of Geography*, Foreword J. Scarlett, London, Elliott & Thompson, 2015.

Martens, F. F. de, *Traité de droit international*, orig. publ. in Russian, in 1882, trad. A. Léo, Paris, Librairie Marescq, 1883, 3 Vols.

Martens, G. F. von, *Nouveau recueil général de traités et autres actes relatifs aux rapports de droit international. Continuation du grand recueil de G. Fr. de Martens*, Gottingue, 1875, several Vols.; series continued by C. Samwer and J. Hopf, Gottingue, 1876-1908, 35 Vols.; 3rd series, cont. by H. Triepel, Leipzig, 1909-1915, 8 Vols., reimpr. K. Nendeln, 1967.

Martin, J., *L'empire renaissant* 1789-1871, Paris, Denoel, 1987.

Martus, S., *Aufklärung – das deutsche 18. Jahrhundert: ein Epochenbild*, Berlin, Rowohlt, 2015.

Massiac, B. De, *Plan francés de conquista de Buenos Aires 1660-1693*, orig. publ. *Mémoire touchant l'établissement d'une colonie à Buenos Ayres ou sur*

la rive opposée du Rio de la Plata, 1664, investigación, introdución y trad. de M. De Ridder de Zemborain, Buenos Aires, Emecé, 1ª ed., 1999.
Maurois, A. [pseudonyme d'E. S. W. Herzog], *Histoire d'Angleterre*, Paris, Fayard, 1978; Port. ed. *História da Inglaterra*, trad. de M. H. Ossvald, Lisboa: Aster, 1976.
Mauss, M., *Essai sur le don – Forme et raison de l'échange dans les sociétés archaïques*, orig. publ. *Année sociologique*, 2e. série, Vol. 1 [1923-1924] 1925, republ. in M. Mauss, *Sociologie et anthropologie*, intr. C. Lévi-Strauss, Paris, PUF, 1950, coll. Quadrige – grands textes, 2007; Braz. ed. *Sociologia e antropologia*, trad. P. Neves, São Paulo, Cosac Naify, 2003, pp. 183-314.
–, *The Gift*, translated by Ian Cunnison with an introduction by E. Evans-Pritchard, Cohen & West, London, 1966.
Mazarakis-Ainian, P., and A. Stolic (eds.), *Imaging the Balkans* – Identities and Memory in the Long nineteenth century, "Travelling Exhibition", Ljubljana, National Museum of Slovenia, 2013.
Mazover, M., *Dark Continent – Europe's Twentieth Century*, orig. publ. 1998, New York, Vintage Books, 2000.
McCormack, W. J., *From Burke to Beckett: Ascendancy, Tradition and Betrayal in Literary History*, orig. publ., 1985, Cork, Cork Univ. Press, 1994.
McGillivray, R., "Thomas Hobbes's History of the English Civil War", in Journal of the History of Ideas, 1970, Vol. XXXI, pp. 179-198.
McMeekin, S., *The Ottoman Endgame – War, Revolution and the Making of the Modern Middle East*, London, Allen Lane/Penguin/Random House, 2015.
McWhinney, E., "Self-Determination of Peoples and Plural-Ethnic States (Secession and State Succession and the Alternative Federal Option)", *Collected Courses*, Vol. 294 (2002), pp. 167-264.
–, "The Time Dimension in International Law, Historical Relativism and Inter-temporal Law", in *Essays in International Law in Honour of Judge M. Lachs/ Etudes de droit international en l'honneur du juge M. Lachs*, J. Makarczyk (ed.), The Hague, M. Nijhoff/Institute of State and Law of the Polish Academy of Sciences – Institut de l'état et de droit de l'Académie polonaise des sciences, 1984, pp. 179-199.
Meerts, P. (ed.), *Culture and International Law*, "This book is based on the Annual Conference *From Peace to Justice – 'Culture and International Law'*, held on 16 and 17 April 2007 in The Hague, The Netherlands, organized by The Hague Academic Coalition", The Hague, Hague Academic Press – an Imprint of T. M. C. Asser Press, 2008.
Mehdi, R., "L'application par le juge du principe de l'*uti possidetis*", in *Le juge international et l'aménagement de l'espace: la spécificité du contentieux territorial*, dir. de Ph. Weckel, Paris, Pedone, 1998, pp. 57-89.
– and Boisson de Chazournes, L. (ed.), *Une société internationale en mutation*: quels acteurs pour une nouvelle gouvernance?, Bruxelles: Bruylant, 2005.
Meiggs, R., and J. B. Bury, *A History of Greece: to the death of Alexander the Great*, London, Macmillan, 1st publ., 1900, 4th ed., 1975.
Meijknecht, A., "Minority Protection System between World War I and World War II", in *Encyclopedia of Public International Law*, R. Wolfrum (ed.), 2012, Vol. 7, pp. 270-277.
Mello, C. D. de A., *Curso de direito internacional público*, Rio de Janeiro, Renovar, 2004, 15e ed., 2 Vols.
Mello N., and J. A. Gonçalves de, *Tempo dos flamengos*, prefácio G. Freyre, Rio de Janeiro, J. Olympio/Col. "Documentos brasileiros", 1949.
Melville, H., *Moby Dick or the Whale*, orig. publ. 1851, London, Penguin Classics, 1994.
Mendes, J., *Direito internacional público*: preleções, São Paulo, Duprat & Cia., 1913.
Mendonça, M. C. de, *A Amazônia na era pombalina*: "a correspondência do

governador e capitão-general do estado do Grão-Pará e Maranhão, F. X. de Mendonça Furtado 1751-1759", Brasília, Senado Federal, 2005, 3 Vols.
Menéndez y Pelayo, M., *San Isidoro, Cervantes y otros estudios*, selección y nota preliminar de J. M. de Cossio, Madrid, Espasa-Calpe – col. Austral, Vol. 251, 4ª ed., 1959.
Menin, M., *Il libro mai scritto – la morale sensitiva di Rousseau*, Bologna, Il Mulino, 2013.
Meron, Th., "International Law in the Age of Human Rights: General Course on Public International Law", *Collected Courses*, Vol. 301 (2003), pp. 9-490.
Mesa, J. de, T. Gisberti and C. D. Mesa Gisberti, *História de Bolívia*, La Paz, Edtrl. Gisberti y Cia., 3ª ed. atualizada, 1999.
Meyer-Heine, A., "L'application par le juge du principe de l'effectivité", in *Le juge international et l'aménagement de l'espace: la spécificité du contentieux territorial*, dir. de Ph. Weckel, Paris, Pedone, 1998, pp. 35-56.
Michelet, J., *Le peuple*, orig. publ. 1846; Braz. ed. *O povo*, trad. G. C. C. de Souza, São Paulo, Martins Fontes, 1988.
–, *La sorcière*, orig. publ. 1862, Paris, Flammarion, 1966.
Miège, J.-L., and C. Dubois (eds.), *L'Europe retrouvée – les migrations de la décolonisation*, Paris, L'Harmattan, 1994.
Milarepa, *Chants*, trad. de J. Bacot, eaux-fortes de G. Braque, Paris, Maeght ed., 1950.
Milarepa, *Les cent mille chants*, traduit du tibétain et annoté par M.-Jose Lamothe, Paris, Fayard – coll. L'espace intérieur, 2003.
Minois, G., *L'église et la guerre* – de la Bible à l'ère atomique, Paris, Fayard, 1994.
Mitrany, D., *The Functional Theory of Politics*, London, London School of Economics and Political Science, 1975.
–, *A Working Peace System*, London, The Royal Institute of International Affairs, 1943; also publ. Chicago, Quadrangle Books, 1966.
Moeglin, J.-M., "Le Saint Empire: contrat politique et souveraineté partagée", in *Avant le contrat social*, F. Foronda (ed.), Paris, Publications de la Sorbonne, 2011, pp. 173-191.
Mommsen, W. J., and J. Osterhammel (eds.), *Imperialism and After: Continuities and Discontinuities*, London, Allen & Unwin, 1986.
Monaco, R., "Cours général de droit international public", *Collected Courses*, Vol. 125 (1968), pp. 93-336.
Moniz Bandeira, L. A., *La formación de los Estados en la cuenca del Plata: Argentina, Brasil, Uruguay, Paraguay*, trad. M. Grinberg, Buenos Aires, Grupo Ed. Norma, 2006.
Montaigne, M. E. de, *Essais*, in *Œuvres complètes*, textes établis par A. Thibaudet and M. Rat, introduction et notes par M. Rat, Paris, Gallimard – Pleiade, 1992, pp. 3-1097.
Montanelli, I., *L'Italia giacobina e carbonara* 1789-1831, orig. publ. 1969, Storia d'Italia, Vol. 7 Milano, B. U. Rizzoli, 2014.
Montesquieu, C. de Secondat, Barão de La Brède et de, *De l'esprit des lois*, texte présenté et annoté par R. Caillois, Paris, Gallimard – Pléiade, 1951, impr. 1994; Braz. ed., *Espírito das leis*, intr. e notas de G. Truc, trad. F. H. Cardoso and L. Martins R., São Paulo, Abril cult. – Os pensadores, Vol. XXI, 1973; Italian ed. *Spirito delle leggi*, con le note dell'abate A. Genovese, Napoli, Domenico Terres, 1777, in tomi quattro.
Moresco, E., "Les rapports de droit public entre la métropole et les colonies, dominions et autres territoires d'outre-mer", *Collected Courses*, Vol. 55 (1936), pp. 507-593.
Moretti, F., *Atlas of the European Novel 1800-1900*, London, Verso, 1998; Italian ed., *Atlante del romanzo europeo 1800-1900*, Torino, G. Einaudi, 1997; Braz. ed., *Atlas do romance europeu 1800-1900*, trad. S. G. Vasconcelos, São Paulo, Boitempo, 2003.

Morin, J.-Y., "L'état de droit: émergence d'un principe du droit international", *Collected Courses*, Vol. 254 (1995), pp. 9-462.
Morosini, F. C., M. Ratton Sanchez Badin and A. R. Capella Giannattasio (eds.), *Direito internacional: leituras críticas*, São Paulo, Almedina, 2019.
Mosler, H., "The International Society as a Legal Community", *Collected Courses*, Vol. 140 (1974), pp. 1-320.
Mougel, F.-C., and S. Pacteau, *Histoire des relations internationales* de 1815 à nos jours, Paris, PUF – "Que sais-je?", 13e éd., 2016.
Mousnier, R., *Histoire générale des civilisations – XVIe et XVIIe siècles*, Paris, Presses univ. de France, 1961; Braz. ed., *História geral das civilizações – séculos XVI e XVII*, trad. V. Ramos, J. Guinsburg e G. G. de Souza, São Paulo, Difel, 4a ed., 1973.
Mousset, S., *Kurdistan* – Poussière et vent, Bruxelles, Nevicata – coll. L'âme des peuples, 2017.
Movcham, A., "Problems of Boundaries in the Helsinki Declaration", *Collected Courses*, Vol. 154 (1977), pp. 1-43.
Mumford, L., *The City in History: Its Origins, Its Transformations and Its Prospects*, orig publ. 1961, London, Penguin Books in association with M. Secker and Warburg Ltd., reprinted 1987.
Murphy, S. D., "Deconstructing Fragmentation: Koskenniemi's 2006 ILC Project", GW Law Faculty Publications and & other works, 2013: Project, Temple International and Comparative Law Journal, at http://scholarship.law.gwu.edu/faculty_publications, part of the Law Commons.
Murray, O., J. Boardman and J. Griffin, *Greece and the Hellenistic World*, Oxford, Univ. Press, 1986, reprint 1990.
Mzamane, M., "Eurocentric and Afrocentric Perspectives on Ancient African History", in *African Renaissance*, M. W. Makgoba (ed.), Cape Town, Mafube-Tafelberg, 1999, Chap. 11, pp. 173-183.
Nadaud, S., *Homoparentalité: une nouvelle chance pour la famille?*, Paris, Fayard, 2002.
Nadeau, C., and J. Saada, *Guerre juste, guerre injuste – Histoire, théories et critiques*, Paris, PUF, 2009.
Nascimento e Silva, G. E. do, H. Accioly and P. B. Casella, *Manual de direito internacional público*, São Paulo: Saraiva, 26a ed., 2023.
Nascimento e Silva, G. E. do, P. B. Casella and O. Bittencourt Neto, *Direito internacional diplomático* – Convenção de Viena sobre relações diplomáticas na teoria e na prática, São Paulo, Saraiva, 4a ed., 2012.
Nascimento e Silva, G. E. do, "Le facteur temps et les traités", *Collected Courses*, Vol. 154 (1977), pp. 215-297.
–, "Succession of State Debts", in *El derecho internacional en un mundo en transformación* – Liber amicorum E. Jiménez de Aréchaga, Montevidéo, Fundación de cultura universitária, 1994, Vol. 2, pp. 948-62.
Nathan, A. J., and R. S. Ross, *The Great Wall and the empty fortress*: China's search for security, New York, Norton, 1997.
Nathan, E., "The Vienna Convention on succession of States in respect of State property, archives and debts", in *International Law at a Time of Perplexity – Essays in honour of S. Rosenne*, Y. Dinstein (ed.), Dordrecht, M. Nijhoff, 1989, pp. 489.
Nayar, J., "Orders of Inhumanity", in *Reframing the International – Law, Culture, Politics*, R. Falk, L. E. J. Ruiz and R. B. J. Walker (eds.), New York, Routledge, 2002, pp. 107-135.
Neme, M., *Fórmulas políticas no Brasil holandês*, São Paulo, EDUSP/Difel, 1971.
Nesi, G., "*Uti possidetis* doctrine", in *The Max Planck Encyclopedia of Public International Law*, R. Wolfrum (ed.), Oxford: Univ. Press, 2012, Vol. X, pp. 626-630.

Neumann, C. K., and K. Kreiser, *Kleine Geschichte der Türkei*, Stuttgart, Philipp Reclam/Universal Bibliothek, Vol. 18669, 2nd ed., 2009.
Newmayr Von Ramsla, J. W., *Von der Neutralitet und Assistenz oder Unpartheyligkeit vnd Partheyligkeit in KriegsZeiten sonderbarer Tractat oder Handlung*, Erfurt, J. Birckner, 1620.
Newton, I., *Philosophiae naturalis principia mathematica*, orig. publ., 3 volumes, in 1687, "Londini, juxta Societatis Regiae ac Typis J. Streater, MDCLXXXVII"; French ed., "par feue Madame la Marquise du Chastellet, Paris, Dessaint & Saillant et Lambert Imprimeurs, 1759, deux tomes" – "livre téléchargeable".
Nguyen Q. D., P. Daillier and A. Pellet, *Droit international public*, Paris, LGDJ, 5e éd., 1994.
Nicol, D. M., *Les derniers siècles de Byzance 1261-1453*, orig. publ. *The last centuries of Byzantium, 1261-1453*, 1972, trad. H. Defrance, Paris, Tallandier – coll. Texto, 2008.
Nicollier, B., *Le Saint Empire romain germanique 1495-1648*, Paris, Ellipses, 2012.
Nicolson, H., *Peacemaking 1919 – being Reminiscences of the Paris Peace Conference*, London, Houghton Mifflin Co., 1993, reprinted Safety Harbor Fl., S. Publications, 2001.
–, *Diplomacy*, orig. publ., 1939, London, Oxford Univ. Press, 2nd ed., 1950, reprinted 1960.
Nieschulz de Stockhausen, E., and F. Area, *El golfo de Venezuela: documentación y cronología*, Caracas, Instituto de Estudios Políticos/Facultad de Ciencias Jurídicas y Políticas/Universidad Central de Venezuela, 1984.
Nincic, D., "Les implications générales juridiques et historiques de la Déclaration d'Helsinki", *Collected Courses*, Vol. 154 (1977), pp. 45-102.
Nizam A. M., *The Book of Government or Rules for Kings*, orig. *Siyar Al-Muluk* or *Siyasat-Nama*, translated by H. Darke, London, Routledge, 2001.
Noiriel, G., *Etat, nation, immigration – Vers une histoire du pouvoir*, orig. publ. 2001, Paris, Gallimard – folio – histoire, 2005.
Nola, A. M. di, *Il diavolo*, Roma, Newton – gte, 1994.
Norwich, J. J., *Histoire de Byzance* 330-1453, orig. publ. *A Short History of Byzantium*, 1988, trad. D. Peters, Paris, Perrin, 2009.
Nour, S., "A proteção internacional de minorias", in *Reflexões sobre a paz*, ed. by R. Salatini, Marília, Oficina universitária, 2014, pp. 69-84.
Nozick, R., *Anarchy, state and utopia*, New York, Basic Books/Harper Collins, 1974.
Nussbaum, A., *A Concise History of the Law of Nations*, orig. publ. New York, 1947; Spanish ed. *Historia del derecho internacional* con adiciones sobre Historia de la doctrina hispánica de derecho internacional, trad. L. Garcia Arias e F. J. Osset, Madrid, Edtrl. Revista de derecho privado, 1949.
Nys, E., *Les origines du droit international*, Bruxelles, Alfred Chastaigne; Paris, Thorin & Fils, 1894.
Oakeshott, M., *Hobbes on Civil Association*, Oxford, Basil Blackwell, 1975; French ed. *L'association civile selon Hobbes* – suivi de "Cinq essais sur Hobbes", trad. et notes par D. Weber, Paris, Vrin, 2011.
Ockham, G. de, *Traité sur la prédestination et la prescience divine des futurs contingents*, textes introduits, traduits et annotés par C. Michon, Paris, Vrin, 2007.
–, *Intuition et abstraction*, textes introduits, traduits et annotés par D. Piché, Paris, Vrin, 2005.
–, *Opera theologica*, Saint Bonaventure-New York, Franciscan Institute, 1967-1984, 10 Vols.
O'Connell, D. P., "Recent Problems of State Succession in Relation to New States", *Collected Courses*, Vol. 130 (1970), pp. 95-206.
OESP, *Uma página rasgada dos livros*, 7 de março de 2009, "História", pp. A-12.

Offenstadt, N., *Faire la paix au Moyen* Age: discours et gestes de paix pendant la guerre de Cent ans, Paris, Odile Jacob, 2007.
Okimoto, K., *The Distinction and Relationship between Jus ad bellum and Jus in bello*, Oxford/Portland, Oregon, Hart Publ., 2011.
Olive, L., "Wolff", in *Les fondateurs du droit international*: leurs oeuvres, leurs doctrines, introduction de A. Pillet, Paris, V. Giard and E. Brière, 1904, pp. 447-479.
Ompteda, D. H. Ludwig Von, *Literatur des gesamten natürlichen und positiven Völkerrechts*, "Neudruck der Ausgabe Regensburg, 1785", republished Aalen, Scientia Verlag, 1963.
Onuma, Y., *International Law in a Transcivilizational World*, Cambridge, Cambridge University Press, 2017.
–, *Le droit international et le Japon* – Une vision transcivilisationnelle du monde, préface de M. Delmas-Marty, présentation F. Megret, Paris, Pedone, 2016.
–, "Multi-Civilizational International Law in the Multi-Centric Twenty-First Century World: Transformations of the West-Centric to Global International Law as seen from a Trans-civilizational Perspective", in *The Roots of International Law/Les fondements du droit international – Liber amicorum P. Haggenmacher*, P.-M. Dupuy and V. Chetail (eds.), Leiden/Boston, M. Nijhoff, 2014, pp. 599-640.
–, "A Transcivilizational Perspective on International Law", *Collected Courses*, Vol. 342 (2009), also published in Pocketbooks of the Hague Academy of International Law, 2010; Braz. ed. *Direito internacional em perspectiva transcivilizacional* – Questionamento da estrutura cognitiva predominante no emergente mundo multipolar e multicivilizacional do século XXI, trad. A. Carvalho *et al.*, M. Ninomiya and P. B. Casella (eds.), Belo Horizonte: Arraes, 2017.
– (ed.), *A Normative Approach to War: Peace, War and Justice*, in H. Grotius, Oxford, Clarendon Press, 1993.
–, *Una prospettiva intercivilità sul diritto internazionale*, in *Popoli e civiltà – Per una storia e filosofia del diritto internazionale*, G. Gozzi and G. Bongiovanni (eds.), Bologna, Il Mulino, 2006, pp. 105-122.
Orlov, L. N., "Soviet Joint Enterprises with Capitalist Firms and Other Joint Ventures Between East and West", *Collected courses*, Vol. 221 (1990), pp. 371-414.
Orwell, G. [E. A. Blair], *La ferme des animaux*, orig. publ. *Animal farm*, 1945; Braz. ed. *A revolução dos bichos* – um conto de fadas, trad. H. Aquino Ferreira, posfácio C. Hitchens; apêndice "A liberdade de imprensa" pref. proposto pelo autor à primeira edição inglesa, de 1945, São Paulo, Companhia das letras, 2007.
–, *1984*, orig. publ. 1949; Braz. ed. *1984*, trad. H. Jahn e A. Hubner, São Paulo, Companhia das Letras, 2019.
Osterhammel, J., *Die Entzauberung Asiens – Europa und die asiatischen Reiche im 18. Jahrhundert*, orig. publ. 1998, Munich, Beck, 2010.
Osterhammel, J.; Loth, W., *Internationale Geschichte*: Themen, Ergebnisse, Aussichten, Berlin, Walter de Gruyter, 2014.
Osterhammel, J., and W. J. Mommsen (eds.), *Imperialism and After: Continuities and Discontinuities*, London, Allen & Unwin, 1986.
Özsu, U., "Ottoman empire", in *The Oxford Handbook of the History of International Law*, 2012, Chap. 18, pp. 429-448.
Pagden, A., *Mundos em guerra* – 2500 anos de conflito entre o Ocidente e o Oriente, orig. publ. *Worlds at war* – The Long Struggle between East and West © 2008, trad. M. Mata, Lisboa, ed. 70, 2009.
Pagels, E., *The Origin of Satan*, New York, Vintage Books – Random House, 1995.
Pakenham, T., *The Scramble for Africa 1876-1912*, London, Abacus/Little, Brown Book Group, 1992.

Pancracio, J.-P., *Droit international des espaces: air/mer/fleuves/terre/cosmos*, Paris, A. Colin/Masson, 1997.
Paresys, I.; Denys, C., *Les anciens Pays-Bas à l'époque moderne (1404-1815)*, Paris, Ellipses, 2007.
Parry, C. (ed.), *Consolidated Treaty Series 1648-1919*, C. Parry (ed.), Dobbs Ferry-New York, Oceana Publications, 1969-1981, 231 volumes, quoted as "CTS".
Pastor Ridruejo, J.-A., "Le droit international à la veille du vingt et unième siècle: normes, faits et valeurs: cours général de droit international public", *Collected Courses*, Vol. 274 (1998), Vol. 274, pp. 9-308.
–, "Les procédures publiques spéciales de la Commission des droits de l'homme des Nations Unies", *Collected Courses*, Vol. 228 (1991), pp. 183-272.
Pauly, M., *Histoire du Luxembourg*, orig. publ. *Geschichte Luxemburgs*, 2011, trad. P.-L. van Berg, Bruxelles, ed. de l'Université de Bruxelles, 2013.
Pausanias, *Hellados periegesis/Description of Greece* (with an English translation by W. H. S. Jones, Cambridge Ma./London: Harvard U. P., LCL, Vol. I, Books I-II, 1st. publ, 1918, reprinted 1992; Vol. II, Books III-IV, transl. by W. H. S. Jones and H. A. Ormerod, 1st publ., 1926, reprinted 1993; Vol. III, Books VI-VIII(1-21), 1st publ., 1933, reprinted 1988; Vol. IV., Books VIII(22)-X, 1st publ. 1935, reprinted 1995; Vol. V, "illustrations and index", R. E. Wycherley (ed.), 1st publ., 1935, reprinted with revisions, 1995.
Paxton, R. O., *The Anatomy of Fascism*, New York, Vintage Books – Random House, 2005.
PCA, Ile de Palmas – United States of America vs. Kingdom of the Netherlands, Permanent Court of Arbitration. Arbitrator M. Huber. Arbitral award 4 april 1928.
Peixoto, E. M., *Memória histórica sobre a Ilha da Trindade*, Rio de Janeiro, Publicações do Arquivo Nacional, Vol. XXVIII, 1932.
PCIJ, Ecoles minoritaires en Albanie, Avis consultatif du 6 avril 1935, série A/B, fascicule No. 64, p. 17.
–, *Statut juridique du Groenland oriental*, Norvège c. Danemark, jugement rendu le 5 avril 1933.
–, *Travail de nuit des femmes*, avis consultatif du 15 novembre 1932, série A/B No. 50.
–, *Interprétation du statut du territoire de Memel*, Série A/B – arrêts, ordonnances et avis consultatifs, arrêt du 11 août 1932, XXVe session, fascicule No. 49, 1932.
–, *Trafic ferroviaire entre la Lithuanie et la Pologne (section de ligne Landwarow-Kasiadorys)*, série A/B – arrêts, ordonnances et avis consultatifs, avis consultatif du 15 octobre 1931, XXIIe session, fascicule No. 42, 1931.
–, *Question des "communautés" greco-bulgares*, avis consultatif du 31 juillet 1930, série B, No. 17, p. 31.
–, *Affaire du Lotus*, France c. Turquie, jugement rendu le 7 septembre 1927, CPJI *Recueil*, série A, No. 10, p. 18.
–, *Affaire relative à la dénonciation du traité sino-belge du 2 novembre 1865*, Série A, No. 8, ordonnances des 8 janvier, 15 février et 18 juin 1927.
–, *Service postal polonais à Dantzig*, avis consultatif du 16 mai 1925, série B, No. 11.
–, *Monastery of Saint-Naoum*, série B, No. 9 et série C, No. 5/2, avis consultatif No. 9, du 4 septembre 1924.
–, *Affaire de Jaworzina (Frontière Polono-Tchécoslovaque)*, série B, No. 8, avis consultatif du 6 décembre 1923.
–, *Acquisition de la nationalité polonaise*, série B, No. 7, avis consultatif du 15 septembre 1923, p. 14.
–, *Affaire vapeur Winbledon*, jugement rendu le 17 août 1923, avec participation de la France, Royaume-Uni, Allemagne, avec intervention de la Pologne, et autres; Série C, No. 3.

–, *Décrets de nationalité promulgués en Tunisie et au Maroc*, série B, No. 4 and série C, No. 2, avis consultatif du 7 février 1923.
Pelletier, P., *L'Extrême-Orient* – L'invention d'une histoire et d'une géographie, Paris, Gallimard – Folio – Histoire, Vol. 190, 2011.
Pennafort, R., "Bélgica planejava colônia no Brasil", São Paulo, OESP, Domingo 10 de maio de 2009, p. A-12.
Pepper, D., *Modern environmentalism: an introduction*, London, Routledge, 1st publ. 1999, reprinted 2003.
Perrot, M., *Les ombres de l'histoire* – Crime et châtiment au XIXe siècle, Paris, Flammarion – champs, 2001, impr. 2002.
Peters, A., and B. Fassbender (eds.), *The Oxford Handbook of the History of International Law*, Oxford, University Press, 2012.
Peters, E., *Tortura*, orig. publ. *Torture*, 1985, trad. Lila Spinelli, São Paulo, Atica, 1989.
Peyroulou, J.-P., A. Bouchène, O. S. Tengour and S. Thénaut (eds.), *Histoire de l'Algérie à la période coloniale 1830-1962*, Paris, La Découverte, 2014.
Pieper, D., and J. Saltzwedel (eds.), *Der Dreissigjährige Krieg* – Europa im Kampf um Glaube und Macht 1618-1648, Munique, Deutsche Verlags-Anstalt, 2012.
Pierré-Caps, S., N. Rouland and J. Poumarède (eds.), *Droits des minorités et des peuples autochtones*, Paris, PUF, 1996.
–, "Minorités", in *Dictionnaire de la culture juridique*, D. Alland and S. Rials (eds.), Paris, Lamy/PUF – Quadrige, 2003, pp. 1028-1031.
Pillet A. (ed.), *Les fondateurs du droit international public: leurs oeuvres, leurs doctrines*, introduction de A. Pillet, Paris, V. Giard and E. Brière, 1904.
Pinta Llorente. M. de la, *La Inquisición española y los problemas de la cultura y de la intolerancia*, Madrid, Ed. cultura hispánica, 2 Vols., 1953.
Pinto, A. P., *Apontamentos para o direito internacional*, orig. publ. 1864-1869, introdução A. A. Cançado Trindade, Brasília, Ministério da Justiça/Ed. UnB, 2a ed., 1980, 4 Vols.
Pirenne, H., *Mahomet et Charlemagne*, orig. publ. 1936, with B. Lyon, *Le débat historique sur la fin du monde antique et le début du moyen âge*, A. Guillou, *Byzance et la genèse de l'Europe occidentale*, F. Gabrieli, *Effets et influences de l'Islam sur l'Europe occidentale*, H. Steuer, *De Théodoric le grand à Charlemagne*, trad. de H. Seyrès, Milano, Jaca Book, 1986, 1st. French ed., 1987.
Plassereaud, Y., *Les minorités*, Paris, Montchrestien, 1998.
Platon, *The Republic*, with an English translation by P. Shorey, Cambridge Ma., Harvard Univ. Press/London, W. Heinemann, Loeb Classical Library – LCL 237 – Republic, Books I-V, orig. publ. 1930, reprinted 1978; LCL 276 – Republic, Books VI-X, orig. publ. 1935, reprinted 1987.
–, *Protagoras*, with an English translation by W. R. M. Lamb, Cambridge Ma./ London, Loeb Classical Library – LCL 165, orig. publ. 1924, reprinted 1990, pp. 85-257.
–, *Theaetetus*, with an English translation by H. N. Fowler, Cambridge Ma., Harvard Univ. Press/London, Heinemann, Loeb Classical Library – LCL 128, orig. publ. 1921, reprinted 1987, pp. 1-257.
Plinii, *Naturalis historia*, with an English translation by H. Rackham, Cambridge Ma.: Harvard U.P., Loeb Classical Library, 10 volumes, LCL 330 – preface and books 1-2, 1st. publ., 1938, rev. 1944 e 1949, reprinted, 2004.
–, *Histoire naturelle*, "textes choisis et présentés d'après la traduction de Littré", par H. Zehnacker, Paris, Gallimard-Folio 3090, © 1999, impr. 2007.
Plutarch, *De Herodoti malignitate*/peri ths hrodotou kakohqeias, with an English translation by L. Pearson and F. H. Sandbach, Cambridge, Ma./London: Harvard UP, LCL 426, Plutarch *Moralia* Vol. XI, 1965, reprinted 2006, pp. 1-129.
Poirier, J.-L. (textes rassemblés et présentés par), *Bibliothèque idéale des*

philosophes antiques – de Pythagore à Boèce, Paris, Les Belles Lettres, 2018.
Poirrier, P., *Les enjeux de l'histoire culturelle* – L'histoire en débats, Paris, Seuil – points, 2004.
–, *L'histoire culturelle* – Un tournant mondial dans l'historiographie, Dijon, ed. Universitaires de Dijon, 2008.
Polybe, *Histoire*, texte traduit, présenté et annoté par D. Roussel, Paris, Gallimard – Pléiade, 1970.
Pomeranz, K., *The Great Divergence – China, Europe and the making of the modern world economy*, Princeton, Princeton Univ. Press, 2000.
Porter, Y., *Les Iraniens* – Histoire d'un peuple, orig. publ. 2006, Paris, A. Colin, 2007.
Poumarède, J., N. Rouland and S. Pierré-Caps (eds.), *Droits des minorités et des peuples autochtones*, Paris, PUF, 1996.
Prado, E. [P. da Silva], *Fastos da ditadura militar no Brasil*, s/l., s/ed., 1890, online Senado Federal, Biblioteca digital: http://www2.senado.leg.br/bdsf/handle/id/518725 nome 000087402.pdf.
Preiser, W., *Macht und Norm in der Völkerrechtsgeschichte*, Baden-Baden, Nomos, 1985.
–, *Frühe völkerrechtliche Ordnungen der aussereuropäischer Welt – Ein Beitrag zur Geschichte des Völkerrechts*, Sitzungsberichte der Wissenschafltichen Gesellschaft an der J. W. Goethe-Universität Frankfurt am Main, Wiesbaden: F. Steiner, 1976; trad. par R. Kolb, *Esquisse d'un droit international public des anciennes cultures extra européennes*, Paris, Pedone, 2010.
–, "History of International Law, Ancient Times to 1648", in *The Max Planck Encyclopedia of Public International Law*, R. Wolfrum (ed.), Oxford, Univ. Press, 2012, Vol. IV, pp. 869-896.
–, "History of International Law, Basic Questions and Principles", in *The Max Planck Encyclopedia of Public International Law*, R. Wolfrum (ed.), 2012, Vol. IV, pp. 896-902.
Pretorius, F., *The Anglo-Boer War 1899-1902*, orig. publ. 1985, Cape Town, Don Nelson, 2nd ed., 2013.
Prigojine, I.; Stengers, I., *Entre le temps et l'éternité*, Paris, Fayard, 1988.
Proust, M., *La prisonnière*, in *À la recherche du temps perdu*, J.-Y. Tadié (ed.), avec collaboration d'A. Compagnon et de P.-E. Robert, Paris, Gallimard – Pleiade, Vol. III, orig. publ. 1988, impr. 1993, pp. 517-915, pp. 1093-1181, pp. 1628-1795 and 1878-1898.
Pufendorf, S., *Les devoirs de l'homme et du citoyen* – tels qu'ils lui sont prescrits par la loi naturelle, trad. du latin par J. Barbeyrac, "sixième édition, accompagnée, comme la précedente, des deux Discours sur la Permission et sur le Bénéfice des Lois; et du jugement de M. Leibnitz sur cet ouvrage, avec des réflexions du même traducteur; mais revue de nouveau, et augmentée d'un grand nombre de notes", Londres, chez J. Nourse, MDCCXII, 2 Vols.; éd. facsimilaire de la Bibliothèque de philosophie politique et juridique – Centre de philosophie juridique et politique – Univ. de Caen, S. Goyard-Fabre (ed.), Caen, Univ. de Caen, 1984, 2 Vols.
–, [under the pseudonym S. de Monzambano, Veronensis], *De statu Imperii germanici ad Laelium fratrem Dominum Trezolani, Liber unus*, orig. publ. 1677, "*editio novissima, additionibus necessariis aucta atque emendata*", MDCLXXXIV.
–, *Disquisitio de republica irregulari ad Severini Monzambano*, in the edition of 1671, the text *De statu Imperii germanici* is followed by the *Disquisitio de republica irregulari* by Pufendorf, "*Ad exemplar Londinense*", MDCLXXI.
Quadri, R., "Cours général de droit international public", *Collected Courses*, Vol. 113 (1964), pp. 237-484.
–, "Le droit international cosmique", *Collected Courses*, Vol. 98 (1959), pp. 505-600.

–, "Le fondement du caractère obligatoire du droit international public", *Collected Courses*, Vol. 80 (1952), pp. 579-634.
Quinte-Curce, *Histoire d'Alexandre*, préface C. Mossé, trad. nouvelle d'A. Flobert, Paris, Gallimard Folio classique, 2007.
Radcliffe-Brown, A. R., and C. D. Forde (eds.), *African Political Systems*, orig. publ. 1950; Port. ed. *Sistemas políticos africanos de parentesco e casamento*, Lisbon, Fundação C. Gulbenkian, 1974.
Rangel, V. M., "Le plateau continental dans la Convention de 1982 sur le droit de la mer", *Collected Courses*, Vol. 194 (1985), pp. 269-428.
–, "Solução pacífica de controversias", in XI *Curso de derecho internacional*, "org. por el Comitê jurídico interamericano y la Secretaria general de la OEA, en agosto de 1984", Washington, OEA, 1985, pp. 29-48.
–, *Natureza jurídica e delimitação do mar territorial*, São Paulo, RT, 2ª ed., revista, 1970.
Rapp, F., *Le Saint Empire romain germanique* – d'Otton le Grand à Charles Quint, orig. publ. 2000, Paris, Tallandier – histoire, 2003.
Rato de Sambuccetti, S. I., *Urquiza y Mauá* – el MERCOSUR del siglo XIX, Buenos Aires, Edtrl. Macchi, 1999.
Rawls, J., *The law of peoples*, Cambridge, Harvard Univ. Press, 1999; Braz. ed. *O direito dos povos*, trad. L. C. Borges, São Paulo, Martins Fontes, 2nd éd., 2019.
Ray, J., "Des conflits entre principes abstraits et stipulations conventionnelles", *Collected Courses*, Vol. 48 (1934), pp. 631-708.
Redslob, R., *Histoire des grands principes du droit des gens depuis l'Antiquité jusqu'à la veille de la grande guerre*, Paris, Rousseau, 1923.
Reis, A. C. F., *Limites e demarcações na Amazônia brasileira* – Vol. I. *A fronteira colonial com a Guiana francesa*, Rio de Janeiro, Comissão brasileira demarcadora de limites, 1947.
Reischauer, E. O., *Histoire du Japon et des Japonais*, Vol. I – des origines à 1945, orig. publ. en 1946, trad. et annoté par R. Dubreil, Paris, Seuil, 3rd ed. "revue et corrigée", 2001.
Rémond, R., *L'ancien régime et la révolution* 1750-1815, orig. publ. 1974, Paris, Seuil – histoire, 2014; Braz. ed. *O antigo regime e a revolução* 1750-1815, trad. F. P. de Barros, São Paulo, Cultrix, 1976.
Rendell, R., *Uma agulha para o diabo*, orig. publ. *The fever tree and other stories*, trad. Leila de S. M. Pereira, Porto Alegre, L and PM, 1989.
Représentations respectueuses adressées à S. M. le roi des Pays-Bas par les évêques *de Gand, Narum et Tournai ainsi que par les vicaires-généraux de Malines et de Liège* – relativement au projet de la nouvelle Constitution et Instruction pastorale de S.A. Mgr. l'évêque de Gand, relative au même projet ... Gand, chez B. Poelman, imprimeur de l'évêché, 1817, online – exemplaire de la Bibliothèque publique de Lyon.
Res gestae divi Augusti, with an English translation by F. W. Shipley, Cambridge Ma./London, Harvard UP/LCL 152, 1st publ., 1924, "bibliographical addendum", 1992.
Reuter, P., *Le développement de l'ordre juridique international*: écrits de droit international, Paris, Economica, 1995.
–, *Droit international public*, orig. publ. 1958, Paris, Presses univ. de France, 4th ed., "revue et mise à jour", 1973.
–, "Principes de droit international public", *Collected Courses*, Vol. 103 (1961), pp. 425-656.
Rey, A. (ed.), *Le Petit Robert des noms propres*, Paris, Dictionnaires Le Robert, 2001.
Ribeiro, N. de Figueiredo, *A questão geopolítica da Amazônia: da soberania difusa à soberania restrita*, Brasília, Senado Federal, 2005.
Ribes, F., and B. Huisman, *Les philosophes et le droit*, Paris, Bordas, 1988.
Ricupero, R., *A diplomacia na construção do Brasil* 1750-2016, Rio de Janeiro, Versal, 2017.

–, "A resiliência do estado nacional diante da globalização", in *Nação – Nacionalismo*, São Paulo, USP – IEA, Revista Estudos Avançados, Vol. 62, 2008, pp. 5-285, esp. pp. 129-144.
Rieff, D., R. Gutman and A. Dworkin (eds.), *Crimes of War*, orig. publ. 1999, Norton, New York, 2nd rev. edition, 2007.
Rigaux, F., "Aux origines du droit international : la conquête de l'Amérique", in *The Roots of International Law/Les fondements du droit international – Liber amicorum P. Haggenmacher*, P.-M. Dupuy and V. Chetail (eds.), Leiden/ Boston, M. Nijhoff, 2014, pp. 641-648.
Rio Branco, J. M. da Silva Paranhos Júnior, Barão do, *Obras, Vol. I. Questões de Limites: República Argentina*, Brasília, MRE – FUNAG, 2012, "reproduz a edição original do tomo que contém o texto em português, impresso em 1894, da exposição submetida ao Presidente Cleveland"; ed. orig., *Questão de limites brasileira-argentina*, New York, The Knickerbocker Press, 1894.
–, *Obras, Vol. III. Questões de limites: Guiana francesa*, 1ª Memória, Rio de Janeiro, MRE, 1945.
–, *Obras, Vol. V. Questões de limites*, Rio de Janeiro, Ministério das Relações Exteriores, 1947.
Ripert, G., "Les règles du droit civil applicables aux rapports internationaux (contribution à l'étude des principes généraux du droit visés au Statut de la Cour permanente de justice internationale)", *Collected Courses*, Vol. 44 (1933), pp. 565-664.
Riphagen, W., "Techniques of International Law", *Collected Courses*, Vol. 246 (1994), pp. 235-386.
–, "National and International Regulation of International Movement and the Legal Position of the Private Individual", *Collected Courses*, Vol. 132 (1970), pp. 489-620.
–, "The Relationship Between Public and Private Law and the Rules of Conflict of Laws", *Collected Courses*, Vol. 102 (1961), pp. 215-334.
Riphagen, W., R. Ago, H. Schiedermair and A. Truyol y Serra, "Commémoration du quatrième centennaire de la naissance de Grotius/Commemoration of the fourth centenary of the birth of Grotius", *Collected Courses*, Vol. 182 (1983), pp. 371-469.
Rivier, A., and F. de Holtzendorff, *Principes du droit des gens*, Paris, Fischbacher, 1889.
Robert, P., *Dictionnaire alphabétique et analogique de la langue française*, "rédaction dirigée par A. Rey and J. Rey-Debove – Société du Nouveau Littré", Paris, Le Robert, 1981.
Roberts, A., and R. Guelff (eds.), *Documents on the laws of war*, orig. publ 1982, Oxford, Univ. Press, 3rd ed., 2000, reprinted 2010.
Röder, T. J., "Kashmir", in *Encyclopedia of Public International Law*, R. Wolfrum (ed.), Oxford, Univ. Press, 2012, Vol. VI, pp. 563-571.
Rodin, D., *War and Self-Defense*, Oxford, Univ. Press, 2002.
Rodrigo Octávio [Langgaard Menezes], "Les sauvages américains devant le droit", *Collected Courses*, Vol. 31 (1930), pp. 177-292.
Roeck, B. (ed.), *Deutsche Geschichte in Quellen und Darstellung* Band 4: *Gegenreformation und Dreissigjähriger Krieg 1555-1648*, Stuttgart: Reclam – Univ. Bibl. No. 17004, 1996, impr. 2002.
Roelofsen, C. G., "International Arbitration and Courts", in *The Oxford Handbook of the History of International Law*, 2012, Chap. 6, pp. 145-169.
Röling, B. V. A., "La paix, un problème de structure mondiale", in *Le nationalisme – facteur belligène*, Etudes de sociologie de la guerre, Bruxelles, Bruylant/ Institut de Sociologie – Centre de sociologie de la guerre, 1972, pp. 91-108.
Romano, C. P. R., *From the Consensual to the Compulsory Paradigm in International Adjudication: Elements for a Theory of Consent*, New York, NY University School of Law, New York University Public Law and Legal Theory Working Papers, year 2006, paper No. 20.

Romano, S., *Finis Italiae: declino e morte dell'ideologia risorgimentale*, Milano, All'insegna del Pesce d'Oro di Vanni Scheiviller, 1994.
Romilly, J. de, *La Grèce antique à la découverte de la liberté*, Paris, ed. de Fallois, 1989.
–, *Pourquoi la Grèce?*, Paris, Ed. de Fallois, 1992.
Romilly, J. de, and J.-P. Vernant (eds.), *Pour l'amour du grec*, Paris, Bayard, 2000.
Roquette-Pinto, E., *Ensaios de antropologia brasiliana*, orig. publ. 1933, São Paulo/Brasília, Nacional/INL, 2ª ed., 1978, col. Brasiliana, Vol. 22.
Rosa, F. H., *A plataforma continental brasileira* – uma vertente soberana no Atlântico Sul ante os desafios da modernidade, Belo Horizonte, Escola Superior dom Helder Câmara – Programa de pós-graduação em direito, 2019, "mestrado em direito, sob orientação do prof. A. de P. Toledo".
Rosa, M., and G. Greco (eds.), *Storia degli antichi stati italiani*, Roma-Bari, Laterza, 1996.
Rosanvallon, P., *Le peuple introuvable* – Histoire de la représentation démocratique en France, Paris, Gallimard, 1998.
Ross, R. S., and A. J. Nathan, *The Great Wall and the Empty Fortress: China's Search for Security*, New York, Norton, 1997.
Rossi, M. Silva, M. L. Tucci Carneiro (eds.), *Indios no Brasil – vida, cultura e morte*, São Paulo, IHF/LEER-USP/Intermeios, 2018.
Roucounas, E., "Facteurs privés et droit international public", *Collected Courses*, Vol. 299 (2002), pp. 9-420.
Rousseau, C., *La communauté internationale – Mélanges offerts à Ch. Rousseau*, Paris, Pedone, 1974.
–, "Principes de droit international public", *Collected Courses*, Vol. 93 (1958), pp. 369-550.
–, "L'indépendance de l'état dans l'ordre international", *Collected Courses*, Vol. 73 (1948), pp. 167-254.
Rousso-Lenoir, Fabienne, *Minorités et droits de l'homme: l'Europe et son double*, Bruxelles, Bruylant; Paris, LGDJ, "Coll. AXE Essais", Vol. 9, 1994.
Ruiz Bueno, D., *Los padres apostólicos*, "edición bilingue completa" introducción, notas y versión española por D. R. B., Madrid, Biblioteca de Autores Cristianos, quinta edición, 1985.
Ruiz, L. E. J., R. B. J. Walker and R. Falk (eds.), *Reframing the International: Law, Culture, Politics*, New York, Routledge, 2002.
Rüsen, J. (ed.), *Time and History: the variety of cultures*, New York and Oxford, Berghahn Books, 2007.
–, "Making Sense of Time: toward a Universal Typology of Conceptual Foundations of Historical Consciousness", in *Time and History: The Variety of Cultures*, J. Rüsen (ed.), New York and Oxford, Berghahn Books, 2007, Chap. 1, pp. 7-18.
Russell, J. Burton, *The Devil* – Perceptions of Evil from Antiquity to Primitive Christianity, Ithaca and London, Cornell Univ. Press, 1st publ., 1977, 4th printing, 1988.
–, *Satan – the Early Christian Tradition*, Ithaca and London, Cornell Univ. Press, 1981, 4th print, 1994.
–, *Lucifer – the Devil in the Middle Ages*, Ithaca and London, Cornell Univ. Press, 1984, 2nd print, 1988.
–, *Mephistopheles – the Devil in the Modern World*, Ithaca and London, Cornell Univ. Press, 1986, 2nd print, 1992.
Russell, P. L., *The History of Mexico – From Pre-Conquest to the Present*, New York, Routledge, 2010.
Rohden, H., *Lúcifer e Logos*, São Paulo, Martin Claret, 1982.
Roskoff, G., *Geschichte des Teufels – eine kulturhistorische Satanologie von den Anfàngen bis ins 18. Jahrhundert*, Nördlingen, Greno, 1987.

Saada, J. and C. Nadeau, *Guerre juste, guerre injuste* – Histoire, théories et critiques, Paris, PUF, 2009.
Sabella, M., and N. Urbinati (eds.), *Quale federalismo?* Interviste sull'Italia del futuro, Firenze, Vallecchi, 1994.
Saïd, E., *Orientalism*, first published 1978, London, Penguin, 1985.
–, *From Oslo to Iraq and the Road Map* – Essays, foreword by T. Judt, afterword by W. E. Said, New York, Vintage Books, 2004.
–, *Culture and Imperialism*, first publ. 1993; Braz. ed., *Cultura e imperialismo*, trad. D. Bottmann, São Paulo, Companhia das Letras, 2001.
–, *The Question of Palestine*, orig. publ. 1992; Braz. ed. *A questão da Palestina*, trad. S. Midori, São Paulo, ed. Unesp, 2012.
–, *Humanism and Democratic Criticism*, orig. publ. 2004; Braz. ed. *Humanismo e crítica democrática*, trad. R. Eichenberg, São Paulo, Companhia das Letras, 2007.
–, *Out of Place: a Memoir*, orig. publ. 1999; Braz. ed. *Fora do lugar: memórias*, trad. J. G. Couto, São Paulo, Companhia das Letras, 2004.
–, *Reflections on Exile and Other Essays*, orig. publ. 2001, Braz. ed. *Reflexões sobre o exílio e outros ensaios*, trad. P. M. Soares, São Paulo, Companhia das Letras, 2003.
–, *Cultura e política*, E. Sader (ed.), trad. L. B. Pericás, São Paulo, Boitempo, 2003.
Saint-Etienne, Ch., *Guerre et paix au XXIe siècle*: comprendre le monde de demain, Paris, F. Bourrin, 2010.
Salatini, R. (ed.), *Reflexões sobre a paz*, Marília, Oficina universitária, 2014.
Saleem, H., *Le fusil de mon père*, orig. publ. *My Father's rifle* – a childhood in Kurdistan; French ed. Paris, Seuil, 2004.
Salinas B., C. A., *Historia diplomática de Bolivia*, Sucre, Edtrl. Charcas, 1938.
Salmon, J., "Quelle place pour l'Etat dans le droit international d'aujourd'hui?", *Collected Courses*, Vol. 347 (2010), pp. 9-78.
Saltzwedel, J., and D. Pieper (eds.), *Der Dreissigjährige Krieg – Europa im Kampf um Glaube und Macht 1618-1648*, Munich, Deutsche Verlags-Anstalt, 2012.
Salvioli, G., "Les règles générales de la paix", *Collected Courses*, Vol. 46 (1933), pp. 1-164.
Salzborn, S., and R. Voigt (eds.), *Souveränität – Theoretische und ideengeschichtliche Reflexionen*, Stuttgart, F. Steiner, 2010.
Samaran, C. (ed), *L'Histoire et ses méthodes*, Paris, Gallimard-Pleiade, 1961.
Samtleben, J., "A codificação interamericana do direito internacional privado e o Brasil", in *Integração jurídica interamericana* – as Convenções Interamericanas de direito internacional privado (CIDIPs) e o direito brasileiro, P. B. Casella and N. de Araújo (eds.), São Paulo, LTr, 1998, pp. 25-45.
Sanchez B., M. R., F. C. Morosini and A. R. Capella Giannattasio (eds.), *Direito internacional: leituras críticas*, São Paulo, Almedina, 2019.
Sanchez R., L. I., "L'*uti possidetis* et les effectivités dans les contentieux territoriaux et frontaliers", *Collected Courses*, Vol. 263 (1997), pp. 149-382.
Sarney, J.; Costa, P., *Amapá: a terra onde o Brasil começa*, Brasília, Senado Federal, 2ª ed., 1999.
Sastry, K. R. R., "Hinduism and international law", *Collected Courses*, Vol. 117 (1966), pp. 503-616.
Savigny, F. C. von, *Sistema do direito romano atual* Vol. VIII, orig. publ. *System des heutigen römischen Rechts*, trad. C. Mioranza, apres. A. Dal Ri Jr., intr. Erik Jayme, Ijuí, Ed. Unijuí, 2004.
Scarre, G., *Witchcraft and magic in 16th and 17th century Europe*, Atlantic Highlands NJ, Humanities Press International, 1987, reprinted 1988.
Scelle, G., "Le phénomène juridique du dédoublement fonctionnel", in *Rechtsfragen der internationalen Organisation: Festschrift für H. Wehberg*, hrsg. von

W. Schätzel und H.-J. Schlochauer, Frankfurt a.Main, V. Klostermann, 1956, pp. 324-342.
–, *Manuel de droit international public*, Paris, Sirey, 1948.
–, "Théorie et pratique de la fonction executive en droit international", *Collected Courses*, Vol. 55 (1936), pp. 87-202.
–, "Essai sur les sources formelles du droit international", in *Recueil d'études sur les sources du droit en l'honneur de F. Gény*, Paris, Sirey, 1934, Vol. III, pp. 410 ff.
–, *Précis de droit des gens: principes et systématique*, Paris, Sirey, 1934.
–, "Règles générales du droit de la paix", *Collected Courses*, Vol. 46 (1933), pp. 327-704.
Schachter, O., "International Law in Theory and Practice – General Course in Public International Law", *Collected Courses*, Vol. 178 (1982), pp. 9-395.
Schama, S., *The Embarrassment of Riches: An Interpretation of Dutch Culture in the Golden Age*, Berkeley and Los Angeles, Univ. of California Press, 1988.
Schätzel, W.; Schlochauer, H.-J. (hrsg. von), *Rechtsfragen der internationalen Organisation: Festschrift für Hans Wehberg*, Frankfurt am Main, V. Klostermann, 1956.
Scheipers, S., and H. Strachan (eds.), *The Changing Character Of War*, Oxford, Univ. Press, 2011.
Schiedermair, H., R. Ago, W. Riphagen and A. Truyol y Serra, "Commémoration du quatrième centennaire de la naissance de Grotius/Commemoration of the fourth centenary of the birth of Grotius", *Collected Courses*, Vol. 182 (1983), pp. 371-469.
Schiller, F., *Geschichte des dreissigjährigen Kriegs*, Gütersloh, P. P. Kelen, s/d, postface H. Reinoss, 1964.
–, *The History of the Thirty Years' War*, translated by A. J. W. Morrison, Project Gutenberg E-Book.
Schindler, D., "Aspects contemporains de la neutralité", *Collected Courses*, Vol. 121 (1967), pp. 221-322.
Schmalkalden, C., *Diário de viagem ao novo mundo (1642-1645) de Amsterdã para Pernambuco no Brasil*, transcr. e trad. dos manuscritos originais A. A. Bragança, intr. e org. cient. Dante M. Teixeira, Rio de Janeiro, ed. Index, 1998, 2 Vols.
Schoenborn, W., "La nature juridique du territoire", *Collected Courses*, Vol. 30 (1929), pp. 81-190.
Schopenhauer, A., *Die Welt als Wille und Vorstellung*, orig. publ., 1818, textkritisch bearbeitet und herausgegeben von Wolfgang Frhr. von Löhneysen, Frankfurt, Suhrkamp, 1986, reimpr. 2001.
Schorske, C., *Thinking with History* – Explorations in the Passage to Modernism, Princeton, Princeton Legacy Library, 1998.
–, *Vienna fin de siècle*, orig. publ. 1979; trad. D. Bottmann, São Paulo, Companhia das Letras, 1988.
Schrader, F., *L'Allemagne avant l'Etat-nation*: le 'corps germanique' (1648-1806), Paris, PUF, 1998.
Schulz, M., *Normen und Praxis: das Europäische Konzert der Grossmächte als Sicherheitsrat 1815-1860*, München, Oldenbourg – Studien zur Internationalen Geschichte, Vol. 21, 2009.
Schwarcz, L. M., and A. Botelho, *Um enigma chamado Brasil – 29 intérpretes e um país*, São Paulo, Companhia das Letras, 2009.
–, with P. César de Azevedo and A. Marques da Costa, *A longa viagem da biblioteca dos reis*: do terremoto de Lisboa à independência do Brasil, São Paulo, Companhia das Letras, 2002.
Schwarz, R., *Misplaced ideas*, London, Verso, 1992.
Schwarzenberger, G., "The Fundamental Principles of International Law", *Collected Cours*, Vol. 87 (1955), pp. 191-386.

Schwebel, S. M., "Aggression, Intervention and Self-Defence in Modern International Law", *Collected Courses*, Vol. 136 (1972), pp. 411-498.
Schwietzke, J., "Saar Territory", in *Encyclopedia of Public International Law*, ed. by R. Wolfrum, Oxford, Univ. Press, 2012, Vol. VIII, pp. 1076-1082.
Scott, J. B., "Le principe de l'égalité juridique dans les rapports internationaux", *Collected Courses*, Vol. 42 (1932), pp. 467-630.
Scupin, H.-U., "History of International Law, 1815 to World War I", in *The Max Planck Encyclopedia of Public International Law*, R. Wolfrum (ed.), Oxford, Univ. Press, 2012, Vol. IV, pp. 843-869.
Sédouy, J.-A. de, *Le concert européen*: aux origines de l'Europe (1814-1914), Paris, Fayard, 2009.
Séfériadès, S. "Principes généraux du droit international de la paix", *Collected Courses*, Vol. 34 (1930), pp. 177-492.
Seidler, C., "Westfälisches Vexierbild", in *Der Dreissigjährige Krieg*, D. Pieper and J. Saltzwedel (eds.), Munique, Deutsche Verlags-Anstalt, 2012, pp. 251-258.
Senofonte, *Anabasi*, V. Manfredi (ed.), Milano, Rusconi, 1980.
Sepúlveda, L., *Historia de una balena blanca* – Una novela para jóvenes de 8 a 88 años, Barcelona, Tusquets, 2019.
Sereni, A., "International Economic Institutions and the Municipal Law of States", *Collected*, Vol. 96 (1959), pp. 129-240.
–, *Le crisi internazionali*, Rivista di diritto internazionale, 1962, Vol. XLV, FAC 3, pp. 357.
SFDI, *Les compétences de l'Etat en droit international*, "colloque de Rennes" du 2 au 4 juin 2005, Paris, Pedone, 2006.
Shakespeare, W., *Coriolanus*, in *The Complete Works*, "a new edition, edited with an introduction and glossary" by P. Alexander, London-Glasgow, Collins, 1st publ. 1951, reprinted 1975, pp. 827-869.
–, *The Second Part of King Henry the Sixth*, in *The Complete Works*, P. Alexander (ed.), reprinted 1975, pp. 623-661.
Shaw, M. N., *International Law*, Cambridge, University Press, 5th ed., 2003.
Sibert, M., "Quelques aspects de l'organisation et de la technique des conférences internationales", *Collected Courses*, Vol. 48 (1934), pp. 397-458.
Sicilianos, L.-A., *L'ONU et la démocratisation de l'Etat*, Paris, Pedone, 2000.
Sidou, J. M. Othon, *Dicionário jurídico*, Rio de Janeiro, Forense univ., 3a ed., 1995.
Silva, N. L. da, *A religião civil do estado moderno*, pref. J. O. de Meira Penna, Brasília, Thesaurus, 1985.
Silva Cunha, J. M. da, *Questões ultramarinas e internacionais II. sociologia e política/ensaio de análise das situações coloniais africanas*, Lisboa, Ática, 1961.
–, *Questões ultramarinas e internacionais I. direito e política*, Lisboa, Ática, 1960.
Silveira, M. O. F., *Não discriminação e a proteção de minorias no direito internacional pós-moderno*, "dissertação de mestrado", orientador P. B. Casella, São Paulo, Fac. de Direito da Universidade de São Paulo, 2020.
Sima Qian, *Vie des chinois illustres*, "chapitres I à XXXII, XLV, LXVI, LXVIII des Biographies, Partie V des Mémoires historiques, et Annexes", trad., intr. et notes de J. Pimpaneau, Paris, eds. You Feng, 2009.
–, *Shi Ji*, "initiation à la langue classique chinois à partir d'extraits des Mémoires historiques de Sima Qian" par J. Pimpaneau, Paris, Libr. You Feng, 1988, 2 Vols.
Simms, B., *Europe – The Struggle for Supremacy* – 1453 to the present, London, Allen Lane/Penguin, 2013.
Siotto Pintor, M., "Les sujets de droit international autres que les Etats", *Collected Courses*, Vol. 41 (1932), pp. 245-362.

Skowroneck, S., *Building a New American State: The Expansion of National Administrative Capacities 1877-1920*, Cambridge, Univ. Press, 1982.

Smith, P. M., *A Concise History of New Zealand*, orig. publ. 2005, Cambridge, Univ. Press, 2012.

Smolar, A., and A. M. Le Gloannec (eds.), *Entre Kant et Kosovo: études offertes à P. Hassner*, Paris, Presses de Sciences Po, 2003.

Snell, B., *Die Entdeckung des Geistes*, Hamburg, Claassen Verlag, 1995; Braz. ed. *A cultura grega e as origens do pensamento europeu*, trad. P. de Carvalho, São Paulo, Perspectiva, 2001.

Snyder, T., *La reconstruction des nations* – Pologne, Ukraine, Lituanie, Bélarus, 1599-1999, orig. publ. *The reconstruction of Nations*, orig. publ. 2003, trad. O. Salvatori, Paris, Gallimard, 2017.

Solis, G. D., *The Law of Armed Conflict – International Humanitarian Law in War*, Cambridge, Univ. Press, 2010.

Solus, H., *Traité de la condition des indigènes en droit privé – colonies et pays de protectorat (non compris l'Afrique du Nord) et pays sous mandat*, Paris, Recueil Sirey, 1927.

Sorel, J.-M. (ed.), *Les murs et le droit international*, "colloque tenu à Paris les 15 et 16 janvier 2009", Paris, Pedone/Université Paris I – Panthéon-Sorbonne – Centre d'étude et de recherche en droit international, Cahiers Internationaux No. 24, 2010.

Sörensen, M., "Principes de droit international public", *Collected Courses*, Vol. 101 (1960), pp. 1-254.

Soubeyrol, J., *Las iniciativas coercitivas de la ONU y la legalidad interna de la organización*, original francés trad. por A. Herrero de la Fuente, Valladolid, Cuadernos de la cátedra J. B. Scott, Univ. de Valladolid, 1970.

Sousa, G. S. de, *Tratado descritivo do Brasil* em 1587, "edição castigada pelo estudo e exame de muitos códices manuscritos existentes no Brasil, em Portugal, Espanha e França, e acrescentada de alguns comentários" por F. Adolfo de Varnhagen, São Paulo, Ed. Nacional/EDUSP, 4ª ed., 1971.

Spencer, P., and H. Wollman, *Nationalism – a Critical Introduction*, London, Sage Publ., 2002.

Spengler, O., *Der Untergang des Abendlandes* – Umrisse einer Morphologie der Weltgeschichte, orig. publ. 1923, Düsseldorf, Patmos Verlag/Albatros Verlag, 2007.

–, *Preussentum und Sozialismus*, orig. publ. 1920, Hamburg: Tredition classics, s/d.

–, *Ich beneide jeden, der lebt* – Die Aufzeichnungen "Eis heauton" aus dem Nachlass, "mit einem Nachwort von G. Merlio", Düsseldorf, Lilienfeld, 2007.

Sperduti, G., "Le principe de souveraineté et le problème des rapports entre le droit international et le droit interne", *Collected Courses*, Vol. 153 (1976), pp. 319-410.

Spinoza, B. de, *Traité de l'autorité politique*, orig. publ. *Tractatus politicus*, notices par M. Francès, in Spinoza, *Oeuvres complètes*, Paris, Gallimard-Pleiade, 1954, impr. 1992, pp. 909-1044.

–, *Traité des autorités théologique et politique*, orig. publ. *Tractatus theologico-politicus*, 1670, notice par M. Francès and R. Misrahi, in Spinoza, *Œuvres complètes*, Paris: Gallimard-Pleiade, impr. 1992, pp. 597-908.

Sprenger, J.; Kramer, H., *Malleus maleficarum* in tres partes divisus, orig. publ. Strasbourg, 1486 or 1487, several editions; Braz. ed. *O martelo das feiticeiras*, Rio de Janeiro, ed. Rosa dos tempos, 1993.

Stadmüller, G., *Geschichte des Völkerrechts. Teil I – Bis zum Wiener Kongress 1815*, Hannover, Hermann Schroedel Verlag, 1951.

Strachan, H., and S. Scheipers (eds.), *The changing character of war*, Oxford, Univ. Press, 2011.

Staquet, W., *Le diable en Wallonie*, Bruxelles, J. M. Collet (ed.), 1987.

Starkey, M. L., *The Devil in Massachusetts – A Modern Enquiry into the Salem witch Trials*, orig. publ. 1949, New York, Anchor Books – Doubleday, 1989.

Stolic, A., and Ph. Mazarakis-Ainian (eds.), *Imaging the Balkans* – Identities and Memory in the Long 19th. century, "Travelling Exhibition", Ljubljana, National Museum of Slovenia, 2013.

Straumann, B., and B. Kingsbury (eds.), *The Roman Foundations of the Law of Nations: Alberico Gentili and the Justice of Empire*, Oxford, Univ. Press, 2010.

Streinz, R., "Succession of States in Assets and Liabilities", GYIL, 1993, Vol. 28, pp. 234.

Strupp, K., "Règles générales du droit de la paix", *Collected Courses*, Vol. 47 (1934), pp. 257-596.

–, "Le droit du juge international de statuer selon l'équité", *Collected Courses*, Vol. 33 (1930), pp. 351-482.

Suarez, F., *De Legibus ac Deo legislatore/Tratado de las leyes e de Dios legislador*, en diez libros – facsimilar *editio princeps*, Coimbra, 1612, versión española de J. R. Eguilor Muñozguren (S.J.), intr. general L. Vela Sanchez (S. J.), Madrid, Instituto de Estudios Políticos, 1967-1968,

Sully, Duc de – Maximilien de Béthune, Baron de Rosny et, *Le grand dessein*, orig. publ. 1632, in R. H. Foerster (ed.), *Die Idee Europa 1300-1946: Quellen zur Geschichte der politischen Einigung*, München, DTV, 1963, pp. 60-72.

Supreme Court of Canada, *Reference re Secession of Québec* [1998] 2SCR 217, ILM, 1998, Vol. 37.6, pp. 1342-1377.

Sur, S., "La créativité du droit international – cours général de droit international public", *Collected Courses*, Vol. 363 (2012), pp. 9-331.

–, *Relations internationales*, orig. publ. 1995, Paris, Montchrestien, 3e ed., 2004.

–, "Vérification en matière de désarmement", *Collected Courses*, Vol. 273 (1998), pp. 9-102.

–, *La coutume internationale*, Paris, Litec, 1990.

–, *L'interprétation en droit international public*, Paris, LGDJ, 1974.

–, "Système juridique international et utopie", in *Le droit international*, Archives de philosophie du droit, Vol. 32, Paris, Sirey, 1987, pp. 35-45.

Szurek, S., and H. Gherari (eds.), *L'émergence de la société civile internationale: vers la privatisation du droit international?*, Actes du colloque des 2-3 mars 2001, org. sous les auspices de M. H. Vedrine, Ministre des affaires étrangères, Paris, Pedone/ Paris X-CEDIN-Cahiers internationaux, No. 18, 2003.

Taguieff, P.-A., and G. Delannoi (eds.), *Nationalismes en perspective*, Paris, Berg, 2001.

Taguieff, P.-A., "Populisme, nationalisme, national-populisme: *réflexions critiques sur les approches, les usages et les modèles*", in *Nationalismes en perspective*, 2001, pp. 303-407.

Tassitch, G. D., "La conscience juridique internationale", *Collected Courses*, Vol. 65 (1938), pp. 305-394.

Taube, M. de, "L'apport de Byzance au développement du droit international occidental", *Collected Courses*, Vol. 67 (1939), pp. 233-340.

Tchikaya, B., *Mémento de la jurisprudence du droit international public*, Paris, Hachette, 2000.

Tengour, O. S., A. Bouchène, J.-P. Peyroulou and S. Thénaut (eds.), *Histoire de l'Algérie à la période coloniale 1830-1962*, Paris, La Découverte, 2014.

Tertrais, B., *La guerre*, Paris, PUF – "Que sais-je?", 2010.

Teschke, B., *The Myth of 1648* – Class, Geopolitics and the Making of Modern International Relations, orig. publ. 2003, London, Verso, 2009.

Testa, I. de, *Recueil des traités de la Porte ottomane avec les puissances étrangères depuis le premier traité conclu, en 1536, entre Suleyman et François Ier, jusqu'à nos jours*, Paris, Amyot, Vol. I, 1864.

Testas, G.; Testas, J., *L'Inquisition*, Paris, PUF – Que sais-je? – Vol. 1237; Braz. ed. *A Inquisição*, trad. A. Nascimento and M. A. Nascimento, São Paulo, Difel, 1968.

Thénaut, S., A. Bouchène, J.-P. Peyroulou and O. S. Tengour (eds.), *Histoire de l'Algérie à la période coloniale 1830-1962*, Paris, La Découverte, 2014.
Thierry, H., "L'évolution du droit international – cours général de droit international public", *Collected Courses*, Vol. 222 (1990), pp. 9-186.
Thierry, H.; Bedjaoui, M., "Avenir du droit international", in *Droit international: bilan et perspectives*, Paris, Pedone/UNESCO, 1991, Chap. LVI, pp. 1305-1317.
Thiesse, A.-M., *La création des identités nationales* – Europe XVIIIe-XIXe siècle, orig. publ. 1999, Paris, Seuil, 2001.
Thirlway, H., *The Sources of International Law*, Oxford, Univ. Press, 2nd ed., 2019.
–, "Concepts, principles, rules and analogies: international and municipal legal reasoning", *Collected Courses*, Vol. 294 (2002), pp. 265-406.
Thomas, R., *Herodotus in Context: Ethnography, Science and the Art of Persuasion*, Cambridge, Univ. Press, 2002.
Thomas Aquinas, *Summa theologiae*, Paris, Cerf, 1984.
Thomson, D., *Europe since Napoleon*, first publ. 1957, London, Penguin, 1990.
Thornberry, P., *International Law and the Rights of Minorities*, Oxford, Clarendon Press, 1991.
–, "Historical background: International Law moves from Protection of Particular Groups to Norms of a Universal Character", in *Global Minority Rights*, J. Castellino (ed.), first publ. 2011, New York, Routledge – The International Library of Essays on Rights, 2016, Chap. 1.
Thucydides, *Histoire de la guerre entre les Péloponésiens et les Athéniens*, texte présenté, traduit et annnoté par D. Roussel, in Hérodote – Thucydide, *Œuvres complètes*, intr. J. de Romilly, Paris, Gallimard – Pleiade, 1964, impr. 1982, pp. 655-1337 and 1531-1666.
Thunberg, G., *No One is Too Small to Make a Difference*, London, Penguin, 2019.
Thürer, D.; Burri, T., "Self-determination", in *Encyclopedia of Public International Law*, R. Wolfrum (ed.), Oxford: Univ. Press, 2012, Vol. IX, pp. 113-128.
Tocqueville, A. C. H. Clérel de, *L'ancien régime et la révolution*, Paris, Michel Levy Frères, 1856, online https://gallica.bnf.fr> ark.
–, *De la démocratie en Amérique*, orig. publ. volume I, 1835 and volume II, 1840; Braz. ed. *A democracia na América*, trad., pref. e notas N. Ribeiro da Silva, São Paulo, Edusp; Belo Horizonte, Itatiaia, 1977.
–, *Regards sur le bas Canada*, choix de textes et présentation de C. Corbo, Montreal, Typo, 2003.
–, *Sur l'Algérie*, "Lettre sur l'Algérie", 1837; "Notes du voyage en Algérie" de 1841; "Travail sur l'Algérie", 1841 ; "Rapports sur l'Algérie", 1847 ; "Souvenirs et récits" d'A. Bussière ; présentation, chronologie, glossaire, bibliographie et notes par S. Luste Boulbina, Paris: GF Flamarion, 2003)
Todd, E., *Le destin des immigrés* – Assimilation et ségrégation dans les démocraties occidentales, orig. publ. 1994, Paris, Seuil, 1997.
Todorov, T., *La peur des barbares: au-delà du choc des civilisations*, Paris, Robert Laffont, 2008.
–, *Nous et les autres – La réflexion française sur la diversité humaine*, orig. publ. 1989, Paris, Seuil – points, 2001.
–, *On Human Diversity: Nationalism, Racism and Exoticism in French Thought*, translated by C. Porter, Cambridge, Mass., Harvard University Press, 1993.
Tomuschat, C., "International Law: Ensuring the Survival of Mankind in the Eve of a New Century: General Course on Public International Law", *Collected Courses*, Vol. 281 (1999), pp. 9-438.
–, "Obligations Arising for States Without or Against their Will", *Collected Courses*, Vol. 241 (1993), pp. 195-374.

Tönnies, F., *Gemeinschaft und Gesellschaft*, "Abhandlung des Communismus und des Socialismus als empirischer Culturformen", Leipzig, Fues Verlag, 1887, URL: http://www.deutschestextarchiv.de/toennies_gemeinschaft_1887.

Torres B., Santiago, "Succession d'Etats", in *Droit international : bilan et perspectives*, red. gén. M. Bedjaoui, *op. cit.*, 1991, Vol. I, pp. 405-424.

Tourme-Jouannet, E., "Des origines coloniales du droit international: à propos du droit des gens moderne au XVIIIe siècle", in *The Roots of International Law/ Les fondements du droit international – Liber amicorum Peter Haggenmacher*, P.-M. Dupuy and V. Chetail (eds.), Leiden/Boston, M. Nijhoff, 2014, pp. 649-671.

–, *What is a fair international society?* International law between development and recognition, Oxford and Portland, Oregon, Hart Publ. – French Studies in International Law, 2013.

–, *Le droit international*, Paris, PUF – "Que sais-je?", 2013.

–, *Le droit international libéral-providence*: une histoire du droit international, Bruxelles, Bruylant/Éds. de l'Univ. de Bruxelles, 2011.

–, *Emer de Vattel et l'émergence doctrinale du droit international classique*, Paris, Pedone, 1998.

Toynbee, A. J., *A Study of History*, abridgement by D. C. Sommerwell, London – New York – Toronto, Oxford Univ. Press, Vols. 1-6, 1949, Vols. 7-10, 1957, Vols. 11 and 12, 1961.

–, *Um estudo da História*, orig. publ. *A Study of History* © 1972, ed. revista e condensada por A. Toynbee e J. Caplan, trad. I. S. Leal e M. Silveira, Brasília, Ed. UnB; São Paulo, Martins Fontes, 1987.

Trindade, A. A. Cançado, "International Law for Humankind: Towards a New Jus Gentium – General Course on Public International Law", *Collected Courses*, Vols. 316 and 317 (2005), http://dx.doi.org/10.1163/1875-8096_pplrdc_A9789004153752_01, first publ. online 2005.

–, *O direito internacional em um mundo em transformação: ensaios 1976-2001* (prefácio Celso D. de A. Mello, Rio de Janeiro, Renovar, 2002.

–, "Co-Existence and Co-Ordination of Mechanisms of International Protection of Human Rights (at Global and Regional Levels)", *Collected Courses*, Vol. 202 (1987), pp. 9-435.

Truyol Y Serra, A., *Histoire du droit international public*, Paris, Economica, 1995.

–, "L'expansion de la société internationale au XIXe et XXe siècles", *Collected Courses*, Vol. 116 (1965), pp. 89-179.

–, "Génèse et structure de la société internationale", *Collected Courses*, Vol. 96 (1959), pp. 553-642.

Truyol Y Serra, A., R. Ago, H. Schiedermair and W. Riphagen, "Commémoration du quatrième centennaire de la naissance de Grotius/Commemoration of the fourth centenary of the birth of Grotius", *Collected Courses*, Vol. 182 (1983), pp. 371-469.

Tunkin, G. I., "Coexistence and International Law", *Collected Courses*, Vol. 95 (1958), pp. 1-82.

Turner, A. K., *The History of Hell*, New York, Harcourt, Brace & Company, 1993.

Twiss, T., *The Law of Nations considered as Independent Political Communities: on the Rights and Duties of Nations in Time of Peace*, Oxford, Clarendon Press, 2nd ed., 1884.

Udina, M., "La succession des Etats quant aux obligations internationales autres que les dettes publiques", *Collected Courses*, Vol. 44 (1933), pp. 665-773.

UNESCO, Resolution 3-312, adoptée lors de la 17e session de la Conférence générale de l'UNESCO, à Paris, 17 octobre – 21 novembre 1972, Etudes et développement des cultures, *Actes de la Conférence génerale*, 17e. session, Vol. I, Résolutions, recommendations.

Ungern-Sternberg, A. von, "Religion and Religious Intervention", in *The Oxford Handbook of the History of International Law*, 2012, Chap. 12, pp. 294-316.

–, *Religionsfreiheit im Europa*, Tübingen, Mohr Siebeck, 2008.

U.N. Human Rights Council, *Report of the Special Rapporteur on Minority Issues on her Mission to Brazil*, UN Human Rights Council, 31st Session, 9 Feb. 2016; Rita Izsak official visit to Brazil, 14 to 24 September 2015, H/HRC/31/56/ Add. 1.

UNO, *The Yogyakarta Principles* plus 10 – "Additional Principles and State Obligations on the Application of International Human Rights Law in relation to sexual orientation, gender identity, gender expression and sex characteristics to complement the Yogyakarta Principles, as adopted on 10 November 2017, Geneva"

UNO – GA, *Déclaration des droits des personnes appartenant à des minorités nationales ou ethniques, religieuses et linguistiques*, adoptée par l'Assemblée générale de l'ONU dans la résolution 47/135 du 18 décembre 1992, texte dans *Nations Unies/Droits de l'homme* – Recueil d'instruments internationaux, Vol. I/1re Partie – Instruments Universités, New York/Génève: ONU, 1994, pp. 140-144.

UNO – GA, *Declaration on Principles of International Law concerning Friendly Relations and Co-operation among States in Accordance with the Charter of the United Nations*, UNGA Resolution 2625(XXV), A/8082.

UNO – GA, *Déclaration concernant la promotion parmi les jeunes, des idéaux de paix, de respect mutuel et de compréhension entre les peuples*, Résolution 2037 (XX) de l'Assemblée générale de l'ONU, du 7 décembre 1965.

UNO - GA, Résolution 2625 (XXV) adoptée le 24 octobre 1970 (A/8082) avec réf. au 'Rapport du Comité spécial des principes de droit international touchant les relations amicales et la coopération entre les états', Documents officiels de l'Assemblée générale, vingt-cinquième section, Supplément n. 18, A/8018, qui s'est réunie à Génève du 31 mars au 1er mai 1970.

Urbinati, N., and M. Sabella (eds.), *Quale federalismo?* Interviste sull'Italia del futuro, Firenze, Vallecchi, 1994.

Uzoigwe, G. N., "Partage européen et conquête de l'Afrique: aperçu général", in *Histoire générale de l'Afrique*, Vol. VII – L'Afrique sous domination coloniale 1880-1935, dir. de A. Adu Boahen, Paris, Présence Africaine/Edicef/Unesco, 1989, Chap. 2, pp. 40-60.

Valladares, R., *A independência de Portugal: guerra e restauração 1640-1680*, orig. publ. *La rebelión de Portugal*, 1998, pref. J. R. Magalhães, trad. P. Cardim, Lisboa, A esfera dos livros, 2006.

Vanderpol, A., *La doctrine scolastique du droit de guerre*, Paris, Pedone, 1919.

–, *Le droit de guerre d'après les théologiens et les canonistes du Moyen Âge*, Paris/Bruxelles, Tralin, 1911.

Varnhagen, F. A. de, Visconde de Porto Seguro, *História geral do Brasil* – antes da sua separação e independência de Portugal, orig. publ. 1854 e 1857, "sexta edição integral", revisão e notas de R. Garcia São Paulo, Melhoramentos, 1959, 5 Vols.

–, *História da independência do Brasil* – até o reconhecimento pela antiga metrópole, orig. publ. 1916, "anotada pelo Barão do Rio Branco" *et al.*, quarta edição, "revista e anotada pelo prof. H. Vianna, São Paulo, Melhoramentos, s/d [1959].

Vattel, E. de, *Le droit des gens, ou principes de la loi naturelle appliqués à la conduite et aux affaires des Nations et des Souverains* par Mr. de Vattel, II Vols., Neuchâtel, Journal Helvétique, 1758; in the same year were published editions in London and Leiden, 1758; "nouvelle édition augmentée", Neufchatel, II. tom., 1773 – cette édition contient un rapport sur la vie et des notes de l'auteur; par la suite, l'édition d'Amsterdam, "nouvelle édition augmentée, revue et corrigée, avec quelques remarques de l'éditeur", Amsterdam, II. tom., 1775; "nouvelle édition", Neufchatel, III. tom., 1777 – with the rapport sur la vie de l'auteur, but not the observations et notes supplémentaires.

Vattimo, G., *La fine della modernità*, Milano, Garzanti, 1985.

Vec, M., "From the Congress of Vienna to the Paris Peace Treaties of 1919", in *The Oxford Handbook of the History of International Law*, B. Fassbender and A. Peters (eds.), Oxford, Univ. Press, 2012, pp. 654-678.

Verbruggen J. F., *The Art of Warfare in Western Europe during the Middle Ages – from the eighth century to 1340*, orig. publ. *De Krijgskunst in West-Europa in de Middeleeuwen* – IX. tot begin XIV. Eeuw, 1954, translated by C. S. Willard and Mrs. R. W. Southern, Suffolk UK, Boydell Press, second edition, revised and enlarged, 1997, reprinted, 2002.

Verdross, A., *Abendländische Rechtsphilosophie – ihre Grundlagen und Hauptprobleme in geschichtlicher Schau*, Viena, Springer Verlag, 1969.

–, "Les principes généraux du droit dans la jurisprudence internationale", *Collected Courses*, Vol. 52 (1935), pp. 191-252.

–, "Règles générales du droit international de la paix", *Collected Courses*, Vol. 30 (1929), pp. 271-518.

–, "Das Völkerrecht im System von Spinoza", Zeitschrift für öffentliches Recht, 1928, Vol. VII, pp. 100.

Verhoeven, J., "Considérations sur ce qui est commun – cours général de droit international public (2002)", *Collected Courses*, Vol. 334 (2008), pp. 9-434.

Vernant, J.-P.; Detienne, M., *Les ruses de l'intelligence: la métis des grecs*, orig. publ. 1974, Paris, Flammarion – Champs, 1978.

Vernant, J.-P.; Naquet, P.-V., *Oedipe et ses mythes*, orig. publ. 1986, Paris, ed. Complexe, 1988.

Vernant, J.-P., and J. de Romilly (eds.), *Pour l'amour du grec*, Paris, Bayard, 2000.

Vernant, J.-P., *La volonté de comprendre*, entretiens, préface de A. Spire, Paris, Éd. de l'Aube, 1999.

–, *Mythe et pensée chez les grecs: études de psychologie historique*, orig. publ. 1965, Paris, La Découverte, 1985; Braz. ed. *Mito e pensamento entre os gregos*, trad. H. Sarian, São Paulo, Difusão Européia do Livro/Editora da Universidade de São Paulo, 1973.

–, *Nascita di imagini : e altri scriti su religione, storia, ragione*, orig. publ. 1979, trad. A. Montagna, Milano, Il Saggiatore, 1982.

– (ed.), *Problèmes de la guerre en Grèce ancienne*, orig. publ. 1968, Paris, Éditions de l'École des Hautes Études en Sciences Sociales, 1999.

Veron, E., "Introduction", in J. Novicow, *La politique internationale*, Paris, Felix Alcan, 1886.

Vérosta, S., "International Law in Europe and Western Asia between 100 and 650 AD", *Collected Courses*, Vol. 113 (1964), pp. 485-620.

–, "History of International Law, 1648 to 1815", in *The Max Planck Encyclopedia of Public International Law*, R. Wolfrum (ed.), Oxford, Univ. Press, 2012, Vol. IV, pp. 823-843.

Vérosta, S., A. von Verdross and K. Zemanek, *Völkerrecht (Rechts- und Staatswissenschaften)*, Wien, Springer, 5th ed., 1964.

Verri, P., *Observações sobre a tortura*, orig. publ. *Osservazioni sulla tortura*, trad. F. Carotti, São Paulo, Martins Fontes, 1992.

Vianna, H., *História do Brasil*, São Paulo, Melhoramentos/EDUSP, 12ª ed., "rev. e atualizada por Américo J. Lacombe", 1975.

–, *História diplomática do Brasil*, São Paulo, Melhoramentos, 1958.

–, *História das fronteiras do Brasil*, Rio de Janeiro, Gráfica Laemmert/Biblioteca Militar, 1949.

Vicente, A., *Portugal visto pela Espanha*, prólogo de F. Morán, Lisboa, Assírio and Alvim, 1992.

Vieira, S. J., A., *História do futuro*, orig. publ. Lisboa, Pedroso Galram, 1718, J. C. B. Aleixo (ed.), Brasília, Univ. de Brasília, 2005.

Villalon, A., and D. J. Kagay (eds.), *The Circle of War in the Middle Ages* – Essays on Medieval Military and Naval History, Suffolk UK, Boydell Press, 1999.

Villani, U., "Les rapports entre l'ONU et les organisations régionales dans le domaine du maintien de la paix", *Collected Courses*, Vol. 290 (2001), pp. 225-436.

Villey, M., *La formation de la pensée juridique moderne*, orig. publ. 1968, Paris, PUF, 2013; Braz. ed. *A formação do pensamento jurídico moderno*, trad. C. Berliner, São Paulo, Martins Fontes, 2a. ed., 2009.

–, "Les fondateurs de l'école du droit naturel moderne au XVIIe siècle", in Archives de philosophie du droit, Paris, 1961, Vol. 6; also publ. in *Réflexions sur la philosophie et le droit* – Les Carnets de M. Villey, org. par M. Villey, M.-A. Frison-Roche and C. Jamin, Paris, Presses univ. de France, 1995.

Viñas Farré, R., "Andorra", in *Encyclopedia of Public International Law*, ed. by R. Wolfrum, Oxford, Univ. Press, 2012, Vol. I, pp. 388-391.

Virally, M., *Le droit international en devenir – Essais écrits au fil des ans*, Paris, PUF; Genève, Publications de l'Institut des Hautes Etudes internationales, 1989.

–, "Panorama du droit international contemporain – cours général de droit international public", *Collected Courses*, Vol. 183 (1983), pp. 9-382.

–, *Le droit international au service de la paix, de la justice et du développement*: Mélanges M. Virally, Paris, Pedone, 1991.

Visscher, C. de, "Cours général de principes du droit international public", *Collected Courses*, Vol. 86 (1954), pp. 445-556.

–, *Théories et réalités en droit international*, Paris, Pedone, 1953.

–, "Unité d'état et revendications minoritaires", *Revue de droit international et de législation comparée*, 1930, pp. 326-360.

Visscher, P. de, "Cours général de droit international public", *Collected Courses*, Vol. 136 (1972), pp. 1-202.

Vitoria, F. de, *Political writings*, ed. by A. Pagden and J. Lawrance, Cambridge, Univ. Press – Cambridge Texts in the History of Political Thought, 1991; the text *De potestate civili* (1528) *"On Civil Power"*, pp. 1-44.

Vitoria and Suarez, *Contribution des théologiens au droit international moderne*, préface par J. B. Scott, introduction par Y. de la Brière, Paris, Pedone, 1939.

Voigt, R., and S. Salzborn (eds.), *Souveränität* – Theoretische und ideengeschichtliche Reflexionen, Stuttgart, Franz Steiner, 2010.

Voltaire, *A filosofia da história*, orig. publ. *Histoire* et *Historiographe*, in *Encyclopédie*, *Essai sur les moeurs et l'esprit des nations – Introduction*, *La défense de mon oncle*, trad. E. Brandão, São Paulo, Martins Fontes, 2007.

–, *Le fanatisme, ou Mahomet, le prophète* – tragédie, "édition établie à partir de l'édition d'Amsterdam, chez Estienne Ledet & Cie., 1753", Paris, A. Fayard/ Mille et une nuits, 2006.

–, *Candide ou l'optimisme*, orig. publ. 1758-1759, avec une biographie chronologique de l'auteur, une présentation de l'homme et du conteur, une introduction à l'étude de *Candide*, le texte intégral de ce conte, annoté et analysé méthodiquement, des questions, des jugements par A. Magnan, Paris, Bordas, 1969, reprinted 1979.

–, *Candide, Or, Optimism*, translated by H. Morley and L. Walsh, New York, Barnes & Noble Classics, 2003.

–, *Essai sur les mœurs et l'esprit des nations*, orig. publ. 1756, in *Œuvres complètes de Voltaire*, Vol. XI, Paris, Garnier frères, 1878.

Waldock, C. H. M., "The Regulation of the Use of Force by Individual States in International Law", *Collected Courses*, Vol. 81 (1952), pp. 451-518.

Walker, R. B. J., R. Falk and L. E. J. Ruiz (eds.), *Reframing the International: Law, Culture, Politics*, New York, Routledge, 2002.

–, "After the Future: enclosures, connections, politics", in *Reframing the international: Law, Culture, Politics*, R. Falk, L. E. J. Ruiz and R. B. J. Walker (eds.), New York, Routledge, 2002, Chap. 1, pp. 3-25.

Walsh, E. A., "Les principes fondamentaux de la vie internationale", *Collected Courses*, Vol. 53 (1935), pp. 97-176.

Walzer, M., *Arguing about Wars*, New Haven/London, Yale Univ. Press, 2004.
–, *Guerres justes et injustes* – Argumentation morale avec examples historiques, orig. publ. *Just and unjust wars*, 1977, trad. française par S. Chambon and A. Wicke, Paris, Gallimard – folio, 2006.
Wang T., "International Law in China – Historical and Contemporary Perspectives", *Collected Courses*, Vol. 221 (1990), pp. 195-370.
Ward, R., *An Enquiry into the Foundations and History of the Law of Nations in Europe, from the time of the Greeks and Romans to the age of Grotius*, London, A. Strahan and W. Woodfall, 2 Vols., 1795, republished Clark NJ, The Lawbook Exchange, 2005.
Watson, P., *The Great Divide – History and Human Nature in the Old World and the New*, London, Phoenix, 2013.
Weber, A., *Kulturgeschichte als Kultursoziologie*, orig. publ. .Leiden, A. W. Sijthoff, 1935; in Spanish, *Historia de la cultura*, 1941, México, Fondo de cultura económica, 13ª reimpression, 1991.
Weber, C., and T. J. Biersteker (eds.), *State sovereignty as a social construct*, Cambridge, Univ. Press, 1996.
Weber, D., *Hobbes et le corps de Dieu* – *"idem esse ens & corpus"*, Paris, Vrin, 2009.
–, *Hobbes et l'histoire du salut* – ce que le Christ fait à Léviathan, Paris, Presses de l'Université de Paris-Sorbonne, 2008.
–, *Hobbes et le désir des fous* – Rationalité, prévision et politique, Paris, Presses de l'Université de Paris-Sorbonne, 2007.
Weber, M., *Die protestantische Ethik und der Geist des Kapitalismus*, orig. publ. 1905, Erfstadt, area verlag, 2005.
–, *Political writings*, P. Lassman and R. Speirs (eds.-, Cambridge: Univ. Press – Cambridge Texts in the History of Political Thought, 1994.
Weckel, P. (ed.), *Le juge international et l'aménagement de l'espace: la spécificité du contentieux territorial*, "Actes de la Première journée méditterranéenne sur le contentieux international, réalisé à l'Université de Montpellier I, le 7 mai 1997", Paris, Pedone, 1998.
Wegner, A., *Handbuch des Völkerrechts* III – *Wesen, Grundbegriffe und Geschichte des Völkerrechts*, Stuttgart, Kohlhammer, 1936.
Wehberg, H., "L'interdiction du recours à la force: le principe et les problèmes qui se posent", *Collected Courses*, Vol. 78 (1951), pp. 1-122.
–, "Le problème de la mise de la guerre hors la loi", *Collected Courses*, Vol. 24 (1928), pp. 147-306.
Weibel, E., *Histoire et géopolitique des Balkans de 1800 à nos jours*, Paris, Ellipses, 2002.
Weinberg, A. K., *Manifest Destiny – a Study of Nationalist Expansionism in American History*, 'Foreword' by F. S. Dunn, Baltimore MD, J. Hopkins Press, 1935.
Wenger, J. de, and A. Chaumet, *La Guyane: plaidoyer pour Cendrillon*, Moussy-le-Neuf, J. B. impressions, 2001.
Wesseling, H., *Les empires coloniaux européens 1815-1919*, orig. publ. *Europa's koloniale eeuw: De koloniale rijken in de negentiende eeuw, 1815-1919*, 2003, trad. P. Grilli, Paris, Gallimard – Folio – Histoire, 2009.
Wheaton, H., *Elements of international law*, W. B. Lawrence (ed.), Boston, Little, Brown and Co., 6th ed., 1855.
Whitehead, A. North, *Adventures of Ideas*, Cambridge, Univ. Press, 1933.
Whitton, J. B., "La règle *'pacta sunt servanda'*", *Collected Courses*, Vol. 49 (1934), pp. 147-276.
Widemann, F., *Les successeurs d'Alexandre en Asie centrale et leur héritage culturel*: essai, Paris, Riveneuve ed., "seconde édition, revue et corrigée", 2009, impression 2010.
Wilde, O., *The Picture of Dorian Gray*, in *Complete Works of O. Wilde*,

J. B. Foreman (ed.), with an introduction by Vyvyan Holland, London and Glasgow, Collins, reprinted 1977, pp. 17-167.
Wilde, R., "Kosovo (Advisory Opinion)", in *Encyclopedia of Public International Law*, R. Wolfrum (ed.), 2012, Vol. VI, pp. 604-609.
Wilson, P. H., *The Holy Roman Empire* – a thousand years of Europe's History, orig. publ. 2016, London, Penguin, 2017.
Winckelmann, J. J., *Histoire de l'art dans l'Antiquité*, orig. publ. *Geschichte der Kunst des Alterthums*, Dresden, 1764, trad. de D. Tassel, introduction et notes de D. Gallo, Paris, Librairie générale française, 2005.
Wittgenstein, L., *Tractatus logico-philosophicus*, orig. publ. 1918, and *Logisch-philosophische Abhandlung*, 1921, "korrigierte, zweisprächige Ausgabe", London, Kegan Paul, Trench, Tubner & Co., 1922, in der Reihe "International Library of Psychology, Philosophy and Scientific Method"; Braz. ed. *Tractatus logico-philosophicus*, trad. e apres. J. A. Giannotti, São Paulo, ed. Nacional – EDUSP, 1968.
–, *Los cuadernos azul y marron*, orig. publ. *The blue and brown books*, trad. de la 2ª. ed. inglesa por F. Gracia G., prefácio de R. Rhees, Madrid, Tecnos, 1ª. ed., 1968, 2ª. reimpr., 1984.
Wolf, E. R., *Europe and the People without History*, orig. publ. 1982; Braz. ed. *A Europa e os povos sem história*, trad. C. E. Marcondes de Moura, São Paulo, EDUSP, 2005.
Wolff, C. L. B. de, *Institutiones juris naturae et gentium* – in quibus ex ipsa hominis natura continuo nexo omnes obligationes et jura omnia deducuntur, Hallae Magdeburgicae: prostat in officina Rengeriana, MDCCLXIII, mentions in the *Foreword* the date 4 septembre 1749; the *Institutiones* were translated in French, *Principes du droit de la nature et des gens* – "extrait du grand ouvrage latin de Mr. de Wolff, [traduit en français] par Mr. [J.-H. S.] Formey", Amsterdam: chez M. M. Rey, 1758, 3 Vols., facsimile ed., Caen, Centre de philosophie politique et juridique, 1990; also translated in German, *Grundsätze des Natur- und Völkerrechts*, Halle, 1754 and 1769; another French translation, *Institutions du droit de la nature et des gens* – "traduites du latin de Mr. de Wolff, avec des notes par E. Luzac, Vols. VI", Leide, 1772.
–, *Ius gentium, methodo scientifica pertractatum, in quo ius gentium naturale ab eo, quod voluntarii, pactitii et consuetudinarii est, accurate distinguitur*, Halle, 1749.
Wolff, L., *Inventing Eastern Europe – The Map of Civilization on the Mind of the Enlightenment*, Stanford, Univ. Press, 1994.
Wolfrum, R. (ed. under the direction of), *Encyclopedia of Public International Law*, "published under the auspices of the Max Planck Institute for Comparative Public Law and International Law", Oxford, Max Planck Gesellschaft/Oxford Univ. Press, 2012, 11 Vols.
Wollman, H., and Ph. Spencer, *Nationalism – A Critical Introduction*, London, Sage Publ., 2002.
Woolbridge, F., "The *Uti Possidetis* Doctrine", in *Encyclopedia of Public International Law*, R. Bernhard (ed.), Amsterdam, Elsevier, 2000, Vol. IV (Q-Z), pp. 1259-1262.
Xue H., "Chinese Contemporary Perspectives on International Law – History, Culture and International Law", *Collected Courses*, Vol. 355 (2011), also publ. Pocketbooks of the Hague Academy of International Law, AIL – Pocket, 2012.
Yepes, J. M., "Les problèmes fondamentaux du droit des gens en Amérique", *Collected Courses*, Vol. 47 (1934), pp. 1-144.
Yerasimos, S., *Constantinople* – de Byzance à Istanbul, orig. publ. 2000, Paris, Éd. Place des Victoires, 2010.
Yevtuschenko, Y., Fuku!, orig. publ. 1987, in the volume *Poet, v Rossii, bolshe tchen poet. Ctixotvorenia - Poemi*, Saint-Petersburg, Azbuka, 2017, pp. 1027-1123.
–, *Almost at the End*, transl. into English by Y. Yetuschenko, A. W. Bouis and A. C. Todd, New York, H. Holt and Co, 1987.

Yusuf, A. A., "Pan-Africanism and International Law", *Collected Courses*, Vol. 369 (2014), also publ. Pocketbooks of the Hague Academy of International Law, 2014.
Zawadzki, P., "Le nationalisme comme religion séculière", in *Nationalismes en perspective*, G. Delannoi and P.-A. Taguieff (eds.), Paris, Berg, 2001, pp. 265-302.
Zemanek, K., "The Legal Foundations of the International System: General Course on Public International Law", *Collected Courses*, Vol. 266 (1997), pp. 9-335.
–, "State Succession after Decolonization", *Collected Courses*, Vol. 116 (1965), pp. 181-300.
Zoller, E., *La bonne foi en droit international public*, préf. S. Bastid, Paris, Pedone, 1977.
Zorzi, A., *Histoire de Venise*, orig. publ. *La Repubblica del Leone – Storia di Venezia*, 1979 Paris, Perrin-tempus, 2005.
Zumthor, P., *A Holanda no tempo de Rembrandt*, orig. publ. *La vie quotidienne en Hollande au temps de Rembrandt*, 1959, trad. M. L. Machado, São Paulo, Companhia das Letras, 1989.

PUBLICATIONS DE L'ACADÉMIE DE DROIT INTERNATIONAL DE LA HAYE

PUBLICATIONS OF THE HAGUE ACADEMY OF INTERNATIONAL LAW

RECUEIL DES COURS

Depuis 1923, les plus grands noms du droit international ont professé à l'Académie de droit international de La Haye. Tous les tomes du *Recueil* qui ont été publiés depuis cette date sont disponibles, chaque tome étant, depuis les tout premiers, régulièrement réimprimé sous sa forme originale.

Depuis 2008, certains cours font l'objet d'une édition en livres de poche.

En outre, toute la collection existe en version électronique. Tous les ouvrages parus à ce jour ont été mis en ligne et peuvent être consultés moyennant un des abonnements proposés, qui offrent un éventail de tarifs et de possibilités.

INDEX

A ce jour, il a paru sept index généraux. Ils couvrent les tomes suivants:

1 à 101	(1923-1960)	379 pages	ISBN 978-90-218-9948-0
102 à 125	(1961-1968)	204 pages	ISBN 978-90-286-0643-2
126 à 151	(1969-1976)	280 pages	ISBN 978-90-286-0630-2
152 à 178	(1976-1982)	416 pages	ISBN 978-0-7923-2955-8
179 à 200	(1983-1986)	260 pages	ISBN 978-90-411-0110-5
201 à 250	(1987-1994)	448 pages	ISBN 978-90-04-13700-4
251 à 300	(1995-2002)	580 pages	ISBN 978-90-04-15387-7

A partir du tome 210 il a été décidé de publier un index complet qui couvrira chaque fois dix tomes du *Recueil des cours*. Le dernier index paru couvre les tomes suivants:

311 à 320 (2004-2006) 392 pages Tome 320A ISBN 978-90-04-19695-7

COLLOQUES

L'Académie organise également des colloques dont les débats sont publiés. Les derniers volumes parus de ces colloques portent les titres suivants: *Le règlement pacifique des différends internationaux en Europe: perspectives d'avenir* (1990); *Le développement du rôle du Conseil de sécurité* (1992); *La Convention sur l'interdiction et l'élimination des armes chimiques: une percée dans l'entreprise multilatérale du désarmement* (1994); *Actualité de la Conférence de La Haye de 1907, Deuxième Conférence de la Paix* (2007).

CENTRE D'ÉTUDE ET DE RECHERCHE

Les travaux scientifiques du Centre d'étude et de recherche de droit international et de relations internationales de l'Académie de droit international de La Haye, dont les sujets sont choisis par le Curatorium de l'Académie, faisaient l'objet, depuis la session de 1985, d'une publication dans laquelle les directeurs d'études dressaient le bilan des recherches du Centre qu'ils avaient dirigé. Cette série a été arrêtée et la dernière brochure parue porte le titre suivant: *Les règles et les institutions du droit international humanitaire à l'épreuve des conflits armés récents*. Néanmoins, lorsque les travaux du Centre se révèlent particulièrement intéressants et originaux, les rapports des directeurs et les articles rédigés par les chercheurs font l'objet d'un ouvrage collectif.

Les demandes de renseignements ou de catalogues et les commandes doivent être adressées à

MARTINUS NIJHOFF PUBLISHERS

B.P. 9000, 2300 PA Leyde Pays-Bas **http://www.brill.nl**

COLLECTED COURSES

Since 1923 the top names in international law have taught at The Hague Academy of International Law. All the volumes of the *Collected Courses* which have been published since 1923 are available, as, since the very first volume, they are reprinted regularly in their original format.

Since 2008, certain courses have been the subject of a pocketbook edition.

In addition, the total collection now exists in electronic form. All works already published have been put "on line" and can be consulted under one of the proposed subscription methods, which offer a range of tariffs and possibilities.

INDEXES

Up till now seven General Indexes have been published. They cover the following volumes:

1 to 101	(1923-1960)	379 pages	ISBN 978-90-218-9948-0
102 to 125	(1961-1968)	204 pages	ISBN 978-90-286-0643-2
126 to 151	(1969-1976)	280 pages	ISBN 978-90-286-0630-2
152 to 178	(1976-1982)	416 pages	ISBN 978-0-7923-2955-8
179 to 200	(1983-1986)	260 pages	ISBN 978-90-411-0110-5
201 to 250	(1987-1994)	448 pages	ISBN 978-90-04-13700-4
251 to 300	(1995-2002)	580 pages	ISBN 978-90-04-15387-7

From Volume 210 onwards it has been decided to publish a full index covering, each time, ten volumes of the *Collected Courses*. The latest Index published covers the following volumes:

311 to 320 (2004-2006) 392 pages Volume 320A ISBN 978-90-04-19695-7

WORKSHOPS

The Academy publishes the discussions from the Workshops which it organises. The latest titles of the Workshops already published are as follows: *The Peaceful Settlement of International Disputes in Europe: Future Prospects* (1990) ; *The Development of the Role of the Security Council* (1992); *The Convention on the Prohibition and Elimination of Chemical Weapons: A Breakthrough in Multilateral Disarmament* (1994); *Topicality of the 1907 Hague Conference, the Second Peace Conference* (2007).

CENTRE FOR STUDIES AND RESEARCH

The scientific works of the Centre for Studies and Research in International Law and International Relations of The Hague Academy of International Law, the subjects of which are chosen by the Curatorium of the Academy, have been published, since the Centre's 1985 session, in a publication in which the Directors of Studies reported on the state of research of the Centre under their direction. This series has been discontinued and the title of the latest booklet published is as follows: *Rules and Institutions of International Humanitarian Law Put to the Test of Recent Armed Conflicts.* Nevertheless, when the work of the Centre has been of particular interest and originality, the reports of the Directors of Studies together with the articles by the researchers form the subject of a collection published by the Academy.

TABLE PAR TOME DES COURS PUBLIÉS CES DERNIÈRES ANNÉES

INDEX BY VOLUME OF THE COURSES PUBLISHED THESE LAST YEARS

Tome/Volume 341 (2009)

Bucher, A. : La dimension sociale du droit international privé. Cours général, 9-526.
(ISBN 978-90-04-18509-8)

Tome/Volume 342 (2009)

Musin, V. : The Influence of the International Sale of Goods Convention on Domestic Law Including Conflict of Laws (with Specific Reference to Russian Law), 9-76.
Onuma, Y. : A Transcivilizational Perspective on International Law. Questioning Prevalent Cognitive Frameworks in the Emerging Multi-Polar and Multi-Civilizational World of the Twenty-First Century, 77-418.
(ISBN 978-90-04-18510-4)

Tome/Volume 343 (2009)

Abou-el-Wafa, A. : Les différends internationaux concernant les frontières terrestres dans la jurisprudence de la Cour internationale de Justice, 9-570.
(ISBN 978-90-04-18513-5)

Tome/Volume 344 (2009)

Villiger, M. E. : The 1969 Vienna Convention on the Law of Treaties — 40 Years After, 4-192.
Alvarez, J. E. : The Public International Law Regime Governing International Investment, 193-452.
(ISBN 978-90-04-18512-8)

Tome/Volume 345 (2009)

Meziou, K. : Migrations et relations familiales, 9-386.
Lauterpacht, Sir Elihu : Principles of Procedure in International Litigation, 387-530.
(ISBN 978-90-04-18514-2)

Tome/Volume 346 (2009)

Kawano, M. : The Role of Judicial Procedures in the Process of the Pacific Settlement of International Disputes, 9-474.
(ISBN 978-90-04-18515-9)

Tome/Volume 347 (2010)

Salmon, J. : Quelle place pour l'Etat dans le droit international d'aujourd'hui? 9-78.
Boisson de Chazournes, L. : Les relations entre organisations régionales et organisations universelles, 79-406.
(ISBN 978-90-04-18516-6)

Tome/Volume 348 (2010)

Bogdan, M. : Private International Law as Component of the Law of the Forum. General Course, 9-252.

Baratta, R. : La reconnaissance internationale des situations juridiques personnelles et familiales, 253-500. (ISBN 978-90-04-18517-3)

Tome/Volume 349 (2010)

Malenovský, J. : L'indépendance des juges internationaux, 9-276.

Wang, G. : Radiating Impact of WTO on Its Members' Legal System : The Chinese Perspective, 277-536. (ISBN 978-90-04-18518-0)

Tome/Volume 350 (2010)

Van Gerven, W. : Plaidoirie pour une nouvelle branche du droit : le « droit des conflits d'ordres juridiques » dans le prolongement du « droit des conflits de règles » (conférence inaugurale), 9-70.

Bonomi, A. : Successions internationales : conflits de lois et de juridictions, 71-418.

Oxman, B. H. : Idealism and the Study of International Law (Inaugural Lecture), 419-440.

(ISBN 978-90-04-18519-7)

Tome/Volume 351 (2010)

Reisman, W. M. : The Quest for World Order and Human Dignity in the Twenty-first Century : Constitutive Process and Individual Commitment. General Course on Public International Law, 9-382. (ISBN 978-90-04-22725-5)

Tome/Volume 352 (2010)

Daví, A. : Le renvoi en droit international privé contemporain, 9-522.

(ISBN 978-90-04-22726-2)

Tome/Volume 353 (2011)

Meeusen, J. : Le droit international privé et le principe de non-discrimination, 9-184.

Gowlland-Debbas, V. : The Security Council and Issues of Responsibility under International Law, 185-444.

(ISBN 978-90-04-22727-9)

Tome/Volume 354 (2011)

Lamm, C. B. : Internationalization of the Practice of Law and Important Emerging Issues for Investor-State Arbitration (Opening Lecture), 9-64.

Briggs, A. : The Principle of Comity in Private International Law, 65-182.

Davey, W. J. : Non-discrimination in the World Trade Organization : The Rules and Exceptions, 183-440.

(ISBN 978-90-04-22728-6)

Tome/Volume 355 (2011)

Chemillier-Gendreau, M. : A quelles conditions l'universalité du droit international est-elle possible ? (conférence inaugurale), 9-40.

Xue Hanqin : Chinese Contemporary Perspectives on International Law – History, Culture and International Law, 41-234.

Arrighi, J. M. : L'Organisation des Etats américains et le droit international, 235-438. (ISBN 978-90-04-22729-3)

Tome/Volume 356 (2011)

Talpis, J.: Succession Substitutes, 9-238.

Lagrange, E.: L'efficacité des normes internationales concernant la situation des personnes privées dans les ordres juridiques internes, 239-552.

(ISBN 978-90-04-22730-9)

Tome/Volume 357 (2011)

Dugard, J.: The Secession of States and Their Recognition in the Wake of Kosovo, 9-222.

Gannagé, L.: Les méthodes du droit international privé à l'épreuve des conflits de cultures, 223-490.

(ISBN 978-90-04-22731-6)

Tome/Volume 358 (2011)

Brand, R. A.: Transaction Planning Using Rules on Jurisdiction and the Recognition and Enforcement of Judgments, 9-262.

Hafner, G.: The Emancipation of the Individual from the State under International Law, 263-454.

(ISBN 978-90-04-22732-3)

Tome/Volume 359 (2012)

Opertti Badán, D.: Conflit de lois et droit uniforme dans le droit international privé contemporain: dilemme ou convergence? (conférence inaugurale), 9-86.

Chen Weizuo: La nouvelle codification du droit international privé chinois, 87-234.

Kohler, Ch.: L'autonomie de la volonté en droit international privé: un principe universel entre libéralisme et étatisme, 285-478.

(ISBN 978-90-04-25541-8)

Tome/Volume 360 (2012)

Basedow, J.: The Law of Open Societies — Private Ordering and Public Regulation of International Relations. General Course on Private International Law, 9-516.

(ISBN 978-90-04-25550-0)

Tome/Volume 361 (2012)

Pinto, M. C. W.: The Common Heritage of Mankind: Then and Now, 9-130.

Kreindler, R.: Competence-Competence in the Face of Illegality in Contracts and Arbitration Agreements, 131-482.

(ISBN 978-90-04-25552-4)

Tome/Volume 362 (2012)

Arsanjani, M. H.: The United Nations and International Law-Making (Opening Lecture), 9-40.

Alland, D.: L'interprétation du droit international public, 41-394.

(ISBN 978-90-04-25554-8)

Tome/Volume 363 (2012)

Sur, S.: La créativité du droit international. Cours général de droit international public, 9-332.

Turp, D.: La contribution du droit international au maintien de la diversité culturelle, 333-454.

(ISBN 978-90-04-25556-2)

Tome/Volume 364 (2012)

Gaja, G.: The Protection of General Interests in the International Community. General Course on Public International Law (2011), 9-186.

Glenn, H. P.: La conciliation des lois. Cours général de droit international privé (2011), 187-470. (ISBN 978-90-04-25557-9)

Tome/Volume 365 (2013)

Crawford, J.: Chance, Order, Change: The Course of International Law. General Course on Public International Law, 9-390. (ISBN 978-90-04-25560-9)

Tome/Volume 366 (2013)

Hayton, D.: "Trusts" in Private International Law, 9-98.

Hobér, K.: Res Judicata and Lis Pendens in International Arbitration, 99-406.

(ISBN 978-90-04-26395-6)

Tome/Volume 367 (2013)

Kolb, R.: L'article 103 de la Charte des Nations Unies, 9-252.

Nascimbene, B.: Le droit de la nationalité et le droit des organisations d'intégration régionales. Vers de nouveaux statuts de résidents?, 253-454.

(ISBN 978-90-04-26793-0)

Tome/Volume 368 (2013)

Caflisch, L: Frontières nationales, limites et délimitations. — Quelle importance aujourd'hui? (conférence inaugurale), 9-46.

Benvenisti, E.: The International Law of Global Governance, 47-280.

Park, K. G.: La protection des personnes en cas de catastrophes, 281-456.

(ISBN 978-90-04-26795-4)

Tome/Volume 369 (2013)

Kronke, H.: Transnational Commercial Law and Conflict of Laws: Institutional Co-operation and Substantive Complementarity (Opening Lecture), 9-42.

Ortiz Ahlf, L.: The Human Rights of Undocumented Migrants, 43-160.

Kono, T.: Efficiency in Private International Law, 161-360.

Yusuf, A. A.: Pan-Africanism and International Law, 361-512.

(ISBN 978-90-04-26797-8)

Tome/Volume 370 (2013)

Dominicé, Ch.: La société internationale à la recherche de son équilibre. Cours général de droit international public, 9-392. (ISBN 978-90-04-26799-2)

Tome/Volume 371 (2014)

Lagarde, P.: La méthode de la reconnaissance est-elle l'avenir du droit international privé?, 9-42.

Charlesworth, H.: Democracy and International Law, 43-152.

de Vareilles-Sommières, P.: L'exception d'ordre public et la régularité substantielle internationale de la loi étrangère, 153-272.

Yanagihara, M.: Significance of the History of the Law of Nations in Europe and East Asia, 273-435. (ISBN 978-90-04-28936-9)

Tome/Volume 372 (2014)

Bucher, A.: La compétence universelle civile, 9-128.
Cordero-Moss, G.: Limitations on Party Autonomy in International Commercial Arbitration, 129-326.
Sinjela, M.: Intellectual Property: Cross-Border Recognition of Rights and National Development, 327-394.
Dolzer, R.: International Co-operation in Energy Affairs, 395-504.
(ISBN 978-90-04-28937-6)

Tome/Volume 373 (2014)

Cachard, O.: Le transport international aérien de passagers, 9-216.
Audit, M.: Bioéthique et droit international privé, 217-447.
(ISBN 978-90-04-28938-3)

Tome/Volume 374 (2014)

Struycken, A. V. M.: Arbitration and State Contract, 9-52.
Corten, O., La rébellion et le droit international: le principe de neutralité en tension, 53-312.
Parra, A.: The Convention and Centre for Settlement of Investment Disputes, 313-410. (ISBN 978-90-04-29764-7)

Tome/Volume 375 (2014)

Jayme, E.: Narrative Norms in Private International Law – The Example of Art Law, 9-52.
De Boer, Th. M.: Choice of Law in Arbitration Proceedings, 53-88.
Frigo, M.: Circulation des biens culturels, détermination de la loi applicable et méthodes de règlement des litiges, 89-474.
(ISBN 978-90-04-29766-1)

Tome/Volume 376 (2014)

Cançado Trindade, A. A.: The Contribution of Latin American Legal Doctrine to the Progressive Development of International Law, 9-92.
Gray, C.: The Limits of Force, 93-198.
Najurieta, M. S.: L'adoption internationale des mineurs et les droits de l'enfant, 199-494. (ISBN 978-90-04-29768-5)

Tome/Volume 377 (2015)

Kassir, W. J.: Le renvoi en droit international privé – technique de dialogue entre les cultures juridiques, 9-120.
Noodt Taquela, M. B.: Applying the Most Favourable Treaty or Domestic Rules to Facilitate Private International Law Co-operation, 121-318.
Tuzmukhamedov, B.: Legal Dimensions of Arms Control Agreements, An Introductory Overview, 319-468.
(ISBN 978-90-04-29770-8)

Tome/Volume 378 (2015)

Iwasawa, Y.: Domestic Application of International Law, 9-262.
Carrascosa Gonzalez, J.: The Internet – Privacy and Rights relating to Personality, 263-486. (ISBN 978-90-04-32125-0)

Tome/Volume 379 (2015)

Lowe, V.: The Limits of the Law.
Boele-Woelki, K.: Party Autonomy in Litigation and Arbitration in View of The Hague Principles on Choice of Law in International Commercial Contracts.
Fresnedo de Aguirre, C.: Public Policy: Common Principles in the American States.
Ben Achour, R.: Changements anticonstitutionnels de gouvernement et droit international.

(ISBN 978-90-04-32127-4)

Tome/Volume 380 (2015)

Van Loon, J. H. A.: The Global Horizon of Private International Law.
Pougoué, P.-G.: L'arbitrage dans l'espace OHADA.
Kruger, T.: The Quest for Legal Certainty in International Civil Cases.

(ISBN 978-90-04-32131-1)

Tome/Volume 381 (2015)

Jayme, E.: Les langues et le droit international privé, 11-39.
Bermann, G.: Arbitrage and Private International Law. General Course on Private International Law (2015), 41-484.

(ISBN 978-90-04-33828-9)

Tome/Volume 382 (2015)

Cooper, D., and C. Kuner: Data Protection Law and International Dispute Resolution, 9-174.
Jia, B. B.: International Case Law in the Development of International Law, 175-397.

(ISBN 978-90-04-33830-2)

Tome/Volume 383 (2016)

Bennouna, M.: Le droit international entre la lettre et l'esprit, 9-231.
Iovane, M.: L'influence de la multiplication des juridictions internationales sur l'application du droit international, 233-446. (ISBN 978-90-04-34648-2)

Tome/Volume 384 (2016)

Symeonides, S. C.: Private International Law Idealism, Pragmatism, Eclecticism, 9-385.

(ISBN 978-90-04-35131-8)

Tome/Volume 385 (2016)

Berman, Sir F.: Why Do we Need a Law of Treaties?, 9-31.
Marrella, F.: Protection internationale des droits de l'homme et activités des sociétés transnationales, 33-435.(ISBN 978-90-04-35132-5)

Tome/Volume 386 (2016)

Murphy, S. D.: International Law relating to Islands, 9-266.
Cataldi, G.: La mise en œuvre des décisions des tribunaux internationaux dans l'ordre interne, 267-428.

(ISBN 978-90-04-35133-2)

Tome/Volume 387 (2016)

Lequette, Y. : Les mutations du droit international privé : vers un changement de paradigme ?, 9-644. (ISBN 978-90-04-36118-8)

Tome/Volume 388 (2016)

Bonell, M. J. : The Law Governing International Commercial Contracts : Hard Law versus Soft Law, 9-48.
Hess, B. : The Private-Public Divide in International Dispute Resolution, 49-266. (ISBN 978-90-04-36120-1)

Tome/Volume 389 (2017)

Muir Watt, H. : Discours sur les méthodes du droit international privé (des formes juridiques de l'inter-altérité). Cours général de droit international privé, 9-410. (ISBN 978-90-04-36122-5)

Tome/Volume 390 (2017)

Rau, A. S. : The Allocation of Power between Arbitral Tribunals and State Courts, 9-396. (ISBN 978-90-04-36475-2)

Tome/Volume 391 (2017)

Cançado Trindade, A. A. : Les tribunaux internationaux et leur mission commune de réalisation de la justice : développements, état actuel et perspectives, Conférence spéciale (2017), 9-101.
Mariño Menéndez, F. M. : The Prohibition of Torture in Public International Law, 103-185.
Swinarski, C. : Effets pour l'individu des régimes de protection de droit international, 187-369.
Cot, J.-P. : L'éthique du procès international (leçon inaugurale), 371-384. (ISBN 978-90-04-37781-3)

Tome/Volume 392 (2017)

Novak, F. : The System of Reparations in the Jurisprudence of the Inter-American Court of Human Rights, 9-203.
Nolte, G. : Treaties and their Practice – Symptoms of their Rise or Decline, 205-397. (ISBN 978-90-04-39273-1)

Tome/Volume 393 (2017)

Tiburcio, C. : The Current Practice of International Co-Operation in Civil Matters, 9-310.
Ruiz De Santiago, J. : Aspects juridiques des mouvements forcés de personnes, 311-468. (ISBN 978-90-04-39274-8)

Tome/Volume 394 (2017)

Kostin, A. A. : International Commercial Arbitration, with Special Focus on Russia, 9-86.
Cuniberti, G. : Le fondement de l'effet des jugements étrangers, 87-283. (ISBN 978-90-04-39275-5)

Tome/Volume 395 (2018)

Salerno, F.: The Identity and Continuity of Personal Status in Contemporary Private International Law, 9-198.
Chinkin, C. M.: United Nations Accountability for Violations of International Human Rights Law, 199-320. (ISBN 978-90-04-40710-7)

Tome/Volume 396 (2018)

Jacquet, J.-M.: Droit international privé et arbitrage commercial international, 9-36.
Brown Weiss, E.: Establishing Norms in a Kaleidoscopic World. General Course on Public International Law, 37-415. (ISBN 978-90-04-41002-2)

Tome/Volume 397 (2018)

D'Avout, L.: L'entreprise et les conflits internationaux de lois, 9-612.
(ISBN 978-90-04-41221-7)

Tome/Volume 398 (2018)

Treves, T.: The Expansion of International Law, General Course on Public International Law (2015), 9-398. (ISBN 978-90-04-41224-8)

Tome/Volume 399 (2018)

Kanehara, A.: Reassessment of the Acts of the State in the Law of State Responsibility, 9-266.
Buxbaum, H. L.: Public Regulation and Private Enforcement in a Global Economy: Strategies for Managing Conflict, 267-442. (ISBN 978-90-04-41670-3)

Tome/Volume 400 (2018)

Chedly, L.: L'efficacité de l'arbitrage commercial international, 9-624.
(ISBN 978-90-04-42388-6)

Tome/Volume 401 (2019)

Wood, P.: Extraterritorial Enforcement of Regulatory Laws, 9-126.
Nishitani, Yuko: Identité culturelle en droit international privé de la famille, 127-450. (ISBN 978-90-04-42389-3)

Tome/Volume 402 (2019)

Kinsch, P.: Le rôle du politique en droit international privé. Cours général de droit international privé, 9-384.
Dasser, F.: "Soft Law" in International Commercial Arbitration, 385-596.
(ISBN 978-90-04-42392-3)

Tome/Volume 403 (2019)

Daudet, Y.: 1919-2019, le flux du multilatéralisme, 9-48.
Kessedjian, C.: Le tiers impartial et indépendant en droit international, juge, arbitre, médiateur, conciliateur, 49-643.
(ISBN 978-90-04-42468-5)

Tome/Volume 404 (2019)

Rajamani, L.: Innovation and Experimentation in the International Climate Change Regime, 9-234.
Sorel, J.-M.: Quelle normativité pour le droit des relations monétaires et financières internationales?, 235-403. (ISBN 978-90-04-43142-3)

Tome/Volume 405 (2019)

Paulsson, J.: Issues arising from Findings of Denial of Justice, 9-74.
Brunée, J.: Procedure and Substance in International Environmental Law, 75-240. (ISBN 978-90-04-43300-7)

Tome/Volume 406 (2019)

Bundy, R.: The Practice of International Law, Inaugural Lecture, 9-26.
Gama, L.: Les principes d'UNIDROIT et la loi régissant les contrats de commerce, 27-343. (ISBN 978-90-04-43611-4)

Tome/Volume 407 (2020)

Wouters, J.: Le statut juridique des standards publics et privés dans les relations économiques internationales, 9-122.
Maljean-Dubois, S.: Le droit international de la biodiversité, 123-538. (ISBN 978-90-04-43643-5)

Tome/Volume 408 (2020)

Cançado Trindade, A. A.: Reflections on the Realization of Justice in the Era of Contemporary International Tribunals, 9-88.
González, C.: Party Autonomy in International Family Law, 89-361. (ISBN 978-90-04-44504-8)

Tome/Volume 409 (2020)

Shany, Y: The Extraterritorial Application of International Human Rights Law, 9-152.
Besson, S.: La *due diligence* en droit international, 153-398. (ISBN 978-90-04-44505-5)

Tome/Volume 410 (2020)

Koh, H. H.: American Schools of International Law, 9-93.
Peters, A.: Animals in International Law, 95-544. (ISBN 978-90-04-44897-1)

Tome/Volume 411 (2020)

Cahin, G: Reconstrution et construction de l'Etat en droit international, 9-573. (ISBN 978-90-04-44898-8)

Tome/Volume 412 (2020)

Momtaz, D: La hiérarchisation de l'ordre juridique international, cours général de droit international public, 9-252.
Grammaticaki-Alexiou, A.: Best Interests of the Child in Private International Law, 253-434. (ISBN 978-90-04-44899-5)

Tome/Volume 413 (2021)

Ferrari, F.: Forum Shopping Despite Unification of Law, 9-290.
(ISBN 978-90-04-46100-0)

Tome/Volume 414 (2021)

Pellet, A.: Le droit international à la lumière de la pratique: l'introuvable théorie de la réalité. Cours général de droit international public, 9-547.
(ISBN 978-90-04-46547-3)

Tome/Volume 415 (2021)

Trooboff, P. D.: Globalization, Personal Jurisdiction and the Internet. Responding to the Challenge of adapting settled Principles and Precedents. General Course of Private International Law, 9-321. (ISBN 978-90-04-46730-9)

Tome/Volume 416 (2021)

Wolfrum, R: Solidarity and Community Interests: Driving Forces for the Interpretation and Development of International Law. General Course on Public International Law, 9-479. (ISBN 978-90-04-46827-6)

Tome/Volume 417 (2021)

d'Argent, P.: Les obligations internationales, 9-210.
Schabas, W. A.: Relationships Between International Criminal Law and Other Branches of International Law, 211-392. (ISBN 978-90-04-47239-6)

Tome/Volume 418 (2021)

Bollée, S.: Les pouvoirs inhérents des arbitres internationaux, 9-224.
Tladi, D.: The Extraterritorial Use of Force against Non-State Actors, 225-360.
(ISBN 978-90-04-50380-9)

Tome/Volume 419 (2021)

Kolb, R.: Le droit international comme corps de «droit privé» et de «droit public». Cours général de droit international public, 9-668.
(ISBN 978-90-04-50381-6)

Tome/Volume 420 (2021)

Perrakis, S.: La protection internationale au profit des personnes vulnérables en droit international des droits de l'homme, 9-497.
(ISBN 978-90-04-50382-3)

Tome/Volume 421 (2021)

Estrella Faria, J. A.: La protection des biens culturels d'intérêt religieux en droit international public et en droit international privé, 9-333.
(ISBN 978-90-04-50829-3)

Tome/Volume 422 (2021)

Karayanni, M.: The Private International Law of Class Actions: A Functional approach, 9-248.
Mahmoudi, S.: Self-Defence and "Unwilling or Unable" States, 249-399.
(ISBN 978-90-04-50830-9)

Tome/Volume 423 (2022)

Kinnear, M.: The Growth, Challenges and Future Prospects for Investment Dispute Settlement, 9-36.

Weller, M.: "Mutual Trust": A Suitable Foundation for Private International Law in Regional Integration Communities and Beyond?, 37-378.

(ISBN 978-90-04-51411-9)

Tome/Volume 424 (2022)

Asada, M.: International Law of Nuclear Non-proliferation and Disarmament, 9-726. (ISBN 978-90-04-51769-1)

Tome/Volume 425 (2022)

Metou, B. M.: Le contrôle international des dérogations aux droits de l'homme, 9-294.

Silva Romero, E.: Legal Fictions in the Language of International Arbitration, 295-423.

(ISBN 978-90-04-51770-7)

Tome/Volume 426 (2022)

Kuijper, P. J.: Delegation and International Organizations, 9-240.

McCaffrey, S. C.: The Evolution of the Law of International Watercourses, 241-384.

(ISBN 978-90-04-51771-4)

Tome/Volume 427 (2022)

Kaufmann-Kohler, G.: Indépendance et impartialité du juge et de l'arbitre dans le règlement des différends entre investisseurs et Etats (leçon inaugurale), 9-50.

Boyle, A.: International Lawmaking in an Environmental Context, 51-108.

Weller, M.-P.: La méthode tripartite du droit international privé: désignation, reconnaissance, considération, 109-210.

Mourre, A.: La légitimité de l'arbitrage, 211-288.

(ISBN 978-90-04-52770-6)

Tome/Volume 428 (2023)

Laghmani, S.: Islam et droit international, 9-128.

Oyarzábal, M. J. A.: The Influence of Public International Law upon Private International Law in History and Theory and in the Formation and Application of the Law, 129-525.

(ISBN 978-90-04-54440-6)

Tome/Volume 429 (2023)

Moreno Rodríguez, J. A.: Private (And Public) International Law In Investment Arbitration, 9-702.

(ISBN 978-90-04-54462-8)

Tome/Volume 430 (2023)

Casella, P. B.: Droit international, histoire et culture, 9-610.

(ISBN 978-90-04-54463-5)

Tome/Volume 431 (2023)

Yeo, T. M.: Common Law, Equity and Statute. The Effect of Juridical Sources on Choice-of-Law Methodology, 9-88.
Frigessi di Rattalma, M.: New Trends in Private International Law of Insurance Contracts, 89-200.
Roosevelt III, K.: The Third Restatement of Conflict of Laws, 201-284.
Sands, P.: Colonialism: A Short History of International Law in Five Acts, 285-410.
(ISBN 978-90-04-54464-2)

Tome/Volume 432 (2023)

Ruiz Fabri, H.: La justice procédurale en droit international, 9-44.
Shaw, M.: A House of Many Rooms: The Rise, Fall and Rise Again of Territorial Sovereignty?, 45-78.
Kovács, P.: L'individu et sa position devant la Cour pénale internationale, 79-421.
(ISBN 978-90-04-54465-9)

Tome/Volume 433 (2023)

Eyffinger, A.: The Hague Academy at 100: Its Rationale, Role and Record, 9-97.
Thorn, K.: The Protection of Small and Medium-Sized Enterprises in Private International Law, 99-205.
Moollan, S.: Parallel Proceedings in International Arbitration. Theoretical Analysis and the Search for Practical Solutions, 207-303.
(ISBN 978-90-04-54469-7)

Tome/Volume 434 (2023)

Stephan, P. B.: Applying Municipal Law in International Disputes, 9-214.
Casado Raigón, R.: La contribution des juridictions internationales au développement du droit de la mer, 215-511.
(ISBN 978-90-04-69182-7)

Printed in January 2024
by Triangle Bleu,
59600 Maubeuge (France)

Setting : R. Mirland,
59870 Warlaing (France)